Dokumentation

der Münchner Gestalttage '87

Herausgeber: Hermann Florian Latka, Norbert Maack, Rolf Merten, Annette Trischkat

Titel: Gestalttherapie und Gestaltpädagogik zwischen Anpassung und Auflehnung: Dokumentation der Münchner Gestalttage '87

Herstellung: Schreibbüro Achental, 8215 Marquartstein
Copydruck, 8217 Grassau

ISBN 3-927051-00-4

Inhalt

Samstag, 03.10.

Vorträge

Referate

Podiumsdiskussion:

Workshops

Liebe Leserinnen und Leser,

wir freuen uns, Ihnen hiermit eine nahezu vollständige Dokumentation der Münchner Gestalttage '87 vorlegen zu können.

In der Einleitung zum Tagungsprogramm schrieben wir damals:

"Die Münchner Gestalt-Tage '87 haben das Ziel, den regionalen Zusammenhalt der Gestalttherapeuten und Gestaltpädagogen zu stärken und der Öffentlichkeit einen Eindruck davon zu vermitteln, wie Gestaltpädagogik und Gestalttherapie angewendet werden.

Dabei ist diese Tagung nicht als einmaliges und isoliertes Ereignis gedacht, sondern als ein Höhepunkt eines Prozesses, in dessen Verlauf es ermöglicht werden soll, daß Gestaltpädagogen und -therapeuten institutionsübergreifend miteinander ins Gespräch kommen.

Diese Idee entstand aus Gesprächen zwischen Hunter Beaumont, Barbara Davis, Rolf Merten und Ingrid Terfloth-Hoegg im August 1986.

Der Versuch, sie in die Tat umzusetzen, wurde ermöglicht durch die Bereitschaft von Dörte Sambraus, die G.F.E. die Trägerschaft für die Tagung übernehmen zu lassen, durch die Bewilligung einer von der G.F.E. beantragten ABM-Stelle für die Organisation der Tagung sowie durch die Bereitschaft von Rolf Merten, Annette Trischkat, Florian Latka, Ingrid Terfloth-Hoegg und Norbert Maack, sich für dieses Projekt verantwortlich zu engagieren.

Daß dieser Versuch bis zur Programmgestaltung so erfolgreich verlaufen ist, liegt an der breiten und vielfältigen Resonanz, die die zugrundeliegende Idee bei den hiesigen Gestalt-Leuten gefunden hat. So besteht eine sehr große Bereitschaft für Veranstaltungsangebote und ein wachsendes Interesse an den von der Planungsgruppe initiierten offenen Treffen.

Sehr wichtig war auch die Unterstützung von Walter Kögl bei der Katholischen Stiftungsfachhochschule München, die Voraussetzung dafür war, daß die Tagung in deren bestens geeigneten Räumen stattfinden kann.

Das Motto der Tagung "Zwischen Anpassung und Auflehnung" entstand aus dem Prozeß der Tagungsvorbereitung während des zweiten offenen Treffens auf Anregung von Korbinian Höchstetter. In den folgenden Treffen zeigte sich, daß dieses Motte zu vielfältigen Assoziationen, Überlegungen, Gefühlen und Gedanken führen kann, einen Anreiz bietet, sich über persönliche Erfahrungen, Werthaltungen, Konzepte und Theorien auszutauschen und es dadurch ermöglicht, einander auf verschiedenen Ebenen verstehen und kennenzulernen.

Es ist zu hoffen, daß sich dieser Prozeß während der Münchner Gestalt-Tage fortsetzen wird und daß die Gestalt in unserer Region weitere bislang noch unbekannte Impulse erhält.

Von der Organisation her wird zur Förderung solcher Impulse der notwendige Raum in Form der Arbeitsfeldertreffen geschaffen, wo sich Kollegen aus ähnlichen Arbeitsgebieten zusammenfinden können."

Mittlerweile sind seit der Tagung, die als großer Erfolg angesehen werden kann (siehe Seite 403), vier Monate vergangen, und der Prozeß, von dem weiter oben die Rede war, ist weitergegangen und wird fortgesetzt. Die Dokumentation soll einen wichtigen Beitrag zu dieser Entwicklung eines verstärkten Austausches zwischen Gestalttherapeuten in der Region liefern.
Daß eine so umfangreiche Sammlung von Beiträgen zusammengekommen ist, zeigt das Interesse der Referenten und Workshop-Leiter an der Darstellung ihrer Arbeit. Es ist zu hoffen, daß auch ein entsprechendes Interesse daran vorhanden ist, etwas über ihre Arbeit zu erfahren, das heißt, daß viele Beiträge dieser Dokumentation auch von vielen gelesen werden. Denn zu einem Austausch gehört die Darstellung und das Erfassen des Dargestellten sowie die Stellungnahme dazu. Insofern möchten wir Sie ermuntern, Kommentare zu der Dokumentation insgesamt und zu einzelnen Beiträgen uns und/oder den jeweiligen Autoren zu übermitteln.
Wir versprechen uns davon unter anderem auch Anregungen für unsere weiteren Planungen, das heißt besonders für die nächsten Gestalttage vom 23. bis 25.9.88 und für deren Dokumentation. Diese Tagung, deren Motto noch nicht feststeht, wird bezüglich der Inhalte und der Struktur auf den Erfahrungen der letztjährigen aufbauen, wobei die Anregungen von vielen Teilnehmern aufgegriffen werden. Die Tätigkeitsbereiche von Gestalttherapeuten, 1987 im Rahmen der Arbeitsfeldertreffen erheblich zu kurz gekommen, werden stärker betont bzw. in den Mittelpunkt gerückt werden, die Konzentration wird auf wenigen für die verschiedenen Tätigkeitsbereiche jeweils spezifischen Problempunkten liegen. Diese sollen in arbeitsfeldspezifischen Arbeitsgruppen ermittelt und vorbereitet werden, die sich Anfang März zu diesem Zweck bilden werden und die noch offen für interessierte Mitarbeiter sind.

Schließlich möchten wir noch darauf hinweisen, daß es für eine längerfristige Fortführung des begonnenen Prozesses unbedingt notwendig ist, daß möglichst viele sich aktiv an der Gestaltung des Prozesses beteiligen.

Die Herausgeber

Einleitung

Wir haben uns schon frühzeitig Gedanken gemacht, welche Form von Dokumentation erstrebenswert ist. Auf einem der offenen Treffen wurde in der Diskussion hierüber die Anregung aufgegriffen, auch den Vorbereitungsprozeß zu dokumentieren. Diese Möglichkeit wurde unseres Wissens in bisherigen Tagungsdokumentationen noch nicht genutzt.

Unser Anliegen war es, nicht nur das Endprodukt darzustellen, sondern den Lesern die Möglichkeit zu geben, auch den Prozeß der Vorbereitung, Durchführung und Reflektion nachzuvollziehen. (Die Gestalt des Workshops)

Dafür hatten wir folgenden Leitfaden als Anregung vorgeschlagen:

- Der derzeitige Schwerpunkt in meiner Arbeit als Gestalttherapeut/in bzw. Gestaltpädagoge/in
- Wie bin ich zu dem Thema des Workshops gekommen
- Wie steht es gegebenenfalls im Zusammenhang mit dem Tagungsmotto
- Wie ist der Ablauf des Workshops geplant
- Wie bin ich zu diesem Plan gekommen
- Welches sind meine Ziele und Erwartungen bezüglich des Workshops.

Im Sommer 1987 baten wir also daher die Referenten und Workshopleiter, uns einen Beitrag zu schicken, in dem sie ihre Vorbereitung auf die Tagung schildern sollten. Die Reaktionen waren sehr unterschiedlich: Manche sagten uns, daß sie diese Aufforderung als recht hilfreich angesehen haben, da sie dadurch motiviert waren, sich rechtzeitig über ihr Angebot Gedanken zu machen. Andere reagierten darauf eher mit Unverständnis, einige überhaupt nicht.

Wir haben diese Texte jeweils den im nachhinein verfaßten Beiträgen vorangestellt.

Uns ging es um eine möglichst große Vollständigkeit und Authentizität der Dokumentation, weshalb wir auf jede Form von "Quality-Control" verzichteten, wie sie bei den Verlagen üblich ist. Wir übernahmen alle Beiträge so, wie sie uns zugegangen sind.

Unserer Einschätzung nach bietet die vorliegende Dokumentation einen hervorragenden Einblick in die vielfältigen Arbeitsweisen und Tätigkeitsbereiche von Gestalttherapeuten und Gestaltpädagogen. Wir haben deswegen sehr viel Arbeit und Geld investiert, weil wir meinen, daß eine solche umfangreiche und inhaltlich vielfältige Sammlung den vielen an Gestalt interessierten Menschen zur Verfügung gestellt werden soll. Insofern hoffen wir und gehen davon aus, daß die Nachfrage nach dieser Publikation dem überaus starken Interesse an der Tagung selber entsprechen wird.

Begrüßung

Dörte Sambraus

Liebe Tagungsteilnehmer!

Als Vertreterin der G.F.E., dieser Gesellschaft mit dem etwas merkwürdigen Namen "Gesellschaft zur Förderung der Humanisierung des Erziehungswesens" möchte ich Sie sehr herzlich begrüßen.

Dieser Name hat uns anfangs bei Behörden öfters die mißtrauische Frage eingebracht: "Ja, soll das etwa heißen, daß wir nicht human sind?"

Ich habe dann meistens geantwortet: "Na ja, vielleicht können wir ja noch humaner werden."

Wir haben diese Gesellschaft vor über 5 Jahren gegründet, um mit Hilfe dieser gemeinnützigen Organisation eine Einrichtung zu schaffen, in der Kinder, Jugendliche und Erwachsene zusammen leben und arbeiten können. Wir haben in diesen 5 Jahren eine Menge Ideen, Geld und Träume in diese Gesellschaft eingebracht. In der Realität ist daraus unser heilpädagogisches Kinder- und Jugendheim in Eurasburg entstanden, von dem auch die Bilder stammen, die drüben aufgehängt sind.

In der Satzung der G.F.E. steht u.a. noch ein anderer gemeinnütziger Zweck, nämlich: "die Errichtung und Betreibung von Ausbildung und Fortbildung für Pädagogen, Ärzte, Psychologen und Bezugspersonen des genannten Personenkreises".

Ich freue mich sehr, daß wir diesen Zweck heute zum ersten Mal mit dieser Tagung erfüllen können. Ich möchte dem Arbeitsamt Wolfratshausen bzw. Rosenheim dafür danken, daß es uns Mittel in Form einer ABM-Stelle dafür zur Verfügung gestellt hat.

Ich freue mich auch, daß das Interesse an diesen Gestalt-Tagen so außerordentlich groß ist und daß Sie so zahlreich gekommen sind! Ich wünsche uns allen eine gute Zeit!

Begrüßung

Rolf Merten

Liebe Tagungsteilnehmer,

im Namen der Planungsgruppe der Münchner Gestalt-Tage 87 heiße ich Sie herzlich willkommen.

Mit Freude und Stolz stelle ich fest, daß aus unserer Idee - im Sommer letzten Jahres geboren - diese beachtliche Veranstaltung geworden ist.

Es scheint, als hätten wir den richtigen, oder zumindest einen günstigen Zeitpunkt erwischt.

Vom ersten Augenblick funktionierte fast alles in einer Weise, die wir uns nicht zu träumen gewagt hätten:

- Dörte Sambraus fand sich mit ihrer "Gesellschaft zur Förderung der Humanisierung des Erziehungswesens" (G.F.E.) als Träger der Gestalt-Tage.
- Das Arbeitsamt Rosenheim/Wolfratshausen bewilligte eine ABM-Stelle, ohne die die Vorbereitung der Tagung nicht möglich gewesen wäre.
- Mit Norbert Maack hatten wir das große Glück, einen Kollegen für die ABM-Stelle zu gewinnen, der sich in der Gestalttherapie auskennt und darüberhinaus die Fähigkeit mitgebracht hat, die vielen kleinen und großen Schritte der Planung und Durchführung professionell zu bewerkstelligen.
- Kolleginnen und Kollegen zeigten sich in unterschiedlichster Weise zur Mitarbeit bereit.
- Die katholische Stiftungsfachhochschule, zusammen mit dem kirchlichen Zentrum, überließ uns bereitwillig diese Räume. Dafür gilt unser spezieller Dank, Herrn Kögl, der dies ermöglicht hat.
- Die Planungsgruppe, Norbert Maack, Annette Trischkat, Ingrid Terfloth-Hoegg, Florian Latka und ich, entwickelte sich zu einem guten Team.
- Alleine etwa 150 Anfragen nach dem Tagungsprogramm kamen in den letzten drei Wochen nach einem kurzen Hinweis auf die Tagung in der Süddeutschen Zeitung.
- Am Ende mußten wir sogar noch vielen Interessierten, die gerne gekommen wären, absagen.

Wer von uns hätte sich das vor einem Jahr träumen lassen? Wie unsicher sind wir die ersten Schritte gegangen.

Konnten wir doch zunächst nicht wissen, ob wir mit unserer Idee, Münchner Gestalt-Tage zu veranstalten, überhaupt auf ein Interesse stoßen würden.

Die Frage hat sich beantwortet!

Das Interesse an der "Gestalt" hat sich in der Region und auch darüberhinaus als groß erwiesen!

Es ist unser besonderes Anliegen, als Initiatoren dieser regionalen Gestalt-Tage den Kontakt und den Dialog zwischen Kolleginnen und Kollegen verstärkt in Gang zu bringen. Wir würden uns darüber freuen, wenn der Kollegenaustausch und ein wissenschaftlicher Austausch auch nach der Tagung weitergehen würde.

Es ist ein anzustrebendes Ziel, bei aller Unterschiedlichkeit in unserer Arbeitsweise und unsere berufspolitischen Standpunkte gemeinsam, miteinander, nach außen das zu vertreten, was die Gestalttherapie leisten kann.

Wie unterschiedlich jeder einzelne seine Gestalt zwischen Anpassung und Auflehnung - wie unser Tagungsthema im Untertitel lautet - lebt, die nächsten zwei Tage werden es zeigen.

Für uns selber sind die Gestalt-Tage immer mehr zu einer großen Herausforderung geworden.

Wir bitten um Nachsicht, wenn nicht alles von der Organisation und dem Ablauf so ist, wie Sie es sich wünschen würden.

Wir sind auch auf Ihre zahlreiche Hilfe angewiesen. Etwa beim Schmücken und Herrichten der Räume für das Fest morgen Abend und beim Aufräumen am Ende der Tagung. Wir werden uns bei Bedarf mit konkreter Bitte um Hilfe an Sie wenden und hoffen dann auf Ihre Bereitschaft, anzupacken.

Bevor ich jetzt das Wort an Elisabeth von Godin übergebe, möchte ich nicht versäumen, Grüße von Laura Perls an die Tagungsteilnehmer auszurichten.

Ich besuchte vor einem Monat einen Workshop bei ihr und erzählte bei dieser Gelegenheit von unserem Vorhaben, den Münchner Gestalt-Tagen.

Mit Interesse hat Laura Perls sich das Programm durchgelesen und läßt Grüße an uns, die Kinder, Enkel und Urenkel der Gestalttherapie, bestellen.

Liebe Elisabeth von Godin, Dir läßt Laura Perls besonders herzliche und freundschaftliche Grüße überbringen.

Ich freue mich jetzt darauf - und ich hoffe, mit Ihnen - Deinen Vortrag zu hören.

"Der Mensch zwischen Anpassung und Auflehnung aus der Sicht einer Gestalttherapeutin."

Elisabeth von Godin

Eröffnungsvortrag

Als ich im Frühjahr dieses Jahres von jungen Kollegen aufgefordert wurde, den Eröffnungsvortrag für den heutigen Kongreß zu halten, wollte ich gern wissen, warum gerade ich dazu auserwählt worden sei. Sie meinten, es wäre vielleicht von Interesse, zu erfahren, wie ein in Deutschland ausgebildeter Psychotherapeut, der die ganze Nazizeit miterlebt hat, später in Amerika unter Anleitung von Fritz und Laura Perls Gestalttherapeutin geworden ist.
Deshalb habe ich nun meine Betrachtungen über das Thema "Der Mensch zwischen Anpassung und Auflehnung" mit eigenen Erlebnissen auch etwas angefüllt.
Auch eingedenk der Erkenntnis, daß selbst theoretische Konzepte letztendlich subjektive Wertmaßstäbe darstellen, und daß - wie wir alle wissen - der Beobachter im Beobachteten immer mitenthalten ist, scheint mir diese Form der Darstellung meiner Sicht von dem Menschen legitim und notwendig zu sein.

Darum beginne ich diesen Vortrag mit einem Abschnitt meiner Lebensgeschichte, der die Frage beantwortet, wie ich zu Fritz Perls und zur Gestalttherapie gekommen bin: und zwar einmal aus historischer Sicht und einmal in Hinblick auf meine eigene innere Entwicklung.

Ich habe 15 Jahre, und zwar von 1955 bis 1970 in New York, gelebt. Ich wanderte damals in die USA aus, um zu heiraten, einen Jugendfreund Rafael de Silva, den ich aus der Zeit meines Musikstudiums kannte, das vor dem 2. Weltkrieg lag. Der Krieg hatte uns auf verschiedene Kontinente auseinandergetrieben. 1955 trafen wir uns wieder. Unsere Heirat war die eigentliche Ursache für meine Übersiedlung in die Staaten.
In New York gehörte ich dem Kreis psychoanalytisch ausgebildeter Psychotherapeuten an, die zwischen 1963 und 1970 von Fritz in Gestalttherapie fortgebildet wurden. Die

meisten unseres Kreises haben später als Gestalttherapeuten auch gearbeitet. Zu ihnen gehörten Helga Aschaffenburg, Ruth Cohn, der vor einigen Jahren tödlich verunglückte John Brinley, Ruth Ronall, Isaac Ziemann, ich selbst und noch viele andere, an deren Namen ich mich im Moment nicht erinnere.

Wir alle erhielten keine "abgeschlossene Gestaltausbildung". Das gab es damals noch nicht. Zu Fritz' Workshop wurden hauptsächlich nur Therapeuten mit langjähriger Erfahrung zugelassen. Eine solche sowie eine psychoanalytische Zusatzausbildung nebst abgeschlossenem akademischen - so z.B. ich - oder sozialpädagogischem Studium brachten wir alle mit.

Ausbildungsinstitute in Gestalttherapie wurden erst nach Fritz Perls Tod gegründet: z.B. von Jim Simkin in Los Angeles, das Ausbildungsinstitut in San Francisco u.a.

In New York hatte Laura Perls mit Paul Goodman, Isaac Fromm u.a., zu denen auch wieder ich gehörte, 1968 die "Association for Gestalttherapists" gegründet. Wir trafen uns regelmäßig bei Laura, um Berufserfahrungen auszutauschen, aber gelegentlich auch, um persönliche Konflikte zu bearbeiten. Zu meiner Zeit war dieser Kreis nur klein und bestand hauptsächlich aus Therapeuten wie ich und aus ehemaligen Analysanden von Laura Perls und Paul Goodman. Der Kreis war deshalb so klein, weil New York doch die internationale Hochburg der Psychoanalyse war, und Fritz Perls sich von Freud wegen gegensätzlicher theoretischer Ansichten mit heftiger Entschiedenheit abgesetzt hatte.

Allerdings hatte ich selbst durch meinen Mann gute, liebe Freunde unter den Analytikern. Doch als Gestalttherapeutin nahmen sie mich nicht ernst und schickten mir natürlich auch keine Klienten.

Mit anderen Worten: In New York war Psychoanalyse fest eingeführt, und andere Richtungen, besonders die aus der humanistischen Psychologie-Bewegung, wurden angefeindet, anders als im Westen der USA. Doch gab es auch in unserem Kreis angesehene Therapeuten wie Ruth Cohn, Laura Perls und Rollo May. Letzterer war allerdings kein Gestalt- oder Erlebnistherapeut, sondern durch die Übersetzung von Binswangers Buch "Daseinsanalyse" bekannt geworden und erreichte damit sogar einen Teil der Analytiker. So etwa sah für mich die gestalttherapeutische und psychoanalytische Scene nach 15-jährigem Aufenthalt in den Staaten aus, als ich 1970 nach München zurückkehrte.

Die weitere Entwicklung der Gestalttherapie habe ich nur von fern verfolgt. Mit meinen Freunden bin ich freilich in Kontakt geblieben. So hat z.B. Claudio Naranjo in meinem Haus am Starnberger See oft Workshops abgehalten; auch Isha Bloomberg, Sid Gershenson, Jerry Kogan, Vim Rosenthal und Laura Perls waren oft bei mir.

Wie bin ich Gestalttherapeutin geworden?

Um diese Frage zu beanworten, muß ich etwas ausholen und in meiner Geschichte bis ins Jahr 1945 zurückgehen:

Das Kriegsende habe ich in Berlin miterlebt. Anfang Mai war der Krieg zuende und am 20. Mai begab ich mich bei einer Jungianerin, Regina Lepsius, in Psychotherapie. Dies war ein Versuch, mit mir selbst und den Kriegserlebnissen fertig zu werden. Ich war 27 Jahre alt, hatte zwei Brüder und viele Freunde im Krieg verloren, und es gab außerdem persönliche Probleme. Ich ging also nicht in Analyse, um speziell die nationale Katastrophe, in der wir immer noch standen, zu bewältigen. Meine Motive waren rein persönlicher Art. Ich hatte keinerlei Schuldgefühle kollektiver und persönlicher Natur, wie uns später oft nahegelegt wurde, daß wir sie doch hätten haben müssen. Ich hatte immer dem antinationalsozialistischen Lager angehört, was ich mir heute allerdings nicht als Verdienst anrechne. Ich hatte das Glück, einen klugen, weit vorausschauenden Vater zu haben, der uns von Anfang an, noch vor 1933, politisch beeinflußte. Er wurde später von den Nazis verfolgt und saß 1944 bis Kriegsende im Zuchthaus Brandenburg a.d. Havel, wo er von den Russen befreit wurde. Wir, d.h. der Kreis, zu dem ich damals gehörte, hatten das Ende des Krieges seit seinem Beginn samt unserer Niederlage herbeigesehnt, da nur diese uns von dem Joch der Nazityrannei befreien würde. Und die Aussicht darauf, daß nach einem Sieg "am deutschen Wesen die Welt genesen" sollte, war für uns, dazu gehörte auch Friedrich Luft, der in der Nachkriegszeit in Berlin als Gesellschaftskritiker bis heute eine Rolle spielte, eine Horrorvorstellung.

Nachdem die schwersten Trümmer aus dem Wege geräumt waren, ging das Leben, das kleine bürgerliche mit all seinen alltäglichen Nöten weiter, so wie es auch nach anderen Katastrophen weiterging.

Ich denke dabei an Tschernobyl, das ja mindestens ein ebenso großes Unglück für die Betroffenen und vielleicht ein viel schlimmeres für alles Leben auf der Erde und für die Erde selbst ist, als die Naziwelle für Europa gewesen war.

Eigentlich müßten wir uns täglich auf die Brust klopfen und unsere Schuld bekennen, denn jeder von uns als Teil der ganzen Menschheit hat dazu beigetragen, daß unsere

vielleicht im einzelnen bescheidenen Wünschen nach Wohlstand und permanenten Wachstum solche immensen Auswüchse an Zerstörung der Natur verursachen. Denn wir wissen heute: alles hängt mit allem zusammen und beeinflußt sich gegenseitig im Guten wie im Bösen.
Ich erwähne dieses Ereignis im Zusammenhang mit meiner Nachkriegserlebnisgeschichte und werde später noch einmal in anderem Zusammenhang darauf zurückkommen, weil meiner Generation von den jüngeren so oft vorgehalten wird, wie konntet ihr vor dem Krieg das alles nur zulassen und nachher um euer kleines kümmerliches Leben so besorgt sein und euch so lautlos eurem Schicksal anpassen, daß ihr doch selbst mitverschuldet habt.
Jeder von Ihnen hier im Saal hat Tschernobyl miterlebt und erfahren, vielleicht sogar am eigenen Leibe, seine eigene Hilflosigkeit und dann wohl auch, wie offensichtlich der Trieb nach Selbsterhaltung und Sicherheit in Notsituationen als erster uns heimsucht und - zur Gestalt wird.

Lassen Sie mich aber wieder auf meine Geschichte zurückkommen, wie es dazu kam, daß ich Gestalttherapeutin wurde:
Meine Anfänge als Patient waren sehr unorthodox. Wie löste ich das Problem, meine Stunden zu bezahlen in der damaligen Zeit?
Nun, jeden Monatsersten machten meine Analytikerin und ich uns gemeinsam auf den Weg vom Lietzensee in Charlottenburg zum Kastanienwäldchen am Zeughaus Unter den Linden, um auf dem Schwarzmarkt irgendeinen Wertgegenstand, den wir noch über den Krieg hinweggerettet hatten, an russische Soldaten zu verkaufen. Sie brauchte das Geld, um ihre Ehescheidung zu bezahlen, und ich für meine Stunden bei ihr. Außerdem war mein Vater ihr Anwalt, führte ihren Ehescheidungsprozeß und machte ihr gelegentlich ihrer notwendigen Besprechungen immer Vorwürfe, daß sie mich ihm entfremdete. Man könnte nun daran denken, daß die Übertragung durch all das gestört war und die Therapie aufgehalten wurde. Heute kann ich das nicht mehr beurteilen. Jedoch als Erfolg konnten wir unter anderen inneren und äußeren sozialen Veränderungen verbuchen, daß ich mich von Berlin und von zu Hause löste und nach verschiedenen Umwegen - auch über das Münchner Institut für Psychotherapie und Tiefenpsychologie, wie es damals hieß - schließlich in Stuttgart in der Psychagogen-Ausbildung landete, wo ich dann auch meine berufliche Identität fand.

Jetzt begannen sehr wichtige Jahre für mich.
Felix Schottländer, einer der Leiter des Stuttgarter Institutes, hatte großes Ansehen und Einfluß auf die Ausbildungskandidaten. Obwohl Freudianer, stand er dem deutschen Existentialismus sehr nahe und holte viele gleichgesinnte interessante Leute nach Stuttgart, die am Institut zusätzlich Vorträge hielten und Seminare gaben. Victor von Weizäcker, der in Frankfurt nach dem Krieg die erste psychosomatische Klinik aufgemacht hatte, sowie viele Schweizer: Zulliger, Bally, Berna, Medard Boss sind einige, an die ich mich erinnern kann. Auch Graf Dürckheim, dem ich mich anschloß und den ich oft in Rütte besuchte, hielt damals Vorträge über Zen-Buddhismus und lehrte uns das Za-Zen, Sitzen in Meditation. Auch in Bewegungstherapie, Atemmassage und Rhythmik wurden wir durch Arbeitsgemeinschaften, die über längere Zeiten gingen, eingeführt. Es war eine bewegte, anregende Zeit.
Wir Psychagogen arbeiteten damals nicht in der Methode von Anna Freud oder Melanie Klein. Ich möchte behaupten, daß wir damals schon Techniken der Gestalttherapie anwandten, ohne sie so zu benennen. Ich arbeitete hauptsächlich mit Kasperle- und Szenopuppen, wobei ich die Kinder, wie wir es heute in der Gestalttherapie auch mit Erwachsenen machen, sich mit allen Gestalten und Gegenständen - am beliebtesten waren Spielautos - identifizieren ließ. Im allgemeinen wurde nicht interpretiert und nicht über Probleme gesprochen. Dies gehörte nicht zu unserem Konzept. Die Kinder reagierten nicht auf Interpretationen und konnten auch nicht über sich selbst etwas erzählen, was vielleicht aber auch an mir lag.
Dafür drückten sie sich um so offener in ihren Spielen aus, machten aber die besten Fortschritte, wenn ich mitspielte und wenn eine intensive Zweierbeziehung hergestellt werden konnte.
Schottlaender vertrat die Ansicht, daß die Neurose eine Anpassungserscheinung an eine besonders konstellierte Umwelt sei, sozusagen ein soziologisches Phänomen. Nach seiner Meinung lag ihr Sinn darin, daß sich das Individium gegen Schwierigkeiten im Milieu schützen müßte. Neurose sei eine Mangelkrankheit, Mangel an Mutterliebe. Heilung könne nur durch emotionale Korrektur erreicht werden, (die Mutter als Schicksal), durch das echte Mit-Dabei-Sein des Therapeuten im Tun, durch gemeinsames Erleben einer Situation, in der beide involviert waren.
Lassen Sie mich das an einem Beispiel erläutern:
Ich hatte einen zwölfjährige Patienten, der zu mir kam, weil er in der Schule trotz aus-

reichender Intelligenz nicht mitkam, zu Hause depressiv herumging, mit einem Wort: nichts mit ihm anzufangen war. Die Teste gaben Kontaktschwäche und starke Minderwertigkeitsgefühle an. Die Mutter war eine kühle, formell liebenswürdige Frau, aber auch sehr zurückhaltend und steif. Der Vater ein aufstrebender Geschäftsmann, wenig zu Hause, und wenn, auch dann nicht wirklich da. Ich wußte zunächst nichts mit dem Sohn anzufangen, aber er hatte einen Zauberkasten, der eigentlich das einzige war, was ihn interessierte. Also bat ich ihn, diesen mit in unsere Stunden zu bringen. Von nun an zauberte er mir jedes Mal eine Stunde lang etwas vor. Ich bewunderte ehrlich seine Künste und wir freuten uns zusammen, wenn ein Zauberkunststück gelang. Ab und zu kam die Mutter zu mir zum Gespräch und teilte mit, welche Fortschritte er wieder gemacht hatte und fragte, was ich denn mit ihm machte. Wenn ich ihr sagte, ich ließe ihn halt zaubern, wunderte sie sich, denn zu Hause würde er doch auch zaubern und sie würden alle zuschauen. Ich konnte ihr aber mein Geheimnis des Erfolges leider nicht verraten, denn ich wußte es damals selbst noch nicht.

Nach etwa einem halben Jahr hatte er keine Lust mehr zu zaubern und erklärte, nicht mehr kommen zu brauchen. Auch die Mutter berichtete, er sei viel fröhlicher geworden, käme in der Schule mit und hätte einen Freund gefunden. So beendeten wir die Behandlung.

Was war geschehen? Ich nahm an, daß meine Einstellung ihm gegenüber eine so positive Wirkung auf sein gestörtes Selbstwertgefühl hatte. Wenn man dann noch die symbolische Bedeutung des Zauberns mit in Betracht zieht, in welcher Tätigkeit er sich mir weit überlegen fühlte, könnte man interpretieren, daß Omnipotenzwünsche als polares Gegenstück zu seinen Minderwertigkeitsgefühlen bei mir besonders gut ausgelebt werden konnten, und daß sie, indem ich zuließ, daß er mir imponieren konnte, und indem ich mich echt von ihm beeindrucken ließ, eines Tages auch befriedigt wurden.

Unter "Ausleben" verstehe ich, daß er seine ganze Energie, die ihm zur Verfügung stand, im Hier und Jetzt auf dieses Ziel, mir zu imponieren, eingesetzt hatte. Und nachdem er sich als Könner genügend bewiesen hatte, benötigte er nicht mehr das Tun, das Zaubern in diesem Fall, für seine Selbstbestätigung. Er suchte sich neue Felder mit neuen Möglichkeiten, sich auszuprobieren. Nach einigen Jahren hat er mich noch einmal besucht und sich als ganz normaler junger Mann vorgestellt. Wir sprachen natürlich auch von unserer gemeinsamen Zeit, und er bestätigte mir, daß diese Stunden für ihn noch heute in seiner Erinnerung besonderen Wert hätten.

Inzwischen meine ich, daß der Behandlungserfolg auch damit zusammenhängt, daß ich auf das Gelingen seines Zauberstückes ebenso gespannt wie er jeweils gewartet hatte, und daß wir beide, wenn es dann zustande kam, in eine Explosion der Freude ausbrachen, in der wir uns als Eins, als Einheit empfanden. Erst viel später wurde mir klar, daß meine spezifische Heilkraft bei neurotischen Kindern in meiner Fähigkeit, lag

Spontanität und Spielfreudigkeit im Kind wieder zu wecken und selbst intensivst und authentisch mitzuspielen. - Ich wurde selbst wieder zum Kind! -

Ich erwähne dieses Erlebnis aus dieser Lebensepoche, die für meine Entwicklung zum Therapeuten so wichtig war, weil ich mich 1955, als ich nach New York übersiedelte, zunächst in meiner beruflichen Stellung als Psychotherapeut in der psychoanalytischen Szene heimatlos und eigentlich sehr unglücklich fühlte. Erst als ich Fritz und Laura Perls kennengelernt hatte und andere Gestalttherapeuten, glaubte ich, wieder nach Hause gekommen zu sein.

Warum ich mich von diesen Menschen so angezogen fühlte, läßt sich beantworten, wenn wir Fritz zu unserem Thema hören. Doch möchte ich Ihnen zunächst eine Erfahrung mitteilen, die ich mit unserem Thema immer wieder gemacht habe.

Wann immer ich mit Freunden in Vorbereitung auf meinen heutigen Vortrag über dieses Thema diskutierte, ist mir aufgefallen, daß sie auf das Wort "Anpassung" sehr empfindlich reagierten, und wenn ich "warum" fragte, "Ihr seid doch selber Eurer Situation gut angepaßt", daß sie dann in geradezu offenen Widerstand traten, sich sozusagen gegen diese Behauptung auflehnten. Sie konnten zwar nicht abstreiten, fühlten sich aber ertappt, als wäre ein "Sich-Anpassen" per se etwas Schlechtes, etwas, das man besser nicht täte.

Ich war erstaunt über diese Reaktion, der ich oft begegnete. Ich meine, mit Perls und allen Erkenntnistheoritikern, daß der Mensch ohne Anpassung an seine Umgebung nicht existieren könnte, und dazu gehört die Natur ebenso wie die Gesellschaft, in der er lebt.

Ohne die Gesellschaft, d.h. ohne die Gemeinschaft mit Seinesgleichen könnte er z.B. keine Sprache erlernen, das Medium, das ihn erst zum Menschen macht. Ohne Sprache wäre er nicht fähig, abstrakt zu denken und über sich selbst zu reflektieren, d.h. sich selbst zum Objekt zu machen, also Subjekt und Objekt, beide in einer Person zu sein, eine Fähigkeit, die - wie die Biologen annehmen - das Produkt eines elftausendjährigen Evolutionsprozesses ist.

Aus seiner ganzheitlichen Sicht sagt Fritz Perls:

Der Organismus, womit auch der Mensch gemeint ist, arbeitet immer als eine Ganzheit, die aus einzelnen selbständigen Teilen besteht. Wir sind nicht einen Summe, sondern eine Koordination von Teilen. Wir sind also immer das Ganze und jedes Teil. Deswegen sagt er: "Ich bin mein Leben" (Koordination von Teilfunktionen); nicht "ich habe ein Leben" oder " ich bin ein Arm" und nicht "ich habe einen Arm".

Sie kennen alle diese spezifische Gestalttechnik aus der Arbeit mit Patienten, der diese Anschauung zugrundeliegt: "... In jedem Teilchen ist das Formprinzip des ganzen Organismus angelegt."
Der theoretische Kernsatz der Gestalttherapie: "Organismus und seine Umwelt bilden eine Einheit" heißt, wenn wir ihn auf die Gesellschaft beziehen: "Wir sind immer Teil der Gesellschaft". Fritz fügt noch hinzu: "Die Gesellschaft braucht es, daß wir uns ihr angleichen".
Nun sind und haben wir Menschen eine Doppelnatur: Der Art nach sind wir gleich, sozusagen sind wir Artgenossen und gehören der Gattung Menschen an oder der Gattung Säugetiere. Jedoch dem Wesen nach, was auch das Wesentliche von uns ist, sind wir aber ungleich, d.h. unterscheiden wir uns voneinander. Anpassung oder Angleichung an die Gemeinschaft der anderen - das sind die, die anders sind - geschieht auf Kosten meiner individuellen Besonderheiten.
Jedes Neugeborene ist von Anbeginn gefährdet, sein eigenes Wesen nicht zu entwikkeln. Es ist sozusagen in einer schlechteren Position, da es in eine Gemeinschaft hineingeboren wird, deren Ziel - wie gesagt - die Angleichung, oder deutlicher ausgedrückt: die Gleichmachung ist. Es ist deshalb gefährdet, weil sein Besonderes, sein eigentliches Wesen noch nicht da ist, noch schläft. Eltern sagen liebevoll: "Du bist einer von uns", müßte heißen: ein Teil von uns.
Wir alle neigen dazu, unsere Babies zu vereinnahmen. Später lernt das Kind freiwillig, durch Imitation und Identifikation sich anzugleichen und sich im Kollektiv der Gesellschaft zu verankern. Durch sie und in ihr muß es aber auch seine Besonderheiten entwickeln, muß es sich auch absondern, ja auch auflehnen können gegen die Normen und gegen die Versuche der "Gleichmacherei", von denen es bedrängt wird. In einer gesunden Gesellschaft wachsen seine Kräfte durch den Widerstand, dem von der gesunden Gesellschaft etwas entgegengesetzt, der aber nicht unterdrückt wird.
Was aber, wenn ich als Einzelner mich den Normen nicht anpassen kann, mich absondern oder auflehnen möchte?
Als Letzterer habe ich eine Überlebenschance nur, wenn ich genügend "Meinesgleichen" finde, mit denen ich mich verbünde, die mit mir gleiche Sache machen. Auch der

Auflehner braucht immer - vielleicht nicht die, aber - eine Gesellschaft zum Überleben.

Als Jim Simkin Fritz Perls fragte, was denn seine Reaktion war, als Hitler an die Regierung kam, sagte er wörtlich: "Ich nahm meinen Hut und ging", und fügte hinzu: "Und wenn Nixon an die Regierung kommt, nehme ich wieder meinen Hut und gehe." Tatsächlich ging er dann auch noch im letzten Lebenjahr nach Canada. Auch fügte er hinzu, in Deutschland zu bleiben, wäre damals aussichtslos gewesen, er meinte 1933. Man hätte die Nazis nicht ernst genommen. Sie seien als Partei immer in der Minderheit gewesen; die Sozialdemokraten hätten zusammen mit den Kommunisten die Mehrheit gehabt, wären aber untereinander zu zerstritten gewesen. Sie konnten sich nicht einigen, was für beide den Untergang bedeuten hat.

Fritz sagte dann noch an anderer, mir nicht mehr erinnerlicher Stelle, "Du mußt die Situation verstehen und dich von ihr führen lassen, dann wirst Du mit dem Leben fertig." Was aber, wenn eine Gesellschaft krank ist? Wie kann ich mich ihr anpassen? Fritz sagt: "Je kränker die Gesellschaft, desto größer ist die existentielle Krise des Einzelnen", was einleuchtet, da sich Einzelner und Gesellschaft gegenseitig bedingen. Und wenn man seine Aussage akzeptiert: "du kannst aus dieser kollektiven Psychose nur herausfinden, wenn du einen Weg gehst, der von der Gesellschaft akzeptiert wird", kann dieser Weg nur ein kranker oder gar krummer Weg sein.

Ich muß gestehen, daß ich diesem rationalen, logisch-kausalen, auf Ursache und Wirkung aufgebauten Denken zwar folgen kann, dennoch bin ich nicht so pessimistisch.

Bevor ich Ihnen das erläutere, lassen Sie mich aber noch einmal auf Tschernobyl zurückkommen!

Zunächst erschien es vielen von uns unglaubhaft, daß eine solche Katastrophe dieses Ausmaßes passieren konnte, denn man spürte doch nichts. Bei uns in Bayern war herrlichstes Wetter, man roch und schmeckte nichts und sah auch keine Zeichen am Himmel. Erst als die Katastrophe weltweit zugegeben wurde und die Stimmen der Wissenschaftler immer lauter wurden, die Veränderungen der Sicherheitsmaßnahmen verlangten oder gar Abschaffung ganzer Industriezweige, wurde ein hoher Prozentsatz der Bevölkerung wach und aufgerüttelt. Besonders Mütter hatten die Gefahren, die man ja nicht warhnehmen konnte, erkannt. Um so erstaunlicher ist es, wie schnell die Bestürzung, die die Menschheit erfaßt hatte, dieser Bewußtwerdungsprozeß wieder abflaute,

nachdem die unmittelbare Gefahr im Hier und Jetzt gebannt schien.
Ich selbst war damals sehr aufgeregt, beinahe euphorisch; denn ich glaubte: Jetzt wachen wir auf! Jetzt ereignet sich die Wende! Jetzt müssen wir doch zugeben, daß wir an die Grenzen unserer Omnipotenzansprüche gestoßen sind und war dann sehr über die Apathie enttäuscht, die bald darauf wieder um sich griff. Auch mein Elan versiegte allmählich.

Man könnte sich streiten, ob dieser Reaktion Anpassung an die Gesellschaft oder Auflehnung gegen das Sich-Bewußtmachen einer Vorstellung war, die jedem Einzelnen unvorstellbar erschien: nämlich Massensterben oder das Sich-Ausmalen einer das Ende der Welt verursachenden Katastrophe, die wir Menschen selbst verursacht haben konnten. Es kann auch beides gewesen sein.
Die Neigung des Menschen, das zu verdrängen, was nur mit großer Anstrengung ins Bewußtsein gehoben werden kann, der jeder einzelne von uns immer wieder erliegt, scheint mir eine wichtige Determinante zu sein, die eine Gesellschaft als Ganzes krank macht. Das Ganze, die Gesellschaft ist von ihren Teilen, von mir und dir abhängig, wobei das WIR vom Austausch zwischen MIR und DIR abhängt. Der Einzelne steht nur immer in diesem wechselvollen Bewegungsspiel zwischen Anpassung und Auflehnung und ist in sich gespalten und zwar seiner doppelseitigen Natur gemäß, so wie die Gesellschaft, das Ganze: In konservative und progressive Parteien. Wir wissen alle: Wenn die einen ihre Positionen verlassen, wechseln sie über ins andere Lager: Die Progessiven von heute sind die Konservativen von morgen und umgekehrt. Beide zusammen sind zwei Seiten ein und derselben Münze.
Wie aber kann eine Gesellschaft sich verändern, wenn sie doch von ihren Teilen abhängig ist und diese wiederum im WIR sich einander angleichen und schlimmsten Falles sogar verschmelzen? Wie kann da etwas anderes, etwas NEUES entstehen, wenn wir uns in einem inzestuösen Teufelskreis bewegen!
Wir müssen umdenken lernen! Mit dem kausal-logischen Denken allein können wir nicht die ganze Wahrheit erfassen und keine neuen Wege finden. Solange wir trotz besseren Wissens freiwillig oder gezwungenermaßen die Einsicht verdrängen, daß wir auf Kosten unseres Spenders, der Mutter Natur, unsere Bedürfnisse nach materiellem Überfluß und vor allem nach politischer Sicherung befriedigen, wird unsere Gesellschaft krank, ja geisteskrank! - In der Psychatrie sprechen wir von Schizophrenie, wenn einer die Mut-

terbrust, an der er saugen möchte, zerstört.

Bis zu einem gewissen Grade hat Perls dazu beigetragen. Er setzte sich zwar von der mechanistischen Denkungsart ab, die heute noch in der Schulpsychologie gängig ist, indem er wörtlich sagte: "In der Wissenschaft haben wir den Schritt von der linearen Kausalität zum Prozeß-Denken gemacht ...", hielt aber an einem biologisch naturalistischen Menschenbild fest. Er spricht immer von Organismus, wenn er den Menschen meint. Damit setzt er ihn mit allen anderen Lebenswesen gleich. Mit anderen Worten: Er betrachtet nur die eine Seite des Menschen, seine biologische. Ausdrücklich betont er in seinen Schriften, einen Versuch unternommen zu haben, eine Therapiekonzept zu entwickeln, in dem das Wort "Geist" nicht vorkommt. Tatsächlich findet man es auch nicht in seinen Vorträgen. Dadurch wird alles, was wir damit verbinden, tabuisiert, wie in der Ära von Freud Sexualität tabuisiert wurde. Wenn ich aber das Kind nicht mehr bei seinem rechten Namen nennen darf, wird es ins Unbewußte abgedrängt, wo es verkümmert oder aber als Krankheit, in diesem Falle als Geisteskrankheit, sich wieder dem Bewußtsein aufdrängt.
Perls war ein Kind seiner Zeit. Er kreierte nicht ein Tabu, er übernahm es. Ich selbst bin noch so aufgewachsen, d.h. in einer Zeit, in der man versuchte, ohne Glauben, der ja auch immer Hoffnung beinhaltet, auszukommen. Glauben an eine Macht, die wir mit unserem Denkvermögen nicht erreichen können. Man galt als "feige", wenn man die Krücke "Glaube" brauchte.
Ich weiß nicht, ob Fritz zu diesen Menschen gehörte. Ich meine nur, daß jede Wirklichkeit, die wir aus dem Bewußtsein verdrängen, verkümmern muß.

Was hat mich aber an Fritz angezogen, könnte man mich fragen!
Ich habe ihn als Therapeuten, und zwar als sehr menschlichen Therapeuten kennengelernt und nicht als Theoretiker. In seinen theoretischen Schriften läßt er seine feinfühlige, intuitive Seite nicht deutlich erkennen.
Was mir bei ihm so imponierte, war seine unbestechliche Authentizität. Er deckte jede Lebenslüge auf, und mich befreite er von der Vorstellung, eine gute Psychoanalytikerin sein zu müssen, die ich nicht war, die meiner ganzen Natur und Weltanschauung fremd war. Seine agressive herausfordernden Art brachte bei mir viel in Bewegung, und seine treffsichere Therapiemethode faszinierte mich. Er war unerbittlich, solange es

darum ging, den Patienten seine Clichés zu verdeutlichen, aber feinfühlig und liebevoll, wenn er an den Kern der Person herankam und echtes Gefühl und Leid zum Vorschein kam. Bei ihm habe ich zum ersten Mal erfahren, daß ein Therapeut seinen Patienten in den Arm nahm, und dieser solange an seiner Brust schluchzen durfte, wie er es nötig hatte, ohne Rücksicht auf die anderen, und daß die Gruppe, die z.T. mitgeweint hatte, ihn mit ebenso viel Wärme wieder zu sich zurücknahm. Das war mir, die ich in New York aus der psychoanalytischen Szene kam, völlig neu und begeisterte mich.

In solchen Momenten brach etwas von ganz woanders her im Hier und Jetzt durch. Ich selbst habe solche Seins-Erfahrungen, wie Graf Dürckheim sie nennt, bei ihm und durch ihn erfahren. Aber ich glaube, daß in seinen Schriften der Wichtigkeit nicht genügend Raum gegeben wird, diese Ebene der Kommunikation mit dem Patienten zu erreichen, und daß dies vielen seiner Schüler auch nicht bewußt wurde.

Die Continuum-Awareness-Übungen, die Sie alle wahrscheinlich kennen, sind kein Äquivalent dafür.

Ich komme jetzt noch zu einem Abschnitt, der vielleicht etwas schwer zu verstehen ist, und Sie werden vielleicht auch nicht sofort begreifen, warum ich ihn hier bringe.

Die Biologen haben über Gehirnforschung herausgefunden, daß jegliches Tun, das nur über meinen Körper ausgeführt werden kann, und zu dem ich meine senso-motorischen und alle Wahrnehmungssysteme gebrauche, in meinem Gehirn Reaktionen auslöst, d.h. Spuren hinterläßt, so daß ich mein Tun durch Erinnern jederzeit wieder hervorholen kann. Das ist die eine Sache.

Das andere ist, daß mein Tun in der Außenwelt durch die Reize, die im Gehirn registriert werden, mein Gehirn verändert. Also wenn ich in der Welt etwas verändere, verändert sich auch rein körperlich etwas in meiner Gehirnmasse. Sie verändert sich, wenn ich denke, wie ein Armmuskel, den ich tüchtig gebrauche.

Das Tun des Gehirns besteht zum großen Teil aus abstraktem Tun. Wie sagte doch Freud? "Denken ist Probearbeit". Wenn ich hier rede, dann dringen doch Laute, die ich von mir gebe, als Luftschwingungen an Ihr Ohr. Doch zu verstehen, was diese Laute bedeuten, ist die eigentliche Arbeit des Gehirns. Und das Erstaunliche ist, daß das Verstehen als reine abstrakte Tätigkeit eine körperliche Wirkung auf Ihr Gehirn hat. Je mehr Sie lernen, je mehr Sie verstehen, je mehr Sie wissen, oder mit einem Wort: je mehr Sie Ihr Gehirn gebrauchen, desto effektiver wird es.

Ich finde das deswegen so aufregend, weil wir nun durch die Naturwissenschaften eine Brücke schlagen können vom Materiellen zum Immateriellen. Wir hören die Worte und verstehen ihren Sinn. Das Begriffliche ist ja nicht mit den fünf Sinne wahrnehmbar. Und nicht Ihr Ohr verändert sich dadurch, daß ich Ihnen hier mein Wissen vermittle, aber Ihre Gehirnsubstanz verändert sich!!! In der Hirnmaterie trifft sich das Materielle mit dem Immateriellen. Lassen Sie mich das noch einmal wiederholen: Das finde ich die aufregendste Endeckung unserer Zeit!!!

Lassen Sie mich auch noch kurz auf Feldenkrais zurückkommen. Sie kennen ihn doch wahrscheinlich alle. Im Vorwort zu seinem Buch "Bewußtheit und Bewegung" ermahnt er uns, nicht zu vergessen, dringend darauf zu achten, besonders bei Säuglingen und Kleinkindern, das gesamte Nervensystem und Gehirn über das Stammhirn zu entwickeln. Wir wissen alle, daß wir drei große Gehirnanteile haben: das Stammhirn, und die beiden Hemisphären. Das Stammhirn arbeitet von Anfang an gleichmäßig, während die Gehirnanteile noch schlafen. Das Stammhirn ist einerseits mit der linken Gehirnhemisphäre verbunden, wo alle Tätigkeiten, die wir mit rationalem Denken zusammenfassen, lokalisiert sind, andererseits mit der rechten Gehirnhemisphäre, wo alle höheren geistig-seelischen Funktionen ihre Spuren hinterlassen. Feldenkrais sagt, daß es sehr wichtig sei, Körperkontakt gleich nach der Geburt mit dem Neugeborenen herzustellen und auch über die ersten Lebensjahre zu halten, um seine Sinne zu stimulieren. Alle unsere Tätigkeiten - und auch Aufmerksamkeit ist eine Tätigkeit -haben ihren Niederschlag im Stammhirn, das die Reize an die beiden anderen Denk-und Gefühlszentren weitergibt, wo sie dann bewußt gemacht werden. Bewußtheit entsteht also über körperliche Reize oder Berührung.

Die Entwicklung seiner Potentiale - letztere bringt das Kind durch Vererbung mit in die Welt - ist von der Außenwelt total abhängig. Maturana und Varela bringen in ihrem Buch, das kürzlich auf Deutsch erschienen ist, ("Der Baum der Erkenntnis") ein Beispiel von zwei Mädchen, die von Wölfen aufgezogen wurden und in der Gemeinschaft mit Wölfen gelebt hatten, was hier zu berichten zu weit führen würde.

Aber dieses Beispiel bestätigt Feldenkrais' Theorie, die fordert, daß der Sozialisationsprozeß nicht durch Belohnung oder Strafe, sondern durch liebevolle Liebkosungen in

Gang gesetzt wird. Jeder kleine Mensch könnte ein Genie werden und alle seine Potentiale, auch seine höheren seelischen, entwickeln, wenn wir ihm durch Liebe und Aufmerksamkeit die richtige Hilfestellung dazu geben würden. Nicht darauf sollten wir achten, daß der kleine Mensch später über besonders tüchtige Leistungen sich in der Gesellschaft beweist, sich also an eine bereits gewordene Struktur anpaßt, gegen die er sich später nur wieder auflehnen muß, sondern wir sollten unser Augenmerk auf die Entwicklung seiner Spontanität und Kreativität richten. Die Gesellschaft ist zwar anders, aber nicht besser als seine Teile. Sie kann sich nur verbessern, wenn jeder einzelne die Liebe und Achtung, die er sozusagen schon mit der Muttermilch in der Welt, in der er lebt, eingesogen hat, realisiert.

Die Besonderheit des Einzelnen zu entdecken und zu kultivieren, sollte auch unsere Aufgabe als Therapeut sein. Wir sollten uns der großen Verantwortung bewußt sein, die wir jedem Menschen, der sich uns anvertraut, schuldig sind. Unser Dilemma ist nur, daß wir unsere Existenz auf der Krankheit unserer Patienten aufbauen. Daraus entspringt meiner Meinung nach das große Mißverständnis, daß je mehr ein Patient bezahlt, um so größer seine Motivation sei, gesund zu werden. Als wenn die Gesundheit des Einzelnen nur im Interesse des Einzelnen läge!
Mir scheint das eine Beschönigung für unsere eigenen egoistischen Bestrebungen zu sein, die sich am groteskesten in der medizinischen Sprache offenbart, wenn man vom Patienten als seinem "Krankengut" spricht.

Entschuldigen Sie diese kurze Abschweifung in unsere Berufspolitik, und lassen Sie mich zusammenfassen:
Seit Einstein wissen die Physiker, daß Masse nichts weiter ist, als verdichtete Energie. Und man hat die mechanistische Denkweise gegen das Denken in Prozessen aufgegeben, ebenso das Suchen nach dem kleinsten Materielteilchen. Nun schlagen die Biologen eine Brücke vom Immateriellen zum Materiellen und zeigen auf, wo die Bewußtwerdungsprozesse stattfinden, und daß der Ort mitten durch uns geht. Feldenkrais lehrt uns, wie diese Prozesse am besten in Gang kommen. Und das Aufregende ist, finde ich, daß es nicht Anspornung zur Leistung ist, sondern im Gegenteil die Liebe, die all die Potentiale, auch die, die noch brach liegen, entwickeln kann, und daß wir diese über die Bewegung, das Leben - denn Leben ist nichts anderes als Bewegung - zu integrieren

vermögen.
Aber das Integrieren allein genügt nicht. Wir müssen auch lernen, sie zu subordinieren, wobei wir, wenn wir den Evolutionsprozeß der Menschheit vorantreiben wollen, unseren höheren Erkenntnismöglichkeiten - also Intuition, Liebe, alle anderen musischen Begabungen - über den Rationalismus und über unsere Triebkräfte die Führung in dieser Dreierbeziehung überlassen müssen.
Mir scheint, daß unsere Aufgabe als Therapeut ist, mitzuhelfen, das dualistische Denken, wie es auch in unserem Thema "Der Mensch zwischen Anpassung und Auflehnung" zum Ausdruck kommt, zu überwinden, und daß wir uns gegenseitig über Prozesse finden, die auf Achtung und Wertschätzung des ganz Anderen im Anderen beruhen. So lassen sich vielleicht auch dann Verschiedenheiten im Anderen und auch im anderen Teil der Gesellschaft mit und trotz Kampf letztlich unblutig überwinden.
Der Mensch von heute und morgen wird sich diese Erkenntnisse der Biologen mit allen Möglichkeiten, die sie enthalten, bewußt machen müssen, wenn wir auf diesem Erdball, der ja schon so krank und durch uns gefährdet erscheint, überleben und wenn wir die nächste Sprosse auf der Evolutionsleiter erklimmen wollen. Verdrängung dieser Möglichkeiten würde den Tod der gesamten Menschheit bedeuten.
Jedoch bin ich optimistisch. Sehe ich doch, wie Naturwissenschaft und Mystik, die seit der Aufklärung immer mehr auseinanderdrifteten, wie zwei Kurven in der Unendlichkeit sich jetzt zu treffen und heute ihre Gegensätze zu überwinden scheinen und sich als zwei Seiten ein und derselben Münze zu erkennen geben.
So wie auch Begriffe wie Anpassung und Auflehnung, Angleichung und Absonderung zusammengehören und gesehen werden müssen.

Ich habe versucht, Ihnen diese ganzheitliche Sicht aus meiner Perspektive eines Gestalttherapeuten zu geben.
Der Mensch steht immer als Teil der Gesellschaft und als selbständiger Besonderer in dem wechselhaften Bewegungsspiel von Anpassung im Sinne von Angleichung und von Auflehnung im Sinne von Besonderung oder Absonderung. In dieser Spannung einer "Nach-Außen-" und "Nach-Innen-Schau" muß er ständig seine Entscheidungen treffen, um sich selbst zu verwirklichen.
Wir Therapeuten sollten ihm dabei behilflich sein.
Der Pragmatismus des Westens, gekoppelt mit der Schau nach innen, die die östliche Tradition vertritt, ergeben erst die ganze Wahrheit.

Spuren deutscher Zärtlichkeit - Versuch einer gestalt- und existenzanalytischen Betrachtung über den Einfluß des "deutschen Traumas" auf die individuellen erlebten Gegenwarten

Willi Butollo

Vortrag

Das Land scheint in Ordnung, seine Wirtschaft, seine politische Organisation, sein Erziehungswesen geben das Bild eines intakten Staates. Äußerlich scheint nichts darauf hinzuweisen, daß auf seinem Grund, an und durch seine Menschen, vor knapp 50 Jahren unvorstellbar entsetzliche Verbrechen an Millionen Einzelnen verübt worden sind. Mag sein, daß all die (neu-)deutschen Tugenden wie Ordnung, Tüchtigkeit, Kinderlosigkeit und dergleichen selbst im europäischen Durchschnitt etwas übermäßig ausgeprägt sind - aber muß man deshalb gleich die Vergangenheit beschwören?
Zumal dies in den Medien ohnehin bis zur Übersättigung geschieht, mit vor allem für die Folgegenerationen häufig zu ertragendem Druck in Richtung kollektiver Schuld? Wäre es nicht gerade auf einer Gestalt-Tagung angemessener, sich endlich der Gegenwart zuzuwenden?
In der Tat, doch stellt sich die Frage dann nach den kollektiven Spuren unverarbeiteter, unverarbeitbarer vergangener Ereignisse in der Gegenwart. In welcher Weise wird die seelische Entwicklung der Kinder- und Enkelgeneration entstellt, ohne daß dies bemerkt wird. Besteht Wiederholungszwang - Wiederholungsgefahr analog zur Dynamik individueller verdrängter Traumata auch für Kollektive? Oder ist das alles nur ein Hirngespinst?
Aus der Analyse von Familien wissen wir ziemlich gut, wie sich Tabuisierungen auswirken können. Auch hier gilt jedoch, daß nur ein kleiner Bruchteil der Entwicklungsgestörten sich durch eine manifeste Pathologie "zeigt". Darauf sollte man auf einer kollektiven Ebene wohl lieber nicht warten.

Indizien

Gibt es nun Indizien für die behauptete Entstellung der seelischen Entwicklung bis ins zweite oder dritte Glied der Generationen nach KZ und Krieg? Und wie wären sie überhaupt zu erkennen?

Vor einigen Wochen gab es eine Live-Sendung via Satellit zwischen dem bundesdeutschen und dem israelischen Fernsehen. Jugendliche sollten unter der Anleitung von Moderatoren und mit Hilfe von Dolmetschern "miteinander reden". Geplant war offenbar eine lockere Sendung im "glatten" Stil. Die Israelis hat aber nur ein Thema wirklich interessiert: "Wie könnt ihr dort mit dieser Vergangenheit überhaupt leben?" Die deutschen Diskutanten waren sichtlich geschockt und heillos überfordert. Die Folgen der historischen Tabus waren nicht nur in ihren Aussagen, auch in ihrer Mimik und Gestik schonungslos zu erkennen. Eine Mischung aus Schuldgefühl, Abspaltung vom Geschehenen, Suche nach Möglichkeiten zum "Gegenangriff" (Und wie haltet ihr es mit den Palästinensern?). Kurzum - die Desintegration der nationalsozialistischen Katastrophe war offensichtlich, und ein Weg zur Integration des Geschehenen war weit und breit nicht zu erkennen. Was sie zeigten, gilt vermutlich für die Mehrzahl der Menschen hierzulande.

Die Liste der "Indizien" läßt sich unschwer erweitern: Wie ist Deutschlands Position jenseits wirtschaftlicher Erfolge in der Wertschätzung anderer Völker, wieviel sind auch politische "Freundschaften" im Konfliktfall wert? Selbst Diktatoren wie Pinochet können einen lästigen Kritiker aus der BRD mit dem Hinweis auf sechs Millionen KZ-Opfer mundtot machen.

Ein tabuisierter Bruch in der Entwicklungsgeschichte schwächt die Identität, die durch Anstrengung zu retten gesucht wird. Der Erfolg ist fragwürdig. Was dabei verlorengeht, ist die Fähigkeit zu sein, Kontakt mit der Vielfalt innerer Lebendigkeit aufzunehmen, die Fähigkeit zur Zärtlichkeit, die aus dem schrankenlosen Wahrnehmen dessen erwächst, was ist.

Die Behauptung, daß für die Störung der emotionalen Entwicklung somit nicht nur individuelle, sondern auch kollektive Traumata verantwortlich sind, ist außer über Indizien wohl kaum zu belegen, eventuell im Kulturvergleich aufzuspüren. Wie steht es nun mit der für die Psychotherapie klassischen Methode des Testens der Hypothese durch eine erfolgreiche Therapie/Prävention? Welcher Art könnte überhaupt eine kollektive Intervention sein? Sind nicht die öffentlichen Bemühungen um Vergangenheitsbewältigung eher Auslöser für Reaktionen des Überdrusses bis zur aggressiven Abgrenzung?

Ich hörte einmal den Vortrag einer Frau, in dem sie über ihre KZ-Erfahrungen berichtete. Sie war 40 Jahre "danach" erstmals wieder nach Europa gekommen, um die Stätten ihres erlebten Schreckens zu besuchen. Sie hatte als 13-jährige KZ-Gefangene z.B. mitansehen müssen, wie ihre Mutter von ihr weg in die Gaskammer gebracht wurde. Selbst als Opfer hatte sie in den Jahren nach der Befreiung ihre KZ-Erlebnisse völlig verschwiegen. Der Besuch in den KZ-Gedenkstätten war gewiß ein enormer Schritt für diese Frau. Und dennoch, ihr Vortrag löste bei mir aggressive, ja trotzige Gefühle und den Wunsch nach Selbstverteidigung aus. Als ich in der Diskussion diese Erfahrung ansprach, wurde ich überschwenglich beruhigt. Ich wäre doch keiner von "denen" gewesen, bräuchte keine Schuldgefühle zu haben. Ist das wirklich so einfach? Kann die Abspaltung der Weg zur Lösung potentieller Destruktivität sein, die ich grundsätzlich in jedem Menschen annehme? Ist die Suche nach den unheilstiftenden Bedingungen in sich selbst nicht der eigentliche Zugang zur Entschärfung eines noch dazu tabuisierten Opfer-Täter-Schuldkonfliktes?

Ohne zu wissen wie ein derartiges Unterfangen kollektiv praktisch umzusetzen wäre, scheinen mir einige Prinzipien der Gestalttherapie eine reife Form der "Entwicklungsbereinigung" möglich zu machen:

Gewahr-sein (Awareness), Polaritäten, Kontakt, Arbeit am Engpaß, Entwicklung eines Ich-Du-Kontaktes.

Die <u>Bewußtseinsarbeit</u> im Sinne von Gewahr-sein fördert durch konsequente Fremd- und Selbstwahrnehmung, diejenigen Impulse wieder wahrzunehmen, die den introjizierten Normen widersprechen (öffentliche Moral, Aggressionstabus gegen Opfer und deren Nachfolger etc.). Das werden vermutlich Aggressionen gegen die Zuschreibung der Verantwortung für die Taten anderer sein, und sei es, daß diese Zuschreibung nur im Denken des Betroffenen selbst stattfindet. Sie fördert aber auch eine bessere Trennung von relativ reiner Wahrnehmung einerseits und den Erwartungen, Stereotypien, Vorstellungen andererseits.

Die Arbeit an den <u>Polaritäten</u> kann helfen, die Abspaltung bedrohlicher Erfahrungsinhalte aufzuheben, Projektionen und Identifikationen werden in ihrer Funktion erfahrbar. Ein weiterer Schritt kann im Annehmen der verleugneten Impulse von Opfer und Täter in sich selbst liegen.

Für diese und andere Schritte aus dem Repertoire der Gestalttherapie ist in der Einzelarbeit eine tragfähige Unterstützung notwendig, ohne die das Zulassen von

als bedrohlich erlebten Gefühlen und Impulsen nicht möglich ist. In der Einzelarbeit wird diese Unterstützung in der Regel aus der Beziehung zum Therapeuten geschöpft. Wie kann ein solches Modell aber auf eine große Gemeinschaft übertragen werden? Nach Hitler ist die Scheu, ja, Phobie vor Begeisterung und Hingabe an Führerpersonen verständlich. Der Aufbau der Ichs auf dem Weg der Abwertung des andersartigen, begleitet von Gefühlen der Nähe und der Aggression, verlangt den Kontaktabbruch zum anderen. Kontakt würde die gedanklichen Konzepte falsifizieren, nationale und sonstige Stereotype entlarven.
Offen bleibt die Frage nach der für dieses Kontaktrisiko notwendigen Unterstützung für diejenigen, die sich nicht einem therapeutischen oder quasi-therapeutischen Lehrer-Schüler-Verhältnis aussetzen wollen. Gerade die Sehnsucht nach dieser Unterstützung ist verführerisch, war vielleicht sogar der Ausgangspunkt für Hitlers Karriere in einer vielfach gedemütigten Nation. Vielleicht liegt hier der Punkt, an dem die Enkel-Generation geprüft wird, ob sie aus den Fehlern der Vergangenheit gelernt hat. Vor allem gelernt hat, der Verführung zu widerstehen, ihr Selbstwertgefühl mit Hilfe von Abspaltung anderer und damit Teilen ihrer selbst aufzubauen.
Vielleicht liegt hier auch die Verantwortung der Enkel der Opfer - der Verlockung der Opferrolle, des "good guy" zu widerstehen, um den Kontakt zu "den Deutschen" zu suchen - jenseits von Klischees und kollektiver Verurteilung.

Ich habe diese Gedanken formuliert, nachdem ich selbst in internationalen Gestaltgruppen, besonders seitens jüdischer Mitglieder, immer wieder mit diesem Problem konfrontiert war. Es hat mich beeindruckt, wie sehr unter der dünnen Decke höflicher Freundlichkeit Angst und Wut "dem Deutschen" bzw. "dem Österreicher" gegenüber sichtbar wird. Ich konnte mit Erstaunen meine defensiven Reaktionen erfahren, die zumindest als Impuls u.a. auch zu trotzigem "ja, jetzt erst recht" führen können. Es hat mich aber auch sehr berührt, wie große Gestalttherapeuten mit diesem Problemkreis gearbeitet haben. Die Kraft, diese Impulse wahrzunehmen, ihnen jedoch nicht zu folgen, wünsche ich "den Deutschen". Dann nämlich ist die Chance gegeben, daß echter Kontakt über die Grenzen der Stereotypien hinaus möglich wird, gleichsam eine Verlagerung des Ich-Du-Kontaktes im Sinne Martin Bubers auf die Ebene größerer Gemeinschaften. Die Katastrophe der KZ und des 2. Weltkrieges ist dann unsere gemeinsame Katastrophe, aus der jeder - auch in den Folgegenerationen - seine

Erfahrungen in den Prozeß der Verarbeitung einbringen kann.
Indem wir diese Arbeit leisten, soll nicht die Grenze zwischen Verbrechen und Abwehr dagegen verwischt werden, im Gegenteil. Die inneren und äußeren Bedingungen dieser Verbrechen werden jedoch "menschlicher", die Abspaltung des "unmenschlichen" wird aufgehoben, die Vorbeugung auch in sich selbst durch die so gewonnene Transparenz etwas in die eigene Reichweite gerückt. Das Medium hierfür kann wohl kaum allein die Therapie sein, sondern vielmehr Erziehung und Kunst.
Bleibt zu hoffen, daß die Machthaber in diesen Kommunikationsbereichen den Mut finden, diesen Weg der inneren Offenheit zu fördern.

Heraklitische Wege -
Gestalttherapie und Integrative Therapie: Bezüge, Gemeinsamkeiten und Divergenzen

Hilarion Petzold*

Vortrag**

Liebe Kolleginnen und Kollegen,

ich möchte heute über Gestalttherapie und Integrative Therapie sprechen, über das Verhältnis dieser beiden Richtungen zueinander, über ihre Bezüge, Gemeinsamen und Divergenzen. Meinen Ausführungen möchte ich den Satz voranstellen, mit dem **Fritz Perls** das Manuskript seiner Autobiographie "In and out the garbage pail" abgeschlossen hat. Der Satz lautet: "There is no end to integration!" Die Integrationsarbeit hört nicht auf. Ich habe diesen Satz 1970 erweitert und ergänzt: "And there is no end to creation"; denn die Integration bietet eine gute Basis, einen guten Boden für neue, kreative Entwicklung... und um Weiter- und Neuentwicklungen geht es. Seitdem die Gestalttherapie durch die Gruppen, die **Johanna Sieper** und ich 1968 in Paris durchgeführt haben, in "good old Europe" eingeführt wurde, ist ja einige Zeit vergangen. Das hat das Verfahren der Gestalttherapie nicht unberührt gelassen. Wir selbst hatten 1967 an Workshops von "**Fritz**" in Kalifornien teilgenommen. 1968, diesem unruhigen, lebendigen (und enttäuschenden) Jahr in Paris haben wir - das ging damals alles recht flott - erste Gruppen durchgeführt. Weitere Workshops bei Perls am Esalen Institute, dann am Lake Cowichan, später dann bei **"Dick" Price**, wieder in Esalen, folgten. Unsere Gestalterfahrung wuchs. Seit 1969 haben wir dann Gestaltgruppen in Deutschland, seit 1970 in der Schweiz, seit 1971 in Österreich und Norwegen durchgeführt. Etwa zeitgleich begann **Ruth Cohn** im deutschsprachigen Raum mit ihren TZI-Seminaren und mit Workshops in Gestalt- und Erlebnistherapie. Das ist nun eine Zeitgestalt - wie **Victor von Weizsäcker** sagen würde - von nunmehr 20 Jahren, auf die ich zurückblicken kann. Die Gestalttherapie ist auch hierzulande "in die Jahre" gekommen, hat Prägnanzen gewonnen, sich differenziert. Sie hat sich entwickelt, aber auch zerfleddert, sie wird von den unterschiedlichsten Gruppen praktiziert, und

---

* Aus dem"Fritz Perls Institut für Integrative Therapie" (Düsseldorf) und der Abteilung für klinische Bewegungstherapie der Universität Amsterdam.

** Die Vorträge, gehalten auf den "Münchener Gestalttagen" und auf der Jahrestagung der "Norwegischen Gesellschaft für Integrative Therapie", Oslo, wurden für die Veröffentlichung zusammengefaßt und mit Anmerkungen versehen.

so findet sie sich in ausgereiften und verstümmelten Formen, stagniert in manirierter Hot-Seat-Technik, verwässert in Gestalt-und-Workshops von unterschiedlicher Güte (Gestalt-und-Bioenergetik, Gestalt-und-TA, Gestalt-und-Hypnose etc.). Sie hat teilweise im klinischen Bereich Anerkennung gewonnen und wurde andererseits als Behandlungsverfahren abgelehnt - so gerade noch von der Bundeskassenärztlichen Vereinigung. Sie wurde von Blendern und Mißbrauchern in der grauen Psychoszene kommerzialisiert und verschleudert, und sie hat bedeutende Therapeutenpersönlichkeiten hervorgebracht - ich denke hier an Hildegund Heinl oder Alfred Dürkop. Die Gestalttherapie ist auch in Deutschland - wie ihr Begründer "Fritz" Perls - faszinierend und schillernd. Sie ist ein großartiges Verfahren geblieben und, wie alle Dinge dieser Art - nicht ungefährdet.

Als derjenige, der die "Gestalttherapie" hierzulande eingeführt und - neben dem Engagement für andere, damals "neue" Psychotherapieverfahren, z.B. dem Psychodrama, der "Therapie mit kreativen Medien", der "klinischen Bewegungstherapie"- zu ihrer Verbreitung entscheidend beigetragen hat, als jemand, der seit vielen Jahren versucht, ein eigenes, integratives Therapiekonzept zu entwickeln, wird mein Vortrag eine durchaus subjektive Sicht zu einem Abschnitt der neueren Psychotherapiegeschichte in diesem Lande bieten. Er ist eine Stellung-nahme, die, - so hoffe ich - den Dialog darüber anregen wird, in welche Richtung Gestalttherapie sich entwickeln kann, wo ihre Möglichkeiten und Reichtümer und wo ihre Grenzen und Defizite liegen, und wo schließlich Neuentwicklungen, wie ich und andere sie unternommen haben, notwendig und sinnvoll sind.

Fritz Perls war Heraklit verpflichtet. Er zitierte ihn des öfteren. Die Ideen dieses griechischen Denkers sind auch der Ausgangspunkt der Integrativen Therapie. Heraklit sagte bekanntlich, daß alles fließt, daß man niemals in den gleichen Fluß steige. Perls hatte das Heraklitische Denken von Nietzsche, den er besonders schätzte, übernommen, Nietzsche war ein Denker, der beständig auf der Suche war. Er war auch ein wichtiger Gewährsmann für Sigmund Freud. Hier möchte ich herausstellen: Ohne Nietzsche und Freud wäre Perls mit seinem Ansatz nicht möglich gewesen. Das läßt er selbst verschiedentlich erkennen. Freud war ein Heraklitischer Mensch. Wenn man sieht, wie oft er seine Theorien überdacht, revidiert und neu formuliert hat, wie er in seinen letzten Lebensjahren noch einmal ganz grundsätzliche Fragen und Fragestellungen wagt, dann demonstriert Freud selbst, daß in der Entwicklung eines Psychotherapieverfahrens nicht ein festes Lehrgebäude, nicht eine "ewige Wahrheit", ein festes Dogma wichtig sind, sondern permanente Integrationsarbeit und kreative Initiative. Unter diesem Blickwinkel sind dann die Leute als bedenklich anzusehen, die Psychoanalyse noch immer so betreiben, wie in den 20er oder 40er Jahren, für die - von kleineren Variationen einmal abgesehen - in der Psychoanalyse nichts weitergegangen ist . Und so sind natürlich auch die Leute bedenklich, die Gestalttherapie betreiben, als sei es noch 1970 und die ihre Theoreme noch immer in der kruden undifferenzierten Art und Weise vortragen, wie sie Perls in seinen auf "Publikumswirksamkeit" ausgerichteten Vorträgen Ende der 60er Jahre verbreitet hat; Leute, die nicht einmal zu kleineren Variationen fähig sind - ich denke hier an Entwicklungen theoretischer und methodischer Art und nicht an irgendwelche "neuen" gimmicks, an Interventionsspirenzchen. Derartige Stagnationen wiegen für die Gestalttherapie unendlich schwerer als für die Psychoanalyse, denn im Unterschied zum theoretisch und methodisch vielfältigen, reichen Oeuvre Freuds, hat uns Perls zwar eine faszinierende Praxeologie, aber nur rudimentäre und z.T. recht inkohärente konzeptuelle Fragmente hinterlassen. Gestalttherapeuten müssen deshalb die Heraklitische Bewegung wieder aufnehmen. Die Psychoanalyse hat die Fruchtbarkeit eines solchen Denkansatzes bewiesen. Aus ihr sind bis heute immer wieder neue Facetten, neue Aspekte psychotherapeutischer Sichtweisen, psychotherapeutischen Handelns hervorgegangen, unter anderem auch die Gestalttherapie; denn insbesondere in ihrer Perlsschen Version handelt es sich um eine "psychoanalytische Therapie", auch wenn eine solche Sicht vielen Gestalttherapeuten nicht schmeckte, die Perls'Polemik gegen die Psychoanalyse blind übernommen haben, ohne sich mit dem Werk Freuds jemals gründlich auseinandergesetzt zu haben. Wenn man nämlich die Perlsschen Texte einmal genau liest - und ich spreche hier nicht von den Goodmanschen Schriften, ist eigentlich Fritz Perls der Psychoanalyse sehr verhaftet geblieben, trotz aller Abgrenzungsversuche und Umformulierungen. Was ist - im Prinzip - das "continuum of awareness" anderes, als die "freischwebende Aufmerksamkeit"? Und was ist die "skillful frustration" anderes als die "abstinente Haltung", durch die der Patient auf sich selbst, seine Verantwortung zurückgeworfen wird? Top-Dog und Under-Dog sind so verschieden vom Instanzenmodell nicht. Man könnte viele Begrifflichkeiten aufführen, die Perls etwas verändert hat, ihnen eine andere Schattierung gegeben hat. In vielfacher Hinsicht bleibt er dabei aber dem Kanon der Psychoanalyse treu: ihrem biologistischen Menschenmodell, der späteren ich-psychologischen Ausrichtung Freuds, ihrer Theorie der Abwehrmechanismen, letztlich sogar ihrem Paradigma in der Pathogenese - die "ungelöste ödipale Situation" ist ein Sonderfall des

"unfinished business". Perls' Variationen berühren vielfach die paradigmatischen Grundpositionen nicht. Andererseits finden sich bei ihm aber auch erhebliche Divergenzen zum Diskurs der Psychoanalyse. David Rapaport[1] hat einmal festzulegen versucht, welche Positionen für die Psychoanalyse unverzichtbar sind, woraus sich dann festmachen läßt, wann man noch zur "psychoanalytischen Familie" gehört und wann nicht mehr. Kernpunkt bleibt dabei das Konzept des Unbewußten mit seinen Manifestationen (Übertragung, Widerstand, Abwehr). Perls hat hier die wesentlichen Positionen beibehalten, allerdings verdünnt, insbesondere was das Unbewußte anbelangt. Er verzichtet indes keineswegs auf das Konzept. Es taucht z.B. auf in den drei Zonen des Kontaktes: des Kontaktes nach Außen, des Kontaktes nach Innen und der "intermediate zone of phantasy", die Zonen der Ideen, Vorstellungen und Träume[2]. Auch das Modell der "Zwiebel" impliziert das Unbewußte.
Und selbst das Freudsche Konzept "wo Es war soll Ich werden" findet sich wieder, wenn Perls fordert, daß die Zwischenzone des "Nichtkontaktes" therapeutisch so angegangen werden solle, daß Kontakt nach innen und nach außen geschaffen werden muß. An anderer Stelle verdünnt er das Konzept des Unbewußten zu einem "not yet awareness" (dies ist nicht im Sinne von Ernst Bloch zu verstehen). Schaut man in die Praxis von Fritz Perls, dann sieht man, wie wichtig die Arbeit mit Übertragung ist, wenngleich er diesem Begriff sehr zurückhaltend gegenübersteht; aber ohne dieses Konzept wäre seine Hot-Seat-Arbeit gar nicht erklärbar. Theoretisch und praktisch stellt er noch andere Artikulationen des Unbewußten besonders heraus: den Umgang mit Widerstand (re-sistance soll in as-sistance umgewandelt werden) und mit Abwehrvorgängen (avoidance). Diese Phänomene sollen im "Hier-und-Jetzt" bearbeitet werden. Es muß an dieser Stelle vermerkt werden, daß auch für Freud Übertragungsarbeit, Widerstandsanalyse, die Bearbeitung der Phänomene bedeutet, die im "Hier-und-Jetzt" der Behandlungssituation auftauchen. Die Unterschiede liegen im wesentlichen in der Form der Bearbeitung durch aktionales Vorgehen und Dramatisierung, nicht aber im konzeptuellen Rahmen. Bei allen Revisionen kann man doch sagen, daß die Perlssche Gestalttherapie eine Entwicklung am Stamme der Psychoanalyse ist. In vielen Bereichen führt sie über diese hinaus, etwa im Bereich der Praxeologie, der praktischen Intervention. In vielen Bereichen führt sie aber auch hinter sie zurück oder nimmt die fruchtbaren Weiterentwicklungen der Psychoanalyse nicht zur Kenntnis[3].
Die Psychoanalyse "nach Freud" (Pontalis[4]) ist ja ungeheuer fruchtbar geworden und geblieben. Von der Gestalttherapie, insbesondere der amerikanischen, kann man das in dem Maße eigentlich nicht sagen. Sie ist bislang "nach Perls" weder theoretisch noch praxeologisch sehr fruchtbar geworden.

Das hat seine Gründe und seine Geschichte. Schaut man in die Literatur, so ist eigentlich seit dem Buch von Perls Hefferline und Goodman 1951 nichts weitergegangen[5]. Perls ist, wie aus seinen Vorträgen und Vortragsnachschriften ersichtlich wird, hinter Perls / Hefferline Goodman, d.h. aber genau genommen, hinter Goodman zurückgefallen, den er nie richtig verstanden hat, wie Isadore From zu recht deutlich macht.[6]

"Nach Perls"gibt es nur ganz kleine Entwicklungen: einmal die "Gestalt therapy integrated", die integrative Gestalttherapie, ein Begriff und ein Konzept, das die Polsters entworfen haben[7], ohne es indes zu entwickeln.

Wenn man aber das Polster-Buch, das praxeologisch ganz ansprechend ist genauer besieht, dann ist da eigentlich weniger als bei Perls selbst zu finden. Aus dem Clevelander Institut sind allerdings dann tatsächlich Vorstöße gemacht worden, die ein bißchen weiter führen: mit den Arbeiten von Joel Latner, insbesondere aber durch das Buch von Joseph Zinker "Gestalttherapie als kreativer Prozess"[8]. Zinker macht als erster in der amerikanischen Gestalttherapie einen bescheidenen, allerdings nicht sehr kenntnisreichen Versuch, die Phänomenologie, auf die sich Perls immer beruft, die er aber inhaltlich und methodisch nicht weiter ausführt (sowohl vom denkerischen Ansatz her als auch von der Einbettung und Begründung für sein Gesamtgebäude)... Zinker macht also den Versuch, die Phänomenologie stärker zur Fundierung der Gestalttherapie heranzuziehen, und es gelingt ihm fast der Schritt zu einer hermeneutischen Therapie. Ihn hindert daran seine unzureichende Kenntnis von Phänomenologie und Hermeneutik sowie seine Unkenntnis des späten Werkes von Paul Goodman. Und dann ist in der Gestalttherapie amerikanischer Provenienz eigentlich nichts mehr gekommen und auch nicht von den europäischen Adepten dieser Gestalttherapie, außer dem ärgerlichen Buch von Staemmler und Bock[9] "Neufassung der Gestalttherapie", das in völliger Ignoranz wissenschaftstheoretischer, therapietheoretischer und klinischer Überlegungen und Kenntnisse, die Gestalttherapie gründlich "verschlimmbessert" hat . In diesem Buch der Würzburger Therapeuten wird an die Schwächen der amerikanischen Gestalttherapie angeknüpft. Ich bin hier ein bißchen polemisch, aber warum auch nicht. Wir können nachher die Klingen schärfen und diskutieren.

Dann ist da die "europäische Gestalttherapie". Sie entstand durch den Reimport der ursprünglich in Deutschland entwickelten Ansätze zu einer gestalttherapeutischen Theorie und Praxis. Diese Ansätze wurden von Leuten zurückgebracht, die die europäischen Ursprungsquellen der Gestalttherapie gut kannten, weil sie in diesen philosophischen und psychologischen Traditionen und ihren Weiterentwicklungen ausgebildet worden waren. Ich bin der Auffassung, daß die "europäische Gestalttherapie" über die amerikanischen Ansätze hinausgeht. Eine solche Aussage zu machen ist nicht einfach, da wir aufgrund des komplexen und düsteren Hintergrundes der deutschen Vergangenheit es schwer haben, ein solches Selbstbewußtsein zu entwickeln. Wir hängen meistens noch dem Glauben an, daß alles, was von Amerika kommt, gut, oder zumindest was besonderes sei. Einem solchen Glauben muß man, wenn man die Fakten des wirtschaftlichen, politischen und geistigen Lebens ernst nimmt, schon seit langem eine Absage erteilen - nicht erst seit dem Aufstellen der Pershings und der neuerlich intendierten Produktion binärer chemischer Kampfstoffe durch Amerika. Über dieser Grundhaltung wurde vielfach auch vergessen, daß ein großer Teil der wirklich wichtigen und interessanten psychologischen Entwicklungen in den Vereinigten Staaten auf dem Boden europäischen Gedankengutes erfolgte. Denker wie Sartre oder Husserl, Psychologen wie Kurt Lewin oder Charlotte Bühler, Psychotherapeuten wie Moreno oder Horney lieferten für die neuen Entwicklungen unverzichtbare Grundlagen.

In der europäischen Gestalttherapie, die - historisch betrachtet - ihren Anfang in der Gruppe der Therapeuten nahm, die das "Fritz Perls Institut" gründeten - lassen sich zwei relativ eigenständige Richtungen im Sinne von Weiterentwicklungen unterscheiden: diejenige, die zum Konzept der "Integrativen Therapie" geführt hat (Petzold, Sieper, Heinl, Frühmann etc.) und die, die zu einem Konzept "gestalttheoretisch fundierter Psychotherapie" führte (Walter). Gerade der letztgenannte Ansatz verdient Interesse. Hans Jürgen Walter, seit 1972 Ausbildungskandidat am FPI, später Mitarbeiter des Instituts, hat konsequent versucht, die Gestalttherapie auf gestalttheoretische Beine zu stellen[10]. Das war notwendig, denn damit wurde ein Anspruch eingelöst (zumindest weitgehend), der "offen" war. Deshalb hierzu einige Bemerkungen: Perls hatte ja einfach nur beansprucht, oder jedenfalls teilweise beansprucht (denn er distanziert sich auch verschiedentlich in Äußerungen von den Gestaltpsychologen), Gestalttheoretiker zu sein. Das geschah aus einer ganz bestimmten historischen Situation heraus. Ursprünglich wollte er nämlich sein "Kind", das von ihm entwickelte Therapieverfahren,gar nicht mit dem Namen "Gestalt" belegen. Er hatte es ursprünglich "concentration therapy" genannt, als er 1942 in dem Buch, das er in Durban, Südafrika, veröffentlichte, über seine Revisionen der Psychoanalyse schrieb[11]. Er machte in diesem Buch deutlich, daß er seine Arbeit auch als Fortführung der Konzepte seines Lehrers Wilhelm Reich sieht. 1948, in den ersten Jahren nach seiner Übersiedlung in die USA, veröffentlicht er einen Aufsatz, in

dem er seinen Ansatz "theory and therapy of personality integration" nennt [12].
Dieser Text war übrigens, das sei hier kurz angemerkt, die Basis, aufgrund derer Paul Goodman das Buch "Gestalt Therapy" geschrieben hat. Der Aufsatz von 1948 weist einen Weg hin zu einer "Integrativen Therapie", den Perls aber nicht weiter ausarbeitete, weil er die Ausarbeitung an Goodman delegiert hatte.

Als Perls nach Amerika kam, war er in einer schwierigen Situation, wie viele der emigrierten jüdischen Wissenschaftler und Psychoanalytiker. Er suchte Kontakte unter seinen psychoanalytischen Kollegen und natürlich bei denen, zu denen er die größte Affinität hatte. So vermittelte Erich Fromm ihm den Einstieg bzw. die Übernahme der Praxis von Ziefferstein, der an die Westküste zog, und so ergaben sich intensive Kontakte mit Clara Thompson, einer Analysandin von Sandor Ferenczi, dessen Ansätzen auch Perls aufgrund seiner Analyse bei dem Ferenczi-Freund W. Reich und dem Ferenczi-Schüler E.Hitschmann nahestand. In dieser Zeit der "Orientierung" ist Perls auf Paul Goodman, einen brillianten Dichter, Alternativpädagogen, Bürgerrechtler, Anarchisten, Sozialphilosophen, Bewunderer von Freud und vorübergehend Schüler von Reich, gestoßen. Er wurde Analysand von Lore Perls. Fritz hat dann Goodman ein Geld gegeben, damit er in seine Texte und Entwürfe etwas Ordnung bringe, um ein Buch daraus zu machen. Und Paul Goodman hat dies auch in Angriff genommen... mehr oder weniger erfolgreich. Er war ja kein Kliniker und hatte, als er den <u>Basistext</u> in der Gestalttherapie schrieb, - so jedenfalls wird dieses Buch heutzutage von einigen Gestalttherapeuten gewertet [13] - praktisch <u>keine</u> Erfahrung mit Patienten (!). Immerhin hatte er mit diesem Buch die Gelegenheit, Linien seines Denkens zu entwickeln, die - und damit wird es problematisch - nicht unbedingt mit den gedanklichen Linien von Perls übereinstimmten. Das Buch wurde fertig, und nun galt es, für das Ergebnis der Goodmanschen Arbeit einen Namen zu finden. "Concentration therapy" war es wohl nicht mehr. Der Name war zu sehr an der Technik von F.M. Alexander orientiert, dessen Arbeit Perls in Südafrika beeinflußt hatte. Und "therapy of personality integration"....? Integration war damals noch nicht "in". Man stand eher auf methodischem Purismus. Aber es gab da in New York die "New School of Social Research", eine sehr innovative Institution, die immer offen für neue Impulse war - an ihr gab 1927 und 28 Sandor Ferenczi 8 Monate lang Gastvorlesungen, wodurch Sullivan und Clara Thompson mit seinem Werk vertraut wurden und letztere sich entschloß, bei ihm in Analyse zu gehen. Ende der 40er Jahre hatte an dieser Schule die Gestalttheorie und -psychologie einen sehr guten Namen. Immerhin waren durch den Alptraum des Dritten Reiches Leute wie Lewin, Koffka, Köhler, wie Wertheimer, Fritz Heider und andere Gestaltpsychologen emigriert, die in den USA die Gedanken vor allem der Berliner Schule bekannt machten. Aron Gurwitsch, Mentor von Merleau-Ponty, Phänomenologe, Anhänger <u>und</u> Kritiker gestaltpsychologischen Denkens, war einflußreicher Professor an der New School of Social Research. Perls und Goodman beabsichtigten, von diesem Trend zu profitieren, und ihr Kind - gegen den Widerstand von Lore Perls - "Gestalttherapie" zu nennen.[14] Das Buch von Fritz "Ego, hunger and aggression" bezog sich ja im Einleitungsteil stark auf gestaltpsychologisches Denken, allerdings war es in der ersten Auflage (Durban 1942) noch nicht Max Werthheimer gewidmet, sondern es wurde dort der Beitrag von Lore Perls herausgestellt, die das eine oder andere an diesem Buch mitgeschrieben hatte, und die in der Gestaltpsychologie weitmehr zu Hause und bewandert war als Fritz. (Leider erscheint in den späteren Auflagen von 1948 und 1969 der Hinweis auf die Mitarbeit von Lore Perls nicht mehr, statt dessen erschien die Widmung an Max Werthheimer). So ist es dann zu der Bezeichnung "Gestalttherapie" gekommen, obwohl in dem Text nur der Bezug auf gestalttheoretisches Denken genommen wurde.[15] Wie denn auch? Perls hatte zu dem Buch kaum etwas beigetragen und die Gestalttheorie und -psychologie nur oberflächlich rezipiert. Hefferline war ein physiologisch orientierter Experimentalpsychologe, dessen vorausgegangenes und nachfolgendes Werk sich nie mit gestaltpsychologischen Fragen befaßt hatte und der auch weiterhin nicht an der gestalttherapeutischen Bewegung mitarbeitete. Goodman, Autor des gesamten theoretischen Teils, hat das Buch in "souveräner Ignoranz" der Gestalttheorie und -psychologie geschrieben, souveräner Ignoranz, weil er ansonsten ein sehr kenntnisreicher Mann und ein brillianter Denker war. In seiner von Tom Niceley[16] besorgten Bibliographie findet sich in den bis 1951 veröffentlichten 208 Titeln kein einziger zur Gestaltpsychologie bzw. Gestalttheorie, ja im Gesamtoeuvre mit über 1000 (tausend) Titeln findet sich keine spezifische Publikation zu diesem Bereich, und gestaltpsychologische Konzepte und Autoren werden nur maginalst erwähnt (ich habe 6 belanglose Stellen gefunden). Goodman schickte den ersten <u>draft</u> seines Textes "Gestalt therapy" an Wolfgang Köhler. Köhler sandte ihm das Manuskript mit einigen, Unverständnis bekundenden Bemerkungen zurück: Das habe doch mit Gestaltpsychologie und -theorie eigentlich nicht viel zu tun, der Inhalt sei "harmless, allmost cheap". Goodman schreibt ihm daraufhin einen unverschämten Brief zurück, der die ganze Goodmansche Peppigkeit hat, Aggressivität und Esprit. In diesem Brief fährt er Köhler über den Mund und sagt in prophetischer Weise, die Gestaltpsychologie werde einst mehr Bekanntheit durch die Gestalttherapie gewinnen als die Gestalttherapie von der Gestaltpsychologie profitieren werde[17]. Goodman sollte mit dieser Aussage recht behalten, denn die Gestalttherapie ist - zumindest in Psychotherapeutenkreisen, leider, muß man sagen - bekannter als dieGestalttheorie, obwohl bei der Gestalttheorie sowohl der Berliner wie auch der Leipziger und nicht zuletzt der (späten) Grazer Schule (vgl. das Werk Weinhandls[18]) für die Fundierung klinischer Psychotherapie sehr viel zu holen wäre. Die psychotherapeutischen Schulen haben bislang auf diesen Fundus nicht zurückgegriffen. Insbesondere die Gestalttherapie hat das nicht getan - sieht man einmal von den Arbeiten der FPI-Therapeuten (früher Hans Jürgen Walter, jetzt Karlheinz Ladenhauf[19]) ab. Goodman selbst hatte zu einer Orientierung an der Gestalttheorie keine Motivation, denn er hatte eigene Interessen, die in andere Richtungen gingen. Und hier haben wir jetzt die Hauptursache - oder zumindest eine der wesentlichen Ursachen - für die theoretische Unfruchtbarkeit der amerikanischen Gestalttherapie. Es ist nicht nur so, wie Fagan und Shepherd in ihrem Buch "Gestalt therapy now"[20] schreiben: "Gestalt therapists rather tend to be doers than sayers"... Das ist nur eine Sache. Aber die Moreno-Leute sind auch "doers", und das nicht zu knapp, und haben doch ganz schöne Literatur zum Psychodrama hervorgebracht. Hier also liegen die Probleme nicht, sondern wir haben ganz am Anfang der theoretischen Entwicklung der Gestalttherapie einen "impass", eine Blockierung. Und die Blockierung besteht darin, daß Paul Goodman etwas ganz anderes dachte, sicherlich auch fühlte und wollte, als der Psychoanalytiker Fritz Perls, der noch Anfang der 50er Jahre Leute auf der Couch behandelt hat, wie Ruth Cohn mit einer netten Anekdote belegt.[21]

Lore Perls sagte 1982 in einem Interview: "We still called ourselves psychoanalists, but revisionists" , und das bis Mitte der 50er Jahre. Sie war, wie erwähnt, gegenüber der ursurpierenden Übernahme des Gestaltbegriffes sehr ablehnend gewesen, zumal ihrer Auffassung nach Fritz von der Gestaltpsychologie wenig verstand, wie sie in ihren Vorträgen immer wieder herausstellte: "Fritz, der hat halt den Gestaltbegriff so genommen, wie es für ihn gerade nützlich war. Er war ein paar Monate Assistenzarzt bei Goldstein, aber er hat die Gestalttheorie nie richtig verstanden." Das ist ihr Urteil, und sie versäumt es nicht, dabei immer wieder auf ihre Promotion bei dem Gestaltpsychologen A. Gelb hinzuweisen[22]. Nun muß man sehen, was da auch zwischen dem Ehepaar Perls gelaufen ist. Derartige Äußerungen müssen gewichtet werden, wenn man sie unter historischer Perspektive betrachtet. Aber so ganz von der Hand zu weisen ist die Auffassung von Lore Perls nicht[23].

Die durch die divergenten Ausrichtungen von F. Perls und P. Goodman im Buch "Gestalt therapy" von 1951 (erschienen unter dem Namen von Perls, Hefferline, Goodman)begründete "impasse", kommt nun noch verschärft in ihrer hemmenden Wirkung dadurch zum tragen, daß Perls für die 500 Dollar Honorar[24], die er dem finanziell schlechtgestellten Goodman gab, seinen Namen als "senior author" auf das Buch setzte, dessen theoretischer Teil eigenständlich und zur Gänze von Goodman geschrieben worden war.[25] Goodman war darüber sehr gekränkt, und diese Angelegenheit war einer der Gründe für seinen späteren "Ausstieg aus der Gestalttherapie"[26], wie in seinem berühmten "psychology today"-Interview von 1969 zum Ausdruck kommt . Obwohl Perls und Goodman durchaus in einigen Bereichen "common ground" hatten, kamen sie aus unterschiedlichen Traditionen und blickten, trotz einiger gemeinsamer Anliegen, in unterschiedliche Richtungen. Goodman war Literaturtheoretiker, Polittheoretiker anarchistischer Provenienz, guter Kenner der Anarchismusliteratur, Freund von Ivan Ilich. Er hatte in Chicago Literaturwissenschaften und Pädagogik studiert, in der besten amerikanischen Tradition des Pragmatismus, die in Chicago von John Dewey repräsentiert wurde. Dewey hatte, als er nach Chicago berufen wurde, seinen Freund George Herbert Mead als Asisstenzprofessor mitgebracht. Als Theoretiker ist Mead sicher bedeutender als Dewey. Er ist der Vater des symbolischen Interaktionismus und hat Männer wie Blumer, Nathanson, Goffman oder A. Strauss,(in Deutschland J. Habermas) nachhaltig beeinflußt. Der Anarchismus und die Radikaldemokratie der Väter der amerikanischen Verfassung, der amerikanische Pragmatismus, klassische philosophische Traditionen wie Aristotelismus und Thomismus, eine tiefe Bewunderung für Kant.... das waren die Traditionen des Denkens, in denen Goodman stand und zu denen Perls praktisch keine Verbindung hatte. Goodman war interessiert, offen, ein sehr vielfältiger Denker, der aus den unterschiedlichsten Quellen schöpfte und immer auf der Suche nach neuen Perspektiven war. Ihn faszinierte das kulturkritische Moment der Freudschen Theorie genauso wie der politische Reich, und seine Fragen um das Verhältnis von Sexualität und Politik, die Goodman ein Leben lang aus eigener Betroffenheit beschäftigten - er steht an den Anfängen des "gay liberation movement"[27] und war gleichzeitig ein liebender Ehemann und engagierter Vater. So war das Manuskript von Perls für ihn eine Herausforderung, die Inspiration, die er aus seiner Lektüre von Freud, insbesondere seiner Auseinandersetzung mit dem Werk von Otto Rank und seinen Erfahrungen mit Wilhelm Reich gewonnen hatte, mit seinen sozialutopischen Ideen zu verbinden. Er wurde durch die Aufgabe, die Perls ihm stellte, herausgefordert - zum Teil auch überfordert, weil sein Fundus an theoretischem Wissen im klinischen Feld nicht ausreichend war. So versuchte er, aus dem zu schöpfen, was ihm bekannt war, aus der Literatur, aus der Erziehungswissenschaft, aus der Philosophie.[28] Das Goldsteinsche Homöostase-Modell formuliert er um und entwickelt, abweichend vom Gebrauch dieses Modells durch Perls, der es in Richtung eines kybernetischen Modells in einer späteren Arbeit ausbaut[29], das Konzept eines "Kontaktzyklus" unter offensichtlichem Rückgriff auf G.H. Mead, der dieses Modell schon in den 20er Jahren vertritt. Mit dem Modell des Kontaktzyklus kommt er zur Vorstellung des "prozeßhaften Selbst" und damit zu einer Persönlichkeitstheorie, die die strukturale, elementenhafte Sicht des Freudschen Instanzenmodells ablöst. Interessanterweise findet sich bei einem anderen Denker in der Mead-Tradition, E.Goffman aus soziologisch-sozialpsychologischer Perspektive ein ähnlicher Gedanke, denn er schreibt in seinem Buch "Wir alle spielen Theater", daß das Selbst das Resultat einer gut gespielten Szene ist, es also konstituiert wird in der Interaktion, durch die Anwesenheit von Mitspielern. Ohne diese gäbe es auch kein Ich bzw. Selbst[30]. Hier wird aus einer soziologischen Perspektive das vertreten, was Goodman aufgrund der Perlsschen Vorgabe in einer mehr "physiologischen Perspektive" denken mußte (dies ist auch dem Meadschen Denken gar nicht so fern, weil Mead in seinem Frühwerk sich intensiv mit physiologischer Psychologie während seiner Studienaufenthalte in Berlin und Leipzig befaßt hat)[31]. Noch ein anderes Moment in der Denkbewegung Goodmans verdient Interesse, seine Auseinandersetzung mit Sprache, Sprechen, poetischem Sagen. Schon in "Gestalt therapy" zeigt sich die Bedeutung dieser Perspektive - was könnte man auch von einem "Poeten" wie Goodman, der hunderte von Gedichten, mehrere Romane, zahllose Kurzgeschichten geschrieben hat, anders erwarten. Und auch sein späteres Werk geht in diese Richtung. Goodman schreibt in seinen letzten Lebensjahren einige wichtige linguistische und literaturtheoretische Arbeiten, die in zwei Büchern zusammengefaßt sind[32]. In diesen Arbeiten zeigt er sich einem aktionalen Sprachverständnis, wie es die Theoretiker "action language" z.B. Austin und Searle[33] vertreten, verpflichtet (hier ließen sich auch Bezüge zu neueren Entwicklungen in der psychoanalytischen Sprachtheorie von R. Schaffer herstellen)und bezieht Position der Sprachtheorie von Merleau-Ponty,[34] meinem Hausphilosophen, ein. Leider sind diese Arbeiten den amerikanischen Gestalttherapeuten unbekannt geblieben, zumindest nehmen sie keinen Bezug auf sie. Verständlich wäre dies schon, weil hier sich eine zum Perlsschen Diskurs des Denkens ganz unterschiedliche Dimension auftut: die Möglichkeit zu einer sprachtheoretisch fundierten Psychotherapie, zu einer therapeutischen Hermeneutik, zu einer gesellschaftstheoretisch und politisch begründeten therapeutichen Praxis, die dem biologistisch oder physikalistisch orientierten Diskurs von Fritz Perls eine Absage erteilt. Gestalttherapeuten amerikanischer und europäischer Provenienz haben indes immer für den Perlsschen Diskurs eine größere Affinität gezeigt als für den von Paul Goodman. Der zunehmende Rekurs auf die Energiemetapher (Staemmler, Bock)[35] oder auf die "Autopoiesis-Theorie" von Varela und Maturana (z.B. durch Portele)[36] machen dies deutlich.

Weil Perls das Denken von Paul Goodman letztlich fremd war, nahm er in seinem späteren Werk auf den theoretischen Teil in Perls/Hefferline/Goodman - den er offenbar gar nicht richtig verstanden hatte - keinen Bezug - allenfalls auf die darin befindlichen Relikte seines eigenen Denkens -, geschweige denn, daß er diese Theorien weiterentwickelte. Vielmehr fuhr er in den 60er Jahren mit seiner Theorienbildung - wenn man seine populären Vorträge als solche werten will - da fort, wo er 1948 aufgehört hatte. Diese Reaktion von Perls ist verständlich. Er sah sich von Goodman um die Chance eines Buches gebracht, das seine Gedanken in seinem Sinne ausformulierte. Er stand mit Goodman im New Yorker Institut in einer intellektuellen Rivalität, die ihm eine Verliererposition zuwies. Nicht zuletzt hatte er bei seiner Frau Lore Perls verloren, die sich dem kultivierten und intellektuell brillianten Goodman immer mehr zuwandte. Aber auch inhaltliche Gründe mögen Perls dazu bewogen haben, den Entwurf Goodmans nicht weiter auszuarbeiten. Nicht nur daß ihm so manches an der Gedankenführung und Argumentation fremd war, ihm fehlte wohl auch die klinische Perspektive. Perls war Kliniker, Psychotherapeut, Psychoanalytiker mit langjähriger Patientenerfahrung. Goodman hatte seinen Text schnell, in einem knappen Jahr geschrieben neben all seinen anderen Aktivitäten und Publikationen (24 Titel in 1949, 18 in 1950, 11 in 1951, davon insgesamt nur 4 Titel mit psychologisch/therapeutischem Inhalt)[37]. Ausweislich seiner Biographie über die Jahre 1931 - 1951 mit 208 Titeln hatte er keinerlei klinische Veröffentlichungen und nur ein halbes Dutzend psychoanalytisch-kulturkritischer Essays und "notes". Auch in seinem gesamten nach 1951 publizierten Oeuvre finden sich keine klinischen Arbeiten. Dieses Faktum und die fehlende Patientenerfahrung schlugen sich denn auch in seinem Manuskript nieder, das ein allgemeinpsychologischer, psychoanalytisch-psychotherapeutischer "Essay" im französischen Sinne des Wortes mit kulturkritischer Zielsetzung war. Es war ein Versuch voller brillianter Ideen, aber auch voller Inkonsistenzien und Brüchigkeiten und voller Gedanken, die zu den herkömmlichen psychotherapeutischen Linien des Denkens - auch denen von Perls - querstanden. Kein Wunder also, wenn Perls in der

Folge nicht auf Goodman zurückgriff. Es war also nicht nur das Faktum, daß Goodman Perls intellektuell Paroli bot oder in der zerbrechenden Ehe der Perls für Fritz eine Bedrohung darstellte[38], es war eine gedankliche Unverträglichkeit, deren Folgen sich nicht nur in der Mißachtung des Goodmanschen Werkes durch Perls, im Rückzug von Goodman aus der Gestaltszene, in der fehlenden Rezeption des Goodmanschen Oeuvres durch die Gestalttherapeuten, in der Abwertung von Fritz Perls durch Goodman-Schüler wie Isadore From[39] zeigt, sondern in der theoretischen Stagnation der Gestalttherapie. Dadurch nämlich, daß Perls sich als Hauptautor auf Goodmans Buch setzte, sich also mit fremden Federn schmückte ohne kenntlich zu machen, von wem die Ideen dieses Buches stammten, und dadurch, daß er sein eigenes Denken später bezuglos im Hinblick auf das "Basisbuch" von 1951 fortführte, entstand das Problem, daß die Leute die zur Gestalttherapie kamen und sich mit ihren Konzepten befaßten, die bestehenden Divergenzen nicht als solche erkannten und glaubten, es müsse dies alles - weil aus einer Feder, nämlich der von Perls - auch unter einen Hut zu bringen sein (es ist interessant zu sehen, wie in den zahllosen Veröffentlichungen über Gestalttherapie beständig Goodmans Ideen mit Formulierungen zitiert werden: "Perls schreibt", "Wie Perls sagt" etc.).

"Two theories in one"[40] scheint offenbar nicht nur ein Problem der Psychoanalyse zu sein. Nur liegen bei Freud die Probleme in seinem"scientistischen Selbstmißverständnis" (Habermas),daß er nämlich seine phänomenologisch-hermeneutisch gewonnenen Befunde mit Metaphern der Physik erklärte[41]. Für die Perlssche Phänomenologie und seinen Existentialismus gilt ähnliches, indem Perls in seiner "Metapsychologie" beständig in biologistischen und zuweilen physikalischen Metaphern argumentiert. Und da dies auch derzeit "à la mode" ist, hat er darin genügend Nachahmer gefunden, die - wie er - die Probleme der Verbindung naturwissenschaftlicher und geisteswissenschaftlicher Argumentation, biologischer und sozialwissenschaftlicher, positivistischer und hermeneutischer Gedankenführung ignorieren, unter den Tisch wischen oder überspielen[42]. In der Gestalttherapie gibt es daher vieles zu klären und zu entwirren. Ihre Probleme liegen u.a.:

1. In der ungeklärten erkenntnistheoretischen Position von Perls: Phänomenologie und Existentialismus oder biologische Arguemntation? Und sollte eine Verbindung erarbeitet worden sein, um diese beiden Diskurse zu versöhnen, welcher Art ist sie, wo ist sie expliziert?

2. In der Ursupierung des "Gestalt-Begriffes"[43] durch einen sträflich oberflächlichen Rekurs auf eine unverstandene Gestalttheorie und Gestaltpsychologie und durch einen in der Regel rein metaphorischen Gebrauch von gestaltpsychologischen Termini. - Gestaltpsychologen der ersten Generation wie Köhler und Arnheim und später Henle und Tholey[44] u.a. haben sich denn

auch teilweise heftig und mit guten Gründen gegen die mißbräuchliche und unrechtmäßige Verwendung des Gestalt-Begriffes durch die Gestalttherapie gewandt. Tholey hat von "Gestalt-Geschwätz" gesprochen, "wobei natürlich rein wahrscheinlichkeitstheoretisch zu erwarten ist, daß bei viel Geschwätz ab und zu ein paar gute Sprüche herauskommen"[45].

3. Stehen im Werk von Perls Psychoanalyse und Gestalttheorie gänzlich unverbunden nebeneinander. Das Verhältnis zur Psychoanalyse wird rein polemisch bestimmt, ohne daß Perls deutlich macht, wo und inwieweit er Psychoanalytiker geblieben ist. Auch Goodman macht sein Verhältnis zur Psychoanalyse in "Gestalt therapy" 1951 - aufgrund des Druckes von Fritz Perls - nicht klar, denn in seinen übrigen Äußerungen, insbesondere in seinem Nachruf auf Freud[46], erkennen wir nur tiefste Bewunderung für den "father of the psychoanalytic movement".

4. Probleme kommen auf in der völligen Unbestimmtheit des Phänomenologieverständnisses von Perls, dessen okkasionelle Verweise auf Husserl wenig hilfreich sind, da Husserls Begrifflichkeiten wie die der "phänomenologischen Reduktion" oder der "epoché" sich mit den marginalen Äußerungen, die Perls über Phänomenologie macht, nicht vereinbaren lassen. Auch Goodman ist nicht klarer, und so finden wir im Perls-Goodmanschen Werk ein äußerst verwaschenes Phänomenologieverständnis und eine Verkürzung der Gestalttheorie zu einem "naiven bis seminaiven Phänomenologismus" (Tholey[47]). Ganz ähnliches ist übrigens vom existenzphilosophischen Konzept zu sagen, das im Werk von Fritz Perls (aber nicht bei Goodman, der eher der Existenzphilosophie zurückhaltend gegenübersteht und stehen muß) aufscheint. Zwar werden Buber, Sartre, Heidegger, Tillich und Marcel von Perls genannt, aber seine eigene Position bleibt vage. Daran ändern arbiträre Zusammenstellungen Perlsscher Aussagen zur "Gestaltphilosophie" (zu einer solchen werden jetzt seine gedanklichen Versuche hochstilisiert) wenig. Willkürliche Kompilationen wie die von Fuhr[48] wirken eher peinlich und schaden dem Anliegen und Ansehen von Fritz Perls, da sie lose im Kontext von Vorträgen versprengte Aussagen aus diesem Kontext reißen, zusammenstellen und damit zu einer Massivität von Falschheit, Naivität oder Einseitigkeit verdichten, die nicht mehr zu vertreten ist und von Perls sicher nie intendiert war[49]. In dieser Hinsicht müßte man Perls vor seinen Epigonen schützen.

5. Verwirrung muß geklärt werden, die durch die Unkorrektheit von Perls in bezug auf die Urheberschaft Goodmans entstanden ist. Die Gestaltszene in den USA und hierzulande schreibt das fort, wenn sie weiterhin nicht unterscheidet, was wem zuzurechnen ist, wie sie es ohnehin mit Urheberschaften und geistigem Eigentum nicht allzu genau nimmt.[50] Durch Perls' Unrecht

an Goodman wird dessen eigenständiger Entwurf verkannt und nicht an das übrige Werk dieses kreativen Denkers und Sozialreformers rückgebunden, so daß die Intensionen des Buches unverständlich bleiben, seine Quellen obskur und einer Weiterentwicklung zu einer "Gesellschaftstherapie" à la Goodman (denn in diese Richtung hat er uns Wege gewiesen, um ein solches Unterfangen ging es ihm) nicht geschieht. Eine solche Weiterentwicklung hätte allerdings die Abschaffung der Psychotherapie und der Psychotherapeuten zugunsten von alternativen Lebensgemeinschaften und Selbsthilfeinitiativen zur Folge (vielleicht deshalb der Widerstand der Gestalttherapeuten, sich mit dem Werk Goodmans auseinanderzusetzen, deshalb die Verdrängung des "politischen Goodman und daher die unfundierte Mythenbildung von der "alternativen Gestalttherapie"[51]. Durch die Fortdauer der Vermischung der beiden Denkrichtungen, der von Perls und der von Goodman, werden die - wahrscheinlich unauflöslichen - Widersprüche etwa zwischen der Persönlichkeits- und Kulturtheorie von Goodman und der Persönlichkeitstheorie und Krankheitslehre von Perls nicht aufgedeckt. Die Folge: ein impasse und ein implosive layer im Bereich von Theorie und Methodik, konzeptuelle und klinische Unfruchtbarkeit der Gestalttherapie, theoretische Pseudolösungen oder Füllung des theoretischen Defizites durch den Versuch der Amalgamierung mit anderen (oft nicht passenden) Theorien und Praktiken - das Gestalttherapie-und-Syndrom; schließlich wie im Falle der "gestalttheoretisch fundierten Psychotherapie" von Hans Jürgen Walter, Versuche der grundsätzlichen Neufundierung, zum Teil an den Intensionen von Perls oder von Goodman vorbei oder, wie im Falle der "Integrativen Therapie", die Entwicklung eines eigenständigen theoretischen Weges, der bestimmte Elemente der gestalttherapeutischen Praxeologie beibehält.

Es war durch diese Zusammenhänge im Verlauf unseres Quellenstudiums, insbesondere aber durch die Betreuung der ersten Perls-Übersetzungen[52] ins Deutsche und die Herausgabe der verstreuten Perls-Texte, daß wir auf unseren "alten" Ansatz der Integrativen Therapie zurückkamen und ihn weiterauszuarbeiten begannen. Aus ähnlichen Gründen war Hans Jürgen Walter darangegangen, die Gestalttherapie, die er bei mir gelernt hatte, und das Psychodrama, das er in unseren Gruppen kennengelernt hatte, auf gestalttheoretische Füße zu stellen. Wir sind diesen Weg der theoretischen Rekonzeptualisierung ein Stück gemeinsam gegangen, und dann haben sich unsere Wege getrennt. Leider, muß ich sagen, weil Walter ein ausgesprochen guter, systematischer und kreativer Denker war, auch wenn mich sein methodischer Ansatz und seine therapeutische Praxis nicht gerade überzeugten. Aber was soll's? Manchmal müssen sich auch Wege trennen, damit Dinge prägnanter werden können. Ich habe eine andere

Richtung verfolgt als Walter, und das hat mit meinem Herkommen zu tun und mit seiner Ausrichtung. Hans Jürgen Walter ist Rausch-Schüler. Er wurde am Institut dieses Frankfurter Gestaltpsychologen ausgebildet, der den Begriff der "Prägnanz" in der Gestaltpsychologie weiter ausgearbeitet hat und mit seinen Arbeiten zur "Prägnanzhöhe" ein ausgesprochen fruchtbares Konzept entwickelte. Hans Jürgen Walter ist zur Fundierung der Gestalttherapie natürlich an diese seine Quellen zurückgegangen. Ich bin von meiner psychologischen Ausbildung her kein Gestalttheoretiker, sondern durch das Studium bei Serge Moscovici in Paris sozialpsychologisch ausgerichtet und im klinischen Bereich an der französischen Psychoanalyse [53] orientiert. Besonders aber war ich von der französischen Phänomenologie und Hermeneutik, das Studium bei Ricoeur, die Promotion und Asisstenz bei Gabriel Marcel, den Kontakt mit Sartre geprägt worden und durch Ausflüge in den Strukturalismus durch Vorlesungen bei Michel Focault und Claude Lévi-Strauss. Hier muß nun hervorgehoben werden, daß die französische Phänomenologie, insbesondere M. Merleau-Ponty, sich in grundsätzlichen Positionen auf die Gestaltpsychologie bezieht, sie aber einer differenzierten Kritik unterwirft, wie dies auch von anderen, an gestaltpsychologischen Konzepten orientierten Phänomenologen unternommen wurde. Ich denke hier besonders an Aron Gurwitsch und F.J.J. Buytendijk [54], dessen freundschaftlicher Förderung und Unterstützung ich in meiner Lehrtätigkeit an der Universität Amsterdam viel zu verdanken habe. Ich habe mit Bezug auf diese Autoren den phänomenologisch-hermeneutischen Strom der konzeptuellen Arbeit benutzt, um meinen therapeutischen Ansatz zu fundieren, den ich seit Beginn meiner praktischen Behandlungsarbeit in Form der "Integrativen Bewegungstherapie" und der"Therapie mit kreativen Medien" seit 1965 in kleinem Rahmen entwickelt und im Fritz Perls Institut neben dem Hauptzweig der Gestalttherapie gelehrt hatte. Ich hatte aber auch versucht, von dieser Seite her die Gestalttherapie, die ich als Verfahren übernommen hatte, zu fundieren, und so habe ich vielfach in meinen Veröffentlichungen über die Gestalttherapie ihr Gedanken und Konzepte zugeeignet, die eigentlich schon meine Weiterentwicklungen waren [55]. Je länger ich mich aber indes mit der gestalttherapeutischen Literatur beschäftigte und mit ihren theoretischen Grundannahmen, mit dem Theorietypus, den die Organismustheorie von Goldstein und Perls verkörperte, mit Goodmans Modell, mit Perls' Neurosetheorie, desto größer wurden meine Schwierigkeiten... und so ist mir eine "Neufundierung" der Gestalttherapie nicht gut gelungen, muß ich sagen, denn da waren zu viele Brüche, Widersprüche, Aporien. Ich hätte mich entweder für Perls und seine Quellen oder für Goodman und seine Quellen entscheiden müssen, aber beide Ansätze schienen mir für die Fundierung einer klinischen Psychotherapie nicht gut geeignet. Gegenüber dem Ansatz von Perls hatte ich erhebliche erkenntnistheoretische, anthropologische und zunehmend auch ethische Bedenken. Seine ich-psychologisch orientierte klinische Praxis schien mir für die Behandlung früher Störungen nicht geeignet. Bei Goodman, dessen metatheoretische Position ich für wesentlich fruchtbarer ansehe, stören mich die Inkonsistentien in der Persönlichkeitstheorie und letztlich das Fehlen jeglichen soliden Bezuges auf die "klinische Realität", wie sie uns in der Arbeit mit schwerkranken Menschen begegnet. Und schließlich geht es in einem psychotherapeutischen Verfahren - neben einer Notwendigkeit, die gesellschaftspolitischen Hintergrunddimensionen aufzuzeigen und auszuleuchten, die gesellschaftspolitische Position und Funktion von Psychotherapie zu bestimmen - doch darum, Theoriekonzepte und Behandlungsmethoden zu entwickeln, mit denen leidenden Menschen geholfen werden kann. Hier fehlte es Goodman in seiner Theorieentwicklung einfach an Erfahrung, und es fehlte auch die klinische Überprüfung der Goodmanschen Theorie in der konkreten Behandlungspraxis mit Patienten. Im großen und ganzen ist wahrscheinlich den Ausführungen von Isadore From zum Buch von Perls/Hefferline/Goodman durchaus zuzustimmen: "In den 50ern, als das Buch publiziert wurde, sind nur einige hundert Exemplare verkauft worden, und es wurde vermutlich von nicht mehr als 15 Menschen gelesen und verstanden. Später verkaufte sich das Buch zu tausenden, wenn auch aus den falschen Gründen, und inzwischen haben es vielleicht 100 Leute gelesen und verstanden. Goodmans Band, die einzige theoretisch schlüssige Grundlegung und Rechtfertigung der Gestalt-Therapie, wurde und wird als schwierig angesehen"[56]. Ich teile Froms Einschätzung - bei aller Wertschätzung für Paul Goodman - im Hinblick auf die klinische Bedeutung des Buches nicht. Froms Aussagen machen mich eher höchst skeptisch. Was ist das für eine klinische Theorie, die von nur 15 Leuten und bei der weltweit großen Zahl von Gestalttherapeuten heutzutage nur von 100 verstanden worden ist? Wie konnte sie dann in der Praxis mit Patienten erprobt werden, empirisch überprüft werden? Wie einen "body of knowledge" in klinischer Theorie und Methodik entwickeln? Und die Goodmansche Gestalttherapie hat denn auch keine "klinische Literatur" hervorgebracht, keine empirischen Evaluationsstudien, was man zumindest von der Perlsschen sagen kann[57], womit natürlich noch kein Urteil über den theoretischen Wert dieser Literatur oder die empirische Güte dieser Untersuchungen gefällt ist. Der 1987 erschienene Aufsatz von Isadore From, einem der Mitbegründer des New Yorker Gestaltinstituts, enger Freund und Vertrauter von Paul Goodman, über den Niedergang der Gestalttherapie, Betrachtungen nach 32 Jahren gestalttherapeutischer Praxis, macht die desolate Lage der gestalttherapeutischen Theorienbildung und praktischen Anwendung weitaus schärfer deutlich, als dies meine Ausführungen hier vermögen. Allerdings ist es mit der rigorosen Diskreditierung des späten Werkes on Perls nicht getan (das schlägt nämlich auch auf sein Frühwerk zurück). Die Angriffe Froms auf die "Dramatisierung" der Gestalttherapie durch das Aufgreifen des "Moreno-Erbes", vermittels dessen Perls zum "Rattenfänger" wurde, trifft die gesamte Gestalttherapie "nach Perls", die Arbeiten von Polster, Zinker, Markus usw. Im Hinblick auf das Werk und den Ansatz von Paul Goodman muß man dann sagen: sie alle haben dessen Theorie nicht verstanden und zum Niedergang der Gestalttherapie beigetragen. Es ist berührend zu sehen, wie From, der alte Mann aus New York, praktisch als einziger ernst zu nehmender Vertreter der Goodmanschen Gestalttherapie bemüht ist, das Erbe seines Freundes zu retten. Er hat einen kleinen Schülerkreis gebildet, und wenn dieser tatkräftig wird, wird es in der Tat zwei Gestalttherapien geben müssen, die Perlssche und die Goodmansche. Es wird kaum Möglichkeiten geben, diese Ansätze miteinander zu versöhnen ohne jeweils zentrale Positionen des einen dem anderen zu opfern. Immerhin, From klopft keine Gestalt-Philosophensprüche und schwärmt nicht in "neuen Paradigmen (wie Fuhr)[58]. Er ist allerdings auch kein Gestalttheoretiker, jedoch der Psychoanalyse in guter Weise verpflichtet und mit der Phänomenologie (allerdings nur der 30er und 40er Jahre, was sich nachteilig bemerkbar macht), vertraut. Aus der Goodmanschen Schule, die von From weitergeführt wurde, könnte eine Gestalttherapie Leben gewinnen, die sich als revidierte, phänomenologisch orientierte Psychoanalyse definieren müßte, wenn sie in ihren Konzepten aufrichtig ist, ähnlich wie die tiefenhermeneutischen Ansätze, zu denen sich die Integrative Therapie zählt, ihr psychoanalytisches Erbe nicht verleugnen können. Die Revisionen Goodmans und Froms gegenüber dem psychoanalytischen "Kanon" wiegen nämlich keineswegs schwerer bzw. sind keineswegs umfassender als die Arbeiten verschiedener Rapaport-Schüler z.B. die Neufundierung der Psychoanalyse in einer Handlungssprache von R. Schaffer .

Als ich seinerzeit mit den Widersprüchen zwischen dem späten Perls, seinen Theorien und seiner Praxis, und dem Werk Paul Goodmans befaßt war, waren mir die Bemühungen von Isadore From nicht bekannt. Außerdem schätzte ich und schätze ich die immanenten Probleme der Goodmanschen Psychotherapie-Theorie weitaus gravierender ein, als dies offenbar From und sein Schülerkreis sahen, die glauben, über das Kontaktzyklusmodell die komplexen Fragen der Psychodynamik lösen zu können und bei denen ich keine Ansätze zu einer - mir unverzichtbar erscheinenden - therapeutischen Hermeneutik finde. So habe ich auch seinerzeit nicht den Versuch unternommen, systematisch eine Ausarbeitung der Skizzen von Goodman zur Fundierung der Gestalttherapie zu unternehmen, wenngleich die Auseinandersetzung mit Goodman und seinen Quellen mich noch einmal darin bestärkt hat, die Theorien G.H. Meads für eine Fundierung meiner therapeutischen Überlegungen heranzuziehen. Das sprachtheoretische, sozialphilosophische und politische Oeuvre Goodmans hat mich gleichfalls bestärkt, den Versuch Hans Jürgen Walters, die Gestalttherapie gestalttheoretisch zu fundieren, nicht weiterzuverfolgen. Dann meldete sich meine "eigene Biographie", drängten die Einflüsse meiner eigenen Sozialisation, der biographischen[59] wie der wissenschaftlichen an die Oberfläche und entfalteten ihre formativen Impulse immer deutlicher. Natürlich habe ich mir das Buch von Hans Jürgen Walter wohl angesehen, fand es aber für das, was wir am Fritz Perls Institut weiterentwickelten, nicht geeignet. Es fehlten für mich zentrale Begriffe wie "Begegnung", "Empathie", "Liebe" und "Zuwendung". Es fehlten mir Explikationen darüber, was das "Ich" eigentlich sei, von dem gesprochen wurde und wie das Bewußtseinsproblem angegangen werden müsse, was schließlich unter "Sinn" zu verstehen sei; denn für mich geht es in der Therapie um Begegnung, Intersubjektivität, um liebevolle Zuwendung, um Bewußtes und Unbewußtes, um Sinn. Auch die Gestaltpsychologie hat da wenig an klinischem Fundus bereitgestellt, und wenn man überwiegend auf ihre in wahrnehmungspsychologischen Untersuchungen - am Klinischen mangelt es ja - zurückgreift, fehlt eine Dimension: die des Zwischenmenschlichen. Es hat wahrscheinlich Gründe, warum die Gestaltpsychologen nicht an die Ausarbeitung einer klinischen Theorie und Praxis gegangen sind (Ausnahmen bilden die gestalttheoretisch fundierte Schizophrenie-Theorie des Psychiaters Conrads und die teilweise an gestalttheoretischem Gedankengut orientierten Arbeiten Victor von Weizsäckers[60], auf die indes Walter keinen Bezug nimmt). Wo aber Gestaltpsychologen sich mit der Dimension des Zwischenmenschlichen zu beschäftigen begannen, haben sie neue Begrifflichkeiten gewählt. Fritz Heider[61] etwa - er gehört dem weiteren Kreis der Berliner Schule an - kommt zu einer Alltagstheorie zwischenmenschlicher Kommunikation, die natürlich noch etwas mit der Gestalttheorie zu tun hat, aber sie doch in ganz wesentlichen Punkten verändert. Ähnlich steht es mit Kurt Lewin, der zwar von der Gestalttheorie und -psychologie her kam, aber neue theoretische Konzepte entwickelte, als er sich in den Vereinigten Staaten (im übrigen angeregt durch Moreno) mit Gruppenphänomenen befaßte[62]. Die Auseinandersetzung mit sozialen Mikroprozessen verlangte nach neuen Konzepten. Ähnliches ist auch von Festinger, dem Lewin-Schüler zu sagen, der die kognitive Dissonanztheorie entwickelt hat, oder von U. Bronfenbrenner, der die Feldtheorie seines Lehrers Lewin zu einer ökologischen Sozialisationstheorie ausbaute. In den Arbeiten dieser Autoren liegen durchaus Perspektiven für eine "gestaltthoretisch begründete Psychotherapie". Walter hat zumindest die Lewin-Ansätze in einsichtiger Weise genutzt, um seine therapeutische Praxis zu begründen. Das Problem seiner Bemühungen liegt aber auch darin, daß seine Dissertation eine fleißige akademische Arbeit war, die als anerkennenswerter Versuch einer intellektuellen Synthese zu sehen ist, die aber nicht aus der konkreten Behandlungserfahrung mit Patienten erwachsen ist, aus der sorgfältigen Überprüfung klinischer Hypothesen in den Prozessen therapeutischer Interaktion, in der Auseinandersetzung mit den Phänomenen von Übertragung, Widerstand und vor allem dem der Gegenübertragung. Hier lagen denn auch - neben den theoretisch-konzeptuellen Divergenzen - die Gründe dafür, daß sich das Kollegium der Lehrtherapeuten am FPI nicht entschließen konnte, Walter als Lehrtherapeuten anzuerkennen. Ich greife diese in der Szene und durch unsere streitbaren Auseinandersetzungen hinlänglich bekannten Dinge hier nicht auf, um einen alten Streit aufzufrischen oder einen ernst zu nehmenden Kollegen zu diskreditieren, sondern um theoretische und methodische Positionen klarzumachen: Wir hatten als Grundlage die gentherapeutische Arbeit - und darin spiegelt sich unser Herkommen von der aktiven Psychoanalyse der ungarischen Schule Ferenczis - die eigene mehrjährige Lehranalyse immer als unverzichtbaren Bestandteil der Ausbildung zum Psychotherapeuten angesehen. Alle Ausbildungskandidaten und natürlich alle Lehrtherapeuten des FPIs müssen eine solche Lehrtherapie und eine Kontrollanalyse durchlaufen. Nun, Hans Jürgen Walter hatte da seine eigene Auffassung: "Freud hatte keine Lehranalyse, also was brauche ich eine?" - "Nun, um ein bißchen Narzißmus zu bearbeiten", meinte ich. "Der tut meinem niedrigen Blutdruck gut", meinte er. Walter war ein knorriger Typ. Er war konsequent und blieb sich treu. Und er zog die Konsequenzen, als wir wegen seiner fehlenden Lehr- und Kontrollanalyse seinem Antrag auf den Lehrtherapeuten-Status nicht stattgaben. Wir sahen uns an diesem Punkt eben mehr der psychoanalytischen als der gestaltpsychologischen Tradition verpflichtet, und dabei durchaus in der Linie der Gestalttherapie; denn sowohl Fritz als auch Lore Perls waren Psychoanalytiker, die ihre Lehr- und Kontrollanalysen bei bedeutenden Psychoanalytikern absolviert hatten, und der Gründerkreis des New Yorker Gestaltinstituts fand sich aus den Analysanden der Perls' zusammen. Goodman, z.B. zunächst bei Wilhelm Reich in Therapie, war Analysand von Lore Perls, wie schon erwähnt wurde. Indes, in der Weiterentwicklung, der Lehre und Verbreitung der Gestalttherapie, verlor die Eigenanalyse als Lehrtherapie mehr und mehr an Bedeutung durch das Aufkommen der "dramatischen" Gestalttherapie á la Fritz Perls, des West-Coast-Stils, der auf Workshop-Erfahrungen zentriert war, wie sie am Esalen-Institut angeboten wurden. Schließlich erklärte Fritz Perls die Einzeltherapie für "obsolet" . Er setzte auf die Gruppe, den Workshop und schließlich auf den Gestaltkibbuz[63] als Ausbildungsweg für Gestalttherapeuten[64], und so konnte sich auch Hans Jürgen Walter uns gegenüber darauf berufen, in der Tradition der Gestalttherapie zu stehen. Die Entwicklung der Gestaltszene scheint ihm recht zu geben. Es wurde - von unseren Arbeiten einmal abgesehen -[65] in der Gestalt-Literatur kein konsistentes Modell für mittel- und langfristige Einzeltherapien entwickelt, wohl aber Modelle für die Gruppentherapie[66] ... und Walters Ansätze waren gruppenzentriert. So blieben die Divergenzen zwischen ihm und uns nicht nur theoretischer Art, sondern führten zu praxeologischen Konsequenzen.

Lore Perls hatte in ihren Ausführungen über Fehlentwicklungen der Gestalttherapie[67] betont, daß "Fritz" seine spektakulären Workshop-Shows ohne seine klinische Kenntnis und sein analytisches Training nicht hätte durchführen können, da er nur auf dieser Grundlage in der Lage war, die Problemkandidaten "auszusortieren". Er arbeitete also nur mit recht belastungsfähigen, gut integrierten Sozialberuflern oder anderen "sensation seakern". Isadore From vertritt: "Es mag der Wert dieser 'Gestalt'-Inszenierungen unserer Tage bezweifelt werden. Bestenfalls boten sie eine gute Gelegenheit für den Therapeuten und die Person, die den 'heißen Stuhl' einnahm, sich in ihrem Exibitionismus zu üben". Und er meint über Perls' Buch "Gestalt therapy verbatim", in dem die Transkripte seiner Sitzungen veröffentlicht wurden, daß es "eher ein Bericht über Wundertaten als ein wirkliches Buch" sei[68]. Die Mehrzahl der Gestalttherapeuten an der amerikanischen Westküste und auch die wenigen Europäer, die damals herübergekommen waren, wurden in Workshops "ausgebildet"[69] die Perls, Simkin und Price durchführten. Auch wir haben einen großen Teil unserer Gestalt-Erfahrung in derartigen Kompaktkursen erhalten, und es ist diese, meiner Auffassung nach völlig unzureichende Form der Ausbildung - indem man zwei, drei Kurse bei Simkin oder den Polsters, Lealand Johnson o.a.Gestaltgrößen machte - auch heute noch gang und gäbe. Der größte Teil der auf diese Art "ausgebildeten" Therapeuten verfügt über keine Eigenanalyse, geschweige denn über eine ihre klinische Praxis (sofern eine solche überhaupt vorhanden war) begleitende Kontrollanalyse. Es wurde allenfalls in Triaden unter den Workshop-Teilnehmern geübt, und manchmal wurde ein einigermaßen belastungsfähiger Patient als Demonstrationsobjekt hereingebracht. So kann man unserer Auffassung nach ein therapeutisches Verfahren nicht lehren, und so kann man nicht Ausbildungskandidaten auf eine klinische Behandlungspraxis mit kranken Menschen vorbereiten. Die Gründergeneration des FPI, die durchweg eine psychoanalytische Ausbildung durchlaufen hatte, hat deshalb von Anfang an der Eigentherapie in Form einer Lehranalyse - ich nannte sie "Gestaltanalyse" - und der kontrollierten Patientenarbeit größte Bedeutung zugemessen. Wir taten dies unter Rückgriff auf unsere eigene psychoanalytische Sozialisation (und ich persönlich hatte noch Erfahrungen der Körperanalyse bei **Ola Raknes** u.a. gesammelt). Wir hatten also unsere Gründe, die Lehranalyse für die Ausbildung von Psychotherapeuten und erst recht für die Ausbilder verpflichtend zu machen. Hans Jürgen Walter hat hier eine andere Position vertreten, und er machte seine Gründe hierfür geltend;[70] es waren nicht die des späten Perls, der schließlich auch die Gruppentherapie für "obsolet" erklärte und nur noch auf den "leader breader place" am Lake Cowichan setzte, auf die "learning community" des Gestaltkibbuz, der Menschen ermöglichen sollte, "real people" zu werden . Walter rekurrierte auf Lewin und die aus seiner Schule hervorgegangene Gruppendynamik , wie er sie bei seiner Ausbildung am FPI und durch seine Kontakte zum DAGG kennengelernt hatte, und wie sie ihm durch seine spätere Herausgebertätigkeit der Zeitschrift "Gruppendynamik" vertraut war. Ich selbst hatte bei den Lewin-Schülern L. Bradford und K. Benne[71] meine Gruppendynamikerfahrungen begonnen und bei den National Training Laboratories in Bethel, Maine, eine Trainerausbildung durchlaufen, und so war es mir unmittelbar ein Anliegen, die "individual therapy in a group setting", wie Perls seine Arbeitsweise nannte[72], bei der er die Gruppe allenfalls durch die "Greek chorus technique" oder durch "games" einbezog[73], den personzentrierten Hot-Seat-Stil des "Magiers von Esalen" mit der ganzen Gruppe zu verbinden. Es wurde damit auch das Gestalt-Konzept ernst genommen, daß das "Ganze mehr und etwas anderes ist, als die Summe der Teile". Das, auf die Gruppe angewandt, führte zur Ausbildung eines gruppenzentrierten und gruppenorientierten[74] Stils der Gestaltarbeit neben dem personzentrierten Vorgehen in der Gruppe. Diese drei Modalitäten kennzeichnen unseren Stil der Gruppenarbeit mit Patienten und Ausbildungskandidaten, und hier bestanden keine Divergenzen zu Walter, der in eben diesem Stil bei uns ausgebildet worden war; wohl aber entstanden damals durch ein solches Vorgehen Divergenzen zum traditionellen Stil der Gestalttherapie, wie er durch J. Simkin aber auch noch durch die Polsters repräsentiert wurde. Doch auch die amerikanische Gestalttherapie hat sich inzwischen durch die Arbeiten von Zinker, Ronall, Feder u.a. an die Integration von Elementen der NTL-Gruppendynamik gemacht, wenngleich dies auch weniger systematisch geschah als in unseren Entwicklungen und nicht zur Möglichkeit eines gruppenzentrierten Stils führte. Die theoretische und methodische Ausarbeitung der Gestalttherapie als Einzelbehandlungsverfahren blieb in diesen Entwicklungen allerdings auf der Strecke. In diesem Punkt vertieften sich die theoretischen und praxeologischen Differenzen zur Gruppierung um Hans Jürgen Walter, der für seine gestalttheoretisch fundierte Psychotherapie in der "Deutschen Gesellschaft für Gestalttheorie und ihre Anwendung" einen Zusammenschluß fand, aber auch zur US-amerikanischen Gestaltszene, sowie zu der Mehrzahl der anderen Gestaltgruppierungen in Deutschland. Am FPI wurde die Praxis und die Lehre der Gestalttherapie von Anfang an gleichermaßen als gruppen- und einzeltherapeutisches Verfahren entwickelt. Hauptelemente der Ausbildung waren von jeher: Selbsterfahrung in einer fortlaufenden Ausbildungsgruppe mit einem Therapeutenpaar (Übertragungsangebot des Elternpaares); Lehranalyse über mehrere Jahre (ca. 200 - 250 Stunden) mit 2 Wochenstunden und einem Therapeutenwechsel, so daß bei einem männlichen und einem weiblichen Therapeuten im Verlauf dieser "Gestaltanalyse" gearbeitet wird und sich die Prozesse der Nachsozialisation, der parentage und reparentage[75] (diese Konzepte stammen aus der Ferenczi-Tradition und haben mit dem reparenting der Transaktionsanalyse nichts gemein), des leibbezogenen Durcharbeitens (über thymopraktische Körperinterventionen[76], mit Übergangsobjekten[77] und kreativen Medien[78]) vollziehen können; Kontrollanalyse von 4 Behandlungen mit 1 Kontrollstunde auf 4 Behandlungsstunden bei Patienten (insgesamt 100 Kontrollstunden,[79] d.h. 400 Behandlungsstunden von männlichen und weiblichen Patienten); schließlich Gruppensupervision, die zu der klinischen Kontinuität der Kontrollanalyse die klinische Vielfalt bringt, die durch das Vorstellen verschiedener Fälle in einer Gruppe gewährleistet wird[80]. Es liegt mir daran, zu betonen: zumindest was die Einzeltherapie anbetrifft, ist es genau dieses Training, das Fritz und Lore Perls in ihrer psychoanalytischen Ausbildung erhalten hatten und das zu ihrer Kompetenz und Brillianz als Therapeuten wesentlich beigetragen hatte. Wir sahen uns nicht in der Lage, allein über Workshops und ohne Lehr- und Kontrollanalyse Angehörige helfender Berufe für den Umgang mit"wirklich" kranken Menschen als Einzel- und Gruppentherapeuten seriös auszubilden. Wie das andere machen, ist mir schleierhaft. Nun, die Resultate zeigen sich ja auch. Die unguten Äußerungen über die Gestalttherapie in dem renommierten Standardwerk "Irren ist menschlich"[81] haben ihren Hintergrund in den Erfahrungen von Uschi Ploog und Klaus Doerner mit Leuten, die in Gestaltgruppen "ausgeflippt" waren und in Hamburg zu Klaus Doerner auf die Klinik kamen (und das waren nicht wenige). Oder: ein Grund für die unlängst erfolgte Ablehnung der Gestalttherapie für die Kassenzulassung war eine Statistik über Therapiezwischenfälle in den vergangenen Jahren bei Gestalttherapeuten in Bayern - und im Großraum München läuft ja so einiges an Angeboten unter dem Namen "Gestalt", was einen nicht mit Freude erfüllen kann. Gerade in dieser Region wird ja sehr viel mit der"klassischen Technik"gearbeitet, d.h. der Technik des späten Fritz Perls, und ich möchte hier ganz klar sagen, daß sich diese Form der Arbeit nicht für die Behandlung von Menschen eignet, die im frühen Milieu geschädigt bzw. gestört wurden oder in ihrer aktuellen Lebenssituation so stark belastet sind, daß eine erhöhte "vulnerability" gegeben ist. Ich weiß mich im übrigen in dieser Einschätzung einig mit Lore Perls, Isadore From, die ähnliches immer wieder ausführen. Auch klarsichtige US-Gestalttherapeuten wie S. Tobin, und ich denke auch H. Beaumont[82], vertreten inzwischen, daß die Fritz Perls-Techniken ein erhebliches gefährdendes Potential bergen, wenn sie von"Trainern" ohne fundierte klinische Erfahrung angewandt werden oder wenn von der Persönlichkeitsstruktur, Erkrankung und Lebenssituation des Patienten eine Kontraindikation besteht. Wir haben deshalb über viele Jahre unsere Anstrengungen darauf gesetzt, ein klinisch fundiertes Ausbildungsprogramm aufzubauen und eine klinische Theorie und Methodik zu entwickeln, die für die Arbeit mit schwerstgestörten Menschen, mit Psychosomatikern, Borderline-Patienten, narzißtischen Neurosen bzw. anderen schweren Neuroseerkrankungen verantwortlich eingesetzt werden kann. Ohne das Erfahrungsfeld in den beiden Ausbildungskliniken unseres Instituts, dem " Fritz Perls Klinikum Zwesten" und dem "Fritz Perls Klinikum für Kinder- und Jugendlichen-Psychiatrie und Psychotherapie" in Dortmund sowie die langjährige und sorgfältige klinische Arbeit unserer Kollegen und Mitarbeiter in den verschiedensten therapeutischen Einrichtungen wären diese Entwicklungen nicht möglich gewesen. Es mußten dabei verschiedentlich Positionen der klassischen Gestalttherapie sowohl in der Linie von Fritz Perls als auch in der Linie von Paul Goodman aufgegeben oder revidiert werden. Andere Aspekte konnten aufgenommen und ausgebaut werden. Das meiste aber wurde neu konzipiert. In diesem Prozeß sind wir mehr und mehr sowohl zu den Quellen der Gestalttherapie als auch zu unseren eigenen Quellen zurückgekommen, den Quellen, die uns als Gründer dieses Instituts (Petzold und Sieper) beeinflußt hatten, und zwar sowohl was die anthropologische als auch was die klinische Fundierung unseres Tuns anbelangte. Bemerkenswert aber ist, daß es viele Quellen sind, aus denen auch Fritz und Lore Perls (wenngleich unter anderer Akzentsetzung) schöpften: einerseits Existentialismus und Phänomenologie (wir betonten die französische Schule und die Hermeneutik, z.B. Marcel, Merleau-Ponty, Ricoeur, Sartre) und andererseits die"aktive Psychoanalyse" (Reich, Groddeck, Ferenczi) insbesondere die Budapester Schule und ihre Entwicklungen (Balint, Hermann, Iljine, Winnicott)[83]. Der Versuch einer Integration von Existentialismus, Phänomenologie, Psychoanalyse, Gestaltpsychologie, Organismustheorie, die Perls seit Mitte der 30er Jahre in seiner persönlichen Suche begonnen hatte, war von uns in ähnlicher Weise und ohne

Kenntnis seiner Arbeiten Mitte der 60er Jahre in Angriff genommen worden, mit einigen Unterschieden allerdings. Am wichtigsten ist vielleicht das Faktum, daß die Quellen von Fritz und Lore Perls inzwischen weitergeflossen waren und an Prägnanz gewonnen hatten. Die Phänomenologie in Frankreich[84)] hatte eine höchst interessante Entwicklung genommen, die mit den Namen Merleau-Ponty, Levinas, Sartre verbunden ist,und eine hermeneutische Linie entwickelte, die mit den Arbeiten von Paul Ricoeur[85)] auf eine Integration des psychoanalytischen Diskurses in Form einer "Tiefenhermeneutik" hinauslief. Und auch das späte Werk von Merleau-Ponty ist von einer Auseinandersetzung mit und einer Integration von psychoanalytischen Konzepten gekennzeichnet[86)]. Hier wurde also eine höchst bedeutsame Integrationsarbeit geleistet. Wir waren durch die Wissensgebiete, mit denen wir in unserem Studium in Kontakt kamen, durch die Erfahrungen, die wir im Felde der Therapie durch unsere eigene Psychoanalyse, Arbeit im "therapetuischen Theater", Selbsterfahrung mit atem- und körpertherapeutischen Ansätzen (N. Ouspienskij, L. Ehrenfried) machten, sowie durch die praktische Arbeit mit Klienten und Patienten vor die Aufgabe einer Integration gestellt. Wir unternahmen einen Entwurf zum Konzept einer "integrativen Therapie" im Jahre 1965[87)]. 1967 stießen wir auf die Gestalttherapie und glaubten, hier sei - zumindest in der therapeutischen Praxeologie - die Integration geleistet worden, nach der wir suchten, und wir setzten mit Begeisterung unsere ganze Hoffnung auf sie (zumal unsere politischen Hoffnungen nach 1968 in Paris enttäuscht worden waren)[88)]. Wir verfolgten unsere eigenen Entwicklungen, etwa die des von mir begründeten Verfahrens der Integrativen Bewegungstherapie und der Integrativen Therapie mit kreativen Medien[89)] deshalb nur in kleinerem Rahmen[90)] und warfen unser ganzes Engagement auf den Ausbau und die Verbreitung der Gestalttherapie. Wir mußten schließlich aber entdecken - etwa um 1977 -, daß das Erbe,das Perls und Goodman uns hinterlassen hatten, so voller Inkonsistenzien und Widersprüchlichkeiten steckte, daß wir noch einmal "von Grund auf" mit einer Fundierung beginnen mußten. Das brachte uns - wie schon gesagt - zurück zu den Quellen und zurück zu unseren ersten eigenständigen Konzepten und Entwürfen.

Im Jahre 1964 haben Johanna Sieper und ich immer wieder über das Thema Integration diskutiert: Integration verschiedener philosophischer Strömungen und Ansätze, Integration von Natur- und Geisteswissenschaften, Integration von künstlerischem Gestalten und therapeutischer Praxis - denn neben unseren psychologischen Studien und unseren psychoanalytischen Erfahrungen haben wir uns im künstlerischen Bereich umgetan - Johanna aufgrund ihres vorausgegangenen Kunststudiums, ich aufgrund literarischer und musikalischer Interessen, wir beide zusammen in der experimentellen Theaterszene. Im wesentlichen aber in den Arbeitsfeldern, in denen wir damals tätig waren, in der Arbeit mit dissozialen Kindern und Jugendlichen, später mit Drogenabhängigen, besonders aber im Umgang mit alten Menschen in der Heimsituation kam die Notwendigkeit, auf Intergration hinzuarbeiten, immer wieder auf uns zu. Den Begriff "Integrative Therapie" habe ich persönlich erstmalig in einer Veröffentlichung 1965 verwandt[91], und zwar nicht zur Kennzeichnung einer "neuen" Therapierichtung, daran lag mir damals nichts. Durch die Arbeit in Altenheimen und im gerontopsychiatrischen Bereich waren wir mit der Lebenssituation alter und hochbetagter Menschen konfrontiert, die an schweren Depressionen litten, die Angst vor dem Tode hatten, die verwirrt waren, die mit ihren Angehörigen und mit dem Personal große Schwierigkeiten hatten - und auch natürlich hatte das Personal, hatten die Angehörigen Schwierigkeiten mit diesen alten Leuten, problematische Wechselbezüge, die kaum auflösbar erschienen. Es handelte sich um Menschen, die sich im somatischen Bereich tagtäglich verschlechterten, die immer immobiler wurden, deren affektive Regungen verlorengingen, die Nähe und Distanz nicht mehr regulieren konnten usw. Uns wurde sehr bald deutlich: mit unseren psychoanalytischen Kenntnissen, mit dem was wir "auf der Couch" lernen, kommen wir hier nicht weiter. Wohl half uns unser psychoanalytisches Verständnis dabei, die Situation der alten Menschen und unsere eigene, nicht zuletzt aber unsere Beziehung zu ihnen und ihre Beziehung zu uns zu reflektieren und besser zu verstehen. Aber im Hinblick auf praktische Interventionen standen wir ohne Hilfe da. So kamen wir zu der Schlußfolgerung: Es ist eine integrative Therapie nötig für diese Leute, eine Integrative Therapie, die den Menschen ernst nimmt in seiner <u>Leiblichkeit</u> und damit neue Wege der Somato-Therapie entwickelt (z.B. Atem-, Entspannungs-, Bewegungstherapie), die ihn als <u>seelisches Wesen</u> ernst nimmt und eine entsprechende psychotherapeutische Zugangsweise findet (durch tiefenpsychologisch orientierte, aber Aktionales, einbeziehende Methoden), und die seine <u>geistigen Strebungen</u> und Bedürfnisse ernst nimmt und auch für diese einen Weg findet - ich hatte ihn damals "Nootherapie" genannt (von griech. noũs = Geist). Ich stellte in diesem kleinen Artikel von 1965 noch zwei weitere Forderungen auf: daß eine solche Therapie auch den <u>sozialen Raum</u> und den ökologischen Raum (damals sagte ich "den physikalischen" Raum) einbeziehen müsse; denn ein Altenheim ist ein - zumeist statischer - sozialer Raum. Wenn er nicht von außen verändert wird, verändert sich nichts; und er ist ein mikro-ökologisches Milieu in dem Sinne, daß Raumgrößen, Freizeiträume, die da sind oder fehlen, Farben, Zimmerausstattung, Bettenzahl, Pflanzen "ökologische Realitäten" sind, die den alten Menschen als Person sehr beeinflussen. Mit derartigen Überlegungen hatte ich ein "integratives Grundkonzept" formuliert, das aus den"Erfordernissen des Feldes" erwachsen war und nicht aus der Absicht, irgendeine therapeutische Schule zu begründen (dazu waren wir damals auch noch viel zu jung und zu unerfahren). Wir versuchten, das, was wir seinerzeit an theoretischem und praxeologischem Wissen hatten, in den Dienst dieses Konzeptes zu stellen, um den alten Menschen, deren Lebenssituation und Lage uns betroffen gemacht hatte, besser helfen zu können[92]. Die breite,an anthropologischen Grundpositionen orientierte Sicht, die wir in eine feste Formel faßten, hatte natürlich für das praktische Handeln erhebliche Konsequenzen. Unsere Formel lautete in ihrer Fassung von 1970: "Der Mensch ist ein Körper-Seele-Geist-Subjekt in einem sozialen und ökologischen Umfeld. In der Auseinandersetzung mit diesem Umfeld gewinnt er seine Identität. Er ist Leibsubjekt in der Lebenswelt."[93] Dann, 1974, revidierte ich diese anthropologische Formel noch einmal, wobei ich sie - das muß ich von meinem heutigen Kenntnisstand her sagen - unter dem Einfluß der Gestalttherapie verschlimmbesserte und meinem eigenen theoretischen Ansatz nicht gerecht wurde; denn ich ersetzte den Begriff "sujet", Subjekt, durch den Begriff "Organismus", ohne die biologistischen Implikationen des Perlsschen Organismuskonzeptes, ohne die Probleme des "Organismus-Modells" des Menschen[94] damals erkannt zu haben. Ich bemerkte allerdings schon bald die Inkonsistenzien, die die Einführung dieses Begriffes im Hinblick auf meine eigenen Konzepte mit sich brachten - die Begriffe "Geist" und "Organismus" lassen sich nicht so miteinander verbinden, daß der Geist unter den Oberbegriff "Organismus" subsummiert wird. Ich habe deshalb schon 1975 den Begriff "Subjekt" wieder eingeführt.

Die Integrative Therapie sieht also fünf Dimensionen des Menschen: Körper, Seele, Geist, - sie konstituieren das "Leib-Subjekt", und sie stehen in einem unlösbaren Verbund mit dem sozialen und ökologischen Umfeld, d.h. der Lebenswelt. Auf der Grundlage einer solchen Formel kann man natürlich nicht mehr nur noch "Psycho-Therapie" betreiben, sondern der Mensch mit all seinen Dimensionen steht im Zentrum einer"mehrperspektivischen", integrierenden Therapie, die der Vielfalt seines Wesens gerecht zu werden versucht. - Ähnliches hatte schon Perls erkannt. Deswegen sprach er vom "Organismus im Umfeld", übernahm von Smuts das Konzept des Holismus sowie das Konzept des Organismus, zu dem noch der Goldsteinsche Organismus-Begriff hinzukam. Aus einer die Komplexität von Mensch und Umwelt anerkennenden Sicht rekurrierte Perls auf die Gestaltpsychologie und ihre Konzepte "Figur und Grund" und nannte sein Verfahren schließlich - wir haben die näheren Umstände schon aufgezeigt - Gestalttherapie. Bei Perls findet sich also ein ganzheitlicher Anspruch, und das war für die Psychotherapie damals durchaus innovativ. Hier muß er neben Moreno, Groddeck,

Reich, Rank, Ferenczi u.a. als Pionier gesehen werden, wenngleich er in seinem Ansatz den Geist ausläßt (Perls' Ansatz und Denken eignet sich, auch wenn das manchen Gestalttherapeuten nicht schmecken wird "mit seiner materialistisch-monistischen Position" in keiner Weise für transpersonale Spekulationen, für religiöse Ausrichtungen oder für New Age Getändel... und erst recht nicht für Reinkarnations-Konzepte, seien sie nun therapeutischer oder religiöser Art. Perls war ein klarer, auf Immanenz gerichteter Atheist. Sein Integrationsversuch kennt keine Dimension des "Spirituellen". Der meditierende Organismus, der Organismus auf der Suche nach"geistigem Leben"....das wird wirklich sehr brüchig. Perls - und auch Goodman - verwandten den Organismus-Begriff, um auf Konzepte wie Seele und Geist verzichten zu können. Auch diese Konsequenzen des gestalttherapeutischen Ansatzes hatte ich ursprünglich nicht gesehen. Die gestalttherapeutische Metatheorie und Anthropologie ist mit religiösen Dimensionen nicht zu verbinden, das heißt aber nicht, daß ihre Praxeologie, ihre Methoden, Techniken und Medien, nicht auch im Bereich der Seelsorge oder meditativer Suche eingesetzt werden könnten (mit Vorsicht allerdings, denn allzu leicht werden Imaginations- und Entspannungsübungen als Meditation bezeichnet und wird meditative Übung mit Psychospielchen verwässert). Auch das Soziale bleibt in dem Integrationsversuch von Perls blaß, bis hin zu seinem späten "Gestaltgebet"[95]. Bei Goodman ist die Dimension des Sozialen weitaus bedeutender, insbesondere in seinem nicht mit psychotherapeutischen Fragen befaßten Werk. Dieses aber wurde, wie gesagt, von den Gestalttherapeuten nicht zur Kenntnis genommen oder für therapeutisches Handeln fruchtbar gemacht. Natürlich finden sich bei Perls auch immer wieder Äußerungen über den Zusammenhang von seelischer Gesundheit und Gesellschaft, aber diese Fragestellungen werden nie systematisch ausgearbeitet, und vor allen Dingen haben sie nie Konsequenzen für die gestalttherapeutische Praxis gehabt, die sich immer wieder auf die Reservate von "growth centers" und Gruppenmilieus zurückzog, in denen sich oft genug die pathogenen Konstellationen der Gesellschaft reproduzierten.Man kann den "Zeitgeist" nicht unberücksichtigt lassen, denn dieser sensibilisiert für Fragestellungen - wir z.B. werden vom Friedensthema, von der ökologischen Frage betroffen und beziehen sie in unser Denken und Handeln ein. So sind die Integrationsversuche von Perls hoch einzuschätzen und zu werten, aber wir müssen ihre Stärken und Schwächen in den Blick nehmen, etwa auch das Faktum, daß Perls im Hinblick auf die Einbeziehung des Körpers, sicher hinter seinen Lehrer Wilhelm Reich zurückgefallen ist (zwar achtet er auf die Körpersprache, verwendet unspezifische Ateminterventionen, aber die unmittelbare Körperintervention, etwa in der Bearbeitung muskulärer Retroflexion ist bei Perls verloren gegangen,(indes bei Lore Perls durchaus noch im Interventionsrepertoire).

Im Modell der Integrativen Therapie haben wir den ganzheitlichen Ansatz unserer "anthropologischen Grundformel" theoretisch und methodisch konkretisiert. Wir haben Atem- und Bewegungsmethoden entwickelt, um der somatischen Dimension des Menschen gerecht zu werden (z.B. durch Integrative Bewegungstherapie und Thymopraktik)[96] . Wir haben die psychotherapeutischen Zugangsweisen, die auf das als "Resonanzkörper" aufgefaßte Seelische gerichtet sind, die das Emotionale, aber auch den Bereich der Phantasie betreffen, differenziert ausgearbeitet (dramatische Therapieformen, Arbeit mit kreativen Medien, Adaptierung von Gestaltmethoden zur Bearbeitung aktualer Konflikte, gestörter Kontaktfunktionen, unbewußter Dynamik). Wir haben nootherapeutische Wege gesucht, die Menschen helfen, sich mit den Dimensionen des Sinnes, der Werte auseinander zu setzen, mit Fragen nach der Transzendenz, nach den Lebenszielen. Wie immer diese Fragen auch beantwortet werden mögen, sie berühren eine genuin menschliche Dimension: die Frage nach der Liebe, nach dem Leben, nach dem Tod, nach Gott. So werden auch in diesem Bereich therapeutische oder seelsorgerliche Zugangsweisen notwendig bzw. nootherapeutische Wege: das sokratische, dialogische Gespräch, meditative Methoden der Besinnung, Betrachtung und Versenkung, kreatives Gestalten aus dem Zentrum etc.[97] . All das geht über den Rahmen der klassischen Psychoanalyse hinaus, und es war auch für uns persönlich, als wir diese Konzepte entworfen und in die Praxis umgesetzt haben, ein großer Schritt über die Grenzen unserer therapeutischen Ausgangsposition. Wir hatten Mitte der 60er Jahre ja mit der Psychoanalyse begonnen, zunächst mit einer ganz orthodoxen Ausrichtung, 4 Stunden die Woche. Mir ging es mit dieser Behandlung nicht gut, aber ich hatte das Glück, einen russischen Analytiker zu finden, der bei Ferenczi gelernt hatte und der, weil er ein eigenständiger Mann war und sich nicht dem Druck der psychoanalytischen Vereine gebeugt hatte, wie Balint und andere Ferenczi-Schüler, die "aktive Technik der Neokarthasis"bzw. der "Kinderanalyse mit Erwachsenen" weitergeführt und entwickelt hatte.[98] Diese Erfahrungen sollten für die Entwicklung der Integrativen Therapie von grundlegender Bedeutung werden. Ferenczi hatte ja früher noch als Wilhelm Reich - und in gewisser Weise konsistenter und ganzheitlicher - unmittelbar mit dem Körper gearbeitet durch sein regressionsbezogenes analytisches Vorgehen. Ich sage vollständiger als Wilhelm Reich, weil er mit körperlicher Zu-wendung als intersubjektiver Erfahrung gearbeitet hat, mit Körperberührung aus persönlicher Betroffenheit und Berührtheit. Reich hatte da eher apparativ, technisch "am Körper" gearbeitet, was in der Entwicklung der Bioenergetik Lowens kulminierte, wo "Energieträume" manipuliert werden, aber die personale Begegnung auf der Strecke bleibt. Mir scheint es unvertretbar, daß

Menschen in bioenergetischer Behandlung "aufgebockt" werden wie zur Reparatur, wenn ihre seelischen Leiden, ihre Lebensnöte und Sorgen durch die"Behandlung" mit Orgon-Energie und nicht durch mitmenschliche Begegnung angegangen werden. Natürlich muß man sich diese Dinge genauer ansehen, um Reich Gerechtigkeit widerfahren zu lassen, denn vieles in seinem Spätwerk war schon Ausdruck seiner Erkrankung, und diese war Ausdruck der Verfolgung, die er durch die Nazis und die rechtsgerichteten US-Behörden erleiden mußte, war Ausdruck der Zurückweisung und Ablehnung durch seine ehemaligen Freunde sowohl in der Kommunistischen Partei als auch in der Psychoanalytischen Bewegung - beide Richtungen schlossen ihn aus.

Für die Entwicklung der körperbezogenen Arbeit in der Integrativen Therapie waren derartige Reichianische Konzepte nicht brauchbar, und auch ihre Fortführungen durch bioenergetische Analyse nicht, obwohl wir durch Lowen und ich durch meine Körperanalyse bei Ola Raknes vieles gelernt hatten. Aber die Atemarbeit der Bioenergetik, insbesondere die anatomisch dysfunktionale, den Respirationsvorgang behindernde Form auf dem bioenergetischen Stuhl, wo der Patient den Manipulationen des Therapeuten in einer Position ausgeliefert ist, die geeignet ist, Penetrations- und Kastrationsphantasien Vorschub zu leisten.... derartige verdinglichende unwürdige Praktiken ließen sich mit unserem an Gabriel Marcel ausgerichteten Konzept personaler "leibhaftiger Begegnung"[99], mit unserer an Merleau-Ponty ausgerichteten phänomenologischen Körperarbeit und mit einer Hermeneutik des verbalen und nonverbalen Ausdrucks nicht vereinbaren. Wir sahen hier das Seelische reduziert, das Geistige negiert. Das Reichianische Erbe in der Gestalttherapie muß aus den aufgezeigten Gründen im übrigen sehr sorgfältig geprüft werden, sowohl in theoretischer wie auch in methodischer Hinsicht, besonders da es nur sehr verdeckt in der gestalttherapeutischen Praxis weiterwirkt. Für die Integrative Therapie haben wir erst mühsam herausfinden müssen, was die Reichianischen Einflüsse an nützlichen wie an schädlichen Implikationen bargen. Dies hat z.B. dazu geführt, daß wir von einer Theorie des Energieflusses abgegangen sind zu einer Theorie des "Wahrnehmungsflusses" im Leibe, in der das Konzept der "Leibinseln" von Hermann Schmitz, neben Merleau-Ponty und Marcel wohl dem bedeutendsten Leibphilosophen[100], zum tragen kommt. Für die Interventionspraxis der Leibarbeit haben wir zu einer Theorie und Methodologie der "multiplen Stimulierung"[101], Grundlage thymopraktischer Arbeit, gefunden.[102]

Reich hat den "Körper" für die Therapie wiederentdeckt, nicht den "Leib". Wie Freud den Blick des Physiologen beibehalten hat (man nehme eine Beziehung, lege sie auf den Objektträger, gebe ein Deckglas darauf und lege die Objektbeziehung zur Untersuchung unter das Mikroskop), so perpetuiert Reich den objektivierenden "ärztlichen Blick"[103], der den Körper betrachtet (im Extrem fortgeführt durch Lowens Konzept des "body reading"). Das Paradigma der Ungarischen Schule ist hier von anderer Art. Die Konfiguration Übertragung/ Gegenübertragung findet ihren Ausdruck in einer "Zwischenleiblichkeit", wie sie im liebevollen Klima zwischen Mutter und Kind wirksam ist. Körperliche Intervention als personale Zuwendung, das ist eigentlich der große Wurf des Begründers der "Budapester Psychoanalyse". Aus dieser kommen denn auch, das läßt sich durchaus anhand der historischen Verbindungslinien aufzeigen, die meisten Anstöße zu neueren, interessanten Entwicklungen klinischer Praxis in der tiefenpsychologisch fundierten Psychotherapie, nicht aus der Wiener Psychoanalyse Freuds[104]. Die Konzepte der Objektbeziehungstheorie, der Narzißmustheorie, sind ohne die Ideen von Ferenczi und seinem Schülerkreis (M. Klein, M. Balint, I. Hermann) und der von ihm beeinflußten Therapeuten (G. Winnicott, M. Mahler) nicht denkbar. Die aktive, neokathartische Technik indes, fand unter dem Druck Freuds, der schrieb: "Vater Frenenczi herzt und küßt seine Kinder" und den Angriffen von Ernest Jones, der Ferenczi zum Psychopathen stempelte, keine weitere Verbreitung. Der unzeitige Tod Ferenczis sowie die Zerschlagung der Ungarischen Schule durch die Nazis und später durch das kommunistische Regime[105] sind Gründe dafür, daß die körperberührenden Techniken des Holdings, Bondings, des Parenting and Reparenting (Iljine sprach 1942 von "reparentage"[106]) kaum weiterentwickelt wurden, außer bei einer kleinen Gruppe ungarischer Analytiker (zunächst noch mit Imre Hermann, dann hat auch er sich dem Druck der psychoanalytischen Orthodoxie gebeugt), die heute noch den Ferenczi-Ansatz praktiziert. Reich ist aus vielfältigen Gründen gescheitert, besonders aber durch die Verkennung der Bedeutung des zwischenmenschlichen Milieus für die körperorientierte Behandlung kranker Menschen. Ferenczi ist an der Radikalität gescheitert, mit der er das Gegenübertragungsproblem angegangen ist: Der Ferenczi-Analytiker muß seine Seele und seinen Körper (wir würden ergänzen: und noch seinen Geist, und das ist mehr als der Intellekt) in die Behandlung einbringen. Das ist eine sehr bedrohliche Angelegenheit, die im Lager der Psychoanalytiker heftigste Abwehrreaktion hervorgerufen hat - bis heute. Denn wenn auch die theoretischen Konzepte Ferenczis heute eine Renaissance erleben, den Mut die von ihm schon aufgezeigten und praktizierten Konsequenzen für das Behandlungsgeschehen zu ziehen, haben nur wenige Therapeuten aufgebracht. Seine Methoden der "Kinderanalysen mit Erwachsenen", der gezielten positiven Regression, in der Arbeit mit direkter Zuwendung, der Vermittlung "mütterlicher Liebe" - all dies ist zu kostbar, als daß es weiter verschüttet bleiben dürfte.

Wir hatten das Glück, bei dem russischen Emigraten und Ferenczi-Schüler V. Iljine zu einem Mann in die Analyse zu kommen, der neben seiner Forschungsarbeit in der Hirnanatomie, seiner Verwurzeltheit in "harten Naturwissenschaften" breiteste Interessen hatte, der Elemente der Stanislavskij-Methode in der Ausbildung von Schauspielern aufgenommen hatte, seine kreative Inspiration aus Musik und Literatur bezog.[107] Bei ihm haben wir (J. Sieper, H. Petzold, C. d' Yvingac eine Form der aktiven Analyse erfahren - mit 4 Stunden die Woche - in der Kuscheltiere und Teddybären als Übergangsobjekte, Wiegen und Halten, gemeinsames Spiel, eine große Bedeutung hatten. Wir wurden zu kreativem Ausdruck ermutigt, sowohl in der Analyse als auch für unser Alltagsleben. Iljine hat uns auch dazu angeregt, zu Moreno nach Beacon zu gehen. Durch diese Amerikareisen, sowie durch einen der in Canada lebenden Brüder meines Vaters, Max Petzold, sind wir mit der Gestalttherapie in Kontakt gekommen. Mein Vater und seine Brüder waren schon in Rußland mit dem Kreis Gurdijeff in Kontakt und gehörten auch später zu seiner Pariser Gruppe. Max Petzold blieb auch in Canada ein suchender Mensch, bis ins hohe Alter. Er lernte Fritz am Esalen Institute kennen, vermittelte beim Kauf des Cowichan-Grundstückes in Canada. Über ihn bin ich zu Fritz Perls gekommen, später dann zu Dick Price. Und schon mit den ersten Gestalterfahrungen hat die Faszination eingeschlagen - wumm! - mit einer Bombenübertragung. Fritz war Meister darin, Bombenübertragungen aufzubauen und nicht aufzulösen. Für ihn brachte das viele Vorteile. Wir haben durch diese Übertragung für einige Zeit fast alles vergessen, was wir ursprünglich gelernt hatten. "Hier und Jetzt" in der Faszination an der "Gestalt", auf die wir unsere gesamten frustrierten 68er-Sehnsüchte nach dem "guten Leben" projizierten, hatten wir unsere Quellen verloren. Sie hatten sich ja nach den Mai-Unruhen als nicht tragfähig erwiesen, so empfanden wir damals. Die "Gestalt" traf in ein Vakuum an Hoffnung, und so entstand auch in uns der Mythos vom alternativen "gestaltischen" Leben, wie bei so vielen anderen unserer Generation[108], die in der Therapieszene Zuflucht gesucht haben, um die Realität ihres politischen Scheiterns nicht zu schmerzlich erfahren zu müssen. "Gestalt" wurde zu einer"Lebensphilosophie"[109]. Sie wurde von Perls zum Teil auch als solche vertreten und wird heute von einigen Gestalttherapeuten auch noch als solche propagiert oder verkauft[110], ohne daß man sich das philosophische Erbe dieses Begriffes einmal verdeutlicht.

Die Therapieszene wurde so vielfach zu einem "Ersatz" für die Politszene. Diese Zusammenhänge und ihre Folgen wurden von Gestalttherapeuten bislang noch nicht ausreichend erkannt, analysiert und durchgearbeitet. Erst wenn angesehen ist "was war" (Freud) und gesehen wird "was ist" (Perls), nämlich das Scheitern von Hoffnungen und der Verlust von Idealen, sowie vielfach das derzeitige Ausweichen in New-Age-Mystizismus und Schwärmereien von "neuen Paradigmata" wird politisches Handeln und klinische Kleinarbeit, die so notwendig ist für weiteren Erkenntnisgewinn nicht mehr verhindert...Erst wenn dies alles in seiner Absurdität und seiner Schmerzlichkeit gesehen, zugelassen und betrauert wird, dann kann der Weg für Neues freiwerden, werden wir handlungsfähig, brauchen wir nicht mehr, wie Johanna Sieper zu Recht herausgestellt hat, die Gestalttherapie zu einem Mythos hochstilisieren, der sie überfordert, ihr den Rang einer Philosophie zu verleihen, ein Anspruch, den sie nicht einlösen kann. All dies ist Ausdruck unserer eigenen Größenphantasien und der Größenwünsche ihres Urhebers[111]. Tritt man aber in die Erfahrung des Verlorenen, in den Prozeß der Trauerarbeit ein,[112] so gewinnt man seine eigene Geschichte wieder. Das Verlorene kann mir dann auf eine neue, andere Weise zueigen werden[113]...

Wir als die Gründergeneration des FPIs sind durch unglückliche und glückliche Umstände in unserem persönlichen Leben schon bald in die Auseinandersetzung mit der Geschichte unserer Adoleszenzträume gestoßen worden. Diese Träume, Tagträume und Entwürfe, sind so wichtig, ein Faktum, das in der Psychotherapie weitgehend verkannt wurde[114]. Adoleszenzträume, wenn sie verboten und unterdrückt werden, werden so pathogen, wie sie fruchtbar werden, wenn sie Entwicklungsmöglichkeiten erhalten und in ihren Gestaltungskräften Raum gewinnen. Dies alles ist von Psychotherapeuten so wenig beachtet, wie die Literatur zeigt, daß dieses allein schon die Bedeutung der Adoleszenz, ihrer Phantasien und Traumwelten deutlich macht. Diese Zwischenbemerkung war mir wichtig, im allgemeinen Sinne aber auch im speziellen, denn durch die Bearbeitung dieser Zusammenhänge erhielt die Gestalttherapie allmählich für uns ihre "richtige Größe" zurück, wich die Faszination einer kritischen Wertschätzung und wurden wir für neue Entwicklungen frei. Die Auseinandersetzung mit Perls, seinem Mythos, seinen "Marotten", seiner Pathologie, aber auch seinem Mut zum Nonkonformismus, seiner Ablehnung von Göttern, das alles hat ihm geholfen, sich in vielem von Freud zu lösen, wenngleich seine oft bösartige, unqualifizierte Polemik auch noch seine Gebundenheit zeigt - ... die gedankliche und emotionale Konfrontation mit "Fritz", d.h.

aber auch mit unserer Projektion auf ihn, wie Auseinandersetzung mit seiner Gestalttherapie, die selbst in die Gefahr geraten ist "Totalitätsansprüche" zu erheben, hat uns für unsere Konzeptbildung weitergebracht. Wir sahen auch, daß die Idee der "geschlossenen", der "guten" Gestalt in sich selbst verführerisch ist, einen Perfektionismus- und Vollkommensheitsanspruch impliziert, dem man nur allzu leicht erliegt. Das unlängst erschienene Buch von Staemmler und Bock ist hierfür eine mustergültige und abschreckende Demonstration Ein solches Denken findet sich natürlich auch bei Perls an vielen Stellen: "Um meine Vorstellungen von einer Lösung zu verstehen, müssen wir uns bewußt machen, daß es einen Plan vom Ausmaß eines mehrere Millionen umfassenden Raumfahrtprogrammes erfordern würde, jedoch mit dem Unterschied, daß er anstatt immer mehr Geld zu verschlingen, am Ende eine Ersparnis von mehreren Milliarden bringen würde"[115]. Derartige Tendenzen scheinen in der Tat in der Gestalttherapie zu liegen, denn selbst der so bescheidene Isadore From träumt davon, ja beansprucht ein "Vokabular der Gestalttherapie" entwickelt zu haben, theoretische Erklärungen und Beobachtungen, "mit denen sich jede Intervention rechtfertigen lassen muß" (meine Hervorhebung)[116]. Die Konsequenz, die sich für uns aus dem sich allmählich klärenden Überblick über diese Zusammenhänge ergab, war, von einem "schnellen Buch" Abstand zu nehmen, sondern vielmehr in konsequenter "Suchbewegung" zu bleiben, durch eine Vielzahl explorativer Studien im Bereich der Theorie und in unterschiedlichen Praxisfeldern Materialien zu sammeln, Prägnanztendenzen zu verfolgen, ohne auf einen "Abschluß", eine Geschlossenheit hinzustreben. Diese Haltung, die meinen Arbeiten und auch meiner publikatorischen Tätigkeit zugrunde liegt, macht meine Gedankenwelt vielleicht nicht gerade leicht zugänglich - jedenfalls nicht ohne Mit-Arbeit. Viele meiner Sammelbände sind für mich in der Tat Materialsammlungen, Versuche, Diskurse zwischen den Verfahren anzuregen und von ihnen zu lernen. Ich bin darin dem Vorbild des experimentierenden Geistes von Ferenczi genauso verpflichtet wie der Affirmation von Merleau-Ponty, daß der Wirklichkeit prinzipiell eine gewisse Undurchsichtigkeit (opacitée) eignet. Dennoch sind die Linien der Integrativen Therapie klar: Phänomenologie, Hermeneutik, Ungarische Psychoanalyse - zunehmend, durch meine Lehr- und Forschungstätigkeit an der Freien Universität Amsterdam, wo wir zur Entwicklungsneurologie von Frühgeborenen und Babys, aber auch zur Neuromotorik von Alzheimer-Patienten forschen, werden auch neurowissenschaftliche Erkenntnisse bedeutsam. - Die Integrative Therapie hat keinen Vollkommenheitsanspruch. Sie vertritt vielmehr mit methodischer Konsequenz eine Unfertigkeit, die diejenigen, die sich ihr zuwenden, zur Auseinandersetzung zwingt, zur Integration ihres eigenen persönlichen und durch Studium und Beruf erworbenen Vorwissens mit den Angeboten und Konzepten. Sie zwingt zur Weiterarbeit. Uns ist hier ein Konzept wichtig geworden, das Johanna Sieper und mich in unserer Studienzeit in Paris sehr beeindruckt hat. Roland Barthes, ein Mann, den wir sehr bewundert haben, verstand wissenschaftliche Arbeit und Erkenntnisgewinn als"bricolage" (Bastelei) und den Wissenschaftler, den Philosophen als "bricolateur", als jemanden, der in spielerischer Systematik, in systematischer Ungeordnetheit Dinge zusammensetzt, ausprobiert, entdeckt, entwirft. Das wesentliche Ergebnis unsere Auseinandersetzung führt uns zu Freud zurück, der die Theorie als "immer unfertig" [117] ansah, stets bereit, gewonnene Positionen, sofern nötig, zu revidieren, führt uns zurück zu Perls [118], der die Theorie in beständiger Entwicklung sah. Perls und Freud vertreten hier eine heraklitische Position, die für uns zentral steht. Weil alles fließt, darf der Integrationsgedanke nicht harmonistisch verkürzt werden, muß die "Mehrperspektivität der Wirklichkeit" ernst genommen, ihre Brüchigkeit angenommen und ausgehalten werden, wird es notwendig, ihre Unbestimmtheit und Vielfalt wertzuschätzen und sich immer wieder deutlich zu machen, daß nicht alles integrierbar ist [119]. Integrations- und Kreationsarbeit führt nicht zu einer "letzten", einer ultimativen "guten Gestalt", sondern zu neuen Anfängen und Unsicherheiten. Hier liegt das Grundthema Integrativer Therapie: Vielfalt zuzulassen, verkürzenden oder eindimensionalen Lösungen eine Absage zu erteilen, sich der Brüchigkeit von Integrationsbemühungen bewußt zu bleiben und die Begrenztheit des Unterfangens, eine "integrative Therapie zu entwickeln" zu akzeptieren - nur so ist es möglich, der Inflation zu entgehen. Es stellt sich die Aufgabe, "Komplexität zu reduzieren" [120], genauso wie die Aufgabe,"Komplexität zu erhalten",auf die vielfachen Vernetzungen hinzuweisen, auf die letztlich nicht reduzierbare Vielfalt der Bezüge, die Ausdruck der "chaotischen Mannigfaltigkeit" (H. Schmitz), des "être brut et sauvage" (Merleau-Ponty) ist. Die Wirklichkeit - wissenschaftliche, persönlich-biographische, therapeutisch-praktische - ist ein "Ge-wirk", eine Textur mit unendlich vielen Fäden. Diese nicht überwindbare Gegebenheit muß immer wieder verdeutlicht werden und durchscheinen (in meinen eigenen Arbeiten ist die Vielzahl der Querverweise, Zitate, Hinweis auf Quellen und Bezugspunkte ein methodisches Moment, eine "Stilistik der Mehrperspektivität", die literarisch sicher nicht schön ist (dafür habe ich andere Texte geschrieben), die aber ein Prinzip Integrativer Therapie darstellt. Ich nehme dabei den Ärger derjenigen in Kauf, die meine Texte unlesbar finden oder als narzißtische Darstellung lexikalischer (und natürlich nichtverdauter) Wissensanhäufung. Das meiste könne man einfacher sagen und sei so neu ja auch nicht. In der Tat, meine Verweise dokumentieren, daß hier schon gedachte Gedanken zusammengebracht werden. Aber das zeigt auch "reality is not that simple". Für Leute die meinen, das Leben sei doch "ganz einfach" ist die Integrative Therapie sicher nichts. Die Mühen, verbindende Strukturen, "common factors" in der Vielfalt zu finden, Komplexität zu strukturieren, sind beträchtlich. Zuweilen gibt es Erfolge, und oft genug gibt es Scheitern, und immer bleibt man unterwegs. Die Sehnsucht "anzukommen" führt, wenn sie auf abschließende Antworten gerichtet ist, zu einer "Endlösung", zum Tod des menschlichen Geistes. Ankommen kann man auch, wenn man die Sehnsucht nach endgültigen Lösungen fallen lassen kann.

Die hier beschriebene Grunddynamik des heraklitischen Weges ist natürlich nicht nur Frucht philosophischer Arbeit, sondern auch Ausdruck persönlicher Geschichte, die einer Emigrantenfamilie, deren Wahlspruch "semper in via" in unserem Denken und unserem Tun seinen Niederschlag findet. So wird ein theoretischer Hintergrund zurückgebunden an einen biographischen, werden die Strukturen unseres Verfahrens, unserer verschiedenen Zugangsweise vielleicht transparenter, und wird auch die Struktur unseres Instituts vielleicht verstehbarer. Als wir 1972 anfingen, für unsere Gruppenaktivitäten einen Rahmen zu finden und ein Institut gründeten, nannten wir es "Fritz Perls Institut für Integrative Therapie, Gestalttherapie und Kreativitätsförderung". Im Programm 1972 wurden drei Ausbildungsgänge angeboten: "Gestalttherapie" mit einem psychotherapeutischen und soziotherapeutischen Zweig, "Integrative Bewegungstherapie" und "Integrative Therapie mit Kreativen Medien", weiterhin eine Weiterbildung in "Gestaltpädagogik" (der Begriff wurde 1971 von mir erstmalig in der Erwachsenenbildung verwandt und ging aus praktischen Bedürfnissen hervor; Johanna Sieper und ich hatten jeweils die Leitung einer mittelstädtischen Volkshochschule zu dieser Zeit, und wir waren um die Weiterbildung unserer Dozenten auf der Grundlage von Gestaltmethoden, psychodramatischem Rollenspiel und kreativen Medien bemüht)[121]. Die Struktur des Weiterbildungsangebotes hat, wie gesagt, mit unserer Biographie, aber auch mit unserer Studiengeschichte zu tun. Johanna Sieper hatte Kunst studiert bevor wir Psychologie, Philosophie, Pädagogik, Theologie und Kunstgeschichte studierten (ab 1963 in Paris). Später dann Medizin, Soziologie und Heil- und Sonderpädagogik (ab 1971 in Düsseldorf). Wir hatten auf einer Experimentierbühne in Neuss und Düsseldorf mitgearbeitet, dem "Glück-Schicksal-Theater", wo wir Anfang der 60er Jahre schon Multimedia-Arbeit gemacht hatten, mit eigenen Stücken, Bühnenbildern, mit Filmeinlagen, Musikcollagen usw. Wenn also am "Fritz Perls Institut" die Arbeit mit kreativen Medien so stark vertreten ist... so liegen da die Quellen. Iljine hatte uns zum Experimentieren ermutigt. Das Vorbild von Perls gab uns die Freiheit, unter seinem Namen experimentierend zu bleiben,

offen zu sein für Neues.... und das ist bis heute so geblieben. Perls regte uns auch an, ein "Fritz Perls Institut" in der Schweiz (nicht in Deutschland) zu gründen, ein Institut, das nicht sofort in eine neue Orthodoxie führen sollte, sondern an seinem Grundsatz ausgerichtet sein müßte: "There is no end to integration". Das war 1969. Wir waren damals noch nicht so weit, seine Idee umzusetzen. Er wäre gerne in die Schweiz gegangen, er hatte Pläne, sich noch einmal neu zu orientieren - nach Europa - "there are my roots". Nicht nach Deutschland - er mißtraute den Deutschen; aber er mißtraute auch den Amerikanern, dem "American way of life" - "there is nothing you could call culture". Er ging nach Canada - "It is in many respects more European".[122]
Er glaubte nicht daran, daß die amerikanischen Gestalttherapeuten seine Gedanken sehr viel weiter bringen würden. Bislang sieht es so aus, als hätte er Recht behalten. Aber wir waren nicht bereit für seine Pläne. Wir waren noch immer stark in der Psychoanalyse und im Psychodrama engagiert. Im Frühjahr 1970, im Jänner, drängte er noch einmal darauf, bald in der Schweiz etwas zu machen, aber es kam anders. Er starb - für uns und wohl auch für sich selbst unerwartet. Er hatte noch so viele Pläne gehabt. Wir hatten andere.
Als Johanna Sieper und ich 1969 in Deutschland mit Gruppen anfingen, arbeiteten wir neben der "Gestalt" sehr viel mit kreativen Medien, sehr viel mit Bewegung, sehr viel mit Psychodrama. Nach dem Tod von Perls war wieder ein großer alter Mann da, der aus der Rolle des guten alten Vaters wollte, daß etwas geschehe. Moreno wünschte in Deutschand ein "Moreno-Institut" und hatte - das kann man in "Group Psychotherapy" nachlesen - Gretel Leutz als ärztliche Leiterin, Heike Straub als psychologische Leiterin und mich als "scientific secretary" des zu gründenden Moreno-Instituts Deutschland designiert gehabt. Das war 1971. Und dann sind Dinge dazwischengekommen, die mir das Psychodrama verleidet haben, nicht das Psychodrama als Methode, sondern einen Teil der Psychodrama-Szene. Es hatten einige Leute sehr üble Dinge gegen mich in Gang gesetzt. Nicht Leutz und Straub, mit denen mich immer noch eine gute Freundschaft verbindet, andere Leute. Ich arbeite noch heute an den Moreno-Instituten mit. Damals haben wir uns gesagt, wir machen ja auch noch Gestalttherapie, und außerdem steht noch die Sache mit dem Gestalt-Institut offen.So stellten wir die Gestalttherapie stärker in den Vordergrund. Durch die Arbeit mit Dick Price 1971-73 wurde diese Entscheidung gestärkt. Dennoch gaben wir das Psychodrama nicht auf, ja, die Art und Weise, wie wir Gestalt gemacht haben, war vom Psychodrama stark beeinflußt. Auch Fritz Perls war vom Psychodrama geprägt; denn als er nach Amerika kam, besuchte er Veranstaltungen am Moreno-Institut, wie sich aus den Files des Moreno-Instituts in Beacon nachweisen läßt. Da hat er den Rollentausch kennengelernt und den leeren Stuhl. Moreno

nannte das schon in den 30er Jahren "Monodrama". Erst 1969, in dem Buch, das 1973 postum erschien - in Deutschland mit dem Titel "Grundlagen der Gestalttherapie" - weist Perls explizit auf das Psychodrama hin und spricht mit offensichtlicher Anlehnung an Moreno von "Monotherapie". Diese plötzliche Offenlegung einer wichtigen Quelle seiner Praxis war wohl durch die Rezension motiviert, die Eric Berne über Perls' Buch "Gestalttherapie verbatim" geschrieben hatte. In ihr betont Berne, daß Fritz Perls sich vielfacher Anregungen bedient, aber kein Eklektiker bleibe, er habe indes aber das "Moreno-Problem", da der Begründer des Psychodramas fast alle aktiven Techniken - auch die von Perls - schon eingeführt habe[123]. Auch Zinker macht in seinem Buch deutlich, daß das Psychodrama den Weg für die Gestalttherapie geebnet habe. Wenn Isadore From die "Theatralisierung von 'Gestalt', die von Moreno übernommen wurde" anprangert, dabei betont: "Es ist nicht unwichtig, daß der 'leere Stuhl' von Morenos Psychodrama übernommen wurde und nicht aus der Gestalttherapie stammt. Das muß zunächst um der intellektuellen Aufrichtigkeit willen festgestellt werden", wenn er dann die Verwendung psychodramatischer Elemente in der Gestalttherapie rigoros ablehnt, und sie als "Schauspiel-Übung" diskreditiert, so ist das in der Argumentationslinie der Goodmanschen Gestalttherapie vielleicht noch verstehbar. Der Perlsschen Gestalttherapie wird damit sicher Unrecht getan, denn Perls kommt, wie auch Moreno aus der Liebe zum Theater zu einer aktionalen Psychotherapie. Seine kleinen Komparsenrollen an der Bühne Max Reinhardts kommen in seinen dramatischen Methoden zum tragen. From verkennt gänzlich das expressionistische Moment in der Perlsschen Gestalttherapie, in der sich - wie auch im Morenoschen Psychodrama - das Erbe expressionistischer Geisteshaltung niedergeschlagen hat[124]. Perls hat von seiner Praxis her und zum Teil von seinen theoretischen Konzepten her immer eine Therapie betrieben, der es um das Aufdecken unbewußter Dynamik aus der Biographie ging (das Konzept des "unfinished business" oder der "existential message" in der Traumarbeit läßt gar keine andere Explikation zu). Es ging ihm eben nicht - wie Goodman - ausschließlich um die Arbeit mit Kontaktfunktionen, dafür war er viel zu sehr Psychoanalytiker geblieben, das verkennt From, wenn er Perls vorwirft, daß er "mit seinen Theater-Techniken die ursprüngliche Bedeutung seiner eigenen Einsichten ausgehöhlt" habe. Er bemerkt ganz recht, daß Perls in seinem Konzept der "Traum-Arbeit", seinen Dream-Work-Seminars, immer wieder auf Interpretationen im Sinne der Psychoanalyse zurückgreift (man kann dies bei einer Durchsicht der Protokolle von Traumsitzungen auf Schritt und Tritt zeigen). "Die Folge war (ohne daß man das bemerkt hatte) die Wiedereinführung des Freudschen 'Eisbergs', nur dieses Mal wurde er eine 'Zwiebel' genannt, und die Aufgabe der neuen 'Gestalt' war es, dabei an die 'Todes-Schicht' heranzukommen. Der Todestrieb, Freuds fragwürdigster Begriff, wurde rekonstruiert und natürlich wieder ohne Hinweis auf den ursprünglichen Begriff oder auf Freud" [125]. So unbemerkt aber geschah dies wohl gar nicht. Perls war so naiv nicht. Er zeigt mit seiner Praxis und seiner Konzeptbildung nur, wie ich schon ausgeführt hatte, seine Ablehnung des Goodmanschen Weges der Gestalttherapie und die Verfolgung seines eigenen Konzeptes: das dramatische Element im Sinne eines "acting through", wie **Perls** dies in einem Interview genannt hatte, [126] - "acting out versus acting through", eine klare Anspielung auf den psychoanalytischen Begriff des Durcharbeitens. Das Dramatische also, ist für **Perls** nicht nur Anknüpfen an das Psychodrama, das er nicht einfach kopierte, sondern in einer spezifischen Weise adaptiert, theoretisch neu bewertet und praktiziert, es ist Ausdruck einer an der frühen Breuer-Freud-Katharsistheorie und mehr noch an Ferenczis Technik der Neokatharsis-orientierten therapeutischen Praxis. Das hat Isadore From übersehen. Denn nicht ohne Grund nimmt **Perls** den leeren Stuhl und verzichtet auf die Antagonisten, die Mitspieler im Psychodrama, weil sie das projektive Geschehen des Protagonisten durch eigene Projektionen kontaminieren könnten. **Perls** ging es um den Kontakt mit "Innenwelten", um den Umgang mit Widerstand und Übertragung, ihm ging es darum, dem Realitätsprinzip in gut Freudianischer Manier wieder Geltung zu schaffen: dadurch, daß der Patient Verantwortung übernimmt, re-sponsability praktizieren kann, das "Offensichtliche zu sehen vermag", in Kontakt mit der Realität "im Hier-und-Jetzt" kommt (ganz wie es auch für die Freudsche Übertragungsarbeit charakteristisch ist). Goodman hingegen stellt das Realitätsprinzip infrage - und seine Gründe sind in der Tat ernst zu nehmen. In der Integrativen Therapie versuchen wir diese Probleme durch das Konzept der Mehrperspektivität bzw. der multiplen Realitäten aufzufangen und handhabbar zu machen. Morenos Begriff der "surplus reality" [127] bietet hier nützliche Perspektiven, genauso wie Ferenczis Aufsatz von 1913 "Stufen der Entwicklung des Realitäts-sinnes" [128]. Unsere Beeinflussung durch den späten Perls und unsere Affinität zum Werk des frühen Perls und die Nähe seiner Theorie und Praxis zum Psychodrama Morenos einerseits und zur aktiven Psychoanalyse Ferenczis andererseits machten es uns leicht, diese Strömungen zu verbinden - in unserem kleinen Büchlein von 1973 "Gestalttherapie und Psychodrama" stellen wir die Ansätze von Perls, Moreno und Iljine parallel [129], in der Praxis hatten wir sie schon längst verbunden. Und auch die Bewegungs- und Körperarbeit, wie wir sie aus anderen Quellen kennengelernt hatten, neben dem an Stanislawski orientierten Improvisationstraining aus Iljines "Therapeutischem Theater" [130] durch Erfahrung bei dem Reich-Schüler Ola Raknes,

Sitzungen bei der Gindler-Schülerin **Lili Ehrenfried**, dem russischen Atemtherapeuten Nikolaij Ouspienskij) in Paris fügten sich für uns organisch in unsere Arbeit ein (übrigens, der Begriff "body therapy" wurde 1937 von Moreno in die Literatur eingeführt [131]). Für uns paßte das alles gut zusammen, wir erlebten es als "stimmig", die Art und Weise nämlich, wie wir Perls und Iljine mit seiner aktiven Ferenczi-Technik, die Moreno-Methode und die Körper- und Atemarbeit verbunden hatten. Es muß noch einmal daran erinnert werden, daß Perls mit dem Ferenczi-Ansatz vertraut war. Über seine Analytiker Hitschmann und Reich. Lore Perls wiederum war mit der Gindler-Arbeit vertraut. Wilhelm Reich war bei Elsa Gindler in Behandlung und wurde durch diese Erfahrung zu seiner Körperarbeit inspiriert, wie uns seine Tochter Eva Reich mitgeteilt hatte. So fügen sich die Verbindungslinien zusammen. Das alles wußten wir natürlich nicht, als wir uns Anfang der 60er Jahre auf die Suche gemacht hatten und mehr oder weniger zu-fällig auf die verschiedenen Ansätze stießen. Wir spürten nur rein intuitiv eine Zusammengehörigkeit der verschiedenen Aspekte.

Wir haben dann unsere eigene Gruppenarbeit ohne die Absicht eine Ausbildung aufzubauen begonnen und von Anfang an "multimodale Methoden" integrativ praktiziert: auf den Lindauer Psychotherapie-Wochen, in Österreich, in der Schweiz, in Norwegen. Und überall haben wir auf der Grundlage eines phänomenologisch-hermeneutischen Vorgehens und einer tiefenpsychologischen, an Ferenczi orientierten Sichtweise Psychodrama, Gestalt, kreative Medien und Bewegungselemente miteinander verbunden. Es sitzen Leute hier im Raum, die in diesen frühen Gruppen waren und von dieser Integration so angesprochen worden, daß sie bis heute mitarbeiten und die Entwicklung unseres Ansatzes mit vorantreiben. Von den Teilnehmern an unseren Gruppen ging denn auch der Impuls aus, mit einer Ausbildung zu beginnen: "Das ist eine so spannende Sache, diese Art der Arbeit, warum machen wir nicht eine Ausbildung?" So haben wir halt 1972 mit einer Ausbildung angefangen. Sie hat sich nach und nach so präzisiert, wie das Ausbildungen so an sich haben. Und als dann irgendwann, nachdem unser eigener Erlebnishunger und der unserer Ausbildungskandidaten ein wenig abgesättigt war, die Frage nach der Theorie aufkam - etwa um 1974 - machten wir uns gründlicher über die Texte her. Ein großer Sammelband über Psychodrama war schon 1972 erschienen, 1973 einige Aufsätze zur Gestalttherapie, 1974 kamen Aufsätze und Bücher zur Körperarbeit. Ich schrieb erstmalig in deutscher Sprache über "Integrative Bewegungstherapie" einen großen Aufsatz, in dem ich herausstellte, daß Gestalttherapie, Integrative Gestalttherapie (der Ansatz der Polsters) und die Auseinandersetzung mit ihren Quellen, eine Entwicklung hin zur Integrativen Therapie durch unsere Arbeit vollzogen hat.[132] So klar wurde dies 1974 schon von mir formuliert. Im Hinblick auf das Psychodrama oder die

Integrative Bewegungstherapie gab es für eine theoretische Begründung keine Schwierigkeiten. Die Gestalttherapie aber warf ernsthafte Probleme auf. Unsere Kollegen Katharina Martin und Hans Jörg Süss, die die deutsche Gründung des "Fritz Perls Instituts für Integrative Therapie, Gestalttherapie und Kreativitätsförderung"1974 als Mitgesellschafter (neben Hildegund Heinl und Johanna Sieper)betrieben hatten und die bei Simkin und den Polsters zur weiteren Vertiefung ihrer Gestalt-Kenntnisse gegangen waren, hatten versucht, in einem Übersichtsartikel zu einer kompakten Darstellung zu kommen[133]. Sie hatten seinerzeit sehr viel Arbeit in diesen Versuch gesteckt, der sich aus heutiger Perspektive als ausgesprochen unzureichend darstellt, weil er Probleme zu kitten versucht, die hätten aufgezeigt werden müssen. Aber mehr war damals nicht möglich. 1969 hatte ich das soeben erschienene "Gestalttherapie verbatim" am Esalen Institut "verschlungen". 1973 hatte ich alles, was von Perls greifbar war (damals schon ärgerte ich mich über die Behandlung des Goodmanschen Beitrages), durchgelesen. Erst 1974 habe ich begonnen, Perls gründlich zu"studieren"·Kein Mensch hatte damals Perls gründlich gelesen. Niemand von seinen Schülern. Seine Gegner haben sein Buch ohnehin nach ein paar Seiten aus der Hand gelegt. Und natürlich, nochmals sei From beigepflichtet, hatte kaum jemand Perls / Hefferline / Goodman gründlich gelesen. Und weil bei genauer Lektüre alles so fragmentarisch war, habe ich zu Goldstein gegriffen und gesehen, Perls hat die Organismus-Theorie des Frankfurter Neurologieprofessors nie ganz assimiliert. Er bleibt dem Freudschen Biologismus verhaftet. Ich habe dann Smuts gelesen und herausgefunden: es ist eine der wichtigsten Quellen des Perlsschen Denkens."Holism and evolution" - 1928 in der ersten Version - war ein Geheimtip bei den Assistenten von Kurt Goldstein. Plötzlich verstand ich die Assimilationstheorie besser, die Perls von Smuts übernommen hatte. Der südafrikanische Biologe, Philosoph und Staatsmann wird notorisch von Gestalttherapeuten nicht gelesen. Mit Johanna Sieper haben wir den ganzen Goodman durchstudiert. Um Goodman zu verstehen, haben wir uns Mead zugewandt - nicht nur dem leicht zugänglichen "Mind, self and society",sondern seinem weniger bekannten, verstreuten Oeuvre[134]. Wir haben die alte Anarchismusliteratur unserer Pariser Studienjahre wieder in die Hand genommen, Landauer, Bakunin, Krokotkin. Wir haben Friedlaender und seine Schriften ausgegraben...., alles, um den theoretischen Rahmen zu festigen um Fragen, die für eine Psychotherapie von zentraler Bedeutung sind, beantworten zu können. Denn was soll man Ausbildungskandidaten als Antwort geben wenn sie fragen: Wie entsteht nach Auffassung der Gestalttherapie Krankheit?

Das kann man mit Perls und auch mit Goodman nicht befriedigend beantworten. Perls gibt nur vage Konzepte. Goodmans Theorie könnte nur greifen, wenn sie durch ein genetisches Modell fundiert würde, das die Einwirkungen biographischer Erfahrungen zur Erklärung von Störungen des Kontaktverhaltens präziser fassen würde. In Problemen, bei Fragen wie: "Auf welche Weise kann ich Krankheiten differentiell unterscheiden? Wie gehe ich mit Frühgestörten um? Wie mit Angst- oder mit Zwangsneurosen oder mit Depressionen ? Angst als Katastrophenerwartung, Lücke zwischen dem Jetzt und der Zukunft, als Mangel an Sauerstoff, Depression als retroflektierte Aggression (so schon Freud, quid novum?) darzustellen ... Erklärungen dieser Art sind aufgrund des heutigen Kenntnisstandes völlig unzureichend. Als eines der Hauptprobleme erwies sich, daß der Gestalttherapie trotz des Wachstumsbegriffes - und auch der ist höchst vage - eine Entwicklungstheorie unter entwicklungspsychologischer und sozialisationstheoretischer (mit Einschluß ökologischer Sozialisation) Perspektive fehlt. In der Integrativen Therapie haben wir eine mehrperspektivische Entwicklungskonzeption unter Einbeziehung psychoanalytischer, kognitionspsychologischer , (Piaget) sozialisationstheoretischer Perspektiven in Agriff genommen, und zwar als ein "life span developmental approach". Die Fragen der Persönlichkeitsentwicklung und der Pathogenese lassen sich mit der Kontakttheorie allein nicht erklären. Wir brauchen also Theorien zur Genese von Haltungen und Verhalten, Theorien der Pathogenese (besonders wenn - wie dies seit einiger Zeit auch geschieht - Gestalttherapeuten sich an die Kinderbehandlung machen - wir haben aufgrund der Arbeiten am Fritz Perls Klinikum für Kinder- und Jugendpsychiatrie in Dortmund die "Integrative Kindertherapie" [135] entwickelt). Konzepte wie das der "organismischen Selbstregulation" haben allein nur geringen Erklärungswert. Wir brauchen vielmehr Konzepte, die erklären, wie in toxischen zwischenmenschlichen Milieus Krankheiten entstehen. Das Fehlen einer solchen Theorie in der klassischen Gestalttherapie und ihren Weiterentwicklungen, und damit das Fehlen der Vermittlung einer solchen Theorie im Rahmen der gängigen "Ausbildungen" von Gestalttherapeuten hat große klinische Konsequenzen. Deshalb haben wir seit 1975 die Arbeiten zu einer Krankheitslehre der Integrativen Therapie vorangetrieben. Diese Probleme sind inzwischen auch einigen amerikanischen Gestalttherapeuten aufgestoßen, wie die heftige Debatte zwischen Stephen Tobin und Yontef über die Behandlung "früher Störungen" zeigt.[136] Tobin hält mit recht die klassische Gestalttechnik für diese Patientengruppe für kontraindiziert. Er bezieht sich deshalb auf die Objektbeziehungstheoretiker und auf den Selbstbegriff von Kohut und versucht, diesen mit dem Selbstbegriff von Goodman zu "matchen". Natürlich geht das nicht, weil Goodman einem ganz anderen Wissenschaftsparadigma verpflichtet ist. In ähnliche Fehler verfällt auch Beaumont mit seinen Arbeiten[137]. Immerhin gibt es aber in der amerikanischen Gestalttherapie doch Leute, die plötzlich entdecken und auch darüber schreiben, daß man bestimmte Krankheitsbilder mit den klassischen Techniken gar nicht behandeln kann, sondern daß man mit ihr Menschen gefährdet.

Wir haben, weil wir von Anfang an in unserem Institut klinisch arbeiteten, diese Entdeckung schon sehr früh gemacht und versucht, andere Erklärungsmodelle zu finden. Dabei haben wir uns auf zwei Quellen gestützt: die Psychoanalyse in ihrer ungarischen Tradition und die Leibphänomenologie von Gabriel Marcel, Merleau-Ponty und Hermann Schmitz - die Arbeiten des letztgenannten sind in klinischer Hinsicht von besonderer Bedeutung. Hier haben wir Modelle, wie das Leib-Seele-Problem in einer befriedigenden Weise gehandhabt werden kann, so daß auf der Grundlage dieser Konzepte ein konsistentes psychotherapeutisches Handeln möglich wird und Patienten be-handelt werden können, ohne daß man das Seelische wegdrängt und den Menschen auf den "Organismus" reduziert, ohne daß der Bereich des Geistigen ausgeblendet wird oder ethische Fragen biologistisch verkürzt werden[138]. Gabriel Marcel hat uns mit seinem Werk Konzepte für eine Ethik der Intersubjektivität[139] bereitgestellt. In der Ästehtiktheorie von Merleau-Ponty haben wir die Möglichkeiten, Künstlerisches, Ästhetisches, Kreatives zu integrieren, zu einer"Anthropologie des schöpferischen Menschen"[140] und zu einer"Pathologie der Kreativität"[141] vorzustoßen. Die Phänomenologie von Hermann Schmitz eröffnet uns grundsätzlich neue Möglichkeiten zum Verständnis der <u>Leiblichkeit</u>,[142], ein Begriff, dessen Dimensionen von Perls wie auch von Goodman (und erst recht nicht von Lowen und den Neoreichianern) überhaupt nicht erfaßt, geschweige denn entfaltet wurden. Schmitz weist mit seinen Ideen zu "göttlichen Atmosphären" auch Wege zur Integration religiöser Dimensionen. Perls selbst berührt diesen zentralen Bereich allenfalls mit Randbemerkungen, wenn er z.B. davon spricht, "daß wir eines Tages entdecken werden, daß Bewußtheit ein Merkmal des Universums ist..., daß Bewußtheit ein Merkmal der Materie ist"[143].

Die systematische Durchforstung des Oeuvres von Perls hat auch praktische Konsequenzen gehabt, die zur Änderung in der therapeutischen Methodik führten. So haben wir im Verlaufe der Zeit die "hot seat"-Arbeit immer mehr als einen phänomenologischen Prozeß, der hermeneutisch unterfangen werden muß, verstehen gelernt, bei dem es nicht darum geht, Leute durch irgendwelche impasses hindurch zu bekommen, sondern bei dem es darum geht, daß "Menschen sich selbst im Lebensganzen verstehen lernen"[144]. So haben wir zu einer "<u>narrativen Praxis</u>" der Therapie gefunden, zur Auslegung von Narrationen, die eine ikonische, szenische, aktionale Qualität haben, in deren Atmosphären sich persönliche und kollektive Geschichte verdichtet. Mit den Konzepten "Narrativ" und "Narration", wird der"Hier-und-Jetzt"-Begriff Perlsscher Prägung "obsolet". Wir müssen ein "historisches" Hier-und-Jetzt haben, das die ganze Zeit: Vergangenheit, Gegenwart und Zukunft mit in den Blick nimmt. Der Mensch ist das, was er ist auf dem Boden seiner Vergangenheit und seiner Zukunftsentwürfe und Perspektiven [145]. Zum Verständnis derartiger Überlegungen haben die Arbeiten Adlers und Jungs durchaus einiges zu bieten, nicht zuletzt aber die Zeittheorie von Merleau-Ponty und Hermann Schmitz [146]. Auch wenn sich Vergangenheit nur als Memoration und Zukunft nur als Antizipation in einem phänomenalen Hier-und-Jetzt darstellen, kann das verkürzende "here and now" der Perls-Epigonen philosophisch - und erst recht in der klinischen Praxis - k e i n e n Bestand haben. Denn das Hier hat als Horizont das Dort und das Jetzt als Horizont Vergangenheit und Zukunft. Aufgrund derartiger kritischer Überlegungen haben wir versucht, von der Organismustheorie wegzukommen und ihr nur noch eine begrenzte Bedeutung zur Erklärung bestimmter körperlicher Funktionsmechanismen zuzuweisen. Statt dessen sind wir auf das Konzept des Leib-Selbst (Merleau-Ponty), auf den Begriff der Leiblichkeit (Schmitz) zurückgekommen. Das Leib-Selbst sehen wir als die Basis des Ichs und der Identität. Auf dieser Basis wird, um es präzise auszudrücken, durch ein kohärentes, funktionsfähiges Ich Identität konstituiert. Mit den Dimensionen "**Selbst, Ich und Identität**", die sich über die "Lebensspanne" hin in spezifischer Weise entwickeln - wir möchten den "life span developmental approach" für die gesunde wie für die pathologische Entwicklung nochmals als grundlegend herausstellen - wird unsere Persönlichkeitstheorie [147] komplexer und weniger brüchig als die Goodmanschen Skizzen [148]. Wir gehen also aus von einem "archaischen" Leib-Selbst, ausgestattet mit der Fähigkeit wahrzunehmen, zu reagieren, zu speichern. Dieses differenziert sich aus und ermöglicht damit die Ausbildung unterschiedlicher Ich-Funktionen, die sich im "stade du miroir" zu einem leistungsfähigen Ich synthetisieren. Das Ich wird als Funktion des reifen Leib-Selbst gesehen, und seine wichtigste und größe Leistung ist die Konstitution von Identität. Die Identität ist hier nicht nur als das "Erkennen meinerselbst so wie ich bin", also als Identifikationsleistung bzw. Selbstattribution zu sehen (Ich-Identität), sondern in ihr kommt auch das "Erkennen, wie ich erkannt werde", also die Identifizierung von außen, die Fremdattribution zum tragen. Ich-Entwicklung und Identitätsgewinn wirken natürlich zurück auf das Leib-Selbst, in dem ihm Attributionen "auf den Leib geschrieben" - man sollte dies sehr wörtlich nehmen - werden, indem es zugewiesene "Rollen verkörpert", die ihm dann "in Fleisch und Blut" übergehen. Der Mensch ist demnach in seiner Persönlichkeitsentwicklung bzw. in seiner Identität bestimmt vom eigenen Erleben seiner Selbst und von den sozialen Zuschreibungen. Damit wird das Persönlichkeitskonzept über das Identitätskonzept unlösbar eingebunden in den sozialen Kontext und seine historische, ökonomische, politische Bestimmtheit. Ein Organismusmodell des Menschen ist mit dem Blick auf derartig komplexe Dimensionen heillos überfordert. Es wird eine Theorie des historischen Subjektes als sozial bestimmten und sozial kreativen notwendig[149]. Ein krudes "Ich bin ich" im Sinne des Perlsschen Gestaltgebetes muß denn als wirklich "obsolet" entlarvt werden. Auch die Fokussierung auf den Kontaktbegriff, die Kontaktfunktionen, muß durch den Begegnungsgedanken und das Konzept "intersubjektiver Beziehungen" ergänzt werden. Zum Ich-Du-Prinzip Bubers muß noch die Perspektive Meads hinzutreten: Dem Ich-Selbst, dem Selbst-erkennen geht das Erkannt-werden durch das Du, durch den Anderen, voraus. Es wird wenig beachtet, daß Perls sein "Gestaltgebet" ja revidiert hat, zumindest hat er einen neuen "Sinnspruch" geschrieben. Er verfaßte ja kurz vor seinem Lebensende recht viele kleine Gedichte, wie sie sich z.B. in seiner Autobiographie finden. In seinen Cowichan-Lectures trug er diesen Spruch vor:

> First I must find "me",
> before I can meet you.
> And on this ground
> we can say: "We".
> And only together
> we will have some chances
> to make this old world
> more human and free.[150]

Eigentlich ist das ein sehr schöner Text, der über die sonstige Selbstzentriertheit von Perls hinausführt. "Ich und Du, das ist die Grundlage zum Wir, und nur gemeinsam können wir diese Welt etwas menschlicher machen!" Ich kann den zweiten Teil dieses Spruches vollauf unterschreiben. Der erste aber ist immer noch falsch, denn er beginnt: "Erst muß ich mich finden, um dir begegnen zu können". Damit reproduziert Perls noch in dem Versuch ihrer Überwindung seine narzißhafte Beziehungsstörung, denn ich kann mich nur finden und erkennen, wenn ich gefunden und erkannt worden bin. Der Mensch wird eben zum Menschen durch den Mitmenschen. Das Kind gewinnt seine Identität, weil sie ihm geschenkt wurde, und es erkennt - wenn wir auf die entwicklungspsychologischen Befunde sehen - seine Mutter eher, als es sich selbst erkennt. Derartige Überlegungen sind zur Ergänzung des individuumbezogenen Paradigmas von Freud und Perls unbedingt erforderlich. Sie sind Kennzeichen des sozialwissenschaftlichen Paradigmas von Moreno und Mead. In der Integrativen Therapie führen wir diese beiden Sichtweisen über den Identitätsbegriff einerseits und über den Begriff des Leib-Selbst, das "my body" und "social body" zugleich ist, zusammen. Wie gesagt, wird damit auch der Kontaktbegriff von Goodman und Perls überschritten, der die Aktivität an den Kontaktaufnehmenden bindet. In Goodmans (auf Mead zurückgehenden, ihn aber verkürzenden) Kontaktzyklus kommt dem "contacting", das von den Bedürfnissen des Organismus motiviert ist, zentrale Bedeutung zu[151]. Damit übergeht er die "Wechselseitigkeit kommunikativen Geschehens" - Moreno spricht kontrastierend zum Begriff der Einfühlung von "Zweifühlung" (Tele)[152]. Es geht so die Wechselseitigkeit der Empathie verloren, eine Wechselseitigkeit, die der Kontaktbegriff nicht impliziert, die aber dem Begegnungs- und dem Beziehungsbegriff unabdingbar zugehört. In der Integrativen Therapie vertreten wir unter entwicklungspsychologischer Perspektive deshalb eine Differenzierung der frühen Konfluenz über das Kontaktgeschehen hin zu Begegnung und Beziehung als reifen, differenzierten Formen menschlicher Intersubjektivität[153] mit wechselseitiger Empathie und Reziprozität sozialer Wahrnehmung. Kontakt ist ein flacher (der Physiologie entlehnter) Begriff, ungeeignet, all das, was zwischen Menschen schwingt, zu erfassen. Er wird in der Gestalttherapie überfrachtet und bei Goodman geradezu zu einem Metakonzept hochstilisiert.

Es sind an dieser Stelle nur einige Beispiele für die konzeptuellen Entwicklungen der Integrativen Therapie möglich gewesen, an denen aufgezeigt werden konnte, wo wir andere Wege gehen als die Gestalttherapie. Dennoch bleibt für mich Gestalttherapie wichtig und unverzichtbar, weil sie, sofern sie sich nicht in Hot-Seat-Manierismen festfährt, genau das realisiert, was Ferenczi in seinem berühmten Aufsatz über die "Flexibilität der psychoanalytischen Technik" umrissen hatte. Wenn Perls wirklich arbeitete und nicht nur demonstrierte, konnte man die elastische, elegante Handhabung des therapeutischen Prozesses bewundern. Virginia Satir charakterisierte das treffend: "When he was doing therapy, wonderful, but when he was 'Fritzing' awfull!" Gestalttherapeutische Behandlungstechnik in psychotherapeutischer Ausformung bietet eine ausgezeichnete Grundlage für die prozeßorientierte Arbeit in der Integrativen Therapie, um deren Kernprinzip umzusetzen: "Von den Phänomenen zu den Strukturen"[154] zu gelangen. Sie bietet auch gute Zugänge für die Arbeit mit kreativen Medien, obgleich hier wesentliche Ergänzungen notwendig werden. So wird am "Fritz Perls Institut" nach wie vor Gestalttherapie gelehrt - wir sprechen sogar lieber, zur Akzentuierung der klinischen Ausrichtung, von "Gestaltpsychotherapie", ohne damit auf den ganzheitlichen Anspruch zu verzichten, da die Vermittlung der gestalttherapeutischen Methode und ihrer Konzepte und Techniken im Rahmen des Verfahrens der "Integrativen Therapie" erfolgt. Am "Fritz Perls Institut" werden Gestalttherapie und Integrative Therapie in ergänzender Weise verbunden. Der innovative, undogmatische, nonkonformistische Geist von Fritz Perls , seine heraklitische Haltung sind für uns heute noch richtungsweisend und inspirierend: "Wir sehen die Welt als einen kontinuierlich fortführenden Prozeß an. Wir sind wieder bei Heraklit, bei der vorsokratischen Vorstellung, daß alles im Fluß ist".[155] Unter diesen Gesichtspunkten war und ist Fritz Perls ein guter Namensgeber für unser Institut, und es ist auch ganz im Sinne seines heraklitischen Weges, der affirmiert: "Wirklichkeit per sê gibt es für den Menschen nicht", sie wird durch awareness und Konsens konstituiert. Auch "die Objektivität der Wissenschaft ist ... nichts weiter als eine Angelegenheit wechselseitiger Übereinkunft" [156]. Derartige Aussagen erfordern natürlich ein Hermeneutikverständnis und ein Diskursmodell, das sich bei Perls nicht findet, von uns aber z.B. im Ko-respondenzmodell [157] ausgearbeitet wurde. Perls vertritt auch dezidiert: "... zu viele der klassischen tiefenpsychologischen Theorien sind von ihren Verfechtern zu Dogmen versteinert worden... Anstatt eine Theorie aufzugeben oder zu ändern, wenn sie nicht mehr mit den Fakten übereinstimmt und wenn sie nicht mehr adäquat dazu dient, Schwierigkeiten zu lösen, verdrehen sie die Tatsachen des Verhaltens, bis sie sich der Theorie anpassen." Eine solche Aussage muß auch auf die Gestalttherapie selbst angewendet werden. Fritz Perls fährt dann fort: "Die Theorie selbst gründet sich auf Erfahrungen und Beobachtungen, sie ist mit den Aufgaben ihrer praktischen Ausübung und Anwendung gewachsen, und sie wächst immer noch."[158] Eine solche Aussage erfordert die Weiterentwicklung der Theorie und wenn nötig auch ihre Revision. Nur eines ist nicht möglich: beim Erreichten stehen bleiben oder "die wahre Gestalttherapie gegen die falsche" zu verteidigen (Portele)[159] . In diesem Sinne sind auch die Weiterentwicklungen, aber auch die Abgrenzungen, zu verstehen, die die Integrative Therapie im Hinblick auf die Gestalttherapie Goodmanscher oder Perlsscher Orientierung vorgenommen hat: etwa in der Auffassung des Unbewußten, der Differenzierung von consciousness und awareness im Modell eines Bewußtseinsspektrums, in den Fragen der Sprache, des sprachlichen und nichtsprachlichen Sinnes und damit im Konzept einer therapeutischen Hermeneutik und hermeneutischen Therapie [160]. Divergenzen entstehen sicherlich auch in den Fragen der Handhabung von Übertragung und Gegenübertragung (dieser letztgenannte Begriff fehlt bei Perls, was eigentlich ganz ins Bild paßt), im Hinblick auf die Probleme des Umgangs mit Regression und damit der Behandlung früher Schädigungen durch parentage und reparentage [161] (im Sinne der Ferenczi/Iljine-Winnicott-Tradition). Für uns sind Überlegungen wichtig, ob Therapeuten sich als eine "good enough mother" (Winnicott) oder als ein "good enough father" (Petzold) zur Verfügung stellen können[162] und damit nicht, wie im Perlsschen Ansatz, auf ein Ich-psychologisches Behandlungskonzept begrenzt sind, das dem Ich "response-ability" abverlangt - für den Frühgeschädigten eine erneute

Überforderung. Zu nennen wäre noch das Korrespondenzmodell, als Konsenstheorie zur Konstitution von Wirklichkeit, womit ein flexibles Realitätskonzept möglich wird, die Vorstellung multipler Zeitatmosphären in einer integrativen Zeittheorie [163]. Zu nennen wären weiterhin der differentielle Einsatz von kreativen Medien [164], von Übergangs- und Intermediärobjekten, die entwicklungspsychologische Fundierung des therapeutischen Handelns unter dem Gesichtspunkt eines "life span developmental approach" [165]. Wir können dies alles nur kurz nennen und müssen auf die entsprechende Literatur verweisen. Deutlich dürfte geworden sein, daß wir in der "Integrativen Therapie" versuchen, die Erkenntnisse anderer therapeutischer Schulen zu berücksichtigen und für uns fruchtbar zu machen, indem wir nach "common factors", "funktionalen Äquivalenten" (Luhmann),Konvergenzen, "kompatiblen Ergänzungen" suchen... und natürlich auch nach Divergenzen, die Ausdruck wichtiger Eigenständigkeiten sind und uns vielleicht auf Schwächen des eigenen Ansatzes hinweisen können, vielleicht auch auf Begrenzungen, wo wir dem anderen Ansatz den besseren Explikationswert oder die bessere Methode zubilligen müssen. In einem derartigen Vorgehen liegt, so meine ich, die Zukunft für die Entwicklung psychotherapeutischer Theorienbildung und Strategienfindung.

Ich denke, wir sind heute an dem Punkt, daß wir die Größen, Stärken und die Schwächen, die theoretischen und methodischen Einseitigkeiten, den Reichtum, die Fehlbeträge der großen Psychotherapieverfahren sehen können. Damit wird es möglich, zu wirklich ganzheitlichen und zu integrativen Konzepten zu kommen. So werden wir z.B. nicht wie Freud überwiegend die Vergangenheit anschauen und nicht nur wie Moreno und Perls das Hier-und-Jetzt, sondern auch wie Adler die Zukunftsdimension in den Blick nehmen und zu einem Konzept der "ganzen Zeit" kommen. Wir werden nicht nur auf den Körper schauen, nicht nur auf das Seelische, sondern auch den Bereich des Geistigen einbeziehen, ihn nicht ausblenden, wie dies die Psychoanalyse getan hat. Wir müssen sehen, daß wir die vielen Facetten des Menschen nicht nivellieren. Die unterschiedlichen psychotherapeutischen Zugänge sind Ausdruck dieser Vielfältigkeit, und diese verschiedenen Fäden müssen wir in ein strukturiertes Gewebe hineinwirken - nicht in Form eines Elektizismus oder einer Polypragmasie, als Leipziger Allerlei. Es lohnt der Versuch, die Integrationsbemühungen - und nur dann kann man von Integration sprechen - theoretisch zu unterfangen. Ich denke, daß uns hier die Hermeneutik, die Disziplin, die sich mit dem Verstehen von Sinn, mit der Auslegung von Wirklichkeit befaßt, in der Wahrheit methodisch erarbeitet wird [166], einen guten Zugang bietet. Denn das Sinn-Verstehen bezieht sich einmal auf die Narration unserer Patienten, bezieht sich aber andererseits auch auf die Texte, die unsere Kultur hervorgebracht hat und zu denen auch die großen Werke der Psychotherapie zählen. Die Texte aus der Feder großer Therapeuten geben, wenn man sie auf ihren Sinn hin liest, eine Vielfalt von Perspektiven, die in ihrer Gesamtheit dem komplexen Wesen Mensch noch am ehesten gerecht werden. Die großen Texte der therapeutischen Schulen sollen und dürfen Divergenzen aufweisen, und sie müssen in ihrer Verschiedenheit bestehen bleiben. Denn es kann nicht darum gehen, eine Supertheorie oder eine Supertherapie zu finden, in der alles integrierbar ist, sondern es geht um einen weiten, mehrperspektivischen und multimodalen Ansatz, der das Verschiedene verschieden sein läßt. So jedenfalls verstehen wir unsere Bemühungen in der "Integrativen Therapie". Uns geht es nicht darum, "alles unter einen Hut" zu bringen oder unter einem Dach zusammenzuführen, eine pragmatische Einheitstherapie zu schaffen - eine Horrorvision. Wir haben gleiche Wertschätzung für die "common factors" und für Differenzen.

Die großen Schulen werden bestehen bleiben. Sie werden ihre Charakteristik und ihre Akzente behalten, aber sie müssen sich öffnen, um ihre Schwachstellen, ihre Fehlbeträge, ihre matten Bereiche aufzufinden und zu ergänzen und um Aufgaben an andere Schulen zu delegieren, die für ihre Lösung besser ausgerüstet sind. Sie müssen miteinander in einen Diskurs treten, der aus der Mehrperspektivität zu neuen Synthesen finden kann. Ich habe meinen persönlichen Weg als ein Bemühen in dieser Richtung gesehen. Wir versuchen am FPI, "heraklitische Wege" zu gehen und haben unsere Arbeit in diesem Sinne ausgerichtet. Sie ist von einer großen Neugier gekennzeichnet und von der Gewißheit, daß die Dinge im Fluß bleiben.

Anmerkung zum Aufsatz "Heraklitische Wege - Gestalttherapie und Integrative Therapie - Bezüge, Gemeinsamkeiten, Divergenzen

1. Rapaport, D., Die Struktur der psychoanalytischen Theorie, Klett, Stuttgart 1973.

2. Perls, F.S., Gestalt Therapy Verbatim, Real People Press, Lafayette 1969, dtsch.: Gestalttherapie in Aktion, Klett, Stuttgart 1974.

3. Wir denken hier an die Ergebnisse der Objekt-Beziehungstheorie und der Narzißmustheorie, an die aktiveren Formen der Psychoanalyse und an ihre flexiblen, weicheren Ausprägungen sowohl was den theoretischen Rahmen als auch was die Behandlungspraxis anbelangt, vgl. zum Beispiel die Arbeiten von Cremerius, J., Vom Handwerk des Psychoanalytikers, 2 Bde. Frommann-Holboog, Frankfurt 1985, sowie Thomae, H., Kaechele, H., Lehrbuch der psychoanalytischen Therapie, Bd. 1, Springer, Heidelberg 1986.

4. J. Pontalis, Nach Freud, Suhrkamp, Frankfurt 1969.

5. Perls, F., Hefferline, L., Goodman, P., Gestalt Therapy, Julian Press, New York 1951; dtsch.: Gestalttherapie, Wiederbelebung des Selbst, Klett, Stuttgart 1979 und Gestalttherapie, Lebensfreude und Persönlichkeitsentfaltung, Klett, Stuttgart 1979.

6. From, I., Gestalttherapie und "Gestalt": Betrachtungen über die Gestalttherapie nach 32 Jahren Praxis, Gestalttherapie 1 (1987) 5-10.

7. Polster, E., Polster, M., Gestalt Therapy integrated, Bruner & Mazel, New York 1972; dtsch. Gestalttherapie, Kindler, München 1975.

8. Latner, J., Gestalt Therapy Book, Julian Press, New York 1972; J. Zinker, Gestalt Therapy as creative process, Bruner & Mazel 1977; dtsch.: Gestalttherapie als kreativer Prozeß, Junfermann, Paderborn 1980.

9. Staemmler, F.M., Bock, W., Neufassung der Gestalttherapie, Pfeiffer, München 1987; vgl. die Rezensionen von H. Ladenhauf sowie die Stellungnahme von H. Petzold, "Rückschritte der Gestaltherapy", in: Integrative Therapie 4 (1987).

10. Walter, H. J., Gestalttheorie und Psychotherapie, Steinkopff, Darmstadt 1978.

11. Perls, F. S., Ego, Hunger und Aggression, Durban 1942; Alan & Unwin, London 1948; Random House, New York 1969; dtsch. Das Ich, der Hunger und die Aggression, Klett, Stuttgart 1978.

12. Perls, F. S., Theory and technique of personality integration, Am. J. Psychiatry 2 (1948), dtsch. in: Perls, F. S., Gestalt, Wachstum, Integration, Junfermann, Paderborn 1980, 27-51.

13. Dreitzel, H.P., Zum Kontaktprozeß, Tagungsband der 1. Gestalttagung des IGW, 1. - 3. März 1985, Bad Dürckheim, Institut für Integrative Gestalttherapie, Würzburg 1985; From, I., a.a.O. Anmerk. 6.

14. vgl. H. Petzold, Die Gestaltherapie von Fritz Perls und Paul Goodman, Integrative Therapie 1/2 (1984a) 32.

15. Perls, F. S., a.a.O. Anmerk. 11.

16. vgl. die Bibliographie von T. Niceley, Adam and his work. A bibliography of sources by and about Paul Goodman, Scarecrow Press, Methae, London 1979.

17. vgl. die Belegstellen in: Petzold a.a.O. Anmerk. 14, 1984, 34.

18. Von besonderer Bedeutung ist der letzte Vertreter der "Grazer Schule", Ferdinand Weinhandl, vgl. von diesem: Die Gestaltanalyse, Erfurt 1927; Charakterdeutung auf gestaltanalytischer Grundlage, Langensalza 1931; Gestalthaftes Sehen. Ergebnisse und Aufgaben der Morphologie, Darmstadt 1960.

19. vgl. aber zum Beispiel K. H. Ladenhauf, Gestaltseelsorge, Junfermann, Paderborn 1988.

20. Fagan, J., Shepard, I. L., Gestalt Therapy Now, Science & Behaviour, Palo Alto 1970.

21. Farau, A., Cohn, R., Gelebte Geschichte der Psychotherapie. Zwei Perspektiven, Klett Cotta, Stuttgart 1984.

22. So auf einem Vortrag der Regionalgruppe Gestalttherapie Graz im Österreichischen Arbeitskreis für Gruppenpsychotherapie und Gruppendynamik, 1980; vgl. auch L. Perls, Interview: Wyson, J., Rosenfeld, E., An oral history of Gestalt Therapy, Gestalt Journal Publ., Highland, New York 1982.

23. Meine differenzierte Darstellung der Zusammenhänge sowie die Belege und genauen Quellenangaben bei Petzold, a.a.O. Anmerk. 14, 2534.

24. Ebenda, 30 ff.

25. vgl. Isadora From, a.a.O., Anmerk. 6.

26. vgl. H. Petzold, Zu Paul Goodmans Ausstieg aus der Gestalttherapie und der "Psychoszene". Ein Nachtrag zum Beitrag von Johanna Sieper. Gestalt-Bulletin 1 (1987) 102-106.

27. Petzold, H., Homosexuality and Gestalt Therapy. An Interview, Self & Society, Vo. XII, No. 6, Nov./Dez. (1986) 312-317.

28. Buchholz, F., Die europäischen Quellen des Gestaltbegriffs. Analysen zu einer Theorie der Gestalttherapie, in: Petzold, H., Schmidt, Ch., Gestalttherapie - Wege und Horizonte, Beiheft 10 zur Integrativen Therapie, Paderborn 1985.

29. Perls, F. S., Gestalttherapie und Kybernetik, 1959, in: Perls, F. S., Gestalt, Wachstum, Integration, Junfermann, Paderborn 1985, 119-129.

30. Goffmann, E., The presentation of self in every day life, New York 1959; dtsch.: Wir alle spielen Theater. Die Selbstdarstellung im Alltag, Piper, München 1969.

31. Joas, H., Praktische Intersubjektivität. Die Entwicklung des Werkes von G.H. Mead, Suhrkamp, Frankfurt 1981; ders. George Herbert Mead, in: Käsler, D., Beck, C. H., die Klassiker des soziologischen Denkens, 2 Bde., München 1978, Bd. II, 7-39.

32. Goodman, P., Speaking and language: the defence of poetry, Random House, New York 1971; ders., Creator Spirit - Come. Literary Essays, Random House, New York 1977.

33. Austin, J. L., Philosophical Papers, Claredon Press, Oxford 1961; dtsch.: Zur Theorie der Sprechakte, Stuttgart 1972; Searle, J. R. Sprechakte. Ein sprachphilosophischer Essay, Suhrkamp, Frankfurt 1971.

34. Merleau-Ponty, M., La prose du monde, Gallimard, Paris 1969; dtsch.: Die Prosa der Welt, Fink, München 1984.

35. Staemmler, F. M., Bock, W., a.a.O. 9.

36. Portele, G., "Der Mensch ist kein Wägelchen". Gestalttherapie und Autopoiese, in: Petzold, H., Schmidt, Ch., Gestaltherapie - Wege und Horizonte, Junfermann, Paderborn 1985, 135-153.

37. From, a.a.O., Anmerk. 6; Niceley 1979; a.a.O. Anmerk. 16.

38. vgl. Gaines, J., Fritz Perls - Here and Now, Gelestial Arts, Millbrae 1979. Gaines gibt die Lebenssituation von Perls in einer anschaulichen Biographie wieder, sie ist natürlich von seiner Bewunderung für Perls getragen. Deshalb sind Texte wie die von From, Isadore ein wichtiges Korrektiv, wenngleich auch From über das Ziel hinausschießt ("der arme Fritz Perls") und in Gehässigkeit umschlägt.

39. From, a.a.O. Anmerk. 6.

40. Klein, G. S., Two theories or one? Bull. Menninger, Climie 37 (1970) 102-132

41. vgl. hier auch S. J. Sulloway, Freud, Biologe der Seele. Jenseits der psychoanalytischen Legende, Köln-Löwenich 1982; Eschenröder, C. T., Hier irrte Freud, Urban & Schwarzenberg, München 1984; Nitzschke, B., Die reale Innenwelt. Anmerkungen zur psychischen Realität bei Freud und Schopenauer. München 1978; in (a.a.O. Anmerk. 9) völlig auf Erklärungen durch die Energiemetapher abgestellt; Russelman, J., Bioenergie. Integrative Therapie 1 (1988)

42. vgl. die Rezensionen zu Staemmler, Bock von K. H. Ladenhauf, Integrative Therapie 4 (1987), sowie ebenda der Aufsatz H. Petzold, Rückschritte der Gestalttherapie.

43. vgl. Anmerk.

44. Henle, M., Gestaltpsychology and Gestalt Therapy, Journal of the History of the Behavioural Sciences 1 (1978) 22-32.

45. Tholey, P., Gestalt Therapy, made in USA and elsewhere, Gestalt Theory 6 (1984) 173.

46. Goodman, P., Sigmund Freud - The Father of the Psychoanalytik Movement, in: Goodman, P., Nature heals, Dutton, New York 1977.

47. Tholey a.a.O. Anmerk. 45, 1984, 173.

48. Gestalt als Lebensphilosophie, Aussagen von Fritz Perls, zusammengestellt von Reinhard Fuhr, Gestalttherapie 1 (1987) 17-24.

49. Perls hat sich nicht ohne Grund nie zu einem philosophischen Artikel hinreißen lassen. Er war sich der Skizzenhaftigkeit einer philosophischen Ausführung durchaus bewußt. Insbesondere aufgrund seiner heraklitischen Position: "Wir sehen die Welt als einen kontinuierlich fortwährenden Prozeß an. Wir sind wieder bei Heraklit, bei der vorsokratischen Vorstellung, daß alles im Fluß ist" (F. Perls, Gestalttherapie in Aktion, Klett, Stuttgart 1974, 51).

50. So lassen uns zum Beispiel die Gestalttherapeuten permanent Moreno unter den Tisch fallen und seinen immensen Einfluß auf die Perls'sche Gestalttherapie. Eine Ausnahme bildet das Buch von J. Zinker, Gestalttherapie als kreativer Prozeß. Auch From, a.a.O., Anmerk. 6 stellt einen Bezug zu Moreno heraus, aber ansonsten wird das ausgeblendet. J.O. Stevens, Die Kunst der Wahrnehmung, Kaiser, München 1975 erwähnt natürlich nicht seine Quellen, aus denen er die vielen "Gestalttechniken" schöpft, die vielen Anleihen bei George Bach, Bill Schutz, J.L. Moreno, H. Otto, geschweige denn die vielen Human Potential Trainer wie Nick und Vera Pastor, die keine Bücher geschrieben haben. Ähnliches ist über V. Oaklander, Gestalttherapie mit Kindern und Jugendlichen, Klett, Stuttgart 1981 zu sagen, die ihre Quellen und die vielen Ideengeber unterschlägt. Mir wird da, bei meinen vielen Quellenangaben und Literaturverweisen eher eine "Zitiermanie" vorgeworfen (sie hat System, wie bei anderen die Auslassungen). Ähnlich symptomatisch ist, daß von all den Leuten, die über die Gestaltpädagogik Gestaltseelsorge, Gestaltberatung schreiben, nicht darauf verwiesen wird, daß ich diese Begriffe zwischen 1969 und 1972 geprägt und erstmals publiziert habe, die Basiskonzepte und -theorien dieser Ansätze im FPI auf der Grundlage der Gestalttherapie und anderer Quellen entwickelt wurden. Solche Auslassungen liegen, wie Isador From zu sagen pflegt, jenseits der "intellektuellen Redlichkeit".

51. vgl. J. Sieper, Vom Mythos der "Alternativen Gestalttherapie" und des "Gestaltischen Lebens", Gestalt-Bulletin 1/2 (1987) 90-102.

52. Ich betreute die Übersetzung von 'Gestalt Therapy Verbatim' bei Klett und 'Grundlagen der Gestalttherapie' bei Pfeiffer und gab die verstreuten Aufsätze und Vorträge von Perls in dem Band "Gestalt, Wachstum, Integration" bei Junfermann, Paderborn 1980, heraus; vgl. auch Petzold, H., Zum Ausstieg Paul Goodmans, a.a.O. Anmerk. 26.

53. Lebovici, S., Widlöcher, D., Psychoanalysis in France, International Universities Press, New York 1980. Autoren wie die von der ungarischen Schule geprägten beziehungsweise beeinflußten Analytiker Robert Barande, Bela Grunberger, Nicolas Abraham sowie die "slawischen" Analytiker Serge Nacht, Serge Lebovici waren für uns sehr anregend. Ansonsten natürlich Lacan und Lagache, Anzieu, Pontalis. Zur französischen Phänomenologie und Hermeneutik vgl. B. Waldenfels, Phänomenologie in Frankreich, Suhrkamp, Frankfurt 1985.

54. F.J.J. Buytendijk, Allgemeine Theorie der menschlichen Haltung und Bewegung, Springer, Heidelberg 1956; M. Merleau-Ponty, Phènomènologie de la perception, Gallimard, Paris 1945; A. Gurwitsch, Studies in phenomenology and psychology, Northwestern University Press, Evanston 1966.

55. vgl. Petzold, H., Maurer, Y., Die therapeutische Beziehung in der Gestalttherapie, in: Battegay, R., Trenkel, A., Die therapeutische Beziehung, Huber, Bern 1978, 95-116; weiterhin auch mein Aufsatz Die Gestalttherapie von Fritz Perls, Lore Perls, Paul Goodman, Integrative Therapie 1/2 (1984) 5-72; Petzold, H., Maurer, Y., Integrative Gestaltpsychotherapie, in: Maurer, Y., Bedeutende Psychotherapieformen der Gegenwart, Hippokrates, Stuttgart 1985.

56. From, a.a.O. Anmerk. 6, 1987, 7.

57. vgl. Petzold, H., Schobert, R., Empirische Studien über die Effizienz gestalttherapeutischer Interventionen. - Ein Übersichtsreferat, Gestalt-Bulletin 1 (1987) 55-80, sowie Thomas, G., Evaluation, Psychotherapie, Gestalttherapie. Integrative Therapie 4 (1987), Junfermann, Paderborn.

58. Fuhr, R., Gestalt versus Gestalttherapie eine irreführende Alternative, Gestalttherapie 1 (1987) 11-16. sowie Fuhr, R., GremmlerFuhr, M., Faszination Lernen. Transformative Lernprozesse im Grenzbereich von Pädagogik und Psychotherapie, Edition Humanistische Psychologie, Köln 1988.

59. Zundel, E., Zundel, R., Leitfiguren der Psychotherapie, Kösel, München 1987; Petzold, H., Sieper, J., Integrative Therapie und Gestalttherapie am FPI, Gestalt-Bulletin 1 (1988).

60. Weizsäcker, V. v., Gestalt und Zeit, Vandenhoeck & Ruprecht, Göttingen 1948.

61. Heider, F., Psychologie der interpersonalen Beziehungen. Klett, Stuttgart 1977.

62. Von Moreno stammt auch das Konzept der Aktionsforschung, nicht von Lewin, was sich historisch gut nachweisen läßt. Lewin hat den Begriff auch nicht beansprucht, das waren vielmehr seine Schüler. Petzold, H., Moreno und Lewin und die Ursprünge der psychologischen Gruppenarbeit, Zeitsch. f. Gruppenpädagogik 6 (1980) 1-18.

63. Perls, F. S., Gestalt Therapy Verbatim, Real People Press, Lafayette, California 1962; dtsch.: Gestalttherapie in Aktion, Klett, Stuttgart 1974. B. Stevens, Don't push the river, Real People Press, Lafayette, California 1970; H. Petzold, Le "Gestaltkibbouz" modéle et méthode thérapeutique, Paris, 1970, mimeogr.

64. Eine komplexe curriculare Weiterbildung, wie sie am FPI betrieben wird mit einer eigenen "Theorie der Weiterbildung", die versucht, erwachsenenbildnerische und psychotherapeutische Konzepte zu verbinden, findet sich natürlich bei Perls noch nicht, und bis heute nicht bei den amerikanischen Ausbildungsinstituten, und auch nicht bei den europäischen, vgl. für die theoretische Konzeption H. Petzold, Zur Ausbildung dynamisch orientierter Leib- und Bewegungstherapeuten, Schwerpunkt Körpertherapie, Gruppendynamik 1 (1983) 1-84; auch in: Petzold, H., Leiblichkeit, Junfermann, Paderborn 1985, 587604; Petzold, H., Sieper, J., Zur Ausbildung von Gestalttherapeuten, Integrative Therapie 2/3 (1976) 120-144.

65. Petzold, H., Frühmann, R., Lehrtherapie und Lehranalyse in der Psychotherapie, Junfermann, Paderborn 1988 (in Vorber.)

66. Ronall, R., Feder, B., Gestalttherapie, Klett, Stuttgart 1983; Petzold, H., Schneewind, U., Konzepte zur Gruppe und Formen der Gruppenarbeit in der Integrativen Therapie und Gestalttherapie, in: Petzold, H., Frühmann, R., Modelle der Gruppe in Psychotherapie und psychosozialer Arbeit, Bd. I, Junfermann, Paderborn 1986, 109-255.

67. Perls, L., Begriffe und Fehlerbegriffe der Gestalttherapie, in: Gestalt, Wachstum, Integration, Junfermann, Paderborn 1985, 255-265.

68. From, a.a.O. Anmerk. 6, 1987, 7.

69. Perls, F. S., In and out the garbage pail, Real People Press, Lafayette, Calif. 1969; dtsch.: Gestaltwahrnehmung - Weggeworfenes und Wiedergefundenes aus meiner Mülltonne, Verlag für Humanistische Psychologie, W. Flach, Frankfurt 1981; cf. auch Stevens, B., a.a.O. Anmerk. 63.

70. Walter hat seine Auffassung konzeptuell be-

gründet und kann sie auf der Basis seiner umfangreichen Gruppenausbildung praxeologisch rechtfertigen. Er unterscheidet sich damit deutlich von den Scharlatanen und Blendern in der Szene, die ohne Eigenanalyse oder solide gestalttherapeutische oder gar anderweitige fundierte Psychotherapieausbildung sowie ohne klinischen Hintergrund sich zu Ausbildern aufgeschwungen haben, wie der holländische Rattenfänger mit der Flöte, dessen "Gestaltausbildung und Psychotherapietraining" bei genauer Erkundigung sich als Teilnahme an Theaterworkshop mit Gestaltelementen und einem Wochenendseminar bei Jan Velzeboer erwies. Dennoch hat der Theaterwissenschaftler sein Publikum. Die "kritischen Sprüche" ziehen. Papier ist geduldig aber die Realität sieht anders aus. Sie führt zu Urteilen über die Gestalttherapie, die man dann in Dörner und Ploog "Irren ist menschlich" und andernorts nachlesen kann.

71. vgl. Petzold, H., Psychodrama an role-playing in group work, in: Benne, K. D., Bradford, L. P., Gibb, J. R., Lippitt, R. D. (Hrsg.) The Laboratory Methods of Changing and Learning, Science and Behaviour Books, Palo Alto 1975, 365-392; Benne, K. D., Human Relations als Erziehungsziel, in: Petzold, H., Kreativität und Konflikte, Junfermann, Paderborn 1973, 9-22.

72. Perls a.a.O. Anmerk, 63.

73. Perls, F. S., Levitzky, a., Regeln und Spiele der Gestalttherapie, in: Perls, F. S., Gestalt, Wachstum, Integration, Junfermann, Paderborn 1985, 193-205.

74. vgl. H. Petzold, Gestalttherapie und Psychodrama, Nicol, Kassel 1973 sowie Petzold, H. Schneewind, U., a.a.O. Anmerk. 66.

75. Petzold, H., Progredierende Analyse, narrative Praxis, parentage und reparantage in der Integrativen Therapie, Integrative Therapie, Jg. 1988.

76. Petzold, H., Thymopraktik als körperbezogene Arbeit in der Integrativen Therapie, Integrative Therapie 2/3 (1975) 115-145; H. Petzold, Die neuen Körpertherapien, Junfermann, Paderborn 1977.

77. Vgl. Ramin, G., Petzold, H., Integrative Therapie mit Kindern, in: Petzold, H., Ramin, G., Junfermann, Paderborn 1987, 359-427; H. Petzold, H., Puppen und Puppenspiel in der Integrativen Therapie mit Kindern, in: Petzold, H., Ramin, G., a.a.O. 1987, 427-490.

78. Petzold, H., Überlegungen und Konzepte zur Integrativen Therapie mit kreativen Medien und einer intermedialen Kunstpsychotherapie, Integrative Therapie 2/3 (1987) 104-141; Petzold, H., Gong-Singen, Gong-Bilder und Resonanzbewegung als "Sound Healing". Intermediale Prozesse in der Integrativen Therapie 2/3 (1987), 194-234; Petzold, H., Kunsttherapie und Arbeit mit kreativen Medien. Wege gegen die multiple Entfremdung in einer verdinglichenden Welt. Tagung Psychotherapie und soziale Kulturarbeit eine unheilige Allianz. Institut für Bildung und Kultur, Akademie Remscheid 1987; Petzold, H., Orth, I., Poesie und Therapie - Über die Heilkraft der Sprache, Junfermann, Paderborn 1985.

79. vgl. die Ausbildungsrichtlinien des Fritz Perls Institutes Psychotherapeutischer Zweig und die Ausbildungsrichtlinien für Integrative Kinder- und Jugendlichenpsychotherapie; zur theoretischen Konzeption, vgl. meine Ausführungen in: H. Petzold, Die Bedeutung der Kontrollanalyse in der Integrativen Therapie, in: Petzold, H., Frühmann, R., a.a.O., Anmerk. 65.

80. Wir unterscheiden deshalb in der Ausbildung die Kontrollanalyse, in der die Dynamik von Übertragung und Gegenübertragung weiterhin eine Rolle spielt und "Spiegelphänomene" bedeutsam werden, aus denen sich die Therapeuten-Dynamik ersehen läßt, von der Supervisionsgruppe, in der die klinische Vielfalt für die Ausbildungskandidaten erfahrbar wird, vgl. Petzold, H., Frühmann, a.a.O. Anmerk. 65, sowie Schreyögg, A., Konzepte zur Supervisionsgruppe, in: Petzold, Frühmann, Modelle der Gruppe in Psychotherapie und psycho-sozialer Arbeit, Bd. II, Junfermann, Paderborn 1986, 171-207; Petzold, H., Heinl, H., Einige Gedanken zu Inhalt und Struktur von Supervision in der Psychotherapieausbildung, Gestalt-Bulletin 1/2 (1981) 38-41, und Schreyögg, A., Kontrollanalyse - Protokoll einer Lehrtherapeuten-Fortbildung,

Gestalt-Bulletin 7. Jg., DGGK Selbstverlag, Hamburg 1987.

81. Dörner, K., Ploog, U., Irren ist menschlich, Psychiatrie Verlag, Bonn 1982.

82. Vgl. Tobin, Yontef, a.a.O. Anmerk. 136, Beaumont, H., Prozesse des Selbst in der Paartherapie, Betrachtungen zu einer Gestalttherapie für Paare mit fragilen Selbstprozessen, Gestalttherapie 1 (1987) 38-52.

83. Die Analytikergruppe um Ferenczi war höchst interessant und fruchtbar. Leider ist aufgrund der Sprachbarrieren für viele das anregende Schrifttum der Ferenczi-Schüler unzugänglich. Zu nennen sind folgende: Sandor Lorand, Imre Hermann, Franz Alexander, der russische Emigrant V. Iljine, der Anthropologe Geza von Roheim und von Ferenczis späteren Analysanden Melanie Klein, Clara Thompson, sowie Imre Hermanns Analysanden Alice Balint, Andras Petò (bekannt durch seinen wichtigen Aufsatz über "Terrifying Eyes" als Vorläufer eines strengen Über-Ichs), Robert Bak, schließlich die von dieser Schule beeinflußten Analytiker Donald Winnicott, Nandor Fodor, Bela Grunberger, Nicolas Abraham, Robert Barande, nicht zuletzt David Rapaport und Margret Maler, die Schulfreundin und Studienkollegin von Alice Balint und zeitweilige Kontrollanalysandin von Imre Hermann), vgl. I. Hermann, L'instinct filiale, Denoel, Paris 1972; P. Haramt, Die Nachblüte der Psychoanalyse in Ungarn 1945-1949, Psychanalyse 4 (1985) 241-253.

84. Waldenfels, a.a.O. Anmerk. 52.

85. P. Ricoeur, Die Interpretation, Suhrkamp, Frankfurt 1969; Hermeneutik und Strukturalismus, Kösel, München 1973; Hermeneutik und Psychoanalyse, Kösel, München 1974; Der Text als Modell: Hermeneutisches Verstehen, in: Gadamer, Boehm (1980) 83-117; Temps et rècrit, Gallimard, Paris 1983.

86. Merleau-Ponty, M., Le visible et l'invisible, Gallimard, Paris 1964; dtsch.: Das Sichtbare und das Unsichtbare, Fink, München 1985; Merleau-Ponty, M., Préface a L'ouvrage de H. Hesnard: L'oeuvre de Freud et son importance de le monde moderne, Payot, Paris 1960.

87. Géragogie - nouvelle approche de l'éducation pour la viellesse et dans la viellesse, Publications de L'Institut St. Denis 1, 4-16; dtsch.: in: H. Petzold, Mit alten Menschen arbeiten, Pfeiffer, München 1985, 11-30.

88. Sieper, J., Vom Mythos der "Alternativen Gestalttherapie" und des "Gestaltischen Lebens" a.a.O. Anmerk. 51.

89. vgl. Petzold, H., Sieper, J., Therapeutische Arbeit mit kreativen Medien, Editorial. Integrative Therapie, 2/3 (1987) 97-103.

90. Petzold, H., "Form" als fundierendes Konzept für die Integrative Therapie mit kreativen Medien, Kunst & Therapie 11 (1987) 59-87.

91. vgl. Anmerk. 87

92. Petzold, H., Die Verletzung der Alterwürde - zu den Hintergründen der Mißhandlung alter Menschen und zu den Belastungen des Pflegepersonals, in: Petzold, H., a.a.O. Anmerk. 87, 1985, 553-573.

93. Petzold, H., Thérapie du mouvement, training relaxatif, thymopratique et éducation corporelle comme integration, Paris 1970, mimeogr. Die Revision dieser Formel erfolgte in meinem Aufsatz "Integrative Bewegungstherapie" in: H. Petzold, Psychotherapie und Körperdynamik, Junfermann, Paderborn 1974, 285-404.

94. Herzog, W., Modell und Theorie in der Psychologie, Verlag für Psychologie, Hogrefe, Göttingen 1984; Hagehülsmann, H., Begriff und Funktion von Menschenbildern in Psychologie und Psychotherapie, in: H. Petzold, Wege zum Menschen, Junfermann, Paderborn 1984, Bd. I, 9-44.

95. I do my thing, and you do your thing. I am not in this world to live up to your expectations. And you are not in this world to live up to mine. You are you and I am I, And if by chance we find each other, it's beautiful. If not, it can't be helped. Gestaltgebet von F.S. Perls. In: F.S. Perls, Gestalt Therapy Verbatim, Real People Press, Lafayette, Calif. 1969, sowie in: H. Petzold, Gestalttherapie und Psychodrama, Nicol, Kassel 1973.

96. Petzold, H., Psychotherapie und Körperdynamik, Junfermann, Paderborn 1974; ders. Die neuen Körpertherapien, Junfermann, Paderborn 1977; ders. Leiblichkeit, Junfermann, Paderborn 1985.

97. Petzold, H., Nootherapie und "säkulare Mystik" in der Integrativen Therapie, in: ders., Psychotherapie, Meditation, Gestalt, Junfermann, Paderborn 1983, 53-101.

98. V.N. Iljine, Therapeutisches Theaterspiel, Sobor, Paris 1942; ders. Die Struktur des menschlichen Körpers, die Charakterologie und die Rolle des Geistes, Budapest 1923 (beides russisch); Ferenczi, S., Bausteine zur Psychoanalyse, Huber, Bern 1964, 4 Bde.; ders. Schriften zur Psychoanalyse, Fischer, Frankfurt, 2 Bde. 1972; vgl. Cremerius, Die Sprache der Zärtlichkeit und der Leidenschaft, Psyche 11 (1983) 999-1015.

99. G. Marcel, Leibliche Begegnung, in: H. Petzold, Leiblichkeit, Junfermann, Paderborn 1985, 15-46.

100. H. Schmitz, Phänomenologie der Leiblichkeit, in: Petzold a.a.O. Anmerk. 99, 1985, 71-107; H. Schmitz, System der Philosophie, Bd. II, Der Leib, 1. Teil, Bouvier, Bonn 1965, 2. Teil, Bonn 1966.

101. H. Petzold, "Multiple Stimulierung" und "Erlebnisaktivierung" als Ziel und Methode geragogischer Weiterbildung, in: H. Petzold, M. Stöckler, Hilfen für die Altenarbeit, Junfermann, Paderborn 1988.

102. H. Petzold, Thymopraktik als körperbezogene Arbeit in der Integrativen Therapie, Integrative Therapie 2/3 (1975) 115-145.

103. Foucault, M., Die Geburt der Klinik. Eine Archäologie des ärztlichen Blickes, Ullstein, Berlin 1976. Attali, J., Die kanibalische Ordnung. Von der Magie zur Computermedizin, Campus, Frankfurt 1981.

104. Haugsgjerd, S., Gronnlaget for en ny psykiatri, Pax Forlag, Oslo 1986.

105. Haramt, a.a.O. Anmerk. 83

106. Iljine, a.a.O. Anmerk. 98, 1923, 1942.

107. vgl. H. Petzold, Das Therapeutische Theater Vladimir Iljines in der Arbeit mit alten Menschen, in: ders., Dramatische Therapie, Hippokrates, Stuttgart 1982, 318-334; ders., Leben und Werk von Vladimir Iljine, Kyrios 4 (1974) 253-273.

108. J. Sieper, Vom Mythos der alternativen Gestalttherapie und des Gestaltischen Lebens, a.a.O. Anmerk. 51.

109. F.S. Perls, Gestalt als Lebensphilosophie, Gestalttherapie 1 (1987) 17-24.

110. vgl. R. Fuhr, a.a.O. Anmerk. 57; R. Signer, Autonomie oder Anpassung. Überlegungen zum Bemühen der Gestalttherapeuten um staatliche Anerkennung und Kassenzulàssung, Gestalt-Bulletin 1 (1986) 60-70.

111. Man lese die willkürliche Zusammenstellung von Perls' Zitaten durch Fuhr in: Gestalttherapie 1 (1987) 17-24, die sicher etwas über Perls, mehr noch aber über ihren Kompillator aussagt. Man lese den Allmachtsanspruch, der im Buch von Staemmler, Bock, a.a.O. Anmerk. 9 zum Ausdruck kommt.

112. Tobin, S., Abschied nehmen - Gestalttherapie und Trauerarbeit, Gestalt-Bulletin 2/3 (1980) 49-66.

113. Petzold, H., Gestaltdrama, Totenklage und Trauerarbeit, in: ders. Mit alten Menschen arbeiten, a.a.O. Anmerk. 87, 500-538.

114. Erdheim, M., Gesellschaftliche Produktion von Unbewußtheit, Suhrkamp, Frankfurt 1982.

115. F. Perls, Gestaltwahrnehmung, a.a.O. Anmerk. 69, 1981, 301; zu Staemmler, Bock vgl. die Rezension in der Integrativen Therapie 4 (1987).

116. From, a.a.O. Anmerk. 6, 1987, 9.

117. S. Freud, 1923: "Die Theorie tastet sich an der Erfahrung weiter, ist immer unfertig, immer bereit, ihre Lehren zurechtzurücken oder abzuändern" (GW XIII, 229).

118. F.S. Perls, "Die Theorie selbst gründet sich auf Erfahrung und Beobachtung; sie ist in den Jahren ihrer praktischen Ausübung gewachsen, und sie wächst immer noch", Grundlagen der Gestalttherapie, Pfeiffer, München 1976, 15.

119. V.L. Iljine: "Es wird immer wieder auf's neue notwendig, seinen Lebensweg zu betrachten, denn von jeder neuen Höhe stellt sich die durchmessene Strecke in anderer Perspektive dar. Das bekannte Panorama wechselt und gibt neue Ansichten frei", Le corps et le coeur, Institut St. Denis, Paris 1965, 9; vgl. hierzu H. Petzold, Wirklichkeiten, Integrative Therapie 1985.

120. Luhmann, N., Zweckbegriff und Systemrationalität, Mohr, Tübingen 1968.

121. Petzold, H., Sieper, J., Quellen und Konzepte der Integrativen Pädagogik, in: Petzold, Brown (1977) 14-36; vgl. Petzold, Sieper a.a.O. Anmerk. 59.

122. Persönliche Aussagen von Perls am Lake Cowichan vgl. auch "die amerikanische Gesellschaft entmenschlicht die Leute, macht sie zu lebendigen Leichen ohne Gefühle" in: F. Perls, Gestalt, Wachstum, Integration, Junfermann, Paderborn 1980, 110. In seiner Autobiographie wendet er sich immer wieder gegen die amerikanische "plastic culture".

123. Berne, E., Rezension von Perls, Gestalt Therapy Verbatim, Amer. J. Psychiatr. 10 (1970) 1910-1920. vgl. auch Zinkers Position in J. Zinker, Gestalttherapie als kreativer Prozeß, Junfermann, Paderborn 1980.

124. Zu den expressionistischen Einflüssen in der Gestalttherapie vgl. H. Petzold, Die Gestalttherapie von Fritz Perls, Lore Perls und Paul Goodman, Integrative Therapie 1/2 (1984), 5-73.

125. Die im Text zitierten From-Zitate alle in: From a.a.O. Anmerk. 6, 1987, 8.

126. Ausagieren versus Durchagieren, Interview mit C.C. Clement 1968, in: Perls, F.S., Gestalt, Wachstum, Integration, Junfermann, Paderborn 1985, 183-193.

127. Moreno, J.L., Psychodrama, Vol. I, 2. Aufl. Beacon 1964; vgl. G. Leutz, Psychodrama, Springer, Heidelberg 1974.

128. S. Ferenczi, Die Entwicklung des Realitätssinnes, in: Bausteine zur Psychoanalyse, Huber, Bern 1964, 4 Bde.

129. H. Petzold, Gestalttherapie und Psychodrama, Nicol, Kassel 1973.

130. V.N. Iljine, Das therapeutische Theater, in: H. Petzold, Angewandtes Psychodrama, Junfermann, Paderborn 1984, 168-176; vgl. H. Petzold, Das therapeutische Theater V.N. Iljines in der Arbeit mit alten Menschen, in: Petzold, H., Dramatische Therapie. Neue Wege der Behandlung durch Psychodrama, Rollenspiel, therapeutisches Theater, Hippokrates, Stuttgart 1982, 318-334.

131. J. Moreno, Interpersonal Therapy and Psychology of interpersonal relations, Sociometry 1 (1937) 9-76; repr. in Psychodrama, Vol. I a.a.O. Anmerk. 127.

132. H. Petzold, Integrative Bewegungstherapie 1974, a.a.O. 93.

133. Martin, J., Süss, H.J., Gestalttherapie, Handbuch der Psychologie, Bd. VIII, 2, 2725-2750, Hogrefe, Göttingen 1978.

134. vgl. hierzu Joas, H., Praktische Intersubjektivität. Die Entwicklung des Werkes von G.H. Mead, Suhrkamp, Frankfurt 1981. Von dem Philosophen und Anarchisten G. Landauer (nicht zu verwechseln mit dem Analytiker von Lore Perls) sollten Gestalttherapeuten lesen: Aufruf zum Sozialismus, Die Büchse der Pandora, Wetzlar 1978a und G. Landauer, Skepsis und Mystik, Die Büchse der Pandora, Wetzlar 1978b. Friedlaenders Rezeption sollte nicht nur sein Buch "Schöpferische Indifferenz", München 1918 umfassen, sondern auch seine philosophischen und literarischen Schriften, vgl. Branger, F., Salomon Friedlaender, Grad. Arb. Fritz Perls Institut, Düsseldorf 1983.

135. vgl. Petzold, H., Ramin, G., Schulen der Kindertherapie, Junfermann, Paderborn 1987.

136. Yontef, G.M., Tobin, St., A dialogue on theo-

ry, Gestalt Journal 1 (1982) 54-90.

137. Beaumont, a.a.O. Anmerk. 82.

138. Ch. Schmidt, Psychotherapie und Ethik, Junfermann, Paderborn 1988; vgl. darin exemplarisch die biologistische Ethik von Hoechstetter und dazu kritisch Schreyögg im selben Band.

139. G. Marcel, Die Menschenwürde und ihr existentieller Grund, Knecht, Frankfurt 1965; ders. Die Erniedrigung des Menschen, Knecht, Frankfurt 1964.

140. Merleau-Ponty, M., La prose du monde, Gallimard, Paris 1964c; dtsch.: trad. R. Giuliani, Die Prosa der Welt, Fink, München 1984; ders. L'oeil et l'esprit, Gallimard, Paris 1964b, dtsch.: Das Auge und der Geist, Fink, München 1983.

141. Petzold, H., Form als fundierendes Konzept für die Integrative Therapie mit kreativen Medien, Kunst & Therapie 11 (1987) 59-87; und a.a.O. Anmerk. 90.

142. Schmitz, a.a.O. Anmerk. 100; weiterhin Band III: Der Raum, 4. Teil, Das Göttliche und der Raum, Bouvier, Bonn 1977; ders. Leib und Seele in der abendländischen Philosophie, Philosophisches Jahrbuch 85 (1978) 221-241; ders. Das leibliche Befinden und die Gefühle, Zeitschrift für philosophische Forschung 28 (1974) 325-338.

143. F. Perls, Gestalt, Wachstum, Integration, Junfermann, Paderborn 1980, 107.

144. Petzold, H., Sich selbst im Lebensganzen verstehen lernen: Erlebnisaktivierende Methoden in einem integrativen Ansatz zur Vorbereitung auf das Alter, in: ders. Mit alten Menschen arbeiten, Pfeiffer, München 1985, 93-122; Petzold, H., Lückel, K., Die Methode der Lebensbilanz und des Lebenspanoramas in der Arbeit mit alten Menschen, Kranken und Sterbenden, in: ebenda 467-499. Wir kommen damit im integrativen Ansatz zu einer differenzierten Hermeneutik. Petzold, H., Integrative Therapie als intersubjektive Hermeneutik bewußter und unbewußter Lebenswirklichkeit, in: Integrative Therapie Jg. 1988; ders. Konzepte zu einer mehrperspektivischen Hermeneutik leiblicher Erfahrung und nicht-sprachlichen Ausdrucks in der Integrativen Therapie, in: ebenda. Zur praktischen Umsetzung dieser hermeneutischen Konzepte vgl. Heinl, Petzold, Fallenstein, Das Arbeitspanorama, in: Psychotherapie und Arbeitswelt, Junfermann, Paderborn 1983, sowie H. Petzold, I. Orth, Poesie und Therapie, Junfermann, Paderborn 1985.

145. H. Petzold, Leibzeit, Integrative Therapie 2/3 (1981) 167-178; ders. Das Hier-und-Jetzt-Prinzip in der psychologischen Gruppenarbeit in: C. Bachmann, Kritik der Gruppendynamik, Fischer, Frankfurt 1981, 214-299.

146. Die Positionen dieser Philosophen werden dargestellt in H. Petzold, Zeitlichkeit. Philosophische und therapeutische Perspektiven, Junfermann, Paderborn 1988 (in Vorber.).

147. H. Petzold, Vorüberlegungen und Konzepte zu einer integrativen Persönlichkeitstheorie, Integrative Therapie 1/2 (1984) 73-115.

148. F. Perls, R. Hefferline, P. Goodman, Gestalt Therapy Julian Press 1951, vgl. Blankertz, St., Kritischer Pragmatismus. Zur Soziologie Paul Goodmans, Die Büchse der Pandora, Wetzlar 1984.

149. Herzog, W., Zur Kritik des Objektivismus in der Psychologie, Psyche 33 (1979) 298-305; ders. Modell und Theorie in der Psychotherapie, Hogrefe, Göttingen 1983. Vergleiche von anderer Seite Nagler, N., Die Zusammenarbeit von Psychoanalyse und Marxismus in der Frankfurter Schule, Texte zu Theorie und Praxis der Psychoanalyse, Jg. (1986) 185-216.

150. Obleich hier gegenüber dem ursprünglichen "Gestaltgebet" ein erheblicher Fortschritt zu sehen ist, reproduziert Perls in den ersten beiden Zeilen die alten Fehler. Unklar bleibt das "me", das grammatisch nicht stimmig ist. Ist es Germanismus oder wird es wie G.H. Meads "me" aufgefaßt, oder brauchte Fritz einfach einen Endreim? Goodman, P., in: Perls, Hefferline, Goodman, a.a.O. Anmerk. 148.

151. Vgl. hierzu den instruktiven, aber die Problematik des Kontaktmodells demonstrierenden

Aufsatz von H.P. Dreitzel, Zum Kontaktprozeß, Tagungsband der 1. Gestalttagung des IGW, 1.-3. März 1985, Bad Dürckheim, Institut für Integrative Gestalttherapie, Würzburg 1985.

152. Moreno, J.L., Gruppenpsychotherapie und Psychodrama, Thieme, Stuttgart 1959, vgl. Leutz, G., Übertragung, Einführung und Tele im Psychodrama, in: H. Petzold, Angewandtes Psychodrama, Junfermann, Paderborn 1972, 102-114.

153. H. Petzold, Die Rolle des Therapeuten und die therapeutische Beziehung in der Integrativen Therapie, in: ders. Die Rolle des Therapeuten und die therapeutische Beziehung, Junfermann, Paderborn 1980, 223-290; ders. Konfluenz, Kontakt, Begegnung und Beziehung in der Integrativen Therapie, Integrative Therapie 4 (1986) 320-341.

154. vgl. H. Petzold, Intersubjektive Hermeneutik, sowie Zur Hermeneutik sprachlichen und nichtsprachlichen Ausdrucks, a.a.O. Anmerk. 144.

155. Perls, a.a.O. Anmerk. 49, 1974, 51.

156. Perls, a.a.O. Anmerk. 118, 1976, 15.

157. vgl. Petzold, H., Das Ko-respondenzmodel in der Integrativen Agogik, Integrative Therapie 1/2 (1978) 21-58.

158. Portele, H., Editorial, Gestalttherapie 1 (1987) 3.

159. Loc. cit. Anmerk. 118.

160. Petzold, a.a.O. Anmerk. 144.

161. vgl. Petzold, a.a.O. Anmerk. 144.

162. Blanck, G., The Subtle Seductions. How to be a "Good Enough" Parent. Jason Aronson Inc. New Jersey, London 1987, dtsch. Junfermann 1988 (in Vorber.).

163. vgl. H. Petzold, das Hier-und-Jetzt-Prinzip, a.a.O. Anmerk. 145, sowie ders. Zeit und Psychotherapie, Editorial. Integrative Therapie 3 (1986) 155-163.

164. Petzold, H., Die Rolle der Medien in der integrativen Pädagogik, in: Petzold, H., Brown, G.I., Gestaltpädagogik, Pfeiffer, München 1977, 101-123; ders. Puppen und Großpuppen als Medien in der Integrativen Therapie, in: ders. Puppen und Puppenspiel in der Psychotherapie, Pfeiffer, München 1983; ders. Puppen und Puppenspiel in der Integrativen Therapie mit Kindern, in: Petzold, H., Ramin, G., a.a.O. Anmerk. 135.

165. Petzold, H., Grundformen der menschlichen Kommunikation im Lebensverlauf, Gestalt-Bulletin 1/2 (1980); auch in: Petzold, Stöckler, Hilfen für die Altenarbeit, Junfermann, Paderborn 1988. Spiegel-Rösing, I., Petzold, H., Mit alten Menschen arbeiten, a.a.O. Anmerk. 146; Petzold, H., Bubolz, E., Bildungsarbeit mit alten Menschen, Klett, Stuttgart 1976; dies. Psychotherapie mit alten Menschen, Junfermann, Paderborn 1979.

166. Gadamer, H.G., Wahrheit und Methode, Mohr, Tübingen 1965.

Meditative Verfahren und Gestalttherapie

Ursula Belke

Vorbereitung

- Mein derzeitiger Schwerpunkt in der Arbeit ist eine Mischung aus Gestalttherapie und Gesprächstherapie und die häufige Verwendung von Elementen aus der Bioenergetik.

- Zum Thema des Workshops kam ich, als ich die vorgegebenen Themenvorschläge der Planungsgruppe durchlas und mich spontan vom Thema "Meditation und Bewegung" angesprochen fühlte.
  Schon seit mehreren Jahren befasse ich mich aus ganz persönlichem Interesse mit Zen-Meditation und Bewegungstherapie.

- Der Ablauf des Workshops ist so geplant, daß nach einer spielerischen Anwärmphase - als wichtige Voraussetzung, sich vertrauensvoll auf die folgenden Übungen einzulassen - zunächst ein praktischer, selbsterfahrungsbezogener Teil folgen soll.
  Ich möchte in diesem 1. Teil des Workshops den Teilnehmern Anleitung geben, einige Beispiele meditativer Verfahren an sich zu erleben. Geplant sind langsame, meditative Bewegungsübungen aus den Verfahren Sensory Awareness und Kum Nye und zuletzt das stille, aufrechte Sitzen, wie es in der Zen-Meditation gelehrt wird.
  Nach einem Austausch über die dabei gemachten persönlichen Erfahrungen soll im 2. Teil des Workshops eine theoretische Einschätzung und ein Vergleich der Vorgehens- und Wirkweise von meditativen Verfahren und Gestalttherapie gemeinsam mit den Teilnehmern erarbeitet werden.
  Wesentliche Punkte dabei sind:
  Sinn von Meditation nach Karlfried Graf Dürckheim (Meditieren - wozu und wie, Herder Verl., Freiburg 1976) und nach L. Schwäbisch und M. Siems (Selbstentfal-

tung durch Meditation, Rowohlt Verl. Hamburg 1976). Meditation wird da geschildert als Weg, der hinführen kann zu Wohlspannung im Leibe, zu stärkerem Verwurzeltsein im eigenen Wesen, zur Stärkung des Grundvertrauens und zu einer Auflösung alter "Stresse". Im Vergleich dazu der Ansatz der Gestalttherapie und die Verbindung von meditativen Verfahren und Gestalttherapie, d.h. zum Beispiel die Möglichkeit, mit Hilfe der Gestalttherapie Themen und Szenen zu verarbeiten und zu integrieren, die in der Meditation aufsteigen.
In diesem Zusammenhang möchte ich auf Gefahren verweisen, die für manche Menschen auftauchen können, wenn sie mit Hilfe meditativer Verfahren in einen Entspannungszustand geraten, der evtl. Bilder und Gefühle aufsteigen läßt, die nicht ertragen, nicht ausgehalten werden können, von denen sich ein schwaches Ich überflutet fühlt. Wenn auf diese Weise sinnvolle Schutzmechanismen aufgelöst werden, kann dies zu einer Gefährdung des Menschen führen.
Zum Abschluß ist geplant, nochmals zu einer inneren Sammlung und Stille hinzuführen.

Ich erwarte mir von diesem Workshop, daß die Teilnehmer einen Eindruck bekommen von dem, was meditative Verfahren sein können und daß es ihnen möglich wird, den Stellenwert meditativen und gestalttherapeutischen Vorgehens näher zu bestimmen.

Das Kind im Erwachsenen

Sigrid Hucke

Vorbereitung

Das Thema der Tagung hatte mich angesprochen. Einige Gedanken hierzu waren:
"Anpassung und Auflehnung" bedeuten in der Kinderpsychotherapie das Spannungsfeld zwischen den notwendigen Lernwegen und der Selbstbehauptung gegen verfremdende Einflüsse.
Die Erziehung (Pädagogik) verstehe ich als Gestaltung entwicklungsfördernder Sozialisation; Gestalttherapie mit Kindern / Jugendlichen ist für mich die Behebung von Störungen des natürlichen Selbstregulationsprozesses. In der therapeutischen Arbeit ist ein pädagogischer Auftrag mitenthalten, in der Erziehungsverantwortung steht er im Vordergrund.
'Das Kind im Erwachsenen' ist in meiner gegenwärtigen Arbeit der Schlüssel zum Verständnis von Erwachsenen.
Wer sich für Kinderpsychotherapie interessiert, sollte daher - meiner Auffassung nach - zum Kind in sich selbst einen Zugang haben. Aus dem Repertoire didaktischer Einheiten der Kinderpsychotherapieausbildung wollte ich mir jene aussuchen, die besonders geeignet sind, die lebendige und lebensfrohe Seite des 'inneren Kindes' wieder erfahrbar zu machen. Sowohl in den therapiebedürftigen Kindern als auch in den erwachsenen Teilnehmern des Workshops wirken jedoch "Anpassung und Auflehnung".
Ich verstehe das Kind in der Therapie in seiner jeweiligen Symptomatik vor seinem dynamischen Hintergrund: einem Spannungsbogen, welcher auf der einen Seite Überanpassung und auf der anderen Seite Auflehnung bedeuten kann. In diesen Fällen ist das Kind fremdbestimmt, es re-agiert auf Umwelt, Personen, Anforderungen usw. Dieses Reagieren ist auch eine erstarrte Form des Selbstschutzes. Das sich auflehnende Kind steht seelisch, innerlich gewissermaßen mit dem Rücken zur Wand; das über-angepaßte Kind ist innerlich völlig angelehnt an die Anforderungen der Eltern - Umwelt. Beiden ist gemeinsam: sie haben die Fähigkeit verloren, Kontakt zu sich selbst zu haben und diese Fähigkeit als Boden ihrer eigenen Existenz zu leben.

Da es mein Ziel für den Workshop war, jedem Interessierten die Fruchtbarkeit der gestalttherapeutischen Arbeit mit Kindern zu vermitteln, hatte ich die Erwartung, daß alle Teilnehmer bereit sein würden, die Wand, an die sie sich lehnen oder gegen die sie sich wehren, zu spüren, um mit mir ihr inneres Kind mehr in Kontakt mit sich selbst kommen zu lassen.

Ich hoffte, daß die Teilnehmer des Workshops etwas von der spontanen Seite, der freien, unabhängigen, lustvollen Freude des Kindes in sich selbst wiederentdecken - wiedererkennen.

Workshop

Wir begannen pünktlich: 22 Teilnehmerinnen und Teilnehmer waren anwesend, viele hatten keinen Platz gefunden - ich sag das, um zu zeigen, daß das Thema interessant zu sein scheint.

Mein Blick traf auf so viele fremde Erwachsene, daß ich mir ernsthaft und neu die Frage stellte, wie könnten sie wohl am direktesten in Kontakt mit dem Thema kommen: sie hatten sich hierhergerufen durch ihre Interesse. Das gab mir den intuitiven Einstieg: "Stellt euch bitte so vor, wie ihr den eigenen Namen im Ohr habt, wenn ihr gerufen werdet." Es ergab sich sehr schnell, daß dies Gerufen werden weit in die Kindheit zurückführte und die Arten der Rufe bereits viele Erinnerungen und vertraute vergangene Erfahrungen wach riefen.

Das Gestalten ist in unserer therapeutischen Richtung, was das Gehen für die Gattung: ich gab daher als erste Übung vor: "Malt auf ein Blatt Papier (ich hatte für entsprechendes Material gesorgt), wie Ihr Euch jetzt gerade fühlt." Zu meiner großen Freude entsprach das den Erwartungen: die Stühle verschwanden - alle malten auf dem Boden und blieben dort auch für den Rest der Arbeit.

Einige der schwerwiegendsten Störungen des Kindesalters entstehen durch mangelndes Explorationsverhalten; - um die Neugierde - das Grundkapital von Kindern und Kindertherapeuten zu motivieren, führte ich zunächst nur knapp in die Zielsetzung des Workshops und noch knapper in die Theorie der Kindergestalttherapie ein. Es war die Vorbereitung für Phantasieübungen, die den Teilnehmern zunächst Vertrautes - sodann die jeweils eigene Überraschung möglich machte: "Wer steht beim unvermuteten Klin-

geln vor Deiner Wohnungstüre?, Stell Dir vor eine Frucht - welche siehst Du, schmeckst Du?, Stell Dir einen Baum vor - welchen? etc."
Schließlich näherten wir uns dem Kind: "Stell Dir eine Spielzeugkiste vor, was ist darinnen - Vertrautes und lange Vergessenes?" Die Teilnehmer konnten es vergegenwärtigen, betrachten, zurücklegen. Wir wandten uns dann dem Atem zu, um den Kopf von Erwartungen und Vorbehalten frei zu atmen: Die Luftballonübung (Oaklander).
Der dabei visualisierte, konkrete Raum hatte durch die Vorgaben der Anleitung alle Eigenschaften von Geborgenheit und innerer Unterstützung. Diese Vorstellung des "Raums der inneren Geborgenheit" wurde sodann durch Farbe und Papier ausgedrückt.
Ich demonstrierte meine Vorgehensweise mit Kinderklienten durch Einzelarbeit mit einigen Teilnehmern. Nach einer Runde "Frage-Antwort" gingen wir in die Pause, wobei die bereits gewonnenen Erfahrungen die Frage herausstellten: was ist der ganz spezielle Ansatz der Gestalttherapie in der Arbeit mit Kindern - in Abgrenzung zu anderen Kinderpsychotherapeutischen Richtungen.
Nach der Pause griff ich diese Frage auf und stellte einzelne Prinzipien zunächst nochmal theoretisch klar: das Prinzip der gegebenen organismischen Selbstregulation als Grundverständnis kindlicher Entwicklung, das Prinzip der Arbeit im "Hier und Jetzt" als aktualisierendem Grundkonzept der therapeutischen Arbeit u.a.m. Konkrete Nachfragen wurden beantwortet.
Um die Vielfalt der dampfenden Köpfe auf eine abschließende Erfahrung zusammenzuführen, eröffnete ich die Abschlußrunde mit der "Kritzikratzi"-Übung. In die Altersstufe der Vierjährigen zurückversetzt, hatte jeder Teilnehmer nur ein Blatt und eine Farbe und durfte in dieser "Kinderrolle" schnell - ich zähle bis zehn - seiner Hand freien Lauf lassen. Die entstandenen Bilder wurden von den Teilnehmern auch als "Suchbild" (Waltraud) erkannt. Sie fanden ihre je eigenen "Gegenstände", und an einem Bild demonstrierte ich vertiefend den möglichen Fortgang der Arbeit: "identifiziere Dich mit dem Gegenstand, sprich als der Gegenstand über Dich selbst ..." (Der Therapeut exploriert die in diese Vergegenständlichung fließenden Erlebensaspekte des Kindes durch direkten, kindgemäßen Diaolg mit dem so gewonnenen "sprechenden Gegenstand" Damit ist dem Kind die Erfahrung des Kontakts zu einem Aspekt seiner selbst und/oder seines Lebens möglich.)

Ich hatte den Eindruck, in kurzen Momenten hatten einige Teilnehmer die Erfahrungen gemacht, die ich mir erhoffte: einige standen kurz mit dem Rücken zur Wand - in Kontakt mit dem Unerledigten, Unklaren oder Ängstigenden - einige spürten etwas von dem Preis ihrer Anpassung. Mein Ziel, außer der kleinen Selbsterfahrung einen Blick in den Alltag der Gestaltkinderpsychotherapie zu geben, war meiner Meinung nach erreicht worden. Mein Hauptziel, die lebendige Anwesenheit des inneren Kindes zu wekken, gab uns einen: Fröhlichen Abschied.

"Gestalt und TZI in therapeutischen Institutionen"

Helmut Johach

Vorbereitung

Ich arbeite seit 6 Jahren in einer Fachklinik für junge Suchtkranke (in der "Weihersmühle" zwischen Nürnberg und Ansbach) und habe berufsbegleitend - nachdem ich zuvor einige Jahre an der Universität in der Lehrerbildung tätig war - eine Gestalt Einzeltherapie und die Zusatzausbildung als TZI-Gruppenleiter absolviert.

Die Besonderheit der "Weihersmühle" liegt darin, daß hier Gestalttherapie nicht als individuelle Arbeitsmethode bei einzelnen Therapeuten verstanden wird, sondern daß die Fachklinik als ganze gestalttherapeutischen Anspruch erhebt. Dieser Anspruch verdankt sich zum einen der konzeptionellen und organisatorischen Leitung durch Fritz Buchholtz, der als FPI-Trainer seit 1978 darum bemüht ist, gestalttherapeutische Prinzipien in die Praxis der Fachklinik umzusetzen. Dieser Anspruch wird aber auch von einem Stamm von Mitarbeitern getragen, die durch Fortbildung und tägliche Zusammenarbeit zu einem inzwischen einigermaßen eingespielten gestalttherapeutischen Team geworden sind. Der Anspruch der Klinik besagt, auf eine Formel gebracht, daß

die Klinik als Gesamtsystem gestalttherapeutisch wirken soll (vgl. dazu den Vortrag von F. Buchholtz: "Die Gestalt einer Klinik - ein System im therapeutischen Dialog"). Wie sieht es nun mit der Realisierung dieses Anspruchs aus?
Hier muß ich zunächst auf Erinnerungen zurückgreifen, die aus meiner Anfangszeit in der "Weihersmühle" stammen. Was mir damals negativ auffiel, war die Ausgangsregelung, die mir pedantisch und restriktiv vorkam, und dann das Sanktionssystem, das bei Hausordnungsübertretungen in Kraft trat. Beides weckte meinen Argwohn, zumal ich aus meinem Studium und aus Seminaren mit Studenten an der Universität an sehr viel freieres Arbeiten gewöhnt war. War ich hier, noch mit Ideen der '68er von "Emanzipation" und "Selbstbestimmung" im Kopf, nicht in ein reines Anpassungs- oder gar Repressionssystem hineingeraten? Und was das komplizierte Regelwerk der Hausordnung samt dem ebenso komplizierten Sanktionsverfahren (verschiedene Gruppen im Haus erarbeiten Vorschläge für eine Aufgabe, die der Sanktionskandidat erfüllen muß, und dies soll ausdrücklich keine Strafe sein) mit der Gestalttherapie, die ich bis dahin nur in Ausbildungsgruppen kennengelernt hatte, zu tun haben sollte, war mir schon gar nicht einsichtig. Hier vermutete ich also einen Widerspruch zwischen Anspruch und Wirklichkeit oder zumindest ein Auseinanderklaffen zwischen therapeutischem Konzept und institutioneller Praxis.
Ich denke, für mich als therapeutisches "Greenhorn" war diese Skepsis damals durchaus angebracht, und ich bin auch heute noch der Meinung, daß man sich als "Insider", der man mit der Zeit wird, je länger man in einer Institution arbeitet, eine gewisse Skepsis bewahren sollte, um nicht vor lauter Betriebsblindheit den Blick für die Mängel des Systems zu verlieren. So bin ich, obwohl inzwischen mehr von der Notwendigkeit einer Hausordnung überzeugt, keineswegs ein Verfechter der Meinung, daß sämtliche darin stehenden Vorschriften als sakrosankt angesehen werden sollten. Entgegen meiner anfänglichen Negativerwartung habe ich allerdings den Eindruck gewonnen, daß eine sinnvoll überlegte und eingesetzte Sanktion, so paradox es klingen mag, sehr wohl ein Instrument zur "Emanzipation" werden kann, wenn sie den einzelnen herausfordert, sich mit seinen Schwierigkeiten auseinanderzusetzen und - vielleicht - persönlich etwas weiterzukommen (Näheres dazu in der Diskussion).
Was kann es heißen, in einer Fachklinik mit jungen Suchtkranken, die größtenteils aus der sozialen Unterschicht stammen und in ihrer Persönlichkeitsentwicklung "nachsozialisiert" werden sollen, gestalttherapeutisch zu arbeiten?

Ganz sicher ist es hier nicht damit getan, einzelne gestalttherapeutische Techniken (hot seat, leerer Stuhl, Topdog-/Underdog-Dialog etc.) in der Einzel- oder Gruppentherapie anzuwenden. Im Gegenteil, ich habe gelernt, mit Gestalt-Techniken, die ja für unsere vom Psychoboom noch unberührten jungen Unterschicht-Patienten z.T. sehr befremdlich wirken (wenn man ihnen z.B. zumutet, mit der phantasierten Mutter auf dem leeren Stuhl einen Dialog zu führen) oder die auch massive Ängste und Abwehrreaktionen hervorrufen können (z.B. davor, den betrunkenen, prügelnden Vater umzubringen oder selbst von ihm umgebracht zu werden) sehr zurückhaltend zu sein. Was jedoch gestalttherapeutisch angestrebt werden kann - und in der Praxis auch mehr oder weniger gut erreicht wird -, ist dies, daß der einzelne Patient in einem vielfältigen Netz von Aufgaben und Beziehungen die Möglichkeit erhält, sich so zu erfahren und darzustellen, wie er als lebendiger Mensch ist, mit seinen Licht- und Schattenseiten, und daß zugleich aus diesem Zusammenspiel von einzelnen Personen mit ihren Fähigkeiten und Fehlern, aus dem engeren und weiteren Netz von Beziehungen innerhalb der Hausgemeinschaft, aus haltgebenden und frustrierenden Regeln, aus Arbeitsvorgängen, Gesprächen und Auseinandersetzungen im Klinikalltag sich immer wieder eine Gesamt-"Gestalt" ergibt, die das wirkliche Leben wie in einem Mikrokosmos abbildet und zugleich dem einzelnen Möglichkeiten bietet, sich zu bewähren, Neues auszuprobieren und aus dem Teufelskreis der depressiv stimmenden Erfahrungen auszubrechen oder aber das alte Spiel weiterzuspielen und der Auseinandersetzung mit sich selbst, mit der Sucht und den "nassen" Verhaltensweisen auszuweichen. Dies ist der Sinn von Gestalttherapie in einem klinischen Setting.

Ich hebe noch - ohne Anspruch auf Vollständigkeit - einige Schwierigkeiten hervor, mit denen sich die therapeutische Arbeit in einer Institution wie der unsrigen teils von Zeit zu Zeit auseinanderzusetzen hat, die sich teils aber auch erst im Zuge der neueren Entwicklung ergeben haben:

- Der Versuch, auf die differenzierten Erscheinungsformen der Suchtproblematik mit einem differenzierter werdenden therapeutischen Konzept zu reagieren, trägt in sich die Tendenz zu einem immer mehr erweiterten und verdichteten Programmangebot, das im üblichen Tagesablauf kaum noch unterzubringen ist. Dadurch entstehen zahlreiche Engpässe und Überschneidungen.
- Die normale Behandlungsdauer von 6 Monaten gibt einen Zeitrahmen vor, in dem man nicht allen Patienten in gleichem Maße gerecht werden kann. Zwar wird durch

Gruppen- und Einzeltherapie, gestaltungs-, arbeits- und bewegungstherapeutische Maßnahmen innerhalb dieses Rahmens ein vielseitiges Herangehen an die Suchtproblematik ermöglicht; im Einzelfall kann es jedoch entweder zuviel (wenn z.B. dem Patienten zu viele Entscheidungen abgenommen werden) oder zuwenig (wenn trotz aller Differenzierung nicht der richtige Punkt "erwischt" wird) sein.

- Die Verbindung verschiedener Arbeitsweisen und Methoden impliziert neben der Aufgabendifferenzierung auch die Notwendigkeit, mit anderen Mitarbeitern im Team zu kooperieren. Mit dem Umfang des Teams und der Ausdifferenzierung der einzelnen Bereiche wird es jedoch schwieriger, alle Mitarbeiter "unter einen Hut" zu bringen, zumal wenn regelmäßige Supervision nicht gewährleistet ist. Häufig ergeben sich trotz "guten Willens" der Beteiligten Konfliktsituationen und Konkurrenz.
- Die Patientenmitverantwortung, zu der die Übernahme von "Ämtern" und Mitspracherechte bei allen wichtigen, die Patienten betreffenden Angelegenheiten gehören, funktioniert manchmal gut, manchmal weniger gut. Gelegentlich gerät z.B. über der Auseinandersetzung mit geringfügigen Regelverstößen die Hauptsache, die Auseinandersetzung mit der Abhängigkeit, aus dem Blick.

Diese Eindrücke und Überlegungen möchte ich beim Workshop kurz vorstellen und anhand der Konzeption der "Weihersmühle" sowie mit Beispielen aus dem Klinikalltag erläutern. Ich hoffe, daß sich genügend Mit-Diskutanten finden, die vor einem ähnlichen Erfahrungshintergrund ähnliche Fragen stellen und mit mir nach Lösungen suchen, wie der gestalttherapeutische Anspruch "zwischen Anpassung und Auflehnung" im Setting einer therapeutischen Institution verwirklicht werden kann.

Workshop

Der Workshop war - entgegen pessimistischen Voraussagen bzgl. der "Trockenheit" des Themas - mit 18 Teilnehmern gut besucht. Die Teilnehmer kamen nicht nur aus therapeutischen Einrichtungen (z.B. psychomatische Klinik, Fachklinik, sozialtherapeutische Wohngemeinschaft), sondern auch aus anderen Institutionen (Schule, Kinderheim, Berufsbildungswerk etc.) Dementsprechend beschränkte sich die Diskussion nicht allein auf "Gestalt" in therapeutischen Einrichtungen.

Im Anschluß an die Vorstellung der Teilnehmer und ihrer jeweiligen Praxisfelder ergab sich weitgehende Übereinstimmung darüber, daß mit dem "Hoffähigwerden" der Gestalttherapie deren Anwendungsgebiete zwar erheblich erweitert wurden, zugleich aber auch Anpassungsprozesse stattgefunden haben, die den Charakter der Gestalttherapie verändern. Im Vergleich zu den Anfängen ist Gestalttherapie heute "braver", weniger spontan, lehr- und lernbar geworden. Dies hat zur Folge, daß Institutionen bzw. die Verantwortlichen in ihnen nicht mehr befürchten müssen, von Gestalt-Leuten völlig "umgekrempelt" zu werden. Gestalttherapie und verwandte Richtungen der humanistischen Psychologie haben zwar in zahlreiche Einrichtungen Eingang gefunden, aber werden dadurch die Institutionen im Sinne stärkerer Humanisierung verändert?

Am Beispiel der Fachklinik "Weihersmühle", über deren demokratisch geregeltes Sanktionswesen der Referent berichtete, wurde herausgestellt, daß z.B. Suchtkliniken mit einer stark normativen Konzeption arbeiten: In der Hausordnung werden den Patienten zahlreiche Regeln vorgegeben, an die sie sich halten bzw. an denen sie ihr Regelbewußtsein - nicht unbedingt nur, indem sie danach handeln - trainieren sollen. Dies mag zwar für die stationäre Suchttherapie, deren Klienten meist entsprechende Defizite aufweisen, nötig und bis zu einem gewissen Grade auch erfolgreich sein; zu fragen ist jedoch, ob dadurch nicht ein hoher Anpassungsdruck erzeugt wird, der dem Gestaltbegriff, in dem u.a. impliziert ist, daß jeder s e i n e n Weg in Freiheit zu gehen hat, zuwiderläuft. Jedenfalls - so das Ergebnis dieses Teils der Diskussion - wird durch die Amalgamierung der Gestalttherapie mit traditionellen Handlungskonzepten aus dem Bereich der Sozialtherapie (z.B. Gewöhnung an Ordnung, Sauberkeit, Pünktlichkeit, verantwortlicher Umgang mit Geld etc.) deren "Gestalt" selbst verändert. Neben dem Gewinn, der in der Erschließung neuer Anwendungsgebiete (Sozialtherapie, Arbeit mit Klienten aus unteren sozialen Schichten u.a.m.) liegt, sind also auch die möglichen Kosten zu bedenken.

Eine weitere Erfahrung aus der Arbeit in therapeutischen Einrichtungen - hierbei handelte es sich um eine psychosomatische Klinik mit 3-Monats-Behandlung - betraf den Zeit-, Leistungs- und Legitimationsdruck, in den man als Gestalttherapeut unweigerlich gerät, einmal gegenüber anderen therapeutischen Konzepten wie Gesprächs- und Verhaltenstherapie, zum andern aber auch durch institutionelle Rahmenbedingungen wie z.B. festgelegte Dauer der Behandlung und Nachweispflicht gegenüber dem Leistungsträger. Es wurde gefragt, ob unter solchen Bedingungen genügend Freiraum besteht, in dem der Patient sich entfalten kann, bis er an die Grenzen seiner bisherigen Denk-, Empfindungs- und Verhaltensstrategien stößt - die gestalttherapeutisch zentrale "Impass"-Erfahrung. Unter den Teilnehmern bestand weitgehend Konsens, daß der Therapeut auch unter erschwerenden institutionellen Bedingungen der aus den Anfängen der Gestalttherapie genügend bekannten Versuchung, den Klienten zu sehr zu "pushen", nicht nachgeben sollte, sondern vielmehr gegenüber anderen Methoden, die mehr mit dem Klienten "machen", darauf bestehen und sich dafür einsetzen sollte, daß der eigene Rhythmus, in dem der Patient seine persönlichen Lernschritte vollziehen kann, auch in der Institution gewahrt bleibt.

Ein dritter Fragenkomplex bezog sich auf das Verhältnis von Gestaltarbeit und institutioneller Hierarchie. Hierarchische Strukturen können sehr ausgeprägt sein - z.B. in traditionell geführten Krankenhäusern und Schulen -, sie können aber auch verdeckt und formell wenig geregelt sein: z.B. in vielen Bereichen der Sozialarbeit, wo Teamgedanke und kollegiale Leitung wenigstens nach dem Selbstverständnis der Mitarbeiter eine zentrale Rolle spielen. Ergibt sich aus der Gestalttherapie, deren Anfänge ja in den Kontext der Protestbewegung gehören, daß hierarchische Strukturen grundsätzlich abzulehnen sind? Oder ist die Differenzierung nach Rangpositionen innerhalb der Institution ein von Gestalt-Prinzipien, die sich unmittelbar auf die Beziehung von Patient und Therapeut richten, unabhängiges Prinzip sozialer Organisation und als solches in Kauf zu nehmen?

In der Diskussion wurde zunächst das Dilemma deutlich, in das viele Kollegen geraten, wenn sie mit Vorstellungen von Gleichberechtigung und Teamgeist an die Arbeit in Institutionen herangehen. Ohne klare Regelung von Zuständigkeiten incl. der Frage der "Leitung" - für viele Kollegen immer noch ein Reizthema - ist effektive Arbeit unmöglich. Dies heißt jedoch nicht, daß hierarchische Strukturen eo ipso und in jeder Form gutzuheißen wären. Vielmehr sollte die Verteilung von Kompetenzen und Entscheidungsbefugnissen unter funktionalen Gesichtspunkten erfolgen, d.h. an der optimalen Wirksamkeit des Ganzen orientiert sein. Unter diesem Aspekt sind z.B. Mitbestimmungsrechte der Mitarbeiter und weitgehende Delegation von Befugnissen unverzichtbar. Tendenziell stimmten die Teilnehmer überein, daß partizipative Formen der Leitung mit Gestaltarbeit durchaus vereinbar sind. - Die bis dahin überwiegend theoretisch geführte Diskussion mußte aus Zeitgründen leider an dem Punkt abgebrochen werden, wo an einem Beispiel aus der Praxis ein Hierarchie-Konflikt (zwischen Schulleiter und Kollegium) konkret hätte durchgespielt werden können.

Um die ohnehin etwas "kopflastige" Diskussion nicht noch weiter zu befrachten, wurden Differenzierungen zwischen Gestalt und TZI nicht eigens thematisiert. Insgesamt verlief für mich persönlich der Workshop befriedigend, auch wenn er vielleicht etwas zu sehr auf der Ebene von Reflexion und Diskussion verblieb. Einige Teilnehmer hätten sich zwar mehr inhaltliche Vorgaben und eine etwas straffere Diskussionsleitung gewünscht; dadurch, daß nicht zuviel im vorhinein festgelegt war, wurde es jedoch möglich, Erfahrungen aus verschiedenen Praxisfeldern einzubringen, woraus ich persönlich am meisten gelernt habe. Bei erneuter Durchführung eines ähnlichen Workshops würde ich methodisch vielleicht etwas anders arbeiten - z.B. rascher auf einen per Rollenspiel o.ä. bearbeitbaren "Fall" hinsteuern.

Effektiver arbeiten mit mehr Spaß

Günter Jursch

Vorbereitung

Derzeitige Schwerpunkte in meiner Arbeit:
In der therapeutischen Arbeit behandele ich chronische oder chronisch rezidivierende Krankheiten und Schmerzzustände sowie Depressionen, Leistungsminderung, Angstzustände und Sexualstörungen.
In der Trainingsarbeit für Führungskräfte bearbeite ich Organisationsentwicklung mit der dazugehörigen Persönlichkeitsentwicklung und Verbesserung der verbalen und nichtverbalen Kommunikation.

Bei der therapeutischen Arbeit ist das wichtigste, Gefährdung und Selbstgefährdung der Klienten zu verhindern und den natürlichen Heilungsprozeß in Gang zu bringen. In zweiter Linie folgt die Persönlichkeits-Entwicklung und Kommunikationstraining, die bei der Trainingsarbeit für Führungskräfte im Vordergrund stehen.

Wie ich zum Thema des Workshops kam:
Bei meiner Trainingsarbeit zeigte sich die Notwendigkeit, daß die Teilnehmer bereits nach dem ersten Training praktisch umsetzbare und meßbare Erfolge erreichen. Ein weiteres Ziel war, den Teilnehmern eine Struktur mitzugeben, die sie in Zukunft als Werkzeug einsetzen können.
Unverzichtbar ist bei diesem Ansatz, daß wirksamere Leistung mit weniger Anstrengung und mit erhöhter Lebensqualität verbunden ist.

Wie steht das Thema im Zusammenhang mit dem Tagungsmotto?
Die Arbeit von Führungskräften in Organisationen wird mitunter außerordentlich erschwert, weil diese Personen innerlich mit sich selbst kämpfen und diese inneren Konflikte auch an ihre Mitarbeiter herantragen ... allerdings, ohne das bewußt wahrzunehmen.
Die inneren Konflikte stehen im Zusammenhang mit frühkindlichen Erfahrungen mit Autoritäten, denen gegenüber sich das Kind entweder "brav" (brave Anpassung) anpaßte oder "rebellisch" (Auflehnung). In beiden Fällen gibt es eigene Interessen preis. Wenn es etwas tut, weil es die anderen wollen, dann tut es eben oft nicht, was am günstigsten wäre. Und wenn es etwas tut, weil es die anderen nicht wollen, dann vernachlässigt es auch die eigenen Wünsche und Interessen.
Der Weg der Weitergabe der inneren Konflikte ist inkongruente Kommunikation. Dafür ein Beispiel. Der Chef sagt: "Die Sache ist sehr wichtig und dringend, aber (und jetzt lächelt er) das werden Sie wohl wie üblich zu spät erledigen." Durch sein Lächeln drückt er aus, oder zumindest wird es oft so empfunden: "Mach's nicht rechtzeitig!"
Sobald der Chef den inneren Konflikt löst, räumt er ein großes und überflüssiges Hindernis für effektive und lockere Arbeit aus dem Weg.
An Hand von "liegengebliebenen Arbeiten" kann die Struktur der braven oder rebellischen Anpassung im Gegensatz zur Anpassung an die eigenen Bedürfnisse und die Realität meistens deutlich gemacht werden.

Geplanter Ablauf des Workshops:
Einen Plan für den Workshop will ich nicht im voraus vorlegen, weil das den Prozeß beeinflussen würde. Eine Kopie des Plans bekommen die Gruppenteilnehmer auf Wunsch jedoch am Ende des Workshops, damit sie diese Methode leichter benützen können.

Wie ich zu diesem Plan gekommen bin:
Bei der Vorbereitung eines Management-Trainings erarbeiteten Rolf Balling, Management-Trainingsleiter einer Werksgruppe für Elektronik, und ich die Struktur eines nur dreistündigen Workshops. Ein wichtiger Grund dafür war der immer wieder von Organisationen vorgegebene oder vorgeschobene Zeitdruck und der Wunsch, deshalb nicht zu resignieren, sondern wenigstens etwas für die Teilnehmer zu erreichen.
Dieses Training stellten wir gemeinsam auf dem EATA-Kongreß 1982 in Villingen vor, und seitdem habe ich es immer wieder mit gewissen Abwandlungen eingesetzt.

Welches sind meine Ziele und Erwartungen bezüglich des Workshops?
Eines meiner Ziele ist zu zeigen, daß zwischen Therapie und Training nicht immer eine Kluft sein muß. Die hier beschriebene Methode kann in Therapiegruppen genauso seinen Platz haben wie im Management-Training. Blockierungen, ungünstige Kommunikation und spezifische Passivität gibt es hier wie dort.

Ein zweites Ziel ist, zu zeigen, wie Verhaltenspsychologie, Transaktions-Analyse und Gestalttherapie/Gestaltpädagogik fließend miteinander verbunden werden können.
Meine Erwartung ist, daß nicht alle, aber doch viele der teilnehmenden Therapeuten und Pädagogen den Workshop voll mitmachen, Erfolg damit haben und in Zukunft für sich und andere ein Werkzeug haben, um wirksamer zu arbeiten mit mehr Spaß.

Workshop

> Die einzige helfende Hand,
> auf die du dich immer verlassen kannst,
> hängt an deinem eigenen Arm.
> (Elmar Letermann)

Die Struktur dieses Workshops war wie folgt:

01 Die Teilnehmer schrieben eine "liegengebliebene Arbeit" auf und notieren mehrere Gründe, weshalb die Arbeit liegenblieb.

02 Jeder Teilnehmer suchte sich einen Gesprächspartner (mit dem er möglichst wenig in der täglichen Arbeit zu tun hat) und erklärte ihm, weshalb er diese Arbeit vor sich herschiebt. Der Partner hörte zu, stellte eventuell Verständnisfragen, hinterfragte aber nichts.

03 Wechsel: jetzt erzählte der andere, weshalb er die Arbeit nicht erledigt hat.

04 Im Plenum wurden interessante Gründe für das Nichterledigen auf die Tafel geschrieben.

05 Jeder schrieb auf, welche Vorteile das Nicht-Erledigen hat.

06 Im Plenum wurde über die Vorteile des Nicht-Erledigens gesprochen.

07 Gesichtspunkt-Wechsel: jeder notierte, welche Vorteile das Erledigen der Arbeit hätte. Das wurde anschließend in der Kleingruppe besprochen.

08 Erster Theorievortrag: "Passivität und Symbiose"
In diesem Kurzvortrag benutzte ich das Konzept der "passiven Verhaltensweisen" des Cathexis-Institutes. (Darstellung bei Leonhard Schlegel in "Die Transaktionale Analyse", UTB Francke, 1984, Seite 196) Passive Verhaltensweisen sind:

a) Nichts tun: das heißt, Energie verwenden, um Tätigkeiten zu vermeiden oder Gefühlsäußerungen zu unterdrücken.

b) Überanpassung: phantasieren, was jemand wünscht und auf Grund dieser Vorstellung handeln, statt sie oder ihn zu fragen.

c) Agitation ("Gschaftlhuberei"): etwas tun, was überhaupt nicht beiträgt, das anstehende Problem in einem überschaubaren Zeitraum zu lösen (z.B. Schlüssel verlieren und dann suchen, statt die Steuererklärung zu machen)

d) Unfähigkeit herbeiführen/Gewalt anwenden: ich kann mich unfähig machen durch Ohnmacht, Migräne, "totale Müdigkeit", Krankheit usw. Durch Gewaltanwendung kann ich die günstige Lösung eines Problems erschweren oder unmöglich machen (z.B. indem ich gegen meinen Prozeßgegner im Gerichtssaal tätlich vorgehe).

All diese Verhaltensweisen erhalten die Symbiose mit früheren Autoritätspersonen aufrecht, erschweren aber die Arbeit und beeinträchtigen damit die Lebensqualität.

09 Pause

10 Zweiter Theorievortrag: "Die Entwicklung spezifischer Passivität"
Hier benutze ich das Schema, das in dem Kapitel "Auch Nichtstun kostet Kraft" in dem Herder-Taschenbuch Nr. 1239 beschrieben ist. Den Ausdruck "spezifische Passivität" verwende ich, weil "Passivität" in der Umgangssprache mit "Nichtstun" gleichgesetzt wird, während ich Wert darauf lege, auch harte Arbeit abzubauen ... wenn sie nicht zur Zielerreichung nützlich ist.

11 Plenum: Welche Methoden wurden zur Überwindung spezifischer Passivität bereits benutzt?
Es wurden genannt:
- Aufteilung in kleinste Einheiten (z.B. Namen von möglichen Informanten sammeln und notieren)
- Hilfsmöglichkeiten auflisten
- günstigsten Weg wählen
- Entscheidung über Zeiteinteilung mit ausreichenden Freizeiten
- das Leichteste zuerst tun
- sich selbst für jeden Schritt belohnen

12 Erfolgreiche Methoden wurden auf der Tafel notiert

13 <u>Entscheidung</u>:
Jetzt wurden die Teilnehmer eingeladen, eine Entscheidung zu fällen und zu notieren, z.B.: "Die Arbeit
* schiebe ich vor mir her wie bisher
* mache ich teilweise
* delegiere ich
* mache ich oberflächlich ("schlampig")
* mache ich mit jemandem zusammen"

14 Überprüfung der Entscheidung
Eine Teilnehmerin, ich nenne sie hier Thea, entschied sich während des Workshops, ihre Entscheidung vor dem Plenum zu überprüfen. Sie hatte entschieden, sich ihre Lektüre in Zukunft zu erleichtern, indem sie
a) auch Artikel liest, die für sie interessant oder amüsant sind, und nicht nur Artikel, die sich auf ihre Arbeit beziehen
b) die für ihre Arbeit interessanten Artikel auch erlaubt, "diagonal" zu lesen, al-

so oberflächlich, wenn sie keine Notwendigkeit für eine gründliche Lektüre sieht.

Die nachfolgende Sitzung beschreibe ich stark gekürzt und aus dem Gedächtnis.

Ich lud Thea ein, Stühle vor sich zu stellen, auf denen sie sich die Autoritätsperson ihrer Kindheit sitzend vorstellte. Thea stellte je einen Stuhl für ihren Vater, ihre Mutter, eine ältere Schwester und eine Lehrerin auf. Jeder dieser Personen sagte sie (stehend, während die Autoritätspersonen saßen), wie sie sich in Zukunft ihre Lektüre erleichtern wird.
Als sie mit dem Vater sprach, faßte Thea sich an den Scheitel. Auf Befragung sagte sie, daß der Vater sie oft flach auf den Kopf geschlagen hatte.
Nun setzte sich Thea auf einen Stuhl nach dem anderen und "war" die dort sitzende Person. Als Mutter stöhnte sie über die Arbeit, als Schwester und Lehrerin verlangte sie mehr Bemühung und Perfektion, als Vater war sie unbestimmt.
Dann stellt sich Thea wieder vor den Stühlen auf, ich stellte mich neben sie und machte ihr Vorschläge, wie sie den Einwänden sinngemäß entgegnen könne. Wenn sie einverstanden sei, solle sie es in ihren Worten sagen und fühlen, wie ihr es damit geht.
Zur Mutter sagte sie: "Ich muß nicht stöhnen wie du, ich werde mir meine Arbeit erleichtern!", zur Schwester und Lehrerin: "Ich bin nicht da, um deinen Erwartungen zu entsprechen, ich tue, was ich für richtig halte!" und zum Vater: "Du wirst mich nie wieder schlagen!"
Die Stimme, die Sprechpausen, Haltung und Gestik Theas deuteten darauf hin, daß sie sich innerlich mit starken Gefühlen mit diesen Autoritätspersonen auseinandersetzte. Sie bestätigte dies auch nach der Übung.

15 Jeder Teilnehmer fixierte die Entscheidung schriftlich mit Einzelheiten: was genau, wann (beispielsweise in der kommenden Woche), wo, wie, mit wem.

16 Wieder bildeten sich die Zweiergruppen, die das Erstgespräch geführt hatten, einer spielte jetzt "Notar", dessen Aufgabe war:

* darauf zu achten, daß der Partner nur etwas mit sich vereinbart, das er selbst tun kann
* darauf zu achten, daß der Partner nur eine Sache vertraglich vereinbart
* der Partner sich nicht zu viel vornimmt
* die "notarielle Bestätigung" abzulehnen, wenn etwas unklar ist

17 Wechsel: Jetzt war der andere Gesprächsteilnehmer "Notar"

18 Jetzt schloß sich noch eine kurze Diskussion an.

Anmerkungen:

Aus stilistischen Gründen habe ich oft die männliche Form gewählt, im Gespräch ist die zutreffende Form vorzuziehen.

Diese Übung habe ich zusammen mit Rolf Balling, Simmozheim, ausgearbeitet und zum ersten mal auf dem EATA-Kongreß in Willingen, Juli 1982, vorgestellt.

Kampf und Hingabe auf dem Weg der Selbstheilung

Anselm Keussen

Workshop

Der Nordwind und die Sonne

Der Nordwind und die Sonne hatten einen Disput. Unter ihnen, auf einem Wanderweg in den Bergen, bewegte sich ein Reisender, eng in seinen schwarzen Umhang gehüllt. Der Streit zwischen Nordwind und Sonne ging darum, wem von ihnen es wohl eher gelingen könnte, dem Wanderer seinen Mantel abzunehmen. Sie argumentierten lange - ohne Ergebnis. Schließlich kamen sie überein, direkt den Versuch zu unternehmen. Zuerst trat der Nordwind auf den Plan. Mit unglaublicher Geschwindigkeit zog hinter dem Wanderer auf seinem Bergpfad eine Gewitterfront herauf. Mit einer gewaltigen Windböe riß ihm der Nordwind um ein Haar den Umhang vom Leib. Der Wanderer konnte ihn jedoch im letzten Moment festhalten und hüllte sich nun nur noch fester ein. Als er dies sah, gab der Nordwind auf. Nun war die Sonne an der Reihe. Mit ihren wärmenden Strahlen zerstreute sie die Gewitterwolken und belebte den Gang des durchgefrorenen Reisenden. Schließlich begann dieser sogar, in dieser sonnendurchfluteten Landschaft zu schwitzen - so sehr, daß er sich endlich selbst entschloß, seinen dichten Umhang abzulegen, ihn zusammenrollte und hemdsärmelig und wohlgelaunt weiterzog.

Diese Anekdote ist eine gute Erinnerung für jeden Heiler, Arzt oder Therapeuten -besonders aber, wenn sie sich "manipulativer" Methoden, wie etwa der Chirurgie, der Körpertherapie oder der Hypnose bedienen.

Denn jede ärztliche oder therapeutische Behandlung baut auf das Element der Selbstheilung. Sogar in Fällen, die auf den ersten Blick stark als Heilung "von außen" erscheinen, ist dies so: auch unter antibiotischer Therapie kann der Körper eine Infektion nur dann meistern, wenn noch eigene Abwehrkräfte vorhanden sind, und ein chirurgischer Eingriff hat nur aufgrund der selbstheilenden Regeneration der Gewebe Aussicht auf Erfolg.

Vielleicht noch ausgeprägter finden wir den Vorgang der Selbstheilung in der Psychotherapie. Diese Sicht erkennt die Kraft des Unbewußten in jedem Menschen, die provoziert und dienstbar gemacht werden kann, um festgefahrene, konflikthafte Erlebnismuster zu verwandeln.

Dies wollen wir nun anhand von zwei Beispielen aus der Körpertherapie näher beleuchten.

Wenn Aggression und Lust lange genug unterdrückt werden, so führt dies auf die Dauer zu einer Starre und Verkrustung der Persönlichkeit und des Körpers. Wie ein schwarzer Mantel oder eine Rüstung hüllt diese Erstarrung dann den lebendigen Wesenskern des Menschen ein. Diese Einsicht nutzt die psychotherapeutische Körperarbeit, indem sie am "fleischgewordenen Charakterpanzer" ansetzt. Von den Schülern Reichs, Alexander Lowen und John Pierrakos, wurden hierfür die Methoden der Bioenergetik und der Core-Energetics entwickelt.

Durch gezielte Übungen mit blockierten, verspannten Körperpartien - etwa im Schulter- und Beckenbereich - wird die Panzerung im Körper aufgeweicht. Dabei werden gleichzeitig die verdrängten Gefühle wieder erlebt und in die Person integriert. Natürlich ist dabei eine vertrauensvolle, unterstützende Beziehung von Therapeut und Klient erforderlich.

Dazu ein Beispiel: Die Klientin Anna berichtet in der Sitzung über ihren Ärger auf einen Vorgesetzten im Betrieb. Als gewohnte Reaktion schildert sie, wie sie ihren Zorn still herunterschluckt und dann abends Migräne bekommt. Nun fordere ich die Klientin auf, mit einem Schlagstock den Bioenergetik-Hocker, den wir auch als Sündenbock bezeichnen, zu bearbeiten. Tiefe Atmung und stimmlicher Ausdruck werden dabei gleichzeitig unterstützt. Nach anfänglichem Widerstand - "Das kann ich nicht ..." - entwikkelt sich die Wut mit dem Schlagen zu einem intensiven Gefühlsausbruch. Dabei beschimpft Anna zunächst ihren Chef, dann einen ehemaligen Freund, der ungewöhnliche sexuelle Praktiken von ihr verlangt hatte, und schließlich ihren Vater, von dem sie als Mädchen sexuell mißbraucht wurde. Nachdem die aggressive Entladung vorüber ist, kommen Trauer und Tränen über den Vertrauensbruch durch ihren Vater.

Gegen Ende der Sitzung gibt die Klientin in einem Ritual dem Vater die Fesseln zurück, die sie sexuell an ihn binden. Statt dessen nimmt sie die Figur eines beschützenden, zur Freiheit erziehenden Vaters in sich auf, wobei ihr Szenen von Spaziergängen und gemeinsamer Arbeit im Fotolabor mit ihrem Vater einfallen.

Die geschilderte Szene ist aus einer Serie von Sitzungen herausgegriffen, in denen zunächst die Vertrauensbasis für diesen Durchbruch geschaffen wurde und die anschließend dazu dienten, die ungewohnt neuen Einsichten und Emotionen zu ordnen und auf anderen Ebenen ergänzend zu betrachten. Einige Zeit später findet die Klientin, die länger allein gelebt hatte, wieder zu einer Beziehung mit einem Partner.

So wird deutlich, wie Raum für Vertrauen und Hingabe entsteht, wenn Kampf und Trotz erlaubt werden, das heißt, wenn der "Schatten" nicht mehr unterdrückt ist, sondern in der Person ein Mitspracherecht bekommt.

Ein weiterer Weg, auf der Körperebene die Entwicklung der Persönlichkeit zu fördern, ist die Massage verhärteter Strukturen. Diesen Ansatz nutzte bereits Freuds Schüler Georg Groddek. In jüngerer Zeit wurden von Ida Rolf und Jack Painter die Methoden des Rolfing und der Posturalen Integration erarbeitet, die mit bewußter Atmung und tiefer Bindegewebsmassage den therapeutischen Wandel unterstützen.

Auch hierzu ein Beispiel: Ein junger Mann namens Hartmut kommt in die Therapie. Er erlebt gerade eine Zeit des beruflichen Umbruchs, die von starker Ambivalenz gekennzeichnet ist. In seiner Partnerbeziehung sieht er die Freundin als reif und machtvoll, sich selbst als abhängig und bedürftig.
Er erwartet von der Therapie eine möglichst umgehende Entscheidungsfindung für seine berufliche Laufbahn und eine Besserung seiner Beziehung.
Als Anfangsintervention fordere ich Hartmut auf, seine Partnerin ihm gegenüber zu visualisieren und ihr den Satz zu sagen: "Ich bin gern dein kleiner Junge." Hartmut stutzt, lacht, ziert sich etwas und spricht den Satz dann aus. Danach wirkt er sehr lebhaft, wenn auch etwas verwirrt. - Auch bei dieser provokativen Arbeit geht es natürlich um das Mitspracherecht verdrängter Impulse. Ich lenke die Aufmerksamkeit dann ab und beginne, über die Körperarbeit zu sprechen.
In der anschließenden Sitzung mit der Bindegewebsmassage der Posturalen Integration arbeite ich an Hartmuts Brustkorb und an den Ansätzen der Zwerchfellmuskulatur. Im Laufe dieser Behandlung kommt der Klient mit starken Verlassenheitsgefühlen in Kontakt. Er ist in ein Alter von zwei oder drei Jahren regrediert, erlebt sich im Bett alleingelassen, weint und ruft nach seiner Mutter. Dieser Ablauf steigert sich allmählich, wobei ich durch Berührung und Zureden unterstütze. Schließlich nimmt Hartmut eine fötal zusammengerollte Position ein, ringt angstvoll nach Luft und beginnt mit aller Kraft, mit seinem Kopf gegen das Kissen zu schieben, das ich ihm als Widerstand biete.
Diese "Geburt" dauert eine ganze Weile, bis Hartmut sich herausgearbeitet hat und erschöpft und erleichtert ausruht. Im Nachgespräch kommen wir dann darauf, daß er bei seiner Geburt beinahe gestorben wäre, weil die Nabelschnur sieben mal um den Hals gewickelt war.
In der nächsten Sitzung erzählt der Klient einen Traum, den er in der Nacht nach der Geburtssitzung hatte: Er sieht eine Maus, die gerade einen feurig-goldenen Löwen gebiert. Das Hinterteil des Löwen ist schon geboren, aber jetzt stockt die Bewegung. Ende des Traums.
Meine Suggestion an ihn ist, ein Bild zu malen, in dem der Löwe wieder in die Maus zurückkriecht. - Diese Aufforderung wird wieder mit Lachen und leichter Verwirrung quittiert. Das Bild, das Hartmut dann zu einer späteren Sitzung mitbringt, zeigt die Maus, die sich wie eine abblätternde Schlangenhaut von der kraftvoll gemalten Löwenfigur ablöst. Einige Zeit später berichtet er dann von einer Klärung der Berufsentscheidung, sowie von einer größeren Freiheit von der Partnerin, die jetzt ihrerseits stärker am Beisammensein mit ihm interessiert ist.

Auch dieser Verlauf zeigt wieder, wie Kampf und Hingabe einander bedingen. Für den Körpertherapeuten ist es dabei wichtig, daß er dem Klienten auch in existentiell bedrohlichen Gefühlen und Szenen Sicherheit und Vertrauen vermitteln kann. Erfahrung mit primärtherapeutischer Arbeit leistet hier wertvolle Dienste. Paradoxe Interventionen und die Einbeziehung von Träumen führen die Entwicklung auf anderen Ebenen weiter und lockern die kämpferische Verbissenheit.

Dazu noch ein Beispiel:

Der Spiegel

In einem verschollenen Winkel Japans lebten vor langer Zeit Menschen, die noch keine Spiegel kannten.
Ein Mann, der dort die Landstraße entlangwanderte, sah auf einmal, daß ihm aus dem Staube etwas entgegenblinkte. Er hob es auf und erkannte darin das Bild eines Mannes - jedoch feiner als er je eines gemalt gesehen hatte und sogar bewegt, mit dem Ausdruck aller menschlichen Empfindungen. Der Mann war begeistert von seinem Fund und sagte zu sich: "Das muß das Bild meines Vaters sein!"
Zuhause versteckte er das Bild vor seiner jungen Frau in einem Schrank, und ergötzte sich nur ab und zu heimlich daran.
Ganz nach Frauenart bemerkte seine Gemahlin aber schon bald, daß ihr Mann etwas vor ihr verheimlichte, und zwar in dem bewußten Schrank.
Als sie dann eines Tages allein zuhause war, öffnete sie mit Herzklopfen den Kasten und fand unter einiger Wäsche den Schatz. Sie sah hinein und erblickte darin - ein Weib. "Dies muß meine Rivalin sein!" dachte sie und blickte zornig auf das Abbild, welches ihr ebenso entgegenfunkelte.
Da hörte sie den Mann heimkommen und rief ihm zu, als er ins Zimmer trat: "Daß du mir das antust! Und dann auch noch das Bild deiner Buhle im Schrank versteckst!"
Der Mann, schon verärgert, daß sein Geheimnis im Schrank entdeckt war, erwiderte: "Was schwatzt du da? Gib mir das Bild meines Vaters wieder ... !" Dies wollte die Frau aber durchaus nicht, und schon lagen beide im schönsten Streit. Beinahe wäre das Bild, das sie so entzweite, dabei zerbrochen.
Da trat jedoch das Kind der Nachbarn durch die Tür und sie verstummten. Fasziniert vom Glanz lief das Kind zur Frau und schaute in das Bild. Es rief: "Oh, mein Bruder, schön!" Verwirrt blickte das Paar ihm über die Schulter und erkannte das Kind und sich selbst.
Beschämt blickten sie einander an. Und niemand hielt das Kind auf, als es voller Freude hinauslief, um den Seinen das lebendige Bild zu zeigen.

Zwischen Klammern und Trotz - Ein Workshop nicht nur für Paare

Hermann Florian Latka

Vorbereitung

1. Zum derzeiten Schwerpunkt in meiner Arbeit als Gestalttherapeut:
(Nicht nur derzeitiger) Schwerpunkt in meiner Paar-, Einzel-, Gruppen-Therapie sowie in Supervision und Weiterbildung ist die Aufmerksamkeit und das Aufmerksam-machen auf die vielerlei Unscheinbarkeiten, die voller kostbarer Hinweise auf wichtige, jedoch selten beachtete, oft sogar möglichst unterdrückte Impulse stecken: ein Seufzer, ein Atemzug, ein Lächeln, ein Versprecher, eine kurze Nebenbemerkung, ein Füllwort, ein Ausweichen oder Rückzug, eine mitgebrachte "alltägliche" kleine Verletzung, ein Augen-Blick und ähnliches mehr; die undramatische Dramatik in therapeutischen Prozessen. Ich finde das spannend!

2. Zum Thema meines Workshops und sein Zusammenhang zum Tagungsthema:
Im Rahmen meiner langjährigen Arbeit in der Ehe- und Lebensberatung habe ich viel mit Paaren und ihren Problemen zu tun, und so fragte ich mich, wo ich das Tagungsthema ("Zwischen Anpassung und Auflehnung") in dieser Arbeit wiederfinde.
Ich stelle immer wieder fest, wie erwachsene Menschen, die in vielen Lebensbereichen vernünftig und flexibel handeln können, sich in ihren Partnerbeziehungen hilflos-kindlich erleben und verhalten. Nicht anders erging es mir in früheren Partnerschaften. Erwachsene Menschen fühlen sich dann abhängig und klein, verletzbar und rachsüchtig. Durch Liebesentzug unterwerfen sie sich bis zur Selbstaufgabe, sie werben bettelnd wie die Klammeräffchen oder balzend wie die Auerhähne; sie kontrollieren zwingend wie die Gefängniswärter oder stecken trotzig in allerlei Gegenabhängigkeiten. 'Dallas' und 'Denver-Clan' finden täglich statt - und nicht nur in Amerika!
Hinter all dem ein großer Hunger nach Liebe und zugleich große Angst davor; ein Hunger nach Liebe ohne Liebe zu sich selbst, und daher ohne Fähigkeit zu liebender Hingabe; eine große Angst davor, sich anzuvertrauen, Kennzeichen einer narzistisch tief gekränkten ganzen Gesellschaft, in der reife Individualisierung sehr schwer geworden

ist.
Ich beschäftige mich relativ wenig mit individueller Ätiologie und Psychodynamik, mit Familienstrukturen und Analyse von Verhaltensmustern, obwohl dies alles natürlich sehr wichtige Grundlagen sind.
So lassen sich viele Partnerkonflikte als Wechselspiele ("Kollusionen" n. J. Willi) beschreiben, bei denen es keinen "Verursacher" und kein "Opfer" gibt. Oft läßt sich das gemeinsame System schon im Moment der unbewußt erfolgenden Partnerwahl nachweisen, d.h. im allerersten Augen-Blick, in welchem - oft als Wiederholung - treffsicher der Partner gewählt wird, an welchem jemand einmal wird leiden können, an welchem er freilich auch wachsen und reifen kann. Dies gelingt, wenn einer akzeptieren lernt, daß er in jedem Moment genau den Partner hat, den er braucht, wenn er vorgebliche Opferrollen loslassen kann.
Bei der Suche danach, wie es möglich ist, aus selbstdestruktiven klammernden Anpassungen und Unterwerfungen zu realistischen Anpassungen, von kindlich-trotzigen Auflehnungen zu konstruktiver Widerstandsfähigkeit zu gelangen, d.h. zu einer reifen und erwachsenen Beziehung, bietet sich die Gestalttherapie als ein Weg an. Ein Weg, der über Bewußtheit für den Augenblick dazu führt, im Augen-Blick das Risiko zu Kontakt und Beziehung einzugehen, ohne von phantasierten Bedrohungen oder von phantasierten Verheißungen weggerissen zu werden. Die Phantasien loslassen im Hinschauen auf das, was real ist - was mitunter nicht ohne Trauer vor sich geht! -, heißt, die vielfältigen "unerledigten Geschäfte" (Sehnsüchte, Verletzungen) abzuschließen, um sich auf's aktuelle "Geschäft" der Partnerbeziehung einzulassen. Und dann stellt man vielleicht zum ersten Mal mit Herzklopfen fest, daß der Partner, der einen "erwiesenermaßen" total ablehnt, weil er/sie mit einem nicht mehr schläft, einen im Augenblick soeben anlächelt ...

3. Zum Ablauf des Workshops

Der Workshop ist als Selbsterfahrungsworkshop vorgesehen. Dabei können Erfahrungen verschiedenartig zusammenkommen: "Klammern und Trotz" tritt zwischen Paaren auf, mit denen Workshop-Teilnehmer/ -innen als Berater/ -innen arbeiten. Mitunter tritt es auch auf zwischen Berater/Therapeut und seinen Klienten/ -innen. In beiden Fällen geht es dann in der Workshoparbeit um ein Stück Supervision. "Klammern und Trotz" wird aber von fast allen von uns in persönlichen Beziehungen privater oder beruflicher

Art erlebt. Wer sich mit eigenen Erlebnissen und Fragen einbringt, wird auch mehr über sich selbst erfahren können.
Für den Ablauf des Workshops gebe ich wenig Struktur vor, da sowohl für gemeinsamen Erfahrungsaustausch in themenzentriertem Stil als auch für einzelne Arbeiten Gelegenheit sein soll.

4. Meine Ziele und Erwartungen bezüglich des Workshops

- Ich werde darstellen, wie ich mit Paaren bzw. mit Partnerproblemen Einzelner arbeite,
- ich werde dabei Gelegenheit anbieten, eigenes Arbeiten mit Paaren damit zu vergleichen,
- ich werde Gelegenheit anbieten, im Sprechen und Arbeiten zum Thema "Zwischen Klammern und Trotz" neue Erfahrungen zu machen.
- Ich erwarte möglichst viel aktive und offene Teilnahme seitens der Teilnehmer / -innen.
- Ich erwarte, miteinander an möglichst vielen Augen-Blicken Spaß zu haben!

Workshop

Angesichts der großen Teilnehmerzahl (ca. 30) entschloß ich mich dazu, einige Übungen vorzugeben, um dadurch einen Aufwärmeffekt zu erzielen und theoretische Ausführungen erlebnisnah anzubieten.
Eingangs machte ich ein paar Anmerkungen zu Jörg Willis 'Kollusions'-Konzept (vgl. Exposé), wonach Partnerwahl auf einer vor- oder halbbewußten Ebene im ersten Augen-Blick geschieht. Den thematischen Zusammenhang zu Tagung und Workshop sehe ich darin, daß es einen Widerspruch aufzuklären gibt zwischen dem Postulat freier Entscheidungen zwischen Anpassungen und Auflehnungen einerseits, den im Exposé aufgezeigten Erfahrungen bei Paarkonflikten andererseits, wonach Klammern und Trotz oft sehr unbewußte, regressive Äußerungsweisen "erwachsener" Menschen darstellen. Ich bin überzeugt davon, daß es in Partnerbeziehungen keine "Opfer" gibt, wohl aber viel Unbewußtheit eigener Verantwortung. Verantwortung in der Gestalttherapie bedeutet nach Perls "response-ability", Befähigung zum Antworten, und dies ist möglich im Erlernen wacher Aufmerksamkeit. Und in der wachen Aufmerksamkeit auf den ersten

Augen-Blick einer Partnerbeziehung ist es wenigstens nachträglich möglich, Ver-Antwort-ung für eine Partnerbeziehung zu übernehmen, statt sie als Opfer weiterzuagieren, zum Beispiel klammernd oder trotzig.

- Übung: "der erste Augen-Blick":
Ich regte die Teilnehmer/innen dazu an, die Augen zu schließen und sich zu entspannen. Vor dem inneren Auge sollten sie sich ihre(n) jetzige(n) oder eine(n) wichtige(n) frühere(n) Partner(in) vorstellen - wohltuendes oder auch schmerzliches. Nach einer Weile sollte dieses Bild wieder verblassen, und an seiner Stelle sollte der a l l e r e r s t e - Augen-Blick, die früheste Begegnung auftauchen.
An dieser Stelle fällt oft ein anderer früher Moment, manchmal ein zweiter oder dritter Augenblick ein. Daher braucht es ein wenig Konzentration, sich wirklich des allerersten, häufig ganz unscheinbaren zu entsinnnen, der vielleicht nur "im Augenwinkel" wahrgenommen wurde - eine Bewegung, ein Blick, eine Stimme, ein Lächeln, ein Körpereindruck usw.
(Ich selbst entsinne mich einer ehemaligen Partnerin, von der ich mich später getrennt hatte. Verliebt hatte ich mich in sie, als wir zum ersten Mal miteinander tanzten, weil sie da so lebendig war. Es war mindestens der zehnte, wenn nicht der hundertste Augen-Blick gewesen! Verdrängt hatte ich den ersten, als sie auf einem Studententreffen zur Tür hereinkam und mir reflexhaft die Reaktion 'wie langweilig' durch den Sinn schoß ...)

Nach der Übung werden Erinnerungen und Einfälle ausgetauscht. Paul und Sabine (Namen verändert) sind als Paar anwesend, und Paul berichtet seine erste Reaktion beim Kennenlernen von Sabine mit "Whao!!"
Ich: "Dies war deine Reaktion; was hattest du wahrgenommen?"
P.: "Eine Frau, die den ganzen Raum einnahm!"
Ich: "Gut. Und wie reagiertest du darauf mit deinem ganzen Körper? Spür' dem nochmal nach!"
P.: "Ich ging einen Zentimeter zurück und hielt die Luft an."
Ich: "Aha!! Dies war also Eure allererste Szene: Sabines grandioser Auftritt und dein Rückzug! Wie oft mag solches seither wohl schon geschehen sein?"
Beide lachten: "Oft!"

Im Verlaufe des weiteren Gruppengesprächs kommt es später zu einer kaum beachteten Szene, wo sich Sabine sehr selbstbewußt äußert. Paul will inhaltlich darauf antworten, ich unterbreche ihn aber, frage ihn nach seiner Körperreaktion, und er stellt lachend fest, daß sie in einem kurzen Atemanhalten und Zurückweichen bestand ...! (Die Gruppe lacht ebenfalls.)

Solche Beobachtungen sind für Paare und die Arbeit mit ihnen von unschätzbarer Bedeutung. Zeigen sie doch unmittelbar die "Geburt" einer Paarbeziehung, ihrer inneren Dynamik und vor allem auch möglicher späterer Konflikte. Jeder sucht sich so genau den Partner, an dem er einmal wird leiden (aber auch reifen) können. Das, was bestenfalls halbbewußt auffällt und fasziniert (u.U. auch bedroht), hat meist mit sehr frühen "Partner"-erfahrungen in der eigenen Stammfamilie mit Geschwistern und Eltern zu tun. Und wegen der Flüchtigkeit des ersten Augen-Blickes ist dieser Prozeß meist eine Mischung von echten Wahrnehmungen und Projektionen, "gestaltisch" gesprochen: Offene Gestalten werden spontan in Richtung bekannter und/oder gewünschter bzw. gefürchteter Gestalten geschlossen. Hier wird das "Bild vom Anderen" grundgelegt, welches das reale 1. Bild für lange Zeit überlagern kann.
Das irreale Wunschbild baut auf dem 2. oder x. Augen-Blick auf und wird mit äußerster Hartnäckigkeit und tausend Rationalisierungen aufrechterhalten. Hier ist die Wurzel vielen "Klammerns", weil das Loslassen von Täuschungen, das Zulassen der Ent-Täuschung nicht ohne Schmerz und Trauer möglich ist. "Du sollst Dir kein Bildnis machen!" drückt es die Bibel aus, wenn sie von der Gott-Mensch-Beziehung spricht, und für Max Frisch ist das falsche Partner-Bild Grundthema seiner Werke. Bilder verhindern Beziehung - seien es Traum- oder seien es Feindbilder.

- Übung: "Clinging"

Eine weitere Übung führte noch näher ans Thema "Klammern" hin:
In seinem System der "Kreativen Aggression" entwickelte George R. Bach (Autor von 'Streiten verbindet' u.a.) eine Vielzahl von Spielen, Ritualen, Übungen, darunter auch das "Clinging".
Zweiergruppen werden gebildet, bei denen sich ein Partner mit allen Mitteln zu befreien sucht, während der andere das durch festes Umarmen verhindern will. Nach einem Rollenwechsel wird das Erlebte besprochen.
Erinnerungen und Assoziationen unterschiedlicher Lebensepochen und in verschiedener Qualität werden lebendig: das Klammern des mißtrauisch kontrollierenden Partners, das Klammern des sehnsüchtig-leidenden Menschen im Liebeskummer, das Anklammern des Kindes an seine Mutter, wenn es sich vor einem Kinderheimaufenthalt fürchtet aus Angst vor Heimweh, das Klammern des Babys, das nicht einschlafen will, ohne sich mit seinem Händchen an der Mutterhand festzuhalten, um sie am Gehen zu

hindern. Halten und Gehaltenwerden als menschliche Grunderfahrungen, bevor Halt in sich selber möglich wird.

-- Pause --

Für das Kleinkind in seiner erwachenden Ich-Stärke ist Trotz eine wesentliche Kraft, die Kraft sich abgrenzen und behaupten zu können, seine Identität zu finden. Ein Erwachsener, der nur Trotz zur Abgrenzung zur Verfügung hat, ist in seiner Beziehungsfähigkeit sehr beeinträchtigt. Dennoch ist Trotz nicht nur Durchgangsstadium, sondern auch beim Erwachsenen e i n e von vielen Beziehungsmöglichkeiten, Schutz vor Resignationen, Triebkraft für Rebellion und Auflehnung.

- Übung: "Nein! Nein! Nein! - Tausendmal: Nein!!"

Den zweiten Teil des Workshops beginnen wir zum Thema Trotz - der Phase des Neinsagens um jeden Preis - mit der Bach-Übung "Nein! Nein! Nein! - Tausendmal Nein!!", ebenfalls eine Zweier-Übung, bei der ein Partner sich nach Kräften den Anliegen des anderen widersetzen kann.

Auch hier in der Aussprache eine Fülle von Erlebnissen und Assoziationen.

(Ich berichte diese Phase des Workshops ein wenig ausführlicher, weil sie gut den Zusammenhang von Ichentwicklung und Abgrenzungsfähigkeit darstellt: keine Ichentfaltung ohne Trotzphase, keine Trotzphase ohne Ichstützung.)

Eine Teilnehmerin (ich nenne sie Petra) berichtet nach der Übung, wie schwer es ihr fällt, ihrem Partner gegenüber 'nein' zu sagen.

Im Einzelgespräch mit Petra wird deutlich, daß ihre Schwierigkeit, 'nein' zu sagen, zu tun hat mit ihrer Schwierigkeit, zu sich selber 'ja' zu sagen, dies wiederum eine Folge davon, zu wenig 'ja' zu sich erfahren zu haben. Petra willigt in ein Experiment ein.

In meiner Gestaltarbeit verwende ich zuweilen Elemente der Hakomitherapie von Ron Kurtz mit ihrer feinen inneren Achtsamkeit und Körpersensibilität (vgl. dazu auch den Beitrag von Christian Gottwald). Entscheidend ist nicht so sehr, ob jemand im Verlaufe einer Therapiesitzung gute Gefühle bekommt, denn diese vergehen wieder. Entscheidend ist vielmehr, zu untersuchen, wie jemand seine eigenen Gefühle organisiert, wie jemand sich gute bzw. schlechte Gefühle macht. Dies erfahren zu lassen, sollen diese Experimente helfen.

Im Experiment mit sogenannten "Sonden" hört sich der Klient in einem Zustand von Entspannung und großer Offenheit bestimmte Botschaften ("Sonden") an, die (Schutz vor Verletzung!) immer positiv formuliert werden, und achtet dabei sorgsam auf die innere körperliche und seelische Reaktion.

Der Inhalt der Botschaft muß nicht unbedingt Ansicht des Therapeuten sein. Die Frage kann auch lauten: Was erlebst du, wenn du hörst, wie jemand zu dir sagt ...? Bei Petra allerdings stand ich persönlich zu meiner Botschaft, weil ich es von Petra sehr mutig fand, sich in einem so großen und m.o.w. fremden Kreis so persönlich einzubringen. So konnte Petra ihre eigene Reaktion auf ein ganz authentisches 'ja' kennenlernen, als ich sie aufforderte:

"Sei nun offen und durchlässig wie eine Membran und achte aufmerksam darauf, was in Dir, in Deinem Körper geschieht, wenn ich zu Dir sage: (kleine Verzögerung) -- "Petra - du bist ganz in Ordnung und sehr mutig." (Nach kleinerer Pause wiederholt.)

Äußerlich sichtbar ist eine Bewegung, erkennbar an einem tiefen Atemzug.

Wie bereits angedeutet, kommt es aber nicht so sehr auf das den ganzen Körper wohlig durchrieselnde Gefühl an, das einen bei einer so wohltuenden Botschaft durchströmen kann, sondern auf den meist sofort oder Bruchteile von Sekunden später spürbaren Anteil eines 'Neins!' oder eines Zweifels, der durch Gedanken und Körper schießt und manchmal an einer ganz bestimmten Stelle repräsentiert ist (ein Atemanhalten, ein Schultereinziehen, ein Stirnrunzeln o.ä. - Zeichen internalisierter Repressionen, lebensblockierender Introjektion). Hier wird die Blockade sichtbar, die jemand vielleicht schon ein Leben lang immer wieder aufbaut, um sich selber kein 'ja' sagen zu können bzw. zu müssen!

Dies wurde Petra sehr deutlich. Da sie sich dann deutlich für die Gültigkeit der positiven Botschaft entschied, ließ sie sich - inmitten einer kleinen Gruppe von ihr ausgesuchter ihr vertrauter Teilnehmer liegend - nochmal von jedem den Satz "Petra - du bist ganz in Ordnung und sehr mutig" sagen, um ihn intensiv auf sich wirken zu lassen und "auszukosten" ohne inneres 'nein'. Sehr bewegt waren sie und wir alle dann, als sie auf meinen Vorschlag hin dann nicht ohne Zögern, aber mit Überzeugung den Satz zu sich selber sagte. Hier konnte in relativ kurzer Zeit ein Ich-Baustein gelegt werden, der in der Folgezeit auch zu deutlicheren Nein-Abgrenzungen führen kann.

Zweifellos führte diese Arbeit über das Thema Nein als Trotz bereits weit hinaus.

Klammern und Trotz sind sowohl wichtige Zwischenschritte in der Ich-Entwicklung und Selbst-Behauptung als auch lebenslang gültige Seinsweisen unseres inneren Kindes, mit unserer sozialen Welt umzugehen neben allen reiferen Formen von Ja- und Nein-Beziehungen. (Pathologisch sind ja immer nur Vereinseitigungen, Fixierungen, Ausschließlichkeiten, nie das Vorhandensein der ganzen Verhaltens- und Erlebnispalette!)

Klammern als Anpassung (mich an dich und dich an mich) und Trotz als Auflehnung

stellen extreme Möglichkeiten dar, zwischen denen auch alle Schattierungen reifer Hingabe und klarer Abgrenzung gelebt werden können.
Jörg Willi (Analytiker; Kollusionskonzept), George R. Bach (Kreative Aggression), Ron Kurtz (Hakomitherapie) - und was war daran "Gestalttherapie"? Für mich ist Gestalttherapie mehr als die Anwendung von Techniken aus Fritz Perls' Trickkiste mit leeren, heißen oder sonst welchen Stühlen. Gestaltarbeit ist Begegnung in wacher innerer und äußerer Achtsamkeit - was immer dann gemeinsam geschieht. There is no end of integration.
Ein Schlußblitzlicht in der Workshopgruppe ergab eine Atmosphäre von Erschöpfung, Sattheit, Müdigkeit und Angeregtsein. (Und es ist auch gelacht worden!). Daß sich während der Arbeit eine Teilnehmerin auch kritisch mit mir und meiner leisen Stimme auseinandersetzte, war unbequem für mich (Konfrontation mit meiner kleinlauten Seite?), bewirkte in mir aber auch Respekt vor dieser Teilnehmerin, die in unserem Workshop für das Tagungsmotto 'Auflehnung' einstand, sich nicht brav an die Schulklasse anpaßte. Ihr widme ich dieses Protokoll!

Männerrolle und Vaterbilder

Rolf Merten

Vorbereitung

Mein Lebensweg ist von der Suche nach Identität als Mann gekennzeichnet. Hin und her geworfen zwischen dem Empfinden von zu großer Weichheit und der Vorstellung zu hart zu erscheinen, brauchte ich lange Zeit für die Integration dieser Strebungen. Heute erlebe ich mich in einer Weise als Mann, die weder auf Weichheit, Unsicherheit und Verletzlichkeit verzichten muß noch auf Stärke und Durchsetzungsfähigkeit.

Daß ich meine Selbstfindung als Mann weitgehend durch psychotherapeutische Gruppen, Männergruppen (1) und theoretische Auseinandersetzungen (2) (3) unterstützen mußte und nicht in meiner Ursprungsfamilie erfahren konnte, mag untypisch sein.
"Indem er versucht zu lernen, ein Mann zu werden, aber ohne einen starken Vater, der ihm den Weg zeigt, findet er sich in der mißlichen Lage, sich selbst erdichten zu müssen. (4)"
Mein Vater war in meinen Augen nicht stark. Lange fühlte ich mich von ihm alleine gelassen und lehnte ihn ab.
Ich ging auf die Suche nach anderen Vorbildern, die ich zunächst in politischen und sozialen Ideen und später in meiner psychotherapeutischen Arbeit und den damit verbundenen Persönlichkeiten fand.
Männer, die in ihrer Weise sowohl die Stärke auszudrücken wußten, als auch ihre Weichheit leben konnten, faszinierten mich. Ich werde nie vergessen, wie Wolf Biermann in einem Konzert nach seiner Ausbürgerung aus der DDR in der Eissporthalle in Berlin (West) nach kämpferischen politischen Liedern mit entsprechender Kraft und Überzeugung vorgetragen - Tränen der Wut in den Augen - zu Kinderliedern und Liebesliedern wechselte, mit Tränen der Liebe und zärtlicher Weichheit in seiner Stimme.
Auch ein Konzert von Mickis Theodorakis am gleichen Ort bleibt mir unvergessen, als dieser große kräftige Mann sein Orchester dirigierend in weiche, wellenförmige Bewegungen zerfloß.
So wollte ich 'Mann' werden, geleitet und überfordert von dem Ideal androgyner männlicher Vollkommenheit. Daß ich mich neben diesem Ideal nur unvollkommen erleben konnte, liegt auf der Hand.
So wie ich meinen Vater erlebt habe, mich von ihm alleingelassen wähnte, so lehnte ich jetzt mich ab, ließ mich alleine in meiner Unvollkommenheit gegenüber meinen idealen Vorstellungen neuer Männlichkeit.
Nicht die Orientierung an Idealen sondern die konkrete Auseinandersetzung mit dem Bild meines Vaters in mir, mit seinen Stärken und Schwächen, brachten mich weiter.
Der ursprünglichen Ablehnung meines Vaters folgte nachgeholte adoleszente Auseinandersetzung mit ihm in meiner Therapie und anderswo. Letztlich war die Aussöhnung

mit meinem zwischenzeitlich verstorbenen Vater die entscheidene Voraussetzung für meine eigene Aussöhnung mit mir und den divergierenden Anteilen in mir.
Wesentlichen Anteil an diesem Prozeß hatte meine Gestaltanalyse (5), wo ich die Gelegenheit fand, im Rollentausch aus den Augen meines Vaters zu schauen, aber auch meinen alten Ärger, meine Enttäuschung und meine Sehnsüchte nach Nähe und Beziehung zu ihm auszudrücken. Dort und in anderen Situationen lernte ich mich von unerledigten, alten Geschichten zu lösen, Übertragungen zu durchschauen und klarer aus meinem eigenen männlichen Kern heraus die Welt zu erfahren.
Meditative Techniken der Rückschau, die Arbeit mit dem "heißen Stuhl", das Schreiben meines Tagebuches und unabgeschickter Briefe an und über meinen Vater spielen hierbei eine große Rolle. Auch der durch mein Älterwerden bedingte größere Abstand zu meiner Kindheit und das Hineinwachsen in meine Berufsrolle sind von Bedeutung.
Ein persönliches Schlüsselerlebnis auf meinem aufgezeigten Weg war die Rückmeldung einer Patientin. Sie spiegelte mir meine von mir selbst als zu weich und unmännlich bewertete Art als warm und väterlich. So hatte ich es nie gesehen. Eine neue Betrachtungsmöglichkeit eröffnete sich mir. Ich begann zu akzeptieren und positiv an mir zu schätzen, was mir bis dahin negativ erschien.
Hier schließt sich ein Kreis. Der von mir negativ angesehene Vater erscheint in einem neuen Licht. Was ich als zu weich an ihm wahrgenommen hatte, ging trotz aller Ablehnung meinerseits in meine Identität als Mann ein. Im Sinne der "Paradoxen Theorie der Veränderung" (6) kann ich erst über meinen Vater hinauswachsen, wenn ich ihn in mir akzeptiere.
Soweit das bis hierher Gesagte meine ganz private, individuelle Geschichte sein mag, so sind darin doch Aspekte enthalten, die darüber hinausweisen und auch für andere Menschen von Bedeutung sind.
Andere Männer haben andere Väter und bilden andere Ideale von Mann-Sein heraus. Die Auseinandersetzung mit dem Bild des eigenen Vaters (natürlich auch der Mutter, Geschwister usw.), so wie es dem jeweiligen Mann (und natürlich auch Frau) lebendig geblieben ist, bleibt allen gleich.
So stellt sich immer wieder in einer sich verändernden Welt die Frage:
Was habe ich von meinem Vater übernommen, und inwieweit ist das in der heutigen Zeit noch brauchbar?
Wie kann ich mich mit meinem Vater aussöhnen (zusammensetzen und auseinanderset-

zen), um herauszufinden, wie ich unter veränderten Zeitumständen meine Männlichkeit finden und leben kann.
Soweit Traditionen tragend bleiben, mag dieser Frage keine sonderliche Relevanz zukommen. Die Jungen wachsen in die Rolle ihrer Väter. Ob diese Väter geliebt waren oder abgelehnt wurden, war ein individueller Aspekt, der hinter der gleichbleibend Sicherheit gebenden traditionellen Männerrolle zurückstand.
Das ist heute bei vielen Männern grundlegend anders. Im Verhältnis der Geschlechter zueinander erleben wir, zumindest in der westlichen Welt, eine revolutionäre Veränderung (7). Ausgehend von den neuen Möglichkeiten der Empfängnisverhütung und der damit verbundenen neuen Freiheit der Frauen, beginnt sich Entscheidendes zwischen den Geschlechtern zu verändern.
Wir leben in einer Zeit, in der die Emanzipation der Frauen "langsam aber gewaltig" (Ina Deter) Fuß faßt: Frauenbeauftragte, Gleichstellungsstellen, Quotenregelung usw., das verändert auch unser Sein als Mann.
So wie die Frauen aufhören, ihre männliche Seite über uns Männer zu leben, so müssen wir Männer aufhören, unsere weibliche Seite über die Frauen zu leben.
Damit verbunden ist der Abschied von männlichen Privilegien. Ich persönlich sehe darin eher eine Chance zu neuen, gleichberechtigten und gleichbelasteten Lebensweisen zwischen Mann und Frau.
Hier liegt eine Herausforderung für uns Männer, die in ihrer ganzen Bedeutung noch nicht zu erfassen ist. Diese Thematik wird in den nächsten Jahren an Brisanz und Bedeutung gewinnen.
Nicht in Auflehnung oder Anpassung, - wie unser Tagungsthema lautet, - liegt der Weg, sondern in der individuellen Aufarbeitung und kreativen Umarbeitung zu dem, was den einzelnen Menschen in seinem individuellen Mann-, Frau-, Mensch-Sein ausmacht.
In diesen Prozeß individuellen Aufarbeitens und kreativen Umarbeitens möchte ich mit dem Workshop "Männerrollen und Vaterbilder" einsteigen.

Auf der europäischen Gestalttagung im Herbst 1986 in Mainz experimentierte ich erstmals mit einer Gruppe zu diesem Thema. Die dort gemachte Erfahrung war für mich sehr positiv. Die Feedbacks der Teilnehmer ermutigten mich, in dieser Richtung weiter zu experimentieren.

1) Linder, Merten, Bernhard, Rathsach, Zwischenbilanz einer Männergruppe, in: miteinander lebenlernen, Berlin 1/1979, S. 49ff.

2) Rolf Merten, Das vermeindliche Selbstbewußtsein des Mannes, in: miteinander lebenlernen, Berlin 1/1979, S. 20ff.

3) Rolf Merten, Die Krise der Männlichkeit, Diplomarbeit an der Technischen Universität Berlin, FB 2, 1980

4) Sheldon B. Kopp, Triffst du Buddha unterwegs, Frankfurt am Main, 1986, S. 71

5) "Gestaltanalyse" ist die übliche Bezeichnung für die im Rahmen der Ausbildung am Fritz Perls Institut stattfindende Lehranalyse als Einzelanalyse. Meine Gestaltanalyse machte ich bei Dörte Amt-Euler in München.

6) Erwing u. Miriam Polster, Gestalttherapie, Frankfurt am Main, 2. Aufl. 1977, S. 145ff

7) Fritjof Capra, Wendezeit, Bern, München, Wien, 6. Auflage 1983, S. 25

Der Workshop gliedert sich in drei Abschnitte:

1) Ich begegne mir und den anderen Männern in der Gruppe

Zeit: 90 Minuten

Ziel: Kontaktaufnahme zum Mann-Sein.

Durchführung:

1.1. Anfangsrunde: Erwartungen und Wünsche der Teilnehmer

Technik: Gruppengespräch

1.2. Ich bin ein Mann!

1.2.1. Wahrnehmungs- und Bewegungsmeditation (spüre dich, deinen Körper, Atem, Männlichkeit, Bewege Dich und komme zu dem inneren Satz: Ich bin ein Mann! Bewege Dich mit diesem Satz durch den Raum, auf Dich zentriert.)

1.2.2. Begegnung mit den anderen Männern

Begegne den anderen Männern schweigend im Gehen und bleibe bei deinem Satz: Ich bin ein Mann! Bleibe bei einzelnen Männern kurz stehen, teile ihnen deinen Satz mit: Ich bin ein Mann! Bleibe dabei im Kontakt mit deinem Gegenüber.

Spüre, wie sich das anfühlt, ob der Satz eine Aussage bleibt oder ob er zu einer Frage wird.

Technik: Körperwahrnehmung, Meditation, Bewegungsübung, Begegnung

1.3. Erfahrungsaustausch (je nach Größe der Gesamtgruppen im Plenum oder in Kleingruppen):

In dieser Runde wird sich die Fragestellung zu anderen Alltagserfahrungen des Mann-Seins und den Erwartungen an mich als Mann, Vater, Sohn, Enkel, Partner usw. ausweiten.

Technik: Gruppengespräch

2. Ich treffe meinen Vater

Diese Begegnung wird in der Pause zwischen den beiden Workshopteilen stattfinden. Die Teilnehmer werden aufgefordert alleine spazieren zu gehen und sich dabei in der Imagination von ihren Vätern begleiten lassen.

Die aufkommende Stimmung und die Themen werden den weiteren Workshop bestimmten.

Zeit: 30 Minuten

Ziel: Kontaktaufnahme mit dem Vaterbild

Technik: Imagination

3. Ich bringe meinen Vater mit in die Gruppe

Zeit: 90 Minuten

Ziel: Begegnung mit meinem Vater und meinen abgelehnten und/oder geliebten Anteilen von ihm in der Gruppe.

Der Raum ist so gestaltet, daß die Möglichkeit besteht, daß neben jedem Teilnehmer ein leerer Platz für den Vater bleibt. Ich leite diesen Teil ein, indem ich einen Platz für meinen Vater reserviere und die Teilnehmer auffordere, ihre Väter mit in den Raum zu bringen und dort hinzusetzen, zu stellen, zu legen, wo sie sie gerne hätten.

Zeit zum Nachspüren der Situation mit den vielen Vätern im Raum

Möglichkeit zur Einzelarbeit

Technik: Meditation, Imagination, Rollentausch

Erwartungen:

Im ersten Workshop war zunächst eine Frau (die Freundin eines Teilnehmers) mit in der Gruppe. Über die Frage, welche positiven und/oder hinderlichen Aspekte damit verknüpft sind, diskutierten die Teilnehmer eine Weile. Der überwiegende Teil der

Gruppe überließ der Frau danach selber die Entscheidung zu bleiben oder zu gehen. Zugleich wurde jedoch von einzelnen deutlich ausgesprochen, daß 'man' lieber unter sich bleiben würde.
Für den Verbleib der Frau wurde im Wesentlichen genannt, daß 'man' sich nicht gegen die Frauen definieren wolle, sondern mit ihnen im Dialog.
Gegen den Verbleib wurde aufgeführt, daß die Gefahr bestehe, daß Männer in der Gegenwart einer Frau mehr zu Konkurrenz und Selbstdarstellung neigen, als zu Offenheit und Kontaktaufnahme untereinander.
Die Teilnehmerin blieb während der ersten Einheit in der Gruppe und machte an den Übungen mit der Vorstellung: "Ich bin ein Mann" mit. Nach der Pause kam lediglich der Freund wieder. Über das Wegbleiben der Frau wurde in der Gruppe nicht weiter gesprochen.
Ich erwarte in dem Workshop zum einen Männer, die ihre ödipalen und adoleszenten Phasen nicht produktiv mit ihren Vätern durchleben konnten und daher in übermäßiger Bravheit oder Trotz (Anpassung oder Auflehnung) steckengeblieben sind.
Zum anderen werden sich Männer angesprochen fühlen, die zwar nicht wesentlich in ihrem 'Mann-Sein' verunsichert sind, jedoch die Geschlechtsproblematik deutlich sehen und daher bewußt nach neuen Wegen suchen.
In Abweichung meiner Arbeit in Mainz werde ich über den Zwischenschritt der Selbstwahrnehmung zur Begegnung gelangen (Abschnitt: 1.2.1.)
An dieser Stelle war in der Mainzer Gruppe ein Unbehagen (Widerstand) zu verspüren, jedoch machte die Gruppe dann letztlich doch mit. Ich spürte, daß der Übergang von mir zu plötzlich und unvermittelt gestaltet wurde. Nach dem Workshop formulierten Teilnehmer, daß sie zunächst nicht den Eindruck hatten, die Begegnung mit der Aussage "Ich bin ein Mann" könnte ihnen zu wesentlichen neuen Erfahrungen verhelfen. Im Nachhinein waren die Teilnehmer sehr erstaunt, über die Brisanz gerade dieser vermeintlich einfachen Mitteilung. Es zeigte sich, wie unterschiedlich sich die Aussage anfühlt, abhängig davon, welchem anderen Menschen/Mann ich begegne und wie sicher ich mich als Mann fühle. Wann ist damit ein stolzes Empfinden verbunden? Wann kippt die Aussage in eine Frage um: "Bin ich ein Mann"?
Im Erfahrungsaustausch öffnet sich die Thematik, über die Reflexion des gerade Erlebten hinaus wird das Sein des Mannes als Vater, Enkel, Partner, Bruder usw. zur Sprache kommen, sowie die Unterschiede im privaten bzw. beruflichen Bereich.

Die Zusammenkunft in der Gruppe mit den imaginären Vätern verändert die gesamte Gruppenstimmung total. Bedrücktheit, Unsicherheit und regressive Tendenzen sind schnell zu verspüren. Den Vater nicht im Raum spüren wollen, keinen Platz für ihn finden, Freude, Angst, Wut, Scham sind nur einige der aufkommenden Empfindungen im Zusammenhang mit den unabgeschlossenen alten Gestalten. An diesen 'unerledigten Geschäften' kann hier in Einzelarbeiten angeknüpft werden.

Zur weiteren Auswertung möchte ich Teilnehmer um Briefe bitten, in denen Sie über ihr Erleben berichten.

Workshop

Der Workshop hat so stattgefunden, wie er geplant war.
Insgesamt waren 15 Teilnehmer (13 Männer und 2 Frauen) anwesend.

Im ersten Teil nahm ich bei der Wahrnehmungsübung "Ich bin ein Mann" als polare Erfahrungsmöglichkeit die Vorstellung mit auf: "Spüre Dich, als wärst Du eine Frau." Hierbei zeigte sich, daß die Aufmerksamkeit der Teilnehmer deutlich wahrnehmbar aus dem Brustbereich in den Bauch herunter sackte. Die Körperbewegungen und die gesamte Atmosphäre im Raum veränderte sich in Richtung auf weichere, verspieltere Formen.
Einige Teilnehmer formulierten zu diesem Teil ihre Unlust, überhaupt in einen Kontakt mit den anderen Teilnehmern zu treten. Sie hatten sich während dieses Übungsteils im Allein-sein gut spüren können. Jetzt bekamen sie Furcht, sich im Kontakt mit den anderen Teilnehmern zu verlieren.
Andere formulierten genau umgekehrt. Sie hätten das Allein-sein kaum ausgehalten und fühlten sich erst wohl, nachdem sie den Kontakt zu anderen hergestellt hatten.
Im Erfahrungsaustausch dieses ersten Teils kam es nicht zu der von mir erwarteten Ausweitung des Themas auf Alltagserfahrungen über das Vater, Sohn, Partner, Enkel u.a.m. Sein des Mannes. Nachdem einige von ihren Erfahrungen während der Übungen berichteten, kam es zu einem Konflikt mit einer anwesenden Journalistin. Hierfür wurde die restliche Zeit des ersten Workshopteils benötigt.
Nachdem auch die weitere Arbeit zunächst mit einem Konflikt mit einer Teilnehmerin

begann, die jetzt neu in die Gruppe kommen wollte, verlief dann die Begegnung mit den imaginären Vätern sehr gut.
Erneut zeigte sich, wie wirkungsvoll diese Form eines "Generationstreffens" ist, um alte Erfahrungen und Erinnerungen wieder lebendig werden zu lassen.
Anfänglichen Tendenzen, nur über die Beziehung zu den Vätern zu sprechen, begegnete ich mit meiner beharrlichen Aufforderung, die Väter im Raum zu imaginieren. Dabei entstand in kurzer Zeit eine große Dichte und Nähe in der Gruppe und zwischen einzelnen Teilnehmern und ihren imaginären Vätern.
Leider war die Zeit zu kurz bemessen, besonders da einige Zeit für die beiden Konflikte verstrich.
Nur für einige Teilnehmer blieb die Zeit, in Einzelarbeiten ihre Beziehung zu ihren Vätern kurz aufzugreifen.

Die Arbeit mit dem Generationstreff bleibt für mich spannend. Die Gewichtung zwischen den Übungen im ersten Teil und der Einzelarbeit im weiteren Verlauf war aus meiner Sicht zu gleichwertig, sie könnte stärker im zweiten Teil liegen als es dieses Mal der Fall war.
Eine weitere Auswertung (durch nachträgliche Briefe der Teilnehmer) fand nicht wie geplant statt.

"Psychologische Friedensarbeit"

Lilith Reisner

Vorbereitung

Die Einladung Anfang des Jahres, aktiv an den Münchner Gestalt-Tagen 87 teilzunehmen, löste bis heute anhaltende Reaktionen und Reflexionen bei mir aus.
Von dem Tagungsthema "Gestalt zwischen Auflehnung und Anpassung" faszinierte mich augenblicklich der Gedanke an die Auflehnung.
Kraft, die ich zur Auflehnung benötigte und Kraft, die ich wiederum durch die aktive Auflehnung gewann, bestimmte die ersten Jahrzehnte meines Lebens.
Auflehnung gegen den autoritären, sado-masochistischen Vater; Auflehnung als SMV-Sprecherin gegen verkrustete, lebensfeindliche Strukturen in der Schule; Auflehnung mit Hilfe unseres "Antitheaters", in dem wir während der Studentenrevolten in den 60er Jahren politisches Theater, Agitationsarbeit, Straßentheater inszenierten und durch diese Art "zivilen Ungehorsams" unsere Theaterräume verloren; Auflehnung gegen ein Leben, das in seiner Geordnetheit und in seinem Verlauf kaum noch Chancen zur Weiterentwicklung zu bieten schien.
Aber jetzt, wogegen lehne ich mich heute auf?
In einer Welt, in der ich tagtäglich mit der Gefahr des atomaren Holocaust, der systematischen Umweltzerstörung und der Ausbreitung des Hungers konfrontiert bin scheine ich nur emsig an meiner beruflichen Karriere zu stricken und zu weben. Lehne mich allenfalls gegen das von meiner Familie indirekt geforderte Rollenverhalten auf, das mir meine persönliche Verwirklichung erst dann von Herzen gönnt, wenn ich vorher "züchtig waltete".
Kurze Zeit später nahm ich an der IGW-Gestalttagung in Weinheim teil, wo in meine innere gedankliche Auseinandersetzung Victor Chu's Vortrag: "Psychotherapie nach Tschernobyl" platzte. Er beschreibt darin unsere Anpassung an eine Gesellschaft, die in lebensbedrohender Weise am Macht- und Profitstreben festhält, als das Verhalten Süchtiger, denn, wir "nehmen die Tatsache in Kauf, daß wir uns gerade durch unseren Wohlstand langsam, aber sicher vergiften".

Obwohl ich mich in zahllosen Diskussionen theoretisch mit dem Thema "Konsumverweigerung" als eine Form wirtschaftlichen Boykotts auseinandergesetzt hatte, wurde mir erstmals auf emotionaler Ebene die Konsequenz meines Handelns bewußt; wurde mir tief betroffen bewußt, daß ich in rebellischer Auflehnung gegen ein abstraktes System die innere Auflehnung gegen mein Suchtverhalten verdrängen und die Verantwortung an das "System" abgeben konnte. Bei dem Gedanken an die Verwüstung unserer Erde erlebte ich plötzlich, wie die üblichen Gefühle von Wut und Zynismus Gefühlen der Angst, des Schmerzes und der Trauer wichen. Ich erkannte, daß der Schmerz aus meiner lebensbejahenden Energie, meiner Liebe zur Welt und meiner Verbundenheit mit ihr entspringt.
Dieses tiefe, emotionale Erlebnis teilte ich in den nächsten Wochen und Monaten einigen Freunden mit. Dabei stellte ich fest, daß mein Mit-teilen ihr Interesse und ihr Mitleiden hervorrief und daß ich in diesem Austausch selbst Kraft, Vertrauen und Ermutigung gewann.
Joanna MACY beschreibt in ihrem Buch "Mut in der Bedrohung" diesen inneren Prozeß, den sie an sich selbst und vielen Teilnehmern ihrer psychologischen Friedensgruppen erleben konnte:
"Die Arbeit mit Verzweiflung und Ermutigung hilft uns, unser Wissen um diese Entwicklung zu erweitern, ohne von Angst, Trauer, Wut und dem Gefühl von Hilflosigkeit überwältigt zu werden. Sie setzt uns in die Lage, Haltungen des Vermeidens und der Lähmung zu überwinden, und sie stärkt unsere Fähigkeit zum Mitleiden, unser Gefühl der Zusammengehörigkeit und unsere Bereitschaft zum Handeln".
Die wirtschaftliche und politische Szene ist kompliziert und umfangreich, für den einzelnen nicht mehr durchschaubar. Die Bedrohungen (Arbeitslosigkeit, Umweltverschmutzung, nukleare Verseuchung und atomare Bedrohung) verstärken das Gefühl der Unsicherheit, Isolierung und Ohnmacht - sie sind angsterregend, ohne bewußt wahrgenommen zu werden. Routine der Alltagstätigkeit, Anerkennung in privaten und gesellschaftlichen Beziehungen, Zerstreuungen etc. überdecken diese Gefühle, und diese Verdrängung beraubt uns eines großen Teils unserer Energie.
In seinem Buch "Alle redeten vom Frieden" fordert H.E. RICHTER den Leser auf, wieder zu lernen, Angst auszuhalten und sich zu wehren. Er zitiert G. ANDERS: "Habe keine Angst vor der Angst, habe Mut zur Angst. Auch den Mut, Angst zu machen.

Ängstige deinen Nachbarn wie dich selbst".
Ich habe als Psychotherapeutin nicht die Absicht, Angst zu machen - sie ist existent, in jedem von uns.
Aufgrund meiner eigenen Erfahrungen, meiner neu gewonnenen Sensibilität für dieses Thema greife ich bestimmte Bemerkungen und Befürchtungen meiner Patienten auf und schaffe damit einen Raum, in dem Gedanken, Ängste und Verzweiflung über unsere Welt Platz haben.
In diesen Situationen gebe ich meine Rolle als Therapeutin auf; ich bin eine Mitbewohnerin dieser Welt und als solche ebenso gefährdet, betroffen.
Meine Arbeit hat eine neue, tiefere Qualität bekommen.
Die Entscheidung, über das klassische therapeutische Setting hinauszugehen, auch die - das Individuum beeinflußende und ängstigende - Umwelt miteinzubeziehen, ist nicht vom Wunsch nach politischer Effizienz getragen, sondern von dem starken Bedürfnis, die Achtung vor mir zu behalten.
Unpolitisches Handeln ist mir in meinem Beruf als Psychologin nicht möglich. Durch das Zulassen meiner persönlichen Gedanken und Gefühle gebe ich mich als verletzbar, bewußt und verantwortungsvoll zu erkennen.
Ich bin der festen Überzeugung, daß der Friede in unserer Welt nicht durch rechnerische Rüstungsvergleiche der Supermächte, sondern durch den gemeinsamen Willen und eine wechselseitige Annäherung im Vertrauen zu erreichen ist.
Und ich bin stolz auf mich, mich nicht mehr gegen, sondern für die Welt, die ich lieben gelernt habe, auflehnen zu dürfen.

HOT - das heiße Dreieck: Das Leistungsteam im AKG zum Thema "Helfer - Opfer - Täter"

Marie-Rose Iberl, Rainer-Joachim Pieritz, Inga Schumann-Sorge

Vorbereitung

1. Das Thema "HOT"

Seit etwa 5 Jahren stoßen wir in den Therapie- und Ausbildungsgruppen immer wieder auf ein Phänomen:

Der therapeutische (heilende) Prozeß bei einer Person stockt trotz "guten Willens" der beteiligten Person; die Gruppenmitglieder beschäftigen sich auffallend intensiv damit, der stockenden Person über die Hürden zu helfen. Wenn das nicht gelingt - was meistens der Fall ist - schlägt die Stimmung in der Gruppe um: die Mitglieder werden ungeduldig, gereizt bis aggressiv dem Protagonisten gegenüber, dieser resigniert oder wird seinerseits aggressiv. Wir Therapeut/innen geraten an den Rand unserer fachlichen Kompetenz, die üblichen hilfreichen Interventionen führen nicht mehr weiter. Folglich haben wir diesen psychodynamischen Zustand wiederholt mit allen Beteiligten durchgearbeitet, um aus der Sackgasse herauszukommen. Wir sind erstaunlicherweise immer wieder zu befriedigenden Auflösungen gekommen.

Miteinander entdeckten wir, daß es sich im geschilderten "Fall" offenbar um eine komplizierte, dynamische Konstellation zwischen spezifischen Rollen handelt, die in ihrer Interaktion eine hohe energetische Spannung entwickeln. Wir identifizierten diese Rollen als "Opfer - Täter - Helfer".

Wenn eine so geartete Situation offenbar wird, bedarf es unserer Kenntnis nach zunächst der Analyse der Dynamik, bevor ein nächster "heilender" Schritt für den Protagonisten möglich wird.

Ein zusammenfassendes Beispiel:

Eine Klientin erklärt, sie suche Hilfe, um ihre "weichen Seiten" zu entwickeln. Jedes Hilfsangebot wird jedoch boykottiert mit Reaktionen wie: "das kenn ich schon", "das ist nicht der richtige Weg" etc. Biete ich der Klientin an, sie möge selbst ihren Weg bestimmen, ich werde ihr bei der Durchführung helfen, reagiert sie mit Weinen und Hilflosigkeit: "das kann ich doch nicht, deswegen bin ich doch hier ..." Dieses Spiel geht einige Male hin und her: die Gruppe fühlt sich betrogen, als Mithelfer ausgeschaltet und entwickelt Aggressionen der Protagonistin gegenüber. Ich sehe meinerseits keinen Weg, der Klientin unmittelbar zu helfen, schwanke zunehmend zwischen Ärger und Ohnmachtsgefühlen.

Hier ist der Moment der Analyse der bestehenden Beziehungssituation.

Auf der Basis solcher Analysen in den Gruppen haben wir unsere Theorie zu "HOT" weiterentwickelt und haben auch nach ähnlichen Erscheinungsformen im "normalen Leben" gesucht. Wir fanden bestätigt, daß dieses "heiße Dreieck" vielfältig in kleinen und größeren gesellschaftlichen Systemen wirksam ist - oft unentdeckt, nur als Unbehagen erfühlt.

Unsere theoretische Befragung der beobachteten Erscheinungen brachte uns zu einer Fülle von Erklärungsansätzen für die hohe dynamische Ladung in diesem Bezugssystem unf für seine Wirksamkeit. Ich stelle einige wesentliche Thesen zur Diskussion:

- Es handelt sich um eine Gegenseitigkeits-Existenz (Co-Abhängigkeit).
- Die Dynamik des Kräftespiels liegt u.a. in der Verdecktheit der Rollen; Offenlegung unterbricht den Kreislauf.
- Das System ist schwer zu erfassen, weil die Rollen ungeheuer schnell wechseln.
- Der Wechsel der Rollen ist deswegen so leicht möglich, weil in jeder Rolle auch ein Anteil der jeweils anderen mit enthalten ist (also: Opfer ist nicht "ganz" Opfer, sondern hat auch eine Tätermentalität usw.). Helfer kann leicht in Opfer- oder Täterrolle gehen.
- Die Dynamik wird durch individuellen (heimlichen) Lustgewinn und durch Machtausübung aufrecht erhalten.
- Es kommt zu keiner tiefgreifenden Befriedigung der im System Beteiligten; durch die Restenergie kann das Karussell immer wieder in Gang gebracht werden.

2. Unser Anliegen bei den Gestalttagen

Es war unser Wunsch und Bedürfnis, Kolleginnen und Kollegen mitzuteilen, was wir auf der Erscheinungsebene entdeckt haben und von uns erarbeitete Lösungsansätze (nämlich aus diesem letztlich fruchtlosen Spiel auszusteigen und die freiwerdenden Kräfte anderweitig zu nutzen) darzustellen und zu diskutieren. Wir haben einen allgemeingültigen Ansatz herausgearbeitet und auch spezielle Schritte, die im therapeutischen Vorgehen die Überwindung dieses Geschehens ermöglichen.

Wir sehen die Unterbrechungsmöglichkeiten darin, daß die im System befangenen Rol-

lenträger über die Wahrnehmung ihrer spezifischen - auch sich stets wandelnden - Rollen und deren Infragestellung vom Rollenträger zum authentischen Individuum werden. Dann können sie sich entscheiden Kontakt herzustellen, der unmittelbar ist und befriedigt.
Im therapeutischen Prozeß ist es angezeigt, mit dem jeweiligen Protagonisten (Täter, Opfer oder Helfer) und der systemisch auf ihn bezogenen Gruppe diesen Prozeß der Aufdeckung und des schließlichen Kontaktmachens zu durchlaufen (das gelingt nicht immer!). Wir haben dazu therapeutische Wege erarbeitet, die ich hier nicht ausführlich darstelle. Sicher ist es notwendig, im jeweiligen Fall - nach der Analyse - auch die Hintergründe (individualgeschichtlich und gesellschaftlich bedingt) zu erforschen, die zu den jeweiligen Rollenübernahmen führten.

3. Unser Exposè für die Präsentation

1. Schritt: Was bewegt uns beim HOT?
Wir zeigen uns als Ausbilder/innen-Team als Präsentanten dieses Rollenkarussells.
2. Schritt: Beschreibung der Erscheinungsformen von HOT:
Schwierigkeiten der Definition.
3. Schritt: Selbsterfahrung der Workshopteilnehmer/innen durch Übung und Auswertung
4. Schritt: gemeinsames Erarbeiten der "Lösung", u.a. durch Demonstration mit einem 'patient model'.
5. Schritt: Übertragung unserer Erkenntnisse auf bestehende gesellschaftliche Verhältnisse.

Workshop

4. ... und so hat sich die "Präsentation" abgespielt:
H/O/T - mit diesen Buchstaben einzeln um unseren Hals traten wir - Inga, Rainer und Marie-Rose - zusammen auf: jede/r von uns hatte alle drei Buchstaben zur Verfügung - klar sichtbar war jedoch immer nur einer. Je nach Ablauf unserer Interaktion wechselten wir spielerisch die Buchstaben, so daß parallel zu unseren Berichten und unserem

Beschreiben mit Worten die Dynamik innerhalb unseres Beziehungsgefüges sichtbar wurde. Die Gruppenteilnehmer/innen beteiligten sich bald an diesem "Spiel" und riefen uns zu, wer jetzt Helfer, Opfer oder Täter-Rolle hat oder wer gerade vergessen hat, sein Schild zu wechseln!

Wir berichteten über unsere persönlichen Erfahrungen mit HOT: Innerhalb unserer Person, in unseren privaten und beruflichen Beziehungen, in unserer Zusammenarbeit als Dreier-Team.

Eindrücklich waren die Assoziationen zu Therapie-Situationen: hier war das Echo der Gruppe besonders deutlich.

Um uns als Vortragende und "Gruppenleitungs-Trio" immer wieder abzustimmen und in Kontakt zu bleiben - uns nicht in HOT-Konkurrenzkämpfen zu verfangen - hatten wir uns eine Klingel mitgebracht, mit der jede/r von uns dreien eine "Konferenz" einberufen konnte: das heißt, stoppen, wahrnehmen und bewußt machen, was gerade ist ... Befindlichkeit, Ideen und weiteres Vorgehen (für alle hörbar im Raum) miteinander sprechen!

Auf der Ebene von Erlebnis und Erfahrung war es für die Gruppenteilnehmer/innen bald deutlich, wie es sich <u>anfühlt</u>, aussieht und anhört, wenn das Opfer-Täter-Helfer Spiel läuft:

- ein Gefühl von gefangen sein
- Eindruck, nicht mehr über das eigene Handeln bestimmen können
- Ohnmacht, Wut, Hilflosigkeit
- Tendenz zu Vorwürfen und Schuldzuweisungen
- Tendenz, sich zu rächen oder zu drohen (weil Du ... wenn Du ...)
- Gedanken wie: ich lasse micht nicht unterkriegen ...
  oder: wie kriege ich den anderen dazu, daß er ...
- das Gefühl, nicht aufhören zu können
- ständige Wiederholung, die zu nichts führt
- gehaltene Spannung

Bald war die Stimmung von HOT spürbar im Raum - Unruhe, drängende Fragen: wann bin ich Helfer, Opfer, Täter? Ihr manipuliert uns und verratet nicht die Lösung! Wie kommt man aus diesem System raus? Wer hat hier im Raum die Macht, wer bestimmt, was passiert?

Es wurde wirklich heiß im Raum - das Thema hatte lebendige Gestalt angenommen!

Nach dem Benennen der aktuellen Dynamik beschlossen wir - im Einklang mit den Bedürfnissen der Gruppe - jetzt eine Übung vorzuschlagen:

- Die Gruppenteilnehmer/innen gehen zu dritt zusammen,
- zwei beginnen mit einem ja - nein Dialog, bleiben dabei und versuchen, ihr Gegenüber auf die eigene Seite zu ziehen.
- Die/der dritte im Bunde versucht, auf irgend eine Weise "reinzukommen" in den Dialog der anderen und mitzumischen.

Der Vorschlag wurde mit Begeisterung angenommen - und bald war im Raum ungeheuer viel los: laut oder leise, mit viel Bewegung oder verhalten passiv wurden alle Register der HOT-Rollen gezogen!

- Pause -

Nach der Pause konnten wir in der gemeinsamen Auswertung der Erlebnisse und Erfahrungen wichtige Aspekte von HOT herausarbeiten:

- den indirekten Machtkampf (besonders die Macht des Opfers)
- die Un-Eindeutigkeit der Rollen (z.B. wird das Opfer kurz vor dem Wendepunkt schnell ein bißchen aktiv ..., und der Täter oder die Täterin kann nichts dafür, daß dies oder jenes getan werden muß ..., oder will doch nicht ganz so schlimm "tätig" sein ...)
- die Vielfalt und Verstecktheit der manipulativen Strategien
- daß es Spaß machen kann, das HOT-Spiel als <u>Spiel</u> zu betreiben, zum Fäden ziehen, oder ping-pong, oder flirten ...

  daß es langweilig und ausweglos oder grimmig aggressiv werden kann, wenn es <u>ernst</u> wird und nicht mehr aufhört.

Rainer und eine Teilnehmerin als 'patient model' zeigten in einer Demonstration, wie verlockend ein Macht-Spiel-Angebot sein kann und wie schwer es ist, sich als Therapeut nicht darauf einzulassen.

Die Auflösung der scheinbar ausweglosen Interaktion geschah dann gemeinsam mit der ganzen Gruppe: im Beschreiben und Benennen, was die Einzelnen gefühlt und wahrgenommen haben. Die Protagonistin war schließlich bereit, offen über ihre Gefühle und Bedürfnisse zu sprechen.

Um die Auflösung des HOT-Dreiecks zu demonstrieren, drehten wir nun unsere Buchstaben am Halse um - und sichtbar wurden unsere Namen: wenn wir als Rainer, Inga und Marie-Rose ehrlich und authentisch handeln und uns zeigen, sind wir draußen aus

dem System!
Kontakt mit mir und mit anderen im Hier und Jetzt; das, was ich tue, ganz tun; riskieren, von meinem Gegenüber eine ehrliche Antwort zu erhalten, ohne zu manipulieren, und eine ebensolche zu geben; mir als Therapeut/in eingestehen, daß ich nicht die "Macht" habe über Therapieprozeß und Erfolg; Vertrauen statt Kontrolle; Verantwortung übernehmen für mein Fühlen und Handeln ...
... das heißt für uns Gestalt leben ohne HOT-Rollen!

Aus-Wege aus dem HOT-System in der Einzel- und vor allem in der Gruppenarbeit sind: stoppen, wahrnehmen was ist, benennen was geschieht! Hier ist wichtig, das jeweilige Verhalten nicht zu bewerten (passiert hier leicht, weil es Teil der HOT-Interaktion ist!) und die eigene Machtlosigkeit über das Verhalten meines Gegenübers anzuerkennen (keine indirekten Manipulationen, und seien sie noch so klug und "hilfreich" gemeint). In der Gruppe ist, wie wir praktisch zeigen konnten, die gemeinsame Analyse der Situation sehr hilfreich.
Eine weitere Möglichkeit kann sein, aufzufordern, die jeweilige Rolle ganz zu sein - damit ist die "Rolle" aufgehoben und der unmittelbare erlebnismäßige Kontakt ist wieder hergestellt - die Verantwortung für das eigene Handeln kann übernommen werden. Dieser Weg sowie viele andere Wege der Gestaltarbeit zum "in Kontakt kommen" können hilfreich sein - müssen aber nicht. Dann ist grundsätzlich obiger Vorschlag am Platze.
Das Helfer-Opfer-Täter Dreieck (Opfer-Täter funktioniert sehr gut auch alleine") dient der Vermeidung und Abwehr von Gefühlen der Angst, Unsicherheit und Hilflosigkeit - und der Kontrolle und Machtausübung gegenüber anderen. Wenn wir uns gesellschaftliche Werte und Strukturen bewußt machen, die uns umgeben und deren Teil wir sind, so liegt es nahe, daß dieses HOT-System immer wieder aufzufinden ist (keinesfalls nur in unseren privaten Beziehungen.)
Diesen 5. Schritt konnten wir leider nicht mehr mit der Gruppe vollziehen: die Zeit war viel zu kurz. Das Interesse der Teilnehmerinnen und Teilnehmer hat uns veranlaßt, ein eigenes Treffen zu diesem politischen Teil des Themas zu planen.

Von dem, was wir erarbeitet, herausgefunden und bei der Vorbereitung erlebt haben, konnten wir nur Bruchteile vermitteln, auch in diesem Bericht: das Thema läßt uns nicht los, und wir wollen an anderer Stelle ausführlich darüber berichten.

Wir waren sehr froh, daß wir mit all unserer Aufregung - und dem Wunsch, "Wissenswertes" zu vermitteln - viel Spaß hatten bei diesem Workshop! HOT war lebendig im Raum durch alle Anwesenden - und es war spürbar, wie sich dieses System "innen" anfühlt, wie es funktioniert ... und wie wir aussteigen können ... und einfach riskieren, zu leben!

Gestalttherapie mit Geistigbehinderten

Klaus Eckart Thumm

Vorbereitung

Neben freiberuflicher Tätigkeit in den Bereichen Fortbildung, Beratung und Supervision bin ich halbtags als Therapeut und Pädagoge in einem heilpädagogischen Zentrum in München angestellt. Mein Schwerpunkt liegt hier in der Therapie geistig behinderter Kinder und Jugendlicher nach einem gestalttherapeutischen Ansatz von Thijs BESEMS und Gerry VAN VUGT. Da ich neben dieser therapeutischen Arbeit auch Seminare zur Fort- und Weiterbildung in "Gestalttherapie mit Geistigbehinderten" durchführe, lag es für mich nahe, einen Workshop mit dieser Themenstellung anzubieten.
Ein direkter Zusammenhang dieser Thematik mit dem Tagungsmotto ist auf den ersten Blick nicht zu erkennen. Sehen wir jedoch auf die Zielsetzung, die gestalttherapeutische Arbeit mit behinderten Menschen verfolgt, nämlich Förderung von Identität und Ich-Bewußtsein, so ist sicherlich ein Zusammenhang gegeben. Steht doch gerade der geistig behinderte Mensch stärker als wir sogenannten "Nichtbehinderten" zeitlebens

in der Gefahr, sich vorgegebenen Normen, Einstellungen, gesellschaftlichen Verhältnissen anzupassen - um nicht noch mehr aufzufallen, anzuecken, und dann abgelehnt, stigmatisiert und in eine für Behinderte eingerichtete soziale Nische eingewiesen zu werden. So bedeutet die Aufgabe, für unsere behinderten Mitmenschen den Prozeß der Emanzipation, Normalisierung und Integration voranzubringen, eine ständige Herausforderung für uns alle, die Behinderten und Nichtbehinderten.

Den Ablauf des <u>Workshops</u> habe ich bislang folgendermaßen geplant:

- Vorstellung
- Einstieg: Wie sind wir hierher gekommen? Wie kommen wir miteinander in Kontakt? Was heißt es für uns, uns nicht behindert zu erleben, und was könnte Behindert-sein bedeuten?
- Der Anwendungsbereich einer "Gestalttherapie mit Geistigbehinderten":
  * Was ist geistige Behinderung?
  * Wie entwickelt sich die psychische Störung?
  * Störungen des Ich-Bewußtseins
  * Formenvielfalt Geistigbehinderter/keine Alterseingrenzung für die Therapie
- Leitlinien der Gestalttherapie mit Geistigbehinderten:
  * Menschenbild: der Mensch als Leib-Seele-Geist-Einheit im Beziehungsmodus der Intersubjektivität
  * Konzepte:
    - Figur-Grund
    - Hier-und-Jetzt
    - Kontakt
    - Die Interventionspolarität von 'Don't push' und Konfrontieren
    - Aufbau des Verhaltens
  * Zielsetzung: Förderung von Körperwahrnehmung/Körperbewußtsein; Kontakt- und Beziehungsfähigkeit; Ich-Bewußtsein und Identität
- Praxis und Methodik der Therapie
  * Der Therapeut als wichtigstes therapeutisches Medium
  * Sozial-emotionalen Nachholbedarf des Kindes befriedigen
  * Einzelne Schritte im therapeutischen Vorgehen:

Vermittlung unter Einbezug praktischer Übungen, evt. eines Videobandes
Meine Zielsetzung für diesen Workshop ist: den Teilnehmern einen Eindruck davon zu vermitteln, daß und wie auch mit geistig behinderten Menschen erfolgreich nach gestalttherapeutischen Konzepten gearbeitet werden kann.

Wer paßt sich an, Therapeut oder Klient?

Thijs Besems

Vortrag

Goeie dag, ik ben Thijs Besems en ik zou willen spreken over het probleem "aanpassen en weerstand en protest in de psychotherapie." De vraag daarbij is allereerst, wat aanpassing en protest is. Op welke manier passen zich klienten aan en op welke manier bereiken therapeuten, dat klienten zich aanpassen. En de grote vraag is natuurlijk ook: hoe staat het met de aanpassingsbereidheid van de therapeuten. De praktijk is namelijk, dat de klient zich in alle mogelijke vormen mag aanpassen aan hetgeen de therapeut van hem verwacht en het gebeurt zelden, dat de therapeut zich aan de klient aanpast. De therapeut verwacht, dat de klient naar hem toe komt, zich braaf aan zijn methoden onderwerpt, probeert te ontdekken wat de therapeut van hem wil, probeert diens meestal onuitgesproken wensen te vervullen, zoals u misschien ook moeizaam probeert zich aan mij aan te passen. Wat? Kunt u mij niet verstaan? Dan zal ik iets langzamer spreken. Kunt u mij op deze manier beter volgen? U kunt het in elk geval nog eens proberen. Is het werkelijk zo moeilijk u een beetje aan mij aan te passen? Maar u verwacht toch wel dat uw klient zich aan uw spraak aanpast en die is voor hem meestal zo moeilijk en vreemd als mijn taal nu voor u. Maar goed,

Ich will mich dann jetzt an Sie anpassen und auf Deutsch weitergehen. Zuerst will ich dann noch ein Lied hören lassen von Bots:

"Alle die eine bessere Welt wollen, sollen aufstehen"

Das Problem, was wir eben hatten, was ich auch hier damit machen wollte, ist die Frage, wie anpassungsfähig sind Therapeuten und wie anpassungsfähig sollen Klienten sein?

Die Situation, die wir eben hier hatten, wo Ihr alle sehr freundlich drauf reagiert habt, die haben Klienten durchschnittlich bei jeder therapeutischen Sitzung und sie reagieren noch viel freundlicher als Ihr, sie sagen noch nicht mal, daß sie den Therapeuten nicht verstehen.

Sie tun als ob, sitzen brav und warten und hören auf jede Intervention und versuchen das Beste draus zu machen. Und der Therapeut kapiert überhaupt nicht, daß er eine Sprache spricht, die die meisten Klienten überhaupt nicht sprechen können. Wenn wir Perls Arbeit anschauen, ist sie hauptsächlich für Mittelschichtklienten so ungefähr bedacht und aufgearbeitet. Das klappt auch immer schön, wenn wir Mittelschichtklienten haben, dann geht das alles toll.

Wenn wir Oberschichtklienten haben, dann wird's schon mal schwieriger, denn die haben ein anderes Vorgehen, ein anderes Klima, eine andere Wertschätzung.

Wenn wir Unterschichtklienten haben, wenn wir die Schichten mal so annehmen würden, wird's noch viel schwieriger. Sie haben Ausdrucksweisen, die dem Therapeuten meistens nicht so gefallen, und die die Therapeuten nicht gerne in den Mund nehmen wollen. Und dann kommt das große Problem: Wer paßt sich wo an?

Und was ich immer schwierig finde, ist die Anfangssituation in Therapien, weil da sitzt der Therapeut in seiner bekannten Umgebung, dort wo er sich wohlfühlt, wenn es zu Hause ist noch mehr, als wenn es in der Arbeitsstelle ist. Er sitzt da mit seiner Sicherheit, er sitzt mit seiner Ausbildung, mit seinen Fähigkeiten, mit seinen Erfahrungen und, da kommt ein Klient hin, der hat wohl irgendwie Probleme, sonst würde er nicht kommen, und der Klient muß dann erst einmal seinen sicheren Rahmen verlassen. Er muß aus seiner Wohnung raus und muß dann zu dem Therapeuten hin, der schön in seiner Wohnung oder in seinem Arbeitsbereich bleibt.

Dann muß er zu irgend einem fremden Menschen, den er überhaupt nicht kennt,

und dann soll er sprechen über Probleme, die ihn quälen.
Und der Therapeut spricht über Sachen, mit denen er sehr vertraut ist. Was mich daran stört ist, daß die Therapeuten erwarten, daß der Klient sich an die Situation anpaßt und daß von dem Therapeuten her sehr wenig Anpassungsfähigkeit dargestellt wird.
Wir machen seit Jahren schon Gestaltausbildung und Supervision und merken immer wieder, wie schwierig es für Therapeuten ist, sich in die Situation des Klienten zu versetzen und auch sich daran anzupassen. Was zum Beispiel praktisch bedeuten würde, daß die erste Therapiesitzung bei dem Klienten zu Hause stattfindet und nicht bei dem Therapeuten zu Hause. Und nicht in der Beratungsstelle.
Aber die Frage ist - zwischen Anpassung und Auflehnung heißt die Tagung hier - woher kommt das, daß Klienten so anpassungsbereit sind und daß auch Therapeuten wenig Auflehnungsbereitschaft haben. Ich habe ein paar Sätze gesammelt, wovon ihr die meisten wohl kennt wahrscheinlich. Ich lese einmal einige vor:

Sei ruhig, sonst gebe ich dir gleich einen Grund zum Heulen!
Ich hol' gleich die Rute!
Die Kleidung ziehst du an, kein Wort mehr!
Solange du noch deine Beine unter meinem Tisch hast ...!
Das ist nichts für Kinderohren!
Ab in dein Zimmer!
Muß das denn sein? Müßt ihr euch denn immer streiten?
Geh auf dein Zimmer und komm wieder runter, wenn du vernünftig bist!
Mußt du denn immer das letzte Wort haben?
Dein Bruder macht das viel besser!
Geh mir aus den Augen!
Der liebe Gott sieht alles!
Da brauchen wir gar nicht weiter darüber zu reden!

Das sind nur ein paar Sätze, die auch bei deutschen Eltern üblich sind. Und die Frage ist, was damit passiert. Ich sehe in solchen Sätzen in der Erziehung den ersten Grund für eine endlose Anpassung. Das führt auch dazu, daß auch in der Therapie so wenig Auflehnung stattfindet. Wo Klienten auch so wenig Möglichkeiten haben, sich aufzulenen. Die erste Fähigkeit in unserer Gesellschaft, die uns gelehrt wird, ist uns anzupassen. Anzupassen an Eltern, anzupassen an Schulen, anzupassen an Regeln, ständig geht's um Anpassen und das geht ein Stück, so weit, daß ich meine eigene Identität dabei nicht verliere. Problematisch wird's, wenn meine Anpassungsfähigkeit so groß wird, daß ich meine eigenen Bedürfnisse nicht mehr wahrnehme.

Also erst mal, diese Sätze, die führen dazu, daß wir uns, um weiterleben zu können in der Situation anpassen an das, was man von uns erwartet. So kommen wir zu dem,was Perls eine Kontaktstörung nennt. Was man auch Auflehnungsstörungen nennen könnte: Projektion, Introjektion, Übertragung und Konfluenz. Ich will sie mal kurz darstellen, weil sie weiter in therapeutischer Arbeit ganz wichtig sind.

Die erste Form, die Perls beschreibt, ist die Introjektion. Ich mache das am liebsten mit Bildern. Wir können mal davon ausgehen, daß hier ein Vater ist und hier ein Kind ist. Der Vater sagt solche Sätze zu dem Kind. - Sei mal ruhig; Schrei nicht immer so laut. Die Sätze kommen bei dem Kind auch an und damit hat er ein Stück vom Vater übernommen. Das ist ja alles nicht so schlimm. Dann weiß er, daß er sich ein Stück angepaßt hat an den Vater, daß er seine Sätze übernommen hat, kann auch sagen, ich soll ruhig sein, wenn man will, daß ich ruhig bin, daß ich nicht so laut schreie. Problematischer wäre, wenn dieser Satz so in sich aufgenommen ist, daß er später sagt: Ich soll leise sein, ohne zu merken, daß es Fremdbestimmung ist.

In dem Moment kapiert er nicht mehr, daß das Stück, das vom Vater zu ihm gekommen ist, ein Fremdkörper ist, und fühlt, als wäre das seine eigene Identität. Als wäre das etwas eigenes.

Das ist der Prozeß, der in ihm läuft. Wo er erstmal so eigene Sätze zu sich sagt: Du sollst ruhig sein; dann ist es noch deutlich. Dann verwandelt sich der Prozeß in endlose Anpassung, in dem Gefühl: Ich soll ruhig sein. Und dann kriegen wir Klienten in die Therapie, die nicht mehr schreien können und wenn du dann fragst, warum schreist du nicht? - Ja, ich muß ruhig sein, ich darf ja nicht schreien! -

Wenn er fragt: Wer sagt dir das? Dann ist die Antwort: Ja ich, wer sonst?

Das ist, was wir Introjektion nennen, dann hat er die Regeln von außen so in sich aufgenommen, daß er das Gefühl hat, als wäre das seine eigene Regel.

Das führt dazu, daß sein Ausdrucks-System für Gefühle deutlich gestört ist, er kann seine Gefühle nicht mehr so rauslassen wie er möchte, und das führt dann wiederum dazu, daß Kontakte gestört werden, weil er oft sich verhält, als wäre er das nicht selber. Aber er spürt überhaupt nicht mehr, daß es etwas anderes ist. Und solche Sachen führen letztlich zur Selbstverfremdung, daß er nicht mehr spürt, daß was anderes bei ihm drin ist. Das kann letztlich zu Identitätsverlust oder Identitätsstörungen führen. Wenn er nicht mehr wahrnimmt, daß das etwas ist, das von anderen gekommen ist.

Projektion ist eigentlich etwas ähnliches. Das ist also wieder ein introjektiver Satz - ich darf nicht schreien, ich darf nicht laut sein - und dann sieht der Klient irgend eine andere Person, z.B. den Therapeuten; er hat z.B. das Gefühl, daß er wütend ist, daß er auch schreien will und will das dann äußern, aber merkt, das kann ich nicht tun, weil da ist noch immer der Satz: Sei ruhig, schrei nicht so laut, und dann sagt er zu dem Therapeuten: Du brauchst mich ja überhaupt nicht so laut anzuschreien!
Obwohl der Therapeut ganz ruhig spricht in dem Moment.
Damit hat er sein eigenes Gefühl, das er nicht mehr äußern darf, in den Therapeuten projiziert oder in irgend eine andere Person. Das Problem ist, daß er nicht merkt, daß dieses Gefühl, das er in den Therapeuten gebracht hat, sein eigenes Gefühl ist. Grundlage davon ist wieder diese Introjektion von dem Vater oder Mutter oder Lehrer, der gesagt hat: schrei nicht so laut.
Eine Introjektion heißt, daß er die Störung in sich behält. Die Projektion heißt, daß das Gefühl sich trotzdem innen auflehnt, denn, seine Wut, seinen Ärger muß er loswerden. Das kann er nicht offen, weil das verboten ist, dann sucht das Gefühl sich Nebenwege. Und dann kann das zu einer Projektion werden. Wenn er Nebenwege sucht, merkt er nicht, daß er damit seinen eigenen Protest verleugnet. Er ist nicht in der Lage, zu sagen, ich will jetzt mal laut schreien, nein, er bringt seine Introjektion zum Therapeuten oder zu irgend einer anderen Person.
Das große Problem dabei ist, daß die Anpassungsfähigkeit bei dem Klienten sehr groß ist und nicht nur beim Klienten, beim Therapeuten genauso. Wir sind alle genauso anpassungsfähig, wie unsere Klienten sind.
Die Frage ist dann, was passiert überhaupt mit der Auflehnungsfähigkeit? Ich habe mit meiner Frau darüber gesprochen, was das Wort Auflehnung bedeutet. Für mich ist es erstmal ein komisches Wort. Protest kenne ich, aber Auflehnung fand ich schwierig. Es ist ungefähr das gleiche wie Protest, oder? Auflehnung hat für mich zwei Aspekte, es ist zusammengestellt aus zwei Wörtern. Vielleicht stimmt das überhaupt nicht, aber für mich ist das so. Aufstehen oder Aufrichten und Anlehnen. Und diese zwei Elemente sind in dem Wort ganz wichtig.

Das bedeutet, daß zum Auflehnen man die Fähigkeit braucht, aufzustehen und das Bedürfnis hat, sich anzulehnen. Protest ist also - und es ist ganz wichtig, das auch gesellschaftlich zu sehen - nichts negatives. Der Grund der Auflehnung ist überhaupt nicht, andere zu vernichten oder andere kaputtzumachen, der Grund der Auflehnung ist, sich selbst aufzurichten. Und das Bedürfnis der Auflehnung ist, sich anlehnen zu können. Das gibt Protest und auch Auflehnung eine ganz andere Bedeutung. Die große Frage ist, warum Leute so unheimlich viel Angst vor Auflehnung haben. So unheimlich viel Angst vor Protest, vor Widerständen, vor Aggressionen. Auch Aggressionen, das fällt für mich so in den gleichen Bereich, dabei haben die Leute unheimlich viel Angst, was da rauskommen könnte und das wird sehr negativ gesehen. Obwohl Aggression nichts anderes ist, als vom Ursprung her, aufeinander zugehen. Es kommt von aggredi, auf den andern zugehen und hat überhaupt nicht das Ziel, den anderen kaputt zu machen. Aggressionen sind in dem Sinne auch lebenbejahend, auch Auflehnung ist lebensbejahend. Es geht nicht darum, etwas kaputt zu machen, es geht darum, mein eigenes Leben, meine eigene Identität wieder aufzurichten und aufrecht zu halten.
In dem Sinne haben für mich zum Beispiel die Bader-Meinhof-Gruppe und ähnliche Gruppen letztlich eine lebensbejahende Funktion. Sie sind entstanden, nicht weil sie die Gesellschaft kaputtmachen wollten, sie sind entstanden, weil sie ihre eigene Identität weiter wachsen lassen und entwickeln wollten. Weil in der Gesellschaft ständig wieder Bremsen vor Auflehnung gesetzt werden, sucht sich das andere Wege. Wie Introjektion sich Wege über Projektionen sucht. Es entsteht eine Entwicklung, daß Auflehnung nicht erlaubt ist, daß Auflehnung nicht sein darf. Dann sucht das sich andere Wege, denn das Gefühl geht trotzdem seinen Weg. Wenn laut schreien, Aggressionen rauslassen, Protest machen nicht erlaubt ist, geht das Gefühl, daß da irgendwas in mir mich beunruhigt, trotzdem nicht weg.

Dann kommt die Frage: Wie sieht denn Auflehnung aus? Ich denke, daß es da verschiedene Formen gibt. Ich denke, daß die erste Form von Auflehnung eine <u>stille Auflehnung</u> ist. Das ist die Auflehnung, die wir nicht wahrnehmen, die, wo "ja" gesagt wird, und "nein" gemeint ist. Aber nicht laut, nicht deutlich. Das ist zum Beispiel die Auflehnung, die ich in den Programmen der Münchner Gestalttage gefunden habe. Das Thema der Münchner Gestalttage heißt ja "Zwischen Anpassung und Auflehnung". Und höchstens ein viertel, wenn wir Glück haben, beschäftigt sich mit diesem Titel. Und dreiviertel hat sich nicht unbedingt an den Titel angepaßt und auch nicht deutlich dagegen aufgelehnt. Das ist der stille Protest, die machen ganz andere Sachen, Gestalt als Teil einer methodenübergreifenden Psychotherapie, Effektive Arbeit mit mehr Spaß, Zwischen Klammern und Trotz, Die Kränkung des Therapeuten, Gestaltdrama, Gestaltwahrnehmende Arbeit mit Ton, nun ja, so gibt es noch viele andere Beispiele. Ich habe nichts gegen meine Kollegen, ich finde das toll, wenn sie das alles anbieten, aber die Frage ist, wenn das Thema Anpassung und Auflehnung heißt, warum dann nicht entweder jeder sich mit dem Thema beschäftigt oder deutlich sagt: "das ist mein Thema überhaupt nicht. Ich will damit nichts zu tun haben, ich mache etwas ganz anderes." Das kommt aber nicht deutlich raus. Das haben die Kollegen in der Einladung auch nicht geschrieben, und das ist für mich eine erste Form der stillen Auflehnung.

Es ist ein stiller Protest, es wird nicht gesagt, daß sie es nicht machen, sie tuns einfach nicht. Und vielleicht merkt's keiner!

Das ist auch das Vergessen, das einfach nicht mehr wissen. Also es ist überhaupt nicht absichtlich. Der stille Protest ist nicht, daß wir das gut sehen, der stille Protest ist nicht absichtlich: jetzt will ich protestieren, und ich tu das, indem ich boykottiere. Das ist es überhaupt nicht. Es läuft so, es ist irgendwas von nicht aufnehmen können. Das ist: es paßt nicht bei mir, und irgendwie stört es mich, aber ich kann nichts damit anfangen, es geht an mir vorbei. Wir kennen solche Situationen täglich, daß wir zu irgendetwas sagen -ja, ja,- und es schon längst vergessen haben.

Eine sehr schwierige Form des stillen Protestes ist die Krankheit, die Psychosomatik. Ich sehe jede Krankheit als eine autoaggressive Reaktion, das heißt, es ist eine Aggressivität, ein Protest, der aber nicht erlaubt ist, nicht nach außen gehen darf und deswegen zu einem selbst geht. Auch dieses ist nicht bewußt, es ist ein Protest, eine stille Auflehnung, ohne daß einer es merkt, oft leider genug auch ohne daß derjenige es selbst merkt. Ohne daß er merkt, daß er sich krank macht.

Da passiert sehr viel um uns herum, womit ich als Person nicht einverstanden bin, wo ich mich auch nicht anpassen kann, wo ich auch nicht die Fähigkeit habe, mich aufzurichten und "nein" zu sagen. Und dann passe ich mich irgendwie an, dabei meine Identität zum Teil verlierend und mich krankmachend.

Dann kommt die zweite Form, das ist die passive Auflehnung.
Anders als die stille Auflehnung, ist das schon ein Stück weiter: ich merke, es paßt mir nicht. Ich merke, es gelingt mir nicht, ich kann nicht mitgehen. Dieses zeigt sich in Rückzug. Leute, die nicht protestieren, die sich nicht deutlich auflehnen, die sich aber zurückziehen. Es sind nicht unbedingt große Auflehnungsaktivitäten, aber es fängt schon an, da paßt irgendwas nicht bei mir. Darunter sehe ich auch die Depressivität.
Depressivität ist eine nicht gelungene Auflehnung. Ein nicht gelungener Protest. Die Person zieht sich zurück und ist nicht mehr zu Aktivitäten in der Lage. Es werden immer mehr Aktivitäten von ihm kaputt gemacht.

Die dritte Form der Auflehnung ist die laute Auflehnung.
Das ist die Auflehnung, womit die Gesellschaft schon mehr Schwierigkeiten kriegt. Es ist das vorwurfsvolle Reden oder das laute Schreien, das Schimpfen und deutlich den Ärger rauslassen. Hierin wird klar: "es paßt mir nicht und ich will es nicht". Das ist in dem Sinne ein bewußteres Auflehnen als die zwei vorigen Formen. Die Person ist noch längst nicht soweit, daß sie formulieren kann was sie will, aber sie kann wenigstens schon sagen, was sie nicht will. Was da wieder passiert, ist, daß da wieder eine Introjektion anfängt. Sobald ich laut werde, sagt irgendeiner in der Umgebung: "schscht, man muß ja nicht so laut sein, nicht! Das kannst du auch leise sagen."
Und das schließt immer schön an, weil es irgendein Satz ist, den er früher mal gehört hat. Um laut schreien zu können, brauche ich wieder die Fähigkeit, mich aufrichten zu können. Ich muß Standfestigkeit haben, ich muß gut stehen können, erst dann kann ich mich auch ganz laut äußern. Das bedeutet, wenn meine Standfestigkeit psychisch, körperlich nicht groß ist, dann bin ich auch nicht zu viel Auflehnung fähig, paß mich immer mehr an, mach mich dabei auch immer mehr kaputt, und das kann sich dann auch in Krankheiten äußern.

Dann kommt die sichtbare Auflehnung.
Diese ist nicht unbedingt laut, aber sie zeigt deutlich: ich will es anders. Es ist die Auflehnung, die z.B. gegen Regeln verstößt. Rückfälle sind, meine ich, sehr oft Zeichen für sichtbare Auflehnung. Wenn in einer Alkoholikereinrichtung einer wieder gesoffen hat, dann ist es blöde, daß das immer bestraft wird, weil es ist ein sichtbarer

Protest. Er kann mit der Situation offensichtlich nicht zurechtkommen, sie paßt ihm nicht. Und er zeigt durch sein neuerliches Trinken, daß ihm diese Situation nicht paßt. Er ist aber nicht zu lauter Auflehnung in der Lage und auch nicht zu einer nächsten Art der Auflehnung weil die Standfestigkeit gerade nicht die größte ist.
Auch Drogen benutzen ist zum Beispiel eine ganz deutliche Form von sichtbarer Auflehnung, weil das gegen die gesellschaftlichen Regeln verstößt und ganz deutlich zeigt, daß die Person mit der Gesellschaft nicht zurechtkommt. Die paßt ihr so nicht, sie ist aber nicht in der Lage, eine andere Gesellschaft zu entwickeln.

Die letzte Form der Auflehnung ist die laute und sichtbare Auflehnung.
Das ist die Auflehnung, die wir kennen in Protesten in Friedensinitiativen, in Protestdemonstrationen und auch in Streiten, wo jeder sagen kann, was er will. Der Punkt ist, daß manche Auflehnungstendenzen kaputt gemacht werden. Wenn einer sagt: "so will ich's nicht" ist die Antwort sofort: "was willst du denn?"
Das kann er überhaupt noch nicht sagen. Die zwei passen nicht zusammen. Er fühlt nur, daß er sich nicht wohlfühlt und das will er erst einmal weghaben. Du merkst auch oft im persönlichen Streit, daß ein Partner nicht direkt anfängt mit Forderungen. Es fängt erst an mit streiten: "Nein, so will ich's nicht" und in dem Streit entdeckt jeder dann für sich, was er eigentlich will.

Diese Ausführung geht letztlich dazu: "Was machen wir damit in der Therapie?" In der Therapie wird für Auflehnung ein anderes Wort benutzt, das freundlicher und nicht so deutlich ist: "Widerstand".
Wie gehen wir mit Widerstand um?
Das sind ganz komische Sachen mit dem Widerstand. In der Medizin ist Widerstand ein sehr sinnvolles Element. Wenn wir keinen körperlichen Widerstand haben, wenn wir keine körperliche Widerstandsfähigkeit haben, werden wir krank. Das Ziel der Mediziner ist, unsere Widerstandsfähigkeit so groß wie möglich zu machen. Das Ziel der Psychotherapeuten sieht aus, als wäre es, die Widerstandsfähigkeit so gering wie möglich zu machen. Und die Frage ist warum?

Also, all diese Ablehnungsformen, die ich eben beschrieben habe, finden wir in der Therapie wieder. Therapeuten sagen dann: "Der Klient hat Widerstand". Er will errei-

chen, daß der Widerstand verschwindet. Ich sage nein!
Der Widerstand muß größer werden. Weil, was tun wir, wenn wir einem seine schon geringe Auflehnungsmöglichkeit unterdrücken oder wegnehmen? Dann machen wir ihn noch mehr krank. Wenn wir Auflehnungen unterbinden, dann führt das dazu, daß wir die Person ein Stückchen rückwärts schieben in seinen Auflehnungsmöglichkeiten. Das bedeutet, wenn er nicht mehr laut schreien darf, muß er einen passiven Protest suchen, und wenn er keinen passiven Protest mehr haben darf, muß er die stille Auflehnung suchen, dann muß er sich krank machen.
Warum haben Therapeuten so viel Schwierigkeiten mit Widerstand?
Letztes Jahr haben wir vom Institut HEEL an unsere Teilnehmer als Neujahrsgruß den Satz geschickt: "Widerstand schützt das Leben", verbunden mit einem wichtigen Spruch von Mandela aus Südafrika, als Zeichen dafür, wie wichtig es ist, Widerstand bis zum Ende durchzuhalten und nicht aufzugeben. Wo der Mann die Kraft herholt, mag Gott wissen, wir jedenfalls nicht. Aber wenn wir das sehen als Beispiel, dann müßte jeder Therapeut sich totschämen, wenn er versucht, bei irgendeinem Klienten den Widerstand zu brechen oder zu erniedrigen. Widerstand haben wir so lange, wie wir ihn brauchen. Wenn wir ihn nicht mehr brauchen, dann werden wir ihn weglegen. Was macht es Therapeuten so schwierig, wenn der Klient nicht mitmachen will? Was soll's! Wenn der Klient irgendeinen Vorschlag des Therapeuten nicht mitmachen will, dann zeigt das, daß er wenigstens eine ganz geringe Auflehnungsfähigkeit noch hat.
Wenn der Therapeut die nicht ernst nimmt und versucht, sie klein zu machen und den Klienten an sich anzupassen, dann verstärkt er weiter die Introjektionsfähigkeit des Klienten: der verleugnet sich, verfremdet sich von sich selbst. Die große Schwierigkeit ist natürlich, daß die Therapeuten auch nicht gelernt haben, wie sie sich auflehnen können. In der Gestalttherapie darf man jedenfalls mal laut schreien, wenn es gegen die imaginären Väter und Mütter ist. Aber nicht, wenn es gegen den Therapeuten ist. Weil der Therapeut gelernt hat, laut zu schreien gegen seinen Vater und Mutter. Aber ganz wenig gelernt, laut zu schreien gegen die Gesellschaft. Laut zu schreien gegen Sachen um ihn herum. Gegen Sachen, die uns stören, die uns jetzt noch stören. Auch Therapeuten sind unheimlich anpassungsbereit. Das merken wir jetzt auch mit unserem Insitut. In den Kontakten mit vielen anderen Instituten geht es ständig darum,ob und wie wir uns an gesellschaftliche Normen anpassen wollen. Das bedeutet

für uns, daß wir als Institut Heel mancher gesellschaftlichen Norm nicht entsprechen und auch nie entsprechen werden, weil es mir wichtig ist, daß wir bestimmte Sachen in Anpassung an die Klienten durchsetzen können und das steht normalerweise quer dazu sich an die Gesellschaft anzupassen.

Jedenfalls werden wir uns nicht so ändern, daß wir uns anpassen an alle gesellschaftlichen Normen, meistens von höheren Schichten in der Gesellschaft gesetzt, von Medizinern z.B. und von großen Fachvereinen. Damit würden wir uns verleugnen und auch ein Teil der Klienten. Ich plädiere dafür, daß wir versuchen, in der Therapie Klienten auflehnungsfähig zu machen. Was bedeutet, daß jede Widerstandsform, wie klein auch, gestärkt wird. Das bedeutet, den Widerstand ernst nehmen als Äußerung der geringen Auflehnungsmöglichkeit. Es geht darum, daß wir Klienten unterstützen, sich auf beide Beine zu stellen, daß sie standfest werden, daß sie sich aufrichten können.

Das ist die eine Seite, und die andere ist, daß sie sich gegen uns anlehnen können mit ihren Auflehnungen. Und wenn wir das nicht machen, sowohl das eine aufbauende wie auch das andere anlehnende, dann werden die Klienten nie auflehnungsfähig.

Wenn sie das nicht werden, werden sie nie ihre eigenen Bedürfnisse entdecken. Denn es geht darum, daß sie ihre eigenen Bedürfnisse wahrnehmen und vertreten können und das auch dürfen.

Das können sie nur, wenn sie sich auch gegen den Therapeuten wehren dürfen. Widerstand ist lebensnotwendig. Ich möchte dies abschließen mit einigen persönlichen Aussagen.

Meine Therapie ist Auflehnung.

Ich mache Gestalttherapie, weil Kinder nicht schreien dürfen.

Ich mache Gestalttherapie, weil ich im KZ Dachau nicht auf die Wände schreiben darf.

Ich mache Gestalttherapie, weil behinderte Menschen nicht aggressiv sein dürfen.

Ich mache Gestalttherapie, weil Klaus tut, was man von ihm erwartet.

Ich mache Gestalttherapie, weil an jeder Ecke eine Apotheke steht.

Ich mache Gestalttherapie, weil Petra jedem Konflikt ausweicht.

Ich mache Gestalttherapie, weil mit Frank jeden Tag nichts gemacht wird.

Ich mache Gestalttherapie, weil mein Vater zwei Jahre in deutscher Kriegsgefangenschaft war.

Ich mache Gestalttherapie, weil ich Geld verdienen will.
Ich mache Gestalttherapie, weil wir einander verletzen.
Ich mache Gestalttherapie, weil Jan seine Tränen festhalten muß.
Ich mache Gestalttherapie, weil meine Schwester jahrelang in der Psychiatrie war.
Ich mache Gestalttherapie, weil in Dachau noch immer Plastikrosen vor den Brennöfen stehen.
Ich mache Gestalttherapie, weil Karin zwei Abtreibungen machte.
Ich mache Gestalttherapie, weil die 14 Chilenen immer noch nicht hier sind.
Ich mache Gestalttherapie, weil die holländischen Marineschiffe nach Iran gehen.
Ich mache Gestalttherapie, weil ich Tränen in den Augen habe.
Ich mache Gestalttherapie, weil ich dir Glück wünsche.
Ich mache Gestalttherapie, weil ich leben will.
Ich mache Gestalttherapie, weil ich frei bin.
Ich mache Gestalttherapie, weil ich sagen kann, was ich kann. Und weil ich nicht alles sagen kann.
Ich mache Gestalttherapie, weil ich liebe.

Damit ist das, was ich Euch erzählen wollte, abgeschlossen.

Gestalttherapie als Teil einer methodenübergreifenden Therapie

Christian Gottwald

Vortrag

Ich habe ziemlich viel Zeit investiert, das eigene Welt- und Menschenbild auszuformulieren, um in der Lage zu sein, es bei Klienten auch ausdrücklich durchsichtig machen zu können, wenn sie es wünschen, und um eine offene Auseinandersetzung damit zu ermöglichen, möchte jedoch hier nicht zu sehr in Details darauf eingehen. Nur soweit: Für meine Grundhaltung in der Therapie ist wichtig, daß ich den Menschen auf der einen Seite als ein so hochkomplexes Wesen mit tausenden von Faktoren durch die er bestimmt ist, ansehe, daß ich überzeugt bin, daß wir als Therapeuten kaum in der Lage sein werden, dieses komplexe System besser zu übersehen oder gar zu lenken als der Klient selber. Ich möchte mich als Therapeut eher als eine Art Bergführer verstehen, der Menschen anregt, bestimmte Areale ihres Bewußtseinsfeldes genauer kennen zu lernen und auch selten oder nie genutzte Gebiete ihrer Daseinsmöglichkeit in der Auseinandersetzung mit ihrer Umwelt und ihrer Gestaltung auszuprobieren und innere Spaltungen aufzuheben. Ich möchte ihnen beistehen, die ganze Kraft und die Weite ihrer Möglichkeiten kennen zu lernen und wenn sie möchten, ihr höheres Selbst wieder zu erfahren und die Grenzen ihrer bisherhigen Existenz ausweiten auf immer größere Entitäten unserer uns umgebenden Welten, also unsere Mitmenschen und die uns umgegende Natur in ihrem kosmischen Zusammenhang, der für mich unzweifelhaft göttlich ist ohne daß ich diese Entität definieren könnte. Ich möchte meine eigene nicht übertragbare Erfahrung auch nicht anderen aufzwingen, aber doch ähnliche Erfahrungsmöglichkeiten ansprechen, wenn es wichtig erscheint.

Das sind große Worte. Doch ich kann in mir auf dieses Bewußtsein nicht mehr verzichten. Grundsätzlich also therapiere ich und stehe Menschen bei in ihrer Induviduation und wirke immer wieder auch initiatisch.

In der konkreten alltäglichen Arbeit ist es für mich hilfreich, wenn ich nur nicht von dem beeindruckt bin, wo und wie ein Klient innerlich üblicherweise seine eher automatischen Wege zurücklegt, mit deren Einseitigkeit er selber nicht zufrieden ist. Ich

bewege mich nicht ausschließlich in seinen Gewohnheiten, sondern erkenne auch andere Teile seines Bewußtseinshintergrundes und suche sie auf. Um mich in diesem Vorhaben zu unterstützen, greife ich auf verschiedene quasi "Landkarten" zurück, die die Ganzheit menschlichen Daseins abbilden. Natürlich ist das Bewußtsein unerläßlich, daß solche Landkarten nicht identisch sind mit dem Gebiet, das sie bezeichnen. Ich brauche verschiedene Bilder, da die Komplexität unserer Realität und von therapeutischen Prozessen nicht im geringsten in einem Bild wiederzugeben ist. So wie die Realtität des Lichtes in analogen Bildern als Welle oder Korpuskel dargestellt wird, arbeite ich mit analogen und parallelen Bildern, nachdem ich bei Werner Arnet den Wert solcher Bilder als mögliche Koordinationssysteme kennengelernt hatte. So lernte ich weitere Bilder kennen und entwickelte eigene, nachdem ich vorher lange Zeit aus dem Vertrauen auf unseren ganzheitlichen Ansatz heraus überwiegend meiner Intuition vertraut hatte, aber feststellen mußte, daß ich deutlich zu Einseitigkeiten neigte und wichtige Wahrnehmungen und Einflußmöglichkeiten außer acht ließ.
"Landkarten" ermöglichen klarere Strategien in der Arbeit und verbessern die Orientierung in einem Prozess. Sie helfen mir, nicht in taktischem Vorgehen verloren zu gehen und wieder den Überblick zu gewinnen. Sie dürfen jedoch nur als Richtungszeichen verstanden werden. Ständig muß die Bereitschaft vorhanden sein, sich auch wieder zu trauen, diese Art der Orientierung aufzugeben, wenn der Klient anzeigt, daß die Landkarte wieder einmal anders ist als das Gebiet, in dem wir uns bei ihm befinden.

Zunächst eine kleine Übersicht über einige Bilder oder Landkarten auf die wir am Schluß vielleicht noch detaillierter eingehen können.

Farbmodell

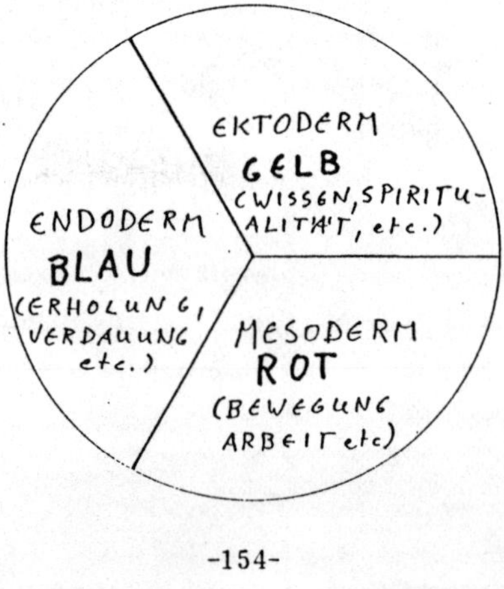

W. Arnet hat uns diese Farbanalogie für das Wesen allen Seihenden nahegebracht, die ein die Ganzheit umfassendes Bild gibt, in dem Einzelphänomene sehr allgemein in ihrer Stellung und Zugehörigkeit zum Ganzen gekennzeichnet sind. Licht beschreibt die Ganzheit, in der alle Farben und somit Einzelelemente dieser Ganzheit enthalten sind. Es besteht aus den einzelnen Regenbogenfarben, von denen wir hier nur die drei Grundfarben herausgegriffen haben. Ich kann sie als Analoga allen Phänomenen des Daseins zuordnen. Bezogen auf unsere menschliche Wirklichkeit können z.B. die drei Grundfarben den drei Keimblättern zugeordnet werden, aus denen wir entstanden sind: Ektoderm, Mesoderm und Endoderm, oder unserem geist-seelischen-körperlichen Dasein. Jede der Farben bezeichnet aber auch bestimmte Qualitäten unseres Daseins. Z.B. Gelb ist dem Ekoderm und somit dem Nervensystem zugeordnet, meint aber auf einer anderen Ebene auch unsere geistige und auf noch einer anderen Ebene unsere spirituelle Seite. Ich kann diese Analogien auf viele Phänomene des Daseins übertragen. Mir bedeutet dieses Bild immer einen anschaulichen Hintergrund für meine Weise integrativer Arbeit, in der alle Ebenen menschlicher Realität einbezogen gehören. Ich muß alle Keimblätter einbeziehen, z.B. auch das Endoderm, also den Mund-Magentrakt wie ich es in der organismischen Therapie betont fand. Angesprochen sind Phänomene wie stille Betrachtung, Faulsein, Assimilieren, etc. Ich darf die spirituelle Dimension auf der anderen Seite nicht übersehen. Ich weiß nicht, wieviel Zeit am Schluß noch bleibt, um in Einzelheiten einzusteigen. Ich finde es gut, immer wieder einmal auf diese einfache Gesamtschau zurückzugreifen, in der die Einzelphänomene ihren Platz haben ohne zu genau umschrieben zu sein. Es hilft mir, leicht das Ganze in seiner groben Unterteilung zu vergegenwärtigen ohne den Blick für wichtige Bestandteile zu verlieren. Es hilft auch, wichtige Schwerpunkte einer Struktur in einem einzelnen Menschen oder in Gruppierungen zu sehen, oder auch den Ansatzpunkt einzelner Übungen oder von Interventionen der eigenen Arbeitsweise. Dabei fallen dann oft Einseitigkeiten auf, die mir in einer gewohnten Betrachtungsweise nicht aufgefallen wären. Weiterhin könnten wir durch solche Farbanalogien auch die Bedeutung und den Ansatzpunkt einzelner Therapieformen in einem Gesamtmodell einordnen, wie es W. Arnet hier ausgearbeitet hatte.

Im Folgenden nun ein von mir erarbeitetes System, das mir bei der Orientierung in der verwirrenden Vielfalt der Phänomene, bei denen ich in der Therapie gerade ansetze, dient. Es läßt mich besser erkennen, was bei Klienten in der Auseinandersetzung zwischen sich und der Umwelt mangelt.

Energie-Wachstumsspirale (siehe Abbildung nächste Seite)
Ich zeichne hier ein Rahmenmodell, wie Menschen mehr oder weniger effektiv und für sich oder ihre Umgebung sinnvoll Kontakt von innen nach außen herstellen und wieder zu sich zurückkommen. Wir können auch sagen, wie Menschen Gestalten aus dem Hintergrund aufsteigen lassen, identifizieren und im Kontakt mit sich oder der Umgebung zum Abschluß bringen. Umgebungen können einzelne Menschen oder ganze Gruppierungen in einer politischen Dimension sein oder Arbeiten mit materiellen Herausforderungen oder auch geistige oder göttliche Entitäten. In dieser Auseinandersetzung kann Energie gewonnen werden und Wachstum sich ereignen oder Energie verloren werden und Wachstum eingeschränkt werden. Deshalb habe ich dieses Modell Energie-Wachstumsspirale genannt. Sie sehen auf der einen Seite das Individuum und auf der anderen Seite die Umwelt, das Außen, angezeigt. Wenn dieser Mensch effektiv und sinnvoll mit sich und der Umgebung im Austausch steht, wird er immer mehr sinnvolle Wirkungen für sich und die Umgebung erreichen. Deshalb habe ich hier eine Spirale gezeichnet, die in höheres und weiteres Niveau führen kann oder bei Ineffektivität auch in Einengung einmünden könnte.
Zunächst ein Überblick: Eine Gestalt z.B. in Form eines Bedürfnisses meldet sich, wird mit verschiedenen Zwischenstufen wahrgenommen, geäußert, erfährt eine Reaktion aus der Umgebung, wird aufgenommen und eventuell assimiliert und führt zur Befriedigung und Entspannung.
In der Therapie begegnen uns entwicklungsbedingte Störungen auf den verschiedensten Zwischenstationen der Spirale. Menschen leben innerlich in einer Umgebung, die der früheren Umgebung mehr oder weniger ähnlich ist. Sie haben bestimmte Grundannahmen über die Welt beibehalten, die sie aus den Gegebenheiten dieser frühen Umgebung gewonnen haben. Ich habe diese Realität als Schatten der Vergangenheit bezeichnet und als Nebel über diesem Bereich eingezeichnet. In der Gestalttherapie kennen wir sie als Introjektionen. Die damit einhergehenden meist unbewußten Vorurteile behindern Neurotiker an der Wahrnehmung der jetzigen Welt. Es kommt zu Störungen in der Interaktion mit ihr. Diese sind Gegenstand unserer Einwirkung.
Zum Zurechtfinden in der durch die Entstehungsgeschichte bedingten Organisation von

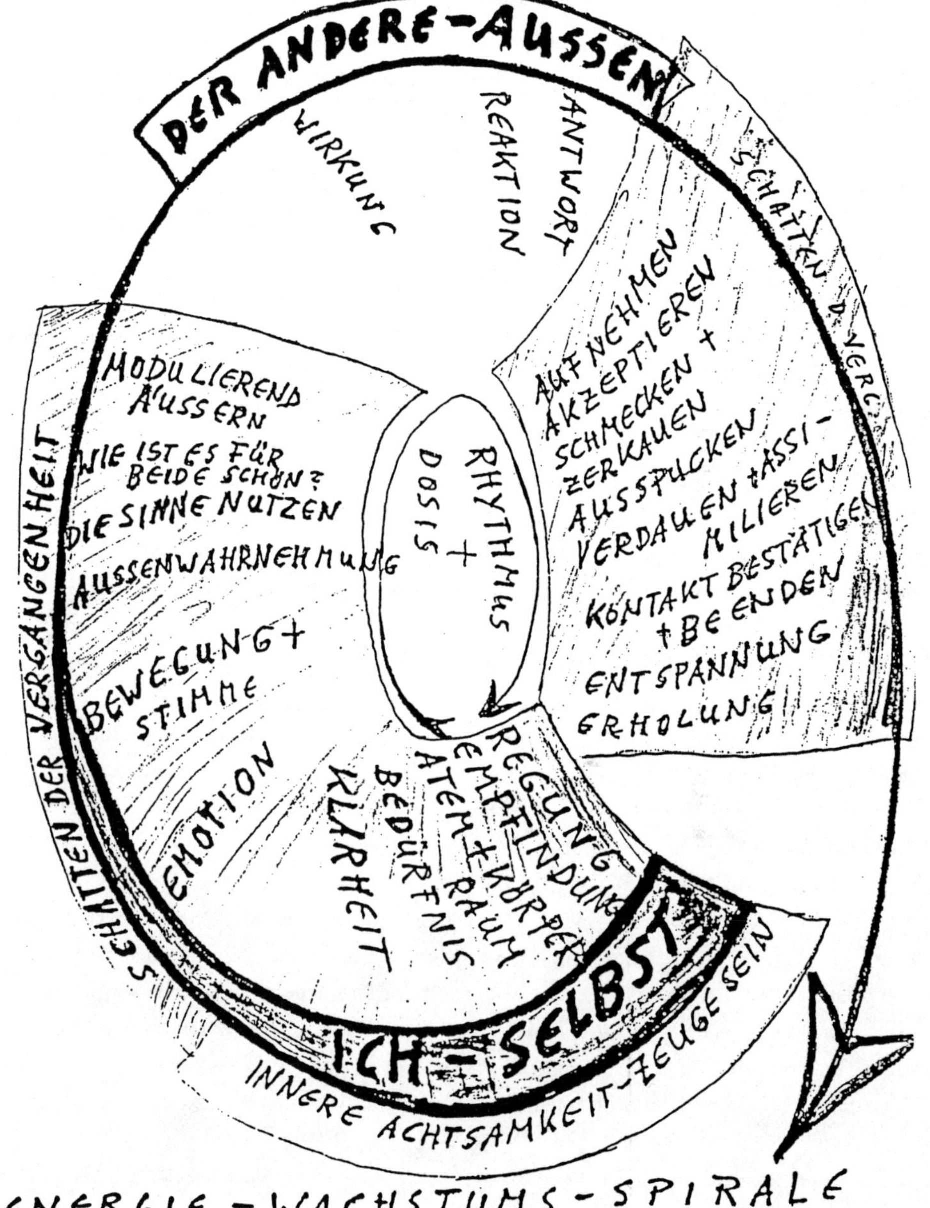

ENERGIE - WACHSTUMS - SPIRALE

Menschen finde ich die charakteranalytische Theorie weitaus am fundiertesten und unerläßlich als Hintergrund meiner Arbeit. Ich bin überzeugt, daß Perls auch deshalb so erfolgreich mit wildfremden Menschen arbeiten konnte, weil sein analytischer Hintergrund für ihn ein so selbstverständlicher Hintergrund war, daß ihm seine Bedeutung für seine Arbeit nicht mehr so recht bewußt war. Ich spreche hier nicht davon, daß die Psychonanalyse als Behandlungstechnik in den meisten Fällen antiquiert sein mag, sondern spreche von der Bedeutung der analytischen Charaktertheorie insbesondere in der Nachfolge von Wilhelm Reich. Sie bildet einen hilfreichen Bewußtseinshintergrund für das Verständnis der Genese und damit in die geschichtliche Dimension des Gegenwärtigen und von Ausprägungsformen menschlichen Bewußtseins. Für mich bedeutet es eindeutig einen Gewinn, als ich mich wieder bewußter auf sie bezog. Sie erleichtert erheblich, den Kern der vorliegenden Organisation zu erahnen, aufzufinden und festzustellen, welche grundlegenden Erfahrungen zu den zentralen Überzeugungen führten. Die zentrale Bedeutung von eingefleischten und zunächst unbewußten Überzeugungen, die im Nervensystem in Zusammenhang mit bestimmten Mustern gespeichert sind, und die bei bestimmten Auslösern immer wieder assoziativ das Bewußtsein überschwemmen und die Daseinsqualitäten beeinflussen, war mir während meiner reinen Gestaltzeit noch nicht so klar wie heute. Zu ihrer Auflösung oder Erweiterung ist die Wiedereröffnung der frühen prägenden Erfahrungen häufig doch notwendig, um die Voraussetzungen zu verstehen, die zu einengenden oder rigiden Überzeugungen führten. Insbesondere Menschen mit frühen und schweren Störungen wurden von mir früher oft mißverstanden und überfordert. Es erscheint mir im Nachhinein eine regelrechte Barbarei zu sein, wenn ich früher diese Menschen damit traktierte, sie sollten die Verantwortung für bestimmte Muster oder gar Gefühle übernehmen, ehe sie überhaupt über ein halbwegs stabiles Ich verfügten. Die Anforderung, zu Selbstunterstützung zu kommen, wurde mehr oder minder deutlich gezeigt und führte zu einem neuen terrorisierenden Überich für sie. Sie versuchten, ihm gerecht zu werden so gut es eben ging. Ich mußte lernen, daß diese Menschen über einen langen Zeitraum eine primäre Identifikation mit mir als Therapeuten brauchten, um die Aufgabe ihres wesenfremden oder gar wesensfeindlichen, in extremer Not erlernten Ichs aushalten zu können.

Es bedeutet eine ständige Gratwanderung und immer neue Entscheidung, wie aufdeckend und regressiv im Einzelfall gearbeitet werden muß, oder ob einfach über Bewußtwerdung der gegenwärtigen Umgebung eine ausreichende Erweiterung möglich ist.

In der Therapie stehen verschiedene Techniken im Vordergrund. Der therapeutische Prozeß und die Weise des therapeutischen Einstiegs in die Organisation kann in einer senkrecht zur dargestellten Ebene liegenden Dimension aufgezeigt werden. Dazu werden wir später kommen.

Nun zu den einzelnen Zwischenschritten einer Interaktion zwischen Selbst und Umwelt und den therapeutischen Konsequenzen bei den verschiedenen charakterologischen Störungen: Eine aufkommende Gestalt kündigt sich häufig als unspezifische Empfindung oder Regung an. Schon diese ersten Regungen können sehr unterdrückt und retroflektiert sein oder der Mensch kann sich in seinem Bewußtsein von ihnen abspalten. Um sie wahrnehmen zu können, bedarf es einer besonderen Bewußtseinsqualität, die wir im Hakomi Innere Achtsamkeit nennen. Sie unterscheidet sich von der awareness, wie ich sie in der Gestalttherapie kennen gelernt habe. Die Klienten verblieben dort durch zu starke Außenaufmerksamkeit für den Kontakt mit dem Therapeuten zu sehr in einem durch das Großhirn bestimmten Bewußtseinsraum. Es stellte sich zwar ein Kontinuum der Wahrnehmung ein. Dieses betraf jedoch nicht fein genug die tieferen Regungen. Diese können manchmal im inneren Lärm der Selbstgespräche und einer zu hochgespannten Außenkontrolle nicht wahrgenommen werden. Ich werde nachher noch genauer auf die Bedingungen für diese Bewußtseinsqualität eingehen. In der organismischen Psychotherapie lernte ich hier einige sinnvolle Möglichkeiten kennen, die manche Grenzen aus der Gestaltarbeit erheblich erweiterten. Früher nutzte ich mehr noch als heute die Möglichkeit, die inneren Regungen und Empfindungen durch Atemanregung und durch den Körper öffnende jedoch in meiner Weise eher entspannende bioenergetische Positionen deutlicher anzuregen. Besonders erleichternd zur Eröffnung dieser inneren Regungen und der Emotionen ist direkter Körperkontakt. Malcolm Brown unterscheidet dabei katalytische und nährende Berührung. Besonders wichtig war es auch, die Notwendigkeit zu erkennen, daß der körpereigene Rhythmus ein Stammhirn-und Zwischenhirnrhythmus ist und insbesondere die endodermalen Prozesse viel längere Zeiten des Schmelzens brauchten, ehe die tiefen Regungen sich ereignen konnten und ins Bewußtsein eindringen können. Die üblichen mir früher bekannten Gestaltprozesse entsprachen mehr einem Großhirnrhythmus.

Selbstverständlich hat der Körperkontakt nicht die gegenwärtige Befriedigung des Klienten zum Ziel, sondern dient seiner Bewußtseinserweiterung, um später selber Wege zur Bedürfnisbefriedigung oder Transformation finden zu können.

Besonders in der Arbeit mit Gruppen ist es eine gute Möglichkeit, die innere Erregung und den Atem durch Mobilisationsübungen in der Gruppe deutlicher spüren zu können. Meist arbeiten die Teilnehmer dabei in Untergruppen zu zweit oder zu dritt und unterstützen sich gegenseitig. Die Mobilisation des Körpers eröffnet ein ganz besonderes Bewußtsein unserer Lebensenergie, die zur Unterstützung unserer bedürftigen und schwachen Seiten sehr wichtig ist. Darüber hinaus kommt auch häufig Wut und Freude auf und auch der Schmerz, der einen Menschen in seiner Geschichte dazu gebracht hat, seine Lebensenergie auf kleinerem Niveau zu halten.

Es begegnen uns bei Klienten in diesem Bereich alle möglichen Störungen, die uns unmittelbar in die Entstehungsgeschichte und die frühe Umgebung der Klienten führen und die für ihn in regressiver Arbeit besonders im direkten Körperkontakt dann auch wieder erfahrbar werden kann, so daß er die Notwendigkeit für sein Verhalten aus dieser Perspektive erkennen kann.

Menschen brauchen Klarheit für ihre gegenwärtigen Bedürfnisse und ihr inneres Wollen und Wünschen in Bezug zur Umgebung und lernen Konfluenz, Konfusion, Deflektion, Retroflektion und Introflektionen leichter erkennen und überwinden. Im Rahmen der Besprechung des einzelnen therapeutischen Prozesses gibt es dazu noch eine Menge zu sagen.

Emotionen sehe ich vor allem als zentrale Kraft an, für den eigenen Kern aufmerksam zu werden, und das Innere von Menschen unmittelbar und kraftvoll anderen Menschen nahe zu bringen. Wenn sie als unterstützende Kraft in der Kommunikation chronisch fehlen, wird ein Kontakt leicht langweilig und unwesentlich. Andererseits gibt es auch die Gefahr - besonders bei hysterischen Strukturen, daß sie Selbstzweck werden und die Klarheit fehlt, was die Emotion eigentlich aus dem Wesen von innen nach außen befördern soll, wie es der Name Emotion eigentlich sagt. So gehört die Emotion selbstverständlich wieder in den Kontext der ganzen Person integriert und ist niemals Selbstzweck therapeutischen Handelns wie es in der Gestalttherapie klar erkannt wurde. Sie verweisen immer auf eine hinter ihnen liegende Tiefe.

In diesem Zusammenhang noch etwas zur groben Richtung meiner Arbeit: Ich schaue meistens sehr danach, wo Heilungsmöglichkeiten liegen. Z.B. bei Gefühlen beinhaltet die Traurigkeit ein Bewußtsein für das, was eigentlich fehlt, der Neid enthält den Wunsch, was sein sollte. Besonders wichtig finde ich, daß Wut für etwas eintreten will, das bedeutsam für den betreffenden Menschen ist. Es ist ganz wichtig für ihn, diesen Teil seiner Wut zu identifizieren, da sonst die Gefahr besteht, dieses Gefühl sinnlos auszuagieren. Schmerz ist ebenfalls kein Selbstzweck, sondern beinhaltet das Bewußtsein des Mangels dessen, das fehlt oder des Schädigenden, dem es zu entgehen gilt. Ich versuche einerseits, möglichst schnell in diese positive Richtung zu kommen, ohne jedoch andererseits die inneren Barrieren vorschnell überschreiten zu wollen. Manchmal gibt es jedoch Klienten mit Vorerfahrung in bestimmten Therapieformen, bei denen eine regelrechte Schmerzgläubigkeit und ein Verdrängen des Positiven vorliegt in der Überzeugung, daß Gutes nicht weiterhilft, sondern ausschließlich der Weg durch den Schmerz. So werden auch unsinnigerweise manchmal positive Erfahrungen aus der Vergangenheit fast verdrängt, in jedem Fall jedoch übergangen. Ich bemühe mich insbesondere in der Phase der Integration öfters, - falls der Klient zustimmt - positive Erfahrungen für eine Zeit lang in seinem Bewußtsein zu stabilisieren. Das heißt nicht, daß ich wichtige schmerzliche Erfahrungen nach wie vor für unumgänglich halte.

Ich sehe eine besondere Notwendigkeit darin, die Entäußerung des eigenen Inneren so zu modulieren, daß ich möglichst hohe Chancen habe, in einer bestimmten Umgebung mit meinen Gefühlen etwas Sinnvolles auszurichten, und finde den unbedingten Ausdruck der eigenen Gefühle wie ihn Perls manchmal zu schätzen schien, nicht sinnvoll.
Ich achte sehr darauf, daß auch die Qualität der jeweiligen Umgebung wahrgenommen wird, um effektiv werden zu können. Hier besteht machmal eine Begriffsverwirrung, da ein solches Wahrnehmen und Modulieren nicht bedeutet, die Richtung der eigenen Intention aus dem Auge zu verlieren. Im Gegenteil beugt sie der Frustration und folgenden Resignation vor.
Ich kann wegen der Kürze der Zeit nicht auf alle Elemente der Spirale eingehen, möchte hier aber besonders erwähnen, wo ich besonders häufig auch noch Gestalttechniken verwende. Die Technik des gelenkten Verhaltens regt dazu an, eine Bewegung nach außen einfach zu erfahren und Äußerungen zu riskieren, um die entsprechenden Hemmungen dann leichter im Zentrum des Bewußtseins zu haben. Eklatant ermöglichen Gestalttechniken eine bessere Außenwahrnehmung und unterstützen den Gebrauch der

Sinne wieder. Die Identifikation mit einem Gegenüber macht hier leicht auf vorhandene Diskrepanzen aufmerksam.
Wir betonen an dieser Stelle der Spirale besonders auch die Frage, wie es für beide Seiten schön werden könnte. Die von manchen Gestaltschülern weitergetragene "I am I, You are you" - Ideologie fand ich immer schon schrecklich. Gott sei Dank scheinen sich inzwischen alle einig in dieser Kritik.
In den Gruppen kann jede der Zwischenstationen dieses Zyklus in Experimenten erfahrbar oder auch in Phasen der Integration regelrecht eingeübt werden. Wir verwenden dabei zur besseren Veranschaulichung mitunter auch die Videokamera.

Der therapeutische Prozess (siehe Abbildung nächste Seite)
Ich beschreibe hier einen zusammenhängenden Prozess wie er besonders in der Einzelstunde typischerweise ablaufen kann. In der Gruppe werden immer wieder auch nur einzelne Anteile dieses Zyklus vonstatten gehen. Sie komplettieren sich jedoch im Laufe der Zeit auch und ermöglichen eine immer schnellere Vervollständigung dieses Zyklus bei passender Gelegenheit.
Ein therapeutischer Prozess unterliegt einer gewissen grundsätzlichen Regelhaftigkeit und kann darin aufgezeichnet werden. Es bedeutet für mich immer wieder eine Unterstützung, mir zwischenzeitlich zu verdeutlichen, in welcher Phase dieses Prozesses ich mich eigentlich befinde. Ich habe schon erwähnt, daß dieser therapeutische Prozess von entsprechenden Störungen von Zwischenschritten in der Spirale in einer senkrechten Ebene zur Energie-Wachstumsspirale eingezeichnet werden kann. Sie sehen hier drei Säulen, in denen in einer Aufeinanderfolge und einem Aufeinanderbezogensein das beschrieben wird, was der Therapeut tut, welche Erfahrungen im Klienten angesprochen sind und welche Bewußtseinsqualitäten dabei von Nöten sind.

Im Anfang steht die Notwendigkeit, den zu untersuchenden Teil der Organisation von Menschen zu vergegenwärtigen, ihn wirklich erfahrbar zu machen. Die Eingangspforte zur Untersuchung ist das Experiment. Die aus der Gestalt bekannten Techniken der Hot seat Arbeit und des Rollenspiels sind hervorragend geeignet, um genauer einzukreisen, worum die unrealistische oder zu einseitige und eingeengte Erfahrungsweise eigentlich kreist, den Konflikt zu identifizieren. Unübertroffen ist die Möglichkeit, im Rollentausch Projektionen wieder zu eignen. Darüber hinaus aber habe ich gelernt,

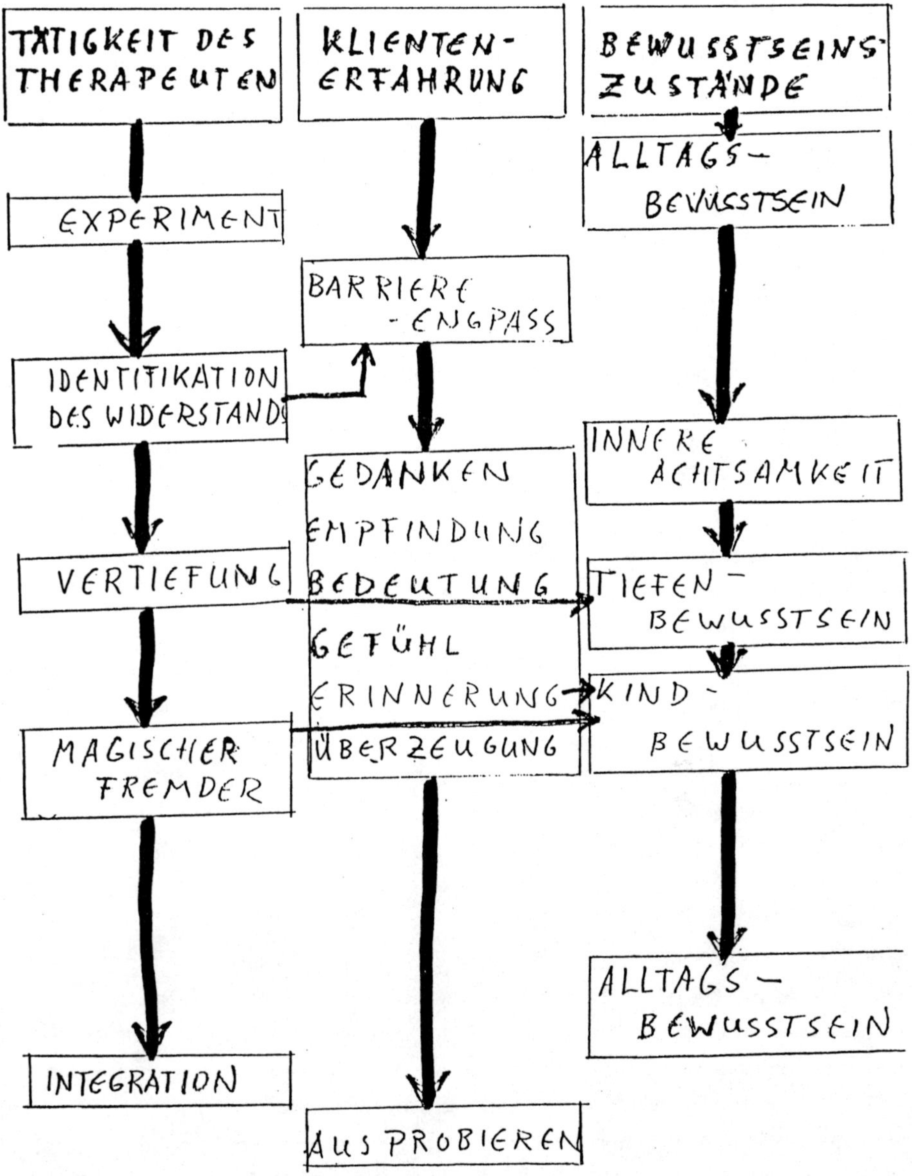

DER THERAPEUTISCHE PROZESS

daß es notwendig ist, diesen Bereich möglichst fein in den Focus der vorhin schon angesprochenen Inneren Achtsamkeit nehmen zu können. Dazu muß die Umgebung ganz sicher sein und die inneren Geräusche müssen vermindert werden. Eine wesentliche Hilfe dabei ist es, wenn ich Bestandteile dessen, was der Klient spontan tut, für ihn übernehme. Wenn er sich z.B. zurückhält, sich zu bewegen, würde ich ihn nicht mehr wie früher ermuntern, den Impuls zu übertreiben, sondern ihm selbst oder durch einen Assistenten das Zurückhalten abnehmen. Er kann dann viel leichter erkennen, was ihn von der Bewegung zurückhält. Dadurch ist auch ein leichterer Eingang in die konstituierende Erinnerung möglich. Der Klient soll sich eher entspannen können. Die Geschwindigkeit der assoziativen Abfolge in einem Muster kann oft nur erkannt werden, wenn der Prozess wesentlich verlangsamt wird.
Obwohl mein Lehrer Werner Arnet sehr sanft arbeitete, habe ich gelernt, noch wesentlich gewaltfreier zu arbeiten. Die Art der Therapien vertiefte sich enorm, wenn ich wirklich bereit war, den Klienten sanft in seinen Vorstellungen zu berühren und ihn freundlich und respektvoll in seiner inneren Welt zu besuchen. Ich nehme von mir aus Kontakt auf und mache das auch durch kleine Bemerkungen spürbar und erwarte nicht, daß er Wege finden muß, mich zu erreichen. Das nimmt ihm auch weitere bewußtseinsvernebelnde Anstrengung ab, die ihn beeinträchtigen würde, sich ganz fein innerlich zu spüren. Ich lasse mir seine ureigenen Bedürfnisse von ihm selbst zeigen. Die Art der awareness gewann durch diese Verfeinerung der Einstellung eine andere Qualität, so daß ich bei dieser Bewußtseinshaltung inzwischen wie im Hakomi lieber von Innerer Achtsamkeit spreche im Unterschied zu der oberflächlichen Innenbeobachtung, wie ich es aus meiner frühen Zeit kannte. Die Therapie wird dann zu einer gemeinsamen Meditation.

Der Bereich, der von Interesse ist, ist die Gegend des Engpasses, des Widerstandes oder, wie es im Hakomi heißt, der Barriere, die einer gesünderen Lebensweise im Wege steht. Die wirklich fatale Barriere ist im Inneren des Klienten. Diese innere Barriere kann ich leichter auffinden, wenn ich ihm wirklich einmal anbiete, woran es ihm mangelt, z.B. körperliche Nähe oder Schutz oder Antwort oder Sicherheit etc. Dann zeigt sich ihm seine innere, einer Erfüllung entgegenstehende Schranke als wirklich sein eigener Bewußtseinsinhalt. Ich habe erkannt, daß meine frühere Gestalttechnik in dieser Hinsicht ohne tiefere Berechtigung zu frustrierend gewesen war. Die entstehenden Möglichkeiten eines sehr bewußten und bewußtmachenden Nahrungsangebots überschreiten eine skillfull frustration, die den Klienten sinnvollerweise auf eine Selbstentfremdung aufmerksam macht und leiten die nächste tiefere Ebene der Untersuchung schon ein. In diesem Zusammenhang noch etwas: In der Gestalt war es üblich, die Manipulationsversuche des Klienten zu frustrieren oder mit Distanz zu behandeln. Statt dessen nehmen wir diese Versuche ebenfalls als völlig gültige Einstiege auf, um die innere Organisation des Klienten kennenzulernen und um zu untersuchen, was bei ihm fehlt, um zur Selbstunterstützung fähig zu sein. Meist stellt sich eine unfertige Gestalt heraus, in der das Kind eine wichtige Unterstützung nicht erhalten hat. Mir erscheint es der einfachere und sinnvollerweise auch weniger schmerzhafte Weg zu sein, in dieser Situation das Kind im Klienten erst einmal aufzunehmen und ihm dann eine bewußtseinserweiternde Unterstützung auf dem Wege zu größerer Autonomie zu gewähren, statt diese von Anfang an zu fordern. Auf der Grundlage einer stützenden Erfahrung ist es leichter, und ab einer gewissen Stufe auch selbstverständlicher, aus eigenen Wachstumsimpulsen heraus zur Autonomie zu kommen.

Dabei ist es notwendig, den Klienten in bestimmten Bewußtseinsebenen anleiten zu können, ohne ihn gewaltsam in etwas hineinzuschubsen. Die Kunst bei dieser Einflußnahme ist, die Inhalte, die aufsteigen, entfalten zu lassen, den Kontakt zu ihnen für den Klienten spürbar zu machen und sie doch nicht von außen zu interpretieren oder zu stören und doch soviel Anstoß zu setzen, daß der Klient seine üblichen Beschränkungen in seinem Bewußtsein überschreiten kann. Um möglichst bei der Art der Bewußtseinsorganisation des Klienten bleiben zu können und wenig verändernden Einfluß zu nehmen, ist es in dieser Phase auch wichtig, keine Rollenwechsel mehr vorzunehmen, sondern zu ermöglichen, daß der Klient die Umgebung, mit der er es innerlich zu tun hat, einfach im Inneren vergegenwärtigen und erfahren kann. Es geht darum, ihm zu helfen, Anschluß an die Tiefe seines Bewußtseins zu gewinnen. Das bedeutet, daß er die Sinne nach innen lenken kann und sich sicher genug in der Gegenwart fühlen kann, alle Ebenen seiner Organisation entfalten zu lassen und eine Verbindung und einen Wechsel zwischen ihnen zu ermöglichen. Mit Ebenen der Erfahrung meine ich Gedanken, Bilder und Vorstellungen, Körpererfahrungen, Gefühle, Erinnerungen, Bedeutung von Einzelheiten seiner Organisation, Erfahrungen und daraus entstandene

Überzeugungen. Diese Ebenen entfalten sich oft in einer gewissen hierarchischen Reihenfolge, in der jede Ebene eine vertiefende Erfahrung für die vorige bedeutet. Es ist aber auch möglich, daß jemand dauernd auf einer für andere Menschen tieferen Ebene also z.B. in Gefühlen kreist ohne die zugehörigen Gedanken wahrnehmen zu können, was dann von Bedeutung ist, sodaß ihre Wahrnehmung ebenfalls eine Vertiefung bedeutet.

Eine wirkliche Verwandlung scheint aber häufig nur zu erreichen zu sein, wenn das Bewußtsein von gestörten Menschen in den Bewußtseinszuständen erweitert wird, die dem kindlichen Bewußtseinszustand entsprechen. Durch Ron Kurtz wurde mir noch einmal deutlich, daß es einen tieferen Bewußtseinszustand in uns gibt, der dem Alltagsbewußtsein nicht zugänglich ist. In ihm können wir uns wirklich als Kind erleben, das wir einmal waren. In diesem Bewußtseinszustand des kleinen Kindes sind die Erfahrungen, die unsere Organisation prägten, unmittelbar zugänglich. In ihm scheinen die einzelnen Bestandteile erfahrbar und außerdem noch nachprägbar zu sein. Ich war am Anfang völlig hingerissen, wie leicht zugänglich unser kindlicher Bewußtseinszustand oft ist, wie eindeutig dieses Kind in uns erfahren werden kann. Außerdem bin ich immer wieder verblüfft über die Eindeutigkeit der regressiven Erfahrung bei Klienten, die im Weinen und in den Bewegungen wieder zu den kleinen Kindern werden, ohne daß sie ihr Erwachsenenbewußtsein ganz verlassen muß. Eine nur vernünftige Einsicht erreicht nicht die tiefere Basis einer Struktur und kann bei vielen höchstens eine bessere Kompensation, jedoch keine echte Heilung erreichen. Ich werde später noch auf die technischen Elemente eingehen, die solche Erfahrungen erleichtern.

In meiner Gestaltausbildung jedenfalls kamen die regressiven Elemente zu kurz. Zu früh wurde versucht, neue Fähigkeiten und die Möglichkeiten des heutigen Erwachsenen mit in das Bewußtsein hineinzunehmen, ehe die alten Gestalten und die zugrundeliegende Schwäche genauer und differenzierter aufgekommen waren, erkannt werden und durchgearbeitet werden konnten. Die Möglichkeiten der Übertragung wurden außerdem viel zu wenig zugelassen und durch zu frühes Antworten von Seiten des Therapeuten wieder aufgelöst. Bei leichten Störungen hingegen kann es sicher oft ausreichend sein, so konfrontativ zu handeln.

In vielen Fällen, wenn über Erinnerungen oder auch direkt das kindliche Bewußtsein auftaucht, spreche ich mit dem Kind, berühre es und versuche herauszufinden, was ihm wohl gefehlt hat. Seit ich so zu arbeiten gelernt habe, finde ich, daß etwas an dem Satz von Milton Erikson dran ist, der sagte, es sei nie zu spät, eine glückliche Kindheit zu erleben. Entscheidend wichtig dabei ist jedoch nicht die glückliche Erfahrung, die der Klient bei mir macht, sondern die Erweiterung seiner Weltsicht und der Zuwachs an Flexibilität in seinen Überzeugugen und in seinem Bewußtsein. Wir arbeiten sehr viel mit Körperkontakt. Das Ausmaß der nonverbalen Kommunikation ist entschieden höher. Die Sicherheit für den Klienten ist im Durchschnitt wesentlich höher. Die vegetativen und endodermalen Prozesse verlaufen entschieden angeregter - nicht zuletzt dadurch, daß das Tempo der verbalen Interventionen, die einem großhirnigen Tempo entsprechen, herausgenommen ist und das Tempo tiefer liegender Strukturen des Nervensystems angeregt wird. Die Prozesse gewinnen erheblich an Tiefe. Der Schmerz vergangener Frustration ist in einer warmen und unterstützenden Umgebung deutlich leichter zu ertragen und die Information über die zugrundeliegende Überzeugungen und ihre Determination leichter aufzufinden. Korrigierende Erfahrung kann unmittelbar gewonnen werden und damit die Überzeugung modifiziert werden. Die Tiefe solcher Bewußtseinsebenen war mit überwiegend verbalen Interventionen nicht annähernd leicht zu erreichen.

Im Körperkontakt ereignen sich weite Strecken schweigenden Eintauchens in die Tiefe des körperlichen und unbewußten oder halbbewußten Daseins, die später ein bewußtes Aufnehmen des Materials ermöglichen.

Wir arbeiten viel als Paar. Unsere männlich-weibliche Polarität drückt sich in verschiedensten Interventionen als Aufnehmen, Wärmen, Bergen, Behüten, Stützen, Grenzen, Festigkeit und Widerstand gebend, tief in die Muskulatur eindringend oder schmelzend aus, was natürlich besonders im körperlichen Kontakt mächtige Botschaften für das Unbewußte des Klienten darstellt. Das Wiederaufleben der elterlichen Ausgangssituation ereignet sich leicht und ebenso leicht ist ein Reparenting möglich. Außerdem ist auch eine Aufspaltung in einen guten und bösen Elternteil leicht herzustellen und dadurch für den Klienten leichter die ganze Fülle der nicht ausgedrückten Emotionen erlebbar zu machen. Eine weitere Möglichkeit ist es auch, die guten oder bösen Seiten von Figuren durch Teilnehmer aus der Gruppe oder durch Matratzen repräsentieren zu lassen.

Zum Abschluß erfolgt, wenn in dem Prozess eine Erweiterung des Bewußtseins stattfand, die wichtige Phase der Integration des Erfahrenen in das Alltagsbewußtsein. Hier finde ich Gestalttechniken des Rollenspiels wieder sehr wertvoll. Dabei kann der Klient die Rolle des unterstützenden Magiers, die ich für sein kindliches Ich gespielt habe, wieder aneignen und mich aus der Rolle des Hilfsichs wieder entlassen. Hier gibt es eine Reihe von Techniken, die Ihnen auch bekannt sind wie Hausaufgaben, Imaginationsübungen etc.

In der Gruppe ist es außerdem möglich, unmittelbare Rückmeldungen für neue im Prozeß aufgekommene Möglichkeiten und Qualitäten einzuholen.
Eine weitere Seite unserer Arbeit ist es, daß wir besonders in Gruppen auch anregende Anstöße setzen und in Übungen auch gesunde Möglichkeiten und vorbildhafte Daseinsqualitäten ansprechen. Sie unterstützen und erleichtern die Heilung. Wir suchen eine Balance zwischen Regression und dem Angebot hilfreicher Strukturen und Techniken wie Energiemobilisation, Zentrierung, Grounding, verschiedene Möglichkeiten, unsere Verfassung und unser Bewußtsein aktiv zu beeinflussen. (Aikido, Meditation, Mantren, Arbeit mit Tönen.) Viele Menschen leiden nicht nur an einem Symptom, sondern sind in ihrer gesamten Entwicklung sehr eingeschränkt worden und suchen außer nach Therapie auch nach der Möglichkeit, ihr gesamtes Potential ins Leben bringen zu können. Sie brauchen Anregung auf der einen Seite und Begleitung auf dem Wege der Individuation. Therapie und Individuation ergänzen einander und gehören zusammen. Sie stehen in einer sinnvollen Beziehung zueinander, wie ich es hier graphisch darzustellen versucht habe.

Im Laufe meiner Arbeit habe ich noch eine Menge über notwendige und für den Klienten notwendige unbequeme Veränderungen lernen müssen. Z. B. sind Patienten mit einem sehr fremdbestimmten Ich über eine lange Zeit auch sehr destabilisiert und auch weniger tüchtig, da ihr eigenes Selbst im Umgang mit der Welt ungeübt ist. Solche unbequemen Begleiterscheinungen müssen vom Therapeuten erkannt werden, damit sie nicht wieder zu Gunsten des besser funktionierenden Selbstes vorzeitig aufgegeben werden.
Die Möglichkeit, als Krisenintervention und als Krücke auch einmal medikamentöse Unterstützung gewähren zu können, sei nur abschließend am Rande erwähnt. Sie erspart jedoch zu schwer leidenden Patienten eine Qual, die sie anders nicht mehr zu ertragen wissen und eventuell einen Klinikaufenthalt, wenn sie es wünschen.

Körper, Schule und Bewegungstherapie: ein psychotherapeutisches Verfahren geht in die Schule

Christine Lippert-Lutz

Vorbereitung

Mein beruflicher und persönlicher Hintergrund zum Thema:
Weit zurückliegend in meiner persönlichen Geschichte erinnere ich mich einer Szene: ein Badeplatz an einem Voralpensee wenige Jahre nach Kriegsende. Ein morscher Holzsteg führt in das schilfige Wasser, um ein trockenes Plätzchen zum Auslegen des mitgebrachten Handtuchs zu finden, muß man lange suchen, das Seeufer ist sumpfig und feucht. Noch gibt es keine Umkleidekabinen und keinen Getränke- und Eisverkauf. Nur eines gibt es auf einem ausgetretenen, trockenen Lehmplatz: eine Turnstange, bestehend aus zwei senkrecht stehenden Holzbohlen mit einem waagerecht montierten schmalen Eisenstück, durchgebogen und rauh.
Ich bin damals ein kleines, mageres Nachkriegskind und gehe ab und zu mit meinem Vater, der aus dem Krieg zurückgekehrt ist, hinunter an den See zum Schwimmen.
Eines Tages hängt mich der Vater wie ein Wäschestück an eben diese Turnstange. Ein Impuls ist gesetzt, ich antworte mit Schaukeln, Drehen, Michhinaufziehen und ich werde wohl zum ersten Mal bewußt gewahr, wie der Oberarm runder und voller wird, wenn ich beginne, mich an der Stange hochzuziehen. Und wie der Vater sagt, du hast ja richtig Kraft, du hast ja direkt einen kleinen Bizeps. Darauf wurde ich damals stolz. Langsam begann sich ab dieser Zeit ein inneres Körperbild, ein körperliches Strukturmodell sozusagen, in mir auszuprägen.
Noch konnte ich es nicht beschreiben, mir wurde nur immer deutlicher, wie ich nicht sein wollte: nicht aus weicher, strukturloser, dicker Masse bestehen und damals hieß das nicht schwabbelig und unbeweglich sein.
Daß diese Wertsetzungen verknüpft waren mit den Leibesvorstellungen meines Vaters, die in einer Zeit erworben wurden, als noch gelobt wurde, was hart macht, wo Körper noch fast ausschließlich zum Arbeiten, Kämpfen, Gebären da zu sein hatten, das wurde mir allerdings erst sehr viel später deutlich, so richtig erst in der analytischen

Rekapitulation meiner Lebensgeschichte.
Dazwischen liegen viele Stationen meiner leiblichen Geschichte. Dem Kind war Turnen noch Zeitvertreib und Spiel. Doch bald nach dem Eintritt in die Kinderabteilung eines Turnvereins änderte sich dies entscheidend.
Es war keine bewußte Entscheidung, als mein Weg mich in den Wettkampfsport, in die Konkurrenz, in eingeteilte Zeit, in Messung und Wertung führte. Ich bin da hineingewachsen, weil mein inneres Körperbild mit wesentlichen Elementen eines gesellschaftlichen Konsensus über Körperlichkeit in Korrespondenz stand: der Körper ist ein zu trainierender, ein zu überwindender, ein zu veräußernder. Mir war es als Jugendliche lieber, meinen Körper im Leistungssport zu veräußern, als ihn mir durch eine in den 50er und 60er Jahren noch stärker als heute in Erscheinung tretende präformierte und entfremdete Sexualität wegnehmen und ebenfalls veräußern zu lassen.
Lange blieb ich geprägt von der Ideologie der Instrumentalisierung des Körpers. Das Studium der Leibeserziehung wurdem dem Leib und der Erziehung nicht gerecht; der Leib wurde verstanden als ein zu trainierender Körper und Erziehung wurde strenger, instrumenteller Schulung gleichgesetzt. Gewiß gab es auch da schon geschlechtsspezifische Unterschiede innerhalb der Praxisbewertung sportlichen Tuns und Schulens. Eine kleine Lücke für das Musische im Mädchensport (Tanz, Musik, Gymnastik, Spiel) tat sich auf, mußte sich jedoch allzuoft seine Daseinsberechtigung mit dem Stigma der Zweitrangigkeit, des Überflüssigen, des nicht Ernstzunehmenden erkaufen. So blieb sportliches Tun von anderem Tun (musisches Tun) abgespaltenes Tun. In diesem Spannungsfeld verbrachte ich die ersten Lehrjahre als Lehrerin für Leibeserziehung und französische Sprache an einem Gymnasium. Ausgebildet für das Lehrfach Sport und ein weiteres wissenschaftliches Fach sollte ich als Expertin für Kopf und Leib wirken. Was sich in der Schule jedoch auftat, war die Zweiteilung des Lehr-Körpers in die Kopfgeburtigen (zwei- bis dreifach wissenschaftlich ausgebildet) und in die Leibesübler (einfach bzw. gar nicht wissenschaftlich ausgebildet). Wieder und auf einer anderen Stufe erfuhr ich sportliches Tun von anderem Tun (wissenschaftliches Tun) abgespalten. Zwischen den Möglichkeiten sportlichen Tuns noch weiter zu verdinglichen und es zur positivistischen Wissenschaft zu erheben oder es als Disziplinierungsinstrument im leib- und lustfeindlichen pädagogischen Vollzug verkommen zu lassen, suchte ich nach neuen Orientierungen. Es sollten Situa-

tionen sein, in denen ich mich selbst weniger gespalten, eben ganzheitlicher erleben könnte. Mein Weg in die Psychotherapie begann.
Parallel zur Arbeit in der Schule begann ich an mir selbst zu arbeiten. Voller Begeisterung und Engagement tauchte ich kopfüber in den Warenkorb therapeutischer Methoden, die ab Mitte der 70er Jahre mehr oder weniger wohlfeil angeboten wurden. Ein wahres Eldorado an körpertherapeutischen Verfahren, an kreativen Möglichkeiten, an tiefen und seichten Erfahrungen tat sich auf. Ich brauchte nur zuzugreifen, aber bis ich wirklich zu mir selbst kam, verging dann doch geraume Zeit. Mittlerweile bin ich selbst Psychotherapeutin geworden und habe mir einen Wunsch erfüllt: die Geschichte, vor allem die meiner leiblichen Sozialisation als Erfahrung zu nutzen, indem sie in meiner pädagogischen und therapeutischen Arbeit wieder aufscheint und als mein integraler Bestandteil auch für andere, für Freunde, Kollegen, Schüler und Klienten erfahrbar wird.
(siehe auch: W 17)

Vortrag

Schließen Sie bitte die Augen, gehen Sie zurück in Ihre Schülerzeit, vergegenwärtigen Sie sich eine typische Sportstunde.
Welche Erinnerungen kommen, welche Vorlieben, Abneigungen, Ängste?
Welcher Schüler mit welchem Körper sind Sie da?

Im folgenden möchte ich Ihnen etwas über die Verdrängung der Körperlichkeit, genauer: der Leiblichkeit in der Schule sagen und werde dabei auch über die Entfremdung vom Körper als ein Phänomen der Zivilisationsgeschichte sprechen.
Damit soll auch deutlicher gemacht werden, was die Forderung nach Ganzheitlichkeit (in Gestalttherapie und Bewegungstherapie) wirklich bedeutet.

1. Die Verdrängung der Leiblichkeit

1.1 Vom Fach Leibeserziehung zum Fach Sport

Wörter der Hoch- und Amtssprache, auch die Wörter der Umgangssprache, wenn man vom schnellen Entstehen und Vergehen der Wortbildungen der Subkultur einmal

absieht, sind über lange Zeiträume hin veränderungsresistente Symbolbildungen. Wenn ein Wort tatsächlich aus der Amtssprache verschwindet, sozusagen modernisiert wird, ist das als Beweis für die Tatsache zu verstehen, daß das Wort sich seinem angestammten Kontext entfremdet hat, weil dieser Kontext sich verändert hat. Ein Vorgang also, der mit einer ebenfalls veränderten Konsensbildung einhergeht.
Ich beziehe mich auf das Wort Leibeserziehung. Seit Beginn der 70er Jahre hat das Bayerische Kultusministerium das ehemalige Studienfach Leibeserziehung durch das Fach Sport ersetzt. Schüler finden seit dieser Zeit in ihrem Lehrplan ebenfalls nicht mehr die bis dahin übliche Bezeichnung Leibeserziehung vor, sie haben jetzt Sport, Fördersport, differenzierten Sport oder wählbare Fachsportarten auf der kollegialen Oberstufe.
Sport als Leistungsfach und wissenschaftlich fundierte Disziplin hat sich durchgesetzt. Der Gedanke der Ganzheitlichkeit, der zumindest in der Wortbildung Leibeserziehung noch enthalten war, ist verschwunden. Aus Leibeserziehung wurde Körpertraining. Eine Idee ist von der schon lange währenden Macht des Faktischen eingeholt worden. Daß dieser Prozeß erst kürzlich durch den Wortumtausch ministeriell besiegelt wurde, ist das eigentlich Denkwürdige daran. Allerdings wurde damit auch der unklaren Stellung der Leibeserziehung im Rahmen der Pädagogik ein Ende gesetzt. Das dualisierte Menschenbild, in dem sich Körperliches und Geistiges gegenüberstehen und an dem sich Pädagogik als Förderung der Ganzheitlichkeit des Menschen immer wieder brechen mußte, wird entschärft durch den modernen Sportbegriff, in den weit weniger anthropologische und pädagogische, als soziologische, sozialpsychologische, politische und ökonomische Kategorien eingehen.

1.2 Vom alten Leib zum neuen Körper

"Der Leib ist eine große Vernunft", und "es ist mehr Vernunft in deinem Leib, als in deiner besten Weisheit." (Nietzsche, 1954-56, Bd. II, S. 300/301)
Würde man aus Nietzsches Zitat das Wort Leib durch Körper ersetzen, verlöre das Zitat selbst seine eigene Weisheit. Wir wären wieder mitten drin in der abendländischen Dichotomie von Körper und Geist.
Eine Gegenüberstellung der Wortfelder a) Leib und b) Körper läßt erkennen, was aus dem physischen Aspekt (physisch = in der Natur begründet, natürlich) unserer Existenz geworden ist.

a) Leib (aus altgerm. lip = Leben)

Leibarzt, Leibeserziehung, Leibeigener, Leibesfrucht, Leibgericht, der Leibhaftige, Leibeskräfte, Leibrente, Leibwächter, Leibesvisitation, Leibesübung, Leibchen, Unterleib, leibliche Kinder, einverleiben, wie er leibt und lebt, beleibt, Leib und Seele

b) Körper (aus alt. corpus = Körper, Masse, Gesamtheit, Körperschaft)

Körperbau, Körperbeherrschung, Körperbehinderung, Körperhaltung, Körpergewicht, Körpergeruch, Körperkraft, Körperkultur, Körperkontakt, Körperpflege, Körperschaft, Körperschema, Körperverletzung, Körperwärme, Lehrkörper, verkörpern

Die a-Begriffe entstammen vorwiegend einer vorindustriellen Gesellschaft. Der Leib ist zwar der Kontrapunkt zur Seele, aber er beinhaltet sie. Leib ist etwas Ganzheitliches, ihm eignet eine gewisse Tiefendimension, so als hätte der Leib Schichten, nicht nur ein sichtbares Äußeres. Die Person mit ihrem Leib hat Subjektcharakter, selbst noch als Leibeigener. Leib ist verbunden mit Leben. In der Wortsammlung wird deutlich, daß der Leib eine Koinzidenz von Subjekt und Objekt ist. (Iljine, 1965)

"Ohne diesen Leib bin ich nicht und als mein Leib bin ich. Mein Leib ist die Koinzidenz von Sein und Erkenntnis, von Subjekt und Objekt. Er ist der Ausgangspunkt und das Ende meiner Existenz." (Iljine, V. N. in: Petzold, 1985, S. 347)

Die b-Begriffe zeichnen sich durch Zusatzdefinitionen dessen aus, was Körper ist. Der Körper wird in physikalischen Eigenschaften gesehen, meßbar, wägbar, sichtbar, manipulierbar. Im Begriff Körper steckt der Gegenstand, die Verdinglichkeit und die Vergesellschaftung. Körper ist das Wort der auf naturwissenschaftlichen Prinzipien beruhenden Industriegesellschaft. Körper und Körperlichkeit ist bestimmt durch Eindimensionalität, der Körper hat Objektcharakter.

1.3 Praxisexkurs

Das Phänomen Leiblichkeit als Wortbildung und dialektisch daran geknüpft als Bewußtseinsinhalt ist so gut wie verschwunden.

Im aktiven Sprachschatz von Schülern kommt der Leib so gut wie nicht mehr vor. Bei der Befragung einer gymnasialen Oberstufenklasse, die Assoziationen zu "Leib" und "Körper" zusammenstellen sollte, wurden allerdings Subjekt- und Objektcharakter von Leib und Körper aus dem passiven Sprachschatz und damit aus dem assoziativen Bewußtsein reproduziert.

Aufgabe: Nenne jeweils 3 Begriffe, die dir spontan einfallen zu:

a) Körperlichkeit

b) Leiblichkeit

Unter a) tauchen unter anderem auf (die genannten Begriffe sind Mehrfachnennungen): Schönheit, Grazie, Sport, Schwitzen, Beine, Gewicht, Bewegung, Haltung, Gewandtheit, Beherrschung, Kraft, Materie, Größe, Training, Figur.

Unter b) tauchen unter anderem auf (es handelt sich hier ebenfalls um Mehrfachnennungen): Essen, Gefühl, Leben, Harmonie, Fülle, Entspannung, Ruhe, Proportionen, Fleisch, Überfressen, warmherzig, gutmütig, Arzt, Vergänglichkeit, Gesundheit, Krankheit.

Deutlich wird beim Assoziationsfeld Körper die ästhetische und manipulierbare Dimension des Begriffs angesprochen, während beim Assoziationsfeld Leib die Dimension von Bedürfnissen, von Gefährdung, wie auch Gefühle zum Ausdruck kommen.

2. Die Bloßlegung des Körpers

2.1 Vom sakralen zum instrumentellen Körper

Aus der mechanistischen Philosophie Descartes und seiner rationalistischen Vorstellung, daß der Mensch alle erkennbaren Phänomene mittels seiner Vernunft erkennen kann, entwickelte sich parallel dazu für das abendländische Denken eine Grundannahme, die Geist und Körper, Subjekt und Objekt als fundamental voneinander getrennte Bereiche postulierte. Das "cogito ergo sum" Descartes war die Konzeption, die dem Verstand den Primat einräumte. Rückblickend läßt sich - kultur- und denkgeschichtlich betrachtet - die Aushöhlung der leiblichen Dimension als Konsequenz einer derartigen Konzeption verstehen. Was in der nachcartesianischen Epoche seit dem 17. Jahrhundert geschah, war der allmähliche Verlust der Subjektseite von Leiblichkeit, dem Ort, wo Physis und Psyche, oder altmodisch gesagt, Leib und Seele noch miteinander verbunden waren, ein Integrationsreservat sozusagen und ein Ort höchster, oft auch sakraler Subjektivität. Der Rationalismus und Empirismus der Neuzeit rückte den Leib in den Hintergrund und brachte den Körper in den Vordergrund, um die Subjektseite gekürzt. Seither hat ein noch nicht vollständig zu Ende gegangener Profanisierungsprozeß des Körpers eingesetzt, der aus dem Körper ein Objekt, ein Instrument, ein Ding machte, ihn sozusagen vom seelischen Beiwerk gereinigt und ihn damit bloßgelegt hat.

Tatsächlich verhält es sich so, daß die Beziehung, die wir zum Körper haben, unsere

Beziehung zu den Dingen und den sozialen Verhältnissen widerspiegelt (vergl. Baudrillard, 1970). Der Körper des Bauern im Mittelalter war Körper im Arbeitsprozeß, eingebunden in eine Beziehung zur Natur. Der Leib des Bauern war ihm von Gott gegeben und als Leibeigener war der Bauer dem Feudalherrn überantwortet. Dennoch war der Körper nicht instrumentalisiert, er harrte allenfalls mit seinem Träger, der Person auf Erlösung. Auch im Krieg wird der Körper - zusammen mit der Person - geopfert. Erst die beginnende Industrialisierung und mit ihr der Verkauf der Ware Arbeitskraft begann den Körper zu instrumentalisieren. Damit war er bloßgelegt.
Es vergingen weitere 150 Jahre, bis der bloßgelegte Körper tatsächlich zum nackten Körper und damit zum Objekt des narzißtischen Kultes wurde. Heute stehen wir da. Der enttabuisierte, aus der Schamzone herausgeholte, von moralischem Beiwerk gereinigte moderne Körper präsentiert sich tatsächlich hüllenlos und ist zum Objekt marktgerechter Bloßlegungsstrategien geworden. Werbung, Mode, Medien, Sport, Therapie, Sex, Vergnügungsindustrie, Medizin und Kosmetik teilen sich die Körper auf. Als Objekt ist er erneut atomisierbar geworden. Schönheit, Kraft, Gesundheit und Erotik des Körpers treten in den Vordergrund, der defiziente Körper verschwindet im Hintergrund. Die Körper müssen erst von ihrer körpereigenen "Leibhaftigkeit" (Schwitzen, Alt werden ...) gereinigt werden, bevor sie vermarktet werden können. Die Abstumpfung der direkten Körperempfindungen, die Abtötung der persönlich empfundenen Bedürfnisse und die Abrichtung der sinnlichen Begierden auf ihren Marktwert hin, sind dazu notwendige Voraussetzungen.

"Mit dem Körper ist es genau wie mit der Arbeitskraft. Er muß befreit, emanzipiert sein, um zu produktivistischen Zwecken rationell ausgebeutet werden zu können."
(Baudrillard in: Gehrke (Hrsg.) 1981, S. 103)

2.2 Der bloßgelegte Körper unter dem Einfluß von Moral und Narzißmus

Für den Erziehungsprozeß bedeutet die Sozialisierung der körperlichen Begierden des Kindes/Jugendlichen seit jeher eine Hauptaufgabe. Am Prozeß der Entfremdung des Jugendlichen von seinem eigenen Körper mit seiner ganzen Bedürftigkeit, nimmt in der Praxis jeder Erzieher teil. Für Rousseau (J.J. Rousseau: Emile oder über die Erziehung) mußte der Körper noch moralisiert, seine Leidenschaften gezähmt werden, der Körper mußte missioniert werden, um den Einzug der Vernunft zu garantieren. Von Begierden befreit zu sein hieß bei Rousseau sich in die Ordnung der Dinge (vergl. Foucault, 1974) zu fügen, deren Modell für Rousseau die bürgerliche Gesellschaft war.

Heute müssen die jugendlichen Begierden (und nicht nur diese) des Körpers narzißtisch auf sich selbst gelenkt werden, damit die Ordnung der Dinge im Modell der spätindustriellen Konsumgesellschaft gewährleistet bleibt. Der bloßgelegte Körper taucht seit etwa Mitte der 60er Jahre in ein historisch neues Entfremdungsstadium ein: nicht mehr um die Verdrängung der körperlichen Bedürfnisse geht es primär, sondern um die Hinführung dieser Bedürfnisse auf den Ort ihrer Befriedigung selbst, auf das narzißtische Selbst der Person. Der Ort der Entstehung der Befürfnisse und der Ort ihrer Befriedigung selbst, auf das narzißtische Selbst der Person. Der Ort der Entstehung der Bedürfnisse und der Ort ihrer Befriedigung werden in eins gesetzt. Was dabei gesellschaftlich unbewußt bleiben muß, also verdrängt wird, ist die Tatsache der Manipulation eben dieser Bedürfnisse durch weitestgehend externe, d.h. außerhalb der Person liegende Stimuli.

2.3 Ein Schul-Beispiel

Es ist Montagmorgen. Eine Mittelstufenklasse hat auf ihrem Plan eine Doppelstunde Sport. Als Raum dafür ist eine große Zweifachturnhalle vorgesehen. Die Raumtemperatur beträgt 16°. Draußen ist es kühl und regnerisch, das Novemberlicht dringt morgens noch nicht durch die Oberlichter. Die Neonbeleuchtung der Halle ist eingeschaltet. Ein Geruch aus Holz, Gummimatten, Staub und Putzmittel herrscht vor. Die Halle ist leer, die Bodenmarkierungen für die Spielfelder stechen grell ins Auge, einziges Geräusch ist das Rauschen der unsichtbaren Entlüftungsgeräte. Diese Halle ist alles andere als ein Ort für die Befriedigung körperlich-sinnlicher Bedürfnisse. Es ist deren Anti-Ort. Nach dem Läuten erscheinen aus den Umkleideräumen die ersten Schüler. Carola ist die Allererste: sie betritt die Halle und hat ihren Walkman auf den Ohren. Nach einem kurzen Blick zu mir beginnt sie mit ihrem Walkman zu laufen. Das Popgemisch, das sie sich durch die Ohren einfüllt, setzt sie um in Bewegung. Nach ihr kommen noch zwei, drei weitere. Auch sie haben ihren Walkman auf den Ohren. Sie beginnen zu laufen ohne miteinander Kontakt aufzunehmen. Wer nicht läuft, dem wird kalt in dieser Halle, er tröstet sich selbst durch heiße Musik.

3. Die Entfremdung vom Körper

3.1 Tollhaus-Treibhaus-Totenstille

Lehrer, die auf weiterführenden Schulen unterrichten (Sekundarstufe I und II) und somit die Möglichkeit haben, Zeuge sowohl des Entwicklungsprozesses eines 11jährigen wie auch eines 18jährigen zu sein, erzählen oft von gespenstisch anmutenden Beobachtungen. Sie erzählen von der Tollhausatmosphäre bei den Kindern vor der Pubertät, von der Treibhausatmosphäre bei den 13- bis 16jährigen und von der Totenstille bei Oberstufenschülern oder Kollegiaten und meinen damit die Art und Weise, wie sich Schüler physisch und psychisch mit ihren Körpern und Sinnen am organisierten Unterrichtsgeschehen beteiligen. Lehrern, sofern sie aufmerksam genug sind, bleibt damit nicht verborgen, auf welche Weise und mit welchen Auswirkungen sich in der Schule der Prozeß der Zivilisation (vergl. N. Elias 1969) an den Nachwachsenden vollzieht.

H. Rumpf (vergl. Rumpf, 1981) nennt für diese Schulzivilisierung zwei Arten der Verinnerlichung der Weltbeziehung von Kinder/Jugendlichen:

"Zum ersten werden sie gelehrt den sinnlich-körperlichen Weltaustausch mit seinen nicht recht kalkulierbaren Erschütterungen nach Vorschrift eines Zeitplanes stillzustellen und ihn verläßlich greifenden Kontrollen zu unterwerfen - zugunsten der Aneignung von zusehends verwissenschaftlichten Erkenntnissen und von Denkregeln, die die persönliche Erfahrung am sinnvoll spürbaren Detail anullieren oder übersteigen heißen.
Die zweite Verinnerlichung hängt damit zusammen: den Heranwachsenden wird beigebracht, daß sie, global gesprochen, zwischen dem 6. und 18 Lebensjahr vor allem im Kampf um den optimalen Aufbau einer bestimmten kognitiven Operationsbasis, ihre eigene unsichtbare Zukunft produzieren." (Rumpf, H. 1981, S. 7)

In der Tollhausatmosphäre der Kinder vor dem Eintritt der Pubertät ist besagter sinnlich-körperlicher Weltaustausch noch nicht vollständig einem 45-Minuten-Stillsitz-Rhythmus zum Opfer gefallen. Kindliche Bewegungsenergie sorgt für Überraschungen und sei es nur, daß 12jährige Buben sich plötzlich wie vom Schlag getroffen vom Stuhl fallen lassen und damit motorische und stimmliche Lauffeuer produzieren.

Jenseits der Mittelstufensozialisation (im Schulsystem der BRD bedeutet das ab dem 17. Lebensjahr) hat die Stillegung der Körper ihr Ziel erreicht. Die "Grundqualifikationen" von Affektkontrolle, der Struktur einer inneren Zensur und die Beherrschung von Körperbewegung, animalischer Körperfunktion und Sprache sind so gut wie aufgebaut.

3.2 Der zivilisierte Schüler in der Zivilisationsagentur Schule

In der Soziogenese der abendländischen Zivilisation verweist N. Elias insbesondere unter Bezugnahme auf die absolutistisch-höfische Gesellschaft Frankreichs auf die Verankerung des Zivilisationsprozesses im Triebhaushalt der davon zuerst betroffenen Oberschichten (Elias, 1969). Den innerpsychischen Übergang von der kriegerischen Oberschicht des Mittelalters zur höfischen Gesellschaft beschreibt Elias so:

"Der Druck des Hoflebens, die Konkurrenz um die Gunst des Fürsten oder der "Großen", dann ganz allgemein die Notwendigkeit, sich von anderen zu unterscheiden und mit relativ friedlichen Mitteln, durch Intrigen und Diplomatie, um Chancen zu kämpfen, erzwang eine Zurückhaltung der Affekte, eine Selbstdisziplin oder "self-control", eine eigentümliche höfische Rationalität." (Elias, N. 1976, Bd. II, S.7)

Ich möchte dieses Zitat umschreiben und es damit auf die gegenwärtige Schulsituation transponieren; es lautet demnach wie folgt: - Der Druck der Schulorganisation, die Konkurrenz um die Gunst des Lehrers oder derjenigen, die Lebenschancen kanalisieren, dann ganz allgemein die Notwendigkeit, sich von den Nichtausgebildeten zu unterscheiden und mit relativ angesehenen Mitteln, durch persönlichen Ehrgeiz und sozial angepaßtes Verhalten um Chancen zu kämpfen, erzwingt eine Zurückhaltung der Affekte, eine Selbstdisziplin oder Gefühlsdämpfung, eine eigentümliche schulische Rationalität. -

Was Elias makrogesellschaftlich für die abendländische Zivilisationsbewegung anführt, ist für die Mikrogesellschaft Schule ebenfalls nachweisbar. Die Pazifizierung der Jugendlichen während ihrer Schulkarriere ist zugleich die permanente Kriegserklärung an die Ganzheitlichkeit ihrer psychischen Struktur. Die entsinnlichende Dynamik des Schullernens (vergl. Rumpf 1981) mit dem Diktat ihrer räumlichen und zeitlichen Zuteilung führt zur Begrenztheit von sinnlich wahrnehmbarer Erfahrung und Bewegung und bewirkt - ob intendiert oder nicht - die Entfremdung des Schülers von seiner eigenen Körperlichkeit. Somit kann auch innere Erfahrung nicht mehr auf leibliche Weise in soziale Erscheinung treten. Was im Verlauf der schulischen Sozialisation als heimlicher Lehrplan vermittelt wird, ist eine immer stärkere Fokussierung des Bewußtseins der Schüler auf Realitätszugewandtheit.

Im Verlauf dieses Prozesses wird das Primat der Realität gegen das "Sekundant" Triebwunsch, das der Allgemeingültigkeit gegen das der subjektiven Orientierung errichtet.

Eine eigenartige Brechung innerhalb der Realitätszugewandtheit geht zusätzlich

mit den genannten Prozessen einher.
Das, was das manifeste Bindeglied zur Realität darstellt, der eigene Körper nämlich, gerät dabei aus dem Blick. Dem so entfremdeten Körper sind paradoxerweise Nachsozialisierungsnischen zugewiesen: im lehrplanmäßig verordneten Schulsport. Der Entfremdung vom Körper steht die versuchte Aneignung, Rückgewinnung des Körpers gegenüber.

4. Paradoxien der Wiederaneignung einer verlorenen Dimension

4.1 Körperliche Freiheit in der Industriegesellschaft

Die Beendigung der sexuellen Zwangsmoral (vergl. Reich, W. 1951), die auf der Sicherung des Besitzes, der Produktion und Reproduktion der Familie, des Produktionszwanges von Nachkommenschaft als der Sicherung des Überlebens und des gesellschaftlichen Bestandes (abgestützt durch die Kirche) beruhte, bahnte sich langsam, jedoch unaufhaltsam nach dem 2. Weltkrieg ihren Weg. Eine vorläufige Enttabuisierung des Körpers, ein Heraustreten aus der Schamzone sozusagen, verlief dazu parallel. Auf dem Weg der Entbindung der Körperlichkeit aus der Leiblichkeit hat der Körper eine bisher letzte Stufe seiner Bloßlegung erreicht. Er ist enttabuisiert, profanisiert und zum Objekt des kapitalistischen Warenmarktes geworden. Seit Beginn der 70er Jahre erleben wir zudem eine immer stärkere Produkterweiterung des Kapitalmarktes, damit eine zunehmende Monopolisierung und Erschließung neuer Märkte und Industriezweige. Tourismus, Freizeitindustrie und Mode schlachten den Körper und auch sein innerpsychisches Substrat, die Körperlichkeit, geradezu aus. Niemand wird bestreiten können, daß wir am Ende des 20. Jahrhunderts innerhalb der Industrienationen in einer körperbetonten Welt leben. Niemals zuvor in der Geschichte ist soviel Sport getrieben worden, niemals zuvor ist soviel Geld für körperliche Bedürfnisse ausgegeben worden, noch nie ist das menschliche Auge als Sinnes- und Wahrnehmungsorgan so stark und unaufhaltsam mit Körperbildern und Körperreizen gefüttert worden. Was also hat es auf sich mit der Entfremdung vom Körper? Und was kann sich wiederangeeignet werden?

4.2 Wiederaneignung des Körpers als Fiktion

Wir haben es mit einem Paradox zu tun. Gerade die industrielle Gesellschaft, die dem Menschen die Möglichkeit gebracht hat, sich von der feudalen Leibeigenschaft zu emanzipieren und Herr über den eigenen Körper zu sein, hat den Körper erneut der Fremdbestimmtheit unterworfen. Ergebnis dieses Unterwerfungsprozesses ist der Zwang zu immer perfekterer Leistung, die den Zugang zur materiellen und sozialen Sicherheit in eben dieser industriellen Leistungsgesellschaft zu verbürgen scheint. Eine Industriekultur, die sich an den Kriterien von technischer Naturbeherrschung, Machbarkeit, Effizienz, Wachstum und Profit orientiert, muß zwangsläufig wesentliche Elemente des organischen, körperlichen Lebens übersehen und aussortieren.

Es findet Lebensenteignung als Entfremdung von körperlichen Bedürfnissen statt. Der Kontakt zu unserem organischen Lebensrythmus von Spannung und Entspannung, von Lust und Befriedigung, von Wachen und Schlafen, von Passivität und Aktivität ist tief gestört.

Die Resultate der Lebensenteignung wie Erschöpfung, einseitige Beanspruchung, arbeitsplatzbedingte Krankheiten, Bewegungsmangel und psychische Abgestumpfheit sollen in der Freizeit saniert werden. Ein weiteres Paradox besteht aber gerade darin, daß eben diese Freizeit mehr und mehr unter das Diktat des Marktes geraten ist und noch weiter gerät.

Die Reproduktion der Ware Arbeitskraft, d.h. jeder einzelne leib-seelische Organismus ist mehr und mehr gezwungen, auf industriell vorgefertigte Erholungsorte und Erholungsrequisiten zurückzugreifen.

Fitnessbewegung (Jogging, Bodybuilding, Freizeitsport), Sportartikel- und Kosmetikindustrie, Biotechnik und Apparatemedizin sind die Dimension, die dem Körper zu seiner Regeneration, zu seiner Rückkehr aus der Enteignung verhelfen sollen und vertiefen doch nur umso mehr die Spaltung in den natürlichen, organischen Körper und den vom Zivilisationsprozeß biotechnisch zugerichteten und instrumentell gehandhabten Körper.

Das Phämomen also, dem Körper zu dienen, aber dies mit anti-organischen, dem Körper dysfunktional entgegenstehenden Mitteln zu besorgen, ist auch im Überschaubaren, alltäglichen Lebensraum zu beobachten. Hierzu mag die Beschreibung einer Szene aus dem körperlichen Erfahrungsbereich der Schule, dem Ort, wo der Körper Thema ist, aus dem Sportunterricht nämlich, ein Beweis sein.

4.3 Ein Schul-Beispiel

Es ist 13 Uhr. 6 Stunden Vormittagsunterricht sind um 12.50 Uhr zu Ende gegangen.

Für eine Gruppe Kollegiaten aus der gymnasialen Oberstufe beginnt um 13 Uhr der 2stündige Sportunterricht als Pflichtfach. Kontinuierliche Anwesenheit ist gefordert und wird zur Leistungsnote addiert. Bei unentschuldigter Abwesenheit eines Schülers unter 50% der geforderten Stunden, wird der Zugang zur Sportprüfung untersagt. Eine Mindestpunktezahl im Fach Sport ist erforderlich, um zur Abiturprüfung zugelassen zu werden.

Nach 6 Stunden anspruchsvollen Oberstufenunterrichts erscheinen die Kollegiaten ausgelaugt, müde und hungrig in der Turnhalle. Die meisten haben nicht gegessen oder schlingen gerade noch eine trockene Semmel oder einen Tütenkakao hinunter, den sie sich am Pausenstand kaufen können. Diese Kollegiaten brauchen gar nicht zu wissen, daß sie in der Zeit des stärksten physiologischen Leistungstiefs, des Mittagstiefs, zum Sport verpflichtet sind, sie spüren es ohnehin am eigenen Leib.

Ein abschreckendes Beispiel? Noch dazu über die nichtkörperfremde Nische, den Schulsport?

Es handelt sich hier einfach um ein Stück Realität.

Die Frage ist, wie wir zu einer besseren Realität kommen.

Das heißt, wie schaffen wir die Integration vom Kopf und Körper.

Die Antwort lautet: wir brauchen eine auf leibliches Erleben zentrierte Pädagogik. Gestaltpädagogik und insbesondere Integrative Bewegungstherapie/pädagogik haben da ihren zentralen Stellenwert, weil sie ihre Quellen in der Integrativen Gestalttherapie haben und ein neues Feld pädagogisch-therapeutischen Wirkens erschließen.

Aber freuen wir uns nicht zu früh:

Der Institution Schule, die in der Tradition der Körper-Geist-Dichotomie steht und erzieht, werden Vorstellungen der humanistischen Psychologie und der aus ihr entstandenen Körpertherapie, für die Körper und Seele/Geist keine Gegensätze, sondern aufeinander bezogene Aspekte derselben Ganzheit sind, zuerst einmal wie der Schock eines neuen Paradigmas erscheinen: fremd, unannehmbar, subjektivistisch und ineffizient.

Zum Glück sind die meisten Kinder in ihrer Persönlichkeitsstruktur noch nicht so gespalten wie die Institution selbst. Sie haben Sinn für Exotisches, Subjektives, Ganzheitliches, nicht auf Leistung Beruhendes. Eine auf leibliches Erleben zentrierte Pädagogik braucht sich nicht g e g e n das Kind/den Jugendlichen durchzusetzen, sie findet in der Struktur des Kindes ihre Entsprechung.

Leibeserziehung als Körpererfahrung kann somit gleichermaßen präventiv und heilend wirken bei möglichen krankmachenden Auswirkungen eines Denk- und Handlungskonzeptes, das den Körper als funktionierende Maschine betrachtet, die auf Leistung und Effektivität ausgerichtet ist und dementsprechend gewartet und gesteuert werden muß.
Was gestaltpädagogisches Arbeiten in der Schule bewirken kann, möchte ich mit der Verankerung der leiblichen Dimension bezeichnen. Dabei geht es nicht ausschließlich nur um den Bereich der Leibeserziehung, wenn auch dort zugegebenermaßen die meisten direkten Einflußmöglichkeiten liegen.
Die leibliche Dimension in der Erziehung verstehen und bewußt zu gestalten ist deshalb so zentral, da der Jugendliche gerade während seiner Schulzeit in einem Lebenszusammenhang steht, der durch körperliche Veränderungen und Krisen gekennzeichnet ist. Zu denken ist hierbei an die Adoleszenz und die damit zusammenhängende psychophysische Sexualentwicklung. In einem Lebensalter, in dem beschleunigtes körperliches Reifen das gewohnte, kindliche Körperbild auflösen und zum Umbau von Identitätsstrukturen führt, die sehr eng mit den somatischen, libidinösen und energetischen Prozessen des Jugendlichen einhergehen, gewinnt Körper- und Bewegungserziehung eine therapeutische Dimension.
Deshalb: Integrative Bewegungstherapie muß in die Schule gehen. Was also ist IBT?

5. Was ist IBT? Überblick über ein integratives Verfahren der Leibtherapie

5.1. Grundlagen der IBT

Integrative Bewegungstherapie (IBT), wie sie am Fritz-Perls-Institut gelehrt und angewandt wird, ist ein

"psychodynamisch orientiertes Verfahren, das körperliches Geschehen in den Vordergrund rückt und gleichzeitig Prozesse emotionalen Erlebens und kognitiven Erfassens initiiert und bearbeitet. Ausgehend vom körperlichen Geschehen möchte die IBT den Menschen in seiner Leiblichkeit, seiner Emotionalität, seinen geistigen Strebungen und seinen sozialen und ökologischen Bezügen ansprechen. Auf der Basis leiblicher Erfahrung und durch Reflexion soll die personale, soziale und ökologische Integration des Menschen gefördert werden."(Ullmann, R. in: Maurer (Hrsg.), 1985, S. 185)

H. Petzold und Mitarbeiter entwickelten die IBT seit Ende der 60er Jahre auf der Grundlage bewegungstherapeutischer und bewegungspädagogischer Arbeit mit psychiatrischen Patienten, in der Geriatrie, in der Erwachsenenbildung und der Arbeit mit Kindern und Jugendlichen. Seit Mitte der 70er Jahre wird IBT als ganzheitliches

Verfahren psychophysischer Therapie an Hand eines umfassenden 4jährigen Ausbildungscurriculums am Fritz-Perls-Institut gelehrt. Seit 1984 existiert die Deutsche Gesellschaft für Integrative Bewegungs- und Leibtherapie e.V..

Im Verlauf der Entwicklung der IBT zu einem psychophysischen Therapieverfahren bediente sich Petzold der Methode des Improvisationstrainings von I L J I N E (Wahrnehmungs-, Ausdrucks- und Orientierungsschulung), wie es dieser in seinem "therapeutischen Theater" entwickelt hat. Dazu kamen weitere Ansätze aus der physiotherapeutisch orientierten Therapie (progressive Relaxation nach Jacobson; autogenes Training nach Schulz; die Bewegungsschulung nach Feldenkrais; funktionale Entspannung nach Fuchs; Eutonie von Gerda Alexander), wie auch Ansätze, die die körperzentrierte Methode der humanistischen Psychologie bekannt gemacht hat (Bioenergetik nach Reich und Lowen; Sensory Awareness nach Selver). Ein zentrales Bindeglied zwischen Physio- und Psychotherapie stellt die Atemschulung und Atemtherapie dar (Drückheim; Middendorf). Kreative Ausdrucksschulung, die Arbeit mit Stimme und Masken (Expression Corporelle nach Sheleen), ebenso wie der gestalttheoretische Hintergrund (Goldstein, Goodman, Perls, V. v. Weizsäcker), das Konzept der Psychoanalyse (Freud, Reich, Ferenzi, Deutsch) und der phänomenologischen Leibtheorie (Marcel, Merleau-Ponty) sind Quellen wie Arbeitsgrundlagen der IBT.

Wenn im folgenden Abschnitt von IBT und körperorientierter Pädagogik die Rede sein wird, so ist damit in erster Linie die institutionelle Pädagogik, also das Lehren und Lernen an der öffentlich-staatlichen Schule gemeint, da hier die Defizite an Ganzheitlichkeit und Leibzentriertheit am deutlichsten werden. Ich selbst unterrichte an einer öffentlichen Schule und arbeite seit Jahren mit Elementen, Themen und Beispielen aus der IBT, die ich in Sport und Leibeserziehung anwende. Wichtig war und ist es dabei für mich, pädagogisches Tun nicht mit therapeutischem Tun und umgekehrt zu verwechseln und mir der Überschneidungen da, wo sie auftreten, klar bewußt zu sein und sie entsprechend zu handhaben. Schüler sind überdies ein gutes Regulativ für Grenzüberschreitungen, sie haben Sinn dafür, reagieren aber sehr empfindlich darauf, wenn sie das Gefühl bekommen "therapiert zu werden".

IBT stellt sich im schulischen Bereich demgemäß weniger als konfliktaufdeckendes Verfahren dar, denn als wachstumsorientiertes. Konflikte sind dem Wachstum immanent (siehe Leistungs- und Autoritätskonflikte), wir brauchen sie in der Schule nicht eigens hervorzuholen. Wenn wir Glück haben, können wir sie im Spiel und in der

Kreativität lösen. Im Vordergrund bei der Arbeit mit IBT in der Schule steht das innere und äußere Erleben, nicht die induzierte Katharsis und die auferlegte Analyse wie im therapeutischen Bereich.

Die folgenden Grundideen und Anwendungsbeispiele aus der Praxis möchen das belegen.

5.2. IBT und körperorientierte Pädagogik: Themen, Beispiele, Möglichkeiten

Fragt man Schulkinder und ältere Jugendliche, was Sport und Bewegung für sie in der Schule bedeutet, so bekommt man Antworten wie "Langeweile", "immer dasselbe", "Fußball- und Völkerballspielen", "nicht stillsitzen müssen", "etwas anderes als Unterricht". Da der 2stündige planmäßige Schulsport nichts mit Training, wie es systematisch und auf Auswahlkriterien beruhend im Sportverein betrieben wird, zu tun hat, verknüpfen Schüler den Schulsport eher mit Austoben, mit der Lust die angestaute Motorik freizusetzen. Sport in der Schule hat vorwiegend Ventilfunktion. Die Qualität von Atmung und Haltung, die Dimension von Raum und Zeit und das Erlebnis der persönlichen Energie und Dynamik, die alle zusammengenommen Bewegung überhaupt erst ermöglichen, und als bewußt wahrnehmbare Kategorien geschult und erfahrbar gemacht werden können, bleiben im herkömmlichen Bewegungsangebot der Schule weitgehend außerhalb der bewußten Wahrnehmung.

5.2.1. Atmung und Haltung als Grundqualitäten der Bewegung

Das persönliche Atemmuster und die eigene Körperhaltung bleiben Schülern weitgehend unbewußt, wenn sie nicht direkt darauf verwiesen werden. Luft zu holen wenn es nötig wird und die Position von Stehen, Sitzen, Liegen sind für sie eher mechanische Vorgänge, die keiner Rede bedürfen. Auf spielerische Weise jedoch können Schüler die Erfahrung machen, daß Atmung und Haltung die Ausgangsposition jeder Bewegung sind, diese ständig begleiten und daß Bewegung wiederum die Muster von Atmung und Haltung verändert.

Beispiele zur Atmungserfahrung:

Erfahrung 1: - Steht aufrecht auf beiden Füßen. Die linke Handfläche liegt auf dem Brustbein, die recht Handfläche etwa 3 cm unterhalb des Nabels. Kannst du deinen Atem unter deinen Händen spüren? Geht er schnell, langsam, flach, unruhig, sicher, gleichmäßig usw.?
Dann:
- Lauft kreuz und quer durch die Halle und weicht euch dabei geschickt

aus. Auf ein deutliches Zeichen bleibt plötzlich am Ort stehen. Legt die Handflächen wie vorhin auf Brustbein und Bauch und spürt den veränderten Atem nach der Bewegung.

Erfahrung 2: - Geht paarweise zusammen und spürt mit euren Händen den Atem des Partners. Wechselt einige Male die Partner. Stell die Unterschiede im Atmungsmuster deines Partners fest und teile sie ihm/ihr mit.

Erfahrung 3: - Verteilt euch in der Halle mit genügend Abstand zueinander. Schließt die Augen. Setzt euch in Bewegung und stellt euch vor, daß ihr barfuß durch flaches Wasser geht / über eine nasse Wiese / über trockenen Waldboden / über Kieselsteine / über heißen Asphalt. Schaut zu, was bei der jeweiligen Vorstellung mit eurer Atmung passiert.

Beispiele zur Haltungserfahrung:

Erfahrung 1: - Gehe einige Schritte im Raum umher, bleibe stehen und halte dich still und gerade. Verändere an deiner Position nichts und gehe deine Haltung von Kopf bis Fuß mit deiner inneren Wahrnehmung durch. Wie sitzt der Kopf auf den Schultern? Sind diese hochgezogen oder fallend? Wie hältst du die Arme, wie Brust und Rücken? Wie stehen deine Füße auf dem Boden usw.?

Erfahrung 2: - Geht in einer kleinen Gruppe zusammen. Beobachtet eure unterschiedlichen Haltungen im Stehen, leiht sie euch aus, indem ihr sie nachahmt. Was drückst du in der ausgeliehenen Haltung aus? Gebt euch Mitteilungen und achtet darauf, daß ihr euch nicht herabsetzt und kritisiert. Jeder hat sein Recht auf seine Haltung.

Erfahrung 3: - Geht in kleinen Gruppen zusammen. Zu jeder Gruppe gehört ein Stuhl. Beobachtet jeden einmal genau wie er/sie a) steht, b) sitzt, c) liegt. wie verändert sich der Körper, die Haltung, der Ausdruck der gesamten Person in den wechselnden Positionen? Gebt euch Mitteilung.

Meine Erfahrungen mit dieser Art von Übungen sind durchwegs positiv, auch mit jüngeren Schülern, die altersgemäß eine begrenzte Konzentrationskontinuität haben. Der Schwerpunkt, der bei diesen Übungen auf der Erfahrbarkeit des individuellen Körperschemas beruht, spricht vor allem Dingen die bewegungsgehemmten, die sogenannten unsportlichen Schüler an.

5.2.2. Die Dimension von Raum und Zeit

Schaut man Kindern zu, die nach 5 Stunden Sitzen auf Stühlen in eine große Turnhalle einströmen, so wird man Gestalten wahrnehmen, die in unterschiedlichem Tempo durcheinanderlaufen und ziellos freudig ihre Laufrichtungen im Raum verändern.

Das gesamte Bild erinnert an ein raumzeitliches Chaos ohne jegliche Struktur. Die Dynamik des Geschehens ist unvorhersagbar, spontan, nicht wiederholbar und bleibt den Beteiligten unbewußt.

Damit Bewegung bewußt erfahrbar und erlebbar wird, also aus der Zone des "blinden Zerlaufens" herauskommen kann, muß der Raum, in dem die Bewegung stattfindet ebenso wie die Zeit, innerhalb derer eine Bewegungsphase abläuft, eine klare Gliederung erfahren.

Schüler können die Raum/Zeit-Faktoren der Bewegung in einfachen Übungen erfahren.

Beispiele zur Raum/Zeit-Erfahrung:

Erfahrung 1: - Suche zwei feste Punkte im Raum und markiere sie mit einem Gegenstand. Lege fest, wo für dich, vom Ausgangspunkt aus gesehen vorne, hinten, links und rechts ist. Schließe die Augen und bewege dich abwechselnd vorwärts oder rückwärts, links oder rechts gehend auf den zweiten festgelegten Punkt zu. Bemerke deine Richtungsabweichungen.

5.2.3. Das Erlebnis persönlicher Energie und Dynamik in der Bewegung

Tun zwei dasselbe, so ist es nicht dasselbe. Dieses Gesetz gilt auch für Bewegungsform und Bewegungsfolge. Einer ganzheitlichen Bewegungserziehung geht es nicht um Drill und Normierung von Bewegungen, wie sie der auf Frühselektion angelegte technokratische Leistungssport anstrebt.

Wir freuen uns eher über individuelle Abweichungen bei einer gegebenen Bewegungsaufgabe und nehmen sie wahr als Ausdruck unterschiedlicher tonischer Zustände in Muskulatur und Gelenken und damit einhergehender persönlicher Spannungszustände des Körpers, sowie unterschiedlicher psychophysischer Gespanntheiten. Die jeweils individuelle abgestufte Verteilung der Kraft zwischen Zentrum und Peripherie des Körpers, sowie die funktionale Kraftverteilung zwischen der empfindlichen Vorderseite und der stabilen Rückseite des Körpers gestatten unterschiedliche Energie- und Bewegungsmuster. Dazu kommen noch konstitutionelle Unterschiede wie Kraft, Größe und Lebendigkeit des Körpers, die damit einhergehende innere psychische Dynamik und die unbewußt gelernte, d.h. an gegebene körperliche/emotionale/soziale Umstände angepaßte Koordination der Körperhaltung, die das innere bewußte/unbewußte Körperbild begleitet.

Wir gehen in der therapeutisch/pädagogischen Bewegungsarbeit davon aus, daß jedes Individuum seinen Grund für und sein Recht auf die ihm jeweils eigene Bewegung hat. Regulierungen von außen und Hilfen zur Veränderung und Verbesserung sind nur dann nötig, wenn psychomotorisch bedingte Verspannungen, Blockaden und Energiedysfunktionen den individuellen Bewegungsfluß behindern oder die Koordination der Körperhaltungen beeinträchtigen.

Erfahrungen, daß jeder sein persönliches Bewegungmuster und ein zwar zu erweiterndes aber begrenztes Bewegungsrepertoire besitzt, erweitern bei Schülern die Introspektion in die eigene Körperlichkeit, das Verständnis für den fremden Körper und geben Raum für kreative Erforschung von Bewegungsmöglichkeiten, Dynamik und Energiemuster bei sich und anderen.

Außerdem tragen diese Erfahrungen dazu bei, Ängstlichkeit und narzißtisches Konkurrenzverhalten, Abwertung eigener und fremder Körperlichkeit sowie einseitige Spezialisierungen - Faktoren, die dem üblichen Sportbetrieb, den Schulsport eingeschlossen, immanent sind - zu erkennen, zu problematisieren und zu überwinden.

An Hand dieser wenigen Beispiele können Sie vielleicht eine Ahnung davon bekommen, was Integrative Bewegungstherapie/pädagogik bedeuten und erschließen kann.

Es sei hier nur angedeutet, daß IBT vorrangig den Körper als

- Bezugspunkt sensorischer Erfahrung
- Ausgangspunkt der Selbsteinschätzung und Selbstkontrolle
- Ausdruckmedium für Gedanken und Gefühle

betrachtet.

Damit erteilen wir einem technokratischen Leistungsdenken eine deutliche Absage.

5.3. IBT im Kontext der Körperschaft Schule

Die dargestellten theoretischen Erläuterungen und praktischen Beispiele der Integrativen Bewegungstherapie sind ohne den Hintergrund einer körperorientierten, auf Ganzheitlichkeit beruhenden Erziehung, wie sie die Gestaltpädagogik vertritt, nicht zu denken. Obgleich ich selbst das Fach Sport an einem öffentlichen Gymnasium lehre und viele der angeführten Bewegungsansätze und Körpererfahrungen mit Schülern im zweistündigen vorgeschriebenen Sportunterricht praktiziert habe, möchte ich die Grenzen, die diesem Tun gesetzt sind, nicht verschweigen.

Die institutionelle Wirklichkeit der Schule, die glaubt, der Gesellschaft ein zweckrationales Unterrichtskonzept einschließlich der möglichst objektivierbaren Leistungsmessung zu schulden, ist Teil eines gesamt-gesellschaftlich definierten Realitätsprinzips. Unterrichtsweisen, die dem Selbsterleben des Schülers den Vorrang vor dem produktorientierten und technokratisch ausgerichteten Lernprozeß einräumen, stellen im üblichen Schulbetrieb/Sportbetrieb einen Fremdkörper dar. Das müssen wir zur Kenntnis nehmen, wenn wir mit Elementen aus der Bewegungstherapie arbeiten. Es ist ohnehin nicht einfach, Schüler, die den normalen Sportunterricht als Veranstaltung erleben, in der ein dominanter Leiter/Trainer Bewegungsabläufe in technisch erlernbare Fragmente zerlegt, die nach vorgegebenem Muster zu üben sind, wobei Ordnung und Disziplin den ohnehin knapp begrenzten "Spiel"-Raum des Schülers einschränken, mit anderen Möglichkeiten und Umgangsformen vertraut zu machen. Diese subjekt- und leiborientierten Erfahrungsweisen haben bei Schülern nur dann eine hohe Akzeptanz, wenn sie nicht als eine neue Anforderung, ein nur "anderes" Soll eingeführt werden. Das spricht gegen ein "systematisches" Tun bewegungstherapeutisch ausgerichteter Orientierung, aber für das Nutzen von "Nischen" im herkömmlichen Unterricht. Ich habe damit gute Erfahrungen gemacht und bin überzeugt von den positiven Möglichkeiten. Je mehr wir uns selbst als Lehrer frei machen können von der Vorstellung, der beste Lehrer zu sein oder auch von der Vorstellung, wenn schon nicht der beste Lehrer, so der beste Therapeut für Schüler zu sein, desto eher kann es gelingen, uns und Schülern Alternativen im Wahrnehmen und Handeln zu gestatten. Daß alternatives Handeln nicht heißen muß, Herkömmliches und Bewährtes zu vernachlässigen oder gar zu bekämpfen, möchte ich besonders betonen.

Eine Hinführung zur Körpererfahrung und zur Integration von Leiblichkeit in die Persönlichkeitsstruktur kann sich sehr wohl mit einem intensiven Trainingskurs in einer herkömmlichen Sportart vertragen. Sich in der Bewegung erfahren schließt das gezielte Lernen und Üben einer Sportart nicht aus.

Integrative Bewegungserziehung versteht sich so betrachtet als Impuls zur Öffnung bestehender geschlossener pädagogischer Strukturen:

- die inhaltlich-thematische Geschlossenheit des herkömmlichen Sportunterrichts (Sportarten als Regelsysteme) wird erweitert um die Dimension der Offenheit für ein nicht feststehendes Körper- und Bewegungsverständnis (Bewegung ohne Regelsystem; Bewegung als Experiment);

- die methodische Geschlossenheit (vorgegebene methodische Vorgehensmuster beim Erlernen motorischer Fähigkeiten) erfährt ihre Öffnung durch das Bereitstellen von Situationen, in denen für die Schüler individuelle Körper- und Bewegungserfahrung möglich wird (der Schüler und seine Bewegungsgeschichte);
- die räumlich-institutionelle Geschlossenheit (Sportpraxis zu einer bestimmten Zeit in dafür vorgesehenen bestimmten Räumen) erweitert sich in dem Maße als die kreative Verbindung der Bewegungspraxis zu anderen Unterrichtsfächern und Unterrichtsprojekten hergestellt wird. Analog dem für die Gestaltpädagogik typischen Dreischritt: Ich (A) - die anderen (B) - die Umwelt (C) wird Sportunterricht zu:
- Erfahrung meines Körpers (A). Das Selbstverständliche wird bewußt erfahren, z.B. "ich atme", "ich laufe", "ich spüre Spannung/Gelöstheit".
- Erfahrung meines Körpers im Spiegel der anderen (B), z.B. "ich begegne dem anderen körperlich", "ich vergleiche mich mit anderen", "ich teile mich durch Körpersprache mit".
- Erfahrung/Darstellung durch/mit meinem Körper (C). Hier wird der Körper zum Mittler, mit Hilfe dessen ich Umwelt (z.B. Wasser, Schnee, Gelände) erfahre und mich der Umwelt zeige (mein Körper als Ausdrucksmittel, z. B. in Pantomime und Theaterspiel).

Die Schule der Tiere

Eines Tages versammelten sich ein Kaninchen, ein Vogel, ein Eichhörnchen, ein Fisch und ein Aal im Wald. Sie beschlossen eine Schule zu gründen und bildeten einen Schulrat. Das Kaninchen forderte, daß Schnellauf in den Lehrplan aufgenommen werden müsse; der Fisch meinte, Schwimmen gehöre dazu; das Eichhörnchen sagte, daß senkrechtes Bäumeklettern ein absolut notwendiger Bestandteil des Lehrplans sei, und der Aal bestand auf "Löcher in die Erde bohren". Sie nahmen alle diese Fächer in den Lehrplan auf und erklärten es zur Regel, daß jedes Tier alle Fächer belegen müsse. Obwohl das Kaninchen eine Eins im Schnellauf bekam, stellte es sich heraus, daß es mit dem "Senkrecht-auf-die-Bäume-klettern" ernsthafte Probleme hatte. Es fiel immer hintenüber. Nach kurzer Zeit war es von den vielen Gehirnerschütterungen geistig nicht mehr auf der Höhe und konnte nicht mehr so schnell laufen. Anstatt einer Eins, bekam es jetzt eine Vier im Laufen und natürlich nach wie vor eine Sechs im senkrechten Bäumeklettern. Der Vogel war ausgezeichnet im Fliegen, aber wenn es darum ging, Löcher in die Erde zu bohren, war er gar nicht gut, er brach sich immer den Schnabel und die Flügel. Bald bekam er nur noch die Note drei im Fliegen, sowohl als eine Sechs im "Löcher in die Erde bohren", und beim Schwimmen erging es ihm ganz schlecht.

Die Moral von der Geschichte ist, daß der geistig minderbemittelte Aal als Klassenbester hervorging, weil er alles halbwegs richtig machte. Aber die Erzieher waren alle zufrieden, weil ein jeder sämtliche Fächer belegt hatte, und nannten es "Allgemeinbildung". (Gefunden)

Über die Strukturgleichheit einiger gestalttherapeutischer Prinzipien und spiritueller Schulungen

Gerd Metz

Vorbereitung

Hier nun einige Angaben zu meinem persönlichen Hintergrund, sowie stichpunktartig ein paar Inhaltsangaben zum Vortrag:

Ich stieß mit 15 Jahren auf Yoga-Literatur und bin dann bald darauf einige Jahre lang auf Yoga-Seminare gefahren.

Mein Psychologiestudium begann ich u.a. auch aus dem Motiv heraus, mit meiner Berufswahl meine Sinnsuche zu unterstützen, und hoffte, mit der Psychologie den Geheimnissen des Lebens besonders nahe zu sein.

Nach dem Vordiplom erhielt ich ein Stipendium für 2 Semester Psychologie in Südindien. Ich blieb nur ein Semester an der dortigen Universität und reiste dann noch 1 Jahr umher, um Ashrams und Meditationszentren in Indien aufzusuchen, sowie in Thailand und Korea, als auch Zen-Klöster in Japan. Auf diesen Reisen lernte ich speziell die Zen- und die Vipassana-Meditation kennen, wobei die Vipassana-Meditation, die die Methode des südostasiatischen Buddhismus darstellt, mit ihrem continuum of awareness auch im Alltag, für mich ein beständiger Begleiter geblieben ist.

Kurios finde ich, daß ich zum erstenmal in Indien auf die Gestalttherapie stieß, in Form des Buches von Goodman, Hefferline, Perls.

Nach der Rückkehr von meiner 18-monatigen Asienreise wechselte ich an die Universität Würzburg, wo ich bald näher mit der Gestalt in Berührung kam (4-semestriges Gruppentherapiecurriculum).

Nach Beendigung des Studiums Fortbildungen am FPI, bei Erv und Miriam Polster sowie Gestaltsupervision im Team unserer Psychologischen Beratungsstelle durch Jürgen Lemke (FPI). 3-jährige Familientherapieausbildung beim Münchner Familienkolleg.

Parallel zu Studium, Eintritt ins Berufsleben und beruflichen Fortbildungen verlief die weitere Suche und die Beschäftigung mit dem spirituellen Pfad. Eine intensive Auseinandersetzung mit dem "Weg des Kriegers", beschrieben durch Castaneda, sowie mit den Lehren und Methoden des Armeniers G.I. Gurdjieff bildeten dabei die wichtigsten Bestandteile.

Die bedeutendsten Erfahrungen während meines Amerikaaufenthaltes von Juli 85 - Mai 86 waren ein 4-monatiges Training in einem Gurdjieff-Zentrum, ein 4-wöchiges Gestalttraining bei Polsters, sowie das Kennenlernen der amerikanischen Männerbewegung in verschiedenen Wochenendworkshops für Männer. (Ich ließ mich davon inspirieren und leite jetzt auch Männerworkshops an verschiedenen Orten und eine fortlaufende Männergruppe in Nürnberg).

Seit meiner Rückkehr aus Amerika bin ich freiberuflich tätig als Gestalttherapeut und Gruppenleiter (u.a. am Odenwald-Institut für personale Pädagogik seit 81) und schreibe an einem Buch über spirituelle Selbstschulung.

Für mich war Gestalttherapie in ihrer Betonung der Bewußtheit, der Unmittelbarkeit des augenblicklichen Erlebens und der Selbstverantwortlichkeit schon immer eine "spirituelle Disziplin".

In ihren Aspekten der Unterstützung des Audrucks und des freien Flusses der Gefühle stellt sie eine wichtige Balance gegenüber der Überbetonung der "Disziplin" bei manchen spirituellen Strebungen dar.

Sowohl die Gestalt in ihrer Methodik und Lebensphilosophie als auch recht verstandene Spiritualität zielen immer auf eine lebendige und flexible Beziehung zwischen Struktur/Form/Ordnung einerseits und fließen, verändern, erweitern andererseits.

Der Fluß der Lebensenergie braucht für einen "sinnvollen" Ausdruck die Kanalisierung in "guten", prägnanten Gestalten, Mustern.

Wenn andererseits zu rigide Muster und Formen dem ihnen innewohnenden Strom

in seinen Bewegungen nicht nachgeben, sich nicht weiten und umgestalten lassen, dann kommt es zu Störungen, Spaltungen, Fragmentierungen.
In diesem Sinne steht der Vortrag auch im Ideenzusammenhang des Tagungsmottos. Die Anweisungen für eine rechte Handhabung dieser Gesetzmäßigkeiten sind in der Gestalt und in der spirituellen Schulung frappierend ähnlich. Davon wird die Rede sein.

Hier noch einige Stichpunkte zu den Inhalten des Vortrages:
Vermutlich eine 15-minütige Übung zur Erfahrung des dreigliedrigen Kontinuums von wache Wahrnehmung - Entscheidungsfluß - Fluß der Gefühle
Gemeinsames Ziel von Gestalt und Spiritualität: Gestaltwerdung, Gänzlichung, Heil-Ganz-sein, Aufhebung der Fragmentierungen,
in den Bereichen:

Bewußtheit	: Löcher aufheben durch Continuity of awareness abgespaltene Anteile re-integrieren Sufi-Methode: self-remembering
Handlung/Entscheidung	: Aufhebung der Zersplitterung der Intentionen z.B. Castaneda: unbending intent
Gefühle	: Reintegration zersplitterter Gefühle durch Ermöglichung des Ausdrucks. In Fluß kommen.

Vergleich des Prinzips der Selbstverantwortlichkeit im Buddhismus und in der Gestalt usw.
15 - 20 Minuten sind zur Aussprache vorgesehen.

<u>Vortrag</u>

Zum Ausgangspunkt meiner Betrachtungen möchte ich hauptsächlich auf drei Prozeßeigenschaften oder geistige Verfassungen eingehen und auf deren ökologische Beziehungen und gegenseitige Unterstützung.

Diese Eigenschaften stellen für mich, von der Seite der Psychologie her, wichtige

Merkmale eines gesunden oder heilen Menschen dar, und gleichzeitig sind sie aber auch auf dem spirituellen Gebiet wesentliche Merkmale eines Menschen, bei dem Du sagen kannst, er befindet sich "voll auf dem Weg". Und in der Spiritualität ist das Sich-auf-dem-Weg-Befinden schon das Wesentliche, man sagt: Der Weg ist das Ziel.

Es handelt sich dabei um folgende drei Eigenschaften, und ich sehe das für mich immer als ein Dreieck: Wachsein im Geist, entschieden sein im Handeln, frei sein im Fühlen.

Ich definiere es mal kurz als Bewußtheit, Entschiedenheit - und das Freisein im Fühlen nenne ich jetzt einfach mal Gelassenheit.

Und Sie sehen, daß dabei nicht die Rede ist von Geistesinhalten, sondern nur einfach Bewußtheit. Und es ist nicht die Rede von bestimmten Arten des Handelns, es heißt nur Entschiedenheit. Und es ist nicht die Rede von bestimmten Gefühlen, die zu kultivieren sind, sondern es ist die Rede von frei sein in den Gefühlen. Also: Nicht das w a s ist betont, sondern das w i e .

Und wer eben diese Dreiheit bis zu einem gewissen Grad entwickelt hat, bzw. ernsthaft dabei ist, sie zu entwickeln, der ist, wie gesagt, auf einem spirituellen Weg. Genau diese drei Geisteshaltungen werden beständig und immer wieder in der Gestalttherapie stimuliert und herausgefordert. Darauf möchte ich hinweisen.

Der Unterschied besteht lediglich darin, daß wir in der Gestalttherapie eine zeitlich limitierte Situation vorfinden, also eine Stunde z.B., in der intensiv diese Eigenschaften stimuliert werden, während auf dem spirituellen Weg es darum geht, diese Eigenschaften selbst initiiert immer wieder von sich aus als Exerzitium sozusagen zu üben und nach und nach zu einer Alltagshaltung werden zu lassen.

Kontinuität ist dabei wichtig. Sie kann natürlich nur immer wieder relativ hergestellt werden, es geht dabei auch darum, diese Eigenschaften in der zeitlichen Dimension auszudehnen. Daß ich sie über längere Zeit hin auch wirklich in mir spüre und verwirklichen.

Buddha hat für eine dieser Eigenschaften folgendes ausgedrückt; er sagte: Bewußtheit ist das Mittel, Bewußtheit ist der Weg, Bewußtheit ist das Ziel.

Sie sehen also, er meint, daß diese Bewußtheit alle verschiedenen sonstigen Aufgaben, Übungen und Schritte durchdringt und begleitet, sie ist immer wesentlicher Bestandteil. Und so können wir in Erweiterung dieses Satzes durchaus hergehen und sagen, daß sowohl im gestalttherapeutischen Prozeß als auch auf dem spirituellen Weg im spirituellen Exerzitium diese Dreiheit Mittel, Weg und Ziel ist.

So, und nun möchte ich Sie zunächst auch mal eine Erfahrung machen lassen und eine meiner Lieblingsübungen mit Gruppen angeben. Ich mache sie sonst für eine halbe Stunde, soviel Zeit haben wir nicht, wir werden sie in Miniausgabe machen, es wird also eine Übung für zehn Minuten sein.

Die Übung hat nur die Zeitstruktur, zehn Minuten, und den Raum, nämlich daß sie hier in diesem Raum stattfindet und ansonsten ist sie unstrukturiert. Keine spezifische äußere Aufgabe. Die Übung wird innerlich vollzogen, d.h. sie ist eine innere Aufgabe. Äußerlich kann sich alles Mögliche abspielen, es wäre vielleicht ganz gut, wenn sich jetzt innerhalb der zehn Minuten die fest Sitzordnung etwas auflockern würde. Du wirst in diesen zehn Minuten wirklich nur für dich tun, was Du gerne tun möchtest und dafür verantwortlich sein. Du wirst evtl. aufstehen, Du wirst vielleicht im Raum herumgehen, Du wirst vielleicht nur Deinen Stuhl verrücken, Du magst ihn näher zu Deinem Nachbarn hinstellen, Du magst Blickkontakt oder eine andere Art des Kontaktes aufnehmen, oder Du magst eine Weile für Dich bleiben. Sicherlich seid ihr jetzt in diese Übung ein bißchen hineingeworfen und Leute, die sich in einer Selbsterfahrungsgruppe schon kennengelernt haben, für die laufen dann andere Sachen ab, und es ist dann möglich, persönlicher zu werden; aber mir geht es jetzt nicht darum, daß ihr mordsmäßige Verrenkungen macht, sondern es können durchaus auch minimale Sachen sein, nichts unbedingt Großartiges, aber einfach mal so in den Fluß eintreten, zehn Minuten lang, in den Fluß von erstens: Bewußtheit.

Genieße es, mal zehn Minuten lang von Moment zu Moment präsent zu sein, zehn Minuten lang, einfach so gut Du kannst, ohne Verkrampfung, ohne Anstrengung mit Dir im Kontakt zu sein und in Kontakt zu sein mit allem, was Du durch Deine Sinne berührst, hier in dem Raum.

Mit Ohren, Augen, Körper, Geruchssinn, sei dir einfach von Moment zu Moment dieses beständigen Flusses von Grund-Figur-Abfolgen bewußt. Daß immer etwas in Deiner Wahrnehmung geschieht, irgendeine Gestaltformation auftritt, im Moment da ist, dann wieder in den Hintergrund tritt, und eine andere Wahrnehmung tritt auf. Und sei mit diesem Fluß in Kontakt.

Zweitens: Sei gelassen dabei, und das meine ich jetzt nicht mit dem Wort gelassen im alltagssprachlichen Sinne, also nicht in dem Sinne, sei ausgeglichen, rege Dich nicht auf oder so ähnlich, sondern ich meine Gelassenheit in einem viel tieferen Sinne, nämlich sich ein-lassen, Deine Stimmungen, Deine Gefühle, Deine Verfassungen zu-lassen, nicht unbedingt lässig sein, aber durch-lässig sein für das, was Du spürst. Wenn Du Dich langweilst in den zehn Minuten, ja, dann langweilst Du Dich halt. Wenn Du einen interessanten Kontakt aufnimmst und aufgeregt dabei bist, na, dann bist Du halt aufgeregt. Bleib bei diesem authentischen, diesem ursprünglichen Gefühl und setz kein Meta-Gefühl drauf. Als Meta-Gefühl meine Ich: Meinetwegen Du langweilst Dich, und dann ärgerst Du Dich, daß Du Dich langweilst. Das ist das Meta-Gefühl, das Du draufpropfst. Den größten Einfluß haben wir auf die Meta-Gefühle, da haben wir eine größere Entscheidungsfreiheit, davon können wir uns entweder packen lassen oder es auch sein lassen und einfach beim ursprünglichen Gefühl bleiben. Ja, versucht es mal. Akzeptiere einfach, was Du spürst.

Und drittens: Bemerke und verantworte den Fluß Deiner Entscheidungen von Moment zu Moment. Es gibt nämlich nicht nur in uns diesen Fluß von Figur-Hintergrund- Abfolge in Bezug auf die Wahrnehmung, sondern es gibt einen beständigen Fluß von Entscheidungen, Du entscheidest Dich von Moment zu Moment. Auch wenn Du Dich scheinbar nicht entscheidest, einfach sitzen bleibst, dann versuche es einmal so zu sehen, daß Du Dich da auch von Moment zu Moment entscheidest, sitzen zu bleiben, und genieße dieses, ich möchte jetzt mal sagen, königliche Gefühl, wirklich von Moment zu Moment auch dahinterzustehen zu dem, was Du machst, ganz und gar dahinterzustehen, keinen Zweifel zu haben, kein Schwanken und keine Reue, nachdem Du Dich entschieden hast.

Gut, das war die Anweisung.

Und wie gesagt, die Qualität in der Du die Übung ausführst, ist äußerlich nicht sichtbar. Wenn wir alle z.B. hier so sitzen bleiben und wir schweigen alle und es tut sich nichts, kann trotzdem jeder voll in der Übung drin sein. Ach ja, eine Anweisung dabei ist noch, daß nicht geredet wird, das ist die einzige sonstige Anweisung. Also, für zehn Minuten - die Übung beginnt - jetzt.

Nach 10 Minuten:

Vielleicht hast Du ein bißchen eine Ahnung oder einen Geschmack kriegen können in diesen zehn Minuten von dem Zusammenspiel und der Er-gänz-ung dieser drei

Punkte. Wenn man noch nicht damit vertraut ist, wirkt es vielleicht zunächst noch ein bißchen kompliziert, auf alle drei zu achten. Es ist eine Sache der Übung.

So, jetzt will ich mal nacheinander diese drei ein bißchen näher anschauen und Spiritualität und Gestalt dabei vergleichen.

In der vorher zitierten Aussage Buddhas ist eben schon diese Wichtigkeit der Bewußtheit unterstrichen worden. Wie wird das nun aber praktisch ausgeübt, was wird darunter verstanden, Bewußtheit praktisch zu üben? Nun, Buddha hat selber diese Vipassanameditation beschrieben, die Essenz beschrieben, worum es dabei geht. Ich zitiere eine Aussage von ihm: "Wie nun, ihr Mönche, übt sich einer in der Disziplin der Wachheit? Aufblickend weiß er, ich blicke auf. Den Arm beugend weiß er, ich beuge den Arm. Einen Gedanken denkend weiß er, ich denke diesen Gedanken. Ein Gefühl empfindend weiß er, ich empfinde gerade dieses Gefühl. So, ihr Mönche, übt sich einer in der Disziplin der Wachheit."

Einfach und genial!

Und wenn Du dies übst, und wirklich auf Grund der Übungen in eine Vertiefung reinkommst, also wirklich auch in diesen Wahrnehmungsstrom von Moment zu Moment, dann wirst Du, über das intellektuelle Erkennen hinaus, fast mit allen Fasern, leibhaftig ein Schmecken, ein Spüren, ein Erleben von grundlegender Wahrheit erfahren, die, wenn man sie einfach so ausspricht, recht simpel ist. Aber es geht darum, sie auch leibhaftig und seelisch zu erfahren, eine grundlegende Wahrheit, die auch im Buddhismus immer wieder genannt wird: Die Wahrheit des Entstehens, Verweilens und Vergehens aller Phänomene. Sehr schön wird das auch erfahren in der Geh-Meditation; nicht nur in der Vipassana, auch im Zen werden die Perioden des Sitzens immer wieder abgewechselt mit Perioden meditativen oder langsamen Gehens, das sieht dann ungefähr so aus (vorgemacht):

Es ist eine Art Zeitlupengehen.

Und nun ist in der Vipassanameditation die Anweisung, daß Du beim Gehen drei Phasen unterscheidest: Anheben des Beines, Vorwärtsbewegen, Senken, Anheben, Vorwärtsbewegen, Senken usw.

Mit diesen drei Phasen wird genau wieder der Eindruck des Entstehens, Verweilens und Vergehens vermittelt, und wenn Du da drin tief versenkt bist, ist es wieder ein unmittelbarer seelischer Eindruck von dieser Wahrheit, der über ein rein intellektuelles Konstatieren hinausgeht.

Was entspricht dem nun in der Gestalt?
In der Gestalt haben wir ja das Konzept, daß unsere Wahrnehmung aufgefaßt werden kann als eine beständige Abfolge von Figuren, die aus dem Hintergrund auftauchen, eine Weile verbleiben und dann wieder in den Hintergrund zurücksinken.
Wenn ich Dich z.B. jetzt anschaue, dann bist du für meine Wahrnehmung eine Figur, ich sehe zwar die anderen alle noch, etwas unschärfer, sie sind der Hintergrund. Wenn ich dann meinen Blick wandern lasse, wirst Du zu einem Teil des Hintergrundes und jemand anderes wird Figur meines Wahrnehmungsvordergrunds. Und das ist so für alle Sinneswahrnehmungen, für alle Gefühle, für die Gedanken. Sie tauchen auf aus dem Hintergrund, sind eine Weile (mehr oder weniger prägnant) im Vordergrund und versinken dann wieder.
Dieser Fluß ist beständig in uns da. Der springende Punkt dabei ist der: teilnehmend dabei zu sein, also innerlich anwesend zu sein, während dieser beständige Fluß der Bildung von Wahrnehmungsgestalten abläuft. Dies läuft ja auch automatisch ab, auch ohne unsere bewußte innere Teilnahme, nur kommt es eben jetzt darauf an, diesen blinden Automatismus etwas zu reduzieren und innerlich "zu Hause zu sein", anwesend zu sein, während diese Bildung und Auflösung von Wahrnehmungsgestalten sich vollzieht.
Der Gestalttherpeut stimuliert gerade dieses Dabeisein dieses kontinuierliche Wahrnehmen durch seine einfachen Fragen. Indem er fragt: "Und was ist jetzt - und jetzt - und jetzt." Damit weist er Dich auf diesen Fluß der Wahrnehmungsgestalten hin. Oder indem er fragt: "Und wo spürst Du das? - Bleib dabei. - Und wie verändert es sich jetzt?"

Es gibt noch einen anderen Aspekt dabei in der Spiritualität bei diesem Wahrnehmungskontinuum. Es wird genannt, ich sag's auf englisch: bare attention, also die "reine" Wahrnehmung. Es ist eine Wahrnehmung, die nicht vermischt ist mit Analysen, mit Kommentaren, mit Untersuchen, Benennen, Kategorisieren, einfach die reine Sinneswahrnehmung auf uns wirken lassen.
Damit tauchst Du wieder ein in den Strom der Wahrnehmung.
Wenn Du kategorisierst, wenn Du benennst, wenn Du untersuchst, dann distanzierst Du Dich ein Stück weit davon und bist nicht voll im Strom der Wahrnehmung. Und dieses unmittelbar im Strom der Wahrnehmung sein ist ein unmittelbarer, ein direkter

nicht durch das Denken vermittelter Kontakt mit der Realität. Und auch dieses bare attention kommt in der Gestalt vor. Wir wissen, wie Perls schon immer wieder die Tendenz zu kategorisieren, zu benennen, "darüber" zu reden frustriert hat, indem er es als mind fucking bezeichnete. A rose is a rose is a rose. Oder: "If you are in confusion, stay with it then confusion will sort itself out by itself." Stay with it heißt nicht, dran bleiben, indem Du weiter drüber nachdenkst. Bleib bei der Wahrnehmung, spür's einfach: Stay with it.

Durch das weitere Dranbleiben im Spüren, im Erleben sortiert sich die Konfusion aus. Und im Spirituellen gibt es auch wieder diesen Hinweis auf das mind fucking und zwar, ist das das "innere Geschwätz", diese Kommentare, diese inneren Selbstgespräche, die bei allem was Du tust, ablaufen.

Und da gibt es eben auch in der Spiritualität den Hinweis, dies zwar nicht zu unterdrücken aber ein Stück weit "hinter" dieses Geschwätz zu treten in eine Zone des Schweigens. Ein moderner indischer Yogi, Shri Aurobindo, nennt diese Haltung das "Schweigen des Geistes". Das Sich-lösen von diesem inneren mind fucking. Oder der Don Juan in den Büchern Castanedas nennt es "die Welt anhalten". Und wenn wir hinter dieses innere Geschwätz gelangen, dann treffen wir auf etwas, das wir den "Zeugen" nennen, den inneren Zeugen. Der einfach präsent ist, wach ist, da ist und registriert. Wenn wir auf diesen inneren Zeugen treffen, wissen wir, daß da tief in uns jemand "anwesend" und "zu Hause" ist. Dieser Begriff des Zeugen ist etwas, das sich durch verschiedene esoterische Schulen als etwas ganz Wesentliches durchzieht.

Nun zur nächsten Eigenschaft: zur Entschiedenheit und zum Handeln.

Da ist zuerst mal festzustellen, weil es für nicht Kundige gar nicht so selbstverständlich ist, daß das Handeln, das Entscheiden, das Tun wirklich ganz wesentlich ist, auch auf dem spirituellen Weg. Man könnte leicht meinen, Spiritualität heißt, sich hinsetzen und meditieren, komtemplieren, passiv sein, betrachten. Das ist nur ein Teil davon. Ganz wesentlich ist eben auch das Tun, das Handeln. Ich zitiere nur kurz den alten Yogatext aus der "Bibel der Hindus" (wie sie auch genannt wird), nämlich die Bhagavatbita: Dort heißt es: "Das Werk zu tun sei dein Beruf, nicht kümmere dich's, ob es gelang. Begehre nicht der Taten Frucht, doch fröne nicht dem Müßiggang, ergebungsvoll tu jedes Werk, und frei von irdischer Begier, ob gut

ob schlecht der Ausgang sei, bewahre stets den Gleichmut dir."
Ein Unkundiger würde vielleicht zunächst ganz oberflächlich mit Therapie oder mit Gestalttherapie auch erst mal verbinden, daß da über Probleme geredet wird. Wir wissen aber, daß das Handeln ein ganz wesentlicher verändernder Faktor ist, in der Therapie und gerade auch in der Gestalttherapie.
Doch zunächst nochmal zurück zur Spiritualität. Ich möchte eine Unterscheidung treffen zwischen Handeln aus Absicherungsmotiven und Handeln aus Hingabe.
Bei Handeln aus Absicherungsmotiven, da baust Du Dir z.B. ein Haus oder gründest eine Familie oder baust Dir Deinen Job auf, nicht vorwiegend aus Lebensfreude oder Hingabe, sondern um Deine Sicherheit zu haben. Dein Handeln fließt nicht aus vollem Herzen, es ist oft ein Stück Zögern und Zurückhalten dabei. Es hat einen Geschmack des Provisorischen an sich. Es ist ein sich nicht ganz in den Fluß kräftiger, entschiedener Handlungen und damit auch Risiken des Lebens Einlassen. Du bleibst ein Stück an der Peripherie. Da gibt es jetzt in der Spiritualität nun wieder die Anweisung, mit ganzem Herzen in die Handlung reinzugehen. Bei Castaneda heißt es, in einem für mich immer wieder faszinierenden Kapitel in "Reise nach Ixtlan" mit der Überschrift: "Die letzte Schlacht auf Erden", daß dieser Don Juan jede seiner Handlungen als "letzte Schlacht auf Erden" betrachtet. Er sagt, dann entsteht eine besondere Qualität, dann handelst Du wirklich ganz, ohne Zögern, ohne Ambivalenz, mit ganzem Herzen. Auch wird gesagt, es kommt darauf an, Deine Handlungen abzuwägen, sorgfältig zu sein. Aber mit dem Abwägen dann zu einem Abschluß zu kommen und zu entscheiden. Und in der Handlung dann nicht mehr zögern sondern ganz reingehen. Wenn Du bereit bist, die Risiken für Dein Handeln und Entscheiden voll auf Dich zu nehmen (Du kannst nicht alles restlos klären und abwägen bevor Du handelst), kannst Du ganz in den Handlungsvollzug reingehen. Wichtig dabei ist auch, keine Reue zu empfinden: Du hast Dich entschieden, Du hast gehandelt, Du bist Deinen Weg gegangen.
Denn auf eine Entscheidung folgt die nächste und immer wieder die nächste. Es ist ja nicht die letzte, und wenn es die letzte wäre, dann wäre es auch gut, sie mit vollem Herzen getan zu haben ganz reingegangen zu sein - Deine letzte Schlacht auf Erden mit Hingabe gefochten zu haben.

Diese "vollständigen" Handlungen erleben wir auch in der Gestalt. Du spürst meinetwegen, daß sich beim Klienten ein Handlungsimpuls schon anzeigt, aber aus einer Unsicherheit heraus hält er sich zurück und wagt noch nicht zu "tun". Die Spannung baut sich auf und irgendwann überschreitet er den Rubicon, sozusagen, entschließt sich zum Handeln, und Du spürst, da ist eine besondere Qualität drin, denn jetzt gibt er sich ganz rein in die Situation, in die Handlung. Das ist oftmals auch mit hoher Erregung verbunden.

Ein weiterer wichtiger Punkt ist, daß die Handlungen dem Organismus, den Gefühlen, dem Körper, nicht vom Willen "aufgepfropft" werden, sondern sich organisch ergeben aus einer feinfühligen, ganzheitlichen Wahrnehmung meiner gesamten Befindlichkeit. Die Handlung fällt sozusagen wie eine reife Frucht vom Baum. Ich trenne nicht zwischen einem Ich, das etwas will, und dem Rest meiner Person, von der ich etwas will.

Der Zen-Meister Pu Chang sagt z.B. ganz simpel: "Wenn hungrig - esse ich, wenn müde - schlafe ich." Oder der Zen-Meister Yuen Men: "Beim Gehen geh, beim Sitzen sitz, vor allem aber schwanke nicht!" Schön, nicht?

Aber es bleibt bei der Spiritualität nicht bloß bei der Aufforderung, sondern es gibt auch konkrete Übungswege dazu, und am ehesten bietet sich, um das begreiflich zu machen, Zen an. Zen in den verschiedenen Künsten, es gibt zum Beispiel Zen in der Kunst des Schwertfechtens. Hier kann man sich nicht erlauben, zu zweifeln, zu zögern, hier muß man "wahrnehmen und handeln", keinen Zwischenraum lassen zwischen der Wahrnehmung und dem Handeln, kein Überlegen.

Ich erinnere mich an eine Übung, die ich mal gemacht habe: Es steht jemand vor Dir mit einem Stock, Du bist völlig unbeweglich und Dein Gegenüber holt aus und zieht den Stock genau auf Dich herunter. Erst in dem Moment, in dem er ausholt, reagierst Du. Genau zum richtigen Zeitpunkt, d.h. Du wartest, bis Deine Wahrnehmung Dir signalisiert - jetzt! Dann trittst Du mit einer zügigen, nicht-hastigen Bewegung nur einen Schritt zur Seite.

Oder: Zen in der Kunst des Bogenschießens. Hier wird auch eine bestimmte Wachheit erst vorbereitet durch zeremonielle Bewegungen, Tanz usw., dann wird angesetzt, konzentriert, gewartet - und das Loslassen, also die entscheidende Handlung, der Schuß fällt wieder wie eine reife Frucht ab.

Oder: Zen in der Kunst der Kalligraphie (japanische Schriftzeichen). Eines der schwie-

rigsten Zeichen ist z.B. der Kreis, in einer Bewegung einen Kreis mit freier Hand zu zeichnen, und hier wird wirklich sichtbar im gezeichneten Kreis, ob der Ausführende innerlich noch ein bißchen gezögert hat, ob eine kleine Ambivalenz oder Unsicherheit noch da war.
Es geht darum, konzentriert dabei zu sein und dann: ganze Hingabe an den Handlungsvollzug.

Wie läßt sich das auf die Gestalt beziehen?
In der Gestalt haben wir eben auch diese Handlungen. Eine Offensichtliche ist das Experiment, das Gestaltexperiment, das der Therapeut richtiggehend anweist. Wir haben auch die Handlung, die sich spontan aus dem Gestalt-Prozeß heraus ergibt; der Klient spürt etwas, es baut sich etwas auf, eine Tendenz, die in einen Ausdruck, eine Handlung einmündet. Und es gibt die Handlung, die erstmal gar nicht offensichtlich ist. Ich will damit sagen, der Therapeut weist systematisch den Klienten beständig darauf hin, daß er ein Handelnder und ein Entscheidender ist, selbst wenn dieser meint, er handelt jetzt gerade nicht.
Z.B.: Der Klient sagt: "Das kann ich nicht, das schaffe ich nicht."
Darauf der Therapeut: "Formuliere es mal um, sag: das will ich nicht." Damit macht er ihm bewußt, daß auch das etwas bestimmtes Nichttun ein Handeln, eine Entscheidung ist. Der Klient berichtet meinetwegen von einer schmerzhaften Verkrampfung.
Therapeut: "Spür mal hin und erspüre, wie Du das machst."
Oder er fragt: Wie machst Du das? / Wie stoppst Du Dich? / Wofür entscheidest Du Dich gerade?
Ich meine, gerade der Umstand in der Gestalttherapie, daß der Therapeut den Klienten immer als Handelnden anspricht ist mit ein Faktor für die spezifische Dichte, die wir oftmals in gestalttherapeutischen Sitzungen erleben.
Nochmal kurz zusammengefaßt: Es geht nicht bloß um Handeln, sondern es geht um eine gewisse Art, um eine gewisse Charakteristik des Handelns; das Handeln ist ganzheitlich, alle meine Teile sind in unterschiedlicher Weise beteiligt, stimmen der Handlung zu.
In der Gestalt haben wir auch das: Auch dort, wo Ambivalenzen auftreten, wenn innere Widersprüche da sind (und das ist ja charakteristisch für die Problematik unserer Klienten), hilft der Therapeut, ganzheitliche Handlungen herzustellen, indem

er diese Vermischung der Ambivalenzen auflöst und in den Gestaltdialog aufteilt. Im Gestalt-Dialog können die widerstreitenden Teile sich mal ganz ausdrücken und damit prägnant werden. Dies erst schafft die Voraussetzung für eine spätere Kooperationsfähigkeit der Teile und damit einer Integration, Gänz-lichung, Heilung der Persönlichkeit auf höherer Ebene.

Ziel ist, daß das Handeln nicht mechanisch abläuft, sondern von "jemand in mir" verantwortet wird, was dadurch geschieht, daß die Bewußtheit mit reinkommt. Und ganz wichtig: Das Handeln ist organisch erspürt, ein Resultat aller meiner inneren Strebungen und Kräfte.

Wenn ich im sensiblen, spürigen Kontakt mit meinem inneren "Ökosystem" bin, fällt die Handlung wie eine reife Frucht vom Baum.

Die Charakteristika des Handelns zusammengefaßt lassen mich sagen, daß es hierbei um ein Handeln aus Hingabe geht. Ich gebe mich dem Handlungsstrom hin.

Fühlen, der letzte Punkt.

Dazu will ich zur näheren Erklärung erst einmal ein Schichtenmodell einführen: drei Schichten, eine äußere, eine mittlere und eine innere Schicht.

In der äußeren Schicht, auch Oberfläche, haben wir etwas, das ich als Pseudo-Gelassenheit bezeichne, d.h. Du schaffst es irgendwie nach außen hin ausgeglichen zu wirken Dich vielleicht sogar so zu fühlen, aber wenn Du Dich weiter und tiefer einlassen würdest, würdest Du auf die nächste Schicht kommen und merken, jetzt wirst Du aufgeregt, unsicher o.ä., und diese Deine Gelassenheit ist gar nicht auf so sicherem Boden, sie ist hergestellt; sie ist nicht Ausdruck Deiner ganzen Person, sondern vordergründig.

Das wiederum ist eng verbunden mit dem Aspekt des Handelns, wie ich vorhin gesagt habe, handeln aus Absicherung oder handeln aus Hingabe. Auch hier in dieser äußeren Schicht findet das Handeln aus Absicherung statt. Du baust vor, Du planst vor, Du sicherst Dich ab, Du läßt Dich noch nicht voll auf die Turbulenzen des Lebens ein (die sich in dieser mittleren Schicht abspielen).

Dieses sich Einlassen ist auch ein Thema in der Spiritualität, obwohl es manchmal gar nicht den Anschein hat, man meint es geht darum, drüberzustehen, drüberzuschweben. Es gibt spirituelle Lehrer, die Meister darin waren, sich genau da hineinzuschmeißen.

Don Juan treibt z.B. seinen Castaneda immer wieder in Situationen hinein, in denen er unwahrscheinliche Angst hat.

Auch Grundjieff war ein Meister darin, seine Schüler in Situationen zu bringen, in denen alle möglichen heftigen Gefühlsreaktionen bei ihnen aufgebrochen sind.

Es geht also bei dieser mittleren Schicht um die extremeren Emotionen, um Begierden, Schmerz, Lust, heftige Freude, Verliebtheit usw.

In den authentischen spirituellen Schulen weiß man zwar, daß diese heftigen Emotionen nicht zum Zentrum Deines Wesens gehören, daß sie aber sehr wohl wesentlich zum Mensch-sein gehören und daß es keinen anderen Weg zum Zentrum gibt, als sich diesem Bereich voll zu stellen. Es gibt interessanterweise in der indischen Tradition die Vorstellung von verschiedenen Lebensstufen, zu denen in der mittleren Phase des Lebens die Stufe des Haushälters zählt. Erst nach dieser Stufe, nachdem er also die Freuden und Schmerzen der zwischenmenschlichen Beziehungen erfahren hat, konzentriert sich der Sucher immer mehr darauf, ins Zentrum seines Wesens zu gelangen.

In einer falsch verstandenen Spiritualität wird versucht, diesen "gefährlichen" mittleren Bereich zu umgehen und ins Zentrum zu gelangen, ohne sich "die Hände schmutzig zu machen". Aber derartige Bemühungen führen nur dazu, daß man an der Peripherie hängen bleibt, denn es gibt keinen Weg ins Zentrum, es sei denn mitten durchs Leben.

Wie nun geht man innerhalb einer spirituellen Disziplin mit diesem Bereich um? Zuerst einmal: Du bleibst in Kontakt, indem Du hinschaust und so genau wie möglich wahrnimmst, was sich da in dir abspielt, und Du versuchst nicht Dich vorschnell zu beruhigen und in eine oberflächliche Ausgeglichenheit zu flüchten, die Dich noch weiter vom Zentrum entfernen würde. Indem Dein Dich-Einlassen, Deine Hingabe an Deine Gefühle begleitet wird von sowohl der Disziplin der awareness als auch der Fähigkeit und Bereitschaft, bewußt (d.h. nicht-reaktiv, nicht blind-mechanisch) zu handeln und zu entscheiden, ist gewährleistet, daß Du nicht von Deinen Gefühlen überschwemmt oder hin- und hergeschubst wirst, sondern daß Du sie bewußt erlebst und verdaust, daran reifst und damit wie beim Zwiebelschälen Schicht um Schicht tiefer in Deine Mitte kommst. Wenn ich hier das Handeln anspreche, so meine ich damit, daß auf der Handlungsebene in einer eher ruhigen und folgerichtigen Weise für die eigene Gefühls- und Motivationslage Verantwortung übernommen wird. Casta-

neda über seinen Lehrer Don Juan: "Vor allem spürte ich in seinen Handlungen eine ruhige Folgerichtigkeit, die mich zutiefst verblüffte."
Die Möglichkeit der kathartisch-expressiven Entladung von Gefühlen ist in spirituellen Disziplinen, soweit ich weiß, nicht vorgesehen, bzw. wird abgelehnt. Der Umgang mit heftigen Gefühlen und deren Verdauung beschränkt sich auf genaues Registrieren und dann relativ beherrschtes Handeln. Ich finde jedoch, daß dies in einer organischen, unverkrampften Weise nur auf sehr hohen Entwicklungsstufen möglich ist und daß der in der Gestalt auch ermöglichte kathartisch-expressive Gefühls- und Handlungsfluß eine reinigende Wirkung hat und somit auf die höheren Stufen vorbereiten kann. Die durch zurückgehaltenen Ausdruck verstopften Kanäle werden sozusagen gereinigt.

Womit wir also in diesem Punkt auch bei der Gestalt angekommen sind: Auch hier geht es ja nicht um ein mechanisches Ausagieren der Gefühle, um ein Reagieren auf Knopfdruck, sondern um eine sensibles Erspüren und ein Eintreten in den Gefühls- und Handlungsfluß mit Bewußtheit. Die Aufforderung "Stay with it" hat auch zum Ziel, daß wir nicht in unseren Gefühlen "herumflippen", sondern sie wirklich ernst nehmen, anschauen, verdauen und somit auch durch eine Art Zwiebelschälen in tiefere Schichten unseres Wesens kommen.
Wenn unsere verstopften emotionalen Kanäle durch Kontaktnahme und In-Fluß-bringen durchlässiger geworden sind, dann klatschen die Gefühlswogen auch nicht mehr auf verhärteten inneren Widerstand, sondern ich lasse mich ergreifen und sie durch mich hindurchfließen, ohne daß ich von ihnen weggeschwemmt werde. Bildlich gesprochen: Am Meer hüfthoch im Wasser stehend stemme ich mich nicht gegen die anbrandenden Wellen, sondern erspüre den rechten Augenblick, mich von ihnen hochheben und wieder absetzen zu lassen. So wird ein Tanz, ein Wellenreiten, ein Spiel daraus. Diese "freie Beweglichkeit im Fühlen" ist in der Gestalttherapie, neben der Wachheit und der Fähigkeit zu selbstverantworteten Handlungen, ein wesentliches Ziel.
Je leichter ich den "Tanz" zulassen kann, desto mehr schwächt sich auch die tierischernste, verkrampfte Identifikation mit ihm ab, und damit eröffnet sich allmählich der Zugang zum stillen Zentrum, zum "Zentrum des Zyklons" (Lilly). Wenn ich dahin gelange, negiere oder unterdrücke ich damit nicht die Schicht der Turbulenzen und der Peripherie, sondern ich gehe darüber hinaus. Ich bin beides: die Mitte und der

Umkreis.
In dieser Mitte aufzuwachen und dann aus dieser Mitte heraus zu leben, von hier aus den Umkreis mit einzubeziehen, das ist das Anliegen einer spirituellen Arbeit an sich selbst.
Das Fahrzeug in diese Mitte habe ich versucht zu beschreiben, als die zu entwickelnden Qualitäten des "wach-seins-im Geist", "entschieden-seins-im-Handeln" und "frei und flüssig-seins-im-Fühlen".

Ich habe versucht zu skizzieren, daß diese drei Qualitäten in der Gestalttherapie systematisch stimuliert werden.

Leider reicht die Zeit nicht mehr, um auf den wichtigen und komplexen Gesichtspunkt der gegenseitigen Stützung und Korrektur im Sinne einer "ökologischen Balance" dieser drei Qualitäten untereinander einzugehen. Jede dieser Qualitäten braucht nämlich zu seiner <u>rechten</u> Entwicklung und Verwirklichung die beiden anderen.
Aber vielleicht haben Sie Lust, sich selber weitere Gedanken hierüber zu machen.
Ich danke für Ihr Interesse.

Regressions- und Gestalttherapie - zur Arbeit mit frühgestörten Jugendlichen

Otto Glanzer

Vorbereitung

(siehe W 14)

Der derzeitige Schwerpunkt in meiner Arbeit ist der Versuch, gemeinsam mit zwei anderen Gestalttherapeuten im Zusammensein mit sehr schwer verwahrlosten Jugend-

lichen "Gestalt zu leben".
Wir sind in echter Wohngemeinschaft mit unseren Patienten und haben für die Zeit dieses Experiments die Trennung von Arbeit und Freizeit aufgehoben. Die therapeutische Arbeit - und in der Konsequenz auch weite Teile unseres Lebens - sind durch ein Rahmenkonzept strukturiert, in dem das "Bezugspersonen-Prinzip", die "Milieutherapie" und die "Regressionstherapie" zentrale Bestandteile sind.

Zum Thema des Vortrags und des Workshops kam ich aus der Unmittelbarkeit meiner jetzigen beruflichen Existenz, die - wie vorhin angedeutet - sehr viel mehr als Berufsausübung ist. Da wir mit sehr wenigen Jugendlichen arbeiten, sind unsere Forschungsbedingungen ideal. Wir sehen Dissozialität und soziopathische Persönlichkeitsstrukturen sozusagen unter dem Mikroskop der Eins-zu-Eins-Beziehung. Durch diese besonders günstigen Bedingungen ergaben sich eine Fülle von Beobachtungen, die meinem Erachten nach wert sind, mitgeteilt zu werden.

Zum Tagungsthema besteht folgender Zusammenhang: Das, was wir in unserem Haus bei sogenannten "Aufgegebenen" erreicht haben, läßt uns behaupten, daß unter bestimmten Umständen, auch scheinbar aussichtslos Verwahrloste strukturell verändert werden können - und insofern lehnen wir uns vehement gegen die Unmenschlichkeit von psychiatrischen Einrichtungen und von klassischen Heimen auf. Wir glauben beweisen zu können, daß es auch anders geht. Wir sind nicht die ersten, die diesen Beweis liefern, aber wir hoffen, die Kritik an den traditionellen Heimeinrichtungen untermauern und präzisieren zu können. Was den auch in unserer Arbeit vorhandenen Aspekt der Anpassung betrifft, so liegt er zweifellos im Versuch, den Jugendlichen unsere persönlichen Werte nahezubringen, um ein Miteinanderleben zu ermöglichen. Außerdem versuchen wir, unsere Jugendlichen für die Last der in unserer Gesellschaft herrschenden Zwänge zu rüsten. Dies tun wir in der Absicht, ihnen langfristig eine Perspektive in ihrem Leben erfahrbar zu machen.

Der Kernpunkt des Referats soll in einer knappen Darstellung dessen liegen, was der Psychoanalytiker Harald Picker als Regressionstherapie mit Verwahrlosten entwickelt hat und wie diese Methode unter gestalttherapeutischer Sicht zu verstehen und anzuwenden ist.

Referat

Als mich Rolf Merten einlud, hier über meine Arbeit mit verwahrlosten Jugendlichen zu erzählen, hat mich von Beginn an das Tagungsthema sehr angesprochen: Gestalttherapie und Gestaltpädagogik zwischen Anpassung und Auflehnung.
Nun wird sich - wie aus der Vielfalt der Veranstaltungen dieser Tagung ersichtlich ist - jeder in einer etwas anderen Weise von diesem statement "Gestalttherapie und Gestaltpädagogik zwischen Anpassung und Auflehnung" angesprochen und berührt fühlen.
Was meine Arbeit in der therapeutischen Jugendwohngemeinschaft in Augsburg betrifft, so bedeuten die beiden Pole Anpassung - Auflehnung folgendes:
Was die Anpassung betrifft, sind meine Kollegen und ich, die wir mit einigen sehr schwer verwahrlosten Jugendlichen zusammenleben, darauf bedacht, unsere Jugendlichen soweit an die herrschenden gesellschaftlichen Bedingungen anzupassen, daß sie nicht noch tiefer in den Isolations- und Ausgrenzungsprozeß geraten, in dem sie sich zur Zeit ihrer Aufnahme bei uns befanden. Wir wollen erreichen, daß der sich selbst verstärkende Prozeß von physischer und psychischer Selbstschädigung oder Kriminalität beendet wird und die Jugendlichen soviel an Fähigkeit zur Realitätsprüfung, zum Triebaufschub und zur Kontaktfähigkeit erlangen, daß sie in dieser Gesellschaft am Leben und auf freiem Fuß bleiben können und ihre vorhandene Kreativität - wider alle negativen Prophezeiungen - entfalten können.
Was die Auflehnung betrifft, so richtet sich unser aggressives Potential gegen den herkömmlichen Umgang mit frühgestörten, dissozialen Jugendlichen, die als unverbesserlich, nicht tragbar für die Gesellschaft, asozial und arbeitsscheu gehalten werden und ihr Leben in geschlossenen Heimen und Jugendgefängnissen verbringen, bis sie als Erwachsene in die Mühlen der Drehtür-Psychiatrie und der Vollzugsanstalten oder in Sondereinrichtungen für abnorme Rechtsbrecher kommen. Wir wehren uns gegen die Meinung, hohe Therapie- und Betreuungskosten seien ohnehin nicht zu rechtfertigen, da die Erfolge der sozialen Rehabilitation erfahrungsgemäß ausbleiben. Womit eigentlich die Erfahrungen von Großheimen und Strafvollzugsanstalten gemeint sind. Uns geht es um die Herstellung der "Bedingungen des Gedeihens" (Metzger) auch für Jugendliche, die dem sozialen "Abfall" zugerechnet werden (Ausdruck einen einer aggressiven und wohl auch hilflosen Jugendamtsbeamtin über einen unserer

Jugendlichen).
Zwei andere Gestalttherapeuten und ich haben daher - in dankenswerter Zusammenarbeit mit dem SOS-Kinderdorf e.V. als Träger - eine Behandlungseinrichtung gegründet, in die wir außer unseren eigenen die Erfahrungen vieler anderer Praktiker-und Theoretiker der Psychotherapie mit Verwahrlosten haben einfließen lassen.
Unser Projekt steht theoretisch auf drei Beinen:

Bezugspersonenprinzip

Milieutherapie

Regressionstherapie

Das Bezugspersonenprinzip hat Michael Kögler (1972) ausführlich beschrieben und begründet, die Skizzierungen von Milieutherapie finden sich zum Beispiel bei Fritz Redl (1978) und bei Trieschman et al. (1981).
Das worüber ich heute am eingehendsten sprechen möchte, ist die Regressionstherapie mit frühgestörten, verwahrlosten und dissozialen Jugendlichen.
Mit Frühstörung meine ich eine schwere Beeinträchtigung der Selbst- und der Ich-Entwicklung, deren Beginn in der vorsprachlichen Zeit des Kindesalters liegt. In einer Zeit, in der das Kind zwischen innerhalb und außerhalb seines Selbst noch nicht unterscheiden kann und jegliches Behagen oder Unbehagen seinem Selbst zuordnet, da sich dieses eben an den Erfahrungen entwickelt und formt. In diesem Lebensabschnitt äußern Kinder sowohl ihre Bedürfnisse als auch ihre Reaktionen auf Befriedigung oder Versagung ungebremst und unmittelbar; Spannungen und Konflikte sind noch nicht erträglich, der Organismus agiert sofort und sucht auf elementarste Weise in Kontakt mit dem Umfeld zu bleiben, um eine Entspannung zu erreichen. Sowohl die Befriedigung als auch die Frustrationen können in dieser Zeit keinem Wesen außerhalb des eigenen Selbst zugeschrieben werden. Es ist alles eins, alles ist Erleben, alles Selbst-Erleben. Und insofern alles selbst gemacht (Größen-Selbst) oder der Vernichtung preisgegeben (Ohnmacht).
In einer späteren, nicht mehr ausschließlich vom narzißtischen Erleben geprägten Zeit werden unangenehme Erfahrungen einer Person (Objekt), angenehme einer anderen zugeschrieben, auch wenn es in Wirklichkeit ein und dieselbe Mutter ist. Die Welt wird zur ersten Strukturierung des Erlebens in "ganz gut" und "ganz schlecht" eingeteilt, wobei dem guten Objekt in idealisierender Weise alles Gute, dem versagenden Objekt alles Unangenehme zugeschrieben wird (Spaltung mit Idealisierung und Entwer-

tung).
Bleibt ein Kind durch häufige traumatische Erlebnisse auf diesem Niveau der Selbst- und der Ich-Entwicklung stehen, d.h. bei der Einschätzung der Realität in entweder "ideal" oder "vernichtenswert", so bleibt es unfähig, Spannungen zu ertragen oder Konflikte zu bilden. Es agiert seine Impulse sofort aus. Die Spannung, wie sie durch Angst oder Schuldgefühle erzeugt wird - und die normalerweise zur sozialen Regulierung dient - ist nicht erträglich. Im Laufe einer ungünstigen Erziehung, die mit krass ansteigenden Erwartungen und Ansprüchen an das Kind einhergeht, kommt es zu einer unerträglichen, aber chronischen Spannungssituation zwischen realitätsfremden Idealvorstellungen des eigenen Selbst einerseits und unterträglich strengen Forderungen der verinnerlichten Ansprüche (der Introjekte) andererseits.
Das schwach entwickelte Ich hat nun nur die Möglichkeit, sich entweder mit den Größen-Ideen zu identifizieren (in Konfluenz zu gehen) und die Forderungen abzuspalten (bzw. zu projezieren) oder mit den fordernden Introjekten in Konfluenz zu gehen und selbststrafend zu agieren. In beiden Fällen bleibt der jeweils andere Teil ausgespart und die Last des Konflikts wird dadurch vermieden. Die Erfahrung mit leidvollen, unerträglichen Spannungen ist so früh und tief, daß sie um jeden Preis auf die kürzeste Dauer beschränkt bleiben soll. Die Fähigkeit zu sublimiren, d.h. die Triebenergie auf ein abstrakteres, phantasiertes oder leistungsbezogenes Niveau zu bringen, fehlt nahezu gänzlich. Die Lust an der Phantasie, die z.B. durch ein Buch entstehen kann, ist vergleichsweise gering zum unmittelbaren Handeln und Erleben eines Discobesuchs oder eines Diebstahls.
Konkret sieht das dann z.B. so aus:

Der 15jährige P. hat, als er zu mir in die Wohngemeinschaft kommt, neun Aufwuchsplätze hinter sich, nicht gezählt sind dabei vier Psychiatrie- und zwei Krankenhausaufenthalte und zahlreiche Entweichungen, während derer er sich bei Bekannten oder Wildfremden aufhielt. Seine Ankunft in dieser Welt war von den Eltern sehr unerwünscht, die Mutter unternahm den ersten Selbstmordversuch im 6. Schwangerschaftsmonat, den zweiten, als P. knapp zwei Jahre alt war. Bis zum 7. Lebensjahr war er schwerer körperlicher und sozialer Verwahrlosung ausgesetzt, und mit sieben Jahren begann eine Heimkarriere mit zunehmender Kriminalität. Mit 15 ist er ein Kind, das keine Schule und kein offenes Heim mehr nehmen will, er ist enorm kränkbar, aggressiv und mißtrauisch, hat Spaß an der Kriminalität und hegt Todeshaß gegen seine Eltern.
Äußerlich kettenbehangen, schwarz gekleidet, tätowiert und mit Totenköpfen als Ohrschmuck.

Die Frage ist, wie kann ich mit diesem Jungen im Laufe der Zeit in einen therapeutisch wirksamen Kontakt kommen?

1972 entwickelte der Wiener Psychoanalytiker Harald Picker in seiner pionierhaften ersten Jugendwohngemeinschaft in Österreich ein Behandlungskonzept, das er Regressionstherapie nannte.

Es gibt diesen Begriff auch in der Literatur zur Behandlung von Schizophrenen (J. Schiff), dabei ist jedoch etwas anderes gemeint. Bei der Behandlung von Psychotikern ist lediglich der Patient in Regression, der Therapeut ist um "symbolische Wunscherfüllung" (Sechehaye) bemüht und bleibt im wesentlichen im Erwachsenen-Ich oder im Eltern-Ich (um es in der Sprache der Transaktionsanalyse auszudrücken, aus der J. Schiff ihre Theorie bezieht).

Die "regressive Kommunikation", die Picker als effektiv bei seinen verwahrlosten Jugendlichen gefunden hat, beinhaltet etwas anderes:

Picker: "Das Absonderliche an dieser Kommunikation ist für den außenstehenden Betrachter vor allem, daß sich die Partner nicht ihrem Lebensalter entsprechend, auch nicht entsprechend ihrer sozialen Stellung verhalten, sondern wie zwei Kinder, die miteinander spielen, streiten, raufen - und auch 'erwachsen sein' spielen, es dabei aber eindeutig nicht sind. Es scheint mir besonders wichtig zu betonen: Es regrediert auch und vor allem der Therapeut." (S. 178).

Es geht im Kern darum, dem Jugendlichen in dessen Entwicklungsalter und nicht in seinem Lebensalter zu begegnen. Picker geht von der psychoanalytischen Selbst-Objekt-Theorie aus und sieht es als sein vordringlichstes Anliegen, frühe, für die Entwicklung fatale Objektbeziehungen zu revidieren, indem er sich als "gutes Objekt" zum Verinnerlichen anbietet. Der Vorteil der regressiven Kommunikation durch den Therapeuten ist dabei, die sonst bedeutenden Unterschiede in Sprache und kultureller Herkunft zwischen Jugendlichen und Therapeuten zu überbrücken und die Zensur seitens des Jugendlichen zu lockern. Sie begegnen sich in einer Gemeinsamkeit: Beide waren sie einmal Kinder. Beide Partner dürfen sich, da sie ja "Kinder spielen", viel mehr an Gefühlen und Ambivalenzen mitteilen als in nicht regressivem Zustand, in dem der Jugendliche viel stärker narzißtisch kränkbar ist.

Picker: "Die Anbahnung regressiver Kommunikationsszenen erfolgt am besten durch Ausnützen einer realen Situation, in der ein gewisses Maß an regressivem Verhalten allgemein üblich ist: Situationen des Krankseins, Situationen des Hungers, Situationen im Spiel." (S. 189)

So kann der Therapeut den Jugendlichen in ein regressives Szenarium (Spiel) begleiten, wobei wichtig ist, daß der Therapeut immer um einen Schritt voraus ist, also derjenige ist, der anfänglich der "Lächerliche" in der Szene sein mag. Das ist für den Jugendlichen entängstigend, und er kann dem Therapeuten, dem er mit einem nicht-regredierten Teil seines Ichs weiterhin die Autorität zuschreibt, in die Abnormität dieser Kommunikation folgen und sie als Bereicherung der Beziehung akzeptieren.

Dazu ein Beispiel (Picker, 1985): Werner, 16 Jahre, hat in den letzten Tagen immer wieder das Bedürfnis, am Hals des Therapeuten zu saugen und dabei sogenannte "Zuzlflecken" zu hinterlassen. Er beginnt in der Kindersprache (als wäre er selbst ein kleines Kind) mit Werner zu verhandeln.

Th.: "Nicht wieder die Flecken machen ... will nicht."

W.: (kreischend) "Will schon ... muß ... haha" (versucht sich durchzusetzen) "bin ein Vampir ... !"

Th.: "Nicht Vampir ... sagen wir, Du bist ein liebes Baby, ja?"

W.: (nach einigen Versuchen, sich doch als Vampir zu geben) "Na gut, dann darfst Dich nicht wehren, sagen wir halt, ja? Werner Baby, ja?"

Th.: "Na gut, Werner ist ein liebes Baby." (Beginnt sanft zu saugen, wird aber plötzlich heftig, Therapeut wehrt ängstlich ab)

W.: (protestierend) "Aha, ich krieg also keine Milch ..."

Diese Situation geht in variantenreicher Wiederholung weiter. Ohne "theoretische" Aufklärung ist es gelungen, die Deutung - oder wenigstens eine mögliche Deutung - aus der Situation in der Situation selbst entstehen zu lassen. Zusätzlich ist korrigierende und erziehende Beeinflussung in dieser Situation möglich, die nur durch die besondere Art der regressiven Kommunikation erreichbar ist.

Picker sieht als Psychoanalytiker den regressiven Kontakt aus der Perspektive der Objektbeziehungen. Im Bild gesprochen: Der Therapeut fährt wie mit einem Lift in den Keller (Haus als Symbol der Persönlichkeit) und lädt dort die Kisten mit dem schlechten Obst in den Aufzug ein und Kisten mit gutem Obst in den Keller aus und fährt sodann mit dem Lift wieder nach oben, d.h. beendet die regressive Kommunikation.

Aus der Sicht der Gestalttherapie möchte ich den Prozeß folgendermaßen beschreiben:

Als Therapeut geht es mir um den Kontaktprozeß (Dreitzel, S. 16) und ich frage mich, welchen Teilaspekt seiner Persönlichkeit sehe ich im Verwahrlosten am "reinsten", d.h. von Absichten und Verstellungen am wenigsten verformt; welcher ist der prägnanteste?

Weiter frage ich, mit welchem Teilaspekt von mir dieser "echte" Anteil des Jugendlichen am leichtesten und am wenigsten angstbesetzt in Kontakt treten würde.

Verwahrloste Jugendliche befinden sich, wenn man hinter das Imponiergehabe blickt, in fast permanenter Regression, und die infantilen Züge sind dominierend ("sie sind so unvernünftig"). Und sie haben auf Grund ihrer schmerzlichen Erfahrungen mit Beziehungen große Scheu und Mißtrauen gegenüber emotionalem Kontakt. Am meisten Vorbehalt haben sie gegenüber Erwachsenen, am wenigsten gegenüber Gleichaltrigen oder Jüngeren.

So scheint es am sinnvollsten, mich mit meiner Kindlichkeit der Kindlichkeit des Jugendlichen zu nähern. Hier, so vermute ich, ist der Jugendliche am ehesten bereit, seine Kontaktgrenze zu verschieben, d.h. aus der grundsätzlich mißtrauischen Distanz (die durch distanzlosen Scheinkontakt auch überspielt werden kann) für kurze Zeit mit mir in persönlichen, emotional bedeutsamen Kontakt zu kommen.

Ich nehme weiters an: Der Jugendliche kommt mit jenem Stadium seiner kindlichen Entwicklung in spielerischen (regressiven) Kontakt mit mir, in dem er fixiert ist (im Sinne einer prägnanten Gestaltbildung taucht das für ihn Wesentliche aus dem Hintergrund auf und setzt sich als Bedürfnis durch). Je nach Lebensthema und Situation variiert der Inhalt des regressiven Kontaktes. Es kann zu überwiegend oraler oder anal-machthungriger Kommunikation kommen, je nach Hauptthema des kindlichen Drehbuchs.

Beispiele:

P. will eine Zeitlang jeden Abend vor dem Zu-Bettgehen ähnlich einer Babyflasche ein "Gute-Nacht"-Getränk, dessen Gabe wir "zelebrieren" (oraler Aspekt).

Eines Tages beginnt P. während wir auf unserem Balkon im 3. Stock stehen zu phantasieren, daß er eine Leiter und eine Schaukel in die Luft baue und mit diesen von Haus zu Haus schwinge, sowie beim Frühstück in freier Luft hängen könne. Die Phantasie ist sehr agitiert vorgetragen. (Narzißtischer, anal-magischer Allmachtsaspekt).

P. schwärmt agitiert und in kleinkindlicher Sprache vom Auto-Zerschlagen. (Analer und ödipaler Aspekt.)

Während der geschützten Situation einer Autofahrt kommt über das Thema "Lieblingsmusik" eine regressive Kommunikation zustande, die darin gipfelt, daß P. - und begleitend der Therapeut - das Wiegenlied Heidschi-bum-beidschi in Kinderstimmen singen. (Verlassenheitsthema)

Bevor man im neurosenpsychologischen Sinn an die Arbeit mit den gestörten Ich-Funktionen gehen kann, halte ich es auch aus gestalttherapeutischer Sicht bei frühgestörten Jugendlichen für notwendig, ihr "Selbst" zu stärken. Wir sehen in der Gestalttherapie das "Selbst" als "identisch mit der Erfahrung der Kontaktgrenze" (Dreitzel, S. 23) und so gesehen nährt jeder gelungene, für den Organismus angenehme Kontakt das Selbst und schafft durch Wiederholung eine präzisere Wahrnehmung der Kontaktgrenzen. Der Jugendliche spürt sich intensiv, er erlebt sich selbst.

Dieses Erleben steht im Gegensatz zur inneren Leere, über die depressiv Verwahrloste klagen und im Gegensatz zur getriebenen Langeweile, die bei agitierten Verwahrlosten anzutreffen ist.

Diese Überlegungen und die Vorgehensweise im täglichen Zusammenleben wäre jedoch kaum etwas wert, wenn es nicht gelingt, diese Jugendlichen zu lieben und es für sie spürbar zu machen. Es ist unabdingbar, sie zu lieben, bevor sie liebenswert sind (Bettelheim) und statt Leistungszwang auszuüben, ihnen die Erlaubnis zum Gefühl zu geben. Es geht mir bei meiner Arbeit mit Verwahrlosten nicht darum, sie funktionsfähig für eine Gesellschaft zu machen, deren Leistungs- und Wertvorstellungen ich z.T. sehr anzweifle und denen unsere Jugendlichen wohl immer unterlegen sein werden. Ich fühle mich eher als Partisan oder Pfadfinder im Dschungel, der einem Ortsunkundigen den Weg durch das Dickicht der sozialen Schlingpflanzen suchen hilft. Wobei die Wege die zugewachsenen Gefühlsspuren sind. Unsere Jugendlichen machen es uns oft nicht leicht, sie auf dem Weg zu ihrem Selbst zu begleiten, aber um mit einem Satz von Harald Picker zu schließen - : Gerade, wenn sie unsere Liebe am wenigsten verdienen, brauchen sie sie am meisten.

Literatur:

Bettelheim, B. zitiert nach Kögler, M. : Integrierte Psychotherapie in der stationären Kinderpsychiatrie, 1982, S. 43

Dreitzel, H.-P. : Zum Kontaktprozeß. In: Tagungsband der 1. Gestalttagung des IGW, Hrsg.: Institut f. Integrative Gestalttherapie Würzburg, 1985

Kögler, M. : Integrierte Psychotherapie in der stationären Kinderpsychiatrie. Praxis der Kinderpsychologie und Kinderpsychiatrie 1982, S. 41 - 47

Metzger, W. : Gibt es eine gestalttherapeutische Erziehung? In: Guss, K. (Hrsg.) Gestalttheorie und Erhiehung, 1975, S. 27

Picker, H. : Regressive Kommunikation als Behandlungstechnik in der Therapie der Verwahrlosung. In: Picker: Statt Leistungszwang, Erlaubnis zum Gefühl, 1985, S. 165 - 192, Hrsg.

Max Kompein, Puchsbaumgasse 30, A-1100 Wien (erschienen im Selbstverlag)
Redl, F. : Erziehung schwieriger Kinder, 1978
Schiff, J.L. & Day, B. : Alle meine Kinder, 1980
Sechehaye, M. : Eine Psychotherapie der Schizophrenie, 1986
Trieschmann, A.E., Whittaker, J. & Brentro, L. : Erziehung im therapeutischen Milieu, 1981

Nuklearismus, Tod und Transzendenz

Wolfram Kölling

Vorbereitung

Im Rahmen der Friedenspsychologie beschäftige ich mich seit einigen Jahren mit den Wegen der Bewußtseinsveränderung und dem inneren Frieden als Voraussetzung für den Weltfrieden. Eigene Erfahrungen in einer transpersonal orientierten Psychotherapie und die Schrecken von Tschernobyl führten dazu, daß ich mit ausführlich mit den Themen Tod, Todesangst und Trauern auseinandersetzte. Auf Fachtagungen leitete ich Arbeitsgruppen mit den Themen: "Trauern als Wagnis und Weg", sowie "Die Bedeutung des verleugneten Todes".

Diese Arbeit stieß bei den Berufskollegen auf sehr großes Interesse und ich biete seit dieser Zeit Seminare und Vorträge auch an Volkshochschulen an. Über die politische Bedeutung von Todesangst und die Erfahrung einer schrecklichen Bedrohung habe ich den Aufsatz: "Tschernobyl und die Betroffenheit" veröffentlicht (Kölling, 86).

Eine sehr verkürzte Zusammenfassung der ganzen Thematik möchte ich hier versuchen.

Die von R.J. Lifton als Nuklearismus bezeichnete Machtkrankheit geht aus der Verdrängung des Todes hervor und kann auch als eine Art weltliche Ersatzreligion bezeichnet werden. (Lifton, 86)
Der Verlust des Todes geht einher mit einer starken Gefühllosigkeit des modernen Menschen und dem Wunsch nach Unsterblichkeit, der versucht wird durch Machbarkeitswahn und irrationalen Fortschrittsglauben zu erfüllen.
Nach Lifton kann sich der Mensch seiner Endlichkeit nur stellen, wenn sogenannte symbolische Vorstellungen der Unsterblichkeit vorhanden sind. Die zwei wichtigsten sind meiner Ansicht nach das Gefühl der Naturverbundenheit und die erfahrene Transzendenz. Beides gehört zu den Inhalten einer spirituellen Entwicklung und der Transpersonalen Psychologie. Ich denke, daß Friedenspsychologie und auch jede zukunftsweisende Psychotherapie nicht daran vorbeikommt, sich mit Tod und Schrecken, mit Verzweiflung und Trauer auseinanderzusetzen. (Macy, 86) Mit Tod konfrontiert zu werden bedeutet aber immer auch die Notwendigkeit sich mit Gott und Liebe zu beschäftigen. Die Erfahrung einer allumfassenden Liebe und universalen Verbundenheit ist das was auch erfahrene Transzendenz oder Transformation des Bewußtseins genannt wird.
Um der katastrophalen Bedrohung in dieser Welt wirksam zu begegnen und um Frieden zwischen allen Menschen zu ermöglichen, ist es notwendig, diesen Weg zwischen Anpassung und Auflehnung zu finden. Es ist meiner Ansicht nach ein Weg der Angst macht und mit Schrecken und Leiden verbunden ist. Es ist ein Weg zwischen Macht und Ohnmacht, der zur Liebe und zum Frieden führen kann.

Referat

Der Schock von Tschernobyl sitzt uns zwar nicht mehr in den Knochen, jedoch häufen sich die Katastrophenmeldungen und Schreckensnachrichten. Die nukleare und ökologische Bedrohung kann und sollte meiner Ansicht nach auch als globale Symptomatik einer kollektiven psychologischen Störung angesehen werden. Worin bestehen nun aber die psychologischen Ursachen dieser Bedrohungssituation?
Ich will versuchen einen Aspekt dieser möglichen Ursachen etwas genauer darzustellen. Im Alltag unserer modernen Zeit, - der "katastrophalen Moderne" - (H.J. Heinrichs) haben bestimmte Gefühle des Leidens keinen Platz mehr. So rufen die ständigen Kata-

strophen nicht mehr die Gefühle in uns hervor, die uns vor Tod und Vernichtung warnen könnten. Angst, Verzweiflung und Trauer, aber auch Wut und Haß sind uns im Prozeß der Zivilisation verlorengegangen. (G. Anders). Für Peter Sloterdijk entsteht so eine "panische Kultur", in der es keine Warnkatastrophen mehr gibt und eine atomare Explosion zur letzten Erleuchtung einer "lernbehinderten Menschheit" werden könnte. (Sloterdijk 1986).

Der technische Fortschritt und ein unbeschränkter Wachstumsglaube führt einerseits dazu, daß sich die Zahl der Katastrophen erhöht und ihre Auswirkungen immer stärker werden, also eine apokalyptische Bedrohung Wirklichkeit wird, und gleichzeitig verlieren diese Katastrophen ihre Bedeutung als Warn-und Signalsystem. Ja es ist sogar so, daß der Forschrittsglaube selbst der Grund ist für die Entwicklung des Katastrophenzeitalters und der damit verbundenen Verdrängung des Todes. Der Fortschrittsglaube hilft dem Menschen dabei, sich dem Todesproblem nicht zu stellen. Diese Abwehr der Todesangst oder der "Verlust des Todes" nimmt sogar die Form einer weltlichen Ersatzreligion an, die der amerikanische Psychiater Robert Jay Lifton Nuklearismus nennt. (Lifton 1986)

Das Bewußtsein seiner Sterblichkeit und damit auch der Todesangst ist für den Menschen nicht zu ertragen, wenn er nicht gleichzeitig Vorstellungen von Unsterblichkeit kennt.

Lifton spricht von "symbolischen Vorstellungen eines Gefühls der Unsterblichkeit" oder von "Erfahrungen einer Teilnahme an gewisse Formen kollektiver Lebensfortdauer". Diese "Vorstellungen" und "Erfahrungen" sind auf verschiedenen Ebenen des menschlichen Daseins zu erkennen. Sie verlieren jedoch in der modernen Zeit immer mehr an Bedeutung. So kennen wir beispielsweise nicht mehr das Gefühl der Naturverbundenheit, bei dem sich der Mensch als ein Teil der Natur erfährt. Das Bewußtsein der Verbundenheit mit seiner natürlichen Umgebung ist ihm weitgehend verlorengegangen. Die Entwicklung des abgetrennten und isolierten Ich-Bewußtseins führte zu einem Verlust des Gefühls der universalen Verbundenheit und der Mensch kennt kaum noch die Erfahrung der Transzendenz des von der Natur abgespaltenen Ichs. Die Religion hat längst die besondere Bedeutung für das Leben des Menschen verloren und das Vertrauen in die Kraft des Lebens schlechthin schwindet immer mehr. Auch die Möglichkeiten sich durch kreative Werke immer wieder neu an der Schöpfung zu beteiligen werden für immer mehr Menschen immer geringer. Letztendlich nimmt

auch die biologische Fortpflanzung schon lange nicht mehr den Platz im Bewußtsein der Menschen ein den sie früher hatte. Je mehr sich nun diese symbolische Vorstellungen vom Gefühl des ewigen Lebens für den Menschen als nicht mehr geeignet erweisen oder immer weniger Bedeutung haben, desto stärker müssen sich die unbewußten Wünsche nach Unsterblichkeit andere Wege suchen. Das Bewußtsein des Todes ist vom Leben abgespalten und die dazugehörige Todesangst wird ebenfalls nicht mehr bewußt wahrgenommen. Da das Leben jedoch nicht sein kann ohne den Tod muß der Mensch versuchen die unbewußte Todesangst anders zu kontrollieren. Er tut dies indem er versucht das Leben zu beherrschen. Denn wer Macht über das Leben hat, hat scheinbar auch den Tod besiegt. So scheint der Wunsch nach Unsterblichkeit doch noch erfüllt und der Mensch macht sich zum Herr über Leben und Tod. Die Spaltung von Leben und Tod führt also zu Machtgehabe, Machbarkeitswahn und Fortschrittsglaube. Im Nuklearzeitalter ist die Kernspaltung zum letzten Ausdruck des menschlichen Machtwahns geworden.
Dieser Machtwahn drückt sich aus im Glauben an die Macht der Bombe. Durch sie glaubt der Mensch fähig zu sein zur totalen Vernichtung der Welt und gleichzeitig kann er sich als Schöpfer des ewigen Friedens erleben. Diese Gleichzeitigkeit im Erleben, diese Überwindung der Polarität ist Kennzeichen einer religiösen Erfahrung aber auch des Wahns. Der Unterschied liegt hier beim Bewußtsein des Todes. In der spirituellen Erfahrung oder in der erfahrenen Transzendenz wird die Spaltung von Leben und Tod dadurch aufgehoben, daß beides bewußt erlebt wird. Im nuklearen Wahn dagegen wird nicht Leben und Tod selbst gleichzeitig erfahren, sondern das Einheitserlebnis ist Teil der Allmachtsphantasie. Kennzeichen der Religion "Nuklearismus" ist somit die unbewußte Allmachtsvorstellung bzw. durchaus auch das bewußte Gefühl Macht zu haben über Leben und Tod. (vgl. Lifton 1986)

Die Machtkrankheit "Nuklearismus" geht einher mit einer grundsätzlichen Fühllosigkeit. Diese Fühllosigkeit sehe ich im Zusammenhang mit der ersten Reaktion auf eine akute Todesdrohung. Die Begegnung mit dem Tod führt zu einer Abwehr der panischen Todesangst, die sich entweder als Erstarrung/Lähmung oder als hektische Aktivität zeigt. Beide Abwehrreaktionen, sowohl die Erstarrung als auch die pensatorische Aktivität werden begleitet von der vorher genannten Fühllosigkeit. Diesen Sachverhalt kennen wir auch als Phase des Nicht-wahrhaben-Wollens beim

individuellen Trauerprozeß (vgl. Kast 1982) sowie im Erleben des Sterbenden (vgl. Kübler-Ross 1982). In dieser ersten Phase des Trauerprozesses entsteht auch eine allgemeine Empfindungslosigkeit. Wir können diese erste Reaktion auf eine akute Todesdrohung oder auf ein Verlusterlebnis auch als Todstellreflex oder als einen Versuch dadurch zu entkommen, daß er sich absolut "leblos" dem Unvermeidlichen hingibt (ohnmächtige Erstarrung) oder er versucht durch Machtausübung Herrschaft über den Tod zu bekommen (Allmachtsvorstellung). (vgl. Kölling 1986) Um den Problem der Machtkrankheiten wirksam zu begegnen und um Machbarkeitsillusionen abzubauen ist es also erforderlich, daß der Mensch sich aus dem Dilemma Allmacht-Ohnmacht dauerhaft lösen kann.
Mit der Spaltung von Leben und Tod sowie dem Steckenbleiben entweder in (All)Macht oder in Ohnmacht haben wohl grundsätzlich alle psychischen Leiden zu tun. Aus dem bisher genannten Gründen ist es daher notwendig sich grundsätzlich mit dem Problem des Todes zu beschäftigen. Dies bedeutet immer wieder daran zu arbeiten die Unfähigkeit zu trauern aufzuheben, den Umgang mit Sterbenden bewußt zu erlernen und sich der Endlichkeit seines eigenen Daseins zu stellen.

Dies kann nur geleistet werden von einer Psychotherapie, die über die übliche Ich-Psychologie hinausreicht. Eine Therapie zwischen Anpassung und Auflehnung muß sich auch mit den Störungen des Selbst beschäftigen. "Jenseits des Todes- oder Todesfurchtmauer ist das authentische Selbst". (Perls) Zu dieser Arbeit mit dem Selbst gehört also auch die Möglichkeit einer Transformation des üblichen Ich-Bewußtseins, denn wo Spaltungen grundsätzlich aufgehoben werden kann es immer auch zur Erfahrung der Transzendenz kommen. "Liebe ist die Einheit von Leben und Tod, aber zugunsten des Lebens". (Jüngel 1980) Wenn wir von Selbst sprechen, können wir genausogut Liebe oder Gott sagen. Diese Dimension des Erlebens gehört zu jeder fortschrittlichen Psychotherapie und zu einer Psychologie des Friedens. Sich mit der eigenen Sterblichkeit auseinanderzusetzen ist jedoch verbunden mit der Fähigkeit Leidensgefühle zu ertragen. So wie in der zweiten Phase des Trauerprozesses starke Gefühle auftreten können, - Phase der aufbrechenden Emotionen - so muß der Mensch sich auch den Schmerzgefühlen bei der Begegnung mit dem Tod stellen um dadurch wirklich Leben zu können. Diese Gefühle der Angst, Verzweiflung, Wut, Schuld und Trauer müssen immer wieder durchlebt werden bis im Trauerprozeß die Phase des Suchens und sich

Trennens eintreten kann. Diese Suche ist nicht nur eine Suche nach dem verlorengegangenen "Objekt" oder nach der "symbiotischen Mutter", sondern wir müssen darin auch den Wunsch nach Wiedervereinigung mit dem übergeordneten Ganzen sehen. (vlg. Kast 1982, S. 128) Die heftigen Gefühle vor dem Ganzheitserlebnis treten auch beim sogenannten Tod-Wiedergeburtsprozeß auf. (Grof 1985) Erst durch das Erlebnis des Ego-Todes, des letztendlichen Loslassens kann es zum Erlebnis der universalen Verbundenheit, der Liebe und der Befreiung kommen. Um ein Dasein jenseits der Macht zu ermöglichen müssen wir immer wieder die Verzweiflung, die Angst und die Hilflosigkeit ertragen und akzeptieren bevor die dahinterliegende Kraft und Liebe erlebt werden kann. (May 1986) Die Spaltungskrankheiten unserer Zeit und damit auch die grundsätzliche Orientierung an der Macht können nur wirklich überwunden werden, wenn eine Therapie des Selbst stattfindet also Heilung durch Liebe möglich werden kann.

Literatur:

Anders, G. Die Antiquiertheit des Hasses, in Kahle, Menzner und Vinnai (Hrsg.) Haß - Die Macht eine unerwünschten Gefühls, Rowolt, Reinbeck 1985

Becker, E.: Die Überwindung der Todesfurcht, Goldmann München 1985

Grof, S.: Geburt, Tod und Transzendenz, Kösel, München 1985

Heinrichs, H.J.: Die katastrophale Moderne, Fischer TB, Fft/M 1986

Jüngel, E.: Der Tod als Geheimnis des Lebens, in Paus (Hrsg.), Grenzerfahrung Tod, Suhrkamp TB, Frankfurt 1980

Kast, V.: Trauern, Phasen und Chancen des psychischen Prozesses, Kreuz Verlag, Stuttgart 1982

Kölling, W.: Tschernobyl und die Betroffenheit, in Integrative Therapie 3/1986, Junfermann Verlag Paderborn

Kübler-Ross, E.: Interwiews mit Sterbenden, GTB Siebenstern 1982

Lifton, R.J.: Der Verlust des Todes, Hanser, München 1986

Macy, J.: Mut in der Bedrohung, Kösel Verlag, München 1986

Perls, F.: zitiert nach Becker 1985, S. 98

Sloterdijk, P.: Wieviel Katastrophen braucht der Mensch? in Psychologie heute 10/ 1986.

Zwanghaftes Eßverlangen: Projektion einer unerledigten Situation aus der Kindheit.

- Ein gestalttherapeutisches Prozeßmodell zur Entstehung und Funktion des zwanghaften Eßverlangens und seine Konsequenzen für die Therapie -

Evi Kroschel

Zu meiner Person:

Ich bin 38 Jahre alt, bin seit 19 Jahren verheiratet, und habe zwei Söhne im Alter von 17 und 13. Die ersten 10 Ehejahre war ich Voll-Hausfrau, dann hielt ich 1978 meinen ersten Volkshochschulkurs - basierend auf meinen eigenen Erfahrungen mit dem Buch "Psycho-Diät" - und dann von Jahr zu Jahr mehr Kurse. 1981 machte ich dann mit der Begabtenprüfung die Hochschulreife und begann 1982 mein Psychologie-Studium an der LMU und meine Gestaltausbildung beim AKG. 1986 beendete ich meine dreijährige Gestaltausbildung und 1987 mein Studium. Nebenbei habe ich mir eine Praxis aufgebaut und hoffe, auch weiterhin meine verschiedenen, mir wichtigen Lebensbereiche und Interessen - Familie, Therapie, Forschung - gut integrieren zu können.

Referat

Seit fast 10 Jahre halte ich an der Münchner Volkshochschule Kurse zum Thema "Eßprobleme" und habe durch die Arbeit mit ungefähr 700 Teilnehmern sehr viele Erfahrungen und Beobachtungen zu diesem Problemkreis machen können. Dabei fielen mir in den letzten Jahren immer mehr Äußerungen auf, mit denen dem Essen Qualitäten zugeschrieben wurden, die ihm nicht inhärent sind. Das Essen wurde z.B. beschrieben als tröstend, angstreduzierend, beruhigend. Ich interpretierte diese Eigenschaften aus der Wirkung des Essens, denn so erlebten es auch die Teilnehmer selbst. Doch dann machten mich Zuschreibungen stutzig, die nichts mit der Wirkung des Essens zu tun haben konnten. Wenn z.B. eine Teilnehmerin das Essen herrisch erlebte oder boshaft oder traurig konnte dies nicht mehr aus der Wirkung des Essens erklärt werden. Ich vermutete Projektionen. Meine ersten Gedanken dazu waren, daß es sich um Projektionen von unbewußten Persönlichkeitsanteilen handelte bzw. um Projektionen von unbewußten Bedürfnissen (z.B. bei Erlebnissen, daß das Essen zärtlich sei). Ich bat die Teilnehmer, bei einem zwanghaften Essen genau auf die auftauchenden Gefühle, Gedanken, Assoziationen usw. zu achten und alles schriftlich festzuhalten. Die Briefe, die ich daraufhin bekam, waren erschütternd und aufregend. Es wurde klar, daß Projektionen stattfinden, jedoch immer auch alte Erinnerungen beteiligt sind. Wie das ganze jedoch zusammenhing, konnte ich noch nicht sehen und wollte dies im Rahmen meiner Diplomarbeit mit gestalttherapeutischer Experimenten überprüfen.

Das Ergebnis war überraschend. Wenngleich ich natürlich gehofft hatte, auf neue Erkenntnisse zu stoßen, hatte ich dennoch nicht erwartet, mit jeder einzelnen Arbeit den gleichen Mechanismus zu entdecken. Es stellte sich heraus, daß jedes dieser Eßverlange auf die gleiche Weise entsteht und der gleiche Prozeß abläuft:

Ein Element (z.B. ein Gefühl der Unsicherheit, die Mimik eines Gesprächspartners, eine bestimmte Tageszeit usw.) in der aktuellen Eßsituation erinnert unbewußt an eine unerledigte Situation aus der Kindheit. Diese Kindheitssituation ist gekennzeichnet durch eine schmerzliche Qualität im Erleben des Kindes - dies ist der Grund für die heutige Abwehr der Erinnerung durch den Erwachsenen - und durch ein großes Potential an Verlangen (z.B. Verlangen nach Liebe, Sicherheit, Harmonie, Agressionsausdruck usw.). Durch die unbewußte Erinnerung wird die Tendenz zur vollendeten Gestalt aktiviert und mit dieser Energie drängt nun die unerledigte Situation aus dem Hintergrund in den Vordergrund, d.h. will bewußt werden, um erledigt zu werden. Wegen der schmerzhaften Qualität des Ereignisses, mit der es kindlichen Erleben gespeichert ist, wird der Kontakt mit der Erinnerung abgewehrt, wird die Wahrnehmung dieses Ereignisses verhindert, wird die Wahrnehmung dieses Ereignisses verhindert. Das Verlangen, das sich bereits in den Vordergrund gedrängt hat, wird durch den Mechanismus der Projektion auf Essen verschoben und damit wird die Wahrnehmung der zu diesem Verlangen gehörenden Situation verhindert. Projiziert wird ein beliebiger Aspekt aus der unerledigten Kindheitssituation auf Essen. Dabei muß es sich nicht um ein sichtbares Nahrungsmittel handeln, allein die kognitive Repräsentanz von Essen genügt.

Diese Projektion ist dann in der therapeutischen Situation wiederum der Wegweiser zu dem zugrundeliegenden Ereignis. Zu meinem eigenen Erstaunen bewirkte allein die eine Arbeit in etlichen Fällen, daß danach Anfälle von zwanghaftem Eßverlangen ausblieben. Ich vermute, daß in diesen Fällen die alte Situation während dieser Arbeit erledigt wurde. Denn die Vollendung dieser unerledigten Geschichte halte ich für die Voraussetzung dafür, daß dieses Ereignis nicht mehr als Ursache für ein zwanghaftes Eßverlagen wirkt. Nur das Bewußtsein über diese Kindheitsepisode allein genügt m.E. nicht, sie muß auch erledigt werden. Häufig wird die Erledigung darin bestehen, dasjenige zur alten Situation gehörende Gefühl zu erleben und auszudrücken, das damals schon vom Kind verdrängt wurde. Erst wenn die Erledigung stattfindet, wird dieses Kindheitsereignis nicht mehr durch die Tendenz zu geschlossenen Gestalten energetisiert werden können und das dazugehörende Verlangen sich nicht mehr als Eßverlangen ausdrücken.

Inselhauspädagogik als Identitätserziehung

Rolf Merten

Vortrag

Falls Sie einmal in unserem Kleinheim anrufen, kann sich eine Kinderstimme mit: "Bernd Inselhaus" melden.
Inselhaus ist nicht etwa der Nachname von Bernd, sondern die Bezeichnung unseres Heimes. Bernd ist ein 10jähriger Junge, der seit 4 1/2 Jahren im Inselhaus sein "Zuhause" hat. Natürlich kennt Bernd seinen Nachnamen, wie auch die anderen 9 Kinder im Inselhaus. Trotzdem melden sie sich zeitweilig so, als sei Inselhaus ihr Nachname.
Wir sind also die "Inselhausfamilie".
Von den Erkenntnissen der "Milieutherapie" ausgehend, suchen wir einen Weg zwischen dem Leben in einem Heim und dem in einer Pflegefamilie. Einige Mitarbeiter leben

ebenso wie die Kinder im Inselhaus.
Das Inselhaus ist ihr gemeinsames Zuhause.
"Milieutherapie" meint ein therapeutisches Klima, in dem Wachstum bei allen Beteiligten - nicht nur den Kindern - gefördert wird.
Aus sprachlicher Vereinfachung spreche ich hier in diesem Vortrag nur von Kindern, wo es sich eigentlich um Kinder, Jugendliche und junge Erwachsene handelt.
In der Inselhauspädagogik geht es um die Zentrierung auf leibliches Erleben, emotionalen Ausdruck und kognitive Einsichtsprozesse, um das Ziel integrierter Menschen, die über eine stabile Identität verfügen.
In diesem Sinn spreche ich von Inselhauspädagogik als Identitätserziehung.
In seiner Übersetzung heißt das aus dem lateinischen stammende Wort Identität - Gleichheit.
Identität ist also die Fähigkeit, sich in unterschiedlichen Situationen und zu unterschiedlichen Zeitpunkten als "Gleicher" wiederzuerkennen und als dieser von anderen Menschen erkannt zu werden - d.h. identifiziert zu werden. Beide Aspekte zusammen machen Identität aus.
Hier ist nicht der Raum, um die verschiedenen Erklärungsansätze und Theorien zur Identität aufzuzeigen, wie sie von zahlreichen Autoren entwickelt wurden.
Mein Anliegen in diesem Vortrag liegt bei der Frage: "Wie können wir die Kinder im Inselhaus bei ihrer Identitätsfindung unterstützen?"
In der Integrativen Gestalttherapie unterscheidet Petzold in einem anschaulichen Konzept 5 Säulen der Identität.
Diesem Konzept der Identitätssäulen liegt der Gedanke zugrunde, daß ein gesunder Leib, ein soziales Netz, Leistungs- und Arbeitsfähigkeit, materielle Sicherheit und persönliche Werte die Stabilität der Identität ausmachen.

Zu den Identitätssäulen im einzelnen:

Der Leib

Als Leib ist der Mensch Subjekt und Objekt zugleich. Der Leib ist nicht auf Teile zu reduzieren. Der Leib ist beseelter Körper, nur in seiner Ganzheit zu erfassen und zu verstehen.
Die persönliche Lebensgeschichte - von der Geburt bis zum Tod - im Leib ist sie Fleisch geworden.

Der Leib, der uns ausmacht, der wir sind, ist Grundlage aller weiteren Persönlichkeitsprozesse, vom Selbst über das Ich bis zur Identität.
Leibfeindlichkeit, schwere Unfälle oder Krankheiten können den Leib als Identitätssäule und damit unser Leben gefährden.

Das soziale Netz

Jeder Mensch ist eingebunden in ein soziales Netz von Familie, Freunden und anderen Menschen, denen er mehr oder weniger regelmäßig begegnet.
Wichtige Bezugspersonen verbleiben über lange Zeit in der Lebenswelt des Einzelnen und geben der Identität Sicherheit.
Diese Identitätssäule ist dann gefährdet, wenn Heimatlosigkeit durch häufige Umzüge oder den Wechsel des Kulturkreises eintritt.
Das ist z.B. bei Imigranten und Vertriebenen der Fall, aber auch bei unseren Inselhauskindern.

Arbeit und Leistung

In der Arbeit, im konkreten Tun und im Erfahren seiner Leistungsfähigkeit erkennt und verwirklicht sich der Mensch. Hier liegt ein weiterer Stabilisator der Identität. Störungen in diesem Bereich sind aus der Arbeitslosenforschung und dem Wechsel in das Rentenalter hinlänglich bekannt.

Materialle Sicherheit

Die Identifizierung mit dem eigenen Besitz: "mein Haus", "mein Auto", sowie die finanzielle Absicherung über das Einkommen, das Konto - stellen eine weitere Säule für die Identität dar.
Menschen, die durch den Krieg, Vertreibung, Krankheit, Arbeitslosigkeit oder ähnliches ihre materialle Sicherheit verlieren, können in ernsthafte Identitätskrisen geraten. Ebenso Menschen, denen sich durch plötzlichen Reichtum Möglichkeiten eröffnen, mit denen sie nicht umgehen können.

Werte

Die Werte eines Menschen bleiben über lange Zeiträume unverändert. Sie geben der Identität dadurch Beständigkeit und Sicherheit.

Werte können auch dann noch wirksam bleiben, wenn andere Identitätssäulen schon geborsten sind.
Es ist bekannt, daß Menschen mit starken persönlichen Werten z.B. im KZ die besseren Überlebenschancen hatten.

Leib, soziales Netz, Arbeit und Leistung, materielle Sicherheit, Werte, alle 5 Säulen der Identität wirken zusammen. Der gänzliche Verlust eines Bereiches oder mehrerer, kann kaum aufgefangen werden, sondern führt unweigerlich zu persönlichen Krisen.

Nun zum Inselhaus!

Identitätserziehung meint immer Identität erleben!
Die Mitarbeiter im Inselhaus sind gefordert, ihre eigene Identität zu entwickeln.
Nur soweit ein Mensch seine eigene Identität gefunden hat, kann er andere Menschen in ihrem Wachstumsprozeß begleiten und fördern.
Identität ist ein Prozeß von Wachstum, kein statisches Gebilde.
Glaubwürdige, d.h. autentische Erziehung, fordert den Erwachsenen sich offen mit allen Stärken und Schwächen zu zeigen. Nur so können sie zu positiven Vorbildern - d.h. Identifikationsfiguren für die Kinder werden.
Um Willkür und Launenhaftigkeit auszuschließen, ist es notwendig, die Arbeit immer wieder auf eigene Anteile und Einflüsse zu reflektieren.
Durch regelmäßige, wöchentliche Teamsitzungen, Teamwochendenden und Teamsupervision, sowie durch individuelle Beratung, Therapie und Weiterbildung sind wir gemeinsam auf dem Weg, die notwendige fachliche, personale und soziale Kompetenz herauszubilden, die ständig durch die Arbeit gefordert ist.
Die Arbeit erfordert ein starkes Engagement der Beteiligten, die daraus jedoch starke Impulse auch für ihr privates Leben und Wachsen ziehen können.

Betrachten wir jetzt die Identitätssäulen, im Hinblick auf die Inselhauspädagogik, im einzelnen:
Wir bemühen uns die Kinder natürlich und unbefangen aufwachsen zu lassen.
Leider ist das nicht in jeder Beziehung in der gleichen Weise möglich wie in der Familie.

Ein unbefangenes Leiberleben - und hier sind wir wieder bei der ersten Identitätssäule - ist insbesondere dann, wenn sexuelle Aspekte mit angesprochen sind, nur schwer zu erreichen.
Einzelne Kinder bringen problematische sexuelle Vorerfahrung mit.
Andere Kinder stammen aus Familien, in denen sie in Unkenntnis über ihre Sexualität belassen wurden.
Besonders auch durch die gesellschaftlichen Vorstellungen, denen wir begegnen, sind uns engere Grenzen gesetzt, als es uns sinnvoll erscheint.

Leiberfahrung, Leibwahrnehmung und Leiberleben im Heim, das ist ein öffentlichkeitssensibler Bereich.
Mit Kinder zusammen in der Badewanne sitzen, ein Kind zum Kuscheln in das eigene Bett kriechen zu lassen, oder sich den Kindern nackt zu zeigen - in der eigenen Familie Möglichkeiten. Im Heim - insbesondere als Mann - nur mit dem Risiko zu leben, in einen zweifelhaften Ruf zu geraten.

Wir lassen die Kinder ihre Leibidentität in vielfältiger Weise erleben:
- durch Massagen - worauf sich die Kinder oft erstaunlich gut einlassen,
- durch Besuche in unserer Sauna - hier ist Nacktheit, als Gesundheitspflege versachlicht auch im Heim bedingt lebbar,
- durch bewußte Körperpflege - baden, einseifen, abtrocknen, einfetten,
- durch möglichst gesunde Ernährung

aber auch
- durch reiten auf unseren beiden Pferden Niko und Recky,
- durch den Kontakt zu unseren Tieren insgesamt - nicht nur Pferde, sondern auch Schafe, Katzen, Hühner, Enten und Kaninchen gibt es im Inselhaus. Sie wollen gepflegt, versorgt, geliebt und gestreichelt werden.
  Zugleich bieten sie den Kindern zahlreiche Leiberfahrungen, sozusagen von Mensch zu Tier.
- manchmal durch Tanzen und Toben,
- und durch möglichst zahlreiche spontane Körperkontakte sind wir bemüht, das Leiberleben der Kinder zu fördern.

Spontane Körperkontakte gibt es nicht nur in zärtlicher Form.
Der Umgang mit den Inselhauskindern ist nicht immer einfach. Die Kinder kommen zum Teil aus Familien, wo Grenzen kaum mit Worten, sondern durch Schläge aufgezeigt wurden.
Wir können die Kinder nur dort abholen, wo sie sind.
In extremen Fällen kann es daher vorkommen, daß wir Grenzen in einer Weise aufzeigen müssen, die denen, die die Kinder von zu Hause kennen und gewohnt sind, ähneln. Die Alternative dazu wäre Kontaktlosigkeit und das bedeutet, die Kinder alleine zu lassen.
Grenzen geben Sicherheit und ermöglichen Kontakt.
Körperliche Gewalt ist abzulehnen!
Und doch muß ich ein Kind evtl. einmal mit körperlicher Gewalt festhalten - zum Beispiel um ein anderes Kind zu schützen -
Auch gibt es Situationen, wo eigene Hilflosigkeit dazu führt, daß "einem die Hand ausrutscht", wie man verharmlosend sagt.
Solche Situationen, die es gibt und die hier nicht verschwiegen werden sollen - auch sie sind Leiberfahrungen - fordern die Betroffenen zu einer besonders ausgeprägten Reflektion auf. Durch Aufarbeitung der Situation für die Zukunft lernen, das gilt auch hier.
Wir scheuen uns nicht, uns bei einem Kind zu entschuldigen. Immer suchen wir auch nach einer Eskalation weiter das Gespräch und den Kontakt.
Wir versuchen das Kind in seinen Aktionen zu verstehen und das eigene Handeln für das Kind durchschaubar und verständlich zu machen.

Weitere angenehme Leiberfahrungen holen sich die Kinder auf der Schaukel und beim Matschen in der riesigen Sandkiste. Schlammschlachten, sich eingraben und im Sand herumwälzen, sind Leiberfahrungen, die die Kinder lieben.
Körperabdrucke aus Gipsbinden herstellen, den eigenen Körper anmalen und Schminken sind andere beliebte Ausdrucksformen.

In der Arbeit mit kreativen Medien: Handpuppen, Stofftieren, Farben und Papier, im Rollenspiel, sowie in Sport und Bewegungsspielen unterstützen wir die Wahrnehmung und den Ausdruck von Gefühlen und Empfindungen bei den Kindern, als Ausdruck

ihrer leiblichen Befindlichkeit.
Insgesamt geht es darum, frühe Leibschädigungen der Kinder durch Regressionsarbeit erfahrbar zu machen, aufzuarbeiten und zu kompensieren.

Leider wird das Klavier, die Gitarre, Flöten und Tamburin noch wenig genutzt. Hier fehlen uns Erwachsenen im Inselhaus die dafür notwendigen Voraussetzungen.
Im Spielen eines Instrumentes und im Musikerleben - die Kinder hören oft Musik über Plattenspieler und Kassettengeräte - liegen weitere Möglichkeiten zur Leiberfahrung und d.h. zum Aufbau eines gesunden, erlebnisfähigen Leibes als wichtigste Säule der Identität.
Nur soweit Erwachsene ihre eigene Leiblichkeit integrieren konnten, können sie in der leiblichen Begegnung mit dem Kind deren Leibidentität fördern.

Mit dem Wechsel aus der Familie ins Inselhaus ist ein Verlust des ursprünglichen sozialen Netzes - der zweiten Identitätssäule - verbunden.
Die Kinder leben nun in 2 Welten zugleich: in der Familie und im Inselhaus.
Beide Welten müssen nebeneinander bestehen können, um vom Kind - durch große Integrationsleistung - zu seiner neuen, Elternhaus und Inselhaus umfassenden Welt, zusammengebracht zu werden.
Aufkeimende Konkurrenz zwischen Eltern und uns - und umgekehrt - ist zu überwinden.
Gegenseitiges Annehmen, Wertschätzung und Kooperation sind notwendig.
Nicht die bösen Eltern, das böse Kind; auch nicht das gute oder schlechte Heim ist zu beklagen. Dem Gesamtsystem, dem Zusammenwirken aller ist Rechnung zu tragen.
Die Auseinandersetzung mit den Eltern - von uns unterstützend begleitet - und die Aufrechterhaltung der langfristigen Bindung ans Elternhaus ist, abgesehen von seltenen Ausnahmen, sinnvoll und notwendig.

Familienarbeit, wie wir sie anstreben, geht über Elternarbeit hinaus. Sie macht den Versuch, positive familiäre Anknüpfungspunkte dort aufzunehmen, wo es möglich ist, z.B. bei einer Oma, dem Opa, Tanten, Onkeln, größeren Geschwistern usw.
Ein positiver familiärer Anknüpfungspunkt schafft eine gute Voraussetzung für ein positives Selbstbild, - d.h. für eine gute Identität.

Als Maren von ihrem letzten Ferienbesuch in der Familie zurück ins Inselhaus kam, erzählte sie von ihren Erlebnissen und meinte dann:
"Es war toll zu Hause, und ich freue mich wieder hier zu sein."
Hier scheint die Integration gelungen.

Bei "Bernd Inselhaus" vom Anfang meines Vortrages steht diese Integrationsarbeit noch aus. Bernd hat seit mehreren Jahren keinen Kontakt mehr zu seinen Eltern und Geschwistern. Es ist daher nicht verwunderlich, daß sein wirklicher Nachname für Bernd eine weit geringere Bedeutung hat, als der Name Inselhaus.
Doch schon jetzt ist vorauszusehen, daß die Fragen nach seiner Familie an uns gestellt werden. Wir sind gefordert, auch für Bernd positive Anknüpfungspunkte an seine Familie zu suchen und diese frühzeitig, jedoch ohne Bernd zu überfordern, aufzunehmen.
Bernd war sehr klein, als er zu uns gekommen ist, 5 1/2 Jahre. Für ihn war es sehr wichtig zunächst den Schutz, den das Inselhaus bietet, zu erhalten. Der Name Inselhaus will genau dies zum Ausdruck bringen. Eine Insel, die Schutz gewährt.
Wir freuen uns sehr, wenn die Kinder sich im Inselhaus wohl fühlen, so wie ich es bei Bernd und auch bei den anderen Kindern immer wieder erleben kann.

Eine Insel birgt jedoch auch die Gefahr der Isolation.
Das Inselhaus bietet so viele Möglichkeiten, daß die Kinder zu wenig Impulse verspüren, sich außerhalb mit anderen Kindern zu treffen, oder alleine eine Unternehmung zu machen.
Isolation ist nicht nur ein Problem der Kinder.

Auch die Mitarbeiter und das gesamte Inselhaus stehen in der Gefahr, sich zu isolieren.
Mit unseren Idealen, die uns beim Aufbau des Inselhauses begleitet haben, wollten wir uns bewußt von unserer Umwelt unterscheiden. Der Wunsch nach einer heilen, idealen Welt, den wir geträumt haben und der uns weiter Richtschnur bleibt, gab uns die Kraft etwas eigenes aufzubauen, auf das ich stolz bin. Jedoch ideale Zustände sind Träume, wie sich bei der Realisierung dieser Träume immer wieder zeigt, auch bei uns!

Wie von einem Gummi gehalten, ist Veränderung nur soweit möglich, wie das Gummi die Spannung aushalten kann. Wird die Spannung zu groß, dann reißt der Faden, oder - er muß durch Anpassung an bestehende Verhältnisse erkauft - entspannt werden. Zum neuen sozialen Netz der Kinder im Inselhaus gehören die anderen Kidner und die Erwachsenen, die dort leben und arbeiten.
Wir nehmen im Inselhaus bewußt alters- und geschlechtsunterschiedliche Kinder auf. So findet jedes Kind am besten, ohne große Rivalität und Rankkämpfe, seinen individuellen Platz in der Gruppe.
Zum sozialen Netz im Inselhaus gehört unser Patensystem. Alle Kinder haben feste Paten, Bezugspersonen im Haus, die sich um ihre Angelegenheiten kümmern. die Sorge um Kleidung, die Gestaltung des Zimmers, Kontakte zur Schule und Behörden gehören dazu ebenso, wie besondere Unternehmungen.
Hierin liegt die Möglichkeit, Einzelkontakte zu schaffen, die im Alltag zu kurz kommen. Es zeigt sich, daß die jeweiligen Patenschaften im Laufe der Zeit eine besondere Intensität erreichen, die weit über die sonstigen Beziehungen herausragen.
Die vielen Erwachsenen ziehen nicht immer am gleichen Strang. Sobald starke Unterschiede in der Auffassung der Erwachsenen unausgesprochen sind - und das bedeutet für das Team desintegriert sind -, besteht die Gefahr, daß die Kinder orientierungslos werden und überfordert sind, oder aber die Situation nutzen, um die Erwachsenen auszutricksen.
Nur soweit es uns als Team gelingt, gut zusammen zu arbeiten, kooperativ zu sein, können die Kinder ihr neues soziales Netz im Inselhaus dafür nutzen, ihre Identität zu stärken, ihre verschiedenen Welten zusammen zu bringen.

Schulschwierigkeiten und Leistungsversagen haben unsere Kinder fast alle.
Bei der Identitätssäule - Arbeit und Leistung - können wir die Kinder nur geduldig unterstützen und fördern.
Alle Forderungen sind schwierig. Schnelle Erfolge gibt es nicht. Je länger die Kinder jedoch bei uns sind, desto weniger schwierig verläuft auch die Schule.

Im Inselhaus, mit seinen Wiesen, Garten, kleinem Wald und Spielecke, gibt es immer einiges zu tun. In Zusammenarbeit mit uns und unserem Zivildienstleistenden, können die Kinder Arbeits- und Leistungsfähigkeit erproben, in dem sie Fahrräder richten,

Zäune ziehen, Türen und Fenster in ihren Naturholzzustand bringen u.a.
Freiwilligkeit ist in diesem Bereich Grundlage.
Allerdings fordern wir im Haushalt die Mithilfe der Kinder, nicht nur beim Tischdienst, sondern auch beim Säubern ihrer Zimmer.
Sobald die Kinder als Jugendliche - sie selber würden wohl eher sagen als Erwachsene - mehr Freiheit haben wollen, geben wir ihnen großzügig Möglichkeiten dazu. Allerdings verbunden mit der Forderung, im überschaubaren Rahmen auch Verantwortung zu übernehmen. Etwa regelmäßig den Hof zu kehren, den Rasen zu mähen, das Auto zu waschen oder Schnee zu räumen.
Als Erwachsen-werdende ernstgenommen sind die Jugendlichen dann - abgesehen von wiederkehrenden Ausnahmen - erstaunlich kooperativ.
Da die Kinder unter beständigem Geldmangel leiden, können sie sich jederzeit, über die häuslichen Arbeiten hinausgehend, etwas dazuverdienen. Hier sind wir in unserem Team uneins.
Einige Mitarbeiter tolerieren das nur unwillig, da sie ungeliebte Warenbeziehungen nicht fördern, sondern abbauen möchten.
Was mir wichtiger erscheint ist die Möglichkeit, den Kindern damit aus ihren Geldsorgen herauszuhelfen.
Eine Absicherung gegen die Möglichkeit, sich auf andere Weise Geld besorgen zu müssen, beispielsweise durch Schnorren oder gar Klauen.
Auch lernen die Kinder ein Arbeits- und Leistungsverhalten, das ihnen später zugute kommt und ihre Identität stärkt.

Abhängig von der Schichtzugehörigkeit der Kinder zeigen sich bei der Identitätssäule - Materielle Werte - große Unterschiede.
Da hauptsächlich Randgruppen-Kinder bei uns sind, verfügen diese von ihrem familiären Hintergrund her über wenig materielle Sicherheit.
Einige Verwandte neigen dazu, ihre Schuldgefühle durch zu viele und zu große Geschenke bei den seltenen Begegnungen zum Ausdruck zu bringen.
Wir haben Schwierigkeiten, mit den Besitzunterschieden der Kinder umzugehen.
Die mangelnde Sorge um die materiellen Werte im Haus, angefangen beim Haarwaschmittel, das - auch ökologisch unverantwortlich - flaschenweise in der Badewanne verbraucht wird, über mangelnde Pflege von Geräten, Spielen, Gegenständen, Möbeln,

bis zum Auto tut mir oft weh.

Allerdings sind für diese Verschwendung und den frühzeitigen Verschleiß nicht nur die Kinder, sondern auch die Erwachsenen in hohem Maße mitverantwortlich.

Der eigene Besitz: "ich will eine Schüssel Popcorn für mich alleine", "das sind meine Süßigkeiten", "mein Vater fährt einen Porsche" u.a. spiegelt viel von der inneren Unsicherheit der Kinder.

Wir greifen hier fördernd ein, indem wir dafür Sorge tragen, daß die Kinder Eigentum erhalten und bilden können. Dazu gehört das eigene Fahrrad, die eigenen Spielsachen, der eigene Walkman, eigene Möbel, ein eigenes Bankkonto und wenn möglich, auch ein eigenes Zimmer.

Ich bin der Überzeugung, daß neben anderem Eigentumsbildung eine wichtige Grundlage für die weitere Sicherheit und Identität bildet.

Allerdings gilt es hier zugleich die Gefahr aufzuzeigen, die darin liegt, den Kindern Möglichkeiten zu eröffnen, die sie in ihrem späteren Leben, mit ihrem Hintergrund, kaum je finanziell erreichen werden. Hier müssen wir Sorge tragen, nicht Erwartungen an das Leben zu wecken, die das Leben der Kinder dann später nicht erfüllen kann.

Die Bedeutung materieller Sicherheit erleben wir als Institution Inselhaus gerade existentiell. Unser Dachstuhl drohte in dem Augenblick zusammenzubrechen, als wir gehofft hatten, mit dem Umbau und Ausbau endlich fertig zu sein.

Die Kosten für den inzwischen erfolgten Neubau des Dachstuhls und für den noch ausstehenden Dachgeschoßausbau bringen uns an den Rand unserer Existenz.

Wir sind darauf angewiesen, um Spenden und Zuschüsse zu bitten.

Hier erweist sich materielle Sicherheit deutlich als grundlegend für die Identität des gesamten Inselhauses, als auch für die zu unterstützende Identität der Kinder im Inselhaus.

Die fünfte und letzte Identitätssäule ist die der Werte.

Das neue soziale Netz im Inselhaus ist für die Kinder zugleich mit starken Norm- und Wertunterschieden im Vergleich zu ihrem Elternhaus verbunden. Sie leben nicht nur in zwei unterschiedlichen sozialen Welten, sondern auch in zwei Wertwelten zugleich.

Eine zusätzliche Belastung für die Kinder liegt darin, daß die Mitarbeiter im Inselhaus zum Teil erhebliche Wertdifferenzen zu großen Teilen der Bevölkerung leben.

Hier erwachsen immer wieder Probleme und Unvereinbarkeiten. Etwa dann, wenn es um die religiöse Erziehung geht, um den Umgang mit Autoritäten, Aggressionen, Sauberkeit, Sexualität u.a.m.
Es ist für mich eine schmerzvolle, aber wohl notwendige Lernerfahrung, die Kinder loszulassen. Sie ihre eigenen Werte zu finden und sie darin zu unterstützen.
Die Versuchung ist sehr groß, die eigenen Wertvorstellungen auch von den Kindern zu erwarten oder gar zu fordern.
Werte lassen sich kaum direkt vermitteln, ihre Vermittlung verläuft indirekt, sie werden aus dem Verhalten der Identifikationsfiguren nach der eigenen Wahl des Kindes übernommen.
Sinnfindung - und darum geht es bei den Werten - kann nur jeder für sich alleine leisten. Andere Menschen können dabei nur Hilfestellung bieten.
Die Chance liegt darin, daß die Kinder unsere offene, tolerante und demokratische Gesinnung erleben und zu einem Teil ihrer eigenen Identität machen. Zugleich jedoch auch erleben, wenn Grenzen der Toleranz mit klaren Grenzen verbunden werden.

Die Inselhauspädagogik kann sich nur teilweise auf feste Regeln stützen, die für alle Kinder gelten. Solche Regeln gibt es, sie sind jedoch Notmaßnahmen an Stellen bzw. in Situationen, wo wir überfordert sind, individuelle Lösungen anzubieten.
Identitätserziehung ist darauf ausgerichtet, jedem einzelnen Kind zu entsprechen.
Wir müssen jedes einzelne Kind dort abholen, wo es ist.
Was für das eine Kind gut ist, kann für ein anderes Kind kein Ziel sein.
Um die Kinder als Gruppe an der Gestaltung und an Entscheidungsprozessen im Inselhaus zu beteiligen, gibt es ein wöchentliches Kinderteam.
Hier kann durch die Kinder direkt Einfluß genommen werden.
Alle im Kinderteam angesprochenen Aspekte kommen über ein Protokoll in das Pädagogische Team.
Ebenso handhaben wir es mit einem unregelmäßig stattfindenden Leitungsteam.
Durch dieses "Dreikammersystem": Kinderteam, Leitungsteam, Pädagogenteam, versuchen wir eine Erziehung zur Demokratie zu praktizieren, die darauf abzielt, Durchschaubarkeit zu schaffen und die Einflußmöglichkeiten sowie die Verantwortung aller zu fördern.
In diesem Sinn wurde auch ein Konto bei der Bank eingerichtet, auf welches jeden

Monat ein fester Betrag überwiesen wird. Dieses Kinderkonto verwalten die Kinder unter der beratenden Aufsicht einer Mitarbeiterin. Über diesen begrenzten Betrag können die Kinder gemeinsam verfügen, allerdings nur dann, wenn sie gemeinsam, als Gruppe, darüber Entscheidungen treffen.

Im Zusammenhang mit der Tierversorgung, Verschönerungsaktionen, Feriengestaltung u.a. finden unregelmäßig Gesamt-Inselhaustreffen statt oder es bilden sich Betroffenengruppen.

In ihnen kommen Kinder und Erwachsene gleichermaßen zusammen, um gemeinsam im Dialog Lösungen und Vorschläge zu suchen und sie dann der gesamten Inselhausgemeinschaft vorzustellen.

Die gemütliche Gestaltung unserer Lebenswelt, allen ein großes Anliegen, ein großer Wert, ist für mich noch nicht zufriedenstellend erreicht.

Dazu gehört schönes Geschirr ebenso, wie ein schön gedeckter Tisch, Kerzen, Blumen, liebevolle Pflege der gemeinsamen Räume.

Insgesamt gelten die von J. Burmann für die Gestaltpädagogik allgemein zusammengefaßten Werte auch für unsere Arbeit im Inselhaus.

1) Zeit haben, sich Zeit nehmen
2) Sammlung im Bauch und Konzentration im Kopf
3) Achtung vor den Eigenheiten des Anderen
4) Niemanden ausgrenzen - als Ziel
5) Freiwilligkeit allen Tuns, die Möglichkeit zum Rückzug, zur Sonderrolle und die Achtung vor abweichenden Haltungen
6) Die Suche nach dem gemeinsamen Weg, d.h. die Macht aller in Form von Einfluß und Mitgestaltungsmöglichkeiten
7) Die Anerkennung der ungeschminkten Wirklichkeit, d.h. Realitätssinn
8) Die Förderung von Involvierung - Betroffenheit - und des Engagements
9) Gelassenheit, Humor und Heiterkeit

Werte und Sinnfindung, die Identität erhält aus ihnen Stabilität und Sicherheit, die weit über materielle Sicherheit, Arbeits- und Leistungsfähigkeit, soziales Netz, ja sogar über leibliches Wohlergehen hinaustragen können.

Werte und Sinn können uns auch dann noch einen Halt bieten, wenn alle anderen Säulen der Identität den ihren zu verlieren drohen.

Wir als Inselhaus-Erzieher sind hier gefordert, unsere Werte kongruent mit unserem

Tun zu leben.

Ein letztes: Nicht alles ist lösbar
Auch die Möglichkeit, Unlösbares anzuerkennen, zu akzeptieren und auszuhalten gehört zu den wichtigen Fähigkeiten bei uns, wie anderswo.
Das Entstehen eines therapeutischen Milieus braucht Zeit und muß wachsen.
Die Anerkennung und das Aushalten bestehender Differenzen schafft erstaunlicherweise leichter Lösungen und bringt voran, als das angestrengte Bemühen um Veränderungen.
Ein Ungelöstes ist die Tatsache, daß die Inselhauskinder immer noch mehr an Zuwendung, Kontakt, Beziehung und Liebe gebrauchen, als wir zu leisten in der Lage sind.

In diesem Vortrag habe ich aufgezeigt, wie unser Zusammenleben im Prinzip funktioniert und wie wir in der Inselhauspädagogik bemüht sind, die Identität der Kinder zu fördern.
Auch zwischen dieser Schilderung und den realen Gegebenheiten mit ihren Unvollkommenheiten klafft eine Lücke.
Das soll nicht verschwiegen werden.
Und doch sehe ich das Inselhaus als Aufbruch, als Weg, als Suche nach neuen Lebensformen in der Heimerziehung.
Jetzt bin ich neugierig, ob Sie, falls Sie an unserer Bildertafel vom Inselhaus vorbeikommen, herausfinden, wer denn wohl der "Bernd Inselhaus" sein mag!

Literaturverzeichnis:

Brown: Gefühl und Aktion; Frankfurt am Main, 1978
Bopp, Jörg: Antipsychiatrie, Frankfurt am Main, 1982
Burmann, Jörg: mündliche Äußerung, Arbeitsgruppe, Gestalttagung Mainz 1986
Fent, Manfred: Praxisbericht, Das Kleinheim Inselhaus; Fachhochschule München, Fachbereich 11; 1984
Fent, Manfred: Heimerziehung im Wandel - Alternativen zur Heimerziehung Diplomarbeit, Fachhochschule München; Fachbereich 11; 1985
Glanzer, Otto: Rahmenkonzept der therapeutischen Jugendwohngruppe Augsburg-Pfersee, München 1985
Hagedorn, Bernd-Olaf: Lebensläufe im Kinderhaus; Diplomarbeit an der Fachabteilung

für Pädagogik der Universität Bielefeld, 1984
Heim, Edgar: Milieutherapie; Bern, Stuttgart, Wien 1978
Koch, Heiner: Facharbeit: Gegenüberstellender Vergleich von Groß- und Kleinheimen, am Beispiel des "Münchner Kindl Heims" und des "Inselhauses", Fachakademie für Sozialpädagogik, München 1985
Kögler; Leipersberger: Integrierte Psychotherapie in der stationären Kinder- und Jugendpsychiatrie - Die Bedeutung der Gruppenversammlung, in: Praxis für Kinderpsychologie und Kinderpsychiatrie, Göttingen und Zürich 1985
Metzmacher, Bruno: Gestalttherapie mit Kinder und Jugendlichen - Ein integrativer Ansatz; Arbeitspapier, Gestalttherapietagung Oberwesel 1984
Naranjo, Claudio: Techniken der Gestalttherapie; Hamburg 1979
Otto, Bernd: Bruno Bettelheims milieutherapietischer Ansatz, in: Praxis für Kinder- und Jugendpsychiatrie; Göttingen und Zürich 1987
Okländer, Violett: Gestalttherapie mit Kindern und Jugendlichen; Stuttgart, 1981
Petzold; Brown: Gestaltpädagogik, München 1977
Petzold; Mathias: Rollenentwicklung und Identität; Paderborn 1982
Petzold: Leiblichkeit, Paderborn 1986
Petzold; Frühmann: Modelle der Gruppe; Paderborn 1986
Polster, Erwig u. Miriam: Gestalttherapie - Theorie und Praxis der integrativen Gestalttherapie; München 1977; 2. Auflage
Ritter, Johannes: Praxisbericht - Kleinheim Inselhaus; Fachhochschule München, Fachbereich 11, 1986
Ritter, Johannes: Das Kleinheim, eine Alternative sozialpolitischer und sozialpädagogischer Dimension - exemplarisch dargestellt, an einer Einrichtung in Oberbayern; Diplomarbeit an der Fachhochschule München, Fachbereich 11; 1987
Witt, Gabriele: Kinderhäuser mit gestalttherapeutischer Begleitung, in: Petzold, Vormann; Therapeutische Wohngemeinschaften; München 1980
Zurhorst, Günter: Krise der Identität und Identitätswandel in der Psychotherapie; Vortrag Berlin 1975

Gestalttherapie heute - was verbindet uns mit ihren Ursprüngen

Podiumsdiskussion*

Nach der Vorstellung der Teilnehmer Fritz Buchholtz, Thijs Besems, Richard Picker, Almut Ladisich-Raine, Inga Schumann-Sorge, Elisabeth von Godin und Hunter Beaumont durch **Willi Butollo:**
Ich habe die Aufgabe, Chairman zu sein. Als solcher ich habe von der Kommission, die diese Tagung vorbereitet hat, eine Liste von Fragen bekommen, die wir hier bearbeiten sollen.
Die erste dieser Fragen lautet: Weshalb glaubst Du, daß Du für dieses Thema kompetent bist?
Und so eine Frage kommt von den Leuten, die uns ausgewählt haben, hier zu sitzen!
Elisabeth von Godin: Ich habe ja gestern schon gesagt, warum ich mich kompetent fühle, nämlich weil ich zu den Anfängen der Gestalttherapie dazugehöre und auch sehr viel mitgemacht habe und eigentlich auch viel wissen müßte, das werden wir dann ja sehen, und seit 15 Jahren gestalttherapeutisch hier in München arbeite. Wir hatten damals mit Almut und einigen anderen, die hier im Raum sitzen, einen gestalttherapeutischen Arbeitskreis und außerdem bin ich immer noch begeisterte Gestalttherapeutin.
Hunter Beaumont: Ich fühle mich nicht kompetent, aber kontraphobisch. Das heißt, wenn ich eine Angst habe, statt davor wegzulaufen, springe ich hinein.
Almut Ladisich-Raine: Ich bin auch nicht so sicher, weshalb gerade ich hier sitze, es könnten auch viele andere aus diesem Raume sein. Und nun sitze ich mal hier. Wie Inga schon sagte, wir sind einfach sehr lange schon im Geschäft, und das spricht für eine gewisse Kompetenz, nehme ich an.

*) Da die Tonaufzeichnung der Podiumsdiskussion qualitativ unbefriedigend und teilweise unverständlich war, fehlen leider einige wesentliche Passagen in diesem Text.

Richard Picker: Ich sitze da, weil ich in Wien zu der ersten Generation von Gestalttherapeuten gehöre und seit Jahren Ausbilder bin. Mir bleibt also gar nichts anderes übrig, als mir eine bestimmte Kompetenz zuzuschreiben. Zumindest von der Verantwortung her.

Thijs Besems: Ich sitze nicht hier, weil ich zu der alten Garde gehöre, und ich will auch nicht die Gestalttherapie in ihre Ursprünge zurückverfolgen. Deswegen frage ich mich, ob ich überhaupt hier richtig sitze. Ich versuche, die Gestalttherapie in der jetzigen Gesellschaft relevant weiterzuführen, und in dem Sinne, denke ich, daß es wichtig ist, daß ich hier sitze.

Fritz Buchholtz: Ich sitze hier eigentlich nur, weil es mir geschmeichelt hat, daß man meinte, daß ich kompetent wäre.

Willi Butollo: Die Frage nach meiner Kompetenz ist nicht mein Problem. Ich hab auch keine rechte Lust, darauf zu antworten. Aber meine Inkompetenz besteht darin, daß ich die Gestalttherapie liebe, obwohl ich über Gestalttherapie sehr wenig gelesen habe. Mein Zugang ist demnach der über die Erfahrung. Meine Erwartung ist, daß ich heute sehr interessiert Zuhören werde, was die Theoretiker der Gestalttherapie zu sagen haben. Ich möchte nicht der Reihe nach diesen Fragenkatalog durchgehen, Ihr habt die Fragen ja auch zugeschickt bekommen. Jeder kann in das Thema einsteigen, das ihn interessiert, damit die Diskussion etwas lebendiger wird. Was die Beteiligung des Publikums angeht, bin ich dafür, daß immer dann, wenn es auf dem Podium nicht weitergeht, Fragen von Ihnen als Anstoß erwünscht sind.

Sollten wir gegen Ende der Sitzung noch Zeit haben, könnte sich auch eine Publikumsdiskussion anschließen.

So, ich bitte Euch, in das Thema einzusteigen.

Picker: Ich habe Fritz Perls nie gesehen, und mich verbindet mit den Ursprüngen der Gestalttherapie eigentlich das Bild von Fritz Perls, das ich habe, diese lebendige Überlieferung. Dieses Bild von Fritz Perls hat mich auf die Gestalt aufmerksam gemacht. Es ist mir egal, was er persönlich für Eigenschaften hatte, sondern mich berührt das, was sein Lebenswerk ist, die Substanz, das, was von ihm auf mich gekommen ist.

Einige von Euch haben gestern den Vortrag von Hilarion Petzold gehört, und ich muß sagen, dieser Vortrag ist inhaltlich richtig. Aber er kommt mir ungefähr so vor, wie wenn jemand, der das Lebenswerk Mozarts kennt (und ich liebe Mozart, und ich habe daher so einige Musikschriftsteller dazu gelesen) dann natürlich sieht, daß der Mann bisweilen abgeschrieben hat. Es sind ganz berühmte Werke, wo wesentliche Passagen (ganz absichtlich oder unabsichtlich, geschickt oder ungeschickt) zitiert sind. Im Don Giovanni, im Figaro, im Requiem, in der Jupitersinfonie, und wenn ich so weiter mache, dann bleibt von Mozart etwas weniger übrig. Aber was tut das der Jupitersinfonie oder dem Requiem? Was tut es den Klavierkonzerten? Was tut es Don Giovanni, dem Figaro, diesem göttlichen Werk? (Wenn man es auch vom Gestaltstandpunkt anschaut?) Es ist die Endgestalt insgesamt.

Das ist also mein Punkt. Und wenn ich sagen will: was verbindet mich mit der Tradition, dann sage ich, was verbindet mich mit Fritz Perls? Ich antworte, zu allererst Respekt vor dem Lebenswerk! Liebe! Ich liebe eigentlich diesen Mann. Wichtig ist mir seine Sache mit der "Echtheit". Ich denke oft, das ist etwas, das ihn unverkennbar macht. Und die Kategorie der sogenannten "Tiefe". Mir kommt vieles, was wir heute in der Therapieszene reden, einfach flach vor, im Vergleich zu dem, was mir zwischen den Zeilen durchkommt von den Therapiefilmen und Therapieprotokollen des Fritz Perls. Das ist das, was mich verbindet.

Was mich natürlich nicht verbindet, ist, daß der Mann auch wissenschaftlichen Unsinn erzählt hat, aber das scheint mir hier eigentlich vernachlässigungswert, denn man kann so geschwind einen wissenschaftlichen Unsinn erzählen. Das tat Freud, und das taten andere. Das ändert nichts an meiner Verbundenheit mit dem Ursprung, und den leugne ich nicht, und dazu stehe ich.

Besems: Was mich verbindet, sind zwei Dinge: Das eine ist die Leib-Seele-Geist Einheit, die Perls vertreten hat und die wir heute in der Gestalt vertreten. Aber das wichtigere ist für mich, daß die Gestalttherapie eine Protestbewegung war, und daß Perls das durchgehalten hat gegen alle gesellschaftlichen Strömungen. Mein Ziel ist, diese Protestbewegung auch in der jetzigen Gesellschaft noch weiterzuführen, weil es noch einiges gibt, anschließend an das Thema heute, wogegen wir uns auch als Gestalttherapeuten auflehnen sollten. Und meine Befürchtung ist, daß manche Gestalttherapeuten sich zu sehr in der Anpassungsrichtung bewegen. Und ich finde es wichtig, daß wir gucken, wo wir uns auch jetzt in der Gestalttherapie auflehnen können. Und deswegen schließe ich mich Dir an, also, ich versuche auch das, was Perls gemacht hat, weiter zu entwickeln mit dem Ziel, die Meinungs- und Geistesfreiheit weiterzubringen. Aber auch als Protestbewegung, wo es weiter muß. Und da finde ich, daß Perls' Arbeit zu beschränkt ist. Weil er sich ja hauptsächlich mit neurotischen Störungen beschäftigt hat. Und aus meiner Sicht hauptsächlich nur mit Mittelschichtklienten.

Das finde ich auch in Ordnung, daß er das gemacht hat. Aber ich denke, daß wir die Aufgabe haben, dieses Feld zu erweitern und auch die anderen Zielgruppen auf den anderen Gesellschaftsseiten zu erreichen.

Buchholtz: Was der Gestaltbegriff eigentlich in der Gestalttherapie zu tun hat, das ist mir von der Gestaltpsychologie her immer absolut unverständlich geblieben. Ganzheit, ja gut, Ganzheit, es geht ums Ganze. Es geht immer ums Ganze. Es geht bei jeder Therapie ums Ganze. Was heißt hier Gestalt? Was heißt offene Gestalt? Ich habe so etwas nie verstanden. Eine Gestalt ist offen und man muß Gestalten schließen oder so. Das ist alles so fad.

Ich habe mich damit beschäftigt, und ich habe gemerkt, daß zum Begriff der Gestalt eigentlich ganz andere Leute was gesagt haben. Und das war zunächst einmal der Vorgänger, der Lehrer von Christian von Ehrenfels, der Mach. Der hat schon ganz wahnsinnige Dinge gesagt. Und dann die Leute aus dem deutschen Idealismus. Man darf es ja gar nicht laut sagen: Nämlich Goethe und Schiller. Die haben sich seitenweise über den Gestaltbegriff in Gedichten geäußert, und das ist eigentlich mehr und mehr ein Ursprung, der mich verbindet, eigentlich mit meinem früheren Germanistikstudium.

Goethe war vielleicht noch sehr viel revolutionärer, denn der hat sich mit seiner Vorstellung, daß man vom Ganzen zum Detail kommen muß, daß man eigentlich das Feld in der Allabhängigkeit erst mal als Voraussetzung hat, daß der Mensch in der Allabhängigkeit sich befindet, daß sich daraus eigentlich erst Differenzierungen ergeben, Teile ergeben, er hat sich damit eigentlich schon gegen die damals in Hochblüte befindliche Cartesianische Denkweise gewandt. Und insofern möchte ich sagen, die Gestalttherapie ist in Weimar entstanden.

Und davon ausgehend interessieren mich übrigens die begrifflichen Quellen des Gestaltbegriffes, also alles, was auch mit der Phänomenologie zusammenhängt. Und wenn man in den Büchern von Perls herumschmökert, dann sieht man ja auch, daß der eine ganze Menge davon mitgekriegt hat. Nicht nur durch seine eigenen Therapien und durch seine Mitarbeit bei Kurt Goldstein, sondern auch, was er gelesen hat. Und er

hat auch von der Phänomenologie etwas verstanden. Er hat es dann, würde ich sagen, mehr intuitiv erarbeitet und verarbeitet und ausgearbeitet in seiner Art der Therapie.
Ein denkerischer Vorgänger, dem ich mich sehr nahe fühle, ist der Ludwig Binswanger, den der Perls auch gekannt hat. Der hat ja die Daseinsanalyse entwickelt, wie Sie sicher wissen. Allerdings hat er sie verstanden als eine Anthropologie, nicht als eine Psychotherapie. Als Psychotherapie hat er die Freudianische Methode weiterhin angewandt. Und da möchte ich sagen, ist der Perls ein Stück weiter gegangen. Der Binswanger hat diese Voraussetzungen sehr genau, sehr exakt, manchmal sehr komplex und schwierig zu lesen, beschrieben. Sehr viel genauer zum Teil und sehr viel moderner zum Teil als was viele Gestalttherapeuten heute tun, beschrieben. Aber er hat nicht fertiggebracht, daraus eine Therapie zu machen. Der Mann hatte Bißhemmungen gegenüber Freud gehabt. Er war ja auch der einzige, der von ihm abgefallen ist, den Freud weiterhin als Freund hatte.
Also in diesem Bereich der Phänomenologie, des deutschen Idealismus, würde ich meine Verbindungen zu den Ursprüngen der Gestalttherapie sehen.
Ladisich-Raine: Ich habe gemerkt, daß ich zwei Ursprünge, sozusagen zwei verschiedene Quellen habe. Das eine ist, daß ich aus einer Universität kam, aus einem psychologischen Institut, in dem Gestaltpsychologie gelehrt wurde. Das war in Köln. Und daher war ich mit dem Gestaltgedanken schon vertraut und es kam mir immer als das natürlichste und normalste Denken vor. Ich habe mir darüber keine großen politischen Gedanken gemacht. Es entsprach mir, und ich habe es in die Versuchsplanungen einbezogen, und ich habe es dann immer mehr benutzt bei der Arbeit und in meinem Denken. Emotional und für mein eigenes Leben waren andere Ursprünge wichtiger. Ich war in Kanada, als Fritz Perls da war. Ich habe ihn leider nicht kennengelernt, aber die Atmosphäre habe ich gespürt. Zu der Zeit, ich war damals auch schon in der Psychotherapieszene, hat alles das "Gestalt Verbatim" gelesen. Es hatte wie eine Bombe eingeschlagen, und ich war begeistert. Ja genau so verstehe ich das auch. Ich war einfach sofort verliebt. Und ich habe gewußt: Das ist es. Und das hat auch bis heute nicht aufgehört.
Das war damals eine Zeit, da war gerade der Vietnamkrieg, und es gab viele Deserteure damals in Toronto. Es gab die Antipsychiatrie, es gab eine Menge Leute, die sich alle möglichen Gedanken gemacht hatten, wie man anders leben könnte. Und die

haben das auch getan. Es war eine ungeheure Zeit des Aufbruchs. Und in diese Zeit herein kam Fritz Perls. Und es ist so ein Gefühl von Explosion gewesen. Und ich will dieses Gefühl aus dieser Zeit nicht verlieren. Ich bin sehr daran interessiert, die Gestalttherapie vor Versteinerung zu bewahren, vor Verschulung und immer wieder zurückzuführen zu dem, was ich selbst spüre, was wichtig ist.

Das möchte ich auf keinen Fall verlieren. Und da stehe ich heute, und deswegen denke ich, wir müssen in dieser Bewegung bleiben und nicht immer nach draußen schielen: Wo ist der Anerkennner? Der Anerkenner ist in mir. Wenn ich mit mir selbst wirklich einverstanden bin, dann kommt die Anerkennung von außen automatisch. Jedenfalls glaube ich das.

Schumann-Sorge: Die Begegnungen, die ich mit der Gestalttherapie hatte, was mich so berührt hatte an Perls, war der Mensch: die Polsters, Werner Arnet, Jim Simkin, ich habe gesucht, wo sind die Spuren, wo ist die Berührung, wo finde ich noch etwas von den Ursprüngen. Und da habe ich mich auch berühren lassen. Und wie eben Almut die Gestalttherapie in Aktion angesprochen hat: wie ich dies Buch erstmals gelesen habe, hat es bei mir auch eingeschlagen wie eine Bombe. Ich saß in einem Strandkorb an der Nordsee, und ich sprang immerzu auf und sagte: Ja, genau! Ja, genau! Und seitdem hat es mich auch nicht mehr losgelassen. Und dann fing ich eben an, meine Kontakte zu suchen. Etwas, was mir gefehlt hat in meinen Kontakten, war Erweiterung von Individualtherapie hin zum bewußten Miteinbeziehen des sozialen und politischen Umfeldes. Davon spricht ja Perls sehr viel. Zurückkommend aus den Vereinigten Staaten Ende der siebziger Jahre, fiel mir dann immer mehr auf, daß dieser eine mich bei Perls sehr beeindruckende Grundsatz - wenn ich ein aufkommendes Bedürfnis bei mir nicht befriedigen kann, schaue ich, wie ich es in der mich umgebenden Welt befriedigen kann - gar nicht mehr ohne weiteres in dieser Welt erfüllt werden kann: Wenn ich z.B. ein nährendes "reines" Essen haben will, dann kriege ich gar keines, weil die Nahrung denaturiert ist. Damit stieß ich auf grundsätzliche Fragen, wie z.B. auf die des ökologischen Gleichgewichts, und seiner möglichen Wiederherstellung. Das wollte ich auch irgendwie mit einbeziehen in mein gestaltisches Denken und Handeln. Und das heißt für mich, wie Du vorhin auch gesagt hast, daß Gestalttherapie sich nach dem, was hier geschieht, ökologisch auch ausrichten muß.

Besems: Aber das steht im Widerspruch zu den Bedürfnissen, die offensichtlich jeder Gestalttherapeut hat, nach Harmonie. Das führt dann auch dazu, daß solche Fragen

nicht mehr gestellt werden.
von Godin: Ich hatte ja gestern versucht, zu beschreiben, wie ich Perls erlebt habe. Und ich merke jetzt hier, daß ich ja die einzige bin, die noch Patientin von Perls war. Als ich in Esalen war, da war ich wirklich in einem patientigen Zustand. Ich hatte sehr viel produziert, viel gearbeitet, ich habe sehr viel von meinen Problemen erzählt und von neurotischen Einflüssen und dabei haben sie mich psychotisch gemacht, und da waren auch andere Leute, die beinahe mit psychotischem Schub herumliefen und das Interessante war, daß Fritz das alles hat ruhig geschehen lassen und eine ganz besondere Art hatte, mit denen umzugehen, was mich damals sehr frappierte und mich fassungslos machte.
Ich bin durch einen psychotischen Schub hindurchgeführt worden und kam dann auf der anderen Seite erst richtig zu mir, zu meiner Identität. Diese Euphorie von der ihr erzählt, habe ich zum Teil als große Störung für mich persönlich empfunden, als mein Besonderes. In der Therapie kommt es ja mehr auf das Besondere in dem anderen an. Gerade diese euphorische Bewegung, mein Besonderssein zum Teil auch, habe mich bei mir als Patient gespürt. Als Therapeut richte ich mein Augenmerk nicht auf die Gesellschaft, sondern ich bin auch ein Kind des Idealismus und ich bin im Geiste Goethes erzogen worden, versuche auch in jedem Patienten an diese Besonderheit heranzukommen. Mich interessiert die Gesellschaft insofern, als ich sie als eine Koordination von Teilen sehe. Ein Therapeut hat es aber mit diesen Teilen zu tun.
Beaumont: Ursprünge der Gestalttherapie sind für mich nicht der intellektuelle Hintergrund, sondern ein Traum. Ein Traum, den ich schon als Kind hatte. Es war der Traum, daß es eine Möglichkeit gebe, den brennenden Schmerz und die Isolation, worunter ich gelitten habe, mit meinem politischen Engagement meinen Beziehungsschwierigkeiten, meiner Umweltsorge und meiner Motivation für eine spirituelle Entfaltung zu integrieren. Ich habe viele verschiedene Richtungen ausgesucht und die Gestalttherapie ist die einzige, die ich gefunden habe, die diese vielen Elemente wirklich integriert oder zumindest mir eine Hoffnung gibt, daß der Traum realisierbar ist.
Was mich noch mit ihr verbindet, ist meine Liebe. Eine Liebe zu den Therapeuten die mir begegnet sind, bei denen ich zum ersten Mal das Gefühl gehabt habe, gesehen zu werden in meiner ganzen Komplexität und Verrücktheit und auch positiven Strebungen. Wir haben in den letzten 20 Jahren wahnsinnig viele Fehler gemacht und wir haben da-

raus gelernt. Und es gibt keinen, der noch so arbeitet, wie vor 20 Jahren. Mich verbindet das absolute Commitment zu einem Prozeß der zunehmenden Awareness durch zunehmenden Kontakt; das ist dann die Liebe.

Den Versuch, die Gestalttherapie mit dem Fritz Perls zu identifizieren und auch mit dem Fritz, wie er an seinem Todestag war, finde ich wirklich bedauerlich. Denn Fritz ist für mich nicht die Gestalttherapie, sondern sie ist viel eher dieses menschliche Commitment zu einer immer weiter fortschreitenden Entfaltung. Eine immer weitergehende Integration. Eine Offenheit zu neuen Impulsen. Und Gestalttherapie hat wirklich den intellektuellen Boden, worauf man die verschiedenen Strebungen doch einigermaßen integrieren kann, sofern ich nicht nur eine Sammlung von verschiedenen Ideen habe, sondern diese auch einigermaßen integrieren kann.

Die wichtigste der intellektuellen Wurzeln der Gestalttherapie ist für mich nicht die Gestaltpsychologie, sondern die Idee von Kontakt. Das heißt, daß es möglich sein kann, eine Beziehung zu meiner Umwelt zu entwickeln, die möglichst frei ist von Projektionen und Distortion, von meinen eigenen Bedürfnissen. Daß ich möglicherweise mich oder meine Frau oder meine Kinder als autonome Menschen sehen und empfinden kann, das heißt auch, eine Umwelt sehen kann wie sie ist. Und diese Idee des Kontaktes, das ist wirklich so wahnsinnig wichtig, weil, ich bin davon überzeugt, wenn wir unsere Umwelt nicht kontaktieren, werden wir nicht erkennen, in welcher Gefahr wir jetzt sind.

Deswegen geht es mir als Gestalttherapeut darum, den Kontakt in meinem Konzept und auch in der Gesellschaft zu verstärken und zu entwickeln, in der Hoffnung, daß, wenn wir das gut genug können, wir doch dringend erkennen werden, was dort schief ist, und zwar mit einer Dringlichkeit, die uns jetzt dazu bringt, was anderes zu tun als bisher.

Butollo: Es sind verschiedene Sachen gesagt worden, die bei mir ähnlich gelaufen sind. Meine Verweigerung, Gestaltliteratur zu lesen, hat auch mit der Entwicklungsgeschichte zu tun, die ich in der Gestalttherapie hatte. Ich war als Kind relativ frei, bin viel in der Natur herumgelaufen und konnte mir eine regelmäßige Arbeit überhaupt nicht vorstellen. Irgendwann kam der Zeitpunkt, wo ich mir sagte: Du mußt was werden. Ich habe mich dann mit dieser auto-aggressiven Lust in die reduktionistische Psychologie geschmissen, und das war auch recht erfolgreich. Aber dann kam die Begegnung mit der Gestalttherapie und ich war unglaublich happy, daß ich diese träumerische, "nicht lineare" Seite des Lebens wieder zulassen und sehen konnte. Und von daher der Widerstand: Das soll jetzt um Himmels Willen nicht wissenschaftlich gemacht werden. Die Frage, die dabei für mich noch offen ist: Pflege ich damit nur die persönliche Aufrechterhaltung einer Spaltung oder ist die Theorieabstinenz wirklich etwas, das im wesentlichen im Gestaltansatz liegt. Es gilt einfach was anderes draußen, als das, was lebendig ist zum kontakten. Das ist der Punkt dabei. In dem Augenblick des Kontaktes ist der andere das wirklich. Bin ich das wirklich. Und ob er dann bei der nächsten Gelegenheit völlig andere Seiten hat, völlig andere Persönlichkeitseigenschaften und Merkmale ist für mich dann wurscht.

Picker: Ich kann mich da voll anschließen an diese gefühlsmäßige Bindung an die Gestalt. Das folgende sage ich jetzt als These:

Ich glaube, daß man mit der Gestalttheorie (nicht mit der Gestaltpsychologie) genau aus den Auswahlstücken des Fritz Perls eine Wert- und Lebenslehre theoretisch entwickeln kann. Das ist sehr wichtig für die Pädagogik.

Der zweite Punkt, der darin enthalten ist: Es läßt sich überhaupt, das ist meine Behauptung, jegliches wissenschaftliche Reflektieren mit der Gestalttheorie bestreiten. Das hat eine ungeheuere Implikation für eine Zeit, die voller Mythologien ist. Jetzt gehe auch ich auf Bock und Staemmler und deren Buch zum "Neuentwurf der Gestalttherapie". Da ist eine Auseinandersetzung notwendig. Wenn ich annehme, daß die Reduktion auf einen Energiebegriff wissenschaftlich mehr bringt, nur deswegen, weil er reduziert und daher überall anwendbar ist, so ähnelt das dem Satz: Alle Musikstücke der Welt sind begreifbar, wenn man von dem Grundsatz ausgeht, daß überall eine Schwingung im Bereich des menschlichen Aufnahmevermögens vorkommt. Das stimmt natürlich, aber damit habe ich null gewonnen. Und dieses, was Du gerade die autoaggressive Seite genannt hast, diese Verrücktheit der Reduktion, um eine Quasi-Sicherheit zu finden, dies ist einer der Punkte, warum zum Beispiel ich oder auch andere krank geworden sind.

Ich bin nicht Therapeut geworden, weil ich die Welt beglücken wollte, das sage ich nur so dazu, sondern weil ich nicht mehr ohne Therapie weiterleben konnte. Das war mein Anfang, und aus dieser Lage bin ich zur Gestalttherapie gekommen.

Ladisich-Raine: Mir kommt bei der ganzen Sache ein anderer Gedanke: Diese Spaltung zwischen dem analytisch-wissenschaftlichen Denken und dem, was ich erfahren habe in meinen eigenen Prozessen, mit meinen Lehrern, auch in der Beurteilung der

direkten Vermittlung, in der ich Gestalttherapie erfahren habe. Ich will nicht immer über Liebe reden, aber über ein sehr starkes Einlassen auf die Lehre. Das ist schwer vereinbar: Einerseits Wissenschaftlichkeit Erfahren und andererseits Begegnung. Da ist ein Bemühen um die gute und richtige und genaue Beschreibung von Prozessen und ich glaube, das, was ich gelernt habe, ist, genau zu beschreiben und die Sprache zu finden, die einfach paßt. Vielleicht eine poetische Sprache oder Herzenssprache, ich weiß nicht. Meine Lehrer haben das gekonnt.
Schumann-Sorge: Ich erinnere mich an Zeiten, als ich mich hauptsächlich auf meine Ahnungen und meine Intuition verlassen habe in meinen Therapien. Und an manche schrecklichen Abende, an denen ich total erschöpft war und nicht gewußt habe, was ich wirklich getan habe. Auch wenn ich intuitiv im Kontakt war, mußte ich doch jemanden weiterführen, mit ihm eine Richtung finden. Und ich hatte damals wenig, wirklich wenig intellektuelle Orientierung in der Gestaltarbeit. Das war mir Anlaß, zu meinen Ursprüngen in der Psychologie zurückzukehren und mich auch mit Theorie zu beschäftigen. Ich habe mich darum bemüht, das auch in der Lehre weiter zu vermitteln. Ich finde es wichtig, das unmittelbare In-Kontakt-Kommen, nicht nur zuzulassen, sondern auch zu entwickeln, bewußt zu tun, also auch einen Durchblick zu haben. Wir haben ja auch eine Reihe von theoretischen Vorgaben, die wir auch mitverwerten können. Für mich war es sehr hilfreich, mich in diese Grundlagen hineingearbeitet zu haben und auch zu wissen, was ich tue. Das finde ich auch persönlich entlastend.
Beaumont: Ich bin wirklich der Meinung, daß die Gestalttherapie von Fritz bekanntgemacht wurde, aber nicht von ihm entwickelt wurde. Und sie sollte auch nicht so verstanden werden. Sie ist eine integrative Arbeit und viele, viele Menschen wissen immer noch nicht, was alles drinsteckt, auch wenn wir historische Versuche gemacht haben, das alles zu entdecken.
Da sind gestern Leute in dem Vortrag von Petzold nicht erwähnt worden. Was hat die Laura Perls zum Beispiel wirklich beigetragen? Das wissen wir nicht, weil sie es uns nicht gezeigt hat. Wie viele andere scheint sie eine Blockade zu haben vor der öffentlichen Darstellung. Aber sie hat ihr Universitätsstudium bei Martin Buber gemacht zum Beispiel, und auch bei Paul Tillich. Und sie hat gesagt, daß Tillich, ein evangelischer Theologe, einer der wichtigsten intellektuellen Einflüsse auf ihre Arbeit sei. Wenn das stimmt, und wenn sie wirklich der intellektuelle Kopf in der Familie war, müssen wir nochmal daran denken: Was ist diese Gestalttherapie, wie ist sie zustande

gekommen? Der Beitrag von Paul Goodman war auch sehr wesentlich. Aber auch andere. Die Gestalttherapie ist einfach nicht als eine Erfindung von Fritz Perls zu verstehen. Davon müssen wir wegkommen.
Wie Thijs erwähnt hat, scheint Fritz wenig Ahnung gehabt zu haben, wie man mit charaktergestörten Menschen arbeitet. Das, was er in seinen letzten Jahren gemacht hat, war geeignet für übertherapierte Psychotherapeuten. Seine Workshops waren für Menschen, die schon eine Psychoanalyse oder mehrere hinter sich hatten, und die haben schon, als er noch lebte, ganz klar gemerkt, daß für normale Patienten seine Techniken nicht stimmten und unanwendbar waren. Und die Frage war, diese Prinzipien weiterzuentwickeln und neue Techniken, neue klinische Verfahren zu entwicklen, sodaß wir mit Menschen arbeiten können und nicht nur mit Kollegen.
von Godin: Ich glaube, das wichtigste für mich war, daß Fritz Techniken anwendete, die damals total unbekannt waren. Daß er Techniken gezeigt hatte, die man auch anwenden kann. Man muß sich nicht auf eine Technik festlegen. Er hat natürlich seine Technik zur Gestalt gemacht, weil er ja das lehren wollte. Aber seine hauptsächliche Technik, die ich erlebt habe, war das zuhören können. Er konnte so intensiv zuhören, ob es eine Technik oder einfach eine Menschlichkeit ist, ich weiß nicht, wie gut man das lehren kann. Diese Technik, die typische Gestalttechnik, sich mit allen Einzelteilen in sich selbst zu identifizieren, und das ganze gewähren zu lassen, das war eigentlich das, was er dazugebracht hat. Ich persönlich habe auch Schwierigkeiten in der Einzeltherapie, wenn ich mit den Patienten alleine bin, mit der Intensität Gestalttechniken anzuwenden, wie in der Gruppe. Ich glaube auch, für mich ist die Therapie mehr eine Kunst als eine Wissenschaft. Deswegen ist es für mich schwer, es in ein System hineinzubringen.
Um zurückzukommen auf die Musik. Wir haben ein Mozartwerk, ein Bachwerk, ein Beethovenwerk und es sind alles große Komponisten und jeder hat seine Techniken des Komponierens gehabt. Und ich bin selber Musikerin gewesen und komme von da her und für mich ist das immer wieder wichtig, für Gestalt und für meine Arbeit.
Beaumont: Wenn Fritz dafür in Erinnerung behalten werden soll, daß er auf dieser tiefen Ebene zuhören konnte, dann bin ich dafür.
Butollo: Ich freue mich, daß die Diskussion nun auch in diese Richtung geht: wird Gestalttherapie mit "Kollegen" oder "Menschen" gemacht?
Ich möchte das nochmal akzentuieren, weil sich damit auch die Frage verbindet, in

wie fern ist es überhaupt eine Therapie? Also ein Verfahren, mit dem Kranke gesund gemacht werden? Und wie stellt sich dieses Kollegium hier zu der Frage - Medizinisches Modell, Kassenanerkennung, Qualifikation der Therapeuten und so weiter.

Buchholtz: Das finde ich ein gutes Vorwort zu dem, was ich sagen wollte.

Was mir an dem Podium auffällt, ist, daß sich vielleicht so zwei Lager unterscheiden lassen. Sagen wir mal reduziert: Das eine sind die, die mehr diesen Erfahrungs- und Bewegungsanteil der Gestalttherapie betonen, und die anderen sind diejenigen, die ein bißchen mehr schauen, wie war das denn, wie ist alles entstanden, und wie können wir das denn integrieren.

Und wenn hier schon Leute aus verschiedenen Schulen oder Bereichen oder verschiedenen Meinungen zusammensitzen wie hier auf der ganzen Tagung, dann fände ich es eigentlich schön, wenn wir dies in die Gegenwart mehr bringen könnten. Diesen Unterschied. Das wäre ja das spannende an dieser Tagung, und deswegen bin ich auch hierhergekommen. Das FPI, an dem ich bin, ist in den letzten Jahren schwerpunktmäßig mehr mit diesem integrativen Problem beschäftigt, mit dem, was wir hier Therapie nennen, ob das eine ist oder nicht, und manchmal besteht die Gefahr, daß bei der notwendigen integrativen Arbeit die Selbsterfahrung schon etwas zu kurz kommt, die zu Anfang der Gestaltbewegung, wie ich höre, sehr groß geschrieben wurde. Was ich hier noch gehört habe, ist dieser Dissenz, als könne man nur Erfahrung machen ohne Theorie oder nur Theorie ohne Erfahrung. Ich denke, es läßt sich vielleicht doch manches miteinander verbinden, und ich würde gerne darüber ein bißchen etwas hören. Wie sich Lebensentfaltung und Verarbeitung miteinander integrieren und verbinden lassen, und natürlich ist da die Frage: ist es eigentlich Therapie, was wir machen? Ein bedeutsames Wort. Die Frage ist ja, was heißt denn da speziell Therapie? Denn eigentlich sprechen ja nur Menschen miteinander. Und ist das Therapie, wenn Menschen sorgfältig miteinander sprechen?

Besems: Ich gehe erstmal ein Stück hinter Deine Frage zurück. Ich schließe an bei dem, was Fritz so sagt. Die Frage ist, ist es eine Wissenschaft? Ich denke nicht, daß wir unbedingt versuchen sollten, die Gestalttherapie zu einer Wissenschaft zu machen, weil das überhaupt das Problem der Psychotherapie ist, daß wir immer den Naturwissenschaften hinterherrennen, weil die wohl zeigen, was Wissenschaft wäre. Und daß wir viel mehr gucken, was bei uns in diesem Sinne wissenschaftlich wäre und nicht zu gucken, was wir denn zu bieten haben. Und ganz wichtig finde ich, daß wir, wenn wir über Wissenschaft sprechen in der Gestalttherapie, daß wir dann unsere eigene Wissenschaft entwickeln. Und nicht eine, von der man erwartet, daß es Wissenschaft wäre. Die Frage ist nicht, wie hat Perls gearbeitet und wie würde Perls hier arbeiten und weiß ich, wie Perls gearbeitet hat. Das Wichtige ist, daß ich sagen kann: Ich weiß, wie ich arbeite. Und dann will ich auch ein Stück weitergehen: Es reicht mir nicht aus, wenn ich weiß, wie ich arbeite. Ich denke, daß der Klient auch ein Recht darauf hat, auch zu wissen, wie ich arbeite. Das heißt, ich finde es unheimlich wichtig, daß wir ein Stück von der Zauberei weggehen und daß wir alle möglichen Kaninchen aus dem Hut holen können und der Klient denkt: Oh Gott, es geht mir wirklich wunderbar. Ich weiß gar nicht, warum.

Ich finde es wichtig, daß wir den Klienten immer wieder erzählen, was wir gemacht haben, wie wir das gemacht haben und warum wir das gemacht haben. Meine Erfahrung ist, daß die Klienten das in der ersten Sitzung überhaupt nicht hören wollen. Das interessiert die überhaupt nicht. Aber andererseits ist meine Erfahrung auch, wenn ich das zum vierten Male gesagt habe, verstehen sie das. Und beim sechsten Mal interessieren sie sich dann auch für den Prozeß und nicht nur dafür, daß sie weniger krank sind. Und in dem Sinne denke ich, daß wir auch mit kranken Menschen arbeiten können und nicht nur mit Kollegen. Aber dann müssen wir die Methode von Perls wohl ein bißchen erweitern und verändern. Dann reicht es auch nicht aus, wenn ich ein schönes Nachbarngespräch führe. Und dann denke ich, wenn Ihr die Komponisten nehmt, das stimmt schon. Ich denke nicht, daß ich auch ein Mozart werden will. Aber wenn ich Mozart spielen will, dann muß ich wenigstens, wenn ich meine Querflöte bediene, wissen, welche Griffe ich anwenden muß, dann kann ich nicht nur nach Gefühl und Takt irgendwie einen Ton rausbringen. Es gibt einige, die können das hervorragend. Aber ich kriege das nicht hin. Ich muß diese Griffe lernen.

Noch ein Satz zur Frage der Kassenabrechnung. Ich denke, daß wir anstreben müssen, daß auch Gestalttherapie so anerkannt wird, daß sie auch von anderen Instituten bezahlt wird. Daß auch andere Leute Klienten zu uns hin verweisen. Aber die Gefahr ist da, daß wir uns dann anpassen an deren Forderungen, daß wir vergessen, was Gestalttherapie ist. Und dann möchte ich lieber nicht über Kasse bezahlt werden.

Ladisich-Raine: Es wird ja oft gesagt, daß diese Art von Therapien etwas Elitäres an sich hat und daß viele Leute sie sich nicht leisten können. Ich persönlich habe die Gestalttherapie lange Jahre angewandt in der Drogen und Alkoholikertherapie, mit Leuten, die Arbeiter und Handwerker waren. Und ich möchte es mal so ausdrücken wie Du, es ging mir nicht so sehr darum, sie gesund zu machen, sondern ihnen ein Handwerkzeug mitzugeben, wie sie in Zukunft besser mit ihrem Leben zurechtkommen können. Darum reicht es eben auch, ihnen gewisse kleine Schritte zu zeigen, wie ein Klavierlehrer seinen Schülern zeigt, da mußt Du die Finger so und so bewegen oder da mußt Du eben erst mal die Noten lernen oder so. Es ist etwas ganz Praktisches.

Schumann-Sorge: Mein Weg ist der, daß ich viele Jahre in der Privatpraxis mit Einzelklienten gearbeitet habe und später mit Gruppen. In Zusammenarbeit mit einem Internisten habe ich mich wirklich zu einer Gestaltspezialistin für die Arbeit mit sog. Psychosomatikern entwickelt. Das war einfach historisch so gegeben durch die Klienten, die mir geschickt wurden, und es macht mir ungeheuer viel Freude, mit Menschen zu arbeiten, die körperliche Symptome haben, die seit Jahren in Kliniken herumgewandert sind und da praktisch nicht weitergekommen sind. Und ich kann einfach nur sagen: Gestalttherapie eignet sich für solche Menschen hervorragend.

Für die Arbeit mit psychosomatisch Gestörten ist es ungeheuer wichtig, mit den eigenen Anteilen zu arbeiten. Also dieses Gefühl zu erwecken: ich habe mit diesem Magengeschwür zu tun - dieses Magengeschwür bin ich. Denn der Psychosomatiker kommt ja mit der Vorstellung: Ich habe diese Krankheit - mach sie weg. Diesen Weg finde ich für mich immer wieder sehr spannend und bewegend, jemandem klar zu machen, daß das, was in ihm körperlich geschieht, wirklich was mit ihm seelisch und mit seinem Leben zu tun hat. Und das funktioniert auch. Das Symptom ist oft nur für kurze Zeit im Vordergrund der Behandlung, und es verschwindet als Thema. Andere Lebensbezüge kommen in den Vordergrund. Da fängt für mich "Gestaltleben" an. Dann passiert etwas, was ich in den Therapie-Gruppen erlebe: daß Menschen "Lebensbünde" -möchte ich fast sagen- bilden, die sich zunächst mal in den Therapiegruppen ergeben, z.B. aus Unterstützungssituationen in der Frauengruppe, wo die Teilnehmerinnen sich am Wochenende die Kinder gegenseitig abnehmen, sich privat treffen und anders miteinander sprechen als vorher. Freundeskreise verändern sich und erweitern sich, und so geht Gestalt-Leben weiter. Auch in der Lehre. Das war u.a. Anlaß zur Gründung eines Ausbildungs-Zusammenschlusses "Arbeitsbereich Kritische Gestalttherapie - AKG" vor 5 Jahren, in dem ich als eine Leiterin im Team mitarbeite. Wir möchten, daß Gestalt-Leben sich über Gestalttherapie ausdrückt und daß wir ein Stück Gestalt-

Leben miteinander haben. Mit Menschen, die dort in Ausbildung sind, in einem "Netzwerk" leben, wenn es inzwischen auch ein abgedroschenes Wort ist, über die Schulung hinaus etwas miteinander zu tun haben, etwas miteinander weitertragen, auch über die Ausbildungszeit hinaus. Die Erfahrung zeigt, daß diese Idee Gestalt gewinnen kann.
Zur Krankenkasse. Ich sehe, ähnlich wie Du, Thijs, es gesagt hast, auch die Gefahren. Wenn ich an meine Klienten denke, wünsche ich mir sehr, daß ich sagen könnte: "jawohl, die Kasse zahlt, kommen Sie her".
Auch gerade bei meinen psychosomatischen Patienten ist es oft sehr schwierig - als AOK- oder Ersatzkassen-Patient - die Therapie finanziell überhaupt über die Runden zu bringen. Von daher wäre mir Kassenzulassung zunächst erleichternd. Andererseits ist aber auch meine Befürchtung da: wenn wir so viel tun müssen, um die gesetzten Normen zu erfüllen, dann müssen wir uns so beugen, daß es ganz schwierig sein wird, das, was Gestalttherapie eigentlich ist, weiterzuverfolgen. Also ich denke nur an das Gutachtenschreiben: Wenn ich Gutachten schreiben muß und die Nomenklatur der Krankenkassen oder der Ärzte benutze, kann ich das oft nur machen, wenn ich vorher einen Schnaps trinke.

Butollo: Man sollte gerade angesichts der Erfahrungen, die mit Kassenabrechnung in der Verhaltenstherapie in den letzten Jahren gemacht worden sind vorsichtig sein. Mit der Kassenanerkennung wird automatisch eine Berufsgruppe, die ursprünglich innerhalb der Gestalttherapie nicht so stark vertreten ist, sehr schnell Ausbildungsmonopole in die Hand nehmen. Und dann wird was anderes draus. Es ist in der Verhaltenstherapie so, daß die Entwicklung in den siebziger Jahren zur Kassenanerkennung auch zur Monopolisierung der Ausbildung durch die ärztlichen Standesvertretungen gehört hat. Das bewirkte eine unglaubliche Regression der fachlichen Qualifikation. Verhaltenstherapie ist heute wieder auf dem Stand von vielleicht 1968. So als hätte die ganze Entwicklung zum Beispiel im sozialpsychologischen Bereich überhaupt nicht stattgefunden. Und diese Gefahr ist ganz massiv auch in anderen Therapiebereichen zu sehen. Auf der anderen Seite aber ist es so, daß der Verzicht auf die Kassenabrechnung zwangsläufig eine bestimmte Selektion von Klienten nach sich zieht. Das heißt, es bleibt bei einer elitären Therapieform, die ihren Platz eher im Bereich der Selbstentfaltung und Selbsterfahrung von ohnehin schon übergesunden, "over-cured" YAVIS-Klienten hat.

Besems: Das geht aber nur, wenn es um freie Praxen geht. In den Institutionen gibt es viele andere Möglichkeiten.

Schumann-Sorge: Vorausgesetzt, daß in einigen Jahren nicht erneut ein öffentliches Rundschreiben der Stadt München ergeht, daß Gestalttherapie als gefährdend in Institutionen anzusehen ist und daher nicht anzuwenden ist.

Butollo: Zitat: "Für Fortbildungsveranstaltungen nicht mehr anerkannt".

Besems: Aber dennoch kenne ich das. Die Geschichte, die Perls auch hat. Da ist auch zigmal gesagt worden, daß er gefährlich war.

Picker: Da muß man sagen: hoffentlich. Therapien, die gesellschaftlich nicht gefährdend sind, oder als "gefährdend" angesehen werden, kann man bis zu einem gewissen Ausmaß vergessen.

Für mich ist unbezweifelbar, daß psychische Probleme, die wir diagnostizieren, und auch in gewisser Nomenklatur beschreiben, natürlich auch gesellschaftliche Probleme sind, in vielfältigen Formen. Wenn ich als Therapeut an die Grenzen des allgemeinen Konsensens mit den Leuten, die durch den allgemeinen gesellschaftlichen Konsens, den sie nicht mehr aushalten, geschädigt sind, gehe, dann kann nicht jemand aus dem Zentrum des Konsenses mir applaudieren. Der hält mich natürlich für einen vielleicht liebenswerten, aber verrückten Menschen.

Jetzt komme ich zum zweiten Punkt. Da ich ja wirklich viel ausgebildet habe und auch immer noch ausbilde, möchte ich mal sagen, daß ich auch mal nachdenklich bin angesichts der Früchte unserer Tätigkeit. Es entstehen sehr oft "gestalttherapeutische Gartenzwerge" statt Psychotherapeuten.

Ich sag so: Was herausgekommen ist, ist oft beängstigend. Ein Beispiel: Das ist vorgestern passiert. Da steht jemand da und weint und sagt: Ich habe jetzt ein Kind bekommen, und ich bin so erschüttert, dieses Kind könnte so leicht sterben. Und es ist ein spätes Kind gewesen und lebt in einer sehr gefährdeten Umgebung. Er war wirklich ganz berührt und war eigentlich im Kontakt mit der Brüchigkeit des Lebens. Geht dann also zu einer Gestalttherapeutin, die ich auch noch ausgebildet habe, und diese, ängstlich wie sie ist, holt einen psychoanalytischen Supervisor. Und was kommt jetzt raus? "Meine Therapeutin hat gemeint, das sei immer so, wenn man so ängstlich ist, dann will man eigentlich das Kind töten."

Nun bin ich selber Psychoanalytiker in der ersten Ausbildung (und habe sogar einen Arbeitskreis, einen psychoanalytischen, gegründet) und glaube, das beurteilen zu können: Das ist ein Unsinn. Woher kommt der Unsinn? Ich hab die Therapeutin durch ein Curriculum durchgeschleift. Ich habe sie aufgenommen. Ich habe sie in einer Dreijahresgruppe und hin und her und das und das gelehrt, jetzt kommt das am anderen Ende raus. Wenn ich als Gestalttherapeut diese Frau anschaue, dann müßte ich sagen: "Liebe Frau sowieso, paß gut auf das Phänomen auf! Es geht um die Brüchigkeit des Lebens ...!" - "Oh nein, damit darfst Du mich nicht in Kontakt bringen, das halte ich nicht aus." Und schon ist die Scheiße fertig, nicht? Denn sie hat ja das Curriculum durchlaufen ...

Aus berufspolitischen Gründen muß ich sagen: ich kann jemanden, der so viel Geld investiert hat und der sich so einer allgemeinen Norm unterordnen will, nicht einfach sagen: Es war umsonst! - Doch: Sie ist eben gerade keine Gestalttherapeutin, und das ist die Katastrophe dieser ewigen Einteilung von lebendigen Menschen in Curricula. So betrachte ich meine Aufgabe, Curricula zu erfüllen, sehr zwiespältig. Das ist nicht meine wirkliche Liebe. Ich erfülle sie zähneknirschend und sage: Achtung, Achtung, die Psychoanalyse ist dabei schon halb zugrunde gegangen, möge also die Gestalttherapie die Curricula übersteigen. Perls sagt ganz richtig, und das kann man immer nur wiederholen: Der Techniker am Ende ist kein Therapeut.

Dieser Satz ist genauso falsch wie richtig. Für mich ist er richtiger als falsch. Man muß also lernen, lernen, lernen, lernen und wenn man das alles gelernt hat, muß man sagen: Es war ein Blödsinn, jetzt fangen wir von vorne an. Was ist hier und jetzt überhaupt los? Und dem Phänomen in der Therapie begegnen ... Das ist die Paradoxie jeder gestalttherapeutischen Ausbildung.

Und zum Ganzen möchte ich ein Wort noch sagen: Wir sitzen hier in einem kirchlichen Gebäude und ich nehme an, daß niemand der Anwesenden über die Kirchensteuer sehr glücklich ist. Uns tut das Gebäude jetzt wohl, nicht? Es ist ganz toll und so weiter und so fort. Aber was ist mit dem Glauben <u>der</u> Gruppe, die die Kirchensteuer zahlt und die sich solche Gebäude errichtet? Genau das wird uns passieren mit der Gestalttherapie. Wir werden riesen Häuser haben, da werden wir drinsitzen, da werden die Bilder der Ahnen irgendwo hängen, Bibliotheken der Veröffentlichungen und wenn wir nachsehen, wo ist dann die Gestalttherapie? Das ist die Frage, die sich mir angesichts der Verschulungstendenzen in der Gestalt-Szene stellt.

Ladisich-Raine: Ich möchte aber noch mal fragen: Was sind denn wirklich die Kriterien für einen einigermaßen guten Therapeuten? Das heißt, was möchte ich als Ausbilderin denn erreichen mit der Ausbildung? Und wie möchte ich, daß die Leute sind? Und eins, was mir eben sehr eingegangen ist, das ist, daß Fritz sehr gut zuhören konnte. Das wäre zum Beispiel für mich auch ein wichtiger Punkt. Aber ich glaube, der allerwichtigste Punkt ist der, für mich immer mehr, auf eine Weise auf Menschen zuzugehen, die liebevoll ist. Daß ich sie mit all ihren Macken und Schwierigkeiten und Widersprüchen irgendwie annehmen kann und ihnen das Gefühl geben kann, ganz egal, was sie bisher in ihrer Geschichte erlebt haben und wie schlimm es auch zu Hause war und was alles passiert ist, sie sind in Ordnung und sie können daraus was machen. Und wenn ich das vermitteln kann, und jemand das nach vier Jahren Gestaltausbildung weiß und so auf Menschen zugehen kann, dann bin ich schon ganz zufrieden.

Besems: Also ich bilde auch immer gerne aus. Aber ich habe vielleicht andere Kriterien. Also, ich denke so, wie es sich äußert. Das geht auch um den Punkt, wie Du gefragt hast, wie sollen die denn werden. Ja, lieb. Für mich ist das wichtigste, daß meine Teilnehmer, die Teilnehmer, die zu uns ins Institut kommen, jedenfalls in den vier Jahren lernen, daß sie Respekt vor anderen Menschen haben. Und Respekt vor anderen Menschen bedeutet auch, sie anzunehmen, wie sie sind. Aber ich merke am Anfang immer das Problem: "Ja, du bist schon in Ordnung, aber du müßtest eigentlich so und so und so werden." Da ist immer ein Ziel vor Augen. Ich habe es in der Drogentherapie ganz deutlich gemerkt. Da wurde auch immer wieder ganz groß geschrieben, daß es um Annehmen geht. Aber immer wieder war das Problem, daß die Drogenabhängigen ausgetrixt haben, gelogen haben, abends getrunken haben und daß die Therapeuten immer gesagt haben: "Ich kann mit ihm nur Therapie machen, wenn er wenigstens damit aufhört." Na klar, dann kann ich's auch! Es geht ja gerade darum, wie ich mit ihm arbeite, wenn er nicht damit aufhört. Denn das kann er wenigstens. Er kann gut lügen, gut betrügen, das ist alles am Anfang. Und mehr Respekt vor ihm bedeutet, daß ich das annehme, wie er ist und nicht das, was aus ihm kommen müßte.

So, dann komme ich natürlich an den Punkt, daß bei unserem Institut kritisiert wird, daß wir keine Auswahlkriterien haben für die Leute, die sich bei uns anmelden. Und das hat damit zu tun: Das tun wir nicht aus Gleichgültigkeit, das tun wir deswegen, weil wir wollen, daß jeder, der Therapeut werden will, von Anfang an seine eigene Verantwortung übernimmt. Und daß ich nicht derjenige bin, der sagt: Du wirst es in vier Jahren können, und du wirst es nicht. Es kommt auch daher, daß wir sehr viel in Institutionen gearbeitet haben und sehr viel Gruppen gemacht haben. Das ging von Erziehern bis Ärzten in der Gruppe. Und ich konnte nach Jahren nicht sagen, wer da wirklich der bessere Therapeut war. Oft waren die Erzieher bessere Therapeuten als die Ärzte. Und nicht nur, weil sie einfühlsamer waren, auch weil sie Techniken verstanden und sie anwenden konnten und sie in ihrer einfacheren Sprache so erklären konnten, daß der andere sie verstand. Deswegen werden wir als Institut wahrscheinlich nie die Krankenkassenzulassung bekommen können. Und die wollen die Leute, die bei uns ausgebildet sind, auch nicht kriegen.

Ja, woher hole ich das Wissen, voraussehen zu können, daß einer in vier Jahren ein guter Therapeut werden kann? Ich kann auch nicht sagen, wie einer sich so verändern kann, daß er Respekt vor anderen Menschen hat. Ein Beispiel für Respektlosigkeit, die mich sehr betroffen gemacht hat: Es ist vielleicht eine Nebenstraße, aber ich arbeite nicht zufällig in Deutschland. Und nach 10 Jahren Arbeit in Deutschland haben wir im letzten Sommer Dachau besucht. Und da hat mich sehr betroffen gemacht, daß an den weißen Wänden stand: Bitte nicht schreiben. Und ich hatte nichts mit! Wenn ich was gehabt hätte, hätte ich alle Wände vollgeschrieben. Wenn da so viel an Traurigkeit ist, wie da ist und an Sorge, was da überhaupt abgelaufen ist, und ich will dann gucken, wo meine Leute aus meinem Land umgebracht worden sind, und ich darf meine Wut und meine Traurigkeit da nicht rauslassen, dann frage ich: wo ist der Respekt überhaupt für solche Gefühle, die da sind? Und woher hole ich dann das Wissen, daß ich sagen kann: Du wirst das nie können. Und du wirst das wohl können. Wo ist das Vertrauen darauf, daß, wenn man Leute unterstützt in ihrer Eigenständigkeit, da tatsächlich was Gutes rauskommt?

Schumann-Sorge: Ich habe keine negative Vorstellung und Erwartung und auch nicht die Erfahrung, daß es so schrecklich ausgehen muß. Gut, es gibt schon die eine oder andere Situation, wo ich natürlich auch einen Schreck kriege. Aber da ich so lange -3 Jahre und mehr - mit den Menschen in Weiterbildung zu tun habe, ist doch auch ein gewisser Kontakt da. Und wenn ich Vertrauen habe in das, was diese Menschen mit anderen Menschen tun, kann ich aus loslassen und sagen: Der wird es schon machen.

Es entspricht auch nicht meiner Vorstellung, daß alle die aus der Weiterbildung rausgehen, Therapeuten werden müssen. Unsere Vorstellung im AKG ist, daß die Menschen an dem Ort, an dem sie arbeiten, gestaltisch arbeiten können wollen. Wenn sie wollen; daß sie sich ihren Arbeitsplatz verändern. Und es gibt sehr viel zu verändern an den Arbeitsplätzen, wo diese Menschen sind, ob in der Schule oder in sozialpsychiatrischen Einrichtungen, in der Drogenarbeit oder wo auch immer.

Zu der Auswahl nochmal. Ein wichtiger Grund für mich Auswahlseminare zu haben ist, daß ich wissen möchte, mit wem ich in den nächsten Jahren zusammen bin. Also ...

Besems: Das weiß ich nach dem ersten Seminar auch!

Schumann-Sorge: Ja, aber ich möchte mich auch entscheiden, mit wem ich zusammen bin. Wenn ich im ersten Seminar bin, dann kann ich nicht wieder gehen.

Besems: Finde ich völlig zurecht, aber sage dann, ich kann mit dir oder ich will mit dir nicht arbeiten. Aber was ich erlebe ist, die kriegen mitgeteilt, du bist nicht geeignet.

Relativ heftige Auseinandersetzung zwischen Thijs und Inga, die auf dem Band nicht zu verstehen ist.

Picker: Kann man nicht noch was Nüchternes dazu sagen. Warum machen wir überhaupt Auswahlseminare?

Ich bin beim FPI Lehrtrainer und bei uns in Österreich. Ich meine, wir müssen der Gesellschaft mitteilen und unserer Umgebung, was unsere Ausbildung bedeutet. Auch in anderen Bereichen ist es so: Wenn du einen Schein haben willst, der einen gewissen Wert hat, dann kommst du in die Ausbildung und mußt ein bestimmtes Curriculum durchlaufen. Und ich muß das auch tun, denn ich will ja, daß der Schein was wert ist. Wie Du schon sagst, sonst ist der Schein ja wertlos. Damit ist der Zusammenhang klar.

Die österreichischen Kriterien sind erstens: Persönliche, sachliche Kompetenz - die Frage: wird jemand sich oder andere mit den Mitteln, die er in der Ausbildung lernt, gefährden? (voraussichtlich natürlich. Niemand kann das genau wissen, das ist ganz selbstverständlich.) Dann zweitens: Spontanität und Flexibilität - dann drittens: Laßt uns herausfinden, ob der Zeitpunkt gut ist, ob du mit uns arbeiten willst und ob wir mit dir gut arbeiten können. Tatsächlich gibt es genug Leute, die sich zur Ausbildung anmelden und schwer gefährdet sind und eigentlich in Wirklichkeit in eine solide, ruhige, wie du sagst respektvolle Therapie gehören.

Also das, was ich lehre und das, was ich lehren kann, ist nicht Kunst, sondern Handwerk! Alles andere ist nicht wirklich lehrbar. Intuition ist nicht lehrbar. Das Glück eines Augenblicks ist nicht lehrbar. Aber was ich lernen kann, sind Techniken, Methoden und dann noch, daß ich sagen kann, das und das gefährdet und so weiter. Diese ganz klaren Schritte. Unsere Erfahrungen, ohne Kriterien Ausbildung zu machen, sind nicht gut. Das muß ich ehrlich sagen. Es tut mir leid, daß ich Dich oder vielleicht auch Euch mit dem etwas drastischen Beispiel von vorhin erschreckt habe. Es ist nicht so, daß ich der Meinung bin, daß meine gesamte Tätigkeit umsonst ist. Das ist es überhaupt nicht. Aber es kann einmal etwas schiefgehen, und das macht mich halt aufmerksam. Ich halte es für sozial sehr verdienstvoll von den großen Instituten, diese handwerkliche Ausbildung anzubieten, wie zum Beispiel vom FPI oder anderen. Für andere etwas Neues schulbar und lehrbar zu machen. Und man kann nichts tun, ohne nicht auch die Gefahr dabei zu sehen, also den anderen Pol, und auf den wollte ich einfach aufmerksam machen. Das ist alles.

Buchholtz: Also, es kommt für mich ein Touch von Besserwisserei hier in die Diskussion herein. Es wird mir übel, und ich weiß genau, warum ich hier als Außenseiter sitze. Fühlst Du Dich bereit, mit jedem Menschen zu arbeiten? Ich nicht. Ich habe meine eigene Beschränkung. Wenn ich jemandem sage, ich will mit dir nicht arbeiten, ist der ja völlig erschlagen davon. Erhobene Zeigefinger noch und noch sehe ich hier an diesem Tisch im Moment. Vielleicht möchte jemand Gestalttherapie lernen, und das mache ich so schlecht und recht und so wie ich's kann. Und ich suche mir bestimmte Systeme aus, daß ich damit arbeiten kann und meine Pflicht tun. Du kümmerst Dich vielleicht liebevoll um alle Menschen, die zu Dir kommen. Aber kümmerst Du Dich um Dich überhaupt?

Besems: Ich bestreite nicht, daß ich arbeiten muß und daß jeder Trainer und jeder Ausbildungsteilnehmer auch leben muß. Ich vertrete nur, daß wenn Du mit einem nicht arbeiten kannst, sag ihm klar, daß du mit ihm nicht arbeiten kannst.

Buchholtz: Ich sage es unklar zum Teil, weil ich gar nicht ...

Besems: Ich habe Probleme damit, daß Sachen gesagt werden, die nicht der wahre Grund sind. Und es gibt keine Ausbildung ohne Kriterien. Und wenn du sagst, Zertifikate haben einen Wert, dann sage ich, klar, natürlich. Aber meß das am Ende, nicht am Anfang. Am Anfang kann ich das doch nicht messen. Meine Frage, wieviel Wert hat ein Prozeß dann, wenn wir einfach so einen Punkt rausnehmen? Natürlich können so Seminare nützen. Ich kann sagen: mit dir kann ich wahrscheinlich, mit dir wahrscheinlich nicht so, aber wenn ich das so reingebe, gebe ich ein Stück Prozeß auch weg. Aber der Punkt ist nicht so sehr, ob ich mit jedem kann oder nicht. Der Punkt ist, daß in vielen Instituten Auswahlkriterien genommen werden, und daß daran gemes-

sen wird, ob jemand Therapeut werden kann. Und da sage ich: da kommt noch etwas anderes hinzu. Und das ist Macht in der Therapie. Die haben wir sowieso schon. Die haben unsere Klienten auch. Klienten gucken auch immer, als wären wir die großen Besserwisser, die Zauberer. Diese Macht spielt auch in Auswahlkriterien mit.
Das kann keiner mir leugnen. Ich sage nicht, daß ich keine Macht habe. Aber ich versuche, meine Macht in dem Sinn zu verringern und zu dem Punkt zurückzubringen, wo ich damit umgehen kann und nicht wo ich mich dahinter verstecken kann.

Frage aus dem Publikum - unverständlich

Am Ende der Ausbildung wissen wir, was sie an Integration hingekriegt haben. Es geht um einen Theorieteil, einen Praxisteil und einen Entwicklungsteil. Dieses Messen läuft ständig, und wenn wir sehen, daß einer nicht reinpaßt, dann wird das Curriculum normal weitergeführt, wie es geplant ist. Und wenn Leute nicht reinpassen und entdecken, eigentlich möchte ich nur mehr Selbsterfahrung für mich, in dem Moment ist es wichtig, daß die Mitarbeiter dafür sorgen, daß das Programm zum Ende hin weitergeht und sich nicht an diese Wünsche anpassen. Das bedeutet, die Leute steigen irgendwann aus, weil sie denken, das ist nichts für mich. Das ist mir wichtiger, als wenn ich gesagt hätte, das ist nichts für dich. Und wir zeigen ständig, was die Endnormen sind, und die Endnormen sind, daß siedie theoretischen Kenntnisse so verarbeitet haben, daß sie sie in praktischer Hinsicht anwenden können.
Butollo: Eins möchte ich dazu noch sagen: Auswahlverfahren sind ja auch ein Kontakt- und ein Begegnungsprozeß, in dem es darauf ankommt, wie die Informationen und die Eindrücke ausgetauscht werden. Es geht nicht um Bewertung nach formalen Kriterien, sondern um den Austausch darüber, was an Eindrücken auf Seiten des Trainers entstanden ist und umgekehrt. Es ist diese Auswahl ja auch eine Gelegenheit für den Ausbildungskandidaten, zu checken, kann ich und will ich mit dir überhaupt. Ich sehe das ganze Verfahren auch dann nicht als überflüssig, wenn der der Ausbildungskandidat als Folge dieser Begegnung von seinem Konzept - ich möchte unbedingt Therapeut werden - ablässt und über diesen ersten Kontakt ein klares Bild über seinen tatsächlichen Stand an Motiven und Kompetenzen vermittelt bekommt. Wenn die Diskussion wegkommt von dieser reinen Bewertungsebene und mehr zu einem Informationsaustausch über die gemachten Erfahrungen wird, dann ist es vielleicht doch etwas ande-

res.

Beaumont: Es ist mir peinlich, sagen zu müssen, daß ich auch Erlebnisse gemacht habe mit solchen Leuten, die ich ausgebildet habe. Aber auch von Euren Instituten. Es gibt welche, die einfach Scheiße machen, im Namen der Gestalttherapie. Aber ich sehe keine praktische Möglichkeit, das zu verändern. Ich bin auch bezüglich meiner Auswahlaugen oder Entscheidungsmöglichkeiten sehr bescheiden geworden. Ich kann in einem Auswahlseminar nach meiner Erfahrung nicht immer richtig einschätzen, mit wem ich gut arbeiten kann, wer ein Talent hat und wer offenbare Pathologien hat. Das kann ich nicht. Ich bedaure es sehr, aber das ist ein Faktum, mit dem ich leben muß. Mir wäre es ganz recht, wenn ich nicht in einer Ausbildungsgruppe bestimmte gefährdete Menschen so einfach reingelassen hätte. Kein Borderline, würde ich sagen, keine Psychopathen, keine Schizophrenen, aber ich habe sie in meiner Ausbildungsgruppe trotz Bemühungen doch reingelassen. Und das ist die Frage. Wie kann ich am besten dann damit umgehen. Am besten heißt: was ist für mich, was ist für die Gruppe am besten und was ist für diesen Menschen am besten? Und das ist wahnsinnig schwierig.
Nach der Theorie, und ich finde es sehr viel ehrlicher, dieses Kriterium zu machen, so wie Du das sagst, so bin ich und ich kann mit dir nicht arbeiten. Aber ausgesprochen bei den Menschen, die das betrifft, hören diese gar nicht hin. Sie sind gar nicht in der Lage, so eine ehrliche Botschaft anzunehmen. Sie hören was völlig anderes, und sie sind auch geschlagen davon. Und manchmal ist es sogar sauberer, zu sagen, du bist verrückt. Dann werden sie wütend, haben was, wogegen sie kämpfen können.
Ich will noch etwas zu meinem Konzept von Ausbildungsstandards sagen, was hier vielleicht reinpaßt. Ich kann Therapeuten nicht ausbilden. Das findet erst in der Fortbildung statt, in der Supervision. Was ich in der Ausbildung tun kann, ist, einen Versuch zu machen, den Leuten gewisse Werkzeuge zu geben. Technisch, theoretisch, moralisch, philosophisch worauf sie zurückgreifen können in ihrer ersten beruflichen Tätigkeit. Als Unterstützung, denn sie haben noch nicht die Erfahrung, und ich finde es sehr wahrscheinlich, daß sie Fehler machen. Ich möchte gerne, daß sie von meinen Fehlern profitieren können, daß sie nicht alle Fehler, die ich schon gemacht habe, wiederholen müssen. Das ist für mich der Sinn einer Ausbildung.
Bei Fortbildung und Supervision haben wir eine andere Situation, in der jeder Therapeut versucht, seinen eigenen Stil zu entwickeln. Er kann in dieser Phase entscheiden, ob er wirklich ein angehender Therapeut ist, ob er das als Nebenberuf macht, oder ob er

damit aufhört, weil er keine Begabung hat. Er hat jetzt erst eine Antwort auf die Frage, was die Motivation für ihn ist, Therapeut zu werden. Wenn ich in einem Auswahlseminar diese Frage ehrlich beantwortet bekommen könnte, dann bräuchte ich keine Auswahl mehr. Aber das ist nicht möglich.

von Godin: Jeder der ausgebildet werden will, will eigentlich als Mensch Neurotiker erziehen und deswegen fange ich eine Auswahlseminar an, ob ich jemand in meine Gruppe nehme, und ich fange einfach mit ein, zwei therapeutischen Gruppen an. In unserem Institut, an dem ich in Berlin arbeite, da haben wir ein Jahr lang eine intensive Selbsterfahrungsgruppe und in dieser Gruppe mache ich auch ganz transparent hinterher, was und warum ich das und das mit dem und dem gemacht habe, wenn die so weit sind und das wissen wollen. Die haben eine rein therapeutische Gruppe und beleuchten gleichzeitig die Technik. Und da wird in diesem Jahr schon ganz deutlich, wer nun noch ein Jahr mehr bräuchte und wer jetzt schon so weit ist, daß er in die eigentliche Ausbildung reinkann. Aber ich halte das für außerordentlich wichtig, daß eben auch jeder zukünftige Therapeut einmal wirklich Patient gewesen ist. Sich dem ganz gestellt hat.

Butollo: Natürlich haben wir die verschiedenen Streitpunkte nur angerissen, zum Beispiel hätte ich gerne noch ausführlicher diskutiert, das was Thijs gesagt hat über die "eigene" Wissenschaft, da spricht vieles dafür, aber wie schaut die dann aus. Wie ist sie mitteilbar? Wie ist die Erfahrung mitteilbar? Wer ist der Adressat von dem Ergebnis? Der potentielle Klient oder eine wissenschaftliche Gemeinschaft? Was ist unser Verhältnis zur wissenschaftlichen Gemeinschaft?

Da ist also noch einiges drinnen, was mir sehr wichtig wäre, wenn es eine Gelegenheit gäbe, an diesem Punkt die Debatte wieder aufzugreifen. Aber die Zeit ist sehr weit fortgeschritten und ich bitte darum, daß wir ein Schlußwort, wenn es gewünscht ist, geben und dann hören wir auf.

Merten: Ich fände es schön, wenn Ihr noch ein Schlußwort machtet, wenn da noch was zu sagen ist.

Ich mag noch sagen, daß ein wichtiger Aspekt dieser anregenden Diskussion ihre Lebendigkeit war, und das soll ja weitergehen. Wir haben jetzt die Arbeitsfeldertreffen, die so gedacht sind, daß das, was hier andiskutiert wurde, für die Arbeitsfelder relevant weiterbesprochen werden soll. Also, unser Wunsch ist, was hier an Anregungen kam, umzusetzen in die Arbeitsfelder, zu gucken, welche Relevanz hat das in der Arbeit, im Kollegenaustausch, Informationsaustausch. Das ist das, was nach der Mittagspause in den noch nicht so klar von uns dargestellten Arbeitsfeldertreffen passieren soll. Ich denke, da wird Raum sein, diese Anregungen, die wie hier, ich sage Gott sei Dank, nicht alle unterbringen konnten, weil hier so angeregt miteinander gesprochen wurde.

Schumann-Sorge: Als der Norbert mich aufgefordert hatte, hier teilzunehmen, hab ich gesagt: Um Gottes Willen, Podiumsdiskussionen sind doch immer so langweilig und bringen nichts, außer Profilierung. Und ich muß sagen, ich war schrecklich aufgeregt und ... Das weitere ist unverständlich.

von Godin: Ich habe viel gelernt in der Diskussion.

Sexuelle Störungen und Gestalt

Heinz Brunner

Vorbereitung

Die Beschäftigung mit Fragen der Sexualtherapie geht zurück auf persönliche Gespräche mit Patienten einer Fachklinik für Alkohol- und Medikamentenabhängige, an der ich seit 1980 arbeite. Eine spätere Untersuchung (Fahrner, 1985) ergab, daß 75 % unserer Patienten an sexuellen Störungen unterschiedlichster Art litten. Begreiflicherweise fiel es den Betroffenen doppelt schwer, zusätzlich zur Suchtmittelproblematik auch noch andere Problemfelder in den Blick zu nehmen. Dies führte dazu, zunächst um sexuelle Fragen eine Mauer des Schweigens und Verdrängens zu ziehen. In einer Art Reflex verdrängen gerade die am stärksten, die sich in ihrer Sexualerfahrung am verletzlichsten erlebten. Da sich katamnestisch zeigte, daß die meisten sexuellen Dysfunktionen nach der viermonatigen stationären Therapie nicht automatisch verschwanden, sondern bestehen blieben und bei den ehemaligen Patienten ein entsprechender Leidensdruck wuchs, erschien es sinnvoll und notwendig, bereits während der Therapie sexualtherapeutische Hilfen anzubieten.

Angeregt durch meine Gestaltsausbildung im Arbeitskreis Kritische Gestalt (AKG) München begann ich, in Form eines Selbsterfahrungsaustauschs mit anderen Kollegen meine eigenen sexuellen Ängste, Hoffnungen und Bedürfnisse zu artikulieren. Auf diesem Hintergrund konnte ich immer stärker Patienten miteinbeziehen, so daß sich rasch die Bildung einer eigenen Indikationsgruppe Sexualtherapie empfahl. Standen zunächst noch Unterstützung und Stützung allgemeiner Ressourcen im Vordergrund, bemerkten wir im weiteren Verlauf das Fehlen exakter physiologischer Daten einerseits wie auch von Übungen zur gezielten Verbesserung der sexuellen Reaktion. Damit begann eine Phase der Orientierung. Verhaltenstherapeutische, tiefenpsychologische und humanistische Elemente wurden einbezogen. Das Schwergewicht lag aber im gestalttherapeutischen Bereich. Die dort vertretene Kommunikationstheorie und -praxis erschien mir entscheidend wichtig, wo es um Sexualität ging. Sexualität sah ich eingebettet in partnerschaftliche Interaktionsformen als Gegenbewegung zu machtausübenden Sexualformen. Partnerschaftlichkeit in ihrer existentiellen Ausprägung sowohl als Ziel wie auch als Kommunikationsstruktur zwischen Therapeut und Klient schien mir am deutlichsten und umfangreichsten in der Gestalttherapie verwirklichbar.

Gleichzeitig mußte die Gruppe mit einem Defizit fertig werden, das sich gestalttherapeutisch gut lösen ließ. Den meisten Patienten war es nicht möglich, ihre Ehepartner, so überhaupt welche vorhanden waren, in die Therapie miteinzubeziehen.

Viele hatten schon seit Jahrzehnten keinen partnerschaftsbezogenen Sexualkontakt mehr. Eine 'geordnete Paartherapie', wie etwa Schmid oder Kaplan fordern, war so nicht möglich. Stattdessen stützten wir uns auf intensiven Rollentausch, wie es die Gestalttherapie vorschlägt. Im Dissoziieren, Identifizieren, Grenzen verringern und Grenzen ziehen zusammen mit Übungen kinästhetischer Selbsterfahrung zeigte sich, daß dieser Weg gangbar und erfolgreich sein kann.

Voraussetzungen seitens des Therapeuten sind:

1. Selbsterfahrung im sexuellen Bereich
2. gute kommunikative Fähigkeiten
3. Physiologisches Wissen
4. Überblick über Verhaltensübungen

Entsprechend dieser Auflistung möchte der angebotene Workshop Möglichkeiten aufzeigen, diese Felder mit Leben zu erfüllen. Anregungen sollen aufgegriffen werden, denn die Einseitigkeit von Kommunikation ist das Ende von Kommunikation.

Workshop

Wenn aus dem Umgang mit sich selber ein Umgehen wichtiger Botschaften aus dem eigenen Inneren wird, bleibt dies meist nicht ohne Folgen für den hochsensiblen Bereich der Sexualität. Nirgendwo scheint das Selbst-Bild so betroffen wie hier, so daß sich selbstheilende Kräfte nicht so entfalten können und chronifizierte Störungen die Folge sind. Die Therapie sexueller Störungen hat in letzter Zeit an Bedeutung zugenommen, Formen sexualtherapeutischen Handelns gab es aber schon immer. Lediglich ihre typischen Ausprägungen haben gewechselt.

Abriß über die Geschichte der Sexualtherapie

Es lassen sich mehrere unterschiedliche Phasen deutlich voneinander unterscheiden. Die naive Phase hat ihren Höhepunkt in Galenos, dem Leibarzt Marc Aurels. Für ihn ist Samenstau die Mutter allen Übels. Daher kommt der Sexualität als Allheilmittel größte Bedeutung zu. Masturbation und Surrogatpartner gehören zu den Mitteln der Wahl. Als zum Beispiel Bischof Matthias von Bucheck (von 1321-28 Bischof von Mainz) ernstlich erkrankte, führte man ihm eine Frau zu. Über den Erfolg der Therapie ist allerdings nichts bekannt.

Die projektive Phase begann mit epidemischen Geschlechtskrankheiten um die Mitte des 16. Jahrhunderts. Sexuelle Störungen wurden als das Ergebnis von Hexen angesehen. Eine solche Störung konnte nur durch Verbrennen der 'Schuldigen' geheilt werden.

Zur Frömmigkeitsphase kam es nach Ende des 30jährigen Krieges. Das Elend in Europa mahnte zu Gebet. Bei Sexualproblemen, die als Strafe Gottes interpretiert wurden, griff man daher entweder zu Enthaltsamkeitsgeboten oder zu gesteigerter Beichtmoral.

Die Psychiatrisierungsphase wurde dadurch eingeleitet, daß Sexualstö-

rungen weitgehendst als Geisteskrankheiten angesehen wurden. So erklärte man Gehirnschwund als Ergebnis von übermäßiger Masturbation. Da die Behandlungsformen wenig attraktiv waren (Irrenhaus!), kam es zu Verheimlichung sexueller Leiden.
Um die Jahrhundertwende schließlich erfolgte die Phase der I d e o l o g i s i e r u n g durch die Psychoanalyse Sigmund Freuds. Einerseits wurde das Thema Sexualität hervorgehoben, andererseits aber durch die Tendenz zur Pansexualisierung wieder eingeebnet. Eine wirkliche Sexualtherapie entstand dabei nicht.
Folgende Gründe dürften dafür ausschlaggebend gewesen sein:

- Die Psychoanalyse war an physiologischer Beobachtung und empirischer Forschung uninteressiert.
- Es gab keine spezifischen Sexualstörungen, sondern nur generalisierte Neurosen.
- Die daraus abgeleitete 'große Therapie' erbrachte für den sexuellen Bereich nur mäßigen Erfolg.

Die Nachkriegszeit ist gekennzeichnet durch die p r a g m a t i s c h e Phase. Sie ist verbunden mit Namen wie Kinsey, Masters und Johnson, LoPiccolo, Kaplan, Ellis, Wendt. Ihr Erfolg beruht weitgehend auf gründlicher Erforschung der somatischen Zusammenhänge und deren Konsequenzen für das psychische Verhalten und umgekehrt. Spezifische Übungen zu spezifischen sexuellen Störungsbildern lassen ein gezieltes Eingreifen zu.

Gestalttherapeutische Möglichkeiten der Sexualtherapie

Perls und andere Größen der Gestalttherapie haben sich herzlich wenig um Sexualstörungen gekümmert. Meist reagierten sie wie schon Freud, der glaubte, daß mit generellen Veränderungen sich die sexuellen Probleme von selber ergeben würden. Doch wurde übersehen, daß gerade Sexualproblematiken aufgrund der starken Ich-Nähe ihres Leidens sehr oft zu rigiden Chronifizierungen ihres symptomatischen Verhaltens neigen, das nicht immer durch generelle Verbesserungen zum Verschwinden gebracht wird.
Die bisherige, meist verhaltenstherapeutisch orientierte Sexualtherapie litt aber andererseits unter einer schematischen, übungsfixierten Vorgehensweise. Hierzu stellt das gestalttherapeutische Vorgehen im Gefolge von Joseph Zinker eine wirkliche Alternative dar.
Für die Gestalttherapie entscheidend ist das 'Denken in Energien' und der Umgang mit ihnen: Energiefluß, Energieblockierung, Energierhythmus.

Auch für die sexuelle Störung gilt: Sie lebt davon, daß der Therapeut erkennt, wo der Klient und wofür er seine Energie einsetzt. Verspannungen, Rhythmusstörungen in Atem, Stimme, Gang, Bewegung und Haltung usw. können Hinweise für Energiefixierungen sein. Ziel der Therapie ist es dann, die gebundenen Energieströme zu entbinden. Entbundene Energieströme können eine veränderte Selbstwahrnehmung erzeugen, diese wiederum macht neue Lösungen möglich, kreative Prozesse können erfolgen.

Informiert sein ist wichtig

Sexualtherapie verlangt medizinisches und psychologisches Wissen zugleich. Es handelt sich also dabei um eine Art Zwischengebiet. Sofern man nicht gerade in Zusammenarbeit mit einem Arzt steht, der von diesem Bereich etwas versteht (was relativ selten ist), bedarf es schon der Lektüre diverser sexualrelevanter Literatur.

Man sollte auch Bescheid wissen über grundlegende Einteilungen in der Sexualdiagnostik. Es wird unterschieden in die beiden Bereiche Paraphilien und funktionelle Störungen. Paraphilien sind Abweichungen vom Normverhalten, wobei zu fragen ist, wo Abweichungen beginnen und wo sie enden. Fetischismus z.B. gilt als Paraphilie. Aber ist nicht auch das Verlangen nach tiefgebräunter Haut beim Partner eine Form des Fetischismus, sofern sie sexuelles Verlangen fördert? Paraphilien sind also nicht dichothom, sondern gleitend zu sehen und weitgehendst einfühlbar und nachzuvollziehen.

Funktionelle Störungen liegen dann vor, wenn der 'normale' sexuelle Ablauf in Form von

- Lusthemmung
- Erregungsstörung
- Orgasmusstörung

verändert ist. Entsprechend läßt sich im ersten Fall eine fehlende parasympathische Gefäßerweiterung, im zweiten eine fehlende sympathische Enervierung und im letzten unkontrolliertes oder überkontrolliertes sympathisches Verhalten diagnostizieren.

Dies zu wissen erscheint notwendig, um später die entsprechenden spezifischen, auf das vegetative Nervensystem einwirkenden Übungen applizieren zu können.

Das Prozeßmodell in der Sexualtherapie

Prozeßdenken kommt aus der Kybernetik. Die moderne Kommunikationstheorie basiert darauf. Grundlage hierfür ist die Entdeckung von Rückkoppelungseffekten als dem 'Ge-

heimnis aller natürlicher Vorgänge', so Watzlawik.
Rückkoppelungseffekte bilden die Basis aller selbstregulierenden Systeme, wie Perls einmal den Menschen genannt hat. Rückkoppelung heißt: Wenn a, dann b, aus b dann c, aus c wieder a'. Es folgt also nicht, wie zu erwarten wäre, d.
Dies heißt, es wird in Sequenzen und Systemen gedacht. Ein Beispiel hierfür ist der Prozeß des Essens (nach Zinker):
Ausgangspunkt: ich lese ein Buch (1) - mir knurrt der Magen (2) - ich denke, mich hungert, also hol dir was (3) - ich spüre, wie ich mich bereit mache, aufzustehen (4) - ich gehe zum Kühlschrank und esse (5) - ich bin satt (6) - ich lese am Buch weiter (1').
Das Modell eines Prozeßverlaufs läßt sich daher folgendermaßen skizzieren: Rückzug (1) - Empfindung (2) - kognitive Repräsentanz (3) - Mobilisierung der Energie (4) -Handeln (5) - Kontakt (6) - Rückzug (1').

Therapie von Funktionsstörungen

1. Lusthemmung:Unter Lusthemmung wird fehlender sexueller Antrieb verstanden, der früher jedoch vorhanden war. Prozeßanalytisch kann Lusthemmung als Blokkade zwischen kongnitiver Repräsentanz (3) und Mobilisierung der Energie (4) aufgefaßt werden.

   Die Betroffenen r e f l e k t i e r e n ihre Energie (machen sozusagen alles mit sich selber ab, ziehen und schlucken in sich hinein).

   Die Therapie müßte demnach zur Mobilisierung der Energie führen, so daß Kontakt mit geeigneten Anregungsbedingungen entstehen kann. Bereits die Suche nach Anregungsbedingungen erfordert mobilisierte Energie, so daß vor allem die Energiemobilisierung selbst geübt werden muß. Dazu kann man das ganze Inventar provozierender, frustrierender oder stützender Gestaltverfahren anwenden, wie sie sich aus dem momentanen Kontakt ergeben. Darüber hinaus eignen sich auch spezielle Übungen wie 'Kegel'-Übung oder die ganze Palette der Streichelübungen nach dem Verhaltenstherapieschema.

2. Erregungshemmung: Hierunter wird eine Blockade zwischen Mobilisierung der Energie (4) und Handeln (5) angenommen. Die Betroffenen d e f l e k t i e r e n ihre Energie (das Ziel gerät außer Augen, weil man sich zu viel zur gleichen Zeit zumutet, Energie verliert sich in Nebenkanälen).

Die Therapie hat die Aufgabe, mobilisierte Energie zu bündeln, anstatt zu zerstreuen. Auch hier gilt, daß bereits der Aufbau von Konzentration beim Klienten deflektiert wird. Damit wird der Weg zum Ziel. Jede vom Klienten beobachtete Deflektion stellt einen Schritt zur Konzentration dar. Darüberhinaus werden oft die spezifischen Übungen wie 'bewußtes Versagen', Masturbationsübungen, konzentrative Bewegungs-und Atemübungen usw. angewandt.

3. Orgasmusstörungen: Die Blockade wird zwischen Handeln (5) und Kontakt (6) lokalisiert. Die Betroffenen k o n f l u i e r e n (speziell im Fall des vorzeitigen Samenergusses) ihre Energie (wollen es dem Partner recht machen, sind mehr beim andern als bei sich).

   Die Therapie sollte zum Ziel haben, daß Grenzen gezogen werden bzw. Grenzen verstärkt werden, wo das Ich sich regelmäßig 'überrennen' läßt (Introjekte!). Hier eignet sich besonders die Gestalttherapie, weil durch ihre Ausrichtung auf das Kommunikationsgeschehen dem Aufbau eines guten Kontakts - und dies ist immer ein Kontakt mit 'guter Grenz-Gestalt' - höchste Priorität im Therapieverlauf zukommt.

   Darüberhinaus empfehlen sich spezielle Übungen wie Squeeze, bestimmte Masturbationsübungen, Risikoübungen, Stop-and-go usw.

Abschlußbemerkung

Bei allem Bemühen, eine sexuelle Störung zu beseitigen, sollte man nicht den Signalcharakter der Störung aus dem Blick verlieren. Denn (fast) alles macht Sinn. Dieser Sinn ist oft partnerbezogen, so daß die Energie für eine Störung als Blockade zumindest auch vom Partner kommen kann. Dennoch erscheint Sexualtherapie als Einzeltherapie nicht sinnlos, da dem Partner nur soviel Bedeutung zukommt, als der andere ihm Bedeutung läßt.

So oder so gilt: dem Kreativen ist nichts unmöglich!!!

Masken und Gestalt

Monika Gerber

Vorbereitung

Inhalt ist für mich das, was wir tun und was dabei geschieht. Die Bedeutung des Tuns ist Zielvorstellung. Die Arbeit mit Masken vermittelt den Teilnehmern des Kurses klärende Wahrnehmung ihres Standortes im persönlichen und kollektiven Spannungsfeld zwischen Anpassung und Auflehnung.
Bekanntlich sind wir in unserer Kultur doppelt gefordert: unsere Individualität auszuprägen und den Zusammenhang mit dem Kollektiv nicht zu verlieren. "Zusammenhang mit dem Kollektiv" werde ich im Weiteren verkürzt "Welt" nennen; für mich ist das Kollektiv nicht eingeschränkt auf die menschliche Gesellschaft, sondern ein sinnvolles Zusammenspiel des Lebensganzen, also der Elemente, der vegetativen, animalischen, menschlichen und kosmischen Sphäre. Sinnvoll heißt lebendig, was Sterben mitbedeutet.
Diese Doppelforderung erleben wir als grundsätzliches Spannungsfeld, innerhalb dessen Anpassung und Auflehnung geschieht.
Demgemäß ist unser Handeln stets gekennzeichnet vom mehr oder weniger gravierenden Konflikt zwischen Anpassung und Auflehnung zu Gunsten oder auf Kosten einer der beiden Forderungen. Insofern werden auch in der Gruppe jedwelche Ereignisse im Zusammenhang mit dem Tagungsthema stehen.
Bezogen auf die gegenwärtige Situation der Bundesrepublik, bzw. des Westens ist das Tagungsthema von besonderer Brisanz. Es scheint, daß wir auf der Schwelle notwendiger Veränderungen der Grundlagen unseres Selbstverständnisses und unserer Beziehung zum Lebensganzen stehen, und jeder, der persönlich Erfahrung mit grundsätzlichen Veränderungen hat, weiß, welch klippenreiches und mühseliges Unterfangen das ist.
Die Veränderung, Verwandlung im Großen setzt die Vielzahl persönlicher Veränderungen voraus. Es setzt Erhellung, Einsicht in das Neue, so gut wie in das Alte voraus, als Bedingung, das Neue zu erkennen, sowie den Übersprung zu Gunsten des Neuen zu erleben. Der Prozess dahin ist das spannungsreiche Wechselspiel von Anpassung und Auf-

lehnung durch alle Instanzen unseres Daseins.
(Zu meiner Abiturzeit erschien mir der Fortschrittsglaube dergestalt, daß die Erfüllung menschlicher Zufriedenheit vor der Tür stehe, und ich empfand mit Unbehangen ein merkwürdig geschichtliches Vakuum. Heute, fünfundzwanzig Jahre später, pocht Geschichtlichkeit unüberhörbar, und ich bin bei allen Fragezeichen und Gefahren froh, mich in einem Strom von Entwicklung zu begreifen, die über mein Leben weit hinausreicht.)
Unsere Konfliktfelder enthalten sowohl unsere hauseigenen Konflikte, wie auch jene der Gesamtsituation unseres geschichtlichen Standes. Sie entstehen an der Berührungszone mit mir und der Welt. Hier ist der Ort der Entscheidung für Anpassung und Auflehnung.

Der persönliche Hintergrund meiner Arbeit besteht aus einem Weg, der als Leitlinie die Frage nach der menschlichen Kondition stellt: wer sind wir, die wir lieben und hassen, uns freuen und leiden, trennen und verbinden etc., suchend die Parameter unserer Existenz. Aus einer Theaterfamilie stammend, ist diese Leidenschaft wohl Ausdruck früher Erfahrung, daß ein Mensch "sein kann, was er nicht ist" und "nicht ist, was er zu sein vorgibt". Ich benutze absichtlich die verwirrende Tautologie: so verwirrend war es für das kleine Kind, dessen Eltern in einer Maske als x, y auftraten und taten, als wären sie x, y. Einige Jahre später erkannte ich, daß es keiner Bühne und Schminke bedarf, um derart zu verwirren. Ich hatte diplomiert als Volksschullehrerin ein Schauspielstudium mit Musik und Tanz gemacht, einige Jahre Bühnenpraxis hinter mir, als es notwendig wurde, die Frage der Sphinx ernsthaft zu stellen. Ich suchte Antwort in einigen Semestern begriffsklärender Philosophie, studierte Grundlagen unseres Denkens und begriff mich vor allem als Produkt von Prägung, Anpassung und Denkschemen; wer aber und was bin ich darüber hinaus individuell und eigentlich?
Psychologie drängte sich auf, vor allem humanistische Psychologie, Gestaltlehrjahre, tiefenpsychologische Lehrjahre und ihre Umfelder, körperorientierte Selbsterfahrung. Schließlich begann sich der Kreis meiner Theaterherkunft zu schließen, indem ich mich mehr und mehr auf Mythen und Märchen, Musik und Masken (4 x M) konzentrierte. Sie sind nicht "so tun, als ob", wie beim Theaterspielen, sondern zutreffende Gleichnisse für unsere intrapsychische Welt gleichermaßen, wie erfahrbarer Ausdruck der Welt, wie sie uns begegnet. Also die Mitte, schmaler Grat und Brücke zwischen Vorstellungs-

kraft und äußerer Wirklichkeit.
Die statische Frage "wer bin ich" löst sich auf in die dynamische Erfahrung, daß ich werde, was ich bin und bin, was ich werde, ein antwortender Organismus auf mich selbst und auf die Welt gleichzeitig. Meine Antwort ist sowohl die Verbindung zwischen mir und Welt, als auch die Grenze und kann vom Ich erfaßt werden.

So besehen sind Anpassung und Auflehnung keine sich ausschließenden Verhaltensweisen, sondern Garanten zur Aufrechterhaltung eines lebendigen Zusammenhangs des Einzelnen mit dem Ganzen. Sie verschwinden, wenn ich und Welt im Einklang sind; ein singuläres Ereignis in einer Kontinuität von Divergenzen.
Divergenz erzeugt Konflikt und ruft das Paar Anpassung /Auflehnung hervor. Versuche ich das Spannungsfeld und den sich daraus ergebenden Konflikt zu vermeiden, werde ich krank, lebensunfähig. Lebe ich die Spannung, erlebe ich den Prozess, erzeuge ich Handlungen, die sich auf mich und die Welt beziehen. Patogen werden Konflikte, wenn der Verarbeitungsprozess diese duale Ausrichtung nicht erreicht.
Die Frage nach Anpassung und Auflehnung erscheint also im Lichte dessen, daß wir die Welt z.T. auch schaffen, an die wir uns anpassen und gegen die wir uns auflehnen, nicht als ein Entweder-Oder, wie ich schon sagte, sondern vielmehr als notwendige Wechselbeziehung geschichtlicher Dynamik, persönlicher wie kollektiver.

Was hat das alles mit Masken zu tun?
Die Masken liegen auf der Grenze zwischen Selbstsein und in der Welt sein. Sie repräsentieren gleichermaßen Eigenes, wie die Spuren der Begegnung mit der Welt, sie repräsentieren Welt, wo wir Welt schaffen und wir von ihr geschaffen sind. (Das Kunstphänomen). Die Maske trägt also das Gepräge dessen, der sie macht und gleichzeitig jenes der Welt, auf die er antwortet. Der Schaffende kann sich daher individuell und universal in einem erfahren, d.h. die Mitte spüren, Drehpunkt von innen und außen sein, Mittelpunkt des Kreises, der zugleich ich und Welt ist. Es ist in der Tat eine letztlich religiöse Erfahrung, die sich in der Arbeit mit Masken besonders deutlich erschließen kann.
Der gestalttherapeutische Ansatz liegt auf der Hand. Die auftauchende Maske wird dem Schaffenden zunächst zu schaffen machen in ihrer vordergründigen Fremdheit. Im Grunde aber spüren wir, daß uns das Gesicht vertrauter ist, als wir es wissen kön-

nen. Die Gestaltmethodik eignet sich hier nun besonders, den Kontakt mit dem "Unvertraut-vertrauten" zu erleichtern, ihm zu begegnen bis hin zur bewußten Integration des erfahrenen Ausdrucks.
Die Maske zu gestalten, sie kennen zu lernen und zu spielen ist eine eminent ganzheitliche Erfahrung, deren Bedeutung ein integrer Akt der persönlichen Entwicklung ist. Die Maske ist gleichsam eine Landkarte für meinen Standort in der Welt und bildet das Relief meiner Anpassung und Auflehnung sehr genau.
Wir werden sie ein Stück weit lesen lernen und in Erfahrung bringen, wie uns das Tagungsthema "ins Gesicht geschrieben ist".
So könnte der Arbeitstitel des Kurses heißen: "Masken, Gesicht zwischen Anpassung und Auflehnung" oder "Masken, Landkarte für meinen Standort in der Welt".

Workshop

Vorab, der Gestaltansatz, theoretisch gefaßt, kam in dem Workshop sicherlich zu kurz; die Teilnehmer des Kurses gingen ein jeder erfüllt, berührt und "tiefgängig" mit seinem "gefundenen Thema" nach Hause, und zu einer über die unmittelbare Maskenerfahrung hinausführende, in theoretische Einsichten gestalttherapeutischer Methodik hineinführende Erkenntnis fehlte die Zeit.
Dennoch löste der Kurs befriedigend das gesteckte Ziel ein, indem die Teilnehmer grundlegend in Erfahrung bringen konnen, was "Gestalt" ist, bzw. weshalb unserer Arbeit dieser Begriff zugrunde liegt. Der Geist, der einem jeden aus Hand und Sinn in die Form der Maske floß und aus der Maske wiedererkennbar den Erschaffer erreichte, zeigte sich so energiegeladen, daß sich jeder Teilnehmer in Kontakt mit seiner Gestalt befand. Dies bei vielen so intensiv, daß es das therapeutische Feingefühl für den Augenblick sowieso verbot, die Intimität der Begegnung zu stören. In dieser Intensität gelang es auch einigen Teilnehmern ohne viel Dazutun Gestaltkreise zu schließen, Projektionen zurückzunehmen, Introjekte als solche zu erkennen oder Erstarrtes zu beleben.
Was mich besonders freute: deutlich konnte sich jeder Teilnehmer wahrnehmen in seinem sinnvollen Unterwegssein, wahrnehmen als lebendigen Ausdruck seiner selbst und annehmen, auch in schmerzlicher oder auflehnender Verfassung.

Zwischen Anpassung und Auflehnung: es geschah, was ich im Dokumentationsbeitrag beschrieben habe. Deutlich wurde bei allen, ob ihre Maske einen neuen Zug darstellt, der alteingefahrene Züge in Frage stellt. Konfliktstellen wurden sichtbar, ob die Maske ein Experiment ins Unbekannte unterstützt oder Bekanntes stärkt und in seiner Notwendigkeit zur Anpassung verdeutlicht.
Gestalt fand statt.

Regressions- und Gestalttherapie - zur Arbeit mit frühgestörten Jugendlichen

Otto Glanzer

Vorbereitung (siehe auch R1)

Workshop

Der Workshop richtete sich als Ergänzung zum Referat über "Regressions- und Gestalttherapie mit frühgestörten Jugendlichen" an diejenigen, die entweder praktisch in die Arbeit mit Regressionstherapie eingeführt werden wollten oder an jene, die mehr über unser Augsburger Projekt mit Verwahrlosten erfahren wollten.
Da knapp die Hälfte der Workshop-Teilnehmer das Referat nicht gehört hatte, entschied sich die Gruppe für eine vertiefte Information über Aufbau und Entstehung der Therapeutischen Jugendwohngemeinschaft Augsburg-Pfersee und über die im einzelnen verwendeten Methoden und Techniken unserer Arbeit.
Da der SOS-Kinderdorf e.V. als Träger des Projektes in beispielhafter Weise Behandlungsbedingungen zur Verfügung stellt, galt meine erste Anerkennung dem Engagement des Trägers, ohne dessen pädagogischen Weitblick und finanzielle Risikobereitschaft dieses Projekt nicht hätte entstehen können.
Es war ursprünglich gedacht, nach einer Darstellung der Struktur unserer Einrichtung

und der Auflistung "theoretisch optimaler" Bedingungen in eine Diskussion über die Behandlung von früh Verwahrlosten einzusteigen. Der Workshop erhielt jedoch eine etwas andere Richtung, da die Teilnehmer vom Neuen unseres Ansatzes so angesprochen waren, daß sich das überwiegende Interesse am Informationsgewinn festmachte.
Das gab mir als Referent Gelegenheit, unsere Auffassung von der Entstehung der Frühstörung und der Struktur dissozialer Persönlichkeiten zu erläutern (im wesentlichen die psychoanalytische Theorie wie sie U. Rauchfleisch beschreibt) und auf die Methoden einzugehen, mit denen wir multidimensional der Verwahrlosungsstruktur begegnen. Unsere Arbeit muß an allen drei (psychoanalytischen) Instanzen Es, Ich, Über-Ich ansetzen, da unsere frühgestörten Jugendlichen praktisch in jedem Persönlichkeitsbereich gehandicapt sind.
Im einzelnen stellte ich die folgenden von uns verwendeten Methoden vor, die anhand von Beispielen verdeutlicht und diskutiert wurden: Die Institutionsgründung (Passung von Konzept - Settin - Klientel), Bezugspersonensystem, Milieutherapie, Regressionstherapie, Neu-Beelterung, Basale Verwöhnung, Kultur und Arbeit, Erlebnispädagogik Rituale, Besuch wichtiger Orte (besuchen statt erinnern), Indirekte Suggestion, Klassisches, operantes u. soziales Verstärken, Techniken der Einzeltherapie, Deutungen, Arbeit im Team (mit der Spaltung statt gegen sie arbeiten), Authentizität und feed-back.

Obwohl es sich gemäß des Wunsches der Gruppe eher um einen Vortrag als um eine Gruppenaktion handelte, war die Atmosphäre von Warmherzigkeit und Empathie geprägt und ließ die Kopflastigkeit von Theoriestreitigkeiten dankenswerterweise vermissen.
Dies hing wesentlich mit dem liebevollen Interesse der Teilnehmer am Schicksal von sehr schwer gestörten Jugendlichen zusammen.
Insofern hoffe ich als Referent, daß sich unsere Arbeit mit den verwahrlosten Jugendlichen in der Gruppenatmosphäre wiedergespiegelt hat und Ermutigung gab, es in ähnlicher Weise zu versuchen; womit meine persönlichen Erwartungen an den Workshop erfüllt wären.

Schrecken, Schmerzen und Neuanfang

Wolfram Kölling

Vorbereitung

Um sich mit der eigenen Sterblichkeit und dem Tod auseinanderzusetzen, müssen wir uns die Gefühle wieder bewußt werden lassen, die wir angesichts realer Begegnungen mit dem Tod der schrecklicher Bedrohungssituationen erlebt haben. Diese Erfahrung von Verzweiflung und Trauer, von Wut und Schmerzen gilt es anzunehmen und gemeinsam in der Gruppe zu leben. Das Erlebnis der Gemeinsamkeit im Leiden und im Schmerz, das "So Sein Lassen", führt zu einer starken Verbundenheit, von der aus die Entwicklung von neuer Kraft und Liebe möglich wird. Die Trauer über Verlorenes kann gelebt werden, und Schmerzen können sich auflösen, wenn die universale Verbundenheit in sich wahrgenommen wird. (1) Die Gruppe kann dabei helfen, daß so eine Erfahrung möglich wird. Die Konfrontation mit dem Tod führt allgemein zum Abbau von Machtgehabe und zum Loslassen von Machbarkeitsillusionen. Dies kann Inhalt eines Friedensworkshops sein, aber auch zu einer emanzipatorischen Psychotherapie der modernen Welt gehören. (2)

Literatur

(1) Kast, V., Trauern, Kreuz Verlag, Stuttgart 1982
(2) Kölling, W., Nuklearismus, Die Bedeutung des verleugneten Todes, unveröffentl. Manuskript, 1987

Workshop

In diesem Workshop ging es um eine erste Annäherung an die Arbeit mit Schmerzgefühlen, Verzweiflung und Trauer. Dabei stand nicht die persönliche "Trauerarbeit" im Vordergrund, es ging auch nicht um Therapie sondern die psychologische Arbeit mit der

Verzweiflung aufgrund der globalen Bedrohung in der Welt sollte in Ansätzen erfahrbar gemacht werden.

Verlauf:

Der Beginn war eine persönliche Vorstellung des Leiters mit einer ausführlichen Darstellung seiner Entwicklung hinsichtlich Tod, Verzweiflung und Trauerarbeit. Es ging dabei um den beruflichen Weg und um die ganz persönlichen Erfahrungen in diesem Bereich.

Es folgte eine Vorstellungsrunde aller Teilnehmer bei der auch jeder etwas von seinen eigenen Erfahrungen mit Bedrohung, Tod und Sterben mitteilte.

Nach diesem schon relativ emotionalen Einstieg wurde für alle Teilnehmer eine "Erinnerungsphantasie" durchgeführt. Nach einer kurzen Entspannung sollte sich jeder Teilnehmer an eine konkrete Situation erinnern in der er eine Erfahrung mit Tod oder einer schrecklichen Bedrohung gemacht hat. Durch eine möglichst einfühlsame und sanfte Führung wurden die Teilnehmer angeregt, sich diese Situation möglichst genau vorzustellen, wie sie früher erlebt wurde. (Wiedererleben) Nach einiger Zeit der genauen Vorstellung, mit genauer Achtsamkeit und Akzeptanz aller Gefühlsregungen, Stimmungen und Körperempfindungen wurde diese "Erinnerung" langsam und sanft abgeschlossen mit der Bitte um genaue Wahrnehmung aller Gefühle, Gedanken und Stimmungen.

Mit allem was in dieser Erfahrung aufgetaucht ist - was im Hier und Jetzt empfunden wurde - ging es anschließend darum, mit diesen Gefühlen (in der Regel Schmerz oder Trauergefühl) in Kontakt zu einem anderen Menschen zu kommen. (Selbsteröffnung, Mit-Teilen)

Dazu sollte sich jeder einen Partner suchen, im üblichen Fall den rechten oder linken Nachbarn, mit dem man sich möglichst offen über die Erfahrung austauschen konnte. Hierbei wurde so vorgegangen, daß der "Zuhörer" tatsächlich nur zuhört und keine Kommentare, Deutungen oder Interpratationen macht. Auch sollte über das Ausgesprochene nicht diskutiert werden oder gar eine "Therapie" begonnen werden. Ziel einer solchen Übung ist vielmehr die Verbalisierung emotionaler Erlebnisinhalte und das wohlwollende Akzeptieren, also eine grundsätzliche Akzeptanz, ein So-Sein-Lassen. Nach einem Rollenwechsel (Specher-Zuhörer) wurde für jeden Teilnehmer der Gruppe die Möglichkeit angeboten auf vorbereiteten Plakatpapier wichtige Gefühlsregungen oder einfach wichtige Sätze aus der Erfahrung aufzuschreiben. Dabei gab es Sätze wie:

Ich bin traurig, ich fühle mich hilflos, warum?, ich bin müde und erschöpft, schade daß du weg bist, du kannst mich doch jetzt nicht allein lassen, ich fühle mich gelähmt, jetzt geht es mir so viel besser, ich kann nichts machen - es ist hoffnungslos usw....

Zum Abschluß dieser Phase wurden die Plakate an die Wand geheftet und wer wollte konnte seinen Satz noch der Gruppe vorlesen, wobei die Gruppe gemeinsam und gleichzeitig antwortete "ja so ist es".

Nach einer Pause bestand die Möglichkeit in der Gruppe über Erfahrungen zusprechen bzw. Stimmungen oder unklare Gefühlszustände deutlich zu machen um evtl. bisher nicht verbalisierte Erlebnisinhalte zu klären. Dabei ist das Ziel nicht, Leidensgefühle wegzudiskutieren oder wegzutherapieren, sondern diese im gemeinsamen Kontakt wohlwollend anzunehmen.

Im zweiten Schritt wurden etwa in der gleichen methodischen Vorgehensweise positive Impulse deutlich, durch die "Erinnerungsphantasie": die mit dem Satz eingeleitet wurde "als ich einmal meine ganze Kraft spürte". Durch diese Vorstellung im meditativen Zustand wurden diese positiven Gefühle initiert und gefördert. Wieder schloß sich die Partnerübung an wie im ersten Schritt.

Die Sätze für die Plakatpapiere waren diesmal Antworten auf die Frage: "was machst Du (hier und jetzt) mit dieser Kraft"?

Beispiel:

leben, lieben, kreativ sein, wieder mehr zulassen und andere teilhaben lassen, genießen, ich setze sie um in Leben, kontrollieren, fließen lassen usw. ....

In der Abschlußübung mit der ganzen Gruppe konnten diese Sätze wieder gesprochen werden und die Gruppe antwortete "ja so ist es".

Nach einer Runde, in der jeder die Möglichkeit hatte, seine augenblickliche Stimmung mitzuteilen, über die Erfahrung des ganzen Kurzworkshops zu sprechen und Kritik (negativ und positiv) zu äußern, wurden noch die Phasen des Trauerprozesses kurz vorgestellt.

1. Phase des Nicht-wahrhaben-Wollens, Empfindungslosigkeit
2. Phase der aufbrechenden Emotionen (Angst, Wut, Schmerz und Trauer, aber auch Schuld, Verzweiflung und Freude)
3. Phase des Suchens und sich Trennens (immer wieder Rückschritte in die Phasen vorher möglich)
4. Phasen des neuen Selbst- und Weltbezugs (Neufang)

Diskussion:

Formaler Ablauf: 16 Teilnehmer, davon waren zwei nach der Pause nicht mehr dabei, beide haben ihr Wegbleiben in der Gruppe besprochen bzw. ihre Nichtteilnahme mitgeteilt. (Zu wenig Vertrauen zum Leiter, Entscheidung nicht an emotionaler Arbeit teilzunehmen) Zwei andere kamen hinzu. Bei beiden Erinnerungsphantasien wurde leise Begleitmusik eingesetzt. Bei der ersten eine ernstere Meditationsmusik, in der zweiten eine fröhliche, etwas schwungvollere Meditationsmusik die dazu geeignet ist positive, hoffnungsvolle Gefühle anzuregen.

Bei den meisten Teilnehmern kam die Arbeit gut an. Besonders die offenen Gespräche mit dem Partner, ohne etwas dazu zu sagen ("wohlwollendes Annehmen" der Leidensgefühle), hat sehr vielen Teilnehmern sehr gut getan. Verbalisieren von Leidensgefühlen in der Gruppe und Aufschreiben wurde als wichtig empfunden, mit der Antwort der Gruppe: "Ja so ist es" hatten manche Teilnehmer anfangs etwas Schwierigkeiten, letztendlich wurde jedoch auch dieser Teil als positiv erlebt. Manche Teilnehmer erlebten es als sehr angenehm, Schmerzgefühle "öffentlich" zu äußern. Selbstkritische Bemerkung: Trotz des guten Abschlusses war die Zeit zu kurz für eine solche intensive Arbeit bzw. das Angebot zu groß für diese Zeit. Auch sollte vorher besser erklärt werden, ob es sich um persönliche Trauerarbeit oder um Friedensarbeit handelt.

Literatur:

Macy, J.: Mut in der Bedrohung, Kösel Verlag, München 1986

Die Harmonie in jeder Situation

Almut Ladisich-Raine

Vorbereitung

Arnold Beisser beschreibt in seinem sehr treffenden Artikel "The paradoxical Theory of Change" * ein wichtiges Phänomen, nämlich:
Veränderung tritt dann ein, wenn man wird, was man ist, und nicht, wenn man versucht, zu sein, wie man nicht ist, aber meint sein zu müssen.
Indem wir aufhören, etwas verändern zu wollen und uns voll einlassen auf unsere augenblickliche reale Situation, wird sinnvolle und geordnete Veränderung erst möglich.
Der Gestalttherapeut will also nicht "Veränderer" sein, sondern ermutigt den Klienten, sich ganz und kompromißlos auf sich selbst zu besinnen und sich damit liebevoll anzunehmen, in dem Sinne, daß alle Kräfte, Impulse und Eigenschaften, auch die sogenannten "dunklen" im Gesamtzusammenhang positiv einsetzbar sind.
Hier unterscheidet er sich sowohl vom Psychoanalytiker, der davon ausgeht, daß der Klient, hat er einmal sein einschneidendes Kindheitstrauma überwunden, für alle Zeit "gesund" auf die Umwelt reagiert, als auch vom Verhaltenstherapeuten, der Veränderung durch Anpassung an vorhandene Systeme anstrebt. Die Denkweise entspricht eher der von C.G. Jung, der von der Integration des Schattens spricht.
Es geht aber in einer Zeit, wo sich soziale Ordnungen und Werte innerhalb einer Lebensspanne mehrmals und immer wieder verändern, darum, dem Einzelnen zur beweglichen, kreativen Anpassung zu verhelfen und damit eine Befähigung zur Mitgestaltung an wirklich demokratischen, d.h. idealerweise der natürlichen Evolution entsprechenden Ordnungen anzustreben.
Der Weg hierzu kann für den Gestalttherapeuten nur heißen:
Mit Klarheit und Bewußtsein an der Kontaktgrenze arbeiten: Wer bin ich - hier und jetzt - was sind meine Werte, wie ist meine reale Situation, wie gehe ich mit ihr um, wo erlebe ich Spannungen und Konflikte und Unvereinbarkeiten, wie kann und will ich meine Grenzen erweitern.

Wenn wir auf diese Weise lernen, den inneren Kriegszustand zu überwinden, wenn ich mich, so wie ich bin, annehme, nicht mehr mich spalte in gut und schlecht, entweder - oder, sondern kreatives sowohl - als - auch im Zusammenspiel der Kräfte erkenne, dann geht es nicht mehr um "Anpassung oder Auflehnung", sondern um das Vertrauen in die eigene innere Kompentenz.
Diese Gefühle von innerer Gewißheit kann uns den Weg weisen, passende und geordnete Formen des Zusammenlebens und - arbeitens - zu finden.
Dazu gehört ein weiterer wichtiger Punkt:
Ich kann nicht all meinen Impulsen gleichzeitig folgen, das hieße Chaos und Undifferenziertheit, ein Durcheinander von offenen Gestalten.
Harmonie und Ästhetik entsteht, wenn ich konturierte, abgeschlossene Erfahrungen mache, eine nach der anderen - mal akzeptiere ich diese, mal jene Seite von mir, jedes Mal fülle ich meine Rolle auf der Lebensbühne so gut wie möglich aus, d.h. mit Energie und kontaktvoller Gerichtetheit, und wenn's geht - mit gutem Geschmack.

* in: Fagen and Shepherd "Gestalt - Theory now"

Moving - vom Eindruck zum Ausdruck zum Eindruck zum Ausdruck . . .

Christine Lippert-Lutz

Vorbereitung

Integrative Bewegungstherapie, wie sie am Fritz-Perls Institut gelehrt wird, ist Psychotherapie auf tiefenpsychologischer Grundlage, die vorrangig mit dem Leib-Selbst arbeitet, dort ihren Schwerpunkt hat. Die Quellen der IBT sind die Psychoanalyse (Freud, Jung, Ferenczi), die Gestalttherapie (Perls), die Bioenergetik (Reich, Lowen), die Expression Corporelle (Sheleen), sowie das therapeutische Theater (Iljine,

Petzold). IBT ist Psychotherapie auf ganzheitlicher Basis und integriert die physischen, emotionalen und sozialen Anteile der Person. Auf diesem Hintergrund versteht sie sich als Integrative Therapie.

In ihrem therapeutischen Vorgehen vereint IBT funktionelle, erlebnisorientierte und konfliktorientierte Therapie.

IBT findet Anwendung bei verschiedenen psychischen und psychosomatischen Krankheitsbildern. Da IBT immer auch nonverbale Therapie ist, eignet sie sich für die Behandlung psychiatrischer Patienten, die ansonsten mit konventionellen psychotherapeutischen Maßnahmen kaum erreicht werden können. Darüberhinaus ist IBT auch als pädagogisches Verfahren zu betrachten, das einen wesentlichen Beitrag zum Wachstum der Person und zur Entwicklung und Steigerung der vorhandenen kreativen Potentiale darstellt. Weitere Bereiche der IBT können für die Gestaltpädagogik fruchtbar gemacht werden.

Der körpertherapeutische Ansatz von IBT kann zudem wichtige Impulse für die Aus- und Weiterbildung physio- und psychotherapeutischer Berufe geben. (siehe: V 6)

Workshop

Zielsetzung des Workshops war ja gewesen, integrative Bewegungstherapie als einen spezifischen methodischen Weg der Integrativen Gestalttherapie zu präsentieren, nämlich als den Weg, der vom Körper, von der Bewegung, von der Raum- und Zeiterfahrung, der Erfahrung mit Gegenständen, vom Atem, von der persönlichen Dynamik und Energie und von der auch stark nonverbalen Interaktion der Teilnehmer untereinander ausgeht.

Für die Teilnehmer (24 Frauen, 2 Männer) war es wichtig zu hören, woher die IBT stammt, welche Bezugspunkte sie hat, und im Gespräch und der Praxis konnte sehr gut verdeutlicht werden, daß IBT kein physiotherapeutisches Verfahren oder ein "Zulieferer" für die Psychotherapie ist, sondern eine eigenständige psychotherapeutische Methode innerhalb der Integrativen Therapie. Immer wieder wurde auch die Abgrenzung zu anderen Verfahren angesprochen (z.B. Konzentrative Bewegungstherapie, Atemtherapie, Bioenergetik, Gestalt-Körperarbeit), und manches davon ist sicher offen geblieben und wird es sicher auch bleiben müssen, solange körpertherapeutische

Konzepte und Theorien noch nicht weiter ausgearbeitet sind.

Eine gute Verständigung und viel Interesse - auch wohl für die eigene Praxis (Psychologen, Mitarbeiter in der Psychiatrie, Pädagogen) - gab es, als ich und die TN in die "Leibeigene Erfahrung" gingen.

Anregungen, den eigenen Atem zu spüren und die Erfahrung mit inneren, psychischen Erlebnisqualitäten zu verknüpfen, ebenso Aufgaben zur Haltungs- und Raumerfahrung und zur Übertragung "versprachlichter" Energie- und Bewegungsmuster in Bild und Ausdruck konnten den TN einen guten Eindruck ermitteln, was der Dreischritt in der IBT meint:

IBT ist immer funktionelle, erlebnisorientierte und konfliktorientierte Therapie im jeweiligen therapeutischen Prozeß.

Interessant, daß IBT immer noch fast ausschließlich Frauen anzieht. Hier wird sicher eine klassische Spaltung reproduziert, die wir als Zuordnung Körper-Frau und Geist-Mann kennen, und die Teil unserer abendländischen Philosophie und Geschichte ist.

Ich habe mir jedenfalls vorgenommen, mit der Bewegungspsychotherapie beizutragen, daß diese Spaltung sich verringert und Männer und Frauen gleichermaßen die Notwendigkeit erkennen, über <u>ganzheitliche</u> Leiberfahrung sich zu einer integrierten Persönlichkeit zu entwickeln.

Darin waren sich auch die Teilnehmer und Teilnehmerinnen einig und gut 2/3 der Tn des Workshops bekundeten ihr Interesse an weiteren Erfahrungen mit IBT. Ich habe im Programm des FPI Regionalinstitutes München eine fortlaufende Gruppe in IBT angeboten.

Gleichgeschlechtliche Beziehungen in unserem Leben

Almuth Mangelsdorf

Vorbereitung

Der Schwerpunkt meiner Gestaltarbeit liegt derzeitig neben Einzel- und Gruppentherapie in der Supervision für Menschen in sozialen und helfenden Berufen.
Auf das Thema des Workshops kam ich durch meinen Eindruck, daß der Bereich gleichgeschlechtlicher Liebesbeziehungen eine "Lücke" ist unter den sonst vielfältigen und kreativen Inhalten, mit denen sich Gestaltarbeit befaßt.

Der Zusammenhang mit dem Tagungsmotto besteht für mich darin, daß durch die AIDS-Debatte antihomosexuelle Affekte geschürt und neue Diskriminierungen möglich werden.
Der Workshop soll daher Einschüchterung und Verunsicherung entgegenwirken und gleichgeschlechtlich Liebende ermutigen, bei der eigenen Diskriminierung nicht mitzuspielen.
Dies bedeutet, bei sich selbst, beim Einzelnen anzufangen, homosexuelle Anteile zu integrieren.

Den Ablauf des Workshops plane ich strukturiert mit Wahrnehmungsübungen, Imagination und Gesprächen.

Mein Wunsch ist, Wege zu zeigen, um Frieden mit Homosexualität zu schließen, wobei Gestaltarbeit Hilfe zur Befreiung statt zur Unterdrückung sein soll.

Workshop

Die Gruppe begann mit dem gegenseitigen Kennenlernen der Teilnehmerinnen und Teilnehmer. Die meisten leben in einer heterosexuellen Partnerschaft und haben in der

Vergangenheit homosexuelle Beziehungen erlebt. Häufig war die erste Jugendliebe gleichgeschlechtlich gewesen. Einige Teilnehmer haben private oder berufliche Kontakte mit Homosexuellen.
Im nächsten Abschnitt führte ich mit der Gruppe eine gelenkte Imagination durch. Nach einer Suggestion zur Entspannung des ganzen Körpers gab ich mündlich in etwa folgende Vorstellungsmotive vor: die Teilnehmer sollten sich aus dem Raum in einen schönen Garten oder eine ihnen angenehme Gegend begeben, sich dort selbst und ihre Umgebung mit allen Sinnen genau wahrnehmen (Bilder, Farben, Geräusche, Gerüche, Temperatur) und die Imagination so lenken, daß sie sich wohlfühlen, den Aufenthalt an diesem Ort genießen und tun, wozu sie Lust haben. In diese Szene tritt ein ihnen sympathischer Mensch des gleichen Geschlechts ein (bekannt oder unbekannt) und die Teilnehmer erleben eine Kontaktaufnahme und Begegnung mit ihm. Zuletzt verabschiedet sich die Person, die Teilnehmer kommen aus der Imagination in ihren normalen Wachzustand zurück.
Die vorgegebenen Vorstellungsmotive waren der Ausgangspunkt, von dem weitere (individuelle) innere Bilder ausgehen und aufsteigen, die von ganzheitlichem bewußtem Wahrnehmen begleitet sind und meist auch stark emotional erlebt werden.
Anschließend stellten die Teilnehmer/innen ihr imaginatives Erleben in der Gruppe vor und tauschten sich darüber aus.
Einige Teilnehmer berichteten über positiv erlebte Begegnungen mit realen oder vorgestellten Personen; teils wurden Gefühle des Verliebtseins deutlich, denen im Alltag bisher kein Platz eingeräumt wurde. Andere erlebten in der Imagination emotional negativ gefärbte Begegnungen, aggressive Impulse und Wut gegen Bezugspersonen aus der eigenen Vergangenheit, von denen sie enttäuscht, gekränkt oder gedemütigt wurden.
Wichtig war, Zuneigung und positive Gefühle erleben zu können, aber auch Ablehnung und das Mißtrauen gegen das eigene Geschlecht nicht zu übergehen, sondern zuzulassen und sich bewußt zu machen.
Im dritten Abschnitt suchten sich die Teilnehmer eine/n Partner/in und tauschten sich mit diesem über die Frage aus: welche Eigenarten finden Menschen meines Geschlechts an mir anziehend?

Mit einem Resumée dessen, was für die Teilnehmer in diesem Workshop wichtig gewe-

sen war, beendeten wir unsere Gruppe.
Positiv wurde die entspannte Atmosphäre bewertet, in der man sich dem Thema nähern konnte und dies nicht mehr beklemmend oder peinlich wirkte. Als wichtig wurde auch benannt, die eigenen Widerstände zuzulassen und anzuschauen, anstatt intellektuell-liberal diese Abwehr zu übergehen. Statt vorgeschobener Toleranz ging es darum, eigene Widersprüche zu erleben und auch Vorurteile, Kritik und Probleme mit Homosexualität anzusprechen.
Dies erschien besonders wertvoll für einen offenen persönlichen Umgang mit Homosexuellen, sei es privat oder beruflich.

Theoretische Überlegungen

Diskriminierung, Verurteilung und Feindseligkeit gegenüber Homosexualität und Homosexuellen hat mit der Abspaltung eines Anteils zu tun, den jeder Mensch hat, seiner eigenen (potentiellen) Homosexualität.
Der Workshop gab eine Gelegenheit, Kontakt zu diesen eigenen Anteilen aufzunehmen, sie sich in ihren positiven und negativen Aspekten bewußt zu machen und besser zu verstehen.
Homosexualität anzunehmen heißt auch, das eigene Geschlecht zu bejahen. Je mehr wir gleichgeschlechtliche Komponenten im eigenen Wesen integrieren, desto mehr weichen wir den Geschlechtsrollenpanzer auf, bereichern unsere Ausdruckmöglichkeiten und können das eigene Geschlecht nicht nur als Konkurrenten, sondern auch als liebenswerte Partner sehen.
Diese Integration homosexueller Anteile in unsere Gesamtpersönlichkeit kann unsere Selbstakzeptierung und Liebesfähigkeit (und damit unsere Identität) stärken und uns offener machen für Lebensweisen und Liebesbeziehungen, die von den eigenen Gewohnheiten abweichen.

Institutionen verstehen lernen

Karl Schropp

Vorbereitung

Mein Tagungsbeitrag ist ein Seminar mit dem Titel "Institutionen verstehen·lernen". Im Zentrum steht dabei die Arbeitswelt der Teilnehmer. Mein Interesse an diesem Thema ergab sich aus meiner Arbeit als Supervisor in sozialen Institutionen.
Bei der Vorbereitung stellten sich für mich zunächst mehrere Fragen:

1) Was sind die Unterschiede, was die Gemeinsamkeit zwischen Supervisionsarbeit und Gestalttherapie?
Außer einer stärkeren Betonung des Systembezugs bei der Supervision konnte ich keine Unterschiede ausmachen, denn auch bei einer Untersuchung der Wechselwirkung zwischen Institution und Individuum steht der Einzelne im Mittelpunkt der Arbeit, und das "ganzheitliche Paradigma", das der Gestalttherapie zugrundeliegt, erlaubt zwanglos die Integration systematischer Betrachtungsweisen aus Familientherapie oder auch Organisationsentwicklung. Wenn ich allerdings mit einem Team arbeite, beziehe ich bei meinen Interventionen stets auch das Arbeitsfeld und die Kollegen mit ein, entwerfe manchmal auch Interventionen für das ganze Team.
Als Gemeinsamkeit zwischen Gestalttherapie und Supervision ergab sich für mich, daß beide auf die Handlungsfähigkeit des Individuums in stärkerem Maß abzielen, als dies andere Therapieansätze tun, die mehr die Reflexion betonen.

2) Welcher Bezug besteht zum Thema der Tagung?
Zwei wesentliche Ziele meiner Supervisionsarbeit sind Integration und Veränderung, und zwar in folgenden Bereichen:

- im persönlich - emotionalen Bereich,
- in der Gruppendynamik des Arbeitsteams,
- bei Strukturproblemen innerhalb der Institution, und
- in der konkreten Fallarbeit.

Bezogen auf das Berufsfeld erscheinen mir die Ziele Integration und Veränderung als eine konstruktive Konkretisierung der Begriffe Anpassung und Auflehnung.

3) Die Kernfrage für die Praxis: Wie und in welchem der obengenannten Bereiche kann ich Integration oder Veränderung unterstützen? (stellte sich als letzte im Vorbereitungsprozeß und brachte mir eine Auswahl konkreter Methoden, die ich zur Anwendung bringen wollte.)

Im bisher gesagten spiegelt sich ein wichtiger Teil meiner Tagungsvorbereitung: die inhaltlich - theoretische Auseinandersetzung mit dem Thema, eine Revision der Konzepte und Wissensbrocken, die ich mir angeeignet habe.

Ein zweiter Teil der Vorbereitung lief auf der emotionalen Ebene. Mein Narzißmus vertrat den Standpunkt, daß ich viel zu bieten habe, während meine Ängste die Befürchtung dagegensetzten, ich könne versagen. Die Erfahrung, daß ich dann am besten arbeiten und wahrnehmen kann, wenn ich innerlich leer bin, stellte schließlich eine realitätsbezogene Synthese zwischen beiden her.

Der dritte Teil meiner Vorbereitung beinhaltete Ansätze zur Zeitstrukturierung. Zuviel Struktur erdrückt die Wahrnehmung des Prozesses, zu wenig Struktur erzeugt Angst. Nach meiner Erfahrung ist eine sorgfältige Strukturierung des Seminarbeginns das wichtigste. Ich entwarf dafür folgende Metapher:

Die Seminargruppe ist ein Kunstwerk, von dem folgende Eigenschaften schon anfangs sichtbar sind:

teilweise verpackt (muß "ausgepackt" werden), offen und veränderbar im Verlauf des Prozesses, meine Rolle dabei: Kristallisationskern liefern (Angebot im Programm), beim "Auspacken" und Vollenden helfen, enthält einen Spiegel: wenn man aus einem bestimmten Winkel hinein schaut, sieht man ein Bild einer Institution, wie sie am Anfang ihrer Geschichte ist,
sieht man die Institution, in der man arbeitet,
sieht man die Institutionen der anderen Teilnehmer,
sieht man dahinter die Ur-Institution: die eigene Familie

Falls die Gruppe positiv auf die Metapher reagiert, wollte ich mit Fragen den Prozeß des "Auspackens" einleiten:

Wieviele haben berufliche Kontakte miteinander?

Wieviele Teilnehmer arbeiten direkt zusammen?

Wieviele von Euch haben bereits Supervisionserfahrung?

Gibt jemand selbst Supervision?

Sind alle Anwesenden berufstätig?

Wer arbeitet in "leitender Position"?

Wenn mein nächster Schritt, nämlich das Angebot von hot-seat-Arbeit angenommen würde, wollte ich gemeinsam mit dem Teilnehmer, der sich dafür melden würde, ein paar Vereinbarungen mit der Gruppe treffen:

Einverständnis mit der vorgeschlagenen Form

persönliche Information und Institutionsinterna vertraulich behandeln

Bitte an alle um Beiträge/Einmischung/Mitarbeit.

Workshop

Die beschriebenen einführenden Schritte ließen sich in der geplanten Form durchführen. Das entstandene schützende Milieu erlaubte einen raschen Einstieg in die hot-seat-Arbeit. In jeder der drei Arbeitseinheiten á 1 1/2 Std. war ein Teilnehmer bereit, ein Problem aus seiner Berufsarbeit vorzustellen. In der zweiten Zeiteinheit erwies sich die Methode der Familienskulptur (V. Satir) zum Sichtbarmachen des Problems als sehr hilfreich.

Den Abschluß bildete eine Diskussion über meine Haltung gegenüber Institutionen, die im Verlauf der Einzelarbeit sichtbar geworden war:

- statt Kampf und Abwehr - Suche nach den Zugangsmöglichkeiten zu den Leistungen, die Institutionen bereitstellen;
- statt Institutionen als fordernd zu phantasieren - Betonung der definitionsgemäßen Aufgaben, nämlich Erbringen von Leistungen;
- statt Feindbildern und überhöhten Ansprüchen - Einsicht in die strukturellen Schwächen und Probleme von Institutionen, bedingt durch Arbeitsteiligkeit, Organisations-, Integrations- und Innovationsprobleme;
- statt Forderungen stellen und Veränderungen erkämpfen - Einsicht in das Gleichgewicht zwischen homöostatischen und innovativen Tendenzen, die in jeder Institution vorhanden sind;

- statt Kampf zwischen Mächtigen und Ohnmächtigen - Erkennen (und Rückgewinnen) der Macht, die eigene und institutionelle Spielregeln über beide haben.

Es gab einen wichtigen Unterschied zwischen Vorbereitung und Durchführung: in der Theorie (ohne Kontakt) waren die Fragen und Probleme, mit denen ich mich herumschlug, schwieriger gewesen als im tatsächlichen Seminarprozess.

Die Kränkung des Therapeuten

Peter Uffelmann und Wolfgang Milch

Vorbereitung

Es bestand der Anspruch, die unterschiedlichen Formen von Kränkungen als notwendige Phänomene des therapeutischen Prozesses erlebbar und verstehbar zu machen. Dabei könnte Kränkung als Abwehrverhalten auftreten, Kränkungen können im Übertragungs- und Gegenübertragungsgeschehen unberücksichtigt bleiben, ein Therapeut kann den Anspruch haben, überhaupt nicht kränkbar zu sein usw. Neben der Handhabung von "auf Gegenübertragungskrisen" in der Arbeit mit schwergestörten Patienten sollen vor allem auch Kränkungen, die innerhalb psychiatrisch-psychotherapeutischer Institutionen (Macht, Konkurrenz, u.a.) auftreten, im Mittelpunkt der Arbeit stehen.
In unserem gemeinsamen Diskurs zur Vorbereitung der Arbeitsgruppe überlegten wir, ob sich im Gruppengeschehen auch die Kränkung wiederholen könnte. Ob uns die Zuhörerschaft bei diesem heiklen Thema auch kränkt, weil wir es wagen, an mögliche alte Verletzungen bei den Therapeutenkollegen selbst zu rühren?
Bei uns tauchen Phantasien auf wie etwa die folgenden: Die Kollegen sagen uns, Ihr tretet hier zwar mit einem großen Anspruch auf und verkündet ein großes Thema, letztlich könnt Ihr uns aber nichts bieten. Was Ihr zu sagen habt, ist langweilig und

schon längst bekannt.
Oder das Desinteresse der Kollegen, das sich vielleicht darin äußert, daß keiner sich zu der Arbeitsgruppe anmeldet. Oder wir geben uns große Mühe, erzählen viel, das Auditorium blickt uns aber verständnislos an.
Da P. einen weiteren Vortrag auf der Tagung hält über das Thema: "Leibheimat - Beziehungsheimat" und darin über seine integrative Bewegungstherapie mit psychotischen Jugendlichen berichtet, kommen wir auch auf die Idee, ob sich Kränkungssituationen ähnlich wie bei diesen Jugendlichen auch bei uns in körperlichen Störungen äußern könnten. Dann hätten Kränkungen in einer Zeit, in der wir noch nicht verbal darauf antworten konnten, funktionelle Störungen zur Folge. Wenn diese chronifizieren, kommt es zu organischen Krankheiten wie Migräne, Asthma, Magengeschwür. Dazu paßt auch, daß Kränkungen nur abgewehrt werden können, wenn wir sie uns bewußt machen. Wir können dann die kränkende Situation analysieren und besprechen. Entzieht sich die Kränkung der verbalen Ebene, trifft sie uns direkt, auch körperlich, wir nehmen dann nur noch die Folgen wahr in Form von funktionellen Störungen, können uns aber dagegen nicht wehren. (s. auch persönliches Gespräch mit Frau Thea Bauriedel).
Unsere Einfälle dazu bringen uns dahin, daß in einer frühen Kindheitsstufe Sprechen noch körperliche Funktionen bewirkte: "Eine Warze besprechen", beruhigende Worte sprechen bei körperlicher Erregung, auch der Kinderspruch: "heile, heile Gänschen". Auch das Experiment von Friedrich II., der die Ursprache herausfinden wollte und in einem Waisenhaus die Wärterinnen anwies, mit den Kindern nicht zu sprechen. Die Kinder starben alle, was beweist, daß Sprache bei Babys lebensnotwendig ist.
Wir suchten nun nach Hinweisen, die die Sprache selbst für diese Zusammenhänge aufweist: Nach dem Duden kommt krank von mittelhochdeutsch krane, gleichbedeutend mit schwach, schmal, schlank, gering, nicht gesund, schlecht, nichtig, leidend, schwach, ohnmächtig. Kranken (mhd.) ist synonym mit schwach, leidend werden oder sein, und krenken (mittelhochdeutsch) bedeutet schwächen, mindern, schädigen, zunichte machen, plagen und erniedrigen. Das heutige Wort Kränkung wird erst spät im 17. Jahrhundert als Neuschöpfung aufgenommen und wird zunächst in der Bedeutung krankhaft gebraucht.
D.h., daß der ursprüngliche Begriff von Kranksein und kränken noch eine Einheit zwischen Soma und Psyche beinhaltet und erst viel später Kranksein nur noch im

organischen Sinne verstanden wird und Kränkung im psychologischen.

Wir wenden uns nun der Frage zu, ob Therapeuten besonders kränkbar sind. Wir überlegen zunächst, welche Patienten uns selbst besonders kränken können. Es fallen uns u.a. suicidale Patienten ein. Gleichzeitig ist uns bekannt, daß Therapeuten selbst statistisch die höchste Selbstmordziffer haben. Viele kommen auch über eine Therapie zu ihrem späteren Beruf, in manchen therapeutischen Vereinigungen (Holland) wird dieser Weg als sinnvoll angesehen.

Vielleicht könnte die Kränkbarkeit, wenn sie bewußt werden kann, eine besondere Sensibilität in der Interaktion bedeuten, vielleicht auch Ausdruck sein für die Gabe der Empathie. Wir stellen folgende These auf: In der Kindheit des späteren Therapeuten kam es zu besonderen Kränkungen, die Wunden hinterlassen haben. Diese hatten damit zu tun, daß die bisher unerfüllten Bedürfnisse der Eltern nun durch das Kind erfüllt werden sollten. Siehe das Konzept der "Ersatzpartnerschaften" von Thea Bauriedel. Dadurch kann das Kind für den Erwachsenen besondere Funktionen übernehmen, die der Partner nicht erfüllen kann und das Kind hat dafür das Gefühl, besonders groß und mächtig zu sein und beide Elternteile in unterschiedlicher Weise (und Ausmaß) beeinflussen zu können und möglicherweise in der Dreierbeziehung der Mächtigste zu sein. Diese Funktionen haben zu tun mit den Erwartungen und inneren Bildern der Eltern, die häufig schon von dem Kinde bestehen, noch bevor es gezeugt wurde. Später kann das Kind nicht seinen eigenen Bedürfnissen nachgehen, sondern verhält sich gemäß diesen Erwartungen und bildet möglicherweise ein "falsches Selbst" (Winnicott) aus. Niederschläge einer solchen Interaktion können sich in der späteren Rolle als Helfer in verdrängter Weise wiederholen. Es handelt sich dabei dann um spezifische Interaktionsprozesse, es ist aber auch für uns zu erwarten, daß Niederschläge auf einer averbalen psychosomatischen Ebene als Relikte für frühe Kränkungen erhalten bleiben. Dieser psychosomatische Zusammenhang kann darauf hindeuten, daß erste Kränkungen in der Phase vor der Sprachentwicklung auftraten, also als Sprechen noch stärkere somatische Auswirkungen hatte (s.o.). Auf solche Zusammenhänge könnten spätere funktionelle oder chronifizierte körperliche Störungen bei Therapeuten hinweisen. Nun scheint es so, daß sprachliche Äußerungen, die eine doppelbödige Information enthalten, erst wirken, wenn die Sprache auch auf den verschiedenen Ebenen verstanden werden kann. R. Lifton beschäftigt sich in seinem

Buch (Der Verlust des Todes) mit diesem Problem und führt als interessantes Beispiel auf, daß Patienten nach einem Schlaganfall, die die Fähigkeit verloren haben, eine hintergründige Information zu dechiffrieren, nur noch vom Vordergründigen und Eindeutigen ausgehen. Weil diese Patienten sich nicht von den hintergründigen Bildern und Informationen beeindrucken ließen, mußten sie herzhaft über die Rede des Präsidenten lachen. Es ist also zu überlegen, ob bestimmte Kränkungen nicht auf noch früheren Stufen der Entwicklung stattfinden, in denen die Sprache mehr als Kulisse, Hintergrund und Atmosphäre eine Rolle spielt.

Als Modell stellten wir uns eine Disproportionalität in der Mutter-Kind-Beziehung vor, die gut in Einklang stehen kann mit oben erwähntem Konzept der "Ersatzpartnerschaft". Dazu zwei Beispiele: 1) Ein 2 Monate alter Säugling liegt bei seiner Mutter im Bett, diese schläft, das Kind ist aber wach und schaut in die Gegend. Der Vater kommt hinzu, sieht das wache Baby und hat in diesem Moment Zeit und Lust, sich mit dem Baby zu beschäftigen. Etwas gedankenlos nimmt er es aus dem Bett in den Arm, denkt, es ist ja nur gut für das Baby, möglichst viel am Körper herumgetragen zu werden. Er ist nun erstaunt, daß das Baby schreit und strampelt und den Eindruck erweckt, als wolle es gar nicht auf den Arm. Bei dem Vater entstehen Gefühle von Ärger und Zurückgewiesensein. Bei späterer Reflexion erhärtet sich der Eindruck, daß durch die eigene Erwartung und auch die Unbedachtsamkeit das Kind aus seinem Rhythmus gebracht wurde. Es entstand dadurch ein funktioneller Zustand von großer Erregung, lautem Schreien, rotem Kopf, Zittern an Armen und Beinen.

2) Ein 3 Wochen altes Baby lächelt seine Mutter an, diese ist zur Zeit depressiv und fühlt sich innerlich gelähmt und leer. Sie kann sich dem Kind nicht zuwenden. Das Kind wiederholt sein Lächeln. Als es nach mehrmaligem Versuch keine Antwort kriegt, bricht es in Schreien aus.

Nochmals zur Kränkbarkeit der Therapeuten:

Wir nehmen an, daß es in der Kindheit der späteren Therapeuten Verletzungen gab, die auch damit zusammenhängen, daß sich die Eltern in ihren Erwartungen an das Kind im Sinne der Ersatzpartnerschaften verletzt fühlten die das Kind dahinbringen, besondere Funktionen für die Eltern zu übernehmen, um diese bei Laune zu halten. Das kann soweit gehen, daß das Verhalten der Kinder die Depression eines Elternteiles abwehren muß und bei dem anderen Elternteil die durch die Depression entstandenen Mängel der Partnerbeziehung kompensieren soll. In der späteren Entwicklung entsteht bei dem späteren Helfer eine besondere Affinität, solche Beziehungen zu wiederholen. Er bietet sich auch in seinen späteren Freundschaften als jemand an, der den anderen bestätigen kann, ihn ermutigt und stützt. Damit kann er zwar später besonders gut auf seine Klienten eingehen, entfernt sich aber zunehmend von eigenen Bedürfnissen und Wünschen. Besonders Gefühle von Kränkungen oder Wut bleiben ihm unbewußt. Ähnlich wie es früher bei den Eltern war, die ja stimmungsmäßig auf das Verhalten der Kinder reagierten, müssen sich nun auch die Klienten verhalten. Sie müssen sich in ihrer Stimmung bessern und müssen sich verändern. Verweigern sich die Klienten, entstehen bei dem Helfer Gefühle der eigenen Hilflosigkeit, von Wut und Ärger. Häufig werden diese Gefühle heruntergeschluckt und der innere Druck nimmt wie in einem Dampfkessel zu. Wohlmeinend werden auf der vordergründigen Ebene freundlich und einfühlsam äußerst aggressive Deutungen gegeben, möglicherweise agieren die Therapeuten auch, indem sie Anordnungen treffen wie Ausgangssperren, Beschränkungen von Taschengeld, Erhöhung von Medikamenten möglicherweise bis hin zum Elektroschock. Da die aggressiven Gefühle auf Seiten des Therapeuten nicht genutzt werden, um die Interaktionen besser zu verstehen, sondern eher unbewußt bleiben, werden sie häufig agiert oder machen sich in funktionellen Störungen bei den Therapeuten fest wie z.B. Gefühle von Unaufmerksamkeit, Müdigkeit, Abgespanntheit, Angstgefühlen, Kopfschmerzen, Harndrang, Bauchkoliken. Auch können nach den Therapiestunden Anfälle von Eßlust auftreten. Als kleines Beispiel fällt uns eine kurze Episode mit einer jungen Ärztin ein, die einen Konflikt mit einer Patientin hatte und in der Supervision berichtet, "ich habe ihr dann gesagt (der bösen Patientin), ich bin doch schließlich Ärztin und bestimme hier, was gemacht wird". Dabei blieben ihr die eigenen Gefühle von Ärger, Wut und Kränkung durch die Patientin verschlossen.

Rollenspiel in der Vorbereitungsphase als mögliches Rollenspiel in der Arbeitsgruppe:

M. hatte am Vortag eine kränkende Situation mit einer Patientin erlebt. W. war bereit, diese zu spielen, und P. leitete das Rollenspiel. Es handelte sich um die erste Sitzung nach einem längeren Urlaub. Während der Therapiestunde fielen drei Sätze, die M. als typisch und besonders kränkend betrachtete:

1. von Ihnen lasse ich mich nicht mehr behandeln!.

2. Sie reden immer von Krankheit, wer ist denn hier überhaupt krank, vielleicht sind Sie ebenso krank wie ich. Schauen Sie sich mal die Bäckerin von gegenüber an, die müßte dann ja auch behandelt werden!
3. Sie reden von Nähe, die vor Ihrem Urlaub entstanden sei. Vielleicht ist sogar Nähe entstanden, es war aber nur äußerst wenig.

Nachdem die drei Sätze nochmals M. gesagt wurden, reagierte diese wie am Vortage verletzt und wütend. Sie antwortet: "ich habe das anders empfunden, vor dem Urlaub sind wir uns doch sehr nahegekommen." Es entsteht bei diesen Worten bei W. ein warmes und herzliches Gefühl. Es folgt dann der Satz: "ich bin enttäuscht von Ihnen und auch wütend, weil Sie so undankbar sind!".
Bei den Worten: "... weil Sie so undankbar sind!" reagiert W. mit starker Wut. Es wird deutlich, daß M. ihre eigenen Gefühle vermischte mit Erwartungen an die Patientin. Es wurde jetzt durch das Rollenspiel klar, es geht M. um die Dankbarkeit der Patientin.

Workshop

Ablauf der Arbeitsgruppe:

Die Teilnehmenden werden gebeten, sich vorzustellen und ihre Erwartungen zu äußern, wie wir den Workshop für uns nutzen können. Eine Therapeutin berichtet, daß sie von ihren Arbeitskollegen in dem Team abgelehnt wurde und nun die Arbeitsstelle verlassen habe. Die Kränkung darüber habe sie noch nicht verwunden. Ein anderer berichtet über Patienten, die kurz zuvor die Therapie abbrachen. Ein älterer Internist berichtet darüber, daß mehrfach Patienten, die er mochte, eine Behandlung bei ihm anfingen, dann aber schnell absprangen. In der Gruppe selbst sind drei Teilnehmer, die eine internistische Behandlung bei ihm abbrachen.
Ein Kollege, der mit Drogenabhängigen arbeitet, berichtet über die Kränkungen von Patienten, die in den Gruppensitzungen abwesend erscheinen, schlafen, lesen oder in anderer Weise nicht an dem Gruppenprozeß teilnehmen. Offensichtlich wollen sie seine Angebote nicht annehmen. Eine ältere Psychotherapeutin berichtet, daß sie immer wieder den Zwang verspüre, helfen zu müssen und diesen Zwang gerne ablegen möchte. Eine andere hatte selbst einen Workshop hinter sich, in dem sie

über eine Therapie mit einer Bylimie-Patientin berichtete. Sie hatte auch erzählt, daß sie nach den Therapiestunden selbst eine Eß-Störung bekam, und eine ganze Menge Kuchen aß, obwohl sie keinen Appetit verspürte. In dem Workshop wurde ihr von den Teilnehmern deutlich gemacht, wie sehr sie in der Therapie gekränkt worden war. Diese nachträgliche Bewußtmachung dieser öffentlichen Situation wirkte auf sie umso nachhaltiger kränkend.
Es wurden funktionelle Symptome berichtet, die häufig auftraten: Rückenschmerzen, Kopfschmerzen, Globusgefühl, Müdigkeit, Abgeschlagenheit, Gefühl von Anstrengung.

Es wurde dem Kollegenkreis nun eine zweite Frage gestellt, nämlich: was in dieser Arbeitsgruppe für jeden Einzelnen auf keinen Fall passieren dürfe.
Es entstand zunächst eine Betroffenheit in der Gruppe, und diese Frage wirkte wie eine Schlüsselfrage. Es traten Vorstellungen auf, nicht blamiert werden zu wollen, nicht als inkompetent oder insuffizient zu erscheinen. Vor allem dürften nicht die "Tränen der Verletzung gezeigt werden" ("die Aggression darf es sein, die kann ich zeigen, aber nicht die Tränen der Verletzung."). D.h. die vordergründige Aggression darf deutlich werden, aber nicht die darunterliegenden schmerzlichen Prozesse. Die Aktivierung früherer Verletzungen wird häufig mit Aggressionen beantwortet.
Es entsteht der Eindruck, daß wir häufig etwas machen, was früher mit uns gemacht wurde.
Es darf auch keiner sagen, Du bist als Therapeut beschissen, wenn Du schwach und verletzlich bist.
Schlimm wäre es auch, hier im Kreis auf keine Resonanz zu stoßen. Sich vielleicht vor den anderen in theoretischen Konzepten zu verlieren und dann zu hören: "Du bist ja kopfert!"
Eine amerikanische Kollegin berichtet über eine Therapie mit einer Patientin, die immer droht, wegzugehen. Gleichzeitig würde sie sich um vieles bringen, wenn sie die Therapie abbricht. Es wäre ein Phyrrus-Sieg.
Bei der weiteren Beschäftigung mit dieser Therapie kommen wir dahin, daß die Therapeutin selbst in ihrer eigenen Analyse ähnliche Erlebnisse hatte.
Sie hatte sich mit ihrer eigenen Therapeutin angelegt und auch gedroht, die Therapie zu beenden. Die Therapeutin hatte das offensichtlich nicht ausgehalten und hatte ihr bedeutet, daß ja jetzt bald Urlaub sei, danach sei noch 1 Stunde, und dann wolle

man die Therapie beenden. Sie selbst habe sich damals sehr schlecht gefühlt und auch gewußt, daß sie zwar ihren Willen durchgesetzt habe, sich aber gleichzeitig um die weitere Analyse gebracht habe. Damit sei sie zwar einerseits aus der Auseinandersetzung herausgekommen, habe sich auch trotzig fühlen können, aber sie habe nicht sagen können, sie wollte die Therapeutin verletzen und auch 'mal in der Auseinandersetzung siegen. Letztlich habe sie nur sich selbst geschädigt. Es wird ihr bedeutet, daß das Gefühl des Angenommenseins trotz allen Ärgers und trotz aller Ablehnung für uns alle wichtig ist.
Kurz nach diesen Worten bricht die Therapeutin, die über die Bulimie-Patientin berichtet hatte, in Tränen aus. Die ältere Psychotherapeutin (sie berichtete über den Zwang, helfen zu müssen) fragte, sie fühle den Impuls, sie zu trösten, ob sie das dürfe. Sie setzt sich dann ihr zu Füßen und streichelte sie. Langsam ebbten die Tränen ab. Die Tränen wurden als Reaktion auf das Gefühl, angenommen werden zu wollen, gedeutet.

Aktive Imagination:

Dieser Teil wird mit einer aktiven Imagination begonnen, indem die Teilnehmer die Augen schließen, sich auf ihre inneren Prozesse und Körpergefühle konzentrieren, ihrem Körpergewicht nachspüren und auch erleben, wie sie ihr Körpergewicht an den Sitz und die Lehne des Stuhles und den Boden abgeben. Jeder versucht, es sich angenehm zu machen.
Sie werden dann aufgefordert, sich eine kränkende Situation vor dem inneren Auge vorzustellen und zu schauen, wie sie darauf reagieren. Auch zu sehen, wie die körperliche Reaktion ist und welche Handlungen und Sätze es sind, die ihn besonders kränken.
Aus dieser Situation heraus werden die Teilnehmer dahin geführt, sich den Ort vorzustellen, an den sie sich in solchen Kränkungssituationen wünschen. An den Ort, wo es ihnen gutgeht.
Es wird anschließend über die inneren Bilder und Vorstellungen gesprochen. Es ist beeindruckend, wie die Vorstellungen in dieser berufsbezogenen Arbeitsgruppe überraschend ähnlich sind. Einzelne Beispiele für kränkende Situationen sind folgende:
- das Bild von Patienten, die wie Blutegel am Körper sitzen und unter die Haut

eindringen. Ein Taucheranzug könnte als Schutz dienen. Gut ginge es ihm an einem Strand, wo es warm sei und er nackt herumlaufen könne.

- Situationen, in denen der Kollege in der Klinik ganz viel gelobt wird und so übermäßig, daß er es wieder als Kränkung erlebt.
- Eine Teamsituation, in der eine Schwester sagt, Du kommst ja schon wieder zu spät, Deine Dienstzeit beginnt doch um 9.00 Uhr.
- Ein jugendlicher Patient wurde 6 Monate stationär von dem Therapeuten mit viel Engagement fünfmal in der Woche behandelt. Der kleine M. fing an, sich nach dieser Zeit langsam in der Klinik wohler zu fühlen. Aber die Eltern waren unzufrieden und nahmen ihn heraus. Der Therapeut reagierte gekränkt und wütend und merkte zu spät, wie er selbst die Konkurrenz um den kleinen M. mit den Eltern übersehen hatte. Aus dieser Situation heraus hatte er die Vorstellung, er könne sich besonders wohlfühlen, wenn er alleine in einem warmen Bett liege.
- Ein Kollege berichtet über die Kränkung durch die Ärztekammer, die seinen Zusatztitel Psychotherapie nicht anerkannte, weil er bei den falschen Therapeuten Ausbildung gemacht hatte. Als Gegenvorstellung dachte er an Strand und Meer.
- Ein Kollege mußte daran denken, daß Patienten aus der Therapie abgesprungen sind und hatte ein inneres Bild, von einem warmen Regen, der auf eine Wüste fällt, aber auf dem Boden nicht ankommt.

Aus dieser Runde entstanden die Fragen an Therapeuten: "woran denkst Du gerne in Deinen Therapien, wenn Du Deine Gedanken einmal abschweifen läßt?" "Was machst Du häufig nach Deinen Therapien, um Dich zu entlasten?"

Die einzelnen Mitglieder bedanken sich herzlich für die Arbeitsgruppe und in der gemeinsamen Besprechung wurde deutlich, daß so viel hier besprechbar war, auch weil beide Gruppenleiter ganz unterschiedliche theoretische Konzepte haben, in sehr unterschiedlicher Weise reagieren und doch zeigen, daß sie sich gegenseitig akzeptieren und ihre gegenseitige Zuneigung auch in der Arbeitsgruppe zeigen konnten.

Gestalttherapie mit psychotisch Erkrankten - Diagnose- und Behandlungsmöglichkeiten -

Thijs Besems, Gerry van Vugt

Workshop

Die Gestalttherapie, wie Perls sie gelehrt hat, ist eine Methode, die hauptsächlich im Bereich der Neuroseerkrankungen durchgeführt wird. Perls hat dazu auch eine - übrigens ziemlich beschränkte - Neurosenlehre entwickelt. Wenn wir mit psychotisch erkrankten Menschen gestalttherapeutisch arbeiten wollen, finden wir bei Perls auch die für diese Therapie wichtigen Ausgangspunkte:

- Leib-Seele-Geist-Einheit
- Hier- und Jetzt-Prinzip
- Figur-Grundprinzip
- Entwickeln der Wahrnehmung
- Selbstverantwortlichkeit
- Don't push the river, it flows by itself.

Methodisch können wir mit dem, was Perls uns bietet, mit diesen Menschen aber wenig anfangen. Psychoseerkrankte Menschen haben gewöhnlich eine sehr schwache und labile Identität. Ihr Ich-Gefühl ist zerstört. Das bedeutet, daß die uns bekannten Gestaltmethoden in den meisten Fällen kontraindiziert sind. Grundgedanke von Perls ist, daß der Therapeut den Klienten hilft, die Sachen, die der Klient in sich als störend erlebt, außer sich zu stellen. Ab dem Moment ist der Klient in der Lage, einen Dialog mit dem für ihn störenden Gefühl anzufangen. In diesem Dialog kann der Klient entdecken, inwieweit er sich von diesen Störungen beeinflussen läßt, ob er sich davon abwenden will, und wie er das machen kann. Hierzu benutzt Perls folgende Methoden:

- Phantasiereise, - Imagination, - Identifikation, - Darstellung
- leerer Stuhl

Von dem Klienten erwartet der Therapeut, daß er in der Lage ist, sich bestimmte Gefühle vorzustellen, sie darzustellen, sich davon zu distanzieren oder sie zu integrieren. Das sind alles Fähigkeiten, wozu der psychoseerkrankte Mensch meistens nicht in der Lage ist. Demjenigen, der Phantasie und Realität schon durcheinandermischt, helfen wir natürlich nicht mit Imaginationen. Genauso wenig wird demjenigen mit Abspaltungstendenzen damit geholfen, daß er bestimmte Gefühle außer sich darstellen soll. Das bedeutet, daß wir für die gestalttherapeutische Arbeit mit diesen Menschen andere Methoden entwickeln müssen. Das theoretische Fundament dazu können wir nicht in den bisher entwickelten Theorien der Gestalttherapie finden. Wir basieren unsere Arbeit auf klinisch-psychiatrische Konzepte von Psychiatern, die in ihrem Mensch- und Weltbild nah anschließen an die Grundlage der Gestalttherapie. Der wichtigste in diesem Zusammenhang ist Christian Scharfetter. Er analysiert die Psychoseerkrankung in fünf mögliche Formen der Ich-Störungen. Folgende Bereiche von dem Ich können gestört sein:

- Ich-Vitalität
- Ich-Aktivität
- Ich-Konsistenz
- Ich-Demarkierung
- Ich-Identität

Vitalitätsstörung

In dem Workshop haben wir einige dieser Störungen behandelt. Zuerst haben die Teilnehmer eine Meditation an sich erfahren können, was eine Vitalitätsstörung ist. Wir beschreiben hier einen kleinen Teil dieser Meditation:

Schließen Sie bitte die Augen. Setzen Sie sich bitte bequem hin. Spüren Sie bitte Ihre Energie. Achte dabei auf Atem, Kribbeln im Körper, Spannung, Herzschlag. Stellen Sie sich jetzt vor, daß der Kontakt mit Ihrer Energie allmählich nachläßt. Sie können nicht mehr frei über Ihre Energie verfügen.

Am Ende der Meditation wurden die Teilnehmern aufgefordert, das jetzige Gefühl in ihren Körperhaltungen auszudrücken, dann aufzustehen, die Augen zu öffnen, durch den Raum zu gehen, und schließlich ein Bild zu malen. Anschließend haben wir die Bilder miteinander verglichen und sie besprochen. Als gemeinsame Kennzeichen dieser Bilder wurden deutlich: sehr wenig auf dem Papier, blasse Farben, dünne Linien, kein Schwung, wenig Zielgerichtetheit. Das gleiche kam zum Ausdruck in der Körperhaltung und der Körperbewegung: schlaff, energielos, ohne Ziel, langsam. Diese Kennzeichen in Verhalten und Bildern treten auch auf bei Menschen mit einer

Psychoseerkrankung, wo der Schwerpunkt in der Vitalitätsstörung liegt. Sie zeigen sehr wenig eigene Initiative und kommen oft nur aus dem Bett, wenn andere das von ihnen fordern. Ihre Haltung und Gang ist regungslos. Ihre Augen gucken, ohne zu sehen. In der Arbeit haben wir drei Diagnoseelemente:

- Die Körperhaltung und der Gang
- Bilder (wichtig ist hier, daß kein einziges Thema angegeben wird und daß verschiedene Farben vorhanden sind. Wir fragen den Klienten: "Wie können Sie ein Bild malen?")
- Form und Inhalt der Sprache

Wenn Bild und Körper viel Ähnlichkeiten haben mit dem, was wir oben beschrieben haben, und dieses Bild auch in der Sprache ergänzt wird, können wir annehmen, daß die Psychoseerkrankung schwerpunktmäßig eine Vitalitätsstörung ist. In der Sprache kommt das dadurch zum Ausdruck, daß sie wenig energisch, ziemlich monoton ist. Es sind wenig Unterschiede in der Lautstärke. Inhaltlich ist es so, daß der vitalitätskranke Mensch seine Störung auch mehr oder weniger konkret beschreibt. Er spricht darüber, daß er sich wie tot fühlt, daß er keine Kraft mehr hat, schlapp ist, keine Energie hat, zu nichts mehr Lust hat, hat zum Beispiel Angst vor Blutabnehmen und so weiter. Wenn die drei Diagnosemittel sich widersprechen, ist es klar, daß eine Vitalitätsstörung nicht eindeutig vorhanden ist. Damit wir nicht zu schnelle Schlußfolgerungen ziehen, ist es wichtig, die Diagnose mit allen drei Mitteln festzustellen, am besten von einem Mitarbeiter, der den Klienten nicht tagtäglich erlebt.

<u>Therapie</u>

Nachdem wir diagnostisch festgestellt haben, daß bei einer Person schwerwiegend eine Vitalitätsstörung vorhanden ist, stellt sich die Frage, wie wir die Therapie mit ihm durchführen. Die Diagnose zu den verschiedenen Störungen ist deswegen so wichtig, weil mit den verschiedenen Störungen auf ganz unterschiedliche Art und Weise Therapie gemacht werden soll. Und nur, wenn wir die Störung klar vor Augen haben, können wir auch entscheiden, welche therapeutische Methode wir anwenden. In der gestalttherapeutischen Arbeit mit diesen kranken Menschen ist eine gute Diagnose sehr wichtig. Weil der Klient meistens selber kein (realitätsgerechtes) Krankheitsverständnis hat, wird hier eine gute Wahrnehmung und Entscheidungsfähigkeit von dem Therapeuten erwartet. Wenn wir den kranken Menschen fragen, was er möchte, wird die Antwort meistens Schweigen oder "Ich weiß es nicht" sein. Er hat nämlich keinen bzw. nur sehr geringen Kontakt mit seinen Bedürfnissen. Wichtig ist vor allem, daß der Therapeut akzeptiert, daß dieser Mensch sich nicht energielos fühlt, aber tatsächlich energielos ist. Er hat das Gefühl für seine Energie verloren. Er kann nicht mehr darüber verfügen. In ihm ist zwar Energie vorhanden, aber den Schlüssel zu diesem Raum hat er verloren. Therapeutisch bedeutet dieses, daß jede Forderung für diese Menschen eine Überforderung ist.

Wir versuchen ihnen Erfahrungen zu vermitteln, wobei sie selber kaum etwas dazu tun müssen. Erfahrungen, bei denen sie ihre Energie spüren, ohne aktiv sein zu müssen. In dieser Phase der Therapie ist das Aufarbeiten von grundlegenden Problemen, die dazu geführt haben, daß die Person ihre Energie nicht mehr spüren kann, vorläufig noch lange kein Thema. Denn zu dieser Aufarbeitung fehlt die notwendige Energie.

Die Therapie fängt an mit dem Spüren der eigenen Energie: der Therapeut legt die Hand von dem kranken Menschen an dessen Hals, Puls, Herz, damit er spürt, daß sich in seinem Körper etwas bewegt, ohne daß er dazu etwas tun muß. Der Therapeut macht ihn auf diese Energie in seinem Körper aufmerksam. Der nächste Schritt ist, daß der Therapeut zusammen mit der Person versucht, die Bewegungen in dem Körper zu finden, die durch die Atmung hervorgerufen wird. Das ist öfter etwas schwieriger, weil diese kranken Menschen oft sehr oberflächlich atmen, wodurch eine Bewegung kaum spürbar ist. Hierbei sollen wir nicht vergessen, daß diese Personen sehr sensibel wahrnehmen können und daß die kleinste Bewegung auch schon eine Bewegung ist. Diese Therapie ist wirklich eine Psychotherapie der kleinstmöglichen Schritte. Wir versuchen im Laufe der Sitzungen, den Atem so zu stimulieren, daß die Person immer mehr Bewegung in ihrer Leibmitte spüren kann. Dazu kommt das Betrachten des Körpers und danach das Entwickeln von ganz kleinen Bewegungen im Liegen: mit den Fingern und den Zehen. Später machen wir Bewegungen im Stehen. Dazu ist es wichtig, daß wir eine Zweiteilung in dem Bereich der Energie machen:

- <u>Dynamische Energie:</u> Dies ist die Energie, die sich in Bewegung zeigt. Dies ist die Energie, die die Menschen sich vorstellen, wenn sie sagen, daß sie keine Energie mehr haben. Sie meinen dann, daß sie nicht mehr zu Bewegungen in der Lage sind.
- <u>Statische Energie:</u> Dies ist die Energie, die wir äußerlich schlecht wahrnehmen können, sie äußert sich nicht in Bewegungen, sondern im Festhalten. Bei Menschen mit Vitalitätsstörungen ist diese Energie durchschnittlich reichlich vorhanden,

aber sie nehmen das nicht als Energie wahr.
In der Therapie ist es wichtig, daß die Person erfahren kann, daß die statische Energie auch Energie ist, daß es ihr also nicht an Energie fehlt, sondern an der Möglichkeit, aus ihrer statischen Energie dynamische Energie zu entwickeln. Wir entwickeln diese Bewußtwerdung folgendermaßen: Wir fragen, ob der Klient uns wegschieben kann. Er versucht das und merkt, daß er keine Kraft hat (er meint: keine dynamische Energie). Danach fragen wir ihn, ob er stehen bleiben kann, dann schieben wir ihn weg. Meistens merkt der Klient dann, daß er ziemlich viel Widerstand leisten kann und sich nicht so schnell wegschieben läßt. Das ist der Moment, in dem der Therapeut ihm zeigen kann, daß er tatsächlich über Energie verfügt. Wenn dieses Ganze im Stehen noch zu schwierig ist, dann kann es auch im Sitzen und sogar im Liegen gemacht werden. Diese Übungen sind sowohl mit dem Gesamtkörper, wie auch mit verschiedenen Körperteilen möglich.
Wenn der Klient seine statische Energie wahrgenommen hat, fangen wir an, kleine Übungen zu entwickeln, worin er diese statische Energie benützen kann zu dynamischen Bewegungen. Wir setzen uns z.B. hinter den Klienten, fassen ihn bei seinen Handgelenken und machen mit seinen Armen große fließende Kreisbewegungen. So ähnlich machen wir Kreisbewegungen in der Hüfte, mit den Beinen, mit dem Kopf. Diese Rollen wechseln wir dann auch: der Klient macht die gleichen Bewegungen mit uns. Wenn sich diese Bewegungsmöglichkeit steigert, zieht der Therapeut sich immer mehr aus dem Bewegungsmuster heraus und es werden immer mehr Bewegungen, die der Klient alleine machen kann. Zuerst geht es um fließende harmonische Bewegungen, ohne Zielgerichtetheit. Danach fordern wir den Klienten auf, bestimmte zielgerichtete Bewegungen zu machen. Wichtig dabei bleibt, daß der Klient in jeder Bewegung spüren kann, daß er seine eigene Energie benützt.

Aktivitätsstörung

Auf gleiche Weise wie bei der Vitalitätsstörung haben wir in der Gruppe versucht, die Aktivitätsstörung klarzumachen. Zuerst mit einer Meditation, danach mit Körperausdruck und Malen. Wir nennen hier kurz die Kennzeichen dieses Krankheitsbildes und wie das in Körper und Stimme und Bild zum Ausdruck kommt. Menschen mit einer Aktivitätsstörung verfügen zwar über ihre Energie und können die auch umsetzen in Bewegungen, aber sie haben nicht das Gefühl, daß es ihre

eigenen, selbstgesteuerten Bewegungen sind. Ihre Aktivitäten sind häufig automatische Bewegungen, ohne daß sie sich selbst bewußt dabei erleben. Sie verhalten sich wie eine fremdgesteuerte Maschine, ohne eigene Initiative, ohne eigene Bedürfnisse. Sie machen was man von ihnen verlangt. In ihren Bewegungen und Handlungen fehlt aber Lebendigkeit, Anteilnahme. Sowohl ihr Verhalten als auch wie ihre Stimme ist oft roboterhaft. Diese Menschen sind oft ständig in Bewegung, ohne daß eine Zielgerichtetheit entdeckt werden kann. Es scheint, als ob sie sich bewegen um des Bewegens willen.
Auch in ihren Bildern kommen diese Kennzeichen zum Ausdruck. Diese Menschen malen oft stereotype Bilder: das was man von ihnen erwartet. Das Bild ist klar, die Farben sind deutlich vorhanden. In dem Bild sind entweder deutlich zwanghafte Züge zu entdecken oder es ist sehr figurativ. Als Figuren erscheinen dann: Häuser, Bäume, Tiere, Blumen, Menschen, Autos und so weiter. Es sind alles Figuren, in denen wenig eigene Kreativität zu entdecken ist. Um feststellen zu können, daß eine Aktivitätsstörung vorhanden ist, ist es wichtig, die Person in verschiedenen aufeinanderfolgenden Sitzungen Bilder malen zu lassen. Erst wenn verschiedene Bilder die Kennzeichen der Aktivitätsstörung zeigen, können wir von einer Aktivitätsstörung sprechen.

Therapie

In der Therapie mit diesen Menschen ist es wichtig, daß sie wieder das Gefühl zurückbekommen, daß ihre Bewegungen ihre eigenen, selbstgesteuerten Bewegungen sind. Das Wiederherstellen dieses Gefühls ist Bedingung, um weitere psychotherapeutische Arbeit zu ermöglichen. Grundlegend für eine Aktivitätsstörung ist das Fehlen der Entscheidungsfähigkeit. Diese Person entscheidet sich nicht, eine bestimmte Bewegung zu machen: sie bewegt sich einfach plötzlich. In der Therapie üben wir mit dem Klienten, daß er zielgerichtete Bewegungen machen kann, wovon er selber vorher das Ziel festlegt. Die Bewegungen werden ständig begleitet mit dem Üben der Entscheidungsfähigkeit. Auch hier ist es wichtig, daß wir eine Therapie mit ganz kleinen Schritten machen. Das bedeutet, daß wir den Klient nicht fragen, was er tun möchte. Das würde ihn überfordern, weil er keinen Kontakt zu seinen Bedürfnissen hat. Wir fangen an mit einem sehr eingeschränkten Entscheidungsbereich: "Wir machen eine Bewegung mit einer Hand, welche Hand möchten Sie nehmen, die linke oder die

rechte?"
Wir bieten zuerst zwei, später drei oder mehrere Bewegungsmöglichkeiten an. Der Klient entscheidet, welche von den angebotenen Möglichkeiten er benützen will. Dabei verbalisiert der Klient ständig, welche Bewegung er macht, bzw. machen wird. Dadurch entwickelt sich das Bewußtsein, daß die Bewegungen, die er macht, seine eigenen Bewegungen sind. Das Gefühl, fremdgesteuert zu sein, nimmt ab, die Selbstverantwortlichkeit zu. Wir machen mit diesen Menschen viele polare Übungen (Übungen mit gegengestellten Bewegungen, wie Ziehen und Schieben, Stehen und Gehen, Vorwärts-und Rückwärtsgehen, laut Schreien und Flüstern) und fragen ihn danach, welche der beiden Übungen er nochmal machen möchte. Auf diese Weise wird ihm zuerst was angeboten, und er kann in den Möglichkeiten seine eigenen Interessen und Bedürfnisse entdecken.

In dem Vergleich mit der Vitalitätsstörung wird hier schon klar, warum es wichtig ist, die Ich-Störungen voneinander zu unterscheiden. Während wir bei einer Vitalitätsstörung viele Anweisungen geben und vieles mit dem Klienten machen, wäre das bei Menschen mit einer Aktivitätsstörung genau das falsche. Sie brauchen ja gerade keine Anweisungen, sondern Ermutigung, ihre eigenen Bedürfnisse zu entdecken. Umgekehrt wäre das Fragen nach Entscheidungen, wie wir das bei Menschen mit einer Aktivitätsstörung machen, das völlig falsche bei Menschen mit einer Vitalitätsstörung. Sie haben nämlich so wenig Kontakt mit ihrer Energie, daß jede Entscheidung eine Nicht-Entscheidung wäre. Sie machen etwas nicht, nicht weil sie das nicht tun wollen, aber weil ihnen die Energie fehlt, es zu machen.

Auf diese gleiche Weise können wir die drei weiter genannten Störungen beschreiben, diagnostizieren und psychotherapeutisch behandeln. In unserem (schon verlängertem) Workshop fehlte uns leider die Zeit, diese Weiterarbeit darzustellen. Wir wollten auch nicht sofort in kurzer Zeit ein völlig diagnostisches System darstellen. Wichtiger ist uns nämlich, daß der Therapeut Respekt hat und entwickelt für den Menschen mit einer Psychoseerkrankung. Dieser Respekt bedeutet auch, daß er vor allem versucht zu entdecken, wie dieser Mensch lebt, was ihn bewegt, was ihm wichtig ist. Und dieses eigene persönliche Interesse des Therapeuten für den kranken Menschen könnte sehr schnell negativ beeinflußt werden, wenn er wieder über ein neues Diagnosesystem verfügen kann. Deswegen wollen wir es auch hier nicht weiter beschreiben. Wir möchten jeden, der es gelesen hat, anregen, sich mit dieser Problematik auseinanderzusetzen und vor allem diesen kranken Menschen als Menschen zu begegnen und nicht als Kranken. Wir hoffen, daß unsere Anregungen Therapeuten dabei helfen können, sich vielleicht auf anderer Weise mit diesen Menschen zu beschäftigen. Das wird aber nur sinnvoll sein, wenn der Therapeut seine eigene Kreativität in dieser Problematik weiter entwickelt.

Spalte und herrsche - Leben in der Polaritätsfalle

Marie-Rose Iberl und Rainer Pieritz

Vorbereitung

Arbeiten mit Polaritäten, Polarisierung als eine Phase im Therapie-Prozeß (Staemmler und Bock haben dies gut beschrieben) - dies sind Themen, die Gestalttherapeuten und Gestalttherapeutinnen geläufig sind. Ebenso selbstverständlich sind vermutlich die Erfahrungen von Enge und Ausweglosigkeit mit Denkweisen wie: entweder-oder, richtig-falsch usw.

Wie wir Polaritäten betrachten und mit ihnen umgehen, bestimmt wesentlich unser "Bild von der Welt" und die Wahrnehmung unseres BewegungsSPIELraumes: ob dualistisch, d.h. als Endpunkte einer Linie, als sich ausschließende Gegensätze ohne Beziehung oder Verbindung; oder ob ganzheitlich, d.h. zum Beispiel als zwei Seiten einer Medaille; als Zusammenfassung einer Vielfalt von Varianten, die sich im Spannungsfeld zwischen den beiden Polen ereignen können; als Gegensätze, die miteinander in Verbindung stehen und sich gegenseitig beeinflussen; als Hilfsmittel, um eine mehrdimensionale Welt mit einer dualistischen Sprache zu erfassen; ...

Dualistisches Denken ist ein Grundmuster unserer abendländischen Kultur. Frauenbewegung und New Age - Bewegung, um nur zwei wichtige Um-Denk-Ansätze zu nennen, haben sich mit diesem begrenzenden und spaltenden Denken (z.B. Freund-Feind) auseinandergesetzt. In vielen Analysen (die wir hier nicht näher erläutern wollen) wurde aufgezeigt, daß dieses dualistisch-lineare Denken die Grundlage bildet zu unserem destruktiven Verhältnis zur Erde, auf der wir leben, zu uns selbst und den Menschen, mit denen wir leben.

- wir können uns als Teil des Organismus Erde sehen - oder sie als abgetrennte feindliche Natur "uns untertan machen"
- wir können mit den anderen Menschen leben - oder gegen sie (zumindest gegen einen Teil: die andersartigen, die bösen, ...)
- wir können uns selbst in unserer Ganzheit und Widersprüchlichkeit annehmen und leben - oder uns selbst beherrschen, Teile von uns abspalten (und anderen zuschreiben)

Was uns immer wieder fasziniert, ist gestaltisches Betrachten als Erkenntnismodell für individuelles Geschehen und gesellschaftliche Vorgänge. Und ein Schritt weiter: Gestaltarbeit als Veränderungsmodell von gesellschaftlicher Relevanz (und Brisanz)! Gestaltverständnis von und die Arbeit mit Polaritäten sind ein gutes Beispiel dafür.

In dem Seminar wollten wir individuelle und gesellschaftliche Zusammenhänge bewußt machen, anregen zum Auseinandersetzen ...

Und vermitteln, wie wir von Kind an gefangen sind in diesem dualistischen Netz, wieviel Sicherheit das gibt, wie wir dadurch beherrschbar werden, Feindbilder entstehen und wieviel lebendiger und vielfältiger ganzheitliches Leben sein kann -was persönliche Spiritualität sein kann, die nicht abhängig ist von einer Kirche, die sagt, was richtig und falsch ist.

Workshop

Zum Einstieg regten wir eine einfache Übung an:

Eine Person nennt einen Pol, z.B. "weiß", irgend jemand im Raum antwortet mit dem zugehörigen Gegenpol "schwarz", und nennt dann seinerseits einen neuen Begriff, ... usw.

Dieses spielerische Experimentieren mit polaren Begriffen zeigte viel auf. Wie gut alle die Regeln des Spiels kannten! Wenn gelegentlich verschiedene Gegenpol-Antworten genannt wurden, war sofort die Tendenz im Raum, die richtige Assoziation festzulegen!

Merkbar wurde die Sicherheit dieses Gerüstes, das Ordnung schafft und Überblick möglich macht - ebenso wie die Einschränkung des Einfallsreichtums, die Kontrolle durch die Vorgabe.

Im Gespräch über persönliche Geschichte und alltägliche Erfahrungen kam immer wieder Unruhe, Unsicherheit auf: "... aber es ist doch alles so bipolar! Wenn wir das aufgeben, was dann? Welche Alternativen bietet ihr?"

Um die Verschiedenartigkeit der Beziehungen zwischen Polaritäten erfahrbar zu machen, die Spannung zwischen den Polen erleben zu lassen - forderten wir die Teilnehmerinnen und Teilnehmer zu einer weiteren Übung auf:

> Jeder/jede wählt ein Polaritätenpaar aus, nimmt die eine Seite in die linke Hand, die andere in die rechte Hand.
>
> Zuerst soll jede Seite für sich allein in der Vorstellung ganz entfaltet werden - mit Farbe, Form, Gewicht usw.
>
> Als Zweites sollte nun die Beziehung, die Spannung zwischen beiden erfahren werden: im Pendeln mit der Wahrnehmung, im Experimentieren mit aufeinander zu bewegen und Voneinander-weg-bewegen - voneinander trennen - und ganz zusammenführen ... je nachdem, was die Person interessierte und was möglich war.

Die Erfahrungen in dieser Übung zeigten, für einige verblüffend, wie viel und intensiv jeder von Polaritäten geprägt ist - und wie dramatisch das Erleben werden kann, wenn es um Integration von Polaritäten bzw. um Kontakt und Veränderung in der Beziehung zwischen den Polen geht!

Unser Anliegen: es geht uns nicht um die Frage, Polaritäten - ja oder nein - denn damit wären wir genau in der Falle - sondern um die Art und Weise, wie wir damit umgehen!

Wichtig war uns, deutlich zu machen, daß andere "Sicherheiten" nötig sind, wenn das Zwingende dieses dualistischen und statischen Korsetts aufgegeben wird: unser Eingebundensein in menschliche Beziehungen, als Teil des Organismus Welt und des gesellschaftlichen Beziehungsgefüges - daß ich als Teil und als Gegenüber agieren kann, daß ich auf die Entwicklung von lebendigen Prozessen vertrauen kann, die das "Chaos" wieder jeweils passend und immer wieder neu ordnen. Daß Leben und Tod, Mächtigkeit und Hilflosigkeit zu meiner Existenz gehören.

Die Bedeutung von Utopien für die Lebensgestaltung

Norbert Maack

Vorbereitung

Während meiner Gestalt-Ausbildung habe ich gelernt, Verbindungen zwischen aktueller Gegenwart und persönlicher Vergangenheit herzustellen und damit meine Gegenwart zu verstehen und zu verändern. In meiner Einzelanalyse habe ich darüberhinaus meine Blockierung gespürt, wenn es darum ging, meine Vorstellungen und Wünsche für meine Zukunft wahrzunehmen und auszusprechen.
Bei der Lösung dieser Blockierungen wurde mir während meiner Aufenthalte in der Findhorn Community geholfen, besonders durch den Ausspruch von Eileen Caddy (eine der Mitbegründer dieser Gemeinschaft): "Aim high" (setze Deine Ziele, Wünsche, Visionen möglichst hoch) und durch die Bücher von David Spangler, in denen er "The Law of Manifestation" beschreibt.
Dennoch bin ich bis heute mit diesen Blockierungen intensiv beschäftigt, und sie begegneten mir bei meinen Klienten ebenso wie bei Kollegen, in einem Seminar "Grüne Politik im Spannungsfeld zwischen Utopie und Realismus" und immer wieder in meiner daran anschließenden politischen Arbeit.
Auch das 1986 erschienene Buch von Dorothee Sölle: "Ein Volk ohne Vision geht zugrunde" bekräftigte mich in der Annahme, daß dieses Problem nicht ausschließlich meines ist und daß es sinnvoll sei, auch andere Menschen zu einer Beschäftigung damit anzuregen.
Ich habe mittlerweile in meinem Leben die Kraft meiner Vorstellungen mehrfach erleben dürfen, u.a. und in diesem Zusammenhang erwähnenswert, auch in Hinsicht auf diese Tagung; als ich vor etwa einem Jahr die Aufgabe der Organisation übernahm, gab es für mich nur die Idee und die "utopische" Vorstellung davon, heute hat sie sich zu einem großen Teil schon manifestiert.

Als Gestalttherapeut ist mir an der Begegnung mit Menschen in ihrer gegenwärtigen Ganzheit gelegen. Dazu gehört ihre Erinnerung an ihre persönliche Vergangenheit und

ihre Vorstellungen von ihrer persönlichen Zukunft.
Die persönliche Utopie jedes Einzelnen, ob bewußt oder nicht bewußt, beeinflußt meiner Ansicht nach dessen Handeln. Ich meine, daß erst im Bewußtsein der eigenen Zukunftserwartungen und der Verantwortlichkeit dafür verantwortliches Handeln möglich ist.

Mein Ziel für den Workshop ist es, daß die Teilnehmer

- ihre Blockierungen gegenüber der Wahrnehmung oder Äußerung ihrer Erwartungen und den damit verbundenen Gefühlen, gegenüber der kreativen Transformation ihrer Vorstellungen und der verantwortlichen Erschaffung von positiven Visionen und Utopien spüren und teilweise auf sie verzichten können.
- mit dem Wissen von diesen ihren Blockierungen den Workshop verlassen und weiterhin an deren Lösung arbeiten, um auch andere Menschen ermutigen zu können, auf entsprechende Blockierungen zu verzichten.

An diesem Ziel kann der Zusammenhang mit dem Tagungsmotto deutlich gemacht werden:
Anpassung heißt für mich, die allgemein übliche Haltung einzunehmen und die Verantwortung für zukünftige Entwicklungen von sich zu weisen, Wünsche als "Utopien" abzuwerten, Sachzwänge als "Realismus" anzuerkennen, als einziges Kriterium ökonomische Sicherheit und Wachstum zu akzeptieren, innere Erwartungen und Gefühle hinsichtlich der Zukunft wie Angst, Sehnsucht, Ohnmacht, Lust, u.a. nicht zuzulassen, nicht zu zeigen oder sie sogar als Ausdruck psychischer Krankheit zu behandeln.
Auflehnung heißt für mich dementsprechend, die gerade beschriebene Haltung zunächst einmal abzulehnen. Danach erst kann der Einzelne diese Haltung wirklich überwinden, indem er sich bemüht, die eigenen Vorstellungen und Visionen neu zu gestalten (zu transformieren) und daraus, in Anerkennung der realen Gegenwart, persönliche positive Utopien zu erbauen.

Der Workshop wird größtenteils aus geführten Meditationen bestehen, in denen die Teilnehmer sich auf ihre Vorstellungen und die damit verbundenen Gefühle konzentrieren sowie diese anschließend transformieren können. Dazwischen ist Raum für Übungen und persönlichen Austausch in Paaren. Eine Feed-Back-Runde bildet den Abschluß.

Workshop

Lebensgestaltung ist ein aktiver Prozeß, der sich aus unseren Handlungen, unserem Tun ergibt und liegt in unserer eigenen Verantwortung.

Weit verbreitet ist die Abwehr dieser Erkenntnis oder deren Relativierung durch Haltungen, in denen das Schicksal, Zufälle, Götter, die Gesellschaft, Therapeuten, Klienten, etc., für alle oder zumindest bestimmte Zustände und Abläufe im eigenen Leben verantwortlich gemacht werden. Das hat zur Folge, daß bei dieser Haltung die eigene Zukunft in vielerlei Hinsicht im Dunkel bleibt, da sie nicht selbst gestaltet werden kann. Lediglich in Bezug auf gewisse gesellschaftliche oder gruppenspezifische Normen gilt, daß diese, da erstrebenswert, auch von jedem zu erreichen sind, der es nur will und sich genügend darum bemüht (z.B. finanzieller Reichtum, beruflicher Erfolg).

Wer etwas gestalten will, sei es ein Kunstwerk oder eine Maschine, benötigt zuvor ein inneres Bild, eine Vorstellung davon.
So ist es auch mit unserem Leben. Wenn wir es gestalten wollen, benötigen wir ein Bild davon.
(Eine Ausnahme besteht in der spontanen Gestaltung von Produkten, z.B. Bilder, die man aus dem Unbewußten entstehen läßt. Dabei ist die Zeitspanne zwischen innerem Bild und Produkt nahezu Null. Dieses spontane Gestalten auf das Leben bezogen, hieße alle Vorstellungen loszulassen und absolut im Hier und Jetzt zu sein; erleuchtete Menschen sind dazu fähig. Ich halte es für sinnvoll, dieses zu üben. Nicht erstrebenswert finde ich jedoch eine Beschränkung auf diese Form der Lebensgestaltung, weil dabei die menschliche Fähigkeit, sich Vorstellungen von der Zukunft zu machen, ungenutzt bliebe.)
Wer sich anpassen (im Sinne von unterwerfen, verleugnen der eigenen Individualität) will, nimmt das Bild, das uns angeboten wird, die Schablone der gesellschaftlich erstrebenswerten Normen.
Wer sein Leben nach eigenem Entwurf gestalten will, muß sich dagegen auflehnen, eine vorgefertigte Schablone zu übernehmen.
Dieser eigene Lebensentwurf ist es, den ich mit persönlicher Utopie bezeichne. Er ist zu erreichen über - die Bewußtmachung und Mitteilung der bisher ungewußten und/oder

unausgesprochenen Vorstellungen von der Zukunft und der damit verbundenen Gefühle, - die Wahrnehmung und Mitteilung der eigenen Wünsche und der Widerstände gegen sie, - die Transformation der negativen (nicht den Wünschen entsprechend) Vorstellungen in positive Visionen und - die Zusammenfügung dieser Visionen zu einer ganzheitlichen Utopie des einzelnen oder gar einer Gruppe.

Für den workshop hatte ich eine geleitete Meditation vorbereitet, in der die Teilnehmer sich in den Herbst 1997 versetzen und, jeder für sich, den eben skizzierten Prozeß durchleben sollten.
Zur Vorbereitung führte ich nach einer 10-minütigen Anwärmphase (Kontaktaufnahme zum Raum und dort von mir ausgelegten Materialien wie Spielzeuge, Bücher, Malzeug, etc., Bewegung nach meditativer Musik, Einander-Begegnen) in Vierer-Gruppen eine Übung durch, in deren Verlauf die Teilnehmer erfahren konnten, wie sich das Sich-Einlassen auf den Prozeß (Vorstellungen, Wünsche und damit verbundene Gefühle wahrnehmen und Visionen schaffen) auf die unmittelbar darauf folgende Gestaltung des Miteinander-Tuns in der Kleingruppe auswirkt. (Das Protokoll des Prozesses findet sich am Ende dieses Berichtes.)

Leider war dann die Zeit nicht ausreichend (1,5 Std.), um die zweite Übung noch anzuschließen, statt dessen wurden in der Gesamtgruppe die Erfahrungen ausgetauscht.
Die wesentlichsten Erfahrungen sollten in den Kleingruppen mitgeteilt oder für sich behalten werden (siehe Protokoll), um in der Kürze der Zeit den 23 Teilnehmern möglichst viel Raum für eigenes Mitteilen zu geben und um eine für diese Veranstaltung unangemessene Tiefung zu vermeiden. Insofern kann ich nicht beurteilen, ob das Ziel, das ich vor dem workshop formuliert habe, erreicht wurde; immerhin haben die Beteiligten sich nach meiner Einschätzung weitgehend auf den Prozeß eingelassen, und es gab einige zufriedene Äußerungen zu dem workshop, sodaß ich mich jedenfalls ermutigt fühle, zu diesem Thema weiterzuarbeiten.
Eine Teilnehmerin beklagte die vorgegebene Zeitstruktur und daß sie unter diesen Umständen, unter diesem Zeitdruck keine Wünsche spüren und keine Visionen schaffen könne. Vielleicht ist dies ein wesentlicher Aspekt zur Erklärung der Visionslosigkeit von uns Deutschen, die Dorothee Sölle so heftig kritisiert: Daß wir uns so sehr von den Sachzwängen der Gegenwart unter Druck setzen lassen und uns deswegen keine Zeit

nehmen, unsere Wünsche zu spüren und Utopien zu bauen.

Protokoll des Prozesses "etwas miteinander tun"

Bildung von Vierer-Gruppen

"Setzt Euch zusammen - Ihr habt im Anschluß an die folgende kurze Besinnung 5 Minuten Zeit, miteinander in Eurer Gruppe in diesem Raum etwas zu tun. - Spürt in Euch hinein, - wenn Ihr mögt, schließt dabei die Augen, - was dieser Satz in Euch auslöst. - -Jetzt nimm Deine Vorstellungen und Erwartungen wahr bezüglich dessen, was Du und die anderen in Deiner Gruppe tun werdet. - Merke es Dir."
5 Minuten Zeit
"Nun findet wieder zu Euch selbst. - Nach dieser Besinnung werdet Ihr noch einmal 5 Minuten Zeit miteinander haben. - Jetzt mache Dir bewußt, was Du eben mit den anderen erlebt hast? Wie hast Du Dich gefühlt mit ihnen? Warst Du zufrieden? Mit dem, was Du getan hast? Mit dem was die anderen getan haben? - War dir die Zeit zu lang? - zu kurz? - Nimm alles wahr, was in Dir vorgeht - lasse alle Gefühle zu und alle Gedanken - und begrüße sie als aus Deinem Inneren kommend. -
Und nun mache Dir bewußt, daß Du gleich noch einmal 5 Minuten Zeit hast, mit diesen drei Menschen zu verbringen. - Es mag das erste und letzte Mal in Deinem Leben sein, daß Du mit diesen Menschen zusammen Zeit hast.
- Und jetzt schaue auf Deine Wünsche. - Wie wünschst Du Dir die 5 Minuten mit ihnen? - Sei ganz ehrlich mit Dir und registriere Deine Wünsche. - Und spüre dabei Deinen Atem, - Dein Herz, - Deine Körperhaltung - nimm Deine Gefühle wahr bei der Vorstellung dieses Wunsches. - Lasse dich durch diese Gefühle nicht von Deinem Wunsch abbringen. Erlaube Dir, diesen Wunsch zu haben. - Und während Du ruhig und gleichmäßig atmest, stelle Dir vor, wie Dir dieser Wunsch in Erfüllung geht. - Male Dir vor Deinem inneren Auge die Situation ganz genau aus. - Nimm dir dafür Zeit -achte auf Deine Gefühle - bleibe bei Deinem Atem. -
Dann öffnet die Augen wieder und schaut, was Ihr die nächsten 5 Minuten miteinander tut."
5 Minuten Zeit.
"Nun bleibt noch einmal einen kurzen Moment für Euch, bevor Ihr mit den anderen Eurer Gruppe Eure Erlebnisse austauscht. - Mache Dir klar, was Du erlebt hast, erinnere Dich an Deine Wünsche, Deine Vorstellungen, Deine Gefühle dabei. - Lasse noch einmal die 5 Minuten gemeinsamen Tuns vorbeiziehen - wie war es für Dich? - Wie hast Du Dich gefühlt? - -
Und jetzt schau genau darauf, was von all diesen Vorgängen in Dir Du den anderen in Deiner Gruppe mitteilen möchtest. - Es waren vor zwei Tagen oder vor einer Stunde Fremde für Dich - vergiß das nicht! - Du wirst sie möglicherweise niemals wiedersehen - Nimm wahr, was Du nicht mitteilen willst und erlaube dir, dies für Dich zu behalten. - Nimm wahr, was Du gerne mit den anderen teilen möchtest. - Merke es Dir. - -
Und jetzt setzt Euch zusammen, und jeder hat 5 Minuten Zeit, den anderen zu erzählen, was er mit ihnen teilen möchte."

Literatur

Eileen Caddy : Spuren auf dem Weg zum Licht
David Spangler : Towards a planetary vision
Joanna Macy : Mut in der Bedrohung
Dorothea Sölle : Ein Volk ohne Vision geht zugrunde

Gestalttherapeutische Suchtseelsorge

René Mackels

Workshop

Das transzendentale Erleben wird während der aktiven Abhängigkeit meistens stark eingeschränkt oder geht gar verloren. Der Verlauf des therapeutischen Prozesses vom Leiden über das "Sterben" zum neuen Leben ist eine Aktualisierung des Glaubensprozesses vom Leiden über den Tod zur Auferstehung. In diesem Prozeß geschieht Selbsterfahrung, wird Du- und Umweltbezogenheit gefördert und kann der geerdete Mensch seine transzendentale Bezogenheit (wieder)entdecken und -beleben.
Die lebendige Gottesbeziehung wird im Glauben deutlich. In Sammlung und Wachsein (Gebet und Andacht) findet der Betroffene von der Entfremdung (Sünde) zur Zugehörigkeit (Erlösung). Dort geschieht Sinn, mitten im Leben stehend, und werden Werte realisiert.
Zudem werden mögliche ethische und religiöse Ursachen der Abhängigkeit bearbeitet.

Kreativer Umgang mit Erwartungen

Georg Meier

Vorbereitung

Der Schwerpunkt meiner Arbeit als Gestalttherapeut liegt in der Aus- und Weiterbildung von Personen aus Sozialberufen. Das Symbolon-Institut für Gestalttherapie in Nürnberg bietet dafür einen günstigen Rahmen. Ich sehe in dieser Arbeit viel Sinn, weil die Teilnehmer an diesem Weiterbildungsprogramm sowohl in ihrer persönlichen Entwicklung weiterkommen wie auch beruflich eine wertvolle Qualifizierung erhalten. Es hat sich gezeigt, daß aufgrund der einseitig kognitiven Ausrichtung der öffentlichen Ausbildungsinstitutionen für Sozialberufe bei deren Absolventen eine empfindliche Lücke klafft, die durch ein integrativ-ganzheitliches Weiterbildungskonzept wie z.B. das des Symbolon-Instituts, geschlossen werden kann.
Ich arbeite jedoch nicht nur im Sinne einer Ergänzung des öffentlichen sozialen Ausbildungssystems, sondern auch im Hinblick auf dessen Veränderung. Eine gute Plattform dazu gewährt mit meine Position als Lehrer für Psychologie und Pädagogik am Schulzentrum des Diakoniewerkes Neuendettelsau. Von hier aus nahm ich bereits vor 10 Jahren Einfluß auf die Lehrplangestaltung des Kultusministeriums; ich konnte bewirken, daß das klassische gestaltpädagogische Konzept: "Lernen durch Einsicht" in den Lehrplan für die Fachoberschulen in Bayern aufgenommen wurde. Weiter war es mir möglich, das Verfahren "Superlearning" an den meisten evangelischen Schulen in Bayern zu etablieren. Diese Lernform ist aufgrund ihrer Ganzheitlichkeit gestaltpädagogischen Intentionen sehr verwandt; hier zeigt sich augenfällig, daß Freisein von autoritärem Druck mit Leistungseffizienz nicht unvereinbar sein muß; trotz streßfreier und spielerischer Atmosphäre ist z.B. beim Erlernen einer Fremdsprache das Lerntempo um das dreifache höher als beim herkömmlichen Lernen.
Neben diesen gestaltpädagogischen Bemühungen ist mir die gestalttherapeutische Arbeit mit Menschen, die an bedrückenden Konflikten leiden, ein besonderes Anliegen. Möglich ist mir dies durch die Mitarbeit in einer psychologischen Beratungsstelle und in eigener Praxis.

Das Thema meines Workshops: "Kreativer Umgang mit Erwartungen" habe ich einerseits als Beitrag zur Tagungsthematik gewählt, zum anderen, weil es für meine eigene Lebensgestaltung und für meine therapeutische Arbeit in den letzten Jahren immer wichtiger geworden ist. Während der Therapie-Sitzungen kristallisierten sich theoretische Einsichten und methodische Ideen heraus, die sich als hilfreich erwiesen.

Daß das Thema Umgang mit Erwartungen unmittelbar mit dem Tagungsthema zusammenhängt, dürfte von vornherein einleuchten. Näherer Ausführungen bedarf es, um den Bezug zur Gestalttherapie aufzuzeigen, was hier natürlich nur skizzenhaft möglich ist.

Entzündet hat sich diese Thematik am Phänomen der Angst: Was ist ihr Wesen, ihre Entstehensbedingung? Die Aussage von Perls, Angst sei die Lücke zwischen dem Jetzt und dem Später und somit ein Symptom für mangelndes Leben im Jetzt, führt zwar über die übrigen psychologischen Interpretationsversuche hinaus, konnte mich aber doch nicht ganz befriedigen. Mit der Zeit schälte sich eine generelle Sichtweise heraus: Angst ist ein Symptom für zu starres Verkoppeltsein meines Ichs mit inneren und äußeren Erwartungen. Die Angst vor dem Später ist davon nur ein Spezialfall. Eine besonders subtile und heimtückische Tyrannei übt häufig die Idealvorstellung von mir selbst auf mich aus. Der erste Schritt nach vorn ist getan, wenn ich mich mit meinem Ich bewußt von dieser unterscheide. Dann kann ich experimentieren mit verschiedenen Abständen zu Ansprüchen, die von meinem Innern und von außen mir begegnen mit dem Ziel, flexibel "spiel-halten" zu können.

Geistesgeschichtliche Spuren sehe ich in dieser Haltung bereits bei Paulus, der angesichts der Endzeit zum "Haben, als hätte man nicht" aufruft, in der Philosophie des "Als ob" Vaihingers, bei Fromm, der der Haben-Einstellung des Lebens im Sein gegenüberstellt und am radikalsten im Prinzip der Desidentifikation in der Psychosynthes Assagiolis.

"Spiel-halten" enthält aber auch einen kreativen Aspekt: Es geht dabei nicht nur um flexibles Abstand-Halten zwischen meinem Ich und den Außen- und Innenerwartungen; das Hervorbringen von Lösungsideen ist von ebensolcher Bedeutung. Dann führt diese Haltung nicht zu stoisch-gefühlsamer Gleichmut, sondern zu organischer Lebendigkeit, in der die Bedingungen für Angstentstehung zunehmend verringert werden. Diese Haltung liegt zwischen Auflehnung und Anpassung.

Im Blick auf den Ablauf des Workshops stelle ich mir vor, daß man am Beispiel von

Angst, die Teilnehmer äußern, zunächst mittels gestaltdramatischer Techniken prägnant und evident werden kann, wie sich eine starre Identifikation des Ichs mit Erwartungen auswirkt; dabei wird sich auch zeigen, wie Erwartungen von außen erst über die Idealvorstellungen von mir selbst "landen" können. Die betroffenmachende Einsicht in die Zusammenhänge hat bereits therapeutischen Charakter, weil die Lösung "auf der Hand" liegt. Vielleicht reicht die Zeit für erste "Gehversuche" im Lebenskonzept des "Spiel-Haltens", bei dem der Schmerz, nicht zu haben, ausgehalten wird und dadurch der Angst vor dem Verlust der Boden entzogen wird.
Neben der engen zeitlichen Begrenzung hängt das Gelingen dieses Workshops natürlich auch ab von der Bereitschaft der Teilnehmer, trotz Fremdheit der einzelnen untereinander ihre persönlichen Konflikte zu offenbaren.
Aber auch meiner Erfolgserwartung gegenüber werde ich "Spiel" halten ...

Workshop

Weil ein größerer Teil der Teilnehmer an diesem Sonntag früh nicht pünktlich erschien, mußte der Workshop mit 10 Minuten Verspätung beginnen.
Nach einer kurzen Einleitung schlug ich vor, die Augen zu schließen und zu erspüren, was Angst macht. Dies wurde im Gespräch mit einem seitlichen Partner ausgetauscht und einiges davon in der Gesamtgruppe berichtet. Die Gruppenteilnehmer waren selbst überrascht, wie schnell der Kontakt zu eigenen Angstbereitschaften hergestellt war. Die einzelnen Äußerungen kommentierte ich kurz.
Auf Anfrage meldete sich eine Teilnehmerin, an ihrer Leistungserwartung näher zu arbeiten. Es entstand daraus eine intensive Sitzung, bei der eine traumatisierende Erfahrung mit dem Tod in der Kindheit an die Oberfläche kam und die nun durchgearbeitet wurde.
Im ersten Teil der Sitzung schien eine Lösung der Leistungserwartung darin zu liegen, daß ihr Anspruch lediglich quantitativ vermindert befolgt wird. Meine Intervention, die die Beachtung des Grundkonfliktes zum Ziel hatte, wurde von der "Klientin" aufgenommen in der Bereitschaft, der Angst ins Auge zu sehen, die entsteht, wenn eigene Leistungserwartungen nicht erfüllt werden. Die Focussierung dieser Angst im Körper ließ jene Kindheitserfahrung ins Erleben treten.

Im Rahmen der rationalen Integration nach der Arbeit wies ich darauf hin, daß es grundlegend darauf ankommt, sich mit seinem Ich von seinen eigenen Identifikationen zu unterscheiden; ich beschrieb die Bedeutung des "Habens, als hätte man nicht", die Desidentifikation.
Gerne hätte ich noch verschiedene technische Möglichkeiten gezeigt, mit dieser Thematik kreativ umzugehen; auch eine eingehende Aufarbeitung der Sitzung hinsichtlich der Thematik wäre günstig gewesen. Doch wegen des verspäteten Beginns reichte die Zeit nicht mehr aus.
In den Äußerungen im Schlußfeedback kam in lebhafter Weise Dankbarkeit für das Erfahrene zum Ausdruck.
Nach meinem eigenen Gefühl kam die Grundidee des Workshops farbig und erlebniszentriert zum Tragen. Etwas schmerzlich empfinde ich, daß die thematische Aufarbeitung etwas torsohaft bleiben mußte. Die Intensität hatte vor der Extensität den Vorrang.

Gestaltpädagogische Arbeit im Gefängnis - Möglichkeiten und Grenzen -

Elisabeth Müller-Hagen

Referat

Bis zum Sommer diesen Jahres war ich für ca. acht Jahre in einer Justizvollzugsanstalt (München, Stadelheim) als Sozialpädagogin tätig.
Als ich 1983 mit meiner Ausbildung in Gestalttherapie beim AKG in München begann, versuchte ich mehr und mehr die Gestaltideen in meine Arbeit umzusetzen. In einem Gefängnis ist dies jedoch besonders schwierig. Das Tagungsmotto hat mich deshalb sehr angesprochen, die Frage, "Anpassen oder Auflehnen" stellt sich mir täglich.

Ich möchte, bevor ich meine Erfahrungen mit gestaltpädagogischer und -therapeutischer Arbeit näher schildere, zuerst ein paar grundlegende Gestalttheorien der Struktur eines Gefängnisses gegenüberstellen:

- In der Gestalttherapie haben Gefühle den gleichen Stellenwert wie der Verstand. In der totalen Institution Gefängnis dagegen werden alle Entscheidungen nach rein rationalen Gesichtspunkten getroffen.
- Bei jedem Handeln ist der Weg, das Wie, mindestens genauso wichtig wie das Ziel. Im Gefängnis wird aber meistens versucht, Aufgaben und Ziele mit möglichst geringen Mitteln zu erfüllen, die menschlichen Umstände sind zweitrangig; ein typisches Beispiel ist die Personalknappheit.
- Der Mensch ist von Natur aus gut, bzw. in Ordnung. Es ist auffallend, daß die meisten Justizbeamten der Anstalt davon ausgehen, daß der Mensch von Natur aus böse/schlecht ist, und Druck von außen eine Veränderung zu nicht kriminellem Verhalten bewirken kann.
- Konflikte lösen die Betroffenen am besten partnerschaftlich miteinander. Im Gefängnis wird auf Streitigkeiten mit Sanktionen von Dritten und mit Machtmitteln reagiert.
- Echte Verhaltensänderungen im sozialen Bereich sind nur durch die freie Entscheidung dazu möglich. Durch den im Gefängnis vorhandenen Druck von außen, durch Schuldzuweisungen, wird den Gefangenen eine kritische Selbstbetrachtung erschwert. Gewalt bewirkt nicht unbedingt Einsicht. Es gibt für die Gefangenen wie für die Beamten kaum Möglichkeiten, eigene Entscheidungen zu treffen, der Spielraum für selbständiges, eigenverantwortliches Verhalten ist gering. Ein Lernfeld, in dem neue Erfahrungen gemacht werden können, ist kaum vorhanden.
  Die Situation im Gefängnis ist gekennzeichnet durch eine strenge Hierarchie, in der fast jeder gegen jeden kämpft, um die eigene Position zu halten oder zu verbessern. Ein Miteinander ist kaum möglich, es gibt wenig Entfaltungsmöglichkeiten für den Einzelnen, die Bediensteten werden in ihren festgelegten Rollen häufig ausgetauscht, und die Sicherheit und äußere Ordnung hat immer Vorrang vor Menschlichkeit.
- Die Bediensteten im Gefängnis zeigen überwiegend verfestigte Denk- und Handlungsweisen und orientieren sich vielfach an starren Normen und Moralvorstellungen; dies steht im Widerspruch zu der Idee der Gestalttherapie, jeder Situation offen und flexibel gegenüberzutreten und neu wahrzunehmen, und vor allem Wertun-

gen zu unterlassen.
Die Widersprüche machen deutlich, daß gestaltpädagogisches Handeln im Gefängnis zwangsläufig auf Widerstand stößt und daß positive Lernprozesse bei den Gefangenen, generell gesehen, kaum möglich sind.

Zur weiteren Verdeutlichung der Situation der Sozialpädagogin zwischen Anpassung und Auflehnung, möchte ich die unterschiedlichen Erwartungen, die an sie gerichtet werden, darstellen (in sehr vereinfachter Form):
Die Anstalt erwartet unausgesprochen hauptsächlich von mir, daß ich die Gefangenen beruhige, damit die Sicherheit und Ordnung gewahrt wird. Daneben natürlich auch, daß ich den gesetzlichen Auftrag erfülle, indem ich den Gefangenen die notwendige praktische Hilfe gebe (z.B. Entlassungsvorbereitung). Weiter soll ich die Anstalt bei der Erfüllung ihrer Aufgaben unterstützen (z.B. für die Entscheidung über eine vorzeitige Entlassung Informationen über die Gefangenen sammeln und weitergeben).
Die Gefangenen erwarten von mir, daß ich ihnen Dinge erledige, die ihnen unangenehm sind, oder mit denen sie allein nicht zurechtkommen; außerdem die Lösung ihrer praktischen und psychischen Probleme, und besonders, daß ich ihre Interessen gegenüber der Anstalt vertrete.
Meine eigenen Interessen dagegen sind, vorwiegend Hilfe zur Selbshilfe zu geben, um damit die Eigenständigkeit zu fördern, Probleme nicht nur schnell oberflächlich zu beseitigen, sondern, wenn nötig, im Rahmen eines längerfristigen Kontakts, und die Verbesserung der allgemeinen Situation der Gefangenen in der Anstalt (z.B. die Kontaktmöglichkeiten der Gefangenen erweitern, mehr Raum zu Auseinandersetzungen mit der Straftat geben).
Die Verschiedenartigkeit der Wünsche und Erwartungen zeigen, daß ich als Sozialpädagogin von vorneherein vor der Frage stehe, ob ich mich anpasse, also hauptsächlich Erwartungen der anderen erfülle, oder ob ich mehr nach meinen Vorstellungen handele und mich dadurch auflehne.

Ich möchte an einem konkreten Beispiel, und zwar an der Situation, wenn ich geduldeterweise mit einem Gefangenen gestalttherapeutisch arbeite, deutlich machen, auf welche Schwierigkeiten ich stoße: Mein Büro (=Therapieraum) ist aus Sicherheitsgründen jederzeit zugänglich, d.h., es fehlt die Gewißheit, ungestört arbeiten zu können.

Laute Geräusche, Schreie etc. sind ordnungsstörend oder werden als Gefährdung für die Sozialpädagogin interpretiert.
Der Gefangene hat keinen Rechtsanspruch auf die Verschwiegenheit der Therapeutin. Ich handele gegen meine Dienstpflicht, wenn ich wichtige Informationen aus der Therapie nicht weitergebe; verschweige ich Entscheidendes gegenüber der Anstalt, könnte der Gefangene dies als Druckmittel gegen mich verwenden.
Körperliche Nähe zum Gefangenen ist verboten. Gerade bei weiblichen Sozialpädagogen wird eine körperliche Berührung als sehr verdächtig empfunden. Die Anrede per "Sie" ist vorgeschrieben.
Die Anstalt kann indirekt mitentscheiden, mit wem ich wann arbeite. Z.B. durch moralischen Druck oder durch plötzliches Verlegen des Gefangenen in einen anderen Bau oder andere Anstalt.
Durch den Druck der Erwartungen der Anstalt in mich bin ich zeitlich sehr eingeengt. Therapie mit einzelnen Gefangenen wird als Bevorzugung gesehen und stößt bei den Beamten, wie bei den Gefangenen, auf Widerstand.
Ich bekomme für therapeutische Arbeit selten Anerkennung; sie wird von den meisten nicht ernst genommen und nicht als Arbeit angesehen. Wenn ich als Sozialpädagogin in der Anstalt offener bekanntmache, daß ich mich auch als Therapeutin verstehe, werde ich von vielen Seiten, insbesondere von den Ärzten (die dort eine sehr hohe Stellung haben) angefeindet, da sie dies als Anmaßung empfinden.

Weitere Situationen, in denen ich mit gestaltpädagogischen Vorstellungen auf Widerstand stoße sind z.B. die Konferenzen (in der Juristen, Aufsichtsbeamte und Fachdienste u.a. über Ausgang/Urlaub und vorzeitige Entlassung der Gefangenen und allgemeine Probleme der Anstalt diskutieren), die Situation beim "Strafrapport" (in der der Abteilungsleiter Disziplinarmaßnahmen für Gefangene beschließen kann), oder bei Verhandlungen mit dem Anstaltsleiter.

Wenn ich z.B. beim Strafrapport als Maßnahme eine geringere oder keine Strafe vorschlage, wird mir oft unausgesprochen unterstellt, daß ich mich nicht von fachlichen Argumenten leiten lasse, sondern mich einseitig auf die Seite der Gefangenen stelle. Halte ich der Entscheidung des Abteilungsleiters nichts entgegen, werde ich für viele Gefangene unglaubwürdig und bekomme weniger Vertrauen von ihnen.

Motiviere ich Gefangene dazu, ihre Rechte deutlicher wahrzunehmen, Konflikte mit Aufsichtsbeamten auszutragen statt immer stillzuhalten, unbürokratische Wege zu gehen, oder regele ich Streitigkeiten mit Gefangenen selber, ohne dabei deren unrechtmäßiges Verhalten (z.B. versuchter Schmuggel über mich) der Anstaltsleitung zu melden, dann lehne ich mich damit gegen die Anstaltsordnung auf, hetze angeblich Gefangene auf und verhalte mich unloyal der Anstalt gegenüber (was als Konsequenz u.a. bis zum Verlust meines Arbeitsplatzes führen kann.)

Um herauszufinden, inwieweit es für mich und andere jeweils sinnvoll ist, mich anzupassen oder aufzulehnen, möchte ich noch folgende Überlegungen und Fragen anführen: Es gibt dabei immer zwei Grenzen: die persönliche und die von außen gesetzte, durch die Institution bedingte.

Wo passe ich mich mehr an, als ich von anderen dazu gezwungen werde? Wo sehe ich äußere Grenzen, die bei genauerer Betrachtung keine sind (sondern meine eigenen inneren Grenzen)?

Welche Ängste hindern mich, mich noch mehr anzupassen oder aufzulehnen?

Wo lehne ich mich auf, obwohl absehbar ist, daß ich damit nichts erreiche und mich dadurch unglaubwürdig mache, bzw. nicht ernst genommen werde?

Überschreite ich meine eigenen Grenzen (z.B. Angriffe zu ertragen) beim Versuch, meine Vorstellungen durchzusetzen, und reibe ich mich dadurch zu sehr auf? Oder unterschätze ich meine Möglichkeiten/Fähigkeiten etwas zu erreichen?

Ist es Selbstverleugnung (Feigheit, Unterwürfigkeit) wenn ich meine Meinung verschweige, oder eine gesunde Reaktion, um in einer bestimmten Gesellschaft existieren zu können?

Nehme ich den "Gegner" ernst?

Wie finde ich, wie finden wir einen Weg <u>zwischen</u> Anpassung und Auflehnung, auf dem ich mir selbst treu bleiben kann, und gleichzeitig nicht gegen den Widerstand mit Gewalt angehe oder ihn evtl. garnicht erst hervorrufe?

Im Anschluß an das Referat fand in kleinem Kreis ein sehr anregender Austausch mit den Teilnehmern, die sich in gleichen oder ähnlichen Berufssituationen befinden, zum Thema statt.

Am Ende bedauerten wir, daß die Zeit für das Thema zu kurz war.

Gestalt und Ton

Michael Raine, Eva Reuter-Pachale

Vorbereitung

Warum arbeiten wir mit Ton?

Ton ist eine "alte Sache" - schöpferisches Medium schon für Gott in der Genesis. Auch für uns ist Ton eine alte Sache: jeder von uns hat als Kind schon mit Matsch oder Knete gespielt. So ist das Arbeiten am Ton auch ein Königsweg zurück zu sehr frühen Erfahrungen: unsere Hände erinnern, was unser Kopf längst vergessen hat.

Die Begegnung mit dem Ton, der Prozeß des Tastens, Knetens, der behutsamen und der heftigen Berührung, die Gefühle der Lust und des Ekels; das wird der eine Schwerpunkt des Workshops sein. Erst dann werden wir anschauen, was aus dem Ton unter unseren Händen entstanden ist, Gestalt gewonnen hat und jetzt vor uns steht.

Wie arbeiten wir mit Ton?

A. Kontakt zum Ton:
Wie nehme ich den Ton wahr? - Was spüre ich, wenn ich ihn berühre, knete, streichle, schlage, usw.? - Was passiert dabei mit dem Ton?

B. Kontakt zu mir:
Wie nehme ich mich selbst wahr, meine Hände, meine Füße, wenn sie den Ton berühren? - Was macht der Ton mit mir?

C. Kontakt zu den anderen:
Ton als Medium der Begegnung in der Gruppe, z.B. paarweise an einem Stück Ton arbeiten, paarweise an den Produkten arbeiten.

D. Gestalt und Ton:
Das, was wir gemacht haben, wollen wir anschauen, fragen, was es mit uns zu tun hat, nach gestalttherapeutischen Prinzipien damit arbeiten. z.B.: ich identifiziere mich mit der Gestalt, die ich aus dem Ton geformt habe; ich forme meine Polaritäten aus dem Ton und lasse sie miteinander sprechen.

Gestalt-Drama

Spielend individuelle und gesellschaftliche Kommunikationsmuster entdecken!

Inga Schumann-Sorge

Vorbereitung

Ich bin eine verhinderte Schauspielerin - wie vielleicht manch/e andere/r auch! Die Lust am Spielen und Darstellen, am Mimen und Agieren ist mir geblieben, obwohl ich mit 12 Jahren als "siebter Zwerg" in einer unvergessenen Schüleraufführung zum letzten Mal auf der Bühne stand. Vielleicht bin ich u.a. auch deswegen Gestalttherapeutin geworden, weil ich hier in meiner therapeutischen Karriere endlich den Raum fand, sowohl "Dramen" zu entwickeln, Regie zu führen und auch selbst zu agieren . . .

Auf meiner Suche nach den geeigneten "Brettern" in der psychotherapeutischen Szene griff ich begeistert immer da zu, wo ich Möglichkeiten zum Dramatisieren witterte: verhaltenstherapeutisches Rollenspiel und Psychodrama waren meine früheren Versuche; dann begegnete ich mit meinem humorvollen Lehrern Erv und Miriam Polster im Rahmen der Gestalttherapie den Möglichkeiten meiner dramatischen Selbstverwirklichung. Von der regelhaften Verhaltenstherapie wandte ich mich bald wieder ab; Psychodrama lernte ich bis hin zur Anwendung mit Klienten. Das, was ich "Gestalt-Drama" nenne, ist der Versuch einer systematischen Anwendung von Selbstdarstellung (Rollenspiel) im Rahmen der Gestaltarbeit. Mein Ansatz entspringt erstens meinem Empfinden der Unzufriedenheit im klassischem Psychodrama (Moreno) und zweitens meiner Unklarheit über die Verwendung von Rollenspiel in der Gestaltarbeit. Im Psychodrama stieß ich auf zuviele Regeln, fühlte mich bewegungsmäßig eingeengt und stark von Sprache geleitet; in der Anwendung mit Klienten empfand ich die Schwelle, auf die psychodramatische Bühne zu gehen, für viele zu hoch und beängstigend.
Was mir im Psychodrama zuviel war, schien mir in der Gestalt zu wenig: intuitiv,

methodisch für mich oft undurchschaubar erlebte ich Rollenspiel als einen von vielen gestaltischen Wegen.
Also habe ich über die Jahre hinweg in Therapie- und Ausbildungsgruppen ausprobiert und registriert, wann Rollenspiel welche Wirkungen zeigt und zu welchem Ziel ich es sinnvoll einsetze. Dabei war mir das Feedback der Teilnehmer/innen unerläßlicher Führer.
Ein Teilnehmer am Gestaltdrama-Workshop sagte mir anschließend:"Ich habe noch nie erlebt, daß auf so humorvolle und leichte Art Teilnehmer so schnell in ihre Tiefen kamen . . ." Das genau habe ich immer wieder erfahren und sehe dies als Ziel meines Ansatzes. Nicht zu unterschätzen ist auch bereits der kathartische Effekt des Spielens an sich! So manches "Aha" während des Spiels braucht nicht weiter besprochen zu werden, es spricht für sich selber. Andererseits gibt es in längerfristigen Therapien auch die zusätzliche Möglichkeit, mit Gestaltmitteln die angetasteten Tiefen weiter auszuloten.
Als ich anfing, mich über individuelle Problemlösungen hinaus mit Fragen gesellschaftlicher Zusammenhänge zu befassen, stieß ich im Gestalt-Drama darauf, daß sich in der darstellerischen Interaktion der Menschen nicht nur ihre individuelle Geschichte spiegelt, sondern auch gesellschaftliche Muster des Umgangs miteinander zum Vorschein kamen. Diese Spur verfolge ich weiter.

Was ist der spezifische Ansatz von "Gestalt-Drama"?
Ich nutze vor allem die Kraft der Identifizierung mit der gegebenen Rolle; d.h. ich veranlasse die Mitspieler/innen, ganz zum Inhalt der Rolle zu werden und diese auf ihre eigene Weise auszuspielen (wie z.B. auch aus der Gestalt-Traumarbeit bekannt). "Rollen" ergeben sich entweder spontan (z.B. aus einer Individualarbeit) oder aus vorgegebenem Projektionsmaterial wie Phantasien, Märchen, Liedern, Begriffen, Malereien und unendlich viel mehr. Ich selber unterstütze als "Regisseurin" durch Einfälle, Anregung zu Requisiten oder Aufforderung, andere mit ins Spiel zu nehmen. Manchmal übernimmt auch ein Gruppenmitglied die Regie für ein Gestalt-Drama; z.B. suchte eine Frau sich Mitspieler für eine Kindergeschichte, um sichtbar zu machen, wie sie die Beziehungen innerhalb der Gruppe wahrnimmt.
Üblicherweise beginne ich mit der Aufforderung, solo vorzuspielen (es kann auch der umgekehrte Weg sein, wenn gerade die Solonummer das Problem des Protagonisten

ist) und rege dann eine Gruppeninteraktion an, in der die Spieler/innen in ihren jeweiligen gezeigten Rollen miteinander agieren, in Kontakt treten, sich dadurch auch manchmal wandeln . . .
Dann folgt die Mitteilungsphase (vergl. Moreno): eigene Befindlichkeiten, Bekanntheiten, Fremdheiten, Veränderungen, Überraschungen, Bezug zur realen Existenz hier und jetzt und zur eigenen Geschichte. Möglicherweise schließt sich eine weitere individuelle Gestaltarbeit an oder es entsteht ein neues Gestalt-Drama, indem z.B. jemand seine Kontrastrolle ausprobieren will.
Oft sind unmittelbar nach dem Spielen schon 'unerledigte Geschäfte' zum Abschluß gebracht worden.

Eine detaillierte Darstellung zu Theorie und Praxis des Gestalt-Dramas werde ich an anderer Stelle geben und möchte jetzt zur Anschauung vom Verlauf des Gestalt-Drama-Workshops auf den Gestalttagen berichten:

Workshop.

Mir ging es darum, die Teilnehmer/innen vor allem im Spiel spüren zu lassen, worum es mir bei diesem Ansatz zu tun ist.
Ich bat alle, sich in Erinnerung zu rufen, "wie ich einmal Theater spielte" und gab ihnen bei ihrer Erinnerung Unterstützung, das Empfinden von damals wiederzufinden: durch Fragen wie z.B. "wie bin ich angezogen, geschminkt, kann ich die Schminke auf der Haut spüren . . . ist es meine Wunschrolle, welche hätte ich lieber" etc.
Dann erzählten je zwei sich gegenseitig ihre Erinnerungen und Wahrnehmungen: es knisterte im Raum vor Spannung und Lebendigkeit. Acht der Anwesenden waren bereit, mit mir in einer Kleingruppe im Kreis zu 'demonstrieren'. Einige spielten aus eigenem Entschluß die damalige Rolle solo vor; manche brauchten dazu 'Statisten' aus der Gruppe. Dann folgte das Zusammenspiel der Spieler/innen: Clown, Lena (aus dem Büchner-Stück), die kokette Diva, der Pastor wider Willen, das brave Schulmädchen, die "dritte Leiche" aus Don Giovanni interagierten so, daß den Zuschauern das Staunen und Lachen nicht ausging. Die Mitspieler/innen waren von ihrem Erleben im Spiel betroffen und bewegt, so z.B. die "dritte Leiche": "so wie ihr versucht

habt, mich zum Leben zu erwecken, so muß es meinen Lehrern in der ersten Zeit meiner Gestaltausbildung gegangen sein . . ."
Zu umfassender Theorie kamen wir nicht mehr, weil auch die Nichtspieler/innen noch zu Wort kommen sollten. Das Nichtspielen als Gegenpol zum Spielen ist u. Umständen ebenso bedeutsam wie das Spielen, z.B.: "Ich hätte die Maria im Krippenspiel spielen müssen, und das wollte ich eigentlich nicht so gern, das paßt so gar nicht zu meiner Vorstellung von mir . . ."
Die gesellschaftliche Bewertung der miterlebten Interaktion kam aus Zeitmangel zu kurz.
Wir waren nach 90 Minuten miteinander alle belebt und bewegt: die Hälfte der Anwesenden möchte gerne tagelang weitermachen . . .

Neurose oder Charakterstörung - Fehldiagnosen in der Gestalttherapie

Hunter Beaumont

Vortrag

Das, was ich mit Euch heute besprechen möchte, ist sowas wie ein Progress-Report. Das heißt, es ist noch nicht fertig. Das sind keine vollkommenen Ideen, keine vollkommenen Bemerkungen - das ist noch eine Sammlung von Erfahrungen, von Gedanken, theoretischen Gedanken, die ich in diesen Jahren gehabt habe. Ich möchte das mit Euch besprechen, gerade weil ich noch an der Entwicklung bin und weil ich Euch etwas von diesem Entwicklungsgeist der Gestalttherapie mitteilen möchte. Es ist mir sehr wichtig, Euch deutlich zu machen, daß die Gestalt-Therapie für mich nicht etwas Fertiges ist, sondern ein dynamisches, sich entwickelndes, sich entfaltendes Heilverfahren.

Ich möchte mit vier Beobachtungen anfangen, ganz oberflächlichen Sachen. Die erste ist: Ich kenne keinen Gestalt-Therapeuten, keinen, der heute so arbeitet wie vor zehn Jahren - und bestimmt nicht wie vor 20 Jahren. Das heißt, das alle Gestalt-Therapeuten, die ich kenne und die mehr als ein paar Jahre in der Praxis gewesen sind, sich sehr geändert haben. Zweitens: Ich kenne viele Gestalt-Therapeuten, die nach langen Jahren Gestalt-Therapie-Erfahrung, Körpertherapie-Erfahrung usw. zu ihrer eigenen Behandlung in die Psychoanalyse gegangen sind. Das finde ich an sich ganz schön. Was ich nicht schön finde, ist die Bemerkung, die ich manchmal gehört habe, daß die Gestalt-Therapie sich irgendwie nicht eignet, an diese tieferen Dinge heranzukommen. Drittens: Ich höre sehr oft von Studenten in der Fortbildung und in der Supervision, daß es ihnen während ihrer Ausbildung notwendig erschien, wichtige Teile von sich abzuspalten und zu verdrängen. Es gab Verletzungen, Hilflosigkeiten, und das trotz unseres verbalen Anspruchs, daß wir jedem begegnen möchten, wo er ist, dem wir nicht immer haben genügen können. Und viertens, etwas persönliches, das ich an mir selber bemerkte. Nach einer vierjährigen Jungianischen Analyse begann ich erst mit der Gestalt-Therapie, und obwohl diese Therapie wahnsinnig lebhaft war und mir sehr geholfen hat, merkte ich, daß sie eine Weiterentwicklung brauchte, um mich dahin kommen zu lassen, wohin ich in mir selber kommen wollte. Zum größten Teil bin ich deswegen der Gestalt-Therapeut geworden, den ich mir gewünscht habe, und ich glaube, das stimmt für andere Therapeuten auch.

Das, was ich mit Euch heute bespreche, ist eine Geschichte dieser Entwicklung während der letzten 20 Jahre. Die Schlußfolgerung dieser vier Beobachtungen scheint mir entweder die zu sein, daß die Gestalt-Therapie sich doch nicht für eine tiefere Arbeit eignete oder, daß sie damals noch nicht vollkommen war und wir sie mißverstanden haben, daß wir die Gestalt-Therapie, den Fritzischen Stil der Gestalt-Therapie auch geschluckt haben, introjiziert haben und nicht ausreichend gekaut haben. Ich wäre nicht hier, wenn ich die erste Möglichkeit wirklich für richtig hielte. Ich bin davon überzeugt, daß dieser Verdauungsprozeß, dieser Weiterentwicklungsprozeß, auch in der Gestalt-Therapie, weitergehen muß. Ich glaube, daß ein Grund, warum wir gewisse Fehler gemacht haben, darin liegt, daß wir diagnostisch einige Fehler begangen haben und nicht klar genug daran herangegangen sind. Vor allem ist es uns vor zehn Jahren - das, möchte ich sagen, stimmt für alle Therapien - nicht gelungen, eine Differenzierung zu machen zwischen Neurosen und Charakterstörungen.

Dies ist auch in der Psychoanalyse praktisch erstmals möglich geworden ab den 70er Jahren, in den Arbeiten von Masterson, Kohut, Kernberg, Winnicott, Bion, Guntrip, Alice Miller, diese ganze Reihe von den neuen Psychoanalytikern. Ich habe dann drei Begriffe in meinem Titel erwähnt: Diagnose, Neurose, Charakterstörung. In der ersten Hälfte von unserer heutigen Zeit möchte ich mich mit Diagnose und Neurose beschäftigen. In der zweiten Hälfte mit dem, was ich unter Charakterstörungen verstehe.

Diagnose

Ich möchte mit der Diagnose anfangen und zunächst sagen, was sie nach meinem Verständnis nicht ist. Die Diagnose, wie ich sie verstehe, ist nicht ein Abetikettieren von Patienten. Sie ist nicht ein Ausweichen vor einer menschlichen Begegnung durch medizinische Fachbegriffe. Sie ist nicht eine Notwendigkeit, um die Versicherungsformulare und Anträge auszufüllen. Sie ist nicht eine Vermeidung durch Stereotypen, die Individualität jedes Menschen zu sehen.

Wenn wir in der Gestalt-Therapie diagnostizieren, stehen wir in einer sehr paradoxen Situation. Florian Latka, der heute hier ist, hat einen unveröffentlichten Artikel darüber geschrieben, in dem er ganz deutlich dieses Paradox dargestellt hat. Auf der einen Seite sind wir klinische Arbeiter, möchten den Patienten unsere Erfahrung zur Verfügung stellen, möchten mit den neuen Patienten nicht die alten Fehler wiederholen, die wir schon gemacht haben, möchten, daß dieser Patient oder Klient, der jetzt vor uns steht, von unserer Erfahrung und auch von der Erfahrung unserer Kollegen profitieren kann. Um das zu ermöglichen, müssen wir diesen Patienten mit anderen vergleichen können.

Aber auf der anderen Seite sind wir als Gestalt-Therapeuten verpflichtet, uns der Ich-Du-Beziehung zu öffnen und jeden Menschen als ein einzelnes Individuum zu sehen. Wir wollen etwas frisches haben, nicht steril, nicht trocken.

Da komme ich an dieses griechische Wort "Diagnosis". "Dia" heißt "Durch", "Gnosis" heißt "Kennen, Wissen, Weisheit, Können". So ist Diagnose für mich ein Prozeß, durch den ich versuche, jeden Patienten als einzelnen Menschen zu sehen, - zu sehen, wie er anderen Patienten ähnelt und wie er sich von ihnen unterscheidet. Diagnose ist der Prozeß des Kontaktierens.

Warum Diagnose so wichtig ist.

Ich möchte ein Beispiel dafür geben, warum die Diagnose wichtig ist:

Die Geschichte kommt aus einer Supervisionsgruppe hier in München. Ich erzähle es Euch mit der Erlaubnis der betroffenen Frau; sie ist heute nicht hier. Ich nenne sie Judy; sie heißt nicht Judy, aber ich nenne sie so.

Judy war im Sommer in einer bioenergetischen Trainingsgruppe. Sie befand sich dort unter 80 anderen Leuten. Sie merkte, daß sie große Angst vor der Gruppe hatte, was ihr schon bekannt war. Sie meldete sich zum Arbeiten am ersten Tag, aber jemand anderer war schneller. Sie versuchte, bei ihrer Angst zu bleiben, und das gelang ihr. Sie hatte sich die ganze Nacht mit einem Angstanfall auseinandergesetzt und konnte nicht schlafen. Am nächsten Tag war sie doch schneller und meldete sich zur Arbeit. Der Therapeut machte eine "Gestaltintervention", stellte sie mit dem Gesicht an die Wand, den Rücken den 80 Zuschauern zugewandt, damit sie diese Isolation intensiv spüren könnte. Dann merkte sie, daß diese Angst nicht wirklich Angst vor der Gruppe war, sondern Angst, im Mittelpunkt zu stehen. Sie brach in ein tiefes, den ganzen Körper erschütterndes Weinen aus.

Nach zwei Minuten sagte dieser Therapeut: "Was ist Dein Spiel", und ihr fiel sofort ein Satz ein: "Ich schaue in die falsche Richtung." Sie wendete sich um, schaute die ganzen Zuschauer an und war von einer Freude erfüllt. Sie hatte diese ganzen Dinge überwunden. Es war irgendetwas in ihr geheilt worden. Und das ist wirklich ein gutes Beispiel von einer "verrückten" Gestalt-Intervention, die wir manchmal machen können. Wenn es klappt, ist es hervorragend.

Ich halte das für sie zu diesem Zeitpunkt, ich möchte das klar sagen, für eine gefährliche, aber ganz gute Intervention. Und sie war derart froh und kam strahlend wieder nach München zurück. Nun, ich möchte die Geschichte weitererzählen.

Vor vier Jahren - sie ist eine junge Frau - war ihr Mann an Krebs gestorben. Sie waren nur zwei Jahre verheiratet gewesen. Diese Frau leidet ihr ganzes Leben lang an Gefühlen von Isolation; schwerer Zugang zu den Menschen, furchtbare Einsamkeit, wahnsinnig scheu. Sie hat ihren Mann idealisiert: Er war ihr Retter. Bevor sie die Möglichkeit gehabt hatte zu lernen, daß auch er ein Mensch war, starb er an Krebs. Er starb schwer und überließ ihr ein finanzielles Chaos. Nachdem er gestorben war, mußte sie feststellen, daß sie Schulden von über 500.000 Mark auf sich nehmen mußte. Sie fiel in eine wahnsinnige Depression, in der sie sich ständig mit Selbstmordgedanken beschäftigte und sehr nahe daran war. In dieser Supervisionsgruppe hat sie zweieinhalb Jahre mit Unterstützung der Gruppe und mit Kontakten gebraucht, um sich einfach nur über die Runden zu bringen, bis wir dann eines Abends sie erstmals mit ihrer Depression haben konfrontieren können. Sie hat dann eine Einzeltherapie begonnen. In dieser Einzeltherapie hat sie sich durch ihre sehr gefährliche Depression durcharbeiten können, und vor sieben Monaten ist sie zum ersten Mal in ihrem Leben in eine öffentliche Gruppe gekommen, zusammen mit vielen Teilnehmern aus der Supervisionsgruppe als Unterstützung. Die Gruppe bei den Bioenergetikern war ihr erster Versuch, alleine an einer öffentlichen Gruppe teilzunehmen. Ich weiß nicht, was passiert wäre, wenn dieser Mann dieselbe Intervention vor zwei oder drei Jahren gemacht hätte, aber ich vermute, eine Katastrophe. Trotzdem, er war diagnostisch in der Lage, in diesem Fall richtig einzuschätzen: Was kann ich heute mit ihr machen? Ich kenne den Mann nicht, und ich hoffe, daß er auch in der Lage gewesen wäre, vor zwei Jahren zu wissen, daß er eine solche Intervention nicht machen dürfte.

Nun, wir brauchen keine Etiketten auf diese Frau zu kleben, aber wir müssen als Therapeuten die Fähigkeit entwickeln, Zeichen zu erkennen, so daß wir unsere Interventionen richtig dosieren können. Jede Begegnung in der Psychotherapie ist eine Intervention. Egal, ob du was sagst oder schweigst, ob du interpretierst, ob du freundlich einfach sprichst, das sind alles Interventionen. Hinter jeder Intervention ist eine Diagnose, das heißt, du fällst, entweder absichtlich oder intuitiv, wischiwaschi, Entscheidungen darüber, was für den jeweiligen Patienten am besten ist. Hinter jeder Diagnose steht eine Persönlichkeitstheorie, ein System von Annahmen über das, was gesund ist, was die Gesundheit fördert.

Ein zweites Beispiel von der Wechselbeziehung zwischen Diagnose und Intervention ist die gestalttherapeutische Intervention, bei der wir den Satz "Ich kann es nicht" zu "Ich will es nicht" wandeln. Dahinter steht die therapeutische Grundannahme, daß Patienten dazu tendieren, sich mit Hilflosigkeitsgefühlen und Opferrolle zu identifizieren, ihre Kompetenzen abzulehnen. Es steht auch eine weitere therapeutische Annahme dahinter, nämlich, daß, wenn wir so ein Experiment anbieten, der Patient in der Lage ist, etwas davon zu lernen. Wir drücken das so aus: "Sie kommen in Kontakt mit ihrer Kompetenz, mit ihrer Power." Das funktioniert manchmal. Aber manchmal, wenn das "Timing" nicht stimmt und ausreichende Unterstützung fehlt, entscheiden sich Patienten dafür, gewisse Inkompetenzen zu verdrängen und sich so darzustellen, als ob Kompetenz der wichtigere Teil von ihrer Persönlichkeit sei. Statt "hilflos" zu spielen, spielen sie "kompetent", guter Patient.

Aber es ist keine heilende Beziehung zwischen dieser inneren Stelle der Hilflosigkeit, Inkompetenz, Verwundbarkeit und ihrer Kompetenz entstanden. Was sie in so einem Fall getan haben und was ich selber und viele von euch auch, wie ich glaube, getan haben, ist gelernt zu haben, diese Spaltung fortzusetzen. Wenn die Diagnose nicht genau ist, kann dann eine gute Intervention mißlingen und zu Gegenwirkungen führen.

Es ist ähnlich, es gleicht dem Satz, den wir nach dem alten Stil der Gestalttherapie den Patienten gesagt haben: "Du spielst nur hilflos." Dahinter steht wieder die Annahme, daß der Patient in der Lage sei, eine Integration zu machen, sich mit Kompetenzen zu identifizieren. Daß das immer so ist,bezweifle ich, weil es Hilflosigkeitsgefühle gibt, die nicht vom Ich aus zugänglich sind. Sie liegen tiefer. In solchem Fall ist der Patient nicht konstruktiv konfrontiert, sondern dazu manipuliert worden, sich an unsere therapeutischen Erwartungen anzupassen. Er muß sich spalten und sich so verhalten, als ob die Hilflosigkeitsgefühle nur ein Spiel gewesen wären. Diagnose ist eine unverzichtliche Voraussetzung, um das entscheiden zu können.

Es wird auch verlangt, die Gefühle zu zeigen. Das nenne ich die Scheiße-Theorie der Therapie: Als ob die Gefühle sowas wären wie Scheiße. Man geht ins Klo, scheißt, fühlt sich besser, und dann gehts weiter im Leben. Aber sind die Gefühle wirklich sowas? Vielleicht stimmt diese Annahme nicht. Wenn man ein bißchen genauer schaut, woher die Gefühle kommen, was sie sind, dann sind es psychologische Prozesse; Verbindungen zwischen physiologischer Erregung und Glauben und Erinnerung und Hoffnung, die diese Gefühle hervorbringen. Sie werden jedesmal neu erzeugt und sind nicht nur aus der Vergangenheit gespeichert. Manchmal bringt das Ausagieren von Gefühlen doch so etwas wie eine bioenergetische Entlastung oder Entladung (discharge), und man fühlt eine Entspannung. Das hat ohne Zweifel positive Wirkungen auf die Gesundheit. Aber diese Predigten, die wir in der Gestalt-Therapie früher oft gehalten haben: "Zeig mal deine Gefühle", haben auch zu einer gewissen Fortsetzung von Kontaktabbrüchen geführt. Es war auch hier auf der Tagung einer, der gesagt hat: "Ja, ich möchte mein Gefühl loswerden. Ich möchte meinem Vater sagen, wie wütend ich auf ihn bin." Und und und ... Gut, der braucht körperliche Entspannung, das konnte ich auch sehen. Aber ich wäre dafür, daß er auch in Kontakt mit dem Menschen, seinem Vater käme, ihn kennenlernte, daß er diese Kontaktfähigkeit auch lernte. Es bringt

letztendlich nichts, wenn er auf das innere Bild seines Vaters nur scheißt und dadurch vermeidet, zu lernen, Kontakt zu seinem Vater als Mensch aufzunehmen.
Diagnose ist dann für mich ein Versuch, in eine Ich-Du-Beziehung zu Klienten zu kommen, die von einem sehr reich entwickelten Hintergrund unterstützt wird. Dabei meine ich, ich möchte die Konzepte haben, ich möchte die Namen haben, ich möchte die Erfahrung haben, und ich möchte, daß diese Erfahrung im Hintergrund steht und daß der Klient als Vordergrund vor diesem reichen Hintergrund steht. Ich möchte nicht, daß dieser Hintergrund so hell wird, daß ich den Patienten kaum erkennen kann. Aber ich möchte wirklich einen prägnanten Vordergrund vom Patienten gegen einen guten Hintergrund entwickeln können.

Neurose

Die Neurose ist ein psychoanalytisches Konzept, das für die frühe Gestalt-Therapie entscheidend gewesen ist. Dieses Konzept der Neurose basiert auf einem Konfliktmodell. Grob ausgedrückt: Wir haben biologische Triebe, die in Konflikt mit unserer Umwelt kommen. Und wir lernen, besonders in der ödipalen Phase, daß der Ausdruck dieser Triebe bestraft wird. Wir lernen dann, Schuldgefühle als Abwehr dieser möglichen Bestrafung und Angst zu haben. Freud und die erste Generation der Psychoanalytiker haben sich sehr intensiv für die ödipale Phase interessiert und versucht, viele psychische Erkrankungen mit Störungen während dieser Entwicklungsphase zu erklären. Sie haben eine hervorragende Arbeit geleistet. Sie nehmen an, daß die Kernpersönlichkeitsstruktur (die "Egofunktionen") bei allen neurotischen Patienten mehr oder weniger gleich stabil ist - sonst kämen sie nicht mit der Umwelt in Konflikt. Nun, die Implikation für die Therapie von einem Konfliktmodell der Neurose ist, daß wir die Patienten unterstützen müssen, diese Triebe mal auszuleben und neu zu lernen, was für sie stimmt und was nicht stimmt, das heißt, die Konflikte, Schuldgefühle, Ängste zu bearbeiten. Daher kommt, glaube ich, die Konzentration in der früheren Gestalt-Therapie auf das Ausleben. Weil wir die Problematik damals als neurotische Problematik (das heißt Konflikt einer gesunden Persönlichkeitsstruktur mit dem Umfeld) verstanden haben, wurde viel mit Introjektionen und Aggressionshemmungen oder Retroflektionen gearbeitet. Die Kontaktstörungen sind als Abwehrmechanismen zur

Verdrängung dieser Triebe verstanden worden. Es gibt viele Patienten, deren Schwierigkeiten doch nach diesem Modell gut zu verstehen und zu behandeln sind.
Von dem berühmten Paul Goodman gibt es ein Zitat: "Ich kann 95 % der psychotherapeutischen Fälle behandeln mit einem Arbeitsamt und einem Puff." Das heißt, er meinte in dieser überspitzten Formulierung, daß bei 95 % seiner Patienten die Störungen Probleme mit der Arbeit und der Sexualität seien.
Wenn wir die Erfahrung von Judy aus dieser Perspektive noch einmal anschauen, dann sehen wir, daß ihre Angst vor der Gruppe von einem Interesse begleitet wurde, vor der Gruppe zu stehen. Sie hätte ganz gerne dort vor der Gruppe als Mittelpunkt gestanden und die Bewunderung der Gruppe wirklich genossen, aber sie hatte Angst, von der Gruppe dafür bestraft zu werden.
Es gibt aber auch viele Patienten, und viele von uns gehören dazu, für die dieses Modell nicht besonders geeignet ist. Das Modell der Charakterstörung wurde entwickelt, um diese Patienten zu behandeln.

Charakterstörung

Das Konzept von Charakterstörung ist ein Defizit-Modell der Psychopathologie und baut auf der Arbeit Anna Freuds auf. Sie war eigentlich die erste, die versucht hat, zu verstehen, wie die Persönlichkeitsstruktur während der ersten drei Lebensjahre zustande kommt. Das Modell besagt nicht nur, daß eine bei allen Menschen gleich entwickelte Persönlichkeitsstruktur im Konflikt zur Umwelt steht, wie das Konfliktmodell der Neurose, sondern spricht von einer mangelhaften Entwicklung dieser Struktur. Das heißt, wir dürfen nicht davon ausgehen, daß alle Menschen eine ähnlich stabile Grundbasis haben. Im Gegenteil, Charakter- oder Selbststörungen sind Folgen eines Defizits dieser Strukturen. Mit Begriffen wie "The Divided Self" oder "The Fragile Self" bezeichnen die Psychoanalytiker diese "Selbstprozeßdefizite".
Kurzgefaßt, das Konfliktmodell der Neurose spricht von einem Menschen, der aus Angst etwas nicht tut, was er eigentlich tun könnte. Das Defizitmodell spricht von einem Menschen, der etwas nicht kann, aber sich verhält, als ob er es könnte.
In der noch zur Verfügung stehenden Zeit werde ich versuchen, ein Gestalttherapiemodell der Charakter- oder Selbstprozeßstörungen zu beschreiben.

Psychoanalytische Theorien der Ätiologie

Es scheint mir sinnvoll zu sein, einen kurzen Überblick über die psychoanalytische Theorie der Ätiologie der Charakterstörung zu geben. Es gibt viele Varianten, und was hier möglich ist, ist nur eine sehr oberflächliche Zusammenfassung.

Die psychoanalytischen Entwicklungstheoretiker sprechen von Phasen der Persönlichkeitsentwicklung. Es scheint der Fall zu sein, daß Kinder sich mit ganz bestimmten Hauptlernaufgaben (tasks) während jeder dieser Phasen beschäftigen.

In der ersten Phase lernt das Kind hauptsächlich über seine körperliche Wahrnehmung. Wenn es Hunger hat oder es ihm kalt ist, meldet es sich. Die entscheidenden Forderungen haben viel mit seinem biologischen Wesen zu tun. Es ist wahrscheinlich, daß es wenig "ich" beim Kind gibt, zumindest im erwachsenen Sinn. Es wurde behauptet, daß diese Phase eine Verlängerung des fötalen Zustandes sei, eine Fortsetzung der fötalen Entwicklung außerhalb des Mutterleibes. In gestalttherapeutischer Terminologie bleibt es relativ unaware und konfluent. Es legt aber die Basis der Kontakt-Grenze an und übt die organismische Selbstregulation.

Während der zweiten Phase lernt das Kind, die Umwelt zunehmend wahrzunehmen und wird, wenn alles gut funktioniert, symbiotisch an die Mutter gebunden. Indem es lernt, die Mutter und die Welt mehr wahrzunehmen, lernt es auch, sich davon zu differenzieren. Es setzt dadurch die Entwicklung der Kontaktfunktionen fort, die simultane Wertschätzung von Ähnlichkeiten und Unterschieden. Die Symbiose ist allerdings absolute Voraussetzung der folgenden Phasen.

Die dritte Aufgabe entsteht mit der Entwicklung der motorischen Koordination, durch die eine autonome Bewegungsfähigkeit ermöglicht wird. Erst dann ist es dem Kind möglich, sich von der Mutter zu entfernen. Es übt, sich von ihr zu trennen und zu ihr zurückzukehren, wenn die Welt ihm zu viel wird. Die Fähigkeit, sich von der Mutter, oder noch besser, von dem Mutterobjekt, weil die Mutter in diesem Kontext durchaus ein Mann sein kann, zu trennen, ist eine Voraussetzung für Kontakt. Ohne Trennung oder eine gewisse Differenzierung ist Kontakt als Begegnung unmöglich.

In der vierten Phase soll das Kind es erleben können, eine kontaktvolle Beziehung zum Elternteil als Person zu entwickeln. In der Gestaltsprache ist das die Phase, in der es Kontakt lernt. Es ist für uns wichtig, sich klar zu machen, daß Kontakt als Funktion zum Teil gelernt ist und nicht nur eine Gegebenheit ist.

Aus dieser Perspektive müssen wir sehen, daß es Patienten gibt, die diese Kontaktfähgkeit nicht gelernt haben. Es gibt verschiedene Theorien, die beschreiben, wie das passiert. Eine, zum Beispiel, beschreibt es wie folgt: Stelle dir vor, daß du ein Kind bist - sagen wir acht Monate alt. Du übst das Gehen, das Krabbeln. Du bist noch sehr eng an der Erfahrung der wärmenden Geborgenheit, die man Mutter nennt, gebunden, aber du hast auch ein großes Interesse, die Welt zu entdecken. Eines Tages siehst du irgendwas glänzendes, brilliantes, und mit deiner neu entwickelten Mobilität gehst du hin, aus der Konfluenz mit der Mutter hinaus. Aus irgendwelchen Gründen macht sich die Mutter zu. Wenn du fertig mit dem glänzenden Ding bist und zurück willst, geht es nicht. Ein Baby, allein in der Welt, kann nicht überleben. In so einem Fall wird es lernen, konfluent mit der Mutter zu bleiben. Es wird gehemmt, sich vom Mutterobjekt zu trennen, klare Kontaktgrenzen zu entwickeln.

Patienten, die kontaktfähig sind, aber als Hilflosigkeitsspiel konfluent bleiben, dürfen wir ruhig konfrontieren, aber es gibt auch Patienten, die konfluent bleiben, weil sie es nie haben richtig lernen können, wie man sich trennt, um zu kontaktieren. Trennung kann zu Kontakt führen oder zu Entfremdung. Diese Patienten zu konfrontieren, bringt sie in einen Zustand der echten Hilflosigkeit, in eine ausweglose Verwirrung. Sie können es nicht. Sie sind die Patienten, denen wir in der Gestalttherapie nicht immer haben gut helfen können, und an diese Patienten denke ich, wenn ich von diagnostischen Fehlern in der Gestalttherapie spreche.

Phänomenologie der Charakterstörung

Ich möchte zu der phänomenologischen Arbeit mit Charakterstörung kommen. Schuld und Angst prägen die Neurosen, Scham als Prozeß die Charakterstörungen. Was verstehe ich unter Scham? Ich habe eine Woche lang einen Workshop zu diesem Thema gemacht, aber ganz kurz gesagt: Scham ist nicht nur ein Gefühl, sondern sie ist ein Prozeß, ein Zustand. Scham ist das Erlebnis, metaphorisch ausgedrückt, wie der energetische Körper zusammenschrumpft, sich zusammenzieht, der Blick auf den Boden fällt; man hat Schwierigkeiten, dem Gegenüberstehenden wirklich in die Augen zu sehen; man wird sprachlos, obwohl man vor einigen Minuten noch ganz gut sprechen konnte und nach einigen Minuten wieder wird sprechen können. In dem Moment jedoch kann man nicht sprechen. Man kann es überspielen, aber vom Kern aus ist das fließende, spontane Sprechen, Sprechenkönnen, ausgeschlossen, nicht zugänglich. Ihr kennt mehr oder weniger diese Erfahrungen, nehme ich an. Die Symptome sind für jeden ein bißchen unterschiedlich. Ich könnte noch eine lange Liste machen, aber -es

reicht.
Charaktergestörte Menschen haben mit einer Sehnsucht auf der einen Seite zu kämpfen und mit Scham oder "Verlassenheitsdepression" auf der anderen. Sie haben die Hoffnung, daß es jemanden gibt, mit dem sie glücklich werden können. Sie haben die Hoffnung, daß sie durch die Liebe geheilt werden, daß sie so sehr von jemandem geliebt werden, daß alle inneren Unsicherheiten und Hemmungen behoben werden. Diese Hoffnung oder Erwartung ähnelt Platon's Idee vom Seelen-Partner. Ihr kennt sicher diese Idee, daß jeder Mensch ursprünglich männlich und weiblich war und danach gespalten wurde. Die beiden Hälften laufen irgendwo auf der Erde herum und suchen einander. Du brauchst nur deinen richtigen Seelenpartner zu finden, und dann kommst Du ins Paradies. Die Sehnsucht nach einem Partner ist gleich der Sehnsucht nach der Liebe, ist gleich der Sehnsucht nach dem Paradies.
Gleichzeitig erleben sie Scham und Verlassenheitsdepression oder Kränkung, wenn der andere nicht in der Lage ist, sie dementsprechend zu lieben. Das macht gewisse Schwierigkeiten in Beziehungen. Vielleicht ist es euch aufgefallen, daß die Lebenspartner nicht immer in der Lage sind, diese idealisierte Funktion zu übernehmen. Für charaktergestörte Menschen ist es nicht OK, wenn der Partner sagt oder zeigt: "Ich hab kein Interesse im Moment." In dem Moment verlieren sie den Boden unter den Füßen. Der Kopf sagt: "Es sollte OK sein. Ich habe die Gestalttherapiebücher gelesen. Ich kann mich verhalten, als ob es in Ordnung wäre." Aber wenn sie auf einer subtileren Ebene ganz ehrlich darauf achten, ist es nicht so. Es geht im Inneren irgend etwas kaputt.
Die Reaktionen darauf sind unterschiedlich. Es gibt welche, die sich ganz hart abgrenzen können. Sie werden sofort kalt. Es gibt andere, die explodieren, werden aggressiv, und viele versuchen sich so zu verhalten, als ob alles in Ordnung wäre. Sie haben es gelernt, sich zusammenzunehmen. Sie stehen mit gutem Gleichgewicht, haben das "Grounding" gelernt. Sie atmen richtig, Wirbelsäule gerade, Stimme wird geöffnet, wie sie es in dem Bioenergetischen Workshop übten. Aber es ist nicht wirklich in Ordnung.
Diese Menschen (und ich gehe davon aus, daß ich viele von uns hier beschreibe), leben mit der unablässigen Bedrohung, in so einen Zustand katapultiert zu werden. Sie wissen, daß, obwohl sie in vielen Situationen ganz gut funktionieren können, ein geringfügiger Anlaß sie jederzeit lähmen kann. Wenn sie in so einem Zustand sind, ha-

ben sie vorübergehend wenig Zugang zu den anderen Zuständen, sie vergessen sogar manchmal, daß es andere Zustände überhaupt gibt. Sie sind in dem Moment ihren eigenen Prozessen ausgeliefert. Indem sie vorübergehend so viel weniger sind, als sie in anderen Momenten sein können, haben sie sich verlassen. Scham oder die Verlassenheitsdepression scheinen mir Versuche zu sein, sich in so einem Moment des totalen Exponiertseins zu schützen. Ich hoffe, daß ihr das Gefühl, von dem ich spreche, alle kennt.

Gestalttheorie zur Charakterstörung

Wenn wir von Charakterstörung als Defizit sprechen, deuten wir die oben beschriebene Phänomenologie. Wir sehen, daß bei solchen Menschen die Kontinuität zwischen den verschiedenen Momenten der Erfahrung dünn und unbelastbar ist, daß Stress zu einem Fragmentieren des Erfahrungsflusses führen kann. Und weiter, daß das Fragmentieren selbst eine Art des Sich-Selbstverlassens ist, eine Versagung der Integrität des Selbstprozesses. Aber wie ist das theoretisch zu verstehen?

Als Gestalttherapeuten muß es uns ganz klar sein, daß der Mensch die Möglichkeit besitzt, mehrere Identifikationen gleichzeitg zu machen, oder zumindest eine nach der anderen. Die Psyche besteht aus mehreren Einheiten, die miteinander verbunden sind, so wie der Körper aus mehreren Organen und Systemen besteht, die miteinander verbunden sind. Wenn wir denken, zum Beispiel, spricht ein "Teil" mit einem anderen. Oder wenn wir einen Stuhl-Diaolg führen, spricht eine Identifikation mit einer anderen. Der Mensch als Einheit entsteht erst durch eine qualitativ gute dialogische Verbindung zwischen allen "Teilen" oder Identifikationen. Der Mensch ist eine Gestalt. Ist das System der Verbindungen zwischen den Identifikationen unbelastbar, droht ständig ein Auseinanderfallen der Ganzheit, eine vorübergehende Zerteilung der Persönlichkeit. In dem Zustand ist die Ganzheit verlassen worden, der Mensch als Ganzheit existiert nicht mehr, bis er wieder gestaltet wird.

Die Schwäche oder Unbelastbarkeit des Verbindungssystems ist der Kern der Charakterstörung aus einer gestalttherapeutischen Perspektive. Ich habe manchmal die Metapher einer Flutwelle benutzt, um Patienten das klar zu machen: Die Persönlichkeit ist ein Hügelland, jeder Hügel durch Straßen mit jedem anderen verbunden. Die Menschen dieses Landes haben gute, schöne Kontakte zueinander. Sie kennen aber keine Schiffe. Wenn eine Flutwelle kommt, liegen die Straßen unter Wasser, und jeder lebt auf seiner kleinen Hügelspitzen-Insel, von den anderen abgetrennt. Das Land gibt es nicht mehr, sondern nur noch ein Archipel unverbundener Inseln.

Weil wir früher den Unterschied zwischen Neurose und Charakterstörung nicht gesehen haben, haben wir charaktergestörte Patienten als Neurotiker behandelt. Wir haben viel mit Ausdruck von Gefühlen gearbeitet, weil wir die Gefühle für offene Gestalten hielten und dachten, sie würden sich schließen durch das Ausdrücken. Bei neurotischen Prozessen ist das genau das, was geschieht. Aber bei den charaktergestörten Patienten passiert das nicht. Das ist der Grund, warum wir X-mal die gleiche Mutter-Arbeit gemacht haben, X-mal die gleiche Vater-Arbeit, ohne je damit fertig geworden zu sein. Aber warum funktioniert es nicht bei diesen Patienten?

Weil sie, sozusagen, nur auf einer Insel gearbeitet haben, nur mit einem Zustand oder mit einer Identität. Es wurde zuviel Wert auf das Ausdrücken gelegt, um die Gestalt zu schließen und zu wenig auf das Lernen des Kontaktes, nicht nur des Kontaktes zur Umwelt, sondern auch zwischen diesen verschiedenen "Teilen" der Persönlichkeit. Dies mangelhafte Verbindungssystem wurde nicht verstärkt, im Gegenteil. In der Flutwelle-Situation hat das, was auf einer Insel passiert, keine Wirkung auf den anderen.

Bei den charaktergestörten Patienten sehen wir, daß der Aufbau dieser Integrationsfunktion Priorität hat.

Therapeutische Implikationen

Was ist zu tun? Ich möchte Judy aus dieser Perspektive nochmals anschauen. Sie sagte danach: "Mir ist klar geworden, als ich gegen die Wand stand, daß meine Angst nicht die Angst war, im Mittelpunkt zu stehen, sondern die Angst, daß, wenn ich das täte, ich nicht interessant genug wäre und daß die Gruppe sich von mir abwenden würde."

Dann hab ich gefragt: "Ja, und wenn das passiert wäre, nicht vom Kopf her, sondern vom Gefühl, was hätte passieren können?" Und dann sprach sie von diesem Zusammenfallen, dieser energetischen Schrumpfung. Das ist psychologisch gleichbedeutend mit dem Tod. Dieser Teil von ihr konnte also ohne eine Augenverbindung zu der Umwelt nicht selbständig existieren. Das bedeutet, daß sie sich mit einem inneren Kind identifiziert hat, vier oder fünf Monate alt. Ein Kind, das immer noch im Arm der Mutter oder des Vaters liegen und eine unmittelbare Bewunderung in den Augen der Eltern sehen möchte, ohne dort die Botschaft zu lesen: "du bist toll, weil du so viel leisten kannst.", denn ein Kind leistet nichts, sondern: "du bist toll, weil du da bist!" Du bist toll, weil sich in den Augen der Eltern die unbedingte Liebe Gottes in der Schöpfung widerspiegelt. Kennt ihr diesen Blick?

Wenn ein Elternteil sein Kind in den Arm nimmt, dann spürt es etwas davon. Wenn ihr keine Kinder habt, dann schaut mal, wie Eltern ihre neugeborenen Kinder anschauen in Momenten, in denen sie sich unbeobachtet fühlen. Es funkt. Und durch das Funken lernt man sehr wahrscheinlich: "Ich habe das Recht, in der Welt zu existieren. Ich werde geliebt." Ein Teil von Judy - nach dieser Theorie - glaubt nicht daran. Sie war nicht nur eine erwachsene Frau, die mit dem Gesicht zur Wand stand. Sie war auch das Kind. Und die Gefahr bestand, daß in der Not der Situation eine Flutwelle hätte kommen und die Verbindung zwischen dem inneren Kind und der erwachsenen Frau wegwischen können.

Wir hätten in unserer Arbeit mit ihr sagen können: "Ja gut, das kriegst du nicht. Du mußt dich daran gewöhnen." Ja gut, aber es genügt nicht. Ich bin der Meinung, daß es auch in der Gestalt-Therapie die Möglichkeit gibt, auch diese Ecken zu heilen. Aber auf eine andere therapeutische Art: die Ich-Du-Beziehung muß der Höchstwert der Therapie sein. Die Ich-Du-Beziehung, das dialogische Prinzip, ist die Verbindung zwischen den Identifikationen, zwischen dem ganzheitlichen Mensch und seinem Umfeld. Wir müssen als Therapeut genau einschätzen können, was neurotische Vermeidung ist - die gibt es nämlich auch, und das kann und soll man doch hart konfrontieren - und was ein Charakterprozeß ist. Man muss dann auch lernen, wie man die Widerstände und Ausweichmanöver der neurotischen Patienten frustrieren kann, ohne deren verletzbares Kind zu treffen. Man arbeitet mit einem Konzept wie dem von Kohut, dem Konzept von optimaler Frustration, nicht zu wenig, nicht zu viel. Es gibt so etwas, und das ist schwer zu beschreiben, was ich nach Winnicott als "Therapeutic Holding" - ein therapeutisches Halten - von Patienten bezeichne. Das ist wahnsinnig schwer zu beschreiben. Ich kann nur beschreiben, wie ich mich fühle, wenn es mir gelingt. Und ich kann das nicht immer, das ist ganz klar, aber wenn ich es schaffe, habe ich das Gefühl, daß ich einen Raum für den Patienten geschaffen habe und daß ich in der Lage bin, seine verschiedenen Fragmente alle im Blickwinkel zu halten. Dann kann ich ihn ruhig durch seine verschiedenen Identifikationen spazierengehen lassen. Wenn ich in diesem Zustand bin, ist es mir egal, ob er mir in einem Moment X sagt und im nächsten Moment nicht X sagt. Ich spüre keinen Widerspruch, keinen Konflikt, keine Frustration, weil ich sehe, er geht spazieren und kommt irgendwann wieder zurück. Ich schaue seinen Prozeß an, und es gibt, - die Sprache ist doof da -, so etwas wie therapeutische Liebe. Sie ist ein Rahmen, der den Patienten dann irgendwie festhält, ihm einen Boden gibt. Und wenn das richtig gemacht wird, ist es auch mit genügend Abstand gemacht, so daß keine idealisierenden Übertragungen produziert werden.

Ich habe absichtlich nicht von den Übertragungen gesprochen, die wahnsinnig schwierig sind in der Behandlung dieser Patienten. Es war schon sehr viel, was ich mit euch geteilt habe. Die Therapie besteht dann darin, nicht nur Introjektionen zu bearbeiten, Aggressionen auszuleben, Projektionen zurückzunehmen und. und, und, sondern es geht darum, diese inneren, integrativen Funktionen, die ich "Selbstprozesse" nenne, zu entwickeln und die organismische Selbstregulation im psychologischen Bereich in Gang zu bringen, bevor wir dann versuchen, eine Ausdrucksarbeit zu machen.
Ich erzähle Euch ganz kurz eine Geschichte, eine tolle Geschichte: Ein Mann arbeitete in einer Gruppe, 53 Jahre alt, er hatte sich sein ganzes Leben lang mit homosexuellen Phantasien beschäftigt und ist dann doch so weit gegangen, daß er mit einem Jungen ein Wochenende verbracht hat. Aber er konnte mit ihm wirklich keinen sexuellen Verkehr haben. Er wollte nur die Nähe, die Wärme, Streicheln, Küssen, Halten, nicht eindringen. "Gut, stell Du Dir vor, daß der Junge einen Teil von Dir repräsentiert, und daß Du diese zärtliche Beziehung zu Dir selber über ihn lernen möchtest. Laß das unsere Arbeitshypothese sein, fange damit an." - Er sagte: "Toll, ich finde das gut, ich fange damit an." Er arbeitete, arbeitete, und dann, am Ende der Arbeit, stand er vor seinem eigenen inneren Kind, dem Teil von ihm, der wirklich sechs Jahre alt war, und er sagte zu ihm, dem Jungen: "Es hat 46 Jahre gedauert, aber ich bin mittlerweile der Vater geworden, den du gebraucht hast. Und jetzt bin ich für dich da."

Das ist unsere Arbeit. Danke schön

Gestalttherapeutische Ansätze in der Ausbildung von Sozialarbeitern/Sozialpädagogen an der Fachhochschule. Überlegungen und erste Versuche

Dorothea Geuthner

Vortrag

Die Ausbildung von Sozialarbeitern/Sozialpädagogen soll unter dem Anspruch von Wissenschaftlichkeit ein ausgewogenes Verhältnis von Theorie und Praxis anstreben. Unverzichtbarer Bestandteil der Professionalität von SA/SP sind außerdem die personale und soziale Kompetenz, die jedoch in der Ausbildung häufig vernachlässigt werden. Am Beispiel der Evang. Stiftungsfachhochschule Nürnberg sollen verschiedene Versuche aufgezeigt werden, wie die Persönlichkeitsbildung der zukünftigen SA/SP insb. unter Anwendung von Ansätzen aus der Gestalttherapie im Lehrangebot eine stärkere Berücksichtigung finden kann.

Für die vorliegende Dokumentation ist es nicht möglich, meinen Vortrag in aller Ausführlichkeit wiederzugeben. Ich werde in dieser Zusammenfassung die oben genannten Versuche, die im Lehrangebot gemacht werden, darstellen. Überlegungen, die zu der gegenwärtigen Entwicklung geführt haben (z.B. die eigene gestalttherapeutische Ausbildung; die bewußtere Wahrnehmung der persönlichen Situation der Studenten; die Auseinandersetzung mit dem "Proprium" der SA/SP-Ausbildung; die FHS-Ausbildung im zeitlichen Kontext) können hier nur stichpunktartig benannt werden.

Einige Vorbemerkungen:

- Meine Ausführungen sind - entsprechend dem Ziel der Münchner Gestalt-Tage - ein Erfahrungsbericht, der Möglichkeiten aufzeigen möchte, wie im Rahmen der Fachhochschule, deren Strukturen sich vom setting einer therapeutischen Praxis erheblich unterscheiden, gestalttherapeutische Ansätze in die Ausbildung integriert werden können. Dies soll vor allem am Beispiel des "Zentralen Faches" SA/SP gezeigt werden.
- Meine Ausführungen sind subjektiv, ich stelle kein offizielles Konzept der StFHS vor. Die Kolleginnen und Kollegen der Fachgruppe SA/SP sowie eine Psychologie-Kollegin, von der die ersten Initiativen und Impulse bzgl. der Anwendung gestalt-

therapeutischer Ansätze in die Ausbildung an der StFHS ausgingen, unterstützen diese Versuche im Lehrangebot und sind auch an der Durchführung beteiligt.

- Ich bin Dipl. Sozialpädagogin Univ. (Ausbildung in U.S.A.) und seit Errichtung der Fachhochschule 1971 als hauptamtliche Dozentin tätig. Nach verschiedenen Fortbildungen habe ich 1983 mit der Gestalttherapie-Ausbildung im soziotherapeutischen Zweig (FPI) begonnen und stehe kurz vor Beendigung. Ich habe außerdem mit dem Kompaktcurriculum "Integrative Therapie mit Alten, Kranken und Sterbenden" angefangen. Ich stehe also erst am Anfang, meine gestalttherapeutischen Kenntnisse und Fähigkeiten für die Lehre nutzbar zu machen.
- Ich habe bisher keine Seminare in Gestaltpädagogik besucht, da die Angebote am FPI hauptsächlich auf Schulpädagogik ausgerichtet sind. Auch in der Literatur zur Gestaltpädagogik stehen die Anwendungsbereiche der Grund- und Hauptschulen im Vordergrund. Einrichtungen der Erwachsenenbildung und der Hochschulen werden nur spärlich berücksichtigt. Insgesamt befindet sich der gestaltpädagogische Ansatz noch in der Entwicklung, eine geschlossene Theorie kann noch nicht vorgelegt werden. Gestaltpädagogik wird hier verstanden als Sammelbegriff für pädagogische Konzepte, die sich weitgehend an der Gestalttherapie und Gestaltpsychologie orientieren und sich deren Vorstellungen und Prinzipien nutzbar machen (vgl. Burow/Scherpp, 1981, S. 119ff.).

Meine Entwicklung als Dozentin, meine Veränderungen bzgl. meiner Vorgehensweisen und meines Verhaltens als Lehrperson wurden im wesentlichen von meiner gestalttherapeutischen Ausbildung beeinflußt und geprägt. Folgende Bedürfnisse wurden für mich deutlich:

- Mich selbst als lebendige Person in den Seminaren zu erleben
- Für die Studenten die Ausbildung einer beruflichen Kompetenz zu ermöglichen (zumindest ansatzweise), die die Integration der instrumentellen, der sozialen und der persönlichen Kompetenz beinhaltet
- Möglichkeiten des Lernens anzubieten, die den Studenten als Ganzes erfassen (Lernen durch "vitale Evidenz")

"Wie mache ich Erfahrungen? Indem ich aufstehe, mich umsehe und zu einem Menschen oder einer Sache hingehe, also jemanden oder etwas erfahre. Wie erfahre ich mehr? Indem ich mit dem Menschen oder der Sache in Kontakt trete, sie also berühre und begreife." (Hokler 1980, S. 57)

Folgende Aspekte wurden in diesem Zusammenhang für mich wichtig (hier sind nur stichpunktartige Ausführungen möglich):

- SA/SP wendet sich an Menschen, die sich in psycho-sozialen Notlagen befinden. Soziale Dienste bieten spezifische Interventionen an, zu denen u.a. "Beratung" gehört. Im Beratungsgeschehen wird der Beziehung eine wesentliche Bedeutung beigemessen. Der SA/SP soll also eine "Beraterpersönlichkeit" sein, der berufliche Kompetenz und berufliche Identität besitzt. "... ihm steht vor Augen, daß er das Verhalten selbst leben muß, das zu erlangen er anderen zu helfen hofft." (Egan 1979, S. 26)
- Die Ausbildung an der Fachhochschule ist im Gegensatz zu den Vorläufereinrichtungen von Verwissenschaftlichung gekennzeichnet und von der stärkeren Berücksichtigung des Theoriebezuges. Die Vermittlung von Fachkompetenz überwiegt, die Persönlichkeitsbildung tritt in den Hintergrund. Die Ausbildung steht unter dem "Diktat einer ökonomischen Studienordnung". Beruflich besonders relevante Kompetenzen (z.B. Selbständigkeit) sind nicht gefragt (vgl. Klapproth 1987, S. 148).
- Die Auseinandersetzung um das "Proprium" der Ausbildung. Empirisch-analytischer Ansatz einerseits, humanistisch-psychologischer Ansatz andererseits.
- Die Situation der Studenten, insb. die der Studienanfänger, kann am besten mit "labilisierter persönlicher Zustand" beschrieben werden. Mehrere ihrer Identitätssäulen sind "angeknackst" (Verlassen des Elternhauses, kein Geld, Isolation, Kontaktschwierigkeiten, Sinnfrage etc.). Wo ist in der Ausbildung Platz für die Aufarbeitung dieser persönlichen Probleme, damit diese nicht unrefklektiert auf Klienten (in den Praktika, im späteren Beruf) übertragen werden?
- Anforderungen an den SA/SP von den Anstellungsträgern her. In einer Untersuchung von Klapproth (1987) "Berufliche Erwartungen und Ansprüche an Sozialarbeiter/Sozialpädagogen" wird als grundlegende Kompetenz vom SA/SP "Autonomie" verlangt, dazu zählen Selbständigkeit, Durchsetzungsvermögen, Umstellungsfähigkeit ... etc." In welchen Fächern wird dies vermittelt?

Zusammenfassung:

Wie im Fachlexikon der Sozialen Arbeit (1980, S. 91) bestätigt wird, können die Fachhochschulen "auf die Persönlichkeitsbildung ihrer Absolventen nicht verzichten. Berufe, die mit Menschen zu tun haben, müssen die Menschlichkeit des professionellen

Helfens selbst zum Gegenstand haben." Dem steht die Auffassung gegenüber, zu der Klapproth (1987) aufgrund seiner Untersuchungsergebnisse kommt: "Für eine routinemäßige Implementierung von bestimmten Projekten mit Selbsterfahrungswert in den Studienablauf ist unter gegenwärtigen Ausbildungsbedingungen nicht zu denken." (S. 149) Die Münchner Gestalt-Tage hatten als Thema "Gestalttherapie und Gestaltpädagogik - zwischen Anpassung und Auflehnung". Auf dieser Basis soll aufgezeigt werden, was unter dem Anspruch einer Ausbildung für SA/SP (nicht für Therapeuten) und unter den gegenwärtigen Strukturen der StFHS als "personnahes" Lehrangebot möglich ist.

Die Situation an der Evangelischen Stiftungsfachhochschule (StFHS) (stichpunktartige Darstellung)

- Die StFHS hat nur eine Fachrichtung, "Sozialwesen", und wird von ca. 500 Studenten (davon ca. 2/3 Frauen) besucht. Die Anzahl der Studenten ist überschaubar und bietet einen "familiären" Rahmen.
- Die äußeren Bedingungen unterscheiden sich erheblich von einer therapeutischen Praxis und ebenfalls von den Bedingungen einer Grund- und Hauptschule, auf die sich die Literatur zur Gestaltpädagogik im wesentlichen bezieht: Es gibt keine festen Klassen; es besteht in der Regel keine Anwesenheitspflicht, sondern Fluktuation. Der Student regelt sein Kommen und Gehen selbst, Pünktlichkeit ist ebenfalls eine individuelle Angelegenheit. Die Studenten sitzen in der Regel an Tischen. Die Fachgruppe SA/SP hat durchgesetzt, daß die meisten ihrer Veranstaltungen in "kleinen" Gruppen von 20 - 30 Studenten durchgeführt werden (1 Doppelstunde pro Woche). Die Studenten müssen sich innerhalb eines Tages auf mehrere, unterschiedliche Studieninhalte umstellen und einlassen können. Die Räume der StFHS stehen für Blockveranstaltungen pro Semester nur für zwei festgesetzte Termine zur Verfügung; Veranstaltungen, die außerhalb der StFHS stattfinden, müssen von den Studenten selbst finanziert werden, auch wenn sie zum Lehrangebot gehören.

- Das Kollegium besteht zur Zeit aus 5 Dozentinnen und 8 Dozenten:
  SA/SP: 4, davon 1 mit Zusatzausbildung in Gestalttherapie
  1 mit Zusatzausbildung in Gestaltberatung
  1 mit Zusatzausbildung in Familientherapie (Kommunikationstheo-

retische Basis)

1 mit Zusatzausbildung in Supervision (auf psychodramatischer Basis)

Psychologie: 2, davon 1 mit Zusatzausbildung in Gestalttherapie

Recht: 2, davon 1 mit Zusatzausbildung in TZI

Pädagogik: 2, davon 1 mit Zusatzausbildung in Psychoanalyse

Soziologie: 2

Theologie: 1 (Präsident der StFHS)

Dazu kommen mehrere nebenamtliche Lehrkräfte, die z.T. eine Zusatzausbildung in Gestalttherapie, Psychodrama bzw. Familientherapie haben.

- Die Ausbildungsinhalte an der StFHS orientieren sich an der Rahmenstudienordnung für Fachhochschulen in Bayern (1981), die als allgemeines Studienziel angibt: Das Studium bereitet auf selbständiges berufliches Handeln in verschiedenen Arbeitsfelderns des Sozialwesens vor. Es vermittelt die Fähigkeit, das berufliche Handeln am Stand der wissenschaftlichen Erkenntnisse zu orientieren. (S. 104)

- Zum besseren Verständnis werden die Inhalte im "Zentralen Fach SA/SP" sowie im Fach "Praxisorientierte Ausbildung" kurz benannt:

Sem.	SA/SP	POA
1	Grundsätze beruflich-methodischen Handelns	Besuch von Arbeitsfeldern
2	- " -	Beobachtungsübungen
3	Arbeitsformen/Vorgehensweisen/ Techniken (Einzelne, Gruppe, Familie, Gemeinwesen)	Praxisbegleitendes Seminar mit stud-begleit. Praktikum
4	- " -	Praktische Studiensemester mit praxis-begleit.
5		Lehrveranst.
6		
7	SA/SP im Schwerpunkt: z.B. Beratungsmodelle	
8	Krisenintervention Jugendberatung Elternberatung	

Neben den Fächern Psychologie, Pädagogik, Recht, Soziologie, Medizin sind in der Ausbildung außerdem wesentlich das Studium in den Studienschwerpunkten im 7./8. Sem. sowie die Angebote im musisch-sportlichen Bereich.

Wie bekomme ich "gute", d.h. kompetente Sozialarbeiter/Sozialpädagogen? Folgende Ziele könnten formuliert werden.

- Im Rahmen der vorgegebenen Studienordnung soll die Persönlichkeitsbildung in der Ausbildung von SA/SP eine größere Berücksichtigung finden.
- Die Ausbildung soll Ausbildung für SA/SP bleiben und nicht "therapeutisiert" werden, sie soll jedoch stärker als bisher Sozialisationswirkungen der Studenten einbeziehen.
- Die berufliche Kompetenz soll ganzheitlich ausgebildet werden.
- Die Studenten sollen neben der Erweiterung und Vertiefung ihrer fachlichen Kenntnisse die Möglichkeit haben, sich als Person zu erfahren, Bewußtheit zu erlangen und Zugang zu ihren Potientialen zu finden.

Zur Erreichung dieser Ziele ist es notwendig, daß sich die Lehrperson nicht einseitig als Dozent versteht, sondern als "facilitator", der Lernen und Lehren als wechselseitigen Wachstumsprozess versteht und erlebt. Ausbildung kann in diesem Sinn auch als "Koexistenz" von Studenten und Lehrpersonen betrachtet werden, die gleichermaßen von der Sachdimension wie von der Affektdimension bestimmt ist. Bei der Vermittlung kognitiver Inhalte wird das Beziehungsangebot, das die Lehrperson dem Studenten gegenüber macht, eine zentrale Bedeutung erhalten. Die Ausbildungssituation wird also von einer rein sachlichen Beziehung wegrücken hin zu einer eher intersubjektiven Beziehung, in der direkter Kontakt zwischen der Person des Lernenden und der Person des Lehrenden (Subjekt-Subjekt-Beziehung) und somit wechselseitiges und ganzheitliches Wachstum in der Ausbildungssituation möglich ist.

<u>Gestalttherapeutische Ansätze im Lehrangebot an der StFHS:</u>

1.) "Klassische" Selbsterfahrungsgruppen auf gestalttherapeutischer Basis:

- Diese Möglichkeit besteht jedes Semester im Rahmen der sog. "Wahlveranstaltungen". Die Teilnahme ist freiwillig, es findet kein Leistungsnachweis statt. Die Teilnehmerzahl ist in der Regel auf 16 begrenzt. Die Gruppe wird von 2 Dozenten geleitet, von denen i.d.R. einer SA/SP ist und mindestens einer eine Gestaltausbildung hat. Die Dozenten sind entweder hauptamtlich oder nebenamtlich oder treten auch "kombiniert" auf. Die Gruppen finden entweder kontinuierlich statt -10 x 3 Stunden - oder als Block am Wochenende meistens außerhalb der StFHS.

4. Semester: Im Rahmen der Psychologie-Vorlesung "Humanistische Psychologie" werden die verschiedenen Verfahren zum intensiveren Kennenlernen in Gruppen mit Selbsterfahrungscharakter an einem Wochenende angeboten; jeweils 1 Gruppe zu Gestalttherapie, zu TZI, zu Psychodrama, zur Transaktionsanalyse.

7./8. Sem: - Abschied vom Studium
- wird jetzt angeboten als Wandlungen und Übergänge im Leben (ein früheres Angebot hatte als Thema: Abschiednehmen, Umgang mit Tod und Sterben)
- Rückblick auf die Praktischen Studiensemester
- Einführung in die Gestaltberatung (dieses Angebot entstand auf ausdrücklichen Wunsch der Studenten)

offen für alle Sem.: Aggressivität und Gewalt

2) Veranstaltungen, in denen Gestaltmethoden teilweise verwirklicht werden können (mein Lehrangebot):
Unter den gegebenen Bedingungen ist es m.E. immer möglich, soziale Kompetenz zu erweitern, indem Arbeit in Kleingruppen mit Nachbesprechung der Gruppenprozesse und Rollenspiel als didaktisches Mittel eingesetzt werden. Außerdem spielt das Einbringen der eigenen Person als Dozent in jedem Fall eine wichtige Rolle.

2. Sem.: Beruflich-methodisches Handeln:
Hier ist geplant, in Zukunft die Person des SA/SP im Rahmen des beruflichen Handelns stärker zu berücksichtigen durch das Angebot von Wahrnehmungsübungen, Begegnungs- und Beziehungsübungen, Erstellung eines Helfer-Panoramas etc.

3. Sem. und 4. Sem.: Gesprächsführung mit Kindern
z.B. Fotos aus der eigenen Kindheit, sein Lieblingsspielzeug mitbringen und dessen Bedeutung erfahren; positiver Wegbegleiter; die Bedeu-

tung des Malens als Ausdrucksmittel (auf der Grundlage von Violet Oaklander; die beiden Dozentinnen haben bei ihr gemeinsam einen Kurs besucht.)

Problemorientierte Gesprächsführung/Personzentrierte Gesprächsführung

Wahrnehmungsübungen (Stevens), awareness-Übungen, Rollenspiele (z.B. unter Einbeziehung des leeren Stuhles)

Praxisbegleitendes Seminar: Arbeit mit Menschen in Krisen

Eigene Krisen im Leben
Erfahrungen mit Abschiednehmen, Trauer
Positiver Wegbegleiter
Übergangssituationen (Einbeziehung kreativer Medien)

7./8.
Sem.: Studienschwerpunkt: Arbeit mit alten Menschen (4stündig)

Je nach Wunsch der Studenten Sitzungen mit Selbsterfahrungscharakter möglich zu den Themen: Mein eigenes Älterwerden - Ängste und Befürchtungen; Abschiednehmen im Leben; Erfahrungen mit Tod und Sterben; Erfahrungen mit Krankheit und Gebrechlichkeit etc.

3) Weitere Veranstaltungen mit Selbsterfahrungscharakter (auf gestalttherapeutischer Basis)

Offen für alle Semester:
- Malen als Ausdrucksmittel
- Angebote im musisch-sportlichen Bereich (z.B. Rhythmik, Theaterspiel, Musiktherapie, Pantomime und Körpersprache)
- Praxisbegleitende Lehrveranstaltungen in den praktischen Studiensemestern mit dem Schwerpunkt "Ich als Helfer".

Subjektive Stellungnahme:

- Bzgl. der oben aufgeführten Veranstaltungen gibt es viele Auseinandersetzungen im Kollegium, da der Stellenwert von "Selbsterfahrung" in der Ausbildung von SA/SP unterschiedlich gesehen wird. Positiv sind hier die Dozentenseminare (3 Tage) zu nennen, die einmal pro Semester stattfinden und an denen i.d.R. alle Kollegen teilnehmen. Sie fördern Kontakt und Beziehung auf kollegialer Ebene.

- Die genannten Lehrangebote können als "Tropfen auf den heißen Stein" betrachtet werden; unter den gegebenen Bedingungen und Strukturen meine ich, sind sie jedoch als erste Versuche in Richtung Einbeziehen der Persönlichkeitsbildung zu sehen.
- Nicht alle Studenten machen von diesen Angeboten Gebrauch, da aus unterschiedlichen Gründen auch Widerstände vorhanden sind.
- Die Lehrangebote mit Selbsterfahrungscharakter werden verstärkt von den Studenten gewünscht und gefordert. Häufig wird als Motivation für das Studium der SA/SP angegeben, "hier kann man etwas für sich selbst holen." Die berufliche Perspektive tritt in diesem Fall in den Hintergrund. Einige Studenten haben als Ergebnis eines Selbsterfahrungswochenendes mit dem Studium der SA/SP aufgehört bzw. sind nach Beendigung des Studiums nicht in diesem Beruf tätig geworden, weil sie ihre Grenzen als Helfer erkannt haben. In diesem Sinn kann die Anwendung gestalttherapeutischer Ansätze in der Ausbildung auch einen Selektionscharakter haben, der z.B. von Klapproth (1987) als Ergebnis seiner Untersuchung angesprochen wird.
- Grundsätzlich sind die Seminare unter Berücksichtigung des ganzheitlichen Ansatzes lebendiger und machen den Beteiligten mehr Spaß. Die Studenten fühlen sich ernst genommen, sie haben weniger Angst, sie werden selbstbewußter (persönliche Rückmeldungen der Studenten)
- In ihrer Persönlichkeitsentwicklung ist ein hohes Maß an Sensibilität festzustellen, wenn sie an Lehrangeboten mit der Möglichkeit zur persönlichen Auseinandersetzung teilgenommen haben (aus Rückmeldungen von Praxisanleitern)
- Ich selbst habe mehr Spaß als Lehrperson, ich fühle mich als ganze Person gefordert und erhalte viele Impulse für meine eigene Entwicklung. Ich sehe gute Möglichkeiten für weitere kreative Veränderungen im Rahmen der Ausbildung von SA/SP.
- Ein Rollenkonflikt, der von manchen Kollegen befürchtet wird, wenn ich als "facilitator" und als "Prüfer" gleichzeitig fungiere, ist bisher nicht aufgetreten. Wie bereits erwähnt, finden die Angebote mit Selbsterfahrungscharakter i.d.R. ohne Leistungsnachweis statt. Die Studenten kennen meine "Haltung" und schätzen das Beziehungsangebot. Auch in Prüfungssituationen fällt es ihnen leichter, ihre Ängste zu benennen.

Zusammenfassung:

Wie bereits in den Vorbemerkungen erwähnt, stehe ich selbst erst am Anfang der Übertragung gestalttherapeutischer Ansätze in die Ausbildungssituation auf Fachhochschulebene. Da die StFHS zu den "kleinen" Fachhochschulen gehört, in der die Studentenzahl überschaubar ist und insbesondere relativ viele Kolleginnen/Kollegen bzgl. Gestalttherapie eine Zusatzausbildung und persönliche Erfahrungen mit diesem Ansatz gemacht haben, sind hier die Bedingungen zum "Experimentieren" sicherlich besser als in "größeren" Fachhochschulen. Ich möchte jedoch insb. die Kollegen und Kolleginnen im "Zentralen Fach SA/SP" ermutigen, sich als Lehrperson auf Beziehungsprozesse einzulassen, um so den Studenten den Zugang zu ihren Fähigkeiten und ihrem Potential ganzheitlich zu ermöglichen, und um andererseits selbst weiterzuwachsen.
Als Perspektive für die Zukunft erscheint es mir wichtig, mich intensiver mit Gestaltpädagogik auseinanderzusetzen.
Es wäre diesbezüglich sehr hilfreich, wenn die Ausbildungsinstitute ihre Angebote bzgl. Gestaltpädagogik auf die Ebene der Erwachsenenbildung und Hochschule erweitern würden.

Quellenangabe:

Bay. Staatsministerium für Unterricht und Kultus (Hrsg.): Rahmenstudienordnung für den Fachhochschulstudiengang Sozialwesen; München KMBl I Nr. 4/1981

Burow/Scherpp.: Lernziel Menschlichkeit; München 1981

Deutscher Verein (Hrsg.): Fachlexikon der Sozialen Arbeit; Frankfurt 1980

Egan, G.: Der fähige Helfer, Gelnhausen 1979

Hohler, A.: Wozu das alles? Auf der Suche nach dem Sinn unseres Lebens, Zürich 1980

Klapproth, J.: Berufliche Erwartungen und Ansprüche an Sozialarbeiter/Sozialpädagogen; Weinheim 1987

Der Heilige Augustinus und unser Rückgrat heute

WIE UNTERDRÜCKE ICH EINEN MENSCHEN? oder - dasselbe anders ausgedrückt - WIE MACHE ICH EINEN MENSCHEN LEIDEND?

Helmuth Kohstall

Vorbereitung

Anpassung und Auflehnung drückt sich nicht nur in unserem Reden und Handeln aus, sondern auch in unserer Körperhaltung. Neigen wir mehr zur Anpassung, so geht diese Neigung auch in unseren Körper ein und bewirkt eine bestimmte habituelle Haltung, die wieder unsere Neigung zur Anpassung unterstützt. Aus der Balance zwischen Anpassung und Auflehnung geraten, kann diese habituelle Haltung dann über Jahre, Jahrzehnte, je nach Grad zu psychosomatischen Beschwerden bis hin zu körperlichen Deformierungen führen.
Angeregt durch die Alexander-Methode, Bioenergetik und die geübte Sitzhaltung buddhistischer Mönche fing ich an, in meiner Praxis der eingenommenen Haltung immer mehr Beachtung zu schenken und ich beobachtete, daß die eingenommene körperliche Haltung einen direkten Einfluß auf den therapeutischen Prozeß hat.
Vom Begriff des Heilens ausgehend, das für mich heil und ganz machen bedeutet, habe ich in meinem Vortrag versucht, nicht nur den leidenden Patienten zu sehen, sondern das Ganze. Denn unsere habituelle Körperhaltung ist nicht nur durch unsere individuellen Erfahrungen geprägt, sondern auch durch unsere Kultur und durch die Geschichte unserer Kultur.
Um dem Vortrag noch mehr das Merkmal der Ganzheit zu geben, habe ich Körperübungen mit aufgenommen, um jedem einzelnen die Möglichkeit zu geben, sich seiner eigenen habituellen Haltung bewußter zu werden und nicht zuletzt auch zu versuchen, die Spaltung von Reden und Handeln durch notwendige Bewußtheit zu überwinden. Denn wir reden vom Frieden und was tun wir wirklich dafür? Jahrhunderte lang wurde von den Kanzeln die Liebe gepredigt, doch in Wirklichkeit Haß gesät.
Um diese Spaltung zu überwinden, sehe ich heute den Schwerpunkt meiner Arbeit im Bereich der Bewußtheit und Achtsamkeit, sowohl in meiner Praxis als auch in

mir.

Vortrag

Hallo, ich habe ihnen zwei Bücher mitgebracht: das eine stammt von Aurelius Augustinus, Kirchenvater, heiliger Augustinus - heilig? hm --- heil --- das Heil --- hollos (im Griechischen 'ganz') --- heilen --- der Heiland --- die Heilberufe --- das Heilige Römische Reich deutscher Nationen --- heil Hitler --- Was ist denn Heil?

Notiz aus dem GEO-Heft Oktober '76: "Bereits 1886 haben sich die O n g e s der Zivilisation ergeben. Seither geht es mit ihnen bergab. Man sieht nur noch Gesichter, die so traurig sind, wie das des jungen Mannes rechts.
Wie unterdrücke ich einen Menschen? oder - dasselbe anders ausgedrückt - Wie bringe ich es fertig, daß ein Mensch von A nach B geht, ohne daß er es selbst will, nur weil ich es will.
Wie bringe ich es fertig, daß ein Mensch nicht mehr entsprechend seinen eigenen Bedürfnissen und Vorstellungen handelt und lebt, als 'gehorsam zu sein'. Ein einfaches Rezept: Ich mache ihn leidend und sage ihm, daß er in B von seinem Leiden erlöst wird. Das heißt, ich nehme ihm seine Ausgeglichenheit, seine Zufriedenheit, sein Glücklichsein, sein Heilsein und sage ihm, daß er in B sein Glück finden wird.
Und wenn ich dann noch seine Wahrnehmung und Gedanken verwirre und ihm glaubhaft versichere, daß ich es nur gut mit ihm meine - Es gibt ja so viele, die es gut mit uns meinen ... - wird er von A nach B gehen, wenn ich es will, und von B nach C, wenn ich es so will und von C nach D und so weiter. Der Mensch sucht sein Glück, wenn er es erst einmal verloren hat.

Entschuldigung: Könnten Sie mir bitte den Rücken klopfen?
Danke!

Um einen Menschen leidend zu machen und um dies ganz perfekt zu gestalten, -100 % - das möchten wir doch alle immer wieder gerne - fange ich am besten gleich unmittelbar nach der Geburt an, diesen Menschen unglücklich und heillos zu machen, daß er mit größter Sicherheit nicht mehr in der Lage ist, sein in sich ruhendes Heil zu erkennen, am besten: es gar nicht mehr erahnen kann ...

Vielleicht können wir beim Kirchenvater Augustinus nachschauen, ob er uns darüber etwas zu sagen wußte.

Zuvor möchte ich sie aber noch bitten, sich ihrem Nachbarn zuzuwenden, um ihm den Rücken zu klopfen, wie Sie es bei mir soeben gesehen haben.
Geduld! - Es hat etwas mit diesem Vortrag zu tun.
Der Nachbar möchte es behutsam tun, und keine Schläge ins Kreuz verabreichen, die wir am Ende schon zur Genüge in unserem Leben erhalten haben oder so etwas wie 'Nackenschläge' ...
Fragen Sie Ihren Nachbarn, ob es für ihn so richtig ist, und lassen Sie sich Zeit und machen es sorgfältig. Oft sind wir zu schnell, erleben dann nichts und sind enttäuscht (wie bei einem vorzeitigen Samenerguß bei einer begehrten Frau).
Versuchen Sie, mit leichtem Klopfen Zentimeter für Zentimeter vom Nacken an bis nach unten zu gehen, und seien Sie behutsam, wenn Sie auf angstbesetzte Stellen stoßen. Wenn Sie Ihre Jacken ausziehen, können Sie Ihren Rücken intensiver erleben. Mancher von Ihnen bedarf vielleicht kräftigeren Klopfens. Klopfen Sie nicht auf der Wirbelsäule, sondern entlang der seitlichen Muskelstränge. Wenn Sie jetzt aufstehen, Ihre Jacken ausziehen, sich mit dem Rücken nach vorne beugen und mit den Händen auf den Knien sich aufstützen, beginnt Ihr Nachbar, bedachtsam Ihren Rücken zu klopfen. Und Sie selbst versuchen, dabei Ihren Rücken zu spüren und wechseln dann.
Es könnte sein, daß Sie nach dem Klopfen jetzt Ihren Rücken mehr spüren. Vielleicht hat der eine oder andere eine schmerzhafte Stelle verspürt und sich sogar erinnert, daß er öfter unter Nacken- oder Rückenschmerzen zu leiden hat, mit Schulterarmsyndrom, Ischias oder Bandscheiben zu tun hat. Einer mag erfahren haben, daß es an einer Stelle fast unerträglich war und sich erinnert haben, daß er sich vor langer Zeit dort eine Verletzung zugezogen hatte. Eventuell erinnert sich jemand sogar, daß an dieser Stelle ihm sein Vater den Rücken verdroschen hatte. Manchmal sind Körperteile von uns nahezu empfindungslos, fast wie tot und beginnen erst zu schmerzen, wenn sie wieder lebendiger werden oder wenn gerade etwas gebrochen ist -wie

Bandscheibenvorfall.
Vielleicht hat aber auch Ihr Rücken eine wohltuende Belebung erfahren, so daß ich mit meinem Vortrag und dem Kirchenvater Augustinus fortfahren kann.
Nach BROCKHAUS: 'Aurelius Augustinus, geboren in Tagaste 354, gestorben 430 in Hippo Regius, seit 395 dort Bischof; seine Schriften waren von größtem Einfluß auf die ganze abendländische Theologie und Philosophie; ... ... Heiliger.'
Eigentlich wollte ich gar nicht so viel über Aurelius Augustinus sagen - es ist ja schon so lange her - sondern Sie über Ihren Rücken eine Erfahrung machen lassen und dann die Frage stellen, ob nicht eine Beziehung von Ihrem Rückgrat zum Heiligen Augustinus besteht.
Aber fahren wir mit unseren Überlegungen fort:
Wenn ich nun einen Menschen leidend machen will, um ihn williger von A nach B schicken zu können, um sein verlorenes Heil ihn sichen zu lassen, fange ich am besten gleich bei der Geburt an, ihn für "verderbt", "sündig" und "krank" zu erklären. Denn diese erlaubt es auch, mit solch einem verderbten Wesen mit weniger Sorgfalt, Bedacht, Achtung und Liebe umzugehen, was in unserem Abendlande unablässig und in oft vergessener oder nicht wahrgenommener Brutalität geschehen ist.
Der Kirchenvater Augustinus sagt (Civitas Dei, S. 124): ... So ist denn aus dem verkehrten Gebrauch des freien Willens die ganze Kette des Unheils entstanden, die mit nicht abreißendem Jammer das Menschengeschlecht, dessen Ursprung verderbt und gleichsam an Wurzelfäulnis erkrankt war, ...

Der Mönch Pelagius, ein Zeitgenosse von Augustinus, den letzterer auf das Erbittertste bekämpfte, sagt, daß der Mensch von Natur aus gut und in seiner Willensentscheidung frei sei. Er unterlag. Seine Schriften wurden verbrannt und per kaiserlichem Gesetz verboten.
So war der Mensch von Anfang an verderbt, heillos, krank, mit der Erbsünde behaftet; der Erbsünde, die nichts schlimmeres beinhaltet als den Ungehorsam von Adam und Eva, den Augustinus als den verwerflichsten Frevel darstellte. (De civitate Dei, S. 188): ... Denn wie nicht ohne Grund Abrahams großer Gehorsam gepriesen wird, weil ihm der überaus schwere Befehl gegeben ward, seinen Sohn zu töten, so war im Paradiese der Ungehorsam um so größer, je geringer die Schwierigkeit, das Gebot zu erfüllen. Und war der Gehorsam des zweiten Menschen deshalb um so ruhmvoller,

weil er gehorsam ward bis zum Tode, so ist der Ungehorsam des ersten deshalb um so abscheulicher, weil er ungehorsam ward bis zum Tode. Denn wo auf den Ungehorsam solch harte Strafe gesetzt und vom Schöpfer solch leichtes Gebot gegeben ward, wer findet da die rechten Worte zu beschreiben, wie groß die Bosheit ist, einem so leicht zu erfüllenden, von solch gewaltigem Machthaber unter Androhung solch furchtbaren Strafgerichts erlassenen Befehl nicht zu gehorchen? ...

Nicht die Freiheit wurde so das höchst zu bewahrende Gut, sondern der Gehorsam, das willige Gehen von A nach B, von B nach C. In die Praxis unserer abendländischen Geschichte umgesetzt: "Und willst du nicht mein Bruder sein, so schlag' ich dir den Schädel ein." Die Ausrottung der Katherer und Albingenser, die Bartholomäusnacht der Hugenotten, die Inquisation und die Judenverfolgung sind - glaube ich - erhellende Beispiele.

Um aber dem Menschen seinen Gehorsam zu erleichtern, daß es aussieht, als sei es sein eigener Wille, von A nach B und weiter nach C zu gehen, nehme ich ihm am zweckmäßigsten von Anbeginn sein Heil, um es ihm in B oder C verheißen zu können. Ich sprechen von den Mühsalen des Erdenlebens und verheiße ihm im Jenseits, wo das einzige Paradies liegt, seine Glückseligkeit. Ich nehme dem Menschen von Anbeginn sein Heilsein, sein Frohsein und manipuliere in den Bereichen, wo der Säugling am empfindlichsten, ja in seiner Existenz bedrohend zu treffen ist: in der Ernährung und der lebensnotwendigen mütterlichen Wärme.

Doch möchte ich nicht zu viel reden; es wurde ja schon zu vieles gesagt. Ich hatte Ihnen ja auch gerade vom Kirchenvater Augustinus etwas vorgelesen; und damit Sie selbst mit sich etwas erfahren können, möchte ich Sie bitten, eine Weile - eine Weile - gerade zu sitzen.

Bitte nehmen Sie sich jetzt dazu Zeit. Ich kann Ihnen versichern, es hat etwas mit meinem Vortrag zu tun.

Sie setzen sich - wie zum Klavierspielen - auf die vordere Hälfte Ihres Stuhles und versuchen, sich gerade aufzurichten. Zur Veranschaulichung möchte ich Ihnen das Bild eines sitzenden ägyptischen Pharao zeigen. Ihre beiden Füße haben guten Spürkontakt mit dem Boden, Ihre Hände liegen entspannt auf den Oberschenkeln, Ihr Schultergürtel ist locker und entspannt, und Sie stellen sich vor, daß von Ihrem Schei-

tel ein Gummiseil zur Decke zieht und Sie ganz, ganz gerade werden läßt. Ich erlaube mir dann herumzugehen, um Sie etwas zu korrigieren.
Es ist von Bedeutung. Sie schätzen es doch, aufrichtigen Menschen zu begegnen und sagen abschätzend "er hat kein Rückgrat". Sie sagen, "Der Franz-Joseph ist gerade heraus" und schätzen dies oder auch nicht, denn Geradheit bringt in unserem Leben nicht immer einen Strauß ...
Vielleicht können Sie dabei die Augen schließen, um besser Ihr Rückgrat zu spüren, und möglicherweise werden Sie bemerken, daß diese Geradheit Ihnen nicht leicht fällt; daß Sie hie und da Unannehmlichkeit oder sogar Schmerz verspüren. Versuchen Sie, dabei zu verweilen, und vielleicht können Sie mit Stöhnen sich eine Erleichterung verschaffen. Auch Stöhnen ist menschlich, wenn auch viele meinen: nicht männlich. Versuchen Sie's und nehmen Sie sich Zeit. In meiner Praxis und im Freundeskreis habe ich noch keinen erlebt, der sich damit nicht schwer getan hat. Nicht selten wurde uns das Rückgrat gebrochen und oft schon sehr früh, so daß wir nicht mehr darum wußten, wenn unsere Eltern forderten, daß wir uns gerade halten.
Versuchen wir es jetzt, und ich werde herumgehen, und jeder wird für sich spüren und vielleicht für sein Leben eine wichtige Erfahrung machen, wichtiger als all das, was ich Ihnen bisher gesagt oder vom Heiligen Augustinus zitiert habe.

Ich hoffe, Sie haben eine Erfahrung gemacht über sich selbst; vielleicht tauchte Unruhe in Ihnen auf und Sie dachten: "Alles Quatsch, was der da sagt." Doch möglicherweise gelingt es Ihnen, bei Ihrer Erfahrung zu bleiben und nicht mit mir darüber diskutieren zu wollen, weil es Ihnen unangenehm war.
Wenn ich einen Menschen leidend machen will, um ihn williger von A nach B schicken zu können, fange ich sofort bei der Geburt an, um ihm sein Heil und sein Frohsein zu rauben, indem ich erkläre, daß eine Mutter sich versündigt, wenn sie beim Stillen ihres Säuglings Lust empfindet. (So wenigstens nach Äußerungen vom Kirchenvater Augustinus.)
Wenn du Lust hast, Tennis zu spielen und du mit einem Freund spielst, der es nur unlustig tut, wirst du bald merken, daß auch dir bald die Freude vergeht. Was nimmt es dann wunder, daß der Säugling immer mehr vor Unlust zu schreien beginnt, die Mutter mehr und mehr genervt die Säuglingspflege irgendwelchen Ammen überläßt, die sie lieber bezahlt, wie es dann im 18. Jahrhundert gang und gäbe war.

Ich möchte hier auf das aufschlußreiche Buch von Badinter, Professor für Soziologie an der Sorbonne, verweisen: "Mutterliebe". Wenn Mütter von Naturvölkern ihr Kind im Tuch über den Rücken oder Bauch tragen und so ständig mit dem Kind in hautenger Berührung sind, so war das Steckkissen eine abendländische Erfindung, das man tagsüber an den Nagel hängte, um sich erst abends wieder um den Säugling zu kümmern - oder vielleicht auch nicht. Elisabeth Badinter kommt in ihrem Buch nach ausgiebigen Quellenforschungen zu dem Schluß, daß es das Phänomen 'Mutterliebe' jahrhundertelang nicht gab. Obwohl die christlichen Kirchen immer wieder von der Kanzel die Liebe gepredigt hatte, war Mutterliebe lange Zeit eine Unbekannte. Als einer der ersten - von der Kirche mit Mißtrauen betrachtet - erhob Jean Jaques Rousseau die Mutterliebe wieder zum wesentlichen Gut. Aber damit nicht genug.

Hatte ein Säugling das Leiden oder Heillosmachen in seinem ersten Lebensjahr überstanden - und die Säuglingssterblichkeit war sehr hoch - so erwarteten ihn neue Plagen, die seinen Gehorsam garantieren sollten. Auch dies schildert uns Aurelius Augustinus in eindrucksvollen Worten, die ich Ihnen vorlesen will, nachdem Sie zur Veranschaulichung selbst an sich nochmals eine Erfahrung machen konnten.
Diesmal möchte ich Sie nicht nur bitten aufzustehen, sondern auch herumzugehen. Ich zeige Ihnen, wie Sie eine bestimmte Körperhaltung einnehmen, und Sie versuchen dann wahrzunehmen, was für ein Lebensgefühl sich dabei einstellt. Man sagt ja, man 'geht durchs Leben', und sie versuchen zu spüren, wie es sich mit der jeweiligen Körperhaltung durchs Leben geht. Auch hier möchte ich Sie bitten, sich Zeit zu nehmen, denn die Wahrnehmung des zugehörigen Gefühls stellt sich erst nach einer gewissen Zeit ein.
Die erste Haltung: Sie krümmen den Rücken nach vorne, ziehen die Schultern nach vorne und ziehen sie ein wenig nach oben, senken den Hals und Kopf und heben dann allein nur den Kopf, daß der Hals gesenkt bleibt, gehen jetzt herum und versuchen zu spüren, wie das Leben sich so anfühlt: Ihre beruflichen Aussichten, Ihre finanzielle Lage, das Leben mit Ihrer Frau, Ihren Kindern und so weiter.
Die zweite Haltung: Sie werfen sich in die Brust und strecken diese so gut es geht heraus, ziehen den Nacken nach rückwärts, lassen ihn so wie "halsstarrig" sein, heben ein kleinwenig den Kopf, wobei Ihr Blick leicht von oben nach unten geht. Und spüren Sie wieder, welches Gefühl Ihnen diese Haltung vermittelt.

Um dies noch etwas deutlicher zu machen, nimmt der rechte Teil von Ihnen die Haltung 1, der linke Teil die Haltung 2 ein, und Sie versuchen zu erspüren, was für ein Gefühl der andere Ihnen in der Bewegung vermittelt, wenn Sie ihm mit seiner eingenommenen Haltung begegnen.

Wir könnten uns jetzt darüber unterhalten, über die Erfahrungen, die der einzelne gemacht hat. Aber es würde vielleicht zu persönlich werden und den zeitlichen Rahmen sprengen, so daß ich es vorziehe, wieder zum Kirchenvater Augustinus zurückzukehren, um Ihnen wieder eine Stelle aus dem 'Gottesstaat' zu zitieren. Ich bin überzeugt, daß Sie ganz von selbst herausfinden können, welche Körperhaltung diesem Text zuzuordnen ist. (Seite 802) ... Doch da Gottes Führung die Verdammten nicht ganz im Stiche läßt, und da Gott auch in seinem Zorn mit seinen Erbarmungen nicht zurückhält, stehen, den Sinnen des Menschengeschlechts gleichfalls wahrnehmbar, Zucht und Erziehung gegen diese Finsternisse, mit denen wir geboren werden, auf der Wache und widersetzen sich den Angriffen, sind freilich selber voller Mühsal und Schmerzen. Denn was sonst wollen die mancherlei Schreckmittel, die man anwendet, den Unarten der Kleinen zu steuern? Wozu Erzieher, Lehrer, Stecken, Riemen, Ruten, wozu all die Züchtigungen, mit denen man, wie die Heilige Schrift sagt, den Rücken des geliebten Sohnes bläuen soll, damit er nicht unbändig heranwächst und so störrisch wird, daß er kaum noch, vielleicht überhaupt nicht mehr, gebändigt werden kann.

Was bezwecken all diese Strafen anders, als die Unklugheit zu überwinden und die böse Begierde einzudämmen, jene Übel, mit denen belastet wir in diese Welt eintreten? Denn woher kommt es, daß wir mühsam uns erinnern, aber mühelos vergessen, mühsam lernen, aber mühelos verlernen, mühsam fleißig, aber mühelos träge sind?

Geht nicht daraus deutlich hervor, wohin die verderbte Natur durch ihre eigenes Schwergewicht neigt und absinken will, und welcher Anstrengung es bedarf, sie davor zu bewahren?

Trägheit, Gleichgültigkeit, Faulheit, Nachlässigkeit sind ja Laster, mit denen man der Arbeit entfliehen will, während die Arbeit selbst, auch die nützliche, eine Plage ist... .

Wenn Sie sich noch unsicher sind, nehmen Sie bitte nochmals beide Haltungen ein; und die anderen, die sich schon sicher sind, werden möglicherweise - wenn Sie es

auch nochmals versuchen - mehr Einzelheiten wahrnehmen können.
Die Haltung 1 ist die des Unterdrückten, dessen Leben von Mühsal beladen und dem selbst die nützliche Arbeit eine Plage ist, wie es Augustinus sagt. Ich möchte sie als die Haltung des Sklaven bezeichnen, dem aufgezwungen ist, viele Lasten auf seinen Schultern zu tragen und dem es schwer fällt, so manches den Buckel herunter rutschen zu lassen. Dieser Mensch ist der leidende, der - willig gemacht - auf Wunsch von A nach B geht, wenn es befohlen wird.
Die Haltung 2 ist mehr die des Herrschers oder Bosses, der von oben herab auf seine Untergebenen und Angestellten blickt.
Beide Haltungen sind die möglichen Alternativen unseres Abendlandes: des Herrschers oder Untergebenen, des Siegers oder Besiegten, also dessen, der uns von A nach B, von B nach C zwingt und dessen, der es in Gehorsam zu tun hat. Es ist der Nackenbuckel oder Witwenhöcker, den wir so häufig beobachten können und dessen statisch notwendige Kompensation das Hohlkreuz, das uns daran hindert, sexuelle Lust in unserem Becken frei entfalten zu lassen.

Wenn wir uns nach einer dritten Möglichkeit der Körperhaltung umschauen, so könne wir sie im alten Ägypten finden - und nicht nur bei den Pharaonen - sondern auch bei den Darstellungen des einfachen Volkes. Auch habe ich diese Körperhaltung bei buddhistischen Mönchen finden können, wie sie in dem Buch "Die drei Pfeiler des Zen" von Capleau abgebildet ist.

Versuchen Sie jetzt eine Erfahrung mit dieser Körperhaltung zu machen. Ich möchte Sie wieder bitten aufzustehen, eine aufrechte Haltung Ihres Körpers einzunehmen und dann herumzugehen und zu spüren, wie sich so das Leben anfühlt. Sie stellen sich hin, die Füße in Schulterbreite, achten darauf, daß die Füße parallel stehen, lockern Ihre Schultern als wären sie leicht von Luftkissen unter den Achseln getragen und stellen sich wieder das Gummiseil vor, das von Ihrem Scheitel zur Decke zieht und richten die Augen in Augenhöhe aus.
Beginnen Sie jetzt wieder herumzugehen. Es ist eine Haltung, wie sie im alten chinesischen Tai Chi immer wieder geübt wird.

Vielleicht haben Sie erfahren können, daß diese Haltung mit Aufrichtigkeit, Würde und Freiheit etwas zu tun hat, was in unserem Abendland nie erwünscht war. Vielleicht haben sich bei dem einen oder anderen sonst nicht wahrgenommene Verkrümmungen unliebsam bemerkbar gemacht.

Doch lassen Sie mich noch einmal einige Jahrhunderte zurückblenden, einige Jahrhunderte vor unserem berühmten Kirchenvater Augustinus, und zwar ins alte Griechenland: "Ho mä dareis anthropos uk paideuetai" (= der nicht geschundene Mensch ist nicht erzogen) und sehen wir uns zwei Abbildungen an von der wohl bedeutendsten auf uns überkommenen lebensgroßen Bronzestatue, von der gesagt wird, daß sie von keinem geringeren als dem berühmten Phidias geschaffen worden sein soll. Ein stolzer Mann, mit stolz geschwellter Brust. Doch der Rücken: kann er auch entzücken? Sie können den breit ausgeprägten Nackenbuckel sehen - da läßt sich viel aufpacken - und das deutliche Hohlkreuz. Oft fallen uns selbst so ausgeprägte körperliche Merkmale gar nicht bewußt auf, weil wir solches zu sehen ungeübt sind und unseren und den Körper des anderen kaum wahrnehmen, entsprechend dem Titel des Buches von Alexander Lowen "Der Verrat am Körper" oder auch Verlust des Körpers.
Ach ja, apropos 'Wahrnehmen': sagte ich Ihnen nicht schon am Anfang des Vortrages, daß es wichtig ist, dem leidend gemachten Menschen auch noch sein Denken und seine Wahrnehmung zu verwirren, damit - selbst wenn er leidend und unterdrückt ist - er es gar nicht mehr bewußt wahrnimmt. So sagt man doch "auf daß dir das Hören und Sehen vergeht" ...
Wer von Ihnen kennt nicht Depressionen, von denen er gar nicht weiß, woher sie kommen. Die Psychiater sagen 'endogen'. Der wissenschaftlich anerkannte Psychiater Schultz meinte, man solle es besser übersetzen mit: "nix G'wiss' woiß ma net" (nichts Gewisses weiß man nicht).
Hat einer von Ihnen schon einmal beobachtet, wenn er Depressionen hatte, ob er überhaupt atmet und ob er bemerkt hat, daß seine Körperhaltung die eines Unterdrückten, leidenden Menschen ist?
Ich fragte einen Patienten, der wegen Depressionen zu mir kam: "Hast du bemerkt, wie du atmest?" und er fragte zurück: "Ist das denn wichtig?"
Ich fragte: "Kannst du spüren, welche Körperhaltung du einnimmst?" und er fragte mich erstaunt, ja befremdet: "Was soll denn das? Ich leide doch unter Depressionen, und der Psychiater hat gesagt, es ist endogen." "Schon", sagte ich, "schon; er hat

es gesagt. Aber vielleicht kannst du spüren, wie dein Atem ist." Und er erwiderte mir: "Ich weiß es nicht." - Er weiß es nicht! Ja, er weiß es nicht. Er nimmt es nicht wahr. Die Wahrnehmung ist ihm gestört.
Atmen ist Leben - eine alte Yogi-Weisheit. Er ist so unlustig, so leblos; er nimmt sein Leben nicht wahr: er nimmt nicht wahr, ob er atmet ... Er leidet unter Depressionen (deprimere = lat.: unterdrücken). Er ist unterdrückt und nimmt es wahr. Er hat seinen Atem gedrosselt - nimmt es nicht wahr. Er hat seinen Atem, sein Leben gedrosselt, und er bemerkt es nicht. Er nimmt nicht wahr, daß seine Körperhaltung die eines unterdrückten, leidenden Menschen ist, sondern er leidet unter Depressionen. Er fragt: "Warum habe ich Depressionen?" Der Psychiater sagt: "endogen"; der Psychoanalytiker forscht in die Kindheit, und er selber merkt nicht, daß er nicht atmet, daß seine Körperhaltung die eines Unterdrückten ist, der unter Depressionen leidet, und daß es eine Depression ist, das haben ihm die Ärzte gesagt. Aber über Depressionen vielleicht ein anders Mal.

Ich möchte Ihnen zum Abschluß nochmals eine Übung machen, oder wichtiger: Sie eine Erfahrung machen lassen über etwas, was weit weg von Ihrer bisherigen Vorstellungswelt liegt. Wir versuchen zu tönen, die Silbe A U M zu tönen und damit eine Erfahrung über uns selbst zu machen. Erwarten Sie bitte keine Sensation, wenn ich Ihnen sage, daß Sie mit der Übung vielleicht etwas über Ihre Depression, über ihr inneres Unterdrücktsein, über Ihre eigene geknechtete Wirbelsäule erfahren können. Es ist wie beim Klavierspielen; erst jahrelange Übung läßt Sie zum Wissenden werden. Aber vielleicht ist es für den einen oder anderen heute ein Beginn. Wir tönen die Silbe A U M und machen eine Erfahrung, welche körperlichen Bereiche dabei in uns ins Schwingen kommen und nehmen wahr, wo es lebendig in unserem Körper schwingt. Und wir nehmen wahr, wo es wie 'ausgespart' ist.
Ich bin überzeugt, daß dieser Abend für viele nicht ausreicht, um wahrzunehmen, was wahrzunehmen ist. Ich selbst habe lange Zeit gebraucht. Das Tönen kann uns wirklich Auskunft über unsere Lebendigkeit geben. Doch wirkliche Auskunft erhalten wir nur durch wiederholtes Üben, wie beim Klavierspielen.
Wir lassen den Ton aus unserem Körper kommen, nicht wie ein Kammersänger. Wir beginnen mit Hauchen und Einfach-strömen-lassen. Wir lassen es anschwellen, wie es aus unserem Inneren kommt. Wir üben für uns selbst, jeder für sich, und wir hören

auf die anderen, und vielleicht wird es wirklich ein gemeinsamer Chor.
Und wir experimentieren mit uns, indem wir manchmal in unsere depressiv-leidende Körperhaltung gehen und in die eines aufrechten Menschen.
Wir bemerken, wie wir am besten Ton geben und atmen können. Nehmen Sie sich Zeit - mehr als Sie zu irgend anderem es gewohnt sind.
Vielleicht gelingt es Ihnen loszulassen von dem, was ich Ihnen vom Augustinus gesagt habe, von Ihren geliebten Weltanschauungen und Zielen, wie sie auch von Bedeutung sein mögen. Und versuchen Sie nur die Erfahrung zu machen über Ihren Rücken, über Ihr Atmen, über das Schwingen Ihres Tons.
Wenn sich dann die Diskussion anschließen würde, so wünschte ich mir, Sie würden Ihre Fragen aus der Erfahrung heraus stellen, die Sie heute abend oder sonst gemacht haben.
Bitte halten Sie sich vor Augen, wie wesentlich Erfahrung und Wahrnehmung sind und wie oft diskutieren uns eigentlich davon wegbringt.

Beginnen wir jetzt mit dem Tönen und versuchen, eine Zeitlang nach Enden des Tönens eine Stille entstehen zu lassen.

Die Substanz der Gestalttherapie - oder: Was bleibt von Fritz Perls?

Richard Picker

Vorbereitung

Die Aufforderung, den Werdegang des Vortrages zu dokumentieren, erreichte mich zu spät. Die Ferienzeit war in Österreich schon ausgebrochen - der Abgabetermin war nicht einzuhalten. Das Vorhaben selbst - obwohl begründet - ist mir nicht plausibel. Das muß wohl daran liegen, daß es sehr stark mit einem gruppenorientierten Prozeß

des Vorbereitungsteams zu tun hat.
Ich habe auch jede Menge Widerwillen in mir, mich jetzt am Urlaubsbeginn an eine Festlegung zu machen, so müde und ausgepumpt, wie ich mich fühle.
Was hat das mit Gestalt zu tun? Dieses oftmalig erforderte Festhalten, unter Zeitdruck etwas produzieren, das Veröffentlichen von meinem persönlichen Arbeitsvorgang; warum wollen die Kollegen an die Öffentlichkeit damit? Ich sehe die Gesichter von Almut, von Florian vor mir, ich phantasiere mir die restlichen - ich sehe wieder einen Reader vor mir, rasch und billig hinproduziert, voll von Worten, die nicht die Zeit hatten zu reifen, so wie der gute, alte Wein ...
Ertappe ich mich hier eben an meinem Ferienbedürfnis - es verkleidet sich ein wenig poetisch - ich will einfach nicht, und ich will nicht können, und ich will nicht "aus dem letzten Loch pfeifen müssen" - somit freue ich mit, daß der Termin der Abgabe sowieso versäumt ist. Ich teile das dem Münchner Team mit und gehe zu Fritz Perls über - der ist das Thema meines geplanten Vortrags.
Ich lese "Aus meiner Mülltonne" - habe das Gefühl, daß mir von dieser Selbstanalyse her der Zugang zum Menschen "Fritz" und zum Therapeuten offen wird. Es ist alles zu wenig, was ich gelesen habe - da wäre nochmals die gesamte Primärliteratur zu studieren, dann die Sekundärliteratur ... ein nicht zu bewältigendes Unterfangen in dem mir zur Verfügung stehenden Zeitraum. Schließlich habe ich drei Kinder - und mein kleines Töchterlein ist noch nicht ganz drei Jahre - und die Ferien sind jener Zeitabschnitt, in dem alles an Zeit unendlich vorhanden schien, was natürlich ganz irreal ist, wie sich wieder einmal herausstellt.
Also bin ich mal wieder an dem Punkt angelangt, der mir als Therapeut nur allzu bekannt ist. Was bedeutet diese Situation für mich? Was steckt in der faktischen Beschränkung für eine Möglichkeit?
Die tatsächliche Möglichkeit ist es, von der der Vortrag ausgehen wird, sie ist der Boden, auf dem meine Arbeit gedeihen kann.
München wird mich und diese kraftvolle Einschränkung zu spüren bekommen.
Und schon fügt sich ein erster berührender Punkt des Vorhanges zu einer griffigen Figur. Ich spüre weniger Druck und habe das Gefühl, die Vorbereitungsarbeit wird gut gehen, der Vortrag auch.
Also nehme ich mir mit Freude die Werke des Fritz Perls, ein blütenweißes Papier und meine Lieblingsfüllfeder. Die ersten Formulierungen gehen flüssig. Es wird etwas - in

einer Woche schicke ich den Vortrag nach München.

Vortrag

Fritz Perls hat ein sehr fruchtbares Lebenswerk hinterlassen, das theoretisch fragmentarisch geblieben ist. Für uns, die wir uns entgegen seinem Wunsch "Gestalttherapeuten" nennen, steht die theoretische Aufarbeitung seines Ansatzes in Weiterführung oder Korrektur oder Neufassung an.
Hilarion Petzolds "Integrative Therapie" oder Bock und Staemmlers "Neuentwurf der Gestalttherapie" sind Beispiele eines solchen Versuches im deutschen Sprachraum.
Meine Thesen nun versuchen in dieser Situation ein klärender Beitrag zu sein.

1) Ich gehe nicht vom geschichtlich-historischen Fritz Perls aus, sondern von dem Bild, das seine Gestalt in mir hervorruft (Erinnerungsgestalt). Dies halte ich für grundsätzlich. Perls wirkt durch seine Bildhaftigkeit und die hohe Prägnanz dieses Bildes.
2) Historisch-biographische Nachweise der Abkünftigkeit seiner Begrifflichkeit, der Quellen seiner therapeutischen Methoden etc. ändern nichts an der Tatsache der Gestalt seines Lebenswerks. (Schließlich ist Mozarts Werk nicht dadurch relativierbar, daß Musikgeschichtler Zitate aus zeitgenössischen Kollegen gefunden haben wollen.)
3) Es bleibt somit die Bekanntmachung der Gestalttherapie in wesentlichen Grundpositionen: Übersummativität, Ganzheit, Figur/Grund-Formation, und das stellt bis heute einen nicht im mindesten aufgearbeiteten theoretischen Beitrag dar. Die Gestalttheorie als Theorie der Wahrnehmung beginnend, stellt sich als ursprüngliches, in der gesamten abendländischen Geistesgeschichte anzutreffendes Bemühen des Kontaktes zur Wahrheit im Phänomen ihrer Erscheinung dar. Damit ist jede lineare, nur praxisbezogene, sozusagen flach-pragmatische psychotherapeutische Theoriebildung stets relativiert und unter die intellektuelle und humane Kritik der erworbenen Denktradition gestellt. Das relativiert, das eröffnet Horizonte, das sichert zum Beispiel innerhalb der Psychotherapie das Humane vor dessen technisierter Vermarktung etc. Dafür steht Gestalt seit Fritz Perls. Das, denke ich, wird bleiben.

4) Gestalt ist darüberhinaus eine mögliche Lebenslehre, die für die Pädagogik (Wertproblem) u.v.a. noch gar nicht ausgeschöpft ist.

5) Was Fritz Perls nicht war, kann von ihm auch nicht bleiben: Er war kein großer Philosoph, kein vorbildlicher Mensch ("Heiliger"), nicht einordbar, kein erfolgreicher Therapiepolitiker, kein qualifizierter Schulenbegründer ...

6) Was uns in unserer Arbeit weitergeholfen hat, und uns vom Reichtum seines Lebenswerkes zugekommen ist, zeigt allein schon die Tatsache, daß es keine Simkin- oder Goodman-, wohl aber Fritz-Perls-Institute,-Akademien etc. gibt, daß seine Bücher noch immer Menschen bewegen, ihre Auflagen machen und daher wohl auch gelesen werden. Wir stehen also vor der Frage, wie wir mit seinem Lebenswerk umgehen. So komme ich zu Punkt

7) Traditionen-das was bleiben soll-hängen davon ab, wie wir mit seinem Lebenswerk umgehen. Wer seinem Lebenswerk entsprechend weiterarbeiten will, muß es übersteigen. Rezitation, Imitation und bloße Kritik werden es nicht weiter entwickeln können. Von Fritz Perls wird das bleiben, was in uns von seiner Methode - seinem Weg - bleiben kann: sich selbst mit seiner Arbeit, seinem Denken und seinem Handeln möglichst deckungsgleich sein zu lassen. Wie Kempler uns berichtet, sollte die Gestalttherapie ursprünglich "Existentielle Therapie" genannt werden. Vielleicht war es eine Art Scham, dieses Wort wieder fallen zu lassen. Es bleibt aber eine innere Notwendigkeit der Perls'schen Gestalttherapie!

Selbstregulierung

Joachim Vieregge

Vorbereitung

Selbstregulierung oder Selbststeuerung im therapeutisch-pädagogischen Sinn meint die

Fähigkeit des Menschen, im Rahmen gegebener sozialer Ordnung das eigene Leben selbst oder von innen her zu steuern, im Gegensatz zur Fremdsteuerung oder dem außengeleiteten Menschen, der sein Leben nach von Autoritäten gesetzten Normen richtet. Der emanzipatorische Begriff der Selbststeuerung wurde von Wilhelm Reich in der "Charakteranalyse" als ein Hauptmerkmal von Gesundheit verwendet. Der selbstgesteuerte Mensch lebt nach einer natürlichen Moral, ohne neurotische Selbstkontrollmechanismen. Seine Arbeit ist mit einem ist mit einem Gefühl von Sinnerfüllung verbunden und ist Ausdruck seiner wahren persönlichen Interessen. REICH wies auf, daß diese Fähigkeit eng mit der Entwicklung erfüllter und befriedigender, mit von innerer Aufrichtigkeit getragenen sexuellen Beziehungen verbunden ist, in denen Gefühlswärme und eine ursprüngliche Zärtlichkeit möglich sind. Im Denken kann der selbstgesteuerte Mensch seine Lage objektiv einschätzen, weil er mit seiner Subjektivität in einem harmonischen Verhältnis lebt.
Aufgrund seiner funktionalistischen Arbeits- und Denkweise konnte REICH die Wechselwirkung von neurotischen, d.h. fremdgesteuerten Charakterstrukturen und gesellschaftlichen sexualfeindlichen Strukturen aufklären.
TAGE PHILIPSON, ein Mitarbeiter REICH's, formulierte das Konzept der Selbststeuerung für die Erziehung des Kindes. Er beschrieb, daß Eltern zur Selbstwahrnehmung ihrer eigenen inneren Bedürfnisse fähig werden müßten, damit eine Unterstützung des Bedürfnisses nach Selbstentfaltung beim Kind möglich wird: dies gilt vor allem für das sexuelle Erleben bei Eltern und Kindern. Das Konzept der Selbststeuerung ist schon zu Lebzeiten REICH's auf böswillige Weise als Erziehung zu schrankenloser Freiheit mißverstanden worden. REICH und andere progressive Pädagogen (RITTER, NEILL) haben jedoch immer wieder erklärt, daß Freiheit immer relativ ist, indem sie in der Auseinandersetzung mit der Freiheit des/der anderen oder den Bedürfnissen der/des anderen auf einfühlsame, nicht-repressive Weise gewonnen wird.

In der schulischen Erziehung hat das Konzept der Selbststeuerung besonders in der Schule "Summerhill" große Bedeutung erlangt. Sie wurde an A.S. NEILL gegründet und geleitet. NEILL hat diesen Begriff selber nicht verwendet. Aber seine Grundanschauungen entsprachen voll denen von REICH, und ein glücklicher Zufall wollte es, daß beide Männer sich kennenlernten, sich befreundeten und ein Leben lang geistig und praktisch unterstützten. Aufhebung der Notenzwänge, Bildung von Neigungs- und Interessengruppen statt des starren Klassenverbandes, weitgehende Selbstverwaltung der Schule durch die Schüler bei Respektierung der Autorität der Lehrer und ihrer Verantwortlichkeit gegenüber den Behörden, Verzicht auf Strafe, einfühlsame und individuelle Betreuung von schwierigen Kindern bei gleichzeitigem Vertrauen auf die erzieherische Wirkung durch die Mitschüler, Bejahung der Sexualität von Kindern und Jugendlichen und - dies vor allem - keine Charakterbildung durch die Lehrer: - dies sind einige Kennzeichen von "Summerhill" und einer weiteren, durch REICH inspirierten Schule, der "Fifteenth Street School" in New York, die bis vor zwei Jahren bestanden hat. Die Berichte über die Entwicklung von Schülern hin zu mehr Autonomie und sozialer Verantwortlichkeit, zu kreativen, ungeahnten Leistungen, ihrer Fähigkeit zu Spielfreude und Lernlust - dies spricht für sich. Ein Versuch von mir, zusammen mit einigen anderen befreundeten Kollegen, eine freie Schule zu führen (die Freie Gestalt Schule), bestätigt die Fähigkeit von jungen Menschen zur Selbststeuerung.

Interessant ist, daß das Denken REICH's sich heute weiter ausdehnt durch die Systemtheorie in Wissenschaft und Forschung. Diese mündet ein in den weltweit zu beobachtenden Bewußtseinswandel, der das mechanistische-cartesianische Weltbild durch ein Neues Paradigma ablöst. Die Ursache dafür sind sicherlich die einseitig auf Profit und Effizienz gerichteten Denkweisen, insofern sie ihre Schadensbilanz in psychosozialer, ökologischer und ökonomischer Hinsicht klarer sehen.
Bedeutendste Vertreter dieser neuen Denkrichtung sind ILYA PRIGOGINE und GREGORY BATESON. Die von ihnen initiierte Systemtheorie faßt jedes lebende System als ein sich selbst organisierendes auf, unabhängig von der Umwelt, wiewohl mit ihr in Wechselwirkung stehend. Ein solches System gestaltet sich nach inneren Organisationsprinzipien. Das eine wichtige dynamische Phänomen der Selbstorganisation ist die Selbsterneuerung, d.h. solche Systeme können ihre Bestandteile ständig erneuern und am Leben erhalten und gleichwohl ihre Gesamtstruktur integer halten. Das andere ist die Selbst-Transzendenz, d.h. durch Lernen, Entwicklung und Evolution können solche Systeme kreativ über ihre Grenzen hinauswachsen. Lebende Systeme sind also offene Systeme. Sie halten einen ständigen Austausch von Energie und Materie mit der Umwelt in Gang, und dies funktioniert nur, wenn ein ständiges Ungleichgewicht vorhanden ist. (Ohne Hunger gibt es keine Nahrungsaufnahme und ohne Nahrungsaufnahme kein Leben.) Zugleich haben lebende Systeme eine dynamische Stabilität oder ein le-

bendes Gleichgewicht. Die Systemtheorie scheint den Zweiten Hauptsatz der Thermodynamik abzulösen, der kennzeichnend ist für die mechanistische Naturwissenschaft. Dieser besagt, daß sich ein System von der Ordnung zur Unordnung entwickelt, bis alle Vorgänge einen stabilen Gleichgewichtszustand erreicht haben, den man als Stillstand oder Tod bezeichnen kann.
Um es zusammenzufassen:
Die Systemtheorie sieht die Evolution als ein Wechselspiel von Anpassung und Schöpfung. Mikrokosmische Vorgänge stehen in Interdependenz zu makrokosmischen. Deshalb spricht man lieber von Ko-Evolution. Lebende Systeme entwickeln sich offen und unbestimmt, also nicht-linear. Ihre Evolution ist die Entfaltung einer Ordnung und Komplexität, dem ein Lernprozeß mit Autonomie und Freiheit der Wahl entspricht. Man kann ein Evolutionsmuster mit progressivem Anwachsen von Komplexität, Koordination und gegenseitiger Abhängigkeit beobachten. Die Einzelwesen sind in ein vielschichtiges System integriert. Es erfolgt eine fortgesetzte Verfeinerung von Funktionen und Verhaltensweisen.

Die Kennzeichen offener Systeme sind typisch für den menschlichen Organismus, für gesellschaftliche Systeme und Ökosysteme.

Die Systemtheorie legt dar, daß es eine Illusion ist, lebende Systeme würden wie isolierte Systeme, quasi maschinell, funktionieren. Von daher ist es kein Zufall, daß diese Denkweise sich mit der zen-buddhistischen verbindet; denn auch im Zen-Buddhismus wird davon ausgegangen, daß es kein isolierbares, einmaliges, für sich existrierendes Ich gibt, sondern nur ein relatives.
Bislang hat diese neue Denkweise, die ja auch eine neue Seinsweise auslöst, in den Humanwissenschaften außerhalb der Universitäten und staatlichen Institute Fuß gefaßt; vor allem aber hat sie die klassische Psychotherapie verändert. Im staatlichen Bildungswesen sucht man sie derzeit vergebens. Mir scheint es sogar einen inneren Zusammenhang zwischen dem sich entwickelnden alternativen Bildungssystem, z.B. der vielen Intitiativen für freie Schulen, mit ihrem Streben nach Ganzheitlichkeit einerseits und den reaktionären Tendenzen von Charakterbildung und ähnlichen vorrationalen Ideologien im staatlichen Schulsystem andererseits zu geben. Das mag u.a. auch daran liegen, daß das staatliches Schulsystem einer traditionell konservativen brürokra-

tischen Organisation untergeordnet ist.
Bleibt zu hoffen, daß es zu einem Innovationsschub von außerstaatlichen Bildungs- und Erziehungseinrichtungen konmmt - eine Veränderung, die sicherlich nicht ohne Konflikte und Schmerzen vor sich gehen wird und auch eng mit dem Bewußtseinswandel von Lehrern/Erziehern zusammenhängt.

Vortrag

Selbstregulierung oder Selbststeuerung ist hier im therapeutisch-pädagogischen Sinn gemeint. Selbstregulierung ist die Fähigkeit des Menschen, im Rahmen als gegeben akzeptierter sozialer Ordnungen, die sein Leben selbst oder vom Kern her zu steuern, im Unterschied zu Fremdsteuerung des außengeleiteten Menschen, der sein Leben nach von Autoritäten gesetzten Normen richtet. Der seinem Wesen nach emanzipatorische Begriff der Selbstregulierung wurde von Wilhelm Reich in der "Charakteranalyse" als das Merkmal des "genitalen Charakters" verwendet.
Reich hatte durch seine therapeutische Praxis beobachtet, daß sich bei seinen Klienten nach Auflösung neurotischer Charakterstrukturen, besonders nach der Durcharbeitung latent destruktiver Impulse und irrationaler Phantasien, allmählich die Fähigkeit entwickelte, eigene Handlungsimpulse verantwortungsvoll und einfühlsam zu steuern und Genußfähigkeit in der Liebe und Arbeit zu gewinnen. Die Klienten entdeckten eine primäre Schicht, in der ihre Impulse spontan und aufrichtig waren. Reich benutzte für einen Menschen, der in reifer Weise aus diesem primären Kern heraus handelte, den Begriff "genitaler Charakter" oder "ungepanzerter Charakter" im Unterschied zum "neurotischen Charakter". Die Fähigkeiten des "selbststeuernden Charakters" waren eng mit der Entwicklung erfüllter und befriedigender, d.h. von innerer Aufrichtigkeit getragenen Sexualbeziehungen verknüpft, in denen Gefühlswärme und eine ursprüngliche Zärtlichkeit möglich waren.
Voraussetzung dafür schien die Auflösung von übertriebenen Schuldgefühlen, von destruktiven Perversionen und von Zwangsvorstellungen zu sein. Statt nach neurotischen Selbstkontrollmechanismen zu leben, begannen Klienten, die zur Selbstregulierung fähig waren, nach einer natürlichen Moral zu leben, die nicht mehr die wirklichen Neigungen der Person verschütteten, wie es die Orientierung an äußer-

lichen Geboten, Prinzipien und Forderungen tut.

Mit den Veränderungen auf sexuellem Gebiet entwickelten sich gleichzeitig veränderte Einstellungen zur Arbeit. Es entstand ein starkes Bedürfnis, ein Arbeitsgebiet zu finden, das einem das Gefühl der Sinnerfüllung und Verwirklichung wahrer persönlicher Interessen gab - womit zugleich eine klärende Rebellon gegen Arbeiten ermöglicht wurde, die als lähmend, langweilig und mechanisch empfunden wurde. Auffallend war bei solchen Fortschritten ein Interesse an Tätigkeiten der sozialen oder gesellschaftlich nützlichen Bereiche. Insgesamt wurde ein Beruf gefunden, den man nicht mehr aus Pflichtgefühl oder des materiellen Gewinns halber, sondern aus erlebter Freude ausübte.

Ferner zeigte sich die Selbstregulierung in veränderter Denkweise. Rationalisierungen, stereotypes und imitatorisches Denken transformierten sich zu rationalerr, objektiver Einschätzung der eigenen Lage, indem der selbstgesteuerte Mensch in lebendigem und balanciertem Kontakt mit seiner Subjektivität steht. Natürlich bedeutet Selbstregulierung auch, sich panzern zu können, wo man sich vor Gefahren schützen muß - aber diese Panzerung ist vorübergehend und auflösbar, wenn die Gefahr vorüber ist. Der selbstgesteuerte Mensch ist flexibel, ist sich seiner Panzerung bewußt.

Bliebe noch zu erwähnen, daß Selbstregulierung auch die Fähigkeit zu künstlerischem Gestalten freilegt, ebenso wie den Zugang zu spirituellen Gefühlen des Eingebundenseins in die Prozesse des Kosmos.

Alle diese Merkmale der Selbstregulierung hat Krishnamurti mit dem Begriff der "sensitiven Intelligenz" zusammengefaßt, einer Intelligenz, die Körperintelligenz, mentale Intelligenz und Sinn für Spiritualität und Transzendenz umfaßt.

Reich war zwar einerseits Naturwissenschaftler alter Schule, also des kartesianisch-newtonschen Paradigmas, hatte aber andererseits durch seine kindlich gebliebene Betrachtung von Naturphänomenen eine tiefe Ahnung für die grundlegende Einheit - bei allen Wahrnehmungen alle offensichtlichen Unterschiede - in natürliche Vorgängen. So steht er an der Wende zum Neuen Paradigma. Diese Ahnung, die aus seiner Liebe für die einfache Natur und dem Vertrauen in seine fünf Sinne stammte und die nicht verschüttet wurde durch seine scientifische Arbeitsweise, ließ ihn sukzessive eine Denkmethode entwickeln, die er Funktionalismus nannte. Mit ihr machte er deutlich, daß es in der Natur keine isolierten Phänomene gibt. Dazu gehört die Einbeziehung des Subjektes des Forschers in die Arbeit, entsprechend der Sichtweise Goethes, der sagte: "Wäre nicht das Auge sonnehaft-Die Sonne könnt' es nie erblicken.". Die Erstarrung naturwissenschaftlicher Befunde zu Dogmen, d.h. die Unfähigkeit, Neues zu entdecken und vernünftig argumentieren zu können, sah Reich als Funktion des Charakterpanzers des Forschers an.

Im Zuge der Weiterentwicklung der Charakteranalyse stieß Reich auf den funktional identischen Zusammenhang von psychischer Haltung und körperlichem Ausdruck. Er formulierte die Grundlagen der heutigen Körperpsychotherapien. Zur Auflösung des Charakterpanzers entwickelte er die Vegetotherapie, bei der mittels der Behandlung von muskulären Verspannungen in einzelnen Körpersegmenten die emotional-mentalen Blockaden gelöst wurden. Dabei traten - und zwar zusammen mit den beim genitalen Charakter beobachteten Prozessen - "Strömungsempfindungen", "vegetative Beweglichkeit" auf, die Reich, weil sie an den emotionalen Ausdruck und die Körperbesegungen des Orgasmus erinnerten, als "Orgasmusreflex" bezeichnete; denn im Orgasmus flossen psychische Empfindungen und physiologische Erregung zu einem psychosomatischen Erleben zusammen. Die Pulsationsbewegungen die Reich dabei beobachtete, sah er auch bei anderen Lebewesen, und er nannte sie eine Grundpulsation, die mit lustvollen Energieentladungn einherging.

Ola Rakness, ein Schüler Reich's, hat die Merkmale der Selbstregulierung, die zusammen den Gesundheitsbegriff Reich's ausmachen, wie folgt zusammengefaßt:

"Fähigkeit zu uneingeschränkter Konzentration auf einen Arbeitsvorgang, eine Aufgabe, ein Gespräch oder eine genitale Umarmung, sowie ein Gefühl der Einheit in dem, was man ist und was man tut.
Ein Gefühl tiefen Kontakts zum eigenen Körper, zu anderen Menschen, zur Natur und Kunst und zum Beispiel auch zu den Werkzeugen, die man bei der Arbeit benutzt; ferner die Fähigkeit, Eindrücke auf sich wirken zu lassen, der Mut und der Wille, es den Dingen und Ereignissen zu gestatten, Eindrücke hervorrufen.
Freiheit von Angst, wo keine Gefahr ist, und die Fähigkeit, auch in gefährlichen Situationen rational zu reagieren; der Mut, sich freiwillig in gefährliche Lagen zu begeben, wenn man vernünftige und wichtige Gründe dafür sieht.
Ein tiefes und anhaltendes Gefühl von Wohlbefinden und Kraft, das auch spürbar ist, wenn man mit Schwierigkeiten zu kämpfen hat oder nicht allzu starke Schmerzen erleidet. Einige dieser Empfindungen lassen sich auf ein Lustgefühl in den Genitalien während der Atmung zurückführen." (zitiert in Boadella, S. 125)

Durch seine energetisch-funktionale Betrachtungsweise konnte Reich auch soziologisch Fragen angehen, etwa die Wechselwirkung von neurotischen Charakterstrukturen und gesellschaftlich sexualfeindlicher Struktur. Das Konzept vom Urgegensatz des vegetativen Lebens - untersucht in den "Bioelektrischen Untersuchungen von Lust und Angst" - führte ins Somatische, indem es klärte, daß Angst nicht die Ursache von körperlichen Verspannungen oder Symptomen war, sondern daß diese "funktionaler Ausdruck einer grundlegenden 'sympathischen' Kontraktion im autonomen Nervensystem" waren. Überall entdeckte Reich mit vielen Variationen das allen Erscheinungen zugrundeliegende Funktionsprinzip einer überall präsenten Energieform, der Orgonenergie.

Da Reich - übrigens schon vor dem Ausbruch des Faschismus - erkannte, daß zwischen Neurose und Gesellschaftsstruktur eine pathologische Wechselwirkung bestand, lag es nahe, über ein soziales Umfeld nachzudenken, das die Entwicklung gesunder Menschen beförderte, zumindest das Entstehen von Neurosen, vor allem von sexuellen Perversionen, verhinderte. Reich hat sich darüber vielfältige Gedanken gemacht während seiner Zeit, als er als Psychiater in Berlin in den 20er Jahren tätig war und persönlich für die sexuelle Aufklärung der Jugendlichen praktisch eintrat.

Die Vegetotherapie (ab 1935) war schon entwickelt, als Reich den Pädagogen Neill kennenlernte, der 1924 in Südengland die freie Schule "Summerhill" gegründet hatte. Neill war zuerst Reichs Patient, dann wurde er sein Freund, vor allem, weil Neill's Schule eine praktische Anwendung der Prinzipien der Selbstregulierung waren. Neill indessen verwandte diesen Begriff nicht.

Für den pädagogischen Bereich verwandte den Begriff der Selbstregulation Tage Philippson, ein Schüler Reichs. Er bezog ihn auf eine gesunde Entwicklung des Kindes, in der man dessen natürliches Bedürfnis nach Selbstentfaltung unterstützt, wobei der Erzieher/die Eltern liebevollen Körperkontakt mit dem Kind bejaht. Damit die Eltern freilich die Lebensäußerungen des Kindes verstehen, müssen sie mit ihrem eigenen Organismus und den Bedürfnissen aus ihrem Kern in Kontakt sein. Damit nehmen sie auch ihre natürliche Autorität, die sie haben, wahr, indem sie dem Kind Schutz, Unterstützung und Gefühlskontakt aus ihrer eigenen primären Schicht geben. Deutlich grenzen Reich und seine Mitarbeiter damit Freiheit in der Erziehung zur Zügellosigkeit ab. Wir sollten hier bemerken, daß die Forschungen der Psychologie und Physiologie dies insofern bestätigen, als sie herausgefunden haben, daß Neugeborene und Kleinkinder ein präverbales organismisches Beurteilungsvermögen über das haben, was ihnen förderlich ist und was nicht. Diese Fähigkeit liegt einzig und allein in ihnen selbst. Sehr früh sind sie zu einfühlendem Verstehen fähig, können ihre Umwelt selektiv wahrnehmen, sind zu "zielgerichteter Aufmerksamkeit" fähig und verstehen Ursache-Wirkungs-Zusammenhänge. Mit einem Wort: Kinder lernen von Natur aus. Sie künstlich zum Lernen anzuregen, stiftet Verwirrung. Andere Fähigkeiten, z.B. Mitgefühl, sind nicht angeboren, müssen gefördert werden, und zwar durch mitfühlende Eltern. (Pearce/Rogers/E. Reich).

Reich selber ging diesen Zusammenhängen nach und gründete das Amublatorium-Projekt "Infant surgery". Es scheiterte allerdings teilweise, weil er dafür die gesündesten Mütter haben wollte, um zu sehen, wie Kinder dann aufwachsen. Trotzdem war es ein richtiges Projekt, weil er beobachten konnte, welche Bedürfnisse Kinder haben und wo es ihnen wehe tut, wenn diese frustriert werden.

Reichs Tochter Eva Reich widmete sich später der selbstregulierten Erziehung von Kindern in Kindergärten und freien Schulen besonders intensiv (und tut es noch heute). Sie bestätigt, daß Selbstregulierung möglich ist, wenn zu Beginn des Lebens eines Kindes, etwa bis zum 3. Lebensjahr erfüllte Bedürfnisse stehen. Dann werden diese Kinder ab dem 12. Lebensjahr autonome Menschen. Das selbstregulierte Kind ist mutig, es kann, und es glaubt an sich. Für die ersten drei Lebensjahre braucht das Kind Intimität, ja auch Symbiose mit den Eltern; Chaos durch mangelnde emotionale Grenzen und fehlenden gegenseitigen Respekt, aber auch das überintellektuelle Hineintreiben der Kinder in zu frühe Autonomie, z.B. durch Erklärungen, warum Eltern etwas so und nicht anders tun oder die Beteiligung der Kinder an Entscheidungen der Familie über Dinge, die in der Zukunft liegen, verunsichert Kinder, macht unnötig Angst und neurotisiert. E. Reich: Kinder verstehen nur das, was sie schon erlebt haben, Zukünftiges bleibt unbegreifbar. Und: Kinder haben ein Verstehensmuster, und das muß man kennen.

Mittlerweile liegen einige - leider unsystematische - Befunde über Jugendliche und Erwachsene vor, die das Glück hatten, als Kinder selbstreguliert erzogen worden zu sein. Da sind die Kinder von P. u. J. Ritter, die ehemaligen Schüler "Summerhills" und die Erwachsenen, die als Kinder in den von der außerparlamentarischen Opposition der 60er Jahre betriebenen Kinderläden waren (Bericht darüber in einer früheren Nummer der Illustrierten "Der Stern"!.):

- Sie sind weniger neurotisch, sind kontaktfreudiger und selbständiger;
- sie können sich ohne Mühe auch an vorübergehend frustrierende Lebens- und Lernbedingungen anpassen;
- sie sind nicht auf neurotische Weise rebellisch, d.h. sie stehen nicht unter dem Druck, ihre Bedürfsnisse durchzusetzen; sie sind aber auch nicht ausweichend und depremiert.
- Leben ist für sie eine Freude; sie sind sozial gesehen nichts Besonderes oder Geniales oder wollen andere belehren. (Anm.: Interessant, daß keiner der Schüler "Summerhills" über die Jahre hinweg den Beruf des Lehrers ergriff).

Wir benötigen weitere Untersuchungen über den sozialen Werdegang von selbstreguliert erzogenen Kindern und Schülern, um das Mißtrauen und die Angst vor freien Schulen und selbstregulierter Erziehung abzubauen.

Aus eigenen Erfahrungen mit einem zweijährigen Freie-Schule-Projekt kann ich die Aussagen von E. Reich nur bestätigen:

Wenn der Lehrer das lehrt, woran er subjektiv und vital interessiert ist, dann stellen sich lernbegeisterte Schüler von selbst ein. Dann gibt es keine sog. "Disziplinprobleme". Wenn der Lehrer in Kontakt mit seinen Gefühlen ist und dazu eine reife Distanz einhalten kann, dann ist er auch zur emotionalen Empathie von Schülern fähig, kann die emotionalen Verhaltensweisen von Schülern verbalisieren, wodurch es dem Schüler weniger Angst macht, wenn er unter irrationalen emotionalen Ausbrüchen leiden sollte. Manche Schüler haben einen Nachholbedarf an Körperkontakt; vor diesen wird der Lehrer sich nicht fürchten und ihn annehmen, wenn er seine eigenen Körperkontaktbedürfnisse hinreichend mit den erwachsenen Partnern befriedigen kann. Ich möchte ein Beispiel von Selbstregulierung geben, das ich selbst beobachten konnte. Einer unserer Schüler hieß Sebastian, war ein Stotterer. Stottern war bei ihm immer mit der Angst, den Ansprüchen von Eltern und Lehrern nicht genügen zu können, verbunden. (Wahrscheinlich lag dem Stottern eine frühe orale Störung zugrunde.) Obwohl er eine Therapie bei einem Logopäden durchgemacht hatte, war sein Stottern geblieben. Seine Eltern schickten ihn auf unsere Schule, weil an ihr keine Leistungspflicht bestand. Wir Lehrer versuchten nicht, sein Stottern hinwegzutherapieren. Statt dessen versuchten wir geduldig herauszufinden, welche Aufgaben ihn interessierten und ermutigten ihn zu selbständiger Arbeit. Trotzdem begann er jedesmal zu stottern, wenn ich ihn nach dem Ergebnis seiner Tätigkeiten fragte. Eines Tages besprachen wir ein Projekt, das die Kinder sehr zu interessieren schien und für das sie zu Hause vorbereitende Arbeiten gemacht hatten. Jeder der Schüler berichtete über seine Ergebnisse. Als Sebastian an die Reihe kam, begann er wieder zu stottern. Daraufhin wurde der 12jährige Fabian ungeduldig und sagte nachdrücklich: "Kannst du das nicht deutlicher sagen; es interessiert mich sehr, was du da herausgefunden hast." Sebastian blickte erstaunt auf, und dann las er ohne zu stottern mit lauter, kräftiger Stimme nochmals vor, was er sich zu Hause überlegt hatte. Alle Kinder lachten, und Sebastian schaute glücklich drein, denn er hatte das Gefühl, daß da endlich jemand war, der wirklich an seinen Ideen interessiert war. Ich lernte daraus, a) daß sich Gleichaltrige offensichtlich viel näher im Verstehen sind als Erwachsene, und daß es gut tut, den Schülern diesen Raum zu geben, anstatt als Lehrer immer alles verstehen und kontrollieren zu wollen; b) daß der Lernfortschritt eines Schülers eine ganze Gruppe verändert.

Ich habe auch begriffen, was Fritz Perls unter wirklicher Aufmerksamkeit im Unterschied zu erzwungener Aufmerksamkeit meint.

Die Kinder liebten das Vorlesen. Ich hatte dazu einen Roman von Upton Sinclair ("Fließband") gewählt. Beim Vorlesen lagen sie auf den Polstern, die Mädchen strickten oder blätterten in Comics, die Jungen zeichneten etwas oder zeigten sich Bilder aus Illustrierten. Obwohl ich sie nicht zwang, dazusitzen und willentlich zuzuhören, während ich vorlas, befriedigte mich ihr Verhalten nicht.

Hin- und hergerissen zwischen dem Wunsch, mehr Aufmerksamkeit zu verlangen oder das Vorlesen quasi vorwurfsvoll abzubrechen, ließ mich ein guter Instinkt doch weiterlesen, zumal der Lärmpegel nicht sehr hoch war. Da fragten mich zu meiner Überraschung nacheinander zwei Kinder nach der Bedeutung einer schwierigen Textstelle, die schon eine Seite zurücklag. Anscheinend sind Kinder zu wirklicher Aufmerksamkeit fähig, wenn sie etwas interessiert, auch wenn sie dabei mit etwas anderem beschäftigt sind; so wie manchem von uns Erwachsenen beim Joggen oder der täglichen Hausarbeit kreative Einfälle kommen.

Ich möchte Ihnen nun Passagen aus einem Bericht über den Alltag in der Fifteenth Street School (New York) vorlesen, einer Grundschule, die von 1964 bis 1983 bestand, die mittelbar von Wilhelm Reich's Konzept der Selbstregulierung beeinflußt war und dessen Verfasserin Patricia Greene die langjährige Leiterin dieser Schule war.

Abgesehen davon, daß dieser Bericht sehr lebensnah das Verhalten der Kinder an einer freien Schule schildert, liefert er auch eine psychodynamische Matrix, die uns hilft, den Prozeß der Selbstregulierung in unserer Zeit zu verstehen.

Ich zitiere hier 4 Auszüge von Beispielen, wie selbstreguliertes Lernen erfolgt:

a) "Hinter jedem verzerrten Gefühl und jeder verwirrende Situation ist ein echtes Gefühl. Eine Schule wie die unsrige kann nur überleben, wenn die Lehrer genügend Kontakt mit diesen Zusammenhängen haben, um zu verstehen, was wirklich passiert. Konfusion und Zügellosigkeit können nur angehalten werden aus einer klaren und im rechten Zeitpunkt zutreffende Einsicht. Wir hatten zum Beispiel unter den zehnjährigen Mädchen zwei, die zu stehlen anfingen und die Verbote mißachteten. Sie trugen Spielzeug aus dem Kindergarten davon und versteckten es im Erdgeschoß. Sie stahlen Wertsachen und wohl auch Geld aus den Fächern anderer Kinder. Sie fanden einige alte Skatebords und bestanden darauf, damit in den Klassenzimmern herumzufahren, obwohl ihnen das wegen der Gefahren verboten worden war. Nach jedem Vorkommnis sprachen wir mit ihnen, und immer sagten sie, daß sie sich langweilten und auf jedermann ärgerlich seien. Wir diskutierten mit ihnen die Verbote in unserer Schule, und sie sicherten uns zu, zu gehorchen und nicht mehr zu stehlen. Aber ihr Verhalten änderte sich nicht. Da hatte eine Lehrerin die Erkenntnis, daß sie die Freiheiten in unserer Schule gar nicht wollten, einmal weil ihnen die Selbstverantwortung zu groß war und dann, weil sie wegen der Entbehrungen zu Hause von uns mehr Aufmerksamkeit haben wollten. Ihre Lehrerin sagte ihnen, daß sie ungehorsam wären und stehlen würden, weil sie nicht frei sein wollten und daß sie wohl lieber jemanden hätten, der sich ihnen zuwendet und sagt, was sie tun sollten. Sie setzte sich hin und arbeitete mit ihnen einen Stundenplan aus, auf den sie sie streng verpflichtete. Die Mädchen schienen ganz stolz auf diesen Plan zu sein, und sie gaben damit furchtbar an. Hätte die Lehrerin sie gezwungen einen Plan quasi als Strafe einzuhalten, die Mädchen hätten ihn sicher verworfen, obwohl sich die Lehrerin hätte rechtfertigen können, daß der Plan korrekt gewesen sei. Weil sie aber die Gründe hinter dem Ungehorsam der Mädchen gefunden hatte, akzeptierten die Kinder den Arbeitsplan guten Mutes und sagten später selber, daß das genau das gewesen sei, was sie gewollt hätten."

b) Gewöhnlich wird ein Kind nur dann hysterisch, wenn es Angst hat, eine gestellte Aufgabe nicht bewältigen zu können. Wenn ein Lehrer nun nur die Weigerung des Kindes sieht und darauf besteht, daß die Arbeit getan wird, so wird das dem Kind grausam und willkürlich vorkommen, auch wenn es vorher versichert, all seine Arbeit zu tun. Man muß sich mit der Furcht hinter der Weigerung befassen. Andernfalls endet alles in derselben Widerspenstigkeit der Kinder, die wir von anderen Schulen kennen. Carter, ein zehn Jahre alter Junge, haßt das Lesen, weil es ihm sehr schwer fällt. Er wollte unbedingt eine Biographie über Babe Ruth schreiben, aber er heulte jedesmal vor Qual, wenn man ihn dazu bringen wollte, sich hinzusetzen und an der Biographie zu arbeiten. Er sagte immer wieder, daß er dieses Buch über Babe Ruth nicht gern hätte, obwohl es in Wirklichkeit eine faszinierende Darstellung über die Jugendzeit von Babe Ruth war. Durch Zufall entdeckte der Lehrer, daß es der kleine Druck war, der Carter Probleme machte. Sobald er eine Biographie in großen Buchstaben las, begann er ausdauernd und zufrieden an seinem Bericht zu arbeiten, obgleich dieses zweite Buch von George Washington Carver handelte, ein Mann, dessen Biographie viel weniger interessant als die von Babe Ruth war."

c) "Freiheit kann nur individuell, nicht kollektiv ausgedrückt werden. Das Individuum trifft eine Wahl und übernimmt Verantwortung dafür. Obwohl die Kinder Teil einer Gruppe sind, sehen wir sie primär als Individuen und behandeln sie auch so. Weder ermutigen noch entmutigen wir sie, an Gruppenaktivitäten teilzunehmen. Wir erwarten nicht von ihnen, daß sie einander lieben oder gern haben, wir erwarten nur, daß sie untereinander ihre Rechte respektieren. Das Ziel ist nicht Sozialisation, also Anpassung an Gruppennormen etc., sondern individuelle Selbstregulierung ... Genauso versuchen wir niemals, sie als Kollektiv zu behandeln, obwohl wir mit ihnen in Gruppen arbeiten, sondern immer als ein Zusammensein von Individuen ... Eines Tages zum Beispiel fand sich eine Klasse nur sehr widerwillig bereit, sauberzumachen, und der Lehrer sagte zu ihnen, weil sie so viel Zeit hätten verstreichen lassen, könnten sie nun auch keine Schulmilch mehr bekommen. Was den Kindern in Wirklichkeit die schlechte Laune gemacht hatte, war der vorausgegangene emotionale Ausbruch eines Mädchens gewesen, das eine schwere Zeit durchmachte. Die Kinder aber wußten nicht, daß sie wegen der Szene mit Sally so zögernd an die Arbeit gegangen waren. Und ihnen die Schulspeise vorenthalten, verbesserte ihr Verhalten nicht im geringsten; denn als Kollektiv waren sie nicht verantwortlich für den vorausgegangenen Vorfall und verstanden ihn ja auch nicht. Sie als Kollektiv zu behandeln, förderte bei ihnen auch nur ein kollektives Unbehagen. Nur wenn man mit Sally persönlich gesprochen hätte und dies den anderen erklärt hätte, wäre Hilfe für alle möglich gewesen."

d) "Individuelle Selbstregulierung schließt nicht nur ein, sich selbst auszudrücken, sondern richtig zu handeln und Verantwortung für das eigene Tun zu übernehmen. Ich habe darüber gesprochen, daß viele Kinder nicht zur Selbstregulierung fähig sind. Ich habe nicht von denen gesprochen, die über die Jahre hinweg ein feines Gespür für Unabhängigkeit und Verantwortlichkeit entwickelt haben und die Selbstregulierung erlangt haben, zumindest auf der sozialen Ebene. Viele Kinder lernen, ein hohes Maß an Verantwortlichkeit für sich selbst zu übernehmen. Sie lernen ihren Dreck wegzumachen; sie lernen, das Eigentum anderer zu respektieren; sie lernen, besonders wenn sie älter werden, großzügig zu Klassen zu sein, die sie nicht mögen, weil sie denken, daß es besser für sie ist; sie lernen, sich fair und einfühlsam anderen gegenüber zu verhalten und ihre Schularbeiten sorgfältig und gut zu tun ... Viele Eltern jedoch ziehen ihre Kinder aus irrationalen Gründen zurück. Die Kinder bei uns sind frei, sie selbst zu sein, und die Eltern haben das nicht gern, was sie da sehen. Viele Kinder wollen die meiste Zeit des Tages spielen, wo sie nun schon einmal die Gelegenheit dazu haben, und kümmern sich nicht um Unterrichtsstunden und andere geregelte Aktivitäten, die wir ihnen anbieten. Dies führt verständlicherweise zu Unruhe bei den Eltern und manchmal zum Herausnehmen der Kinder aus der Schule. Die Eltern können ganz einfach das Desinteresse der Kinder an der Leistung nicht tolerieren. Aber gewöhnlich ist der Grund für dieses Desinteresse der Kinder der Druck von den Eltern, den das Kind die ganz Zeit fühlte. Ein kleiner Junge - er hieß Bruce -, der einen I.Q. von 170 hatte, lernte nicht zu lesen, bis er sieben Jahre alt war. Ein solch lebhaftes Kind konnte sein Lesenlernen bis zu diesem Alter nur deshalb hinauszögern, weil es es ausdauernd vermied. Er pflegte seiner Mutter zu sagen, daß er lesen lernen würde, wenn er dazu bereit wäre. Dieser Junge verstand vollkommen den Sinn unserer Schule und wie wichtig sie für ihn war. Er war ein Kind, das alles auf seine eigene Weise tun mußte. Seine Mutter konnte seine Unabhängigkeit und seine Weigerung, vor ihren Ängsten, daß er nichts leistete, zu kapitulieren, nicht tolerieren, und sie schickte ihn in eine andere Schule. Sie erzählte mir, als ich sie mehrere Jahre später traf, daß, wenn immer sie mit Bruce an der Schule vorbeiging, sich seine Augen mit Tränen füllten. Aber immer noch hatte sie das Gefühl, damals das Richtige getan zu haben."

(Alle Auszüge aus: "The Fifteenth Street School" von Patricia Greene.
In: Offshoots of Orgonomy, No. 1, 1980. Published by Offshoots Publications, P.O. Box 1248, Gracie Station, New York, New York 10028)

Ich möchte zusammenfassen, was meiner Erfahrung nach und, den Darstellungen Greene's folgend, die wichtigsten Aspekte der Selbstregulierung menschlichen Wachstums/Lernens sind:

- Chaotische Aktivitäten von Kindern sind für den Insider organisiert.
- Selbstregulierung ist nur möglich im Glauben an die grundlegende Richtigkeit der menschlichen Natur.
- Es gibt eine natürliche Autorität.
- Selbstregulierung wird möglich durch das Ausdrücken natürlicher Gefühle bei gleichzeitigem Einschränken des ungeleiteten Ausdrucks sekundärer Emotionen wie Verachtung, Haß, Gier, Eifersucht und Dummheit, die zu angstmachenden Entgrenzungen und psychischer Instabilität führen würden.
- Eine äußerliche Struktur ist notwendig, um bei Mangel an innerer Kohäsion die gesunden energischen Impulse aus dem Kern erleben zu können.
- Selbstregulierung ist die Bejahung von jedem Ausdruck, der aus dem Kern kommt.
- Jede Disziplin muß auf der Basis gegenseitigen Vertrauens zwischen Lehrer und Schüler entstehen und nicht, weil Dinge als selbstverständlich erwartet werden.
- Wenn man Kindern erklärt, was wirklich passiert, hilft es ihnen, einen Sinn aus ihrem Verhalten zu sehen, was meistens eine rationale Reaktion auslöst.
- Dinge als Ganzes oder den Zusammenhang zwischen den einzelnen Elementen einer Situation zu sehen, d.h. in Kontakt mit sich zu bleiben, entwickelt ein Gefühl für das wirkliche Selbst.
- Der Lehrer muß seine Rechte ganz natürlich fühlen. Ohne dieses Selbst-Gefühl

kann er die Rechte des Kindes nicht anerkennen.

- Selbstregulierung ist grundsätzlich etwas Individuelles. Es schließt ein, sich selbst auszudrücken, selber richtig zu handeln und Verantwortung für das eigene Tun zu übernehmen.
- Geduldig sein und warten können ist eine hohe Tugend für selbstregulierte Erziehung.
- Innere Bereitschaft ist der Schlüssel für jeden Lernfortschritt; die Methode ist sekundär.
- Der selbstregulierte Lernschritt hat die Momente des Überraschenden, Spontanen und löst ein Glücksgefühl aus.
- Jedem selbstregulierten Lernschritt geht ein Zusammenbruch eines alten Lernmusters voraus, wenn sich in ihm so viele negative Aspekte angehäuft haben, daß sie Unlust machen (Depression, Lähmung) und eine Gefahr für Leib und Seele (Rotlicht-Effekt) heraufführen.

Selbstregulierte Lernprozesse wie sie hier in der Pädagogik dargestellt wurden, sind auch von der modernen Systemtheorie, vor allem von Bateson (Bateson 1981, Capra 1983) beschrieben worden. Diese sieht es für sogenannte "offene Systeme", d.h. lebende Systeme, also auch den Menschen, als typisch an, daß Lernen nicht-linear und in qualitativen Sprüngen erfolgt. Lernen als Moment von Evolution ist nicht voraussagbar, sondern die Entwicklung "offener Systeme" ist offen und unbestimmt. Ein "offenes System" kann, wenn seine Flexibilität an die Grenze des Zumutbaren kommt, entweder kollabieren oder sich in eine neue Organisationsebene transformieren, oder - um einen Begriff zu zitieren, den Capra verwendet - "selbst transzendieren".
Die Systemtheorie blickt auf die Interdependenz "System" und Umgebung. Die Stabilität "offener Systeme" ist die <u>Stabilität der Veränderung</u>, insofern sie, um leben zu können, einen ständigen Austausch von Energie/Materie mit der Umwelt aufweisen. Ferner ist wichtig für unsere Beobachtung der Selbstregulierung: daß es in der Situation des Phasenübergangs für ein "offenes System" am gefährlichsten ist, wenn zu großer Druck von außen geschieht; daß nur Impulse, die für das System wirklich bedrohlich sind, es verändern können und daß keine Veränderung des ganzen Systems möglich ist, bevor sich nicht Fluktuationen in einem begrenzten Bereich stabilisiert haben.
Ich möchte abschließend noch auf das Moment der "kreativen Inspiration" hinweisen,

das mir dem selbstregulierten Lernen immanent zu sein scheint. In seinen Studien außergewöhnlicher Bewußtseinszustände im Rahmen der psychedelischen und holotropen Therapie rechnet S. Grof (Grof 1986) die "kreative Inspiration" mit zu den transpersonalen Erfahrungen. Ein Mechanismus, der an der Dynamik kreativer Prozesse beteiligt ist, besteht in der Problemlösung aus einem "außergewöhnlichen Bewußtseinszustand" heraus. So kann z.B. eine Person jahrelang mit einem Problem gekämpft haben, ohne eine Lösung zu finden. Ein solcher Bewußtseinszustand kann eine Phase der Erschöpfung, eine Krankheit (Fieber), ein Traum, ein meditativer Zustand oder auch extremer psychischer Streß sein.

Ich möchte abschließend zwei ZEN-Geschichten zitieren, die diesen sprunghaften, überraschenden und kreativen Aspekt selbstregulierten Lernens illustrieren. Sie werden in beiden Geschichten unschwer einige Bedingungen auffinden, die ich genannt habe. Eines möchte ich aber hervorheben: Ohne das Wissen oder die Erfahrung, geliebt zu werden, kann man keinen Lernfortschritt erleben. Ich überlasse es Ihnen, aus Ihrer eigenen Lebenserfahrung, sei es als Kind, als Schüler oder als Erwachsener Erinnerungen zu aktualisieren, die Lernen, Leben und Glück oder auch Weisheit vereinen und die weiterbrachten.

Mitternachtsausflug

Viele Schüler erlernten unter dem Zen-Meister Sengai die Meditation. Einer von ihnen pflegte nachts aufzustehen, über die Tempelmauer zu klettern und in die Stadt auf Vergnügungstour zu gehen.
Sengai stellte eines Nachts, als er die Schlafräume inspizierte, fest, daß dieser Schüler fehlte, und er entdeckte den hohen Schemel, den er zum Überklettern der Mauer benutzt hatte. Sengai stellte den Schemel beiseite und stellte sich statt dessen selbst an den Platz.
Als der Ausflügler heimkehrte, stellte er seinen Fuß, da er nicht wußte, daß Sengai der Schemel war, auf des Meisters Kopf und sprang zu Boden. Als er entdeckte, was er getan hatte, war er entsetzt.
Sengai sagte: "Es ist sehr kühl am frühen Morgen. Sei vorsichtig, daß du dich nicht erkältest."
Der Schüler ging nachts niemals wieder aus.

Der erste Ursprung

Wenn man zum Obaku-Tempel in Kioto geht, so sieht man über dem Tor die Worte eingraviert: "Der erste Ursprung". Die Zeichen sind ungewöhnlich groß, und jene,

die etwas von Kalligraphie verstehen, bewundern sie als ein Meisterwerk. Sie wurden von Kosen vor zweihundert Jahren gemalt.
Der Meister schrieb sie auf Papier, und Handwerker stellten eine größere Holzschnitzerei davon her. Als Kosen die Zeichen entwarf, befand sich ein vorlauter Schüler bei ihm, der mehrere Liter Tinte für die Kalligraphie hergestellt hatte und es nie versäumte, seines Meisters Arbeit zu kritisieren.
"Das ist nicht gut", sagte er zu Kosen nach dem ersten Versuch.
"Und wie ist dieses hier?"
"Armselig. Schlechter als das vorige", verkündete der Schüler.
Kosen beschrieb geduldig ein Blatt nach dem anderen, bis sich vierundachtzig Erste Ursprünge angesammelt hatten, noch immer ohne den Beifall des Schülers.
Als der junge Mann für einige Augenblicke hinausging, dachte Kosen: "Das ist meine Chance, seinen scharfen Augen zu entgehen", und er schrieb eilig und mit einem Geist, der frei war von Ablenkung:
"Der erste Ursprung".
"Ein Meisterwerk", erklärte der Schüler.

Literaturbezüge in der Reihenfolge des Referattextes:

Wilhelm Reich : Charakteranalyse. Köln 1970 (Englisch: 1933 und 1961)
David Boadella : Wilhelm Reich. München 1981
Zeugnisse einer Freundschaft. Der Briefwechsel zwischen Wilhelm Reich und A.S. Neill 1936-1957. Köln 1986.
Carl R. Rogers : Lernen in Freiheit
Joseph Ch. Pearce : Die magische Welt des Kindes. Düsseldorf 1978
Patricia Greene : The Fifteenth Street School. In: "Offshoots of Orgonomy" No. 1 /1980
Gregory Bateson : Ökologie des Geistes. Frankurt/M. 1981
Fritjof Capra : Wendezeit. München 1983
Stanislaf Grof : Das Abenteuer der Selbstentdeckung. München 1987
Ohne Worte - ohne Schweigen. 101 Zen-Geschichten. Hrsg. Paul Reps, München 1976
Wichtige Anregungen zur interdisziplinären Vergleichsarbeit verdanke ich der Zeitschrift "Trendwende". Erscheint monatlich. Bezug: Jochen F. Uebel, Hinterm Berg 82, 2862 Worpswede.

Die Gestalt einer Klinik - Ein System im therapeutischen Dialog

Fritz Buchholtz

1. Gestalt

Das Wort Gestalt im Begriff der Gestalttherapie hat mich beschäftigt, seit ich vor Jahren meine erste Gestalt-Gruppe besuchte. Ich kannte das Wort Gestalt aus meiner Studienzeit. Da war es ein Wort aus der Wahrnehmungslehre, wurde erweiternd gebraucht in anderen Bereichen der allgemeinen Psychologie.

Aber Gestalt im Zusammenhang mit Therapie? Ich hörte dann Leute sagen, sie hätten noch eine offene Gestalt, die zu schließen wäre, es war von einem Gestalt-Gebet die Rede, in dem von den Zufälligkeiten von Ich und Du die Rede war und von einer gewissen Bindungslosigkeit - was zum Teufel hatte dieser Begriff in der Perls'schen Therapie zu suchen?

Ich bildete mir schließlich die Meinung, dieser Begriff sei als Werbeträger in die Psychotherapie gelangt und werde nun schlagwort- oder schlagstockartig dort gegen Andersgläubige angewandt.

Weil mir das Wort aber so gut gefiel, habe ich mich intensiver damit beschäftigt (1). Seither habe ich eine Ahnung, was das Wort Gestalt alles bedeuten könnte.

Gestalt ist ein dynamischer Begriff, Gestalt entsteht in jedem Augenblick bis zur vollen Prägnanz und bricht in der Prägnanz, zerfällt und bildet sich wieder neu. Gestalten sind Geschöpfe, jemand hat sie geschöpft, sie hängen nicht den Objekten an, sondern wir hängen sie den Objekten und Subjekten an, Gestalten sind Geschöpfe des menschlichen Geistes.

Gestalt ist ein dialogischer Begriff. Ich mache mir den anderen klar über das, was in mir Gestalt annimmt, und der Gegenübersitzende macht dasselbe mit mir. Unsere Reaktionen sind abhängig von dem, wie wir uns den anderen gestalten, und der Dialog bildet eine neue Gestalt.

Gestalt ist präsentisch. Was heute Gestalt hat, ist morgen nie gewesen, die erinnerte Gestalt ist wie ein Foto und hat nur in diesem Vergleich Bedeutung für die Gegenwart. Es gibt keine offene Gestalt in der Vergangenheit, vielmehr werden erinnerte Erlebnisse der Vergangenheit in der Gegenwart des Diaolgs in bestimmter Weise offenbar.

Jeder Versuch über den Gestaltbegriff etwas festzuhalten, führt zum Irrtum, wir nageln damit gewordenes und werdendes Menschsein fest. Das hieße Schmetterlinge auf Nadeln spießen, wie Perls einmal gesagt hat. Das Wasser, aus dem Fluß geschöpft, ist nicht mehr der Fluß.

Menschliches Miteinander als sich ständig bewegendes Gestalten zu betrachten, ist manchmal ebenso mühsam, wie physikalische Erscheinungen unter Einbeziehung der Zeitdimension zu erklären. Wir sind ständig versucht, etwas festzuhalten, festzuschreiben, etwas "dingfest" zu machen, wir leben noch in der Epoche des Materialismus, da sind eben bestimmte Denkstrukturen gültig und schleichen sich auch bei größter Bemühung immer wieder ein.

Nur durch die Möglichkeit des Menschen zur Gestaltbildung hat er überhaupt eine Geschichte, sagt Merleau-Ponty (2). Gestalt ist eine Bedingung der Möglichkeit von Erkenntnis, sagt Ludwig Binswanger (3).

Dies Wort "Gestalt" meint kein Ding, keine Sache, es meint immer auch eine Relation, eine Vereinigung, es meint einen Denkakt. Und zwar einen Denkakt von einem X zu einem Y. Es meint immer eine Beziehung.

Gestalt, das will ich jetzt einmal so stehen lassen, meint einen in einem Prozeß gewiß gewordenen Bedeutungsschleier um, in und zwischen den Dingen, der im Wandel der Dinge deutlicher wird. Die Gestalt bricht dann in der Prägnanz. Das Beständige ist das Flüchtige.

2. Der Einzelne im Dialog

Ludwig Binswanger hat, um das Dialogische darzustellen, einmal das Bild der Ellipse benutzt. Der Diaolg ist das sich über zwei Brennpunkten ausbreitende Oval. Es gibt nicht den Einen, ausgerüstet mit einer halben Ellipse, der dann zu einem anderen, gleich unvollkommen Ausgerüsteten hinzutritt, die beiden bekommen sich anders als elliptisch - wenn ich im Bilde bleiben darf - nicht zu Gesicht. Jeder war nämlich zuvor anders in anderen Bezügen. Mit unserer geometrischen Vorbildung möchten wir vielleicht annehmen, da müßten zwei Kreise mit Mittelpunkt aufeinander zugekommen sein, aber Sie wissen: Wer um sich selbst kreist, hat wenig Bedürfnis nach inniger Gesellschaft. Die Ellipse ereignet sich als eine Prägnanz, die sich aus unklaren Bezügen auf den Weg gebracht hat. Diese Bezüge sind - ich wiederhole das, weil es so schnell vergessen ist - nicht an sich unklar, ebensowenig ist die Ellipse an sich klar, sondern beides ist es immer nur für einen anderen oder andere. Wer bei der Gestalt dieses Beziehungsgefüge als conditio sine qua non nicht immer mitdenkt, wird unversehens zum Materialisten, der nach Feststehendem fandet.

Der Mensch ist Mitmensch, er ist "in" der Welt und "zur" Welt, wie Merleau-Ponty (2) sagt. Im Prozeß der Beziehungsaufnahme wird nichts, obwohl das immer wieder angenommen wird, hinüber- oder herübergetragen, weil dies ja bereits handelnde unabhängige Einzelne voraussetzen würde, sondern es kommt zu dem, was ich "Konturierung" nennen möchte. Es kommt zu einer schrittweisen Konturierung aus der "Wirheit" heraus und zur Differenzierung derer, die am Beziehungsprozeß teilhaben, sie werden zu Personen. "Anstatt daß Ich und Du als schon fertig Seiende die Begegnung zustande bringen, müssen sie ... selbst erst dem ... Geschehen der Begegnung entspringen" (4, S. 269).

Karin äußerte gleich zu Beginn der Therapiestunde: "Du schaust so prüfend."

Der Therapeut aber hatte sich bemüht, sich auf die Klientin einzustellen. In der üblichen Weise von Bezichtigungstherapien (zu der auch die Gestalttherapie werden kann) könnte man hier von einer Projektion sprechen. Die Klientin selbst - in ihrer Angst - schaute prüfend und fand den Therapeuten zu nah. Ist das nicht eine Unterstellung, für die gar keine Beweise vorliegen? Innerhalb der Sichtweise, die ich hier vorstellen möchte, gibt es zunächst kein Unterscheiden, es gibt eine Mannigfaltigkeit, die sich erst differenzieren soll. Es gibt in diesem gemeinsamen Beziehungsfeld ein Prüfen und ein Sich-Einstellen. Dabei ist ein prüfender Aspekt beim Sich-Einstellen und ein Aspekt der Fremdheit in diesem wieder neu aufzunehmenden nahen Kontakt.

Die Differenzierung im Dialog findet nun statt, indem der Therapeut den prüfenden Aspekt der Klientin gegenüber vernachlässigt und das Erkunden von Nähe betont. Er sagt: "Ich versuche mich auf dich einzustellen." Karin aber spürt nun deutlicher die Angst vor der Nähe, die sie wünscht, wenn sie den Therapeuten auch weit weg vermutet.

Zu dieser Differentiation, dieser Konturierung der Gesprächspartner gibt es nun eine Gegenbewegung. Was in der Selbstwerdung getrennt wurde, kommt in der Begegnung wieder zusammen. Begegnung im hier gemeinten Sinn meint nicht den simplen Tatbestand, daß zwei sich treffen, sondern er bezieht sich auf eine emotional in bestimmter Weise strukturierte Kommunikation. Begegnung ist "die Zusammenkunft aufeinander zukommender Partner" (4, S. 267). Für Binswanger spielt dabei wesentlich mit, was er Liebe nennt. Er spricht immer von der "liebenden Begegnung" (3) und unterscheidet zwei Momente, die in der Begegnung zum Ausdruck kommen: Die mitweltliche Begegnung (3, S. 86 f), bei der es darum geht, für einander da zu sein in wechsel- oder einseitiger Sorge. Dies ist wohl jenes Moment, dem wir uns als Helfer am häufigsten widmen. Aber zur Begegnung reicht das noch nicht. Wir brauchen zweitens die Begegnung als "Liebende", das liebende Miteinandersein, aus dem heraus sich das Du erst erschließt. "Im Lieben ist der andere, der ja ... nicht mehr beurteilt, sondern geliebt wird, kein Es, kein unvollkommenes Du, keiner, an den ich mich um etwas wende, auch keiner den ich bloß anrufe ... sondern einfach Du" (5, S. 107). Binswanger meint mit Liebe nicht die Nächstenliebe, sondern durchaus die erotische Liebe. Sein Liebesbegriff aber befindet sich noch jenseits dessen, was die Liebe vermag. Liebe in seinem Sinn ist die Voraussetzung für liebenden Umgang (3, S. 79).

Es ist nicht sehr einfach, in diesem Bezirk der liebenden Begegnung zu verweilen. Die Zwiesprache werde nur zu häufig auf eine Täuschung herabgedrückt, da jeder der Gefangene seiner eigenen Subjektivität bleibe, sagt Gabriel Marcel (6). Dennoch gibt es jene Momente des Eins-seins, in denen wir uns in den anderen "einschwingen" (6, S. 78).

Unter diesen angedeuteten Bedingungen entfaltet sich nun der therapeutische Dialog. Innerhalb des Vereintseins im Zwiegespräch, des elliptischen Bogens haben wir es in der Psychotherapie mit dem Verhältnis der beiden Brennpunkte - der Leibe - zueinander zu tun. Was da geschieht, beschreibt Paul Valéry (7): "Sobald sich die Blicke begegnen, ist man nicht mehr ganz und gar zu zweit, und es wird schwierig, allein zu bleiben. Jener Austausch verwirklicht ... in einer sehr kurzen Zeit eine Umstellung, eine Metathese: einen Chiasmus zweier Schicksale, zweier Gesichtspunkte. Dadurch kommt es zu einer Art simultaner, wechselseitiger Abgrenzung. Du nimmst mein Bild, meine Erscheinung, ich nehme die deine. Du bist nicht ich, da du mich siehst und ich mich nicht sehe. Was mir fehlt, ist jenes ich, das du siehst. Und was dir fehlt, bist du, den ich sehe ..."

Das "Zwiefältige" in der Beziehung ist also eine Zurücknahme der Einheit, mit dem Sinn, dieser sich wieder zu nähern. Das Zwiegespräch ist so auch zu verstehen als das Streben nach der verlorenen Einheit. Im Gespräch wird eine Ambiguität von Einschwingung auf den Partner und Selbstbehauptung gleicherweise sichtbar.

3. Der Einzelne im Ganzen

Unter Beachtung dieser ausführlichen, aber notwendigen Vorbemerkungen, die die Wechselwirkungen zwischen dem sich selbst Vergewissern und dem Einschwingen in den anderen, zwischen Konturierung und Fügung darstellen, soll die Situation in der Klinik näher in Augenschein genommen werden:

Kommt ein Patient erstmals in die Klinik, dann kommt er in einen ihm unbekannten Bereich und bringt Erfahrungen und Erwartungen mit, die mit seinem bisherigen Leben zu tun haben. In der Interaktion mit den Tatbeständen, die ihm in der Klinik begegnen, leitet er dann einen Prozeß der Erfahrung ein, wobei ihm anfänglich daran liegt, etwas Fremdes und Beängstigendes in etwas Vertrautes, Bekanntes umzuwandeln.

Bernd kam in die Klinik und meinte, es müsse uns eine Befriedigung sein, wenn wir uns lange genug mit seinen Sorgen und Nöten beschäftigen könnten; für seine Mutter nämlich - diese Erfahrung nahm er mit in die Klinik - waren seine Probleme ein wichtiger Grund ihrer Sinnfindung im Leben.

Christian - ein anderer Patient - hatte sich und seine Umwelt in große Schwierigkeiten gebracht, und er konnte seine Lage nur mißmutig und aggressiv mit mehr Alkohol aushalten. In der Klinik erwartete er Sühne, war enttäuscht, keine gefängnisartigen Gebäude vorzufinden und hielt die sogenannte Hilfsbereitschaft der Mitarbeiter für eine besondere Perfidie, gegen die er sich wehren müsse.

Wir sehen, daß der Patient am Beginn seiner Behandlung nicht einen Menschen meint, sondern daß er sich bezieht auf die Klinik selbst und sie vergleicht mit einer ihm bekannten Konstellation. Die Klinik stellt für den Patienten ein unscharfes, verschwommenes Gebilde dar, in der er sich ebenso verschwommen und unscharf fühlt und mit Verhaltensweisen reagiert, die ihm gewissermaßen ohne Nachdenken - eben als Vor-Urteile - zur Verfügung stehen.

Es ist just das gleiche Verfahren, das Aufnahmeärzte in psychiatrischen Kliniken anwenden: Sie sind nicht darauf eingestellt, diesen Sturz der Menschen aus vertrauten Beziehungen zu untersuchen, was sicher bedeutsam wäre, gerade weil dieser neue Kontakt noch unpräzise und instabil ist, sondern sie verlassen sich in dieser auch für sie unklaren Aufnahmesituation auf Diagnosen, die sie mal gelernt haben. Sie gleichen damit John Franklin in dem Buch "Die Entdeckung der Langsamkeit" von Sten Nadolny (8), der bestimmte Sätze und Signale auswendig lernte, damit er sie bei Bedarf schnell aufsagen konnte, ohne durch langes Nachdenken behindert zu sein.

Wenn Sie einverstanden sind, können wir eine Patientin ein Stück weit durch eine psychiatrisch-psychotherapeutische Klinik begleiten, in der ich früher einmal gearbeitet habe.

Sarah ist zu Beginn der Behandlung 18 Jahre alt, die zweitälteste von 4 Schwestern. Die Familie lebt in einem Dorf, ist dort aber zugezogen. Die soziale Distanz der Dorfgemeinschaft gegenüber Fremden läßt die Familie in einer gewissen Isolation leben, die nur der Vater für sich selbst durch seinen Beruf als Tierarzt gelegentlich aufheben kann.

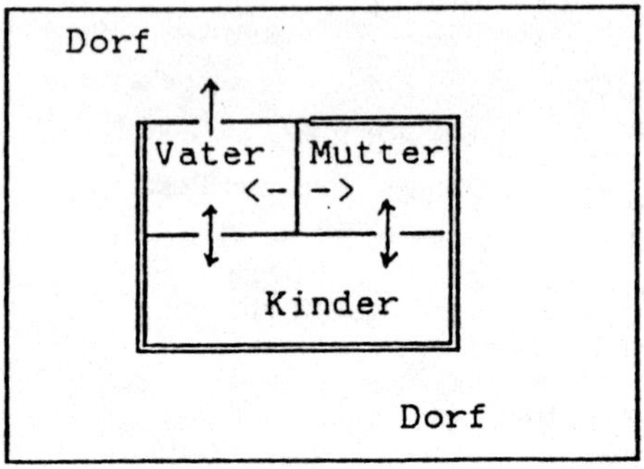

Abb.1

Isolation ist ein bedeutsames Thema in der Familie. Der Vater wurde während der Nazi-Zeit als "Viertel-Jude" diffamiert und bringt in die Familie den Begriff der Notgemeinschaft ein. "Wir müssen jetzt alle zusammenstehen" ist ein geläufiger Satz.

Die Mutter lebt voller Heimweh von ihrer Herkunftsfamilie örtlich und mentalitätsmäßig getrennt und versucht in ihrer Familie kompensatorisch eine Zwangsgemeinschaft einzurichten: Man tut alles gemeinsam, man hilft gemeinsam, man spricht über alles.

Die Familie - so dreifach eingeengt - gerät unter einen erheblichen Druck. Es kommt zu Verschmelzungsphänomenen (Konfluenz) und zu Fluchttendenzen, denen der Vater durch seinen Beruf am offensichtlichsten nachgibt.
Das ruft die Mutter auf den Plan, die ihre Vorstellungen von Gemeinschaft in Gefahr sieht. Sie wird depressiv und legt sich ins Bett.
Der Vater fordert gemeinschaftliches Zusammenstehen in dieser Not, weicht aber konfluent in Phantasievorstellungen aus. Eine ehemalige Freundin des Vaters hieß Sarah. Sie taucht nun als die möglicherweise bessere Ehefrau und in der Verschmelzung mit seiner Tochter in den Vorstellungen des Vaters auf.
Dieses atmosphärisch inzestuöse Klima genießt Sarah einerseits, andererseits macht es ihr Angst und sie verschmilzt mit ihrer präpubertären Schwester. So gewappnet spürt sie Haß gegen ihre Mutter und verweigert ihr die Gefolgschaft.
Dies kann der Vater nicht aushalten, er macht Druck gegenüber Sarah. Sie flieht aus dem Haus zu einem Freund, der menschheitsverschmelzende und esotherische Ansichten und Absichten verfolgt. Jetzt wird der Vater aktiv, um seine Tochter zurückzugewinnen.
Schließlich landet das inzwischen ziemlich verrückt gewordene Mädchen in der Klinik - Zwangs- und Notgemeinschaft zugleich.

Die verfahrene Situation in der Familie ist nun mit einem Mal geklärt: Die Fluchttendenzen des Vaters werden identisch mit seiner Fürsorge, sein Beziehungsbedürfnis zu seiner Tochter findet eine natürliche Erklärung in der Beziehungsnot von Sarah, die Mutter steht aus dem Bett auf, da ja nun die Tochter gemeinschaftsstiftend wirkt. Sarahs Opfer ist die beste Lösung für die Familiensituation.

Es ist klar: Verstünde sich die Klinik lediglich als Verbandsplatz für psychische Symptome, das Dilemma würde nach Sarahs Rückkehr in dic Familie von vorne beginnen, es sei denn - die medizinisch-pharmakologischen Einwirkungen auf Sarah würden sie auf Dauer invalidisieren.

Der Weg, den es zu gehen gilt, ist ein anderer: Die Klinik soll der Patientin die Rekonstitution der Familie ermöglichen, und in einem aufmerksamen Wechselspiel sollen ihr erweiterte und veränderte Lebensspielräume zur Verfügung gestellt werden. Dabei ist nicht eine Diagnostik wichtig, mit deren Hilfe das passende Pharmakon herausgefunden werden soll. Es muß vielmehr eine Beziehungsdiagnostik angestellt werden, welche die stationäre Psychotherapie begleitet. Doch hiervon später. Ich möchte zunächst zeigen, wie Therapie in einem flexibleren therapeutischen setting verläuft.

Sarah wurde mir zur Durchführung der Psychotherapie "zugeteilt". Sie war auch auf der Station, die ich damals leitete. Ab und an sah ich mit ihr zusammen Familienangehörige. Es war also in diesem Fall eine relativ klare Zuordnung gegeben.
Es fand unabhängig davon etwas statt, was ich an anderer Stelle (9) Mit-Teilung oder "Fügung" genannt habe: Es fügten sich zwei Lebenserfahrungen zusammen, die uns bei-

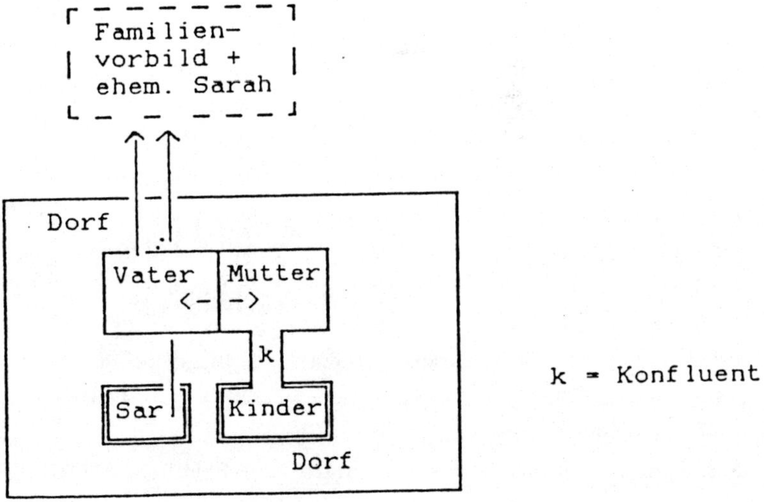

Abb.2

den erlaubten, eine intensive Beziehung gewissermaßen auf Pump einzugehen. Sarah mit ihren kindlichen und inzestuösen Bedürfnissen ihrem Vater gegenüber traf auf einen Mann, der, jünger zwar als ihr Vater, eine Zeit lang so etwas wie Vaterstelle bei seiner eigenen Schwester übernommen hatte. Als ich mit 15 Jahren von zu Hause weg ging, habe ich mit schlechtem Gewissen meine Schwester im Stich gelassen, die sehr an mir hing. Sarah und ich, wir waren beide mit Motiven aus unserem Leben noch unterwegs, und wir trafen uns in der Komplementarität unserer Bedürfnisse.

Aufgabe der Therapie war es nun nicht, entweder aus dieser komplementären Beziehung ein archäologisches Seminar zu machen oder die sogenannten Übertragungsanteile möglichst schnell zu beseitigen oder zu leugnen, sondern es galt einen Prozeß einzuleiten, der in der gelebten Gegenwart neue Erfahrungen schuf. In diesem konkreten Fall habe ich keineswegs auf väterliches Verhalten verzichtet, aber ich habe sie auch nicht mit Vater-Kind-Deutungen erschreckt. Ich habe versucht, meine väterlichen Gefühle Sarah gegenüber möglichst bewußt zu leben, wachsam darauf achtend, wie sie mit meinen Gefühlen umging.

Aber Sarah prüfte an mir nicht nur ihren Vater. Es waren auch emotionale Anteile im Gespräch enthalten, die an ihren Freund erinnerten, zu dem sie geflohen war. Ich sah auch, daß ich selbst gemeint war. Die zum Teil hochdramatische Auseinandersetzung ging nur vordergründig um den Vater, es ging viel allgemeiner um einen Bezug zum Männlichen, es ging damit eigentlich um ihre eigene Frauwerdung.
Bald nach ihrem Eintritt in die Klinik fand Sarah Kontakt zu einer Körpertherapeutin. Mit dieser Person fand sie verschiedene Gefühlsbereiche wieder. Deren Erdenschwere brachten mütterliche Bereiche ins Zentrum ihrer Gefühle; deren Denken, das ins Transzendentale hineinragte, brachten wieder den Freund und den Vater ins Spiel, der gerne mit seiner Tochter Musik hörte. Durch dieses "Einfärben" der Mutter mit väterlichen Anteilen vermied Sarah den Kontakt mit ihrem Haß auf sie. Ihn behielt sie nämlich für sich und wandte ihn in einer Periode der Suizidalität gegen sich.

Wir sehen, wie Sarah ihre Emotionalität wie einen Hof um sich trug und über die Menschen in ihrer Umgebung ausbreitete, jedem das Seine zuteilte und sich selbst das Gemäße. Die psychoanalytischen Begriffe von Übertragung und Gegenübertragung erscheinen bei diesen Verhältnissen recht einfach und unangemessen. Sie sind es sowieso, weil sie alten assoziationspsychologischen Theorien entstammen, die für ganzheitliches Denken nicht mehr verwendbar sind. Zwischen Sarah und ihren Mitmenschen entsteht vielmehr ein emotionales "Gefüge", aus dem wir hier mehr oder weniger willkürlich die Anteile von Sarah herausgreifen, die wir in Bezug auf ihre Vorgeschichte erkennen. Aber Sarah ist längst beeinflußt von dieser Klinik-Umgebung, emotionale Anteile der Therapeuten beeinflussen ihr Handeln mit.
Sarah begann ihre neue Welt zu gestalten. Die Familienrekonstitution ist ein Versuch, Ordnung in ein Chaos zu bringen. Damit sind wir einer prometheischen Interpretation

von Psychotherapie näher, als es die Psychoanalyse othodoxer Art ahnen läßt: die terra incognita ist in der stationären Psychotherapie eine terra chaotica voller bildbarer Materialien.

Im Laufe der Therapie nun begann Sarah ihre engeren Beziehungspersonen zu verdoppeln. Eine Mitpatientin wurde mit ihrer jüngeren Schwester in Verbindung gebracht. Damit stand das Problem der Pubertät im Raum. Fast gleichzeitig und überaus folgerichtig nahm sie Kontakt zu einem anderen Therapeuten auf, der für sie eine besonders erotische Ausstrahlung hatte.

Als nächsten Schritt verliebte sie sich unglücklich in einen Mitpatienten, der allerdings die Gewähr bot, daß keine sexuellen Kontakte stattfanden. Vorher aber schon und gleichzeitig mit diesen Schritten führte die Erkenntnis, daß das Leben in der gewohnten Weise nicht weiter bestehen kann, aber neue Wege nicht erkennbar waren, Sarah in ein Gefühl der Leere und des Grauens. In dieser Krise schien das einzig Lebendige, dessen sich Sarah vergewissern konnte, ihr eigenes sprudelndes Blut zu sein. In dieser Zeit war wichtig, ob der Therapeut genug Liebe aufbrachte, um Sarah durch diese Unterwelt zu begleiten und hinauszuführen. Als das Leben von Sarah am seidenen Faden hing, kam es auf die Bande an, die zwischen ihr und ihrem Therapeuten bestanden. Fürsorge und Vorsorge allein genügen da nicht.

Nach diesem schweren und zeitweise lebensgefährlichen Wandlungsprozeß nahm Sarah Kontakt zu einem jungen Mann auf, mit dem zusammen sie nun als Frau und Sexualpartner in Erscheinung trat. Sie distanzierte sich von der Körpertherapeutin, trat dem anderen Therapeuten neutraler gegenüber. Ihre Nennschwester verlor für sie an Bedeutung. Ich selbst wurde ein eher geschlechtsloser Vertrauter, mit dem sie zunehmend auch über sehr intime Dinge sprechen konnte.

Sarah begann wieder zu leben. Die Gegenwart war weniger verdunkelt von den schmerzlichen Erfahrungen der Vergangenheit, sie gewann Zukunft.

4. Die Klinik im Diskurs

Dies ist ein Schicksal, das ich Ihnen hier sehr verkürzt, sehr einseitig geschildert habe. Es war ein Blick des Einzeltherapeuten, der neben seiner Klientin oder ihr gegenüber in das Haus schaute, in dem beide lebten. Nun, es gibt mehrere Therapeuten in der Klinik. Sie sehen nur immer den Bereich, in den durch ihr emotionales Feuer Licht kommt. Es gibt andere Mitarbeiter, Krankenschwestern, Handwerksmeister. Alle könnten ähnliche Geschichten erzählen, die Segmente ausleuchten, die ihnen zur Verfügung stehen. Da sind Menschen zusammen in einer Klinik, und jeder ist nur der zufällig Anwesende für den anderen? Der Mitmensch ist das Material, aus dem jeder Patient seine Therapie, jeder Therapeut seine Erfolge und Mißerfolge zimmert? Die Klinik ist ein Geisterschloß, wo wie Gespenster die Reprästentanzen der Vergangenheit herumgeistern?

Das wäre zu kurz gegriffen. Die Klinik ist ein Ort, in dem Menschen Lebenszeit verbringen, es ist eine soziale Einheit, eine Gestalt.

Ein therapeutisches Konzept muß diesem Sachverhalt Rechnung tragen. Es muß den Raum der Therapie eröffnen und den Alltag strukturieren. Es muß berücksichtigen, daß an der Therapie die Klinik als Gestalt beteiligt ist; daß Unterstrukturen der Ganzheit oder Teile des Ganzen nur Teile sind in Bezug auf das Ganze (10): ihr Ort ist determiniert durch das Ganze; sie sind nur Teile, weil sie sich auf das Ganze beziehen. Stationen oder Wohngruppen in einer Klinik sind Teile der Klinik in diesem Sinn und beziehen sich auf die Klinik.

Therapeutische Gruppen in der Klinik, auf der Station sind nicht isolierbare Einheiten, die zufällig und additiv die Klinik konstituieren. Sie sind in ihrer Gesamtheit die Klinik, die Klinik ist, was ihre Stationen und Gruppen ausmachen.

Therapeuten und Patienten in der Klinik sind nicht zufällig Anwesende, sie tragen durch ihre Stellung, durch ihr Tun zur Gesamtheit bei.

Ein Patient kann nicht in die Klinik kommen, um sich dort behandeln zu lassen. Nein, er wird erst Patient im Moment des Betretens der Klinik, und er verändert die Klinik damit derart, daß er darin sich selbst im Prisma der Klinik begegnen kann.

Diese organismischen Vorgänge werden in üblichen Kliniken konzeptionell erschwert und ignoriert. Das Gesetz in einer psychotherapeutischen Klinik, das lautet, daß der Patient über das, was er im therapeutischen Gespräch erfahren habe, nicht in der Gemeinschaft sprechen dürfe, versucht den Fluß des Ganzen zu behindern. Natürlich werden die Dinge dennoch weitererzählt, und es werden damit zusätzliche komplizierte Bedingungen geschaffen. Aber was problematischer ist: Die Klinik-Konzeption hat keine Methode im Umgang mit diesem Geplauder, und therapeutisch Aufgreifbares versandet.

Die übliche Klinik befolgt auch eine Trennung von Mitarbeitern und Patienten in der Art, daß die Patienten die Behandelten, die am Wissen nicht Teilhabenden sind, die Mitarbeiter aber die Wissenden und Handlungsfähigen.

Tatsächlich sind aber in einer psychotherapeutischen Klinik die Patienten durchaus Handelnde und Wissende, sie haben in ganz gravierender Weise Anteil an der Therapie, Sie haben das am Beispiel von Sarah gesehen. Jede Behandler-Behandelten-Ideologie in der Klinik behindert den Fluß der Therapie und fügt den komplexen Strukturen Einschnürungen und Ausbuchtungen zu, die schließlich weder Patienten noch Mitarbeiter verstehen, geschweige handhaben können.

Im Fachkrankenhaus Weihersmühle, einem Haus mit 50 Patienten, in dem ich seit einigen Jahren arbeite, wurde versucht, diese kritischen Punkte zu berücksichtigen und aus einer traditionellen Heilstätte mit pädagogischen Aufgaben eine psychotherapeutische Klinik zu entwickeln, die diesen Erkenntnissen Rechnung trägt.

Dabei wurde der Gleichwertigkeit der Mitarbeiter in verschiedenen konzipierten Team-und Supervisionsbesprechungen Rechnung getragen, allerdings, wie ich heute erkennen muß, längst nicht genug. Im Augenblick sind wir dabei, ein Instrumentarium zu suchen, das die Gleichwertigkeit der Mitarbeiter besser sicherstellt. Das macht bei einer gewachsenen Mitarbeiterzahl außerordentliche Mühe.

Gleichwertigkeit zwischen Mitarbeitern und Patienten besteht insoweit, als die Mitarbeiter die gleichen Prozesse der Verunsicherung und der beruflichen Neuorientierung machen müssen. Dies sei hier nur an einigen Aussagen von Mitarbeitern gezeigt, die im Rahmen eines Forschungsprojektes gemacht wurden.

Die Sekretärin erzählt, nach ihren Eindrücken in der Klinik gefragt: "Zunächst hat mir das Klima gut gefallen, es hat mich sehr beeindruckt, aber ich muß sagen, daß ich bei näherem Hinschauen dadurch auch noch ein bißchen skeptischer geworden bin ... Von der Arbeit her war sehr vieles sehr neu, hat mich sehr verunsichert, weil ich nicht wußte, was man jetzt von mir erwartet. Es waren sehr viele Dinge, die ... meiner Meinung nach nichts mit meiner Arbeit als Sekretärin zu tun haben und auch nicht mit meiner Ausbildung. Trotzdem interessierte mich das sehr, ich denke, deswegen habe ich mich auch hier beworben, aber von der Arbeit her war ich dann sehr verunsichert."

"Könnten Sie mal ein Beispiel dafür bringen ...?"

"Ja, z.B. der Kontakt zu den Patienten ... Daß ich von der Therapie her jetzt einfach ganz anders denken muß, als ich sonst privat denken würde, da war ich manchmal überfordert, zumal mir kein Mensch in der Weihersmühle von den Fachleuten da auch ein bißchen Hilfestellung gegeben hat."

Eine Krankenschwester erzählt: "Wir arbeiten doch ganz anders als noch vor 3 Jahren. Wir machen immer mehr und immer, wie sagt man da, prägnanter, präziser die Arbeit ... Ich hab jetzt die Erfahrung, ich denk jetzt ganz anders ... Du wächst einfach rein ... Als ich neu war, da habe ich bei mir unheimlich viele Unsicherheiten gehabt. Es hat mir gar nichts genützt, wenn du gesagt hast ..., mach's oder so. Irgendwann ist der Punkt gekommen, wo ich selbst zu mir sagen kann, ich weiß jetzt, das ist richtig ..."

Es wird deutlich, wie hier Mitarbeiter in die gleichen therapeutischen Prozesse einsteigen wie die Patienten, wobei sie allerdings ihren Beruf ausüben und sich nicht von den Verunsicherungen beherrschen lassen sollen.

Umgekehrt müssen in der Klinik Bedingungen geschaffen werden, die es den Patienten erlauben, Zugang zu professionellem Wissen zu bekommen, um die gleichwertige Teilnahme an der Therapie sicherzustellen. Dies geht natürlich nicht durch die Erteilung von Unterricht oder ähnlichem, denn das Know-how der Therapie ergibt sich erst aus dem Vollzug der Klinikordnung und aus der Beobachtung jeweiliger Entscheidungen.

Das Instrumentarium der Patienten findet sich unter dem Stichwort "Patientenmitverantwortung (PMV)". Es ging anfänglich darum, für die Patienten Bedingungen zu schaffen, mit dessen Hilfe sie qualifizierte Entscheidungen treffen können. Normalerweise haben ja die Patienten allein ihre Symptome zur Beurteilung von therapeutischen Situationen. Die Mitarbeiter haben die Standards ihrer jeweiligen Wissenschaft.

In therapeutischen Gemeinschaften üblicher Art haben die Patienten das Recht mitzusprechen. Mitentscheiden dürfen sie in Abhängigkeit von der Willkür der Behandler. Meist sind die Grenzen ihrer Verantwortung nur vage definiert, und wenn die Verantwortung der Patienten "kontraproduktiv" nach Meinung der Mitarbeiter ausgeführt wird, kann sie ihnen entzogen werden.

Am häufigsten besteht die Mitarbeit der Patienten im Ausführen lästiger Arbeiten, und sie müssen als billige Arbeitskräfte herhalten. Die Arbeitstherapie dient in erster Linie den Verwaltungsvollzügen des Hauses oder seiner finanziellen Sicherung, nur vordergründig und nebenbei therapeutischer Erkenntnis.

Die Vorraussetzung der Teilnahme der Patienten an der Therapie war die Schaffung eines Regelwerks, der sogenannten Hausordnung. Das ist bei uns ein über 20 Seiten umfassendes Werk. Darin werden einerseits die Vorschriften geregelt, an die sich die Patienten halten sollen, andererseits ist dort verzeichnet, was bei Übertretungen der Hausordnung zu geschehen hat. Diese beiden Punkte gehören zusammen, denn wir gehen davon aus, daß die Hausordnung überschritten wird, sie ist gelegentlich so differenziell, daß es Mühe macht, sie nicht zu überschreiten.

Hausordnungsübertretungen werden bei uns nicht bestraft - die Leute bei uns sollen ja nicht reglementiert, sondern therapiert werden. Hausordnungsübertretungen setzen einen Prozeß in Gang, an dem Mitpatienten und Mitarbeiter gleichermaßen teilnehmen. Wir erklären die Hausordnung zur Schwelle personalen Handelns. Das heißt, wir unterstellen, daß eine Hausordnungsübertretung nicht nur einen Blick freigibt auf die rigiden Klinikvorschriften oder auf Verhaltensusancen in der Patientenschaft, sondern daß auch ein personaler Anteil des die Hausordnung übertretenden Patienten sichtbar wird.

Ein Patient führt ein stilles, unauffälliges Leben in der Hausgemeinschaft. Er wirkt immer etwas bedrückt. Eines Tages begeht er einen Verstoß gegen die Hausordnung. Mitpatienten, die ihn daran hindern wollen, ignoriert er.

Während der Konfrontation, die diesem Verstoß folgt, spricht er von seiner Freiheit, die er brauche. Er könne sich nichts sagen lassen. Diesem Freiheitsdrang zuliebe habe er den Verstoß begangen.

Der Patient erhält die Aufgabe, den Verstoß mit Hilfe eines Mitpatienten in der Haus-

versammlung als Rollenspiel darzustellen.
Das geschieht, und der Patient wirkt mit einmal wach und offen. Er bestätigt das: "Als ich in die Mitte trat, da war es, als fiele eine Last von mir ab."

Der Patient hat die Freiheit gesucht in der Überschreitung von Grenzen, er hat ein unklares Empfinden von Beengung durch Ausdehnung, durch Vergrößerung seines Spielraums zu beenden versucht. Aber erst die Entfaltung seiner Wünsche im Dialog mit der Gruppe ließ ihn Freiheit spüren; die Gemeinschaft erst gab ihm die Kontur der freien Person.

Ein anderer Patient machte uns große Schwierigkeiten, weil er offensichtlich wenig von dem verstand, was unsere Gemeinschaft von ihm forderte. Er hielt sich an die äußeren Lebensbedingungen der Klinik aus Opportunität und fand das völlig in Ordnung. In einem Gespräch mit seiner Bezugstherapeutin kam diese zu der Einsicht, daß unser Patient vermeidet, in der Gegenwart zu leben, er ist angefüllt mit Zukunftsplanungen und -träumen. Die Gegenwart ist ihm das ihn gerade noch streifende Gestern, dem schon keine Bedeutung mehr zukommt.
Dieser Patient erhielt die Aufgabe, sich 5 Minuten einem Mitpatienten gegenüberzusetzen und nur zu äußern, was gerade los ist. In dieser sehr schwierigen Übung, die ständig von Schweigen und Abschweifungen bestimmt war, fiel der Satz: "Es ist schwer, hier zu bleiben." Mit diesem Satz, dem ein Nachhall von Schweigen folgte, wurden der Patient und auch der Therapeut, der ihn begleitete, in eine lastende Traurigkeit geführt. Der Patient ließ ab von der Umklammerung der Zukunft und fiel schwer, aber konturiert in die Gegenwart.

In einem Dienstgespräch, in dem die von den Patienten gewählten Vertreter und die Mitarbeiter sitzen, wird die Übertretung des Einzelnen kollektiv therapeutisch behandelt. Es wird erst einmal grundsätzlich festgestellt, ob überhaupt eine Regelwidrigkeit im definierten Sinn vorliegt. Es muß schon eine Hausordnungsübertretung sein, ein allgemein auffälliges Verhalten, das zum Ärger Anlaß gibt, reicht da nicht.
Wenn dies der Fall ist, erhalten die Wohngruppen des Hauses den Auftrag, sich zu überlegen, was mit dem Patienten los ist und wie ihm mit Hilfe einer Aufgabe zu helfen sei.
Diese allgemeine Diskussion über Mitpatientenverhalten stellt die geregelte therapeutische Beteiligung der Patienten an der Therapie dar. Ein Satz wie: "Ich mache <u>meine</u> Therapie, was andere tun, ist mir egal", läßt sich nicht mit dem nötigen Nachdruck verkünden, wenn eben dieser Patient gehalten ist, Verhalten eines Mitpatienten zu beurteilen.
Die Regel, es müsse eine Aufgabe für den Patienten vorgeschlagen werden, fordert eine konkrete Antwort der Patientengruppe. Die Besprechung kann im allgemein unverbindlichen Gespräch nicht stehenbleiben.

Mit diesen gelegentlich rigiden, oft langwierigen Verfahren nehmen die Patienten am Therapie-Prozeß teil. Es wird über seelische Zustände und soziales Verhalten gesprochen. Es werden Gruppenprozesse diskutiert, und es kommt immer wieder zu Initiativen von Patienten, träge Prozesse wieder in Gang zu bringen. Die Patienten wissen, wie wir arbeiten und denken, und sie erhalten Gelegenheit, auf klar definierten Gebieten mitzumachen.

Das ist die eine Konstruktion, die Patienten-Mitverantwortung möglich macht. Die andere ist die Ämterübernahme. Auch hier gibt es ein Regelwerk über die Ausführung von über 20 Ämtern.

Eines dieser Ämter, um ein Beispiel zu nennen, ist die Leitung der Cafeteria. Am Mittag und Nachmittag ist eine Cafeteria geöffnet, in der man einen Kaffee trinken kann. Der Verantwortliche hat, zusammen mit einem Stellvertreter, den Kaffee zu kaufen, zu kochen und zu verkaufen. Er ist für die Sauberkeit in der Cafeteria verantwortlich, er spült das Geschirr, er muß bei Bruch für Ersatz sorgen. Er kassiert von jedem Gast einen Betrag, der für die Betreibung der Cafeteria kostendeckend sein soll. Dieser Betrag wird in der Hausversammlung ausgehandelt.
Der Erstverantwortliche für die Cafeteria ist der Haussprecher, der dafür sorgen muß, daß das Amt ordentlich ausgeübt wird. Ein Mitarbeiter steht im Hintergrund zur Verfügung.
Die Kasse der Cafeteria wird von 2 Kassenprüfern monatlich überprüft und abgerechnet, das sind 2 weitere Hausämter.

Es gibt viele solcher Ämter, die wirkliche Verantwortung bedeuten und deren ordentliche Durchführung von den Patienten kontrolliert wird. Wenn einer die Cafeteria vernachlässigt, bekommen es die Patienten zu spüren. Unter Umständen gibt es dann keinen Kaffee.

Die Ämter geben den Patienten zu erkennen, daß es ihre Behandlung ist, die da geschieht, sie sind direkt daran beteiligt. Andererseits fördern sie - wie das richtige Leben - eine Fülle von Konflikten, bei denen eben Beziehungsprobleme, Animositäten und andere Verhaltensweisen in einem Umfang zur Sprache kommen, wie das in geordneten therapeutischen Sitzungen nie der Fall wäre.

Therapie geschieht so im umfassenderen Sinn <u>durch</u> die Klinik. Die therapeutische Gesamtheit läßt sich auch kaum in ihren einzelnen Abhängigkeiten untersuchen; es sind Menschen in einem Prozeß miteinander verwoben, wo sich einzelne Motive nur noch personenübergreifend identifizieren lassen. Das Vater-Motiv von Sarah ist nicht nur durch mich determiniert und andere Therapeuten, es wird auch von Vater-Entwürfen anderer Patienten beeinflußt. Ich wage nie zu sagen: Dieser Mensch ist so. Er ist immer auch ein bißchen so wie seine momentane Umgebung.

Das Therapeutische in einer Klinik zu finden, heißt, sich auf Spurensuche zu begeben. Es sollte ja immerhin so sein, daß die Mitarbeiter Impulse setzen, die von den Patienten im Sinne einer Anregung zur emotionalen Veränderung genutzt werden können. Die Klinik sollte auch etwas Ungewöhnliches bereithalten, das die Patienten von ihren gewohnten Mustern wegbringt. Die Klinik sollte auch etwas schaffen, was Berlyne "arousal" nannte, eine Erregung, eine Anregung - Bewegung eben und eine Form geistig-emotionaler Aktivität.

Eine solche Klinik muß das übliche Schema von Geben und Nehmen verändern. Alle sind an <u>einem</u> Prozeß beteiligt, jeder auf seine Weise. Jeder muß auch den Schlüssel zum Tun selbst in der Hand haben.

Dennoch besteht eine Institution, die sich die Therapie zur Aufgabe gestellt hat, aus 2 Subsystemen, das System des Personals und das System der Patienten. Das Patienten-Subsystem ist das System der "Kranken", das Mitarbeiter-System das der "Gesunden". In einer Alkoholikereinrichtung vertragen die "Kranken" keinen Alkohol, die "Gesunden" normalerweise wohl. Das ist die Norm. Inhalt der Behandlung ist nun, daß die "Kranken" eine neue Norm lernen sollen, eben keinen Alkohol mehr zu trinken. Wie das zu geschehen hat, wird den "Kranken" eben nicht vorgeschrieben von den "Gesunden". Da diese das ja angeblich nicht so genau wissen - sie sind eben nicht krank -, stellen manche Kliniken Ehemalige ein. Wir stellen den Patienten ein Instrumentarium zur Verfügung, mit dessen Hilfe sie sich an der "Genesung" beteiligen können. Sie könnten Ratgeber sein für die Mitarbeiter. Wir tun dies mit Hilfe einer ausführlichen Hausordnung und einem Regelwerk, das den Patienten erlaubt, Herr über sich zu bleiben und zu verstehen, was in der Klinik und mit ihnen geschieht. Der Gegensatz zwischen Wissenden und Duldenden soll damit gemildert, gelegentlich sogar aufgehoben werden. Eine weitere Voraussetzung in einer üblichen Klinik besteht darin, daß die "Kranken" bereit sind, ihr Privates zu "veröffentlichen". Daran hängt der positive Wert der Therapiefähigkeit. Für das Mitarbeiter-Subsystem gilt das in Abhängigkeit von der normkonstituierenden Theorie des Mitarbeiter-Stabes, wobei es tendenziell bei den meisten Theorien um das Verschweigen von "Privatheit" des Stabes geht. Ein Schlagwort der integrativen Therapie ist das von der "selektiven Offenheit". Für eine gestalttherapeutische Klinik gilt aber etwas anderes: In der gelebten Gegenwart steht sich jeder offen gegenüber. Die Privatheit bezieht sich auf Phantasien, emotionale Gestimmtheit und auf Erinnerungen. Diese wird den Patienten und den Mitarbeitern zugebilligt. Im gemeinsamen täglichen Tun aber sollte eine gewisse Gleichwertigkeit - Mutualität nennt das Martin Buber - herausgestellt werden, wenn es denn zu Kontakt, Begegnung, Liebe und anderen vorhin geschilderten Formen des menschlichen Miteinander kommen soll.

Es sind nur Andeutungen, die sich Ihnen hier mitteilen konnte. Aber vielleicht genügt Ihnen das schon, um in Ihren Bereichen die Faszination der Gestalt besser zu spüren und zu merken, wie das, was nicht zu fassen ist, dennoch wirkt.

Gestalt, das sagt Binswanger in seiner merkwürdigen Sprache, ist der Überschwung der Liebe, gebändigt in eine bestimmte Lebensform. Das heißt, die Liebe, die eigentlich in der Unendlichkeit, im "Überall" ihre Heimat hat, wird durch den Vollzug des Alltags an die Gegenwart gebunden. Das ist Gestalt.

Literatur:

1) Buchholtz, Fritz. - Gestalt als System, in: Praxis der Psychotherapie und Psychosomatik, 31, 1986, S. 128 - 137

2) Merleau-Ponty, Maurice. - Phänomenologie der Wahrnehmung. Berlin 1966

3) Binswanger, Ludwig. - Grundformen und Erkenntnis menschlichen Daseins. München 1962

4) Teunissen, Michael. - Der Andere. Berlin 1977

5) Kampits, Peter. - Gabriel Marcel Philosophie der zweiten Person. Wien 1975

6) Marcel, Gabriel. - Die philosophische Anthropologie Martin Bubers, in: Dialog und Erfahrung. Frankfurt a. M. 1969

7) Valéry, Paul. - Tel Quel I, zit. nach Merleau-Ponty. - Der Mensch und die Widersprüchlichkeit der Dinge, in: Das Auge und der Geist. Hamburg 1984

8) Nadolny, Sten. - Die Entdeckung der Langsamkeit. München 1985

9) Buchholtz, Fritz. - Entfaltung und Kontur im therapeutischen Dialog, in: Wolfgang Scheiblich (Hrsg.).- Rausch - Ekstase - Kreativität. Dimensionen der Sucht. Freiburg 1987

10) Gurwitsch, Aaron. - Das Bewußtseinsfeld. Berlin 1975

Schlußwort

Rolf Merten

Mir kommt die schöne und schwierige Aufgabe zu, zusammenzufassen, was wir hier in den letzten 2 Tagen miteinander erlebt haben.

Heute ist Erntedankfest.
Auch wir haben, so ist mein Eindruck, eine gute Ernte eingefahren.

Für mich waren die Tage anstrengend und erlebnisreich zugleich. Ich erlebte vielseitige Begegnungen und Anregungen. Vielfältige Gefühle konnte ich erleben: Rührung -gerade eben-, Freude, Stolz, Angst, Erschöpfung und vieles mehr. Euch wird es kaum anders ergangen sein.

Die Gestalt-Tage wurden für mich zu einer Begegnung mit ganz unterschiedlichen Kreisen meines Lebens. Mit Kollegen und Ausbildungskandidaten der Gestalttherapie aus verschiedenen Instituten. Mit Mitarbeitern und Freunden aus dem Kinderheim Inselhaus, wo eine Lebensgemeinschaft auf der Basis von Gestalttherapie am Entstehen ist. Mit meiner geliebten Freundin, mit Freunden, Patienten, der Presse und vielen neuen Aufgaben und Herausforderungen, die ich bisher nicht gekannt habe.
Ich erlebte ein Stück Integration, einen riesigen Lernprozeß, ein Annehmen von neuen Rollen und Aufgaben.
Gestern sagte Frau Prof. Dr. Zöller, die als Dozentin der kath. Stiftungsfachhochschule an diesen Gestalt-Tagen teilnimmt und der unsere Arbeit noch nicht sehr vertraut war, sie sei beeindruckt von dem, was sie hier erlebt, von der Lebendigkeit, die wir als 'Gestalt' ausstrahlen. Sie verglich die offene Atmosphäre, die sie hier erfahren hat, mit der Zurückhaltung und mangelnden Spontaneität, die sie bei Psychoanalytikern erlebt hat. Sie endete mit der Feststellung, zu uns würde sie gerne Patienten schicken, die würden dort sicher lebendiger werden.
Heute morgen ergänzte sie in einer Veranstaltung, in der ich sie wieder traf sinngemäß: ich werde dafür Sorge tragen, daß die Gestalttherapie hier an der Fachhochschu-

le bekannter wird.
Wir haben hier an der kath. Stiftungsfachhochschule einen angenehmen Ort für die Gestalt-Tage gefunden. Das konnten wir schon darin erfahren, zu sehen, wie willkommen wir hier aufgenommen wurden. Dafür möchte ich mich noch einmal ausdrücklich bei Herrn Prof.Dr. Kögl bedanken, der uns das Hiersein ermöglichte, indem er gegenüber der kath. Stiftungshochschule die Verantwortung übernahm.
Von allen Beteiligten ist ein hoher Grad an Zufriedenheit zu spüren. Daß es bei einer solch riesigen Organisation, wie die Gestalt-Tage es sind, auch Pannen und Schwierigkeiten gibt, bleibt nicht aus.
Ich habe gelernt, Vertrauen zu finden in etwas, was meine Großmutter auf Plattdeutsch immer so ausgedrück hat: "dat löp sick al torech" (Das läuft sich alles zurecht).
Damit verbunden ist der Dank an viele Menschen, die zum Gelingen der Gestalt-Tage beigetragen haben. Sie alle aufzuzählen, ist gar nicht möglich. Ich möchte nur einige wenige herausgreifen.
Da ist zuerst der Hausmeister Herr Böhringer. Ich habe ihn hier zum Schlußwort eingeladen, aber ich glaube, er ist drüben in seinem Zimmer geblieben. Vielleicht gibt es die Möglichkeit, ihm unseren Dank durch Sie alle weiterzugeben.
Danken möchte ich auch dem Catering-Party-Service und seinen Mitarbeitern. Ihre liebevolle Verpflegung hat wesentlich zur guten Atmosphäre hier beigetragen. So war es uns auch möglich, in den Pausen hierzubleiben, anstatt uns in unzählige Gaststätten der Umgebung zu verteilen.
Dank auch an Ingrid Rehle und andere, die für die Blumendekoration gesorgt haben und die Räume für das Fest umgebaut und geschmückt haben.
Ein Dank an Cornelia Janson für ihre Flamenco-Einlage auf unserem Fest.
Ganz besonders möchte ich mich bei Herrn Preller vom Arbeitsamt Rosenheim in der Außenstelle in Wolfratshausen bedanken, der es mit ermöglicht hat, daß die ABM-Stelle für Norbert Maack eingerichtet wurde.
Da drei Psychologen aus verschiedenen bayerischen Arbeitsämtern hier zur Tagung gekommen sind, habe ich die Hoffnung, daß wir auch weiterhin Unterstützung durch das Arbeitsamt erfahren werden.

Wir hatten für die Gestalt-Tage den Untertitel "Zwischen Anpassung und Auflehnung"

gewählt. Ich will darauf nicht noch einmal ausführlich eingehen. Für mich ist es immer wieder faszinierend, zu erleben, wie angepaßte Menschen durch Gestalttherapie mutiger werden, sich aufzulehnen. Auf der anderen Seite erlebe ich, wie unangepaßte Menschen lernen, auch ihre angepaßten Strebungen zuzulassen.
In beiden Fällen führt Gestalttherapie zu einer stärkeren Eigenständigkeit und Bezogenheit des Menschen, d.h. zu einer stabilen Identität.

Unser Hauptanliegen vom Organisationskomittee dieser Tagung war es, einen Prozeß der Begegnung zwischen Menschen, die an der Gestalt mit ihren vielen Möglichkeiten und Ausrichtungen interessiert und engagiert sind, in Gang zu setzen.
Wir haben etwas angefaßt, und es ist etwas in Bewegung gekommen.
Es sind viele Menschen hier, darunter Gäste aus der Schweiz, Österreich und den Niederlanden. Auch sind viele Gestaltinstitutionen vertreten:
Exist-Rütte, Eidos, Coloman, das Fritz Perls Institut, das Institut für Integrative Gestalttherapie Würzburg, das Psychologische Beratungszentrum Würzburg, der Arbeitskreis Kritische Gestalttherapie, Symbolon, Heel, das Gestaltinstitut Frankfurt und vielleicht noch mehr, die mir entgangen sind. Es ist uns gelungen, einen großen Teil der Gestaltinstitute zusammenzubringen. Darüber bin ich stolz und dankbar.

Hunter Beaumont sagte gestern zu uns: Die Idee vom Kontakt in der Gestalttherapie sei für ihn wichtiger als der Aspekt der Gestalt. Kontakt, das erleben wir hier untereinander und damit auch zwischen den Institutionen, aus denen wir kommen. Wir haben hier das Vergleichen fallen gelassen oder zumindest zurückgestellt. Wertschätzung steht im Vordergrund, wenn wir auch auf dem "Psycho-Markt" Konkurrenten sind. Vielleicht können wir lernen, Feindbilder wegzulassen und die jeweilige Seite als zu uns gehörend zu akzeptieren. Kassenanerkennung als klinisches Verfahren auf der einen Seite und subversives Moment auf der anderen Seite. Ich denke, Gestalt ist beides, und unsere Aufgabe ist es, Spagat zu lernen.
Durch Kontakt lassen sich Berührungsängste und Mißtrauen abbauen. Hilarion Petzold schreibt in einem Artikel mit dem Titel "Konfluenz, Kontakt, Begegnung, Beziehung", daß Begegnung über den Kontakt hinausreicht. In der Begegnung zwischen Menschen kommt es zu einer tiefen gegenseitigen Berührung, und es wird Atmosphäre spürbar, die ich hier in den letzten beiden Tagen und besonders auch in diesem Augenblick

hier im Raum zu spüren vermeine. Im Wiederkehren von Begegnungen über die Zeit werden Begegnungen Beziehungen. Beziehungen gilt es auch zwischen uns anzuknüpfen.
Hier sind viele Menschen anwesend, die sich exponieren, die sich zeigen und engagieren. Ich glaube, es ist uns gelungen, Menschen, die hierher gekommen sind, ohne in der Gestaltszene zu Hause zu sein, zu zeigen, wie wir Gestalt miteinander leben können. Auch sie nehmen ein Stück dieser Atmosphäre mit, die Gestalt für mich wesentlich ausmacht.

Der Podiumsdiskussion gestern, die ich als sehr lebendig, kontrovers, ohne verletzend zu sein, verbindend, ohne harmonisierend zu sein, erlebt habe, möchte ich kurz mit ein paar Streiflichtern begegnen.
Hunter Beaumont stellte fest, daß Gestalt für ihn mehr ist als Fritz Perls.
Fritz Buchholtz und Richard Picker zeigten uns auf, daß der Gestaltbegriff weit in die Philosophie und Geschichte zurückgreift.
Thijs Besems machte darauf aufmerksam, daß der Begriff der Gestalt für ihn Respekt vor anderen Menschen bedeutet. Ich würde lieber sagen, Respekt vor dem Menschen überhaupt, nicht nur dem anderen, sondern auch vor mir selbst.
Auch verwies Thijs Besems uns auf die Tatsache, daß Gestalttherapeuten nicht in Harmonie mit der Gesellschaft sein können, wollen sie etwas bewirken.
Hier wirft sich für mich die Frage auf, wie wirkt sich dies im Umgang untereinander aus? Wie können wir innerhalb der 'Gestaltbewegung' lernen, miteinander zu reden, in einen Dialog zu kommen bzw. zu bleiben?
Gestalt als Protestbewegung, davon war die Rede.
Inga Schumann-Sorge sprach davon immer wieder: Berührt zu sein von Gestaltarbeit.
Von dem Überwältigtsein, Gestalttherapie zu erleben, wurde gesprochen.
Willi Butollo sprach von seinem persönlichen Glückserleben mit und in der Gestalt.
Elisabeth von Godin und Almut Ladisich-Raine sprachen von der Liebe, die sie in der Gestalttherapie erfahren.
Es ist für mich seltsam, auf den Begriff der Liebe zu kommen. Ich komme aus einem sehr verstandesmäßigen Hintergrund und war lange Zeit überzeugt, daß es Liebe doch eigentlich nicht gibt. Johannes Mario Simmel fällt mir dabei als einer meiner Jugendautoren ein: "Liebe ist nur ein Wort." Über Liebe zu sprechen, war mir peinlich, ich

habe mich geschämt. Liebe war für mich ein tabuisiertes Wort. Jetzt stehe ich hier und erlebe Tiefe, erlebe Scham, Dankbarkeit und Liebe!
Es wurden auch deutliche Unterschiede gemacht gestern in der Podiumsdiskussion. Ich meine, es ist auch wichtig, daß wir unsere Differenzen nicht zur Seite schieben. Sie sind da, und wir müssen sie miteinander besprechen.
Da ist das Problem der Theoriebildung in der Gestalttherapie. Wo geht der Weg entlang? Gestalttherapie, Natur- oder Geisteswissenschaft? Willi Butollo sprach vom Kunsthandwerk als Kennzeichnung der Gestalt.
Hermeneutik, Phänomenologie sind wichtige Aspekte unserer Arbeit, die es weiter zu bestimmen gilt.
Kontrovers blieb die Frage der Auswahlkriterien für eine Gestaltausbildung. Soll eine Auswahl am Beginn stattfinden oder am Ende? Kann jeder an einer Gestaltausbildung teilnehmen oder soll sie bestimmten Berufsgruppen vorbehalten bleiben?
Es wurde von der notwendigen Erweiterung der Gestalttherapie für die Behandlung von schwer gestörten Menschen gesprochen.
Willi Butollo brachte den mir sehr wichtigen Hinweis auf die Erfahrungen der Verhaltenstherapie, aus denen wir lernen können. Die Verhaltenstherapie, die als Verfahren Anerkennung erhält und damit großen Anpassungstendenzen ausgesetzt und erlegen ist. Andererseits ist es nach meiner Überzeugung auch ein Fehler, auf eine Anerkennung ganz zu verzichten, weil damit andere Gefahren verbunden sind.
Soweit zur Podiumsdiskussion.

Was mir persönlich auf der Tagung zu kurz gekommen ist, und das sage ich auch als Leiter des Kinderheimes Inselhaus, das ist die Gestaltpädagogik, aber auch die Gestaltseelsorge und andere Bereiche, die interessante und wichtige Arbeit leisten.
Immer dann, wenn es um Therapie geht, ist das Interesse groß, dann laufen die Leute zusammen. Bei der Gestaltpädagogik und Gestaltseelsorge ist das leider nicht im gleichen Maße der Fall.
Richard Picker war es, der gestern davon sprach, was die Gestalt gerade auch in dem Bereich von Werterziehung zu bieten hat. Ich finde es schade, daß dieser Bereich nicht das ihm gebührende Interesse gefunden hat.

Ich weiß nicht, ob ich einer Utopie nachlaufe, mit meinem Wunsch nach Integration

innerhalb der Gestaltbewegung. Vielleicht ist es einfach, daß ich auch im Spagat bin und meine Beine weiter zusammen bekommen möchte. Ich habe eine Gestaltausbildung im Gestaltzentrum Berlin gemacht und eine weitere Gestaltausbildung am Fritz Perls Institut angeschlossen. Fritz Perls Institut und Gestaltzentrum Berlin sind für mich Exponaten der verschiedenen Standorte innerhalb der Gestalttherapie.
Eine Ökologieveranstaltung in Berlin hatte vor Jahren den Slogan: Wo kein Platz zum Träumen ist, ist keine Kraft zum Kämpfen. Ich mache mir diesen Slogan zu eigen.
Ich finde, es ist erstrebenswert, Unterschiedlichkeiten auszutragen und nicht Harmonie um jeden Preis zu schaffen. Aber, was Gestalt kann, brauchen wir doch nicht in vier oder fünf oder gar noch mehr Dachverbänden für Gestalttherapie auszutragen, wie es derzeit der Fall ist. Wenn die Gestalt etwas Relevantes ist und zu vermitteln hat, wovon ich überzeugt bin, dann sollte es uns gelingen, dies auch nach innen zu leben und unter einem Dachverband unsere unterschiedlichen Standpunkte und Interessen zu verdeutlichen und ihnen Geltung zu verschaffen.

Wir sind interessiert daran, daß der eingeleitete Prozeß weitergeht. Diese Tagung sollte ein Höhepunkt sein auf einem Weg von Begegnungen hier in der Region. Wir wünschen uns, daß in den Arbeitsfeldern etwas weitergeht, daß weitere Begegnungen stattfinden.
Wir hoffen, daß wir viele Rückmeldungen auf den dafür vorbereiteten Feedback-Bögen bekommen.
Wir freuen uns darauf, den Tagungsbericht zusammenzustellen. Wir sind darauf angewiesen, von den Referenten die Vorträge und anderen Beiträge möglichst bald zu bekommen.
Ich freue mich, daß wir über einige Vorträge und Veranstaltungen, die hier stattgefunden haben, Videoaufnahmen besitzen.
Wir werden uns hier in der Region weiter regelmäßig einmal im Monat treffen. (Die Treffen finden jeweils am zweiten Donnerstag im Monat um 20 Uhr in der Praxisgemeinschaft Merainstraße 24, 8000 München 19, Tel. 153577 statt).

Jetzt bitte ich Ingrid Terfloth-Hoegg, Anette Trischkat, Florian Latka und Norbert Maack zu mir zu kommen, damit wir uns als Vorbereitungsteam gemeinsam von Ihnen verabschieden können.

Zum Schluß möchte ich noch diesen Blumenstrauß an dich, liebe Dörte Sambraus überreichen. Die Blumen sind ein kleines Dankeschön für Deine Bereitschaft als Gesellschafterin der G.F.E. und als liebe Freundin, die Münchner-Gestalt-Tage 1987 zu ermöglichen, indem Du als Leiterin der G.F.E. die Trägerschaft übernommen hast.

Zusammenfassender Erfahrungsbericht über die Münchner Gestalttage '87

Norbert Maack

Der hier vorgelegte Bericht umfaßt knapp eine Darstellung des Hintergrundes, auf dem das Projekt begonnen wurde, eine Schilderung des Projektverlaufes bis zur Tagung, eine Auswertung der Rückmeldungen zur Tagung sowie einen Ausblick auf weitere Perspektiven.

Dieser Bericht wurde den bestehenden Dachverbänden der Gestalttherapeuten zur Information und ggf. Veröffentlichung zur Verfügung gestellt.

Er beschränkt sich im wesentlichen auf die organisatorischen und strukturellen Aspekte des Projekts.

Ausgangssituation

Die Gestalttherapie, von Fritz und Laura Perls begründet, fand in den USA in den 50er und 60er Jahren weite Verbreitung. Als Fritz Perls 1970 starb, gab es Schüler von ihm, die Gestalttherapie auf ihre jeweils eigene Art und mit unterschiedlichen Schwerpunkten anwendeten und lehrten.

Die weitere Verbreitung außerhalb der USA in der ganzen Welt und auch in der BRD geschah, ohne daß einheitliche Kriterien vorhanden waren, die definierten, was genau Gestalttherapie ist.

Zur Zeit gibt es in der BRD eine Reihe von gestalttherapeutischen Instituten, die mehr oder weniger miteinander in Verbindung stehen und Gestalttherapeuten/-pädagogen, die ihre Ausbildung bei diesen unterschiedlichen Instituten oder bei Lehrtherapeuten außerhalb der BRD absolviert haben. Das heißt, es besteht eine Vielfalt von gestalttherapeutischen Schulen, ohne daß bislang klar formuliert ist, worin die Unterschiede zu sehen sind und was das allen Gemeinsame ist.

Bisher ist es nicht gelungen, die bundesdeutschen Gestalttherapeuten in einem gemeinsamen Dachverband zusammenzuschließen. Auf die Gründe dafür soll hier nicht eingegangen werden, jedoch hat diese Situation mehrere die Weiterentwicklung der Gestalttherapie behindernde Konsequenzen:

- Es gibt keine Möglichkeit, einen Überblick zu gewinnen über die Anzahl von praktizierenden Gestalttherapeuten und darüber, in welchen Bereichen diese tätig sind, d.h. über die faktische gesellschaftliche und gesundheitspolitische Bedeutung der Gestalttherapie.
- Austausch und Voneinanderlernen ist nur sehr begrenzt möglich.
- Interessenten an Gestalt-Ausbildung haben es schwer, sich für ein Institut zu entscheiden.
- Vertretern anderer Therapieformen steht für eine inhaltliche wissenschaftliche Auseinandersetzung kein die Gestalttherapie repräsentierender Ansprechpartner zur Verfügung.

Überlegungen zu einer Überwindung dieser Situation

Aus den Gestalt-Instituten heraus werden entweder nicht genügend Anstrengungen unternommen, um diese Situation zu verändern, oder es ist aus strukturellen Gründen nicht möglich.

In der BRD gibt es zuviele Gestalttherapeuten, um einen bundesweiten Lösungsversuch zu unternehmen.

Deswegen schien uns lediglich der Weg, den wir dann auch eingeschlagen haben, sinnvoll, nämlich

- auf regionaler Ebene und institutsunabhängig Begegnungsmöglichkeiten für Gestalttherapeuten zu schaffen,
- Vertreter und Mitglieder der im Münchner Raum angesiedelten Institute zu motivieren, diese Möglichkeiten zu nutzen und
- dafür zu sorgen, daß die interessierte Öffentlichkeit sich einen Eindruck von

dem gesamten Spektrum der Gestalttherapie machen kann.

Der Verlauf der Tagungsvorbereitung

August '86 bis Ende November '86

Von Anfang an war uns klar, daß unser Vorhaben nur Erfolg haben kann, wenn viel Motivation, Zeit und Kraft dafür eingesetzt wird und daß dieser selbst dann nicht garantiert ist. Insofern hofften wir sehr auf die Bewilligung der von der G.F.E. (Gesellschaft zur Förderung der Humanisierung des Erziehungswesens) beantragten ABM-Stelle, da nur so sichergestellt werden konnte, daß ein Verantwortlicher sich voll und ganz für das Projekt einsetzt.

Die einzige Alternative, die wir sahen, bestand darin, diese Aufgabe nebenberuflich durchzuführen, entsprechend weniger Energie dafür aufwenden zu können und die Ansprüche soweit hinunterzuschrauben, daß der Sinn des ganzen Unternehmens sehr in Frage gestanden hätte.

Eine gemeinsame Finanzierung durch hiesige Gestalt-Institute und -therapeuten konnte zu diesem Zeitpunkt überhaupt nicht zur Debatte stehen, weil eine Bereitschaft zu gemeinsamer Verantwortung für die Belange der Gestalttherapie nicht sichtbar war, sondern durch das Projekt erst zutage gefördert werden sollte.

Wir begannen das Projekt (noch vor Bewilligung der ABM) mit einer Einladung an die uns bekannten Institute und unabhängigen Lehrtherapeuten zu einem Treffen im November, bei dem wir über das Vorhaben informieren und Meinungen dazu hören wollten. Das Ergebnis war, daß wir weder auf überzeugende Zustimmung noch Ablehnung stießen, sondern eher die gleiche Unsicherheit und Skepsis bei den zum Treffen erschienenen fanden, die wir selbst verspürten, zumal die Bewilligung der ABM-Stelle noch sehr in Frage stand.

Dezember '86 bis Januar '87

Als zum 1.12. diese Stelle bewilligt war, wurden wir zusehends optimistischer und konnten uns auf die nächsten Probleme konzentrieren:

- Suche nach geeigneten Räumen für die geplante Veranstaltung "Münchner Gestaltage '87", mit der wir hofften, die Kollegen zur Zusammenarbeit zu motivieren und die nun konkret angegangen werden konnte.

- Bildung einer Planungsgruppe, die wir für das nächste Treffen im Januar vorgesehen hatten. Diese Gruppe sollte sich nach unseren Vorstellungen aus Vertretern der verschiedenen Institute zusammensetzen.

Die Suche nach Räumlichkeiten war anfangs sehr schwierig, die Bildung einer Planungsgruppe verlief anders als erwartet.
Die Teilnehmer an dem Treffen im Januar waren zwar zur Zusammenarbeit in Form von Unterstützung bereit, es war jedoch nicht möglich, ein gemeinsames Team von Leuten, die für die Planung verantwortlich zeichnen wollten, zusammenbekommen. Immerhin konnten wir mit Hermann Florian Latka einen unabhängigen Therapeuten gewinnen, der die Entwicklung der Gestalttherapie, besonders in München, von Anbeginn miterlebt hat und sich von daher in der Münchner Gestalt-Szene gut auskennt. Er war bereit, in dem bestehenden Vorbereitungsteam (Rolf Merten, Annette Trischkat, Dr. Ingrid Terfloth-Hoegg und Norbert Maack) mitzuarbeiten, und wir beschlossen, als dieses fünfköpfige Team die Planung zu übernehmen.
Auf diesem Treffen wurde deutlich, wie wichtig die ABM-Stelle war, denn das Hauptargument gegen eine Beteiligung an der Planung war der Zeitmangel der anwesenden Therapeuten, ein sehr stichhaltiges Argument, wie sich spätestens im Verlauf der weiteren Arbeit der Vorbereitung herausstellte. Es war nie damit getan, rein organisatorische Tätigkeiten auszuführen, sondern zu jedem Zeitpunkt notwendig, persönliche Kontakte herzustellen und aufrechtzuerhalten sowie sich mit inhaltlichen Fragestellungen zu beschäftigen. Nebenberuflich wäre dies unmöglich gewesen.
Ebenfalls deutlich wurde auf diesem Treffen, wie wichtig und fruchtbar derartige Treffen sein können, auf denen durch Gespräche über die Situation der Gestalttherapie Anregungen für deren Verbesserung gefunden werden können. So entstand während dieses Treffens das Motto der Tagung "Gestalttherapie und Gestaltpädagogik zwischen Anpassung und Auflehnung", das sich im weiteren Verlauf als überaus treffend erwies.
Die Planungsgruppe beschloß nach diesem Treffen, parallel zu der eigentlichen Tagungsvorbereitung regelmäßig zu offenen Treffen für Gestalttherapeuten einzuladen, auf denen Fragen zur Tagung und relevante, die Gestalttherapie betreffende Themen erörtert weden konnten. Sie sind als wesentlicher Teil des Projektes anzusehen, da sie dem Ziel des institutsübergreifenden Austauschs dienten.

Die offenen Treffen

Sie wurden bis zur Tagung noch sechsmal durchgeführt, die Anzahl der Teilnehmer stieg kontinuierlich von anfangs neun auf sechszehn; auf den ersten beiden Treffen nach der Tagung waren es schon über zwanzig. Insgesamt kamen nahezu 50 Gestalttherapeuten in unterschiedlicher Regelmäßigkeit, von denen viele auch Veranstaltungen auf der Tagung anboten. Sie alle waren sehr interessiertt und kooperativ und gaben Anregungen zu speziellen organisatorischen und inhaltlichen Fragen bzgl. der Tagung. Es wurden fruchtbare Diskussionen zu inhaltlichen und wissenschaftlichen Themen geführt, u.a. über das Tagungsmotto und über das Thema der Podiumsdiskusson "Gestalttherapie heute - was verbindet uns mit ihren Ursprüngen?"
Diese Treffen haben sehr entscheidend zu der guten Atmosphäre und dem Gelingen der Tagung beigetragen. Sie werden auch weiterhin in monatlichen Abständen stattfinden.

Februar bis Juni '87

Die Entscheidung hinsichtlich des Tagungsortes fiel erst Anfang März, nachdem Herr Prof.Dr. Walter Kögl, Dozent an der Katholischen Stiftsfachhochschule für Sozialpädagogik, der Hochschulleitung gegenüber die Verantwortung für die Durchführung dieser Tagung übernommen hatte. Wir sind sehr dankbar dafür, denn die Räume, die uns daraufhin zur Verfügung standen, waren allerbestens geeignet. Herr Kögl unterstützte uns, da er selber an der Gestalttherapie und besonders an der Zielsetzung und der Art der von uns geplanten Veranstaltung interessiert war.

Die Erstellung des Tagungsprogramms verlief in drei Phasen:

- Kontaktaufnahme zu potentiellen Referenten (und workshop-Leitern) über Hinweise von Teilnehmern an den offenen Treffen und schon gewonnenen Referenten. Ende Februar hatten bereits 30 Referenten ihre Teilnahme zugesagt, so daß wir auf der Basis ihrer Themenangebote ein Vorprogramm erstellen konnten, das in einer auflage von knapp 3.000 Stück verteilt wurde. Es diente sowohl der Information und Werbung von Teilnehmern als auch der Gewinnung von weiteren Referenten.
- Aufgrund dieses Vorprogramms erhielten wir weitere Veranstaltungsangebote, teilweise auch aus anderen Bundesländern und Nachbarstaaten. Um den regionalen

Charakter beizubehalten, sagten wir nur denjenigen von außerhalb zu, die in ihrer Tätigkeit als Lehrtherapeuten einen direkten Bezug zur Münchner Region aufweisen konnten.

- Schließlich erhielten wir auf Anforderung von den Referenten die Texte, mit denen im Hauptprogramm ihre Veranstaltungen beschrieben sind.
  Dadurch, daß wir keine thematische Eingrenzung vorgenommen hatten, entstand auf diesem Wege ein Programm mit einer großen Themenvielfalt, die dem breiten Anwendungssprektrum von Gestalt entspricht. Es wurde in einer Auflage von 1.800 Stück gedruckt.

Juli bis September '87

Das Tagungsprogramm war Anfang Juli fertiggestellt und wurde den Juli über und auf Anforderung bis Ende September verschickt.

Die ersten Anmeldungen kamen Mitte Juli, bis zum Stichtag für die ermäßigte Teilnahmegebühr Ende Juli waren es rund 80 Anmeldungen. In der Ferienzeit August kamen 35, bis Mitte September, dem offiziellen Ende der Anmeldefrist, noch einmal 60 Anmeldungen, so daß die von uns angestrebte Zahl von insgesamt 200 Teilnehmern erreicht war.

Nachdem am 5.9. eine Presseerklärung zur Tagung in der SZ erschienen war, auf die hin ca. 150 Programme angefordert wurden, wollten sich noch mehr als 100 Personen anmelden. Wir entschieden uns, noch 100 Teilnehmer anzunehmen und dabei in Kauf zu nehmen, daß die Plenumsveranstaltungen in einen zweiten Saal übertragen werden mußten. Um die Kapazität nicht zu sehr zu überschreiten, verhängten wir schließlich einen Aufnahmestop.

Diese Nachfrage übertraf bei weitem unsere Erwartungen und erfüllte uns einerseits mit Freude, andererseits mit Bedauern darüber, daß wir doch etlichen Teilnahme-Interessierten absagen mußten.

Es zeigte sich hieran sehr deutlich, daß nicht nur das Interesse von Gestalttherapeuten am gegenseitigen Austausch, sondern auch das von Nicht-Gestalttherapeuten daran, zu erfahren, was Gestalt ist und wie mit ihr gearbeitet wird, sehr groß ist.

Das Interesse an den Veranstaltungsthemen

Die Teilnehmer entschieden sich bei der Anmeldung zur Tagung für jeweils einen bis drei Workshops (erste bis dritte Wahl) pro Tag. Diese Entscheidungen wurden sicherlich durch eine Kombination von Interesse an dem angebotenen Thema, dem Workshop-Leiter sowie der Motiviertheit durch die Art der Workshop- bzw. Selbstdarstellung bedingt. Dennoch halte ich es für mitteilenswert, wie stark die Interessen an den Workshops variierten und welche Themen sich als die interessantesten bzw. uninteressantesten herausstellten. Dieses ist keine "wissenschaftliche" Herangehensweise, und ich möchte hier nichts überinterpretieren. Aber vielleicht regt diese einfache Darstellung den einen oder anderen Leser zu einigen Gedanken an:

Vierzig und mehr Erstwahlen fielen auf folgende Workshops:

W 1 Meditative Verfahren und Gestalttherapie
W 2 Das Kind im Erwachsenen
W 6 Trotz und Hingabe in der körperorientierten Psychotherapie
W 7 Zwischen Klammern und Trotz
W 12 Sexuelle Störungen und Gestalt
W 13 Masken und Gestalt
W 27 Kreativer Umgang mit Erwartungen

Zehn und weniger Erstwahlen fielen auf folgende Workshops:

W 4 Gestalt und TZI in therapeutischen Institutionen
W 9 Psychologische Friedensarbeit
W 11 Gestalttherapie mit Geistigbehinderten
W 18 Gleichgeschlechtliche Beziehungen in unserem Leben
W 20 Lebendiger Sprachunterricht
W 26 Gestalttherapeutische Suchtseelsorge
W 28 Gestalttherapeutische Arbeit im Gefängnis

Überblick über die Zusammensetzung der Teilnehmerschaft

Auffallend für Außenstehende, jedoch im Trend vergleichbarer Veranstaltungen, ist der hohe Anteil von Frauen bei den Teilnehmern, der bei 70% liegt.

Umgekehrt ist es bei den Referenten (Tab. 1). Hier liegt der Frauen-Anteil bei lediglich 40%, bei den Vortragenden sogar nur bei 20%.

Daß die Tagung einen eindeutig regionalen Charakter hatte, zeigt sich daran, daß gut 55% der Teilnehmer und auch der Referenten aus München und nächster Umgebung, 25% der Tn und 30% der Ref. aus dem übrigen Bayern und nur etwa 15% der Tn. und Ref. aus anderen Bundesländern, Österreich und der Schweiz kamen. (Tab. 2)

Von den Fachrichtungen waren erwartungsgemäß am stärksten vertreten die Psychologen (50% der Referenten, 25% der Teilnehmer) und die Pädagogen (ca. 30% der Ref. und Tn), zu denen hier auch die Sozialpädagogen gerechnet werden. Unter den Teilnehmern waren viele Studenten (ca. 20%), vorwiegend der Psychologie und Pädagogik/ Sozialpädagogik. (Tab. 3)

Folgende Tätigkeitsbereiche wurden am häufigsten angegeben: Freie Praxis (30% der Ref., 15% der Tn.), von den Referenten sind etwa 30% in der Gestalt-Ausbildung tätig, die übrigen verteilen sich auf sonstige Bereiche (Tab. 4), von den Teilnehmern sind jeweils 10% in Beratungsstellen, Bildungseinrichtungen und Kliniken tätig, insgesamt 7% in Heimen, Kindergärten und in der Jugendarbeit, und ebenfalls 7% der Teilnehmer waren arbeitslos, wie schon gesagt waren 20% Studenten. (Tab. 5)

Die Tagung

Es schien uns Anfang Februar ein erhebliches Problem zu werden, die auswärtigen Teilnehmer unterzubringen, da die Tagung terminlich in die Münchner Oktoberfestzeit fiel, wodurch es beim besten Willen unmöglich war, Übernachtungsplätze in München zu reservieren.
So machten wir aus der Not eine Tugend und baten die Münchner Tagungsteilnehmer, Übernachtungsplätze für auswärtige zur Verfügung zu stellen. Es zeigte sich, daß das Selbsthilfepotential erfreulich groß war: 25 Teilnehmer boten durchschnittlich 2 Plätze an, so daß die 25 eine Übernachtungsmöglichkeit suchenden Teilnehmer problemlos untergebracht werden konnten.

Als weiteren Service boten wir eine kostenlose Kinderbetreuungsgruppe an, die von 8 Teilnehmerinnen und 9 Kindern im Alter zwischen 1 und 6 Jahren in Anspruch genommen wurde. Sehr hilfreich war dafür, daß uns der für die Kinder von Studenten der FH eingerichtete Raum zur Verfügung gestellt wurde.

Alle im Programm angekündigten Veranstaltungen wurden von den Teilnehmern angenommen, zwei Veranstaltungen fielen wegen Erkrankung bzw. Absage des Referenten aus.
Die Arbeitsfeldertreffen waren sehr gut besucht, die Zeit, die dafür zur Verfügung stand (1,5 Std.), war vielen zu kurz. Es werden zu einzelnen Arbeitsfeldern Folgetreffen stattfinden. Im Nachhinein muß ganz deutlich gesagt werden, daß diese Treffen offenbar eine sehr sinnvolle Einrichtung sind, die wesentlich sorgfältiger vorbereitet gehörte. Dies werden wir bei der Organisation einer nächsten Tagung mit Sicherheit berücksichtigen.

Von den zu Beginn der Tagung allen Teilnehmern ausgehändigten Feedback-Bögen kamen über 100 ausgefüllt zurück, was einer relativ hohen Rücklaufquote von ca. 35% entspricht.
Die Auswertung dieses Feedbacks ergab, daß

- ein großes Bedürfnis nach Veranstaltungen zu Themen aus den Bereichen Gestalttherapie (81), Gestalttheorie (43), Gestaltpädagogik (39) und Supervision (33) vorhanden ist,
- das Interesse an einer Dokumentation, zumindest einzelner Veranstaltungen, gegeben ist,
- von 15 Teilnehmern ein Veranstaltungsangebot zu einem speziellen Thema abgegeben wurde,
- 71 Teilnehmer den dafür vorgesehenen Raum für eine ausführliche freie Stellungnahme mit Kritik und Anregungen nutzten.

Diese Stellungnahmen werden im folgenden ausgewertet.

Kommentare der Teilnehmer nach der Tagung

Am öftesten (30 mal) wurde die Atmosphäre (als u.a. menschlich, lebendig, offen, liebevoll, warmherzig, sorgsam, wohltuend, etc.) und die Organisation (25 mal) gelobt.

Die Vielfalt des Angebotes wurde 15 mal positiv und zweimal negativ bewertet.
Die Verpflegung wurde 8 mal positiv und einmal negativ erwähnt.
Von den einzelnen Veranstaltungen fanden 30 (12 Workshops, 12 Vorträge, 6 sonstige) mindestens eine positive, 10 (6 Workshops, 4 Vorträge) mindestens eine und höchstens drei negative Beurteilungen.
Die Podiumsdiskussion wurde 11 mal, zwei Vorträge (Beaumont, Butollo) je 6 mal, ein Vortrag (v. Godin) und vier workshops (Besems/van Vugt, Uffelmann/Milch, Meier und Schumann-Sorge) mindestens dreimal ausdrücklich gelobt.
Das gemeinsame Fest am Samstagabend wurde viermal positiv erwähnt.
Negativ bewertet wurde 5 mal, daß zuviele Prallelveranstaltungen angeboten wurden und von daher "die Wahl so schwerfiel" und dreimal, daß die workshops zu kurz waren.
15 mal wurde mehr oder weniger direkt dem Bedürfnis nach einer (oder mehreren) weiteren Tagung Ausdruck verliehen, teilweise in Kombination mit Anregungen dazu, Verbesserungsvorschlägen und persönlichen inhaltlichen Wünschen.

Uns als Veranstaltern hat dieses Ergebnis sehr gut getan, wir haben uns gefreut, daß die Tagung eine derartige Resonanz und Zufriedenheit zur Folge hatte und fühlen uns ermutigt, unsere Bemühungen fortzusetzen, die Weiterentwicklung des begonnenen Prozesses zu unterstützen.

Zur gegenwärtigen Situation

- Das Projekt "Münchner Gestalttage '87" ist mit sehr guter Beteiligung sowohl von Gestalttherapeuten als auch von einer interessierten Öffentlichkeit genutzt und begrüßt worden.
- Dem Ziel, die unterschiedlichen Institute zusammenzuführen, und einen inhaltlichen Austausch zu fördern, ist nähergekommen worden. Ein weiterer Schritt dahin wird durch die Ende des Jahres vorliegende Dokumentation möglich.
  Zu erkennen ist diese Entwicklung auch an der wachsenden Beteiligung an den offenen Gestalttreffen und an der Bekundung der Bereitschaft zur Zusammenarbeit in spezifischen Arbeitsgruppen durch eine Vielzahl von Gestalttherapeuten.
- Die Voraussetzungen für den weiteren Ausbau des Kontaktes zwischen Gestalttherapeuten in der Region sind geschaffen, nämlich
  - das Bewußtsein von dem grundsätzlichen Interesse an bzw. dem Bedürfnis nach

mehr Austausch zwischen Gestalttherapeuten und damit Weiterentwicklung des gestalttherapeutischen Ansatzes,

- und die Erkenntnis, daß dieses Bedürfnis bei Vorhandensein einer entsprechenden organisatorischen Struktur (bezahlte Stelle, Planungsgruppe, etc.) durchaus erfüllbar ist.

- Die ersten Voraussetzungen für die Weitervermittlung gestalttherapeutischen Wissens an die interessierte Öffentlichkeit sind ebenfalls geschaffen, nämlich
  - eine umfangreiche Kartei von Interessenten an thematischen Veranstaltungen zu Gestalttherapie und -pädagogik, in der nicht nur Einzelpersonen sondern auch Institutionen aus dem psychosozialen und pädagogischen Bereich enthalten sind,
  - die nach der Tagung, durch die offenen Treffen und die Arbeitsgruppen gegebene Möglichkeit, institutsübergreifend für alle Gestalttherapeuten in der Region verbindliche Stellungnahmen, Presseerklärungen etc. abgeben zu können, d.h. gemeinsame Öffentlichkeitsarbeit zu leisten.

Perspektiven für 1988/89

Auf dieser neuen Situation werden wir 1988 aufbauen. Wir sehen dabei folgende Möglichkeiten, deren Verwirklichung vom Ausmaß an aktiver Mitarbeit der hiesigen Gestalt-Leute abhängen wird:

- Die Münchner Gestalttage '88 im September.
  Im Unterschied zur diesjährigen wird diese Tagung bestimmte inhaltliche Schwerpunkte aufweisen, wobei die Themen aus der inhaltlichen Auswertung der diesjährigen Tagung und in ausführlichen Gesprächen im Kollegenkreis bestimmt werden. Auf jeden Fall wird es aus den diesjährigen Erfahrungen resultierende strukturelle Veränderungen geben.
- Weiterführung der offenen Gestalt-Treffen in monatlichen Abständen.
- Unterstützung der Arbeitsgruppen, die sich aus den Arbeitsfeldertreffen der Gestalttage '87 ergeben haben bzw. sich noch bilden werden.
- Organisation von gestalttherapeutischen/-pädagogischen Veranstaltungen
  - zum Austausch für Gestalttherapeuten/-pädagogen,
  - zur Information einer breiteren Öffentlichkeit.
- Gezielte Öffentlichkeitsarbeit, um auf den Beitrag aufmerksam zu machen, den die Gestalttherapie für die psychosoziale Versorgung in der Region leistet und noch leisten wird.

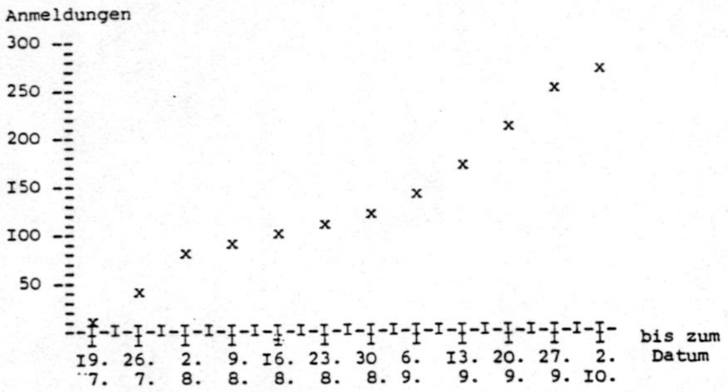

Darstellung I: Anmeldungsverlauf

	Referenten			Teilnehmer	
	Vortrag	workshop	insges.		
m	I5	20	29	78	
w	4	I7	I8	I98	
Summe	I9	37	47	276	323

Tabelle I: Geschlechtszugehörigkeit
(einige workshops wurden von mehr als einem Referenten durchgeführt, einige Referenten boten sowohl Vortrag als auch workshop an.)

	Referenten	Teilnehmer
München und Umgebung (PLZ: 80..)	26	I70
übriges Bayern (PLZ: 8I-89)	I4	72
sonstige Bundesländer, Schweiz und Österreich	7	34 (davon 9aus österr.)

Tabelle 2: Wohnort

	Referenten		Teilnehmer	
	m	w	m	w
Psychologie	I5	IO	2I	42
Pädagogik	4	4	II	28
Sozialpädagogik	I	4	IO	27
Medizin	4	-	5	4
Student	-	-	8	43
sonstiges	5	-	4	34
keine Angabe	-	-	I9	20

Tabelle 3: Ausbildung und Geschlecht

	Gestaltausbilder	Freie Praxis	versch. Institutionen
m	7	8	I4
w	5	6	7

Tabelle 4: Berufstätigkeit der Referenten

Student	5I	Schule	2I
Freie Praxis	40	Heim, Kindergarten, Jugendarbeit	I8
Beratungsstelle	32	Universität, Erwachsenenbildung	I5
Klinik, TWG	28	sonstiges	20
Arbeitslos	23	keine Angabe	42

Tabelle 5: Berufstätigkeit der Teilnehmer

	m	w
unabhängig	IO	2
Fritz-Perls-Institut (FPI)	7	4
Inst. für Gestalttherapie Würzburg (IGW)	3	4
Arbeitskreis Kritische Gestalt (AKG)	2	4
sonstige (WILL, IGG, Heel, GZB, Symbolon, EIDOS, Coloman, DGTA)	7	4

Tabelle 6: Institutszugehörigkeit und Geschlecht der Referenten

Referenten und Gruppenleiter

Hunter Beaumont **(Podium, V 8)**

Ph.D., war als klinischer Psychologe in Kalifornien tätig; er ist Mitglied und Trainer des Gestalttherapy-Institute of Los Angeles. Von 1980 - 83 war er Gastprofessor für Klinische Psychologie an der Universität München. Er arbeitet als Ausbilder für verschiedene deutsche und internationale Gestalt-Institute. Seit 1980 lebt er mit seiner Frau und zwei Kindern in München, sein Hauptinteresse in Bezug auf Gestalttherapie liegt in der Gestaltarbeit mit Charaktertransformation.
Türkenstraße 11, 8000 München 2

Ursula Belke **(W 1)**

Dipl.Psych., ist seit 10 Jahren berufstätig im Bereich Beratung und Psychotherapie. Sie hat eine Zusatzausbildung in Gestalttherapie und Körperarbeit (FPI) und beschäftigt sich seit einigen Jahren mit Meditation und Bewegung.
Bierweg 84, 8500 Nürnberg

Thijs Besems **(V 4, W 22)**

Ich bin 40 Jahre alt, verheiratet mit Gerry und Vater von Raymond und Pablo. Ich spiele gern, lese gerne vor und bin am liebsten mit Gerry zusammen. Ich arbeite gerne in verschiedenen Institutionen, wo ich mich nicht nur mit den Menschen, sondern auch mit den Strukturen befasse. Mein Berufsleben habe ich als Lehrer angefangen, und ich unterrichte immer noch gerne. Therapeutisch arbeite ich am liebsten mit Randgruppen unserer Gesellschaft. Nach meiner Ausbildung als Dipl. Sprachlehrer, Theaterwissenschaftler und soz.Psychologe habe ich in England Tanz- und Bewegungstherapie gemacht. Seit 1972 mache ich Gestalttrainings und -ausbildung, zuerst an der Uni in Utrecht und am FPI in Mainz, später für verschiedene andere Institutionen. Ausbilder am Institut HEEL, seit 86 Fortbildung an einem heilpäd. Zentrum in München.
Postbus 5, 5366 Zg Megen, NL

Heinz Brunner **(W 12)**

Dipl.Psych., Dr.theol., Arbeit im Suchtbereich sowie in eigener Praxis, Ausbildung in VT, Hypnose und Gestalt (AKG München), seit 5 Jahren Schwerpunktarbeit in Sexualtherapie.
Unterer Hochweg 15, 8491 Miltach (Bayr. Wald)

Fritz Buchholtz **(Podium, V 14)**

Dipl.Psych., Gestalttherapeut; Lehrtherapeut am FPI. Leiter des Fachkrankenhauses Weihersmühle, Großhabersdorf. Liebe zur Daseinsanalyse.
8501 Großhabersdorf

Willi Butollo **(V 2, Podium)**

geb. 1944 in Österreich, seit 1973 Lehrstuhl für klinische Psychologie in München; 1977 - 80 Ausbildung am Gestalttherapy-Institute of Los Angeles (GTILA); seit 1980 gemeinsam mit Hunter Beaumont Weiterentwicklung der Verhaltenstherapie unter Einbeziehung der gestalttherapeutischen Aspekte von Kontakt und zwischenmenschlicher Beziehung. Seit 1987 freier Mitarbeiter des IGW.
Geschwister-Scholl-Platz 1, 8000 München 22

Monika Gerber **(W 13)**
geb. 9.2.45 in Bern (Schweiz); Volksschullehrerdiplom, Diplom für Schauspiel, Musik und Tanz (Konservatorium Bern), vier Jahre Bühnenpraxis; Philosophiestudium an der Universität München, Mann und Kind, Humanistische Psychologie, spez. Gestalttherapie mit kreativen Mitteln, Masken. Private Praxis zur kreativen Selbstentfaltung.
Schaidhaufstraße 3, 8918 Dießen

Dorothea Geuthner **(V 10)**
B.A., M.S.W.-Professorin i.K., geb. 1946, Studium der Sozialarbeit in den USA, seit 1971 Dozentin an der Evang. Stifungsfachhochschule Nürnberg mit dem Fächerangebot: Beruflich-methodisches Handeln in der SA/SP; Arbeitsformen und Vorgehensweisen in der Arbeit mit Einzelnen; Arbeit mit Menschen in Krisen; Arbeit mit alten Menschen; Praxisanleitung. Seit 1983 in der Gestalttherapieausbildung (soziotherapeutischer Zweig) am FPI.
Fritz-Erler-Straße 97, 8500 Nürnberg 90

Otto Glanzer **(R 1, W 14)**
Dr.phil., Klinischer Psychologe (BDP), geb. 1953 in Österreich. Mehrjährige Erfahrung in der Kinder- und Jugendpsychiatrie und in der Arbeit mit Familien in freier Praxis. Ausbildung in Gestalttherapie am IGW und im Katathymen Bilderleben (AGKB). Leiter und Mitbewohner der Therapeutischen Jugendwohngemeinschaft Augsburg-Pfersee. Wichtigste Einflüsse für die Arbeit mit Jugendlichen von H. Picker und V. Oaklander. Ich verstehe meine jetzige Arbeit als Expedition ins Reich des Irrationalen und der Destruktivität. Das Ziel sind die guten Quellen in jenen Jugendlichen, die für "Abfall-Kinder" gehalten werden.
Leonhard-Hausmann-Straße 44, 8900 Augsburg

Elisabeth von Godin **(V 1, Podium)**
Ich bin in Berlin aufgewachsen, wo ich den Zusammenbruch Deutschlands miterlebte. 1946 zog ich zunächst nach München, dann nach Stuttgart, um mich dort am Institut für Tiefenpsychologie und Psychoanalyse zur Psychagogin auszubilden. 1950 ließ ich mich dort als Psychagogin nieder. 1955 verheiratete ich mich nach New York mit Rafael de Silva, der die Piano School New York leitete. Dort begann ich noch einmal ein intensives Psychologiestudium an der Columbia University. Nachdem ich den M. A. in Psychological Foundations erhalten hatte, praktizierte ich als Psychotherapeutin in freier Praxis bis 1970. Hier lernte ich Ruth Cohn, Fritz Perls und Laura Perls kennen und lernte von Ruth Cohn TZI und von Fritz und Laura Perls Gestalttherapie. Seit 1970 bin ich wieder in Deutschland. Als Graduierte von WILL-Amerika half ich von Anfang an, TZI in Deutschland "einzuführen". Seit 1980 liegt der Schwerpunkt meiner Arbeit in der Ausbildung von Gestaltpädagogen und -therapeuten.
Römerstraße 21, 8000 München 40

Christian Gottwald **(V 5)**
Dr.med., während meiner breitgefächerten Ausbildungen und im Studium zahlreicher Psychotherapiemethoden faszinierte mich, daß jede dieser Methoden Beiträge zur Entwicklung von Menschen bietet. Aus der Erkenntnis der Stärken und Schwächen der verschiedenen Methoden entwickelte ich gemeinsam mit meiner Frau Beate eine eigene Arbeitsweise. Insbesondere galt es, unsere weiblich-männliche Polarität in der Arbeit als Paar sinnvoll zu integrieren. Mir ist es wichtig, daß unsere Arbeitsweise nicht

nur intuitiv stimmt und wirkungsvoll ist, sondern daß sie immer klarer auch auf dem Hintergrund eines eigenständigen ganzheitlichen Gesamtkonzeptes verstanden und benannt werden kann.
Wehnerstraße 23, 8000 München 60

Sigrid Hucke (W 2)
Dipl.Sozpäd., Designer grad., Kindertherapeutin. Ausbildung in Kinderpsyochtherapie bei Stephan Schmidtchen. Weiterbildung in Gestalttherapie bei Almut Ladisich-Raine und Hunter Beaumont. Ich arbeite als Gestalttherapeutin mit Kindern und Jugendlichen sowie deren Eltern in freier Praxis, als Ausbilderin in Psychotherapie mit Kindern und Jugendlichen; beim IGW leite ich die entsprechende Sektion. Mein Arbeitsschwerpunkt ist die Integration von Ansätzen verschiedener Psychotherapieschulen mit der Gestalttherapie für Kinder und Jugendliche.
Riesstraße 68, 8000 München 50

Marie-Rose Iberl (W 10, W 24)
Ausbilderin im Arbeitskreis: Kritische Gestalt
Buttermelcherstraße 10, 8000 München 2

Helmut Johach (W 4)
Dr.phil., Jg. 1941, studierte kath. Theologie, Philosophie, Soziologie und Pädagogik; TZI-Gruppenleiter; er arbeitet seit 1981 in der "Weihersmühle", einer gestalt-therapeutisch geführten Fachklinik für junge Suchtkranke.
8501 Großhabersdorf

Günter Jursch (W 5)
Jahrgang 1927, arbeitete bis 1972 im internationalen Industrie-Anlagen-Geschäft. Das war mit Reisen und langen Aufenthalten im Nahen und Fernen Osten und in Amerika verbunden. Er übernahm verantwortliche Aufgaben, leitete die eigene Firma und war Mitglied im Aufsichtsrat einer mittelständischen Aktiengesellschaft. Nachdem er in Management-Kursen angewandte Psychologie und Erlebnis-Pädagogik kennengelernt hatte, entschloß er sich, Berater und Therapeut zu werden (Heilpraktiker-Erlaubnis 1975, ordentliches Mitglied der Deutschen Gesellschaft für Transaktions-Analyse seit 1979).
Luitpoldstraße 21, 8033 Krailling

Anselm Keussen (W 6)
geb. 1954, Dr.med., Arzt, Postural Integrator (Postural Integration ist eine therapeutische Massagetechnik). In freier Praxis und am Zentrum für Therapie und Selbsterfahrung Coloman als Psychotherapeut tätig.
Maistraße 33, 8000 München 2

Wolfram Kölling (R 2, W 15)
Dipl.Psychologe, 1946 geboren, verheiratet, zwei Kinder. Drei Jahre Tätigkeit in einer Psychosomatischen Klinik, derzeit Mitarbeiter einer Beratungsstelle und freiberuflich tätig in der Erwachsenenbildung (GP), Therapie- und Selbsterfahrungsgruppen, Schwerpunkte: Familientherapie, Integrative Therapie, Transpersonale Psychologie.
Siebenbürgenstraße 20, 8052 Moosburg

Helmuth Kohstall (V 11)
Dr.med., Arzt für Psychiatrie, Psychotherapie, Psychoanalyse, seit 13 Jahren in eigener Praxis tätig. Fortbildung in Gestalttherapie, Bioenergetik, Hakomi und anderem.
Leipziger Straße 48, 8000 München 50

Evi Kroschel R 3)
Dipl.Psychologin. Ich arbeite seit 9 Jahren als Kursleiterin an der VHS mit Übergewichtigen. Habe eine 1 1/2 jährige Ausbildung in klientenzentrierter Gesprächsführung und eine dreijährige Ausbildung in Gestalttherapie.
Wertheimer Straße 57a, 8000 München 60

Almut Ladisich-Raine (Podium, W 16)
Dipl.Psych., Gestalttherapeutin in eigener Praxis, in der Ausbildungsleitung des IGW.
Hauptstraße 21, 8130 Starnberg

Hermann Florian Latka (W 7)
Philosophie- und Psychologiestudium bis 1971, Klinischer Psychologe (BDP). Eheberater am Evangelischen Beratungszentrum München seit 1973; Trainer am Bach-Institute Los Angeles (Kreative Aggression); Weiterbildungen in Gestalttherapie seit 1972, FPI-Ausbildung 1974-1980; Freie Praxis seit 1976 (Therapie, Supervision, Weiterbildung); Freier Mitarbeiter verschiedener Gestalt-Institute.
Simmernstraße 3, 8000 München 40

Christine Lippert-Lutz (V 6, W 17)
Studienrätin, Heilpraktikerin, Psychotherapeutin in freier Praxis. Ausgebildet in Integrativer Bewegungspsychotherapie am Fritz-Perls-Institut, Düsseldorf, in Expression Corporelle (Sheleen), Atemtherapie und bioenergetischer Körperarbeit. Langjährige Erfahrung in der Umsetzung gestalttherapeutischer Grundlagen in die Gestaltpädagogik. Arbeitsschwerpunkt: Prozeßorientierte körperbezogene Psychotherapie.
Pötschnerstr. 11, 8000 München 19

Norbert Maack (W 25, Zusammenfassender Bericht)
Dipl.Psych., Gestaltausbildung am FPI, mehrjährige Tätigkeit an der Uni Gießen (Med. Psych.) und in der Drogentherapie. Therapeut und Supervisor in freier Praxis. Organisation der Münchner Gestalttage '87.
Bachstraße 22, 8217 Rottau

René Mackels (W 26)
arbeitet als Anstaltsseelsorger und Therapeut in den Fachkrankenhäusern für Alkoholkranke Annabrunn (bei Mühldorf a. Inn) und Hirtenstein (b. Obersdorf).
Brunnhuberstraße 11, 8260 Mühldorf/Inn

Almuth Mangelsdorf (W 18)
Dipl.Psych., 40 Jahre, Ausbildung zur Gestalttherapeutin am FPI. Tätig in freier Praxis, als Gruppenleiterin und Supervisorin für die helfenden Berufe.
Max-Eyth-Straße 1, 8873 Ichenhausen 2

Georg Meier (W 27)
51 Jahre, Kinder- und Jugendlichenpsychotherapeut, Gestalttherapeut (FPI), leitender

Mitarbeiter des Symbolon-Instituts für Gestalttherapie in Nürnberg.
Pappenheimer Straße 16, 8500 Nürnberg 60

Rolf Merten **(Begrüßung, W 8, R 5, Schlußwort)**
Dipl.Psych., Klinischer Psychologe (BDP), Groß- und Außenhandelskaufmann, Dipl. Betriebswirt. Mehrjähriger Individualpsychologischer Hintergrund, Ausbildung in Gestalttherapie am Gestaltzentrum Berlin (GZB) und am FPI. Arbeit in freier Praxis (München), Leitung eines heilpädagogischen Kinderheims (Eurasburg), Vorstand des Fritz Perls Regionalinstituts München.
Merianstraße 24, 8000 München 19

Gerd Metz **(V 7)**
38 Jahre, Dipl.Psych., 7 Jahre Arbeit an einer Erziehungs-, Ehe- und Familienberatungsstelle, davon 5 Jahre als Stellenleiter. Gestalttherapie am FPI und bei Erv und Miriam Polster, San Diego. Familientherapieausbildung biem "Münchner Familienkolleg".
Seit '81 Gruppenleiter am Odenwald-Institut für Personale Pädagogik. Seit meinem 16. Lebensjahr Beschäftigung mit spirituellen Schulen. 1972/73 für 1 1/2 Jahre in Indien, Thailand, Japan und Korea zum Meditationsstudium. Dabei Kenntnisse erworben in Vipassana-Meditation und Zen-Meditation. Anleitung von Vipassana-Meditationskursen am Meditationszentrum Neumühle, Saarland. 1985 4-monatiges Training in einem spirituellen Zentrum in den USA (Gurdjieff).
Seit 1986 freiberuflich tätig als Gestalttherapeut und Gruppenleiter.
Röttenbacherstraße 23a, 8520 Erlangen

Wolfgang Milch **(W 21)**
Dr.med., psychoanalytische Ausbildung, Fortbildung in Familientherapie, Körpertherapie, seit 8 Jahren Arzt im psychiatrischen Akutbereich, Publikationen zum Thema: Kliniks-Suizid.
Psych. Krankenhaus, Licherstraße 106, 6300 Gießen

Elisabeth Müller-Hagen **(W 28)**
32 Jahre, Dipl.Sozialpädagogin (FH). Seit über 7 Jahren in der Justizvollzugsanstalt München tätig (Arbeit mit erwachsenen männlichen Untersuchungs- und Strafgefangenen). 1983-1986 dreijährige Ausbildung in Gestalttherapie im "Arbeitskreis Kritische Gestalttherapie". Seitdem fortlaufend gestalttherapeutische Arbeit mit Einzelnen (und z.T. in der Gruppe) unter Supervision.
Dachauer Straße 213, 8000 München 19

Hilarion Petzold **(V 3)**
Dr.theol., Dr.phil., lehrt als Professor am Institut St. Denis, Paris und an der Freien Universität Amsterdam. Arbeitete bei V. Iljine, F. Perls und J.L. Moreno. Er ist Director of Psychodrama des Moreno-Institut, New York; Trainer-Ausbildung bei NTL, Bethel. Mitbegründer des FPI; Herausgeber der Zeitschrift Integrative Therapie.
Brehmstraße 9, 4000 Düsseldorf 1

Richard Picker **(Podium, V 12)**
Dr.theol., arbeitet als Gestalttherapeut in freier Praxis in Wien, Lehrtherapeut am FPI und ÖAGG. Besonders interessiert an einem freundschaftlichen landesübergreifenden

"Netzwerk" für Gestalttherapeuten.
Kinderspitalgasse 4/13, 1090 Wien

Rainer Pieritz **(W 10, W 24)**
Dipl.Psych., Ausbilder und Supervisor in Gestalt, Arbeitskreis: Kritische Gestalt, München.
I-18020 Prela-Tuvo, Italien

Michael Raine **(W 29)**
Künstler, Kunsttherapeut, Fachleiter der Sektion "Gestaltarbeit mit kreativen Medien" beim IGW.
Herrenstraße 10, 8121 Raisting

Lilith Reisner **(W 9)**
Bankkaufmann, Schauspielerin, Dipl.Psych., Gestalttherapeutin (IGW) in freier Praxis; Supervisorin, freie Mitarbeiterin am MPI.
Ungererstraße 80, 8000 München 40

Dörte Sambraus **(Begrüßung)**
Geschäftsführerin der G.F.E., ehemalige Montessori-Lehrerin für Behinderte, zur Zeit tätig im Kleinheim "Inselhaus".
Zwitzenlehen 2, 8196 Eurasburg

Karl Schropp **(W 19)**
Dipl.Psych., klinischer Psychologe (BDP), Psychotherapeut und Supervisor in freier Praxis.
Dachauer Straße 189/II, 8000 München 19

Inga Schumann-Sorge **(W 10, Podium, W 30)**
Dipl.Psych., klinische Psychologin (BDP), Psychotherapeutische Praxis und Ausbilderin im Arbeitskreis Kritische Gestalttherapie.
Kirchenstraße 23, 8000 München 80

Ingrid Terflot-Hoegg
Dr.phil., Klinische Psychologin (BDP), Ausbildung in Verhaltenstherapie am Max-Planck-Institut für Psychiatrie, München, langjährige Tätigkeit an den Erziehungs- und Familienberatungsstellen in Bad Tölz, Geretsried und Moosburg. Jetzt tätig in freier Praxis in München, Ausbildung in Gestalttherapie am FPI, verheiratet, 3 Kinder.
Merianstraße 24, 8000 München 19

Klaus Eckart Thumm **(W 11)**
Dr.soz.päd., Erziehungswissenschaftler und Gestalttherapeut, tätig als Therapeut in einem heilpäd. Zentrum und freiberuflich in Fortbildung, Beratung/Therapie, Supervision.
E-v-Steinebachweg 27, 8000 München 45

Annette Trischkat
Grund- und Hauptschullehrerin, Gestaltpädagogin. Unterrichtserfahrung in einer Ge-

samtschule sowie langjährige Unterrichtstätigkeit an einer Grundschule mit hohem Ausländeranteil. Ich empfinde besondere Freude bei meiner Tätigkeit als Lehrerin, wenn es mir gelingt, die Schüler zu selbständigem Lernen anzuregen.
Kirchweg 21, 8082 Grafrath

Peter Uffelmann (W 21)

Jahrgang 1954, Lehrer und klinischer Bewegungstherapeut, Studium der Germanistik, Sport und Pädagogik, Gestalt- und leibtherapeutische Ausbildung am Fritz-Perls-Institut, Expression Corporelle bei Laura Sheleen; seit 6 Jahren gestalt- und bewegungstherapeutische Tätigkeit in verschiedenen psychiatrischen Einrichtungen, zur Zeit Bewegungstherapeut in jugendpsychiatrischer Klinik; Schwerpunkte meiner Arbeit: Integrative Bewegungstherapie mit psychotischen Patienten, Intersubjektivität und Institution.
An der Stemmerwiese 6, 8000 München 70

Joachim G. Vieregge (V 13)

Körperpsychotherapeut in freier Praxis in München.
Pötschnerstraße 11, 8000 München 19

Gerry van Vugt (W 22)

Ich bin 36 Jahre alt, verheiratet mit Thijs. Wir haben zwei Söhne von 13 und 17 Jahren. Wir wohnen in einem kleinen Dorf in Holland in der Nähe von Nijmegen. Ich bin Dipl. Heilpädagogin und Kindertherapeutin. Ich habe Gesprächstherapie in Tilburg und analytische Spieltherapie in Utrecht studiert. Bis 1978 arbeitete ich in einem Schulberatungsdienst, und seitdem mache ich - meistens mit Thijs zusammen - Gestalttrainings, Behindertentherapie und Einzeltherapie. Ich mag unsere gemeinsamen Fahrten und arbeite in den Zwischenzeiten gerne in unserem Haus.
Postbus 5, 5366 ZG Megen, NL